KB216603

제3보정판

서양사의 이해

임희완 저

박영사

제 3 보정판을 내면서

본서가 제3보정판으로 다시 새로운 모습을 갖추게 되었다. 역사에서 개설서는 역사를 이해하는 데 중요한 조타수 역할을 한다. 그것은 개설서가 일반인들에게는 기초적인 역사지식을 제공해 주며, 전문인들에게는 보다 균형 잡힌 역사지식을 제공해 주는 역할을 하기 때문이다. 그러므로 역사의 개설서는 한 번 읽으면 되는 그러한 책이 아니다. 일반인은 역사의 개설서를 반복하여 읽고 이해하려는 가운데 스스로 역사흐름의 체계와 줄거리를 잡으려고 노력하지 않으면 안 될 것이다. 전문적인 역사가도 그 관련역사의 개설내용에 친숙하게 되면 그의 균형적 역사인식에 크나큰 보탬이 될 것이다.

이와 같은 취지에서 그 동안 저자가 부족하다고 느껴 오던 내용들을 중심으로 전반적인 손질을 아끼지 않았다. 특히 시민혁명, 양 차의 세계대전, 전체주의, 최근의 정세변화는 물론 철학사상, 역사학, 과학사상 등에 대해서도 대대적인 수정작업을 시도하였다. 그리고 근자에 많은 사람들의 관심을 끄는 20세기 역사철학 사상들에 대해서도 간단한 해석을 덧붙였다. 저자는 되도록 한 가지의 역사사건이라도 그 속에 들어 있는 자세한 내용을 전체적으로 독자가 이해하는 데 불편이 없도록 서술하려고 애를 썼다. 한 가지 부언하고 싶은 것은 이 책이 단순한 역사지식 전달에만 그치지 않고 역사의 진정한 의미를 조금이라도 독자들에게 전달하는 데 힘을 쏟았다는 사실이다. 이 책이 독자 여러분들에게 조그마한 보탬이라도 되었으면 하는 마음 간절하다. 끝으로 박영사 편집부 여러분들께 깊은 감사를 드리며, 다시 한 번 독자 여러분의 끊임없는 성원에 감사를 드린다.

2013년 1월

저자 임 희 완

제 2 판을 내면서

　　역사를 이해하는 데 있어서 무엇보다도 중요한 것은 역사라는 흐름의 굵은
줄거리를 올바르게 잡는 일일 것이다. 그것은 이러한 줄거리가 바로 세워지지 않
고서는 아무리 상세하게 쓰여진 역사서술이라 할지라도 단지 아무렇게나 흐트러
진 오합지졸에 지나지 않기 때문이다. 그러면 역사흐름의 줄거리란 무엇인가. 그
것은 아마도 어떤 한 시대를 주도하는 패러다임일 수도 있고, 대부분의 사람들이
공유하는 지식이나 가치, 믿음 및 생활방식일 수도 있을 것이다. 이 책은 독자들
의 역사이해를 위하여 이와 같은 서양문명의 커다란 줄거리를 중심으로 만들어진
것이다.

　　금번에 저자가 부족하다고 느낀 현대사 부분을 대폭 증보하기로 하였다. 제
7편 서양현대사 부분을 서양 현대문명(Ⅰ)과 서양 현대문명(Ⅱ)로 나누어 서술
하였다. 제목은 물론 잠정적으로 저자의 편의에 따라 정한 것이다. 전자(현대문명
Ⅰ)에서는 제국주의시대에서 제2차 세계대전까지, 후자(현대문명 Ⅱ)에서는 제
2차 세계대전이 끝나는 1945년부터 오늘에 이르는 기간을 취급하였다. 여러 가
지로 미흡한 점이 없지 않으나 앞으로 독자들의 지적을 통하여 고치려고 한다. 그
외에 간단한 것들을 개정·보완하였다. 다시 한번 독자 여러분의 성원과 박영사
편집부 여러분들께 감사를 드린다.

1999년 7월

저자　임 희 완

머 리 말

이 책은 저자가 대학에서 20여 년 동안 서양문화사를 강의해 온 내용들을 정리하여 꾸며낸 저술이다. 말하자면 서양문명에 관하여 이렇게 이해하고 있다는 저자의 숨김 없는 백서이기도 하다. 이 저술은 독창적이거나 창의적인 것은 아니다. 솔직하게 말해서 저자에게는 그러한 능력이 없다는 말이 옳다. 이 책은 저자가 그 동안 강의준비를 위하여 여러 가지 관련자료들을 접하면서 저자의 소견이나 의도에 맞는 것들을 선호하여 저자 나름대로 소화하여 정리한 내용이기도 하다. 그리고 저자는 될 수 있는 대로 역사가들의 정설을 바탕으로 역사의 줄거리를 고루 잡으려고 애썼다.

이 책을 구상하면서 저자는 역사를 통하여 인간, 사회, 세계 그리고 우주에 관한 여러 문제들을 풀어 보려는 원대한 꿈에 부풀어 있었던 대학생시절을 회상해 본다. 그 당시 저자는 여러 가지의 역사저술들을 읽는 가운데 불합리한 내용이나 비본질적인 내용, 케케묵은 지루한 내용의 서술에 관하여 매우 못마땅하게 생각한 적이 적지 않았다. 왜 이러한 것들이 필요한가 하는 회의에 빠지기도 하였다. 그러나 점차 시간이 지나면서 이와 같은 부정적으로 보이는 것들이 있어야 하는 자리와 그 중요성을 깨닫게 되었다. 이제는 오히려 그러한 것들이 역사를 이루는 보다 중요한 구성요소들이 아닌가 하는 생각까지 들게 되었다. 그리고 게임을 치르는 선수가 게임의 일반틀을 보고서 자신의 결과를 점치려 한 것과 같이 역사를 너무 성급하게 관망하려고 했구나 하는 자성도 가지게 되었다. 저자는 아직도 이러한 학생시절의 나이브한 꿈을 떨쳐 버리지 못하고 있다.

저자는 이 책을 쓰면서 전문적인 학술논문 못지않게 일반적인 개설서도 접근하기 쉽지 않다는 것을 다시 한번 느꼈다. 그것은 전체적인 균형과 조화를 맞추어야 하는 어려움 때문이었다. 여러 가지로 미비한 관계로 출간을 꺼린 것도 사실이지만 그런대로 용기를 가지게 되었다. 저자는 이 책을 펴내는 데 다음의 몇 가지 점들에 초점을 맞추었다.

첫째로 문명을 단위로 하여 서양의 역사적 발전과정을 다루고, 각 중요한 대목마다 역사의 개관을 첨가함으로써 독자로 하여금 고대로부터 현대에 이르기까지의 각 문명의 추이과정을 연결하여 이해하게 하였다.

둘째로 중요한 사건들에 대해서는 학자들의 해석이나 쟁점들을 간단히 소개함으로써 사건들의 성격을 이해하는 데 도움이 되게 하였다.

셋째로 정치분야뿐 아니라 사회, 경제, 과학, 사상, 문예 등에 비중을 크게 잡고 이들의 기원을 중심으로 서술함으로써 마치 줄거리 있는 소설을 읽어 나가는 것처럼 독자로 하여금 자기 주견을 가지고 이해하게 하였다.

넷째로 중요한 사건들에 대해서는 될 수 있는 대로 그 전모를 체계적으로 설명함으로써 언제든지 쉽게 사전식으로 참고할 수 있게 하였으며, 그리고 각 장을 중심으로 각 문명을 취급함으로써 강의교재로 사용하는 데 불편이 없게 하였다.

그리고 이 책은 여러 선학 선생님들의 저술로부터 영향받은 바 적지 않았음을 밝힌다. 아무쪼록 이 작은 책이 서양문명의 어제와 오늘을 이해하려는 분들께 도움이 되기를 바라면서 독자 여러분의 아낌없는 질정을 부탁드리는 바이다. 이 책이 출간되기까지 심혈을 아끼지 않으신 박영사 편집부 여러분들께 심심한 사의를 드린다.

1997년 2월

저자 임 희 완

차   례

제 1 편 서양문명의 성격

제 2 편 서양문명의 여명

제 4 편 서양 중세문명

제 5 편 서양 근대문명(Ⅰ)

제 **6** 편 서양 근대문명 (Ⅱ)

제**12**장 시민혁명과 산업혁명

제 7 편　서양 현대문명(Ⅰ)

제14장　제국주의와 제 1 차 세계대전

〈역사지도목록〉

제 *1* 편 ‖‖ 서양문명의 성격

제 1 장

문명의 의미와 서양문명

♣ 개   관 ♣

문명과 세계화

문명이나 문화라는 개념이 오늘날처럼 널리 사용된 것은 양 차에 걸친 세계대전을 거치면서였다. 전쟁의 비극을 체험한 서양사람들은 인류의 문제들을 민족이나 국가적 차원이 아니라 세계적 차원에서 좀더 진지하게 풀어보려는 안목을 가지게 되었다. 말하자면 문명은 이러한 길고 넓은 차원에 걸맞은 말로 선택된 것이다. 문명 대신 문화라는 말을 사용하려는 사람들도 없지는 않다. 그러나 대체적으로 문명이 더 적합한 말로 받아들여지는 것 같다. 문명이 오늘날 사람들에게 더욱 친근하게 된 것은 아마도 쉬펭글러나 토인비의 저술을 통해서였던 것으로 보인다. 그리하여 정보, 통신 등 과학과 기술의 발달로 특정지역의 구분 없이 모두가 하나의 세계라는 뜻으로 지구촌이라는 말을 쓰게 되었다. 이러한 바탕 위에서 유럽연합이나 세계화의 움직임이 이루어진 것이다. 특히 20세기에는 문명을 하나의 큰 틀로 삼아 역사의 움직임을 바라보려는 걸출한 사상가들(후쿠야마, 헌팅턴, 뮐러 등)의 역사철학이 등장하여 우리들의 관심을 끌고 있다.

문명화와 인간

자연과 야만으로부터 보다 편리하고 안락한 환경을 만들어준 문명의 혜택은 어느 누구도 부인하지 못할 것이다. 그러나 문명에 대한 이와 같은 긍정적인 입장과는 달리 문명을 거부하려는 부정적인 입장도 적지 않다. 그것은 지나

친 문명화가 문명의 바탕인 자연을 해치고 급기야는 인류까
지 그 서야 할 자리를 잃을 위기에 처해 있기 때문이다. 말
하자면 문명은 이제 인간에게 필요악이 되어버린 셈이다.
그렇다고 인간이 문명을 포기한다면 이것은 아마도 인간의
삶 자체를 포기하는 것과 같은 일일 것이다. 그러므로 무엇
보다도 중요한 것은 문명 자체를 포기하는 것이 아니라 인
간이 어떻게 자연을 사랑하고 지나친 문명화를 자제하면서
공존하느냐에 달렸다고 생각한다. 다시 한번 조화와 균형을
잃지 아니하는 인류의 지혜가 요청되는 때라 하겠다.

서양문명의 의의

문명 가운데서도 서양문명은 다른 문명들의 모형으로
대두되는 것이 사실이다. 그것은 문명의 질이나 가치, 특성
과 같은 복잡하고 까다로운 문제들을 들추지 않더라도 서양
문명이 다른 문명들에 끼친 영향은 부인할 수 없을 것이다.
정치, 경제, 사회, 문화에서부터 사상, 학문에 이르기까지 서
양문명은 선진적 수준에 있는 것만은 부정할 수 없는 사실
이다. 여기에 서양문명을 이해해야 하는 원인이 있는 것이
다. 그리고 서양문명의 이해는 서양역사의 추적을 통하여
접근하는 것이 가장 온당한 길이라 간주된다. 끝으로 한 가
지 명심할 일은 역사에서 아무리 문명을 강조한다 하더라도
역사의 핵심문제는 인간이며, 그리고 그들의 가족, 사회, 민
족, 국가라는 사실이다. 왜냐하면 문명은 이들을 모두 포괄
하고 있기 때문이다.

제 1 절 인간과 역사

1. 인간의 위상

역사연구의 주된 목표는 인간이다. 그것은 역사가 아무리 여러 가지 사건들과 제도, 이념, 운동 등을 찾아내는 일에 전념한다 하더라도 그것들의 주체이자 역사의 주인공은 바로 인간이기 때문이다. 그러므로 역사를 올바르게 이해하기 위해서는 인간에 대한 올바른 인식이 필요하다. 그것은 대체로 다음의 두 가지로 대별하여 살필 수 있을 것이다.

첫째로 인간이 어떤 존재인가를 알아야 한다. 인간은 다른 동·식물과 함께 살아가는 존재이다. 인간은 다른 존재하는 것들과 마찬가지로 홀로 존재할 수 없다. 인간이 안전하게 존재하려면 동·식물의 자연계와 공존관계를 유지하지 않으면 안 된다. 그것은 인간이 자연의 순환고리에서 벗어날 수 없기 때문이다. 인간이 존재하기 위해서는 우선 자연환경이 있어야 되고, 그 안에 사회가 있어야 되며, 그리고 그 안에 가정이 있어야 한다. 말하자면 인간의 보금자리인 안전한 가정이 있기 위해서는 안전한 사회가 있어야 되며, 더 나아가 안전한 자연이 전제되어야 한다는 의미이다. 그리하여 사회생태학에서 인간과 인간, 그리고 여기에 자연과의 관계를 다시 덧붙이고 있는 것은 이러한 공존관계에서이다. 즉, 인간은 인간대로, 사회는 사회대로, 자연은 자연대로 각각 따로 떨어져서는 안 된다는 뜻이다.

두 번째로 인간에 대하여 알아야 하는 것은 인간의 본성(human nature)이다. 인간은 여러 면에서 이중성을 가진 존재이다. 인간은 정신적이고 영적인 본성을 가지고 있는가 하면 물질적인 육체를 가진 존재이다. 인간은 양자의 통일성이 자동적으로 조율된 기계가 결코 아니다. 그리하여 그 안에는 초월적인 요소와 내재적인 요소가 갈등을 빚고 있으며, 관념적인 요소와 감각적인 요소가 서로 갈등을 빚고 있다. 다시 정신적인 요소 안에서도 지적, 정적, 의적 기능이 각각 심한 갈등을 빚고 있다. 어떤 때는 지적인 것이 주도권을 가지는가 하면 어떤 때는 정적이며 의지적인 것이 힘을 휘두르고 있다. 그러나 그 어떤 것도 유일무이한 진리는 아니다. 다시 말해 인간 자체가 문제로 나타나고 있는 셈이다. 이러한 인간이 펼치는 대단원이 바로 역사라는 무대이다.

2. 인간과 역사·문명

인간은 역사 속에 살고 있으면서도 역사의 중요성을 깨닫지 못하는 경우가 많다. 이것은 마치 인간이 공기 속에 살고 있으면서도 공기의 중요성을 알지 못하는 것과 같다. 인간이 공기에 대해서 알지 못한다고 해서 살아가는 데 불편이 생기지 않는 것처럼 인간이 역사를 알지 못한다고 해서 살아가는 데 지장이 있는 것은 아니다. 그러나 인간이 자신의 지내온 역사를 알지 못한다면 보다 가치 있고 보람된 사람다운 삶을 영위하지는 못할 것이다. 왜냐하면 인간은 다른 동물들과는 달리 단지 생존하는 것만으로 만족할 수 있는 존재가 아니라 인간은 어떤 존재이며 어째서 존재해야 하며, 또 어떻게 다른 존재들과 관련을 지으면서 살아가야 하는가를 따져야 하는, 소위 생각하는 갈대이기 때문이다. 여기에 역사를 알아야 하는 몇 가지의 중요성들이 있게 되는 것이다.

첫 번째로는 인간에 대한 자아인식이다. 즉, 인간은 역사를 통하여 비로소 자기자신에 대한 지식을 올바르게 인식할 수 있다는 것이다. 자기를 알기 위해 자신의 출처(기원)를 캐다 보면 내가 누구이며 어디로부터 유래했는가를 인식하게 되기 때문이다. 그리고 자아의 근거가 밝혀진 인간은 드디어 역사적 수행자로서의 임무와 역할까지 알게 된다는 것이다. 실제로 인간이 자기자신을 올바르게 안다는 일은 결코 쉬운 일이 아니다. 그리하여 콜링우드는 역사를 통하여 인간이 스스로 얻게 되는 이러한 자기이해를 '자아인식(self-knowledge)'이라고 말하고 있다.[1]

두 번째로는 사회현상에 대한 존재이유이다. 인간만이 아니라 우리 눈에 보이는 어떤 것도 지나간 과거의 경력을 지니지 않은 것은 없다. 그것은 모든 것들이 시간과 공간에 의해 묶여 있는 역사성을 가지고 있다는 뜻이다. 다시 말해 사회의 어떤 것도 그 특성을 알기 위해서는 그것의 기원을 추적하여 그 존재이유(raison d'etre)를 파악할 필요가 있다는 것이다. 갓 출발한 정당을 예로 들어보자. 이 새 정당도 역사의 쇠사슬로부터 결코 자유로울 수는 없다. 왜냐하면 그것이 세상에 나오자마자 시·공적으로 묶여지는 것은 물론 그 이전의

---

1) R. G. Collingwood, *The Idea of History*(London, 1973), pp. 7-10.

형성과정 없이 졸지에 만들어진 것은 아니기 때문이다. 그러므로 이 시간적, 공간적 쇠사슬의 의미를 풀지 않으면 어떤 것도 우리 인간에게는 무의미하고 효용성이 없게 된다. 즉 어떤 것이든 그것의 역사적 추적을 통하여 그 존재이유가 소상히 밝혀져야 비로소 그것의 특성과 취급이 가능하다는 것이다.

세 번째로는 역사현상에 대한 전체론적 파악이다. 역사는 단순히 이미 지나가 버린 과거가 아니라 과거가 현재로 이어져 다시 미래로 연결되는 살아있는 삶의 현장이라는 의미이다. 그러므로 역사는 단편적인 편린들의 집적이 아니라 인간의 의지를 통하여 이루어진 소산이므로, 이를 상호 유기체적 관계로 이해해야 한다는 것이다. 여기에는 거시적인 전체론(holism)뿐 아니라 미시적인 관망이 있어야 함은 말할 나위가 없다. 마치 떨어져 나간 하나의 고리(a ring)가 종횡으로 연결된 큰 고리 줄에 연결될 때 비로소 그 존재가치가 있게 되는 것과 같은 이치이다. 이와 같이 부분과 전체, 개별과 보편, 특수와 일반에 대한 전체론적 전망, 사회현상에 대한 조화와 균형의 관망, 냉철한 비판정신, 그리고 올바른 결속의식을 바탕으로 하는 역사의식 등은 역사를 통해서만 얻을 수 있는 덕목이라는 것이다.

그러므로 인간과 역사는 서로 끊을래야 끊을 수 없는 끈끈한 관계를 가지고 있는 사이이다. 인간은 아주 오래 전부터 자연에서 일정한 근거지를 중심으로 서로 모여서 군거하는 집단이나 사회를 형성하면서 그들의 삶을 영위하기 위한 기나긴 역사를 이루었을 것으로 판단된다. 즉, 인간은 자연적, 사회적 환경을 토대로 그들의 역사를 꾸준히 이루어 왔으며, 여기에 온갖 문화나 문명을 가꾸어온 것이다. 간단히 이야기해서 인간이 사회라는 터전에서 이룩하는 것이 역사이며, 역사의 내용이 분화되어 나온 것이 바로 문명이나 문화라는 것이다. 따라서 문명이나 문화의 추적이 인간의 역사와 직결된다는 것은 바로 이러한 관계에서 연유되는 것이다. 다음 절에서 다시 설명하겠지만 문명과 문화는 서로 유사한 개념이면서도 경우에 따라서는 각각 다른 의미로 사용되었다. 예컨대, 문화는 특정의 지역에서 이루어진 고유의 관습이나 전통을 의미하는 뜻으로 사용되기도 하였다. 그러나 현대에 들어오면서 문명은 점차로 민족이나 국가의 범위를 훨씬 뛰어넘는 인류의 역사를 나타내는 넓은 의미의 개념으로 자리 매김이 굳혀지고 있는 것 같다.

제 2 절 문명의 의미

1. 문명과 문화

문명(civilization)이란 어떤 의미를 가진 개념인가에 관하여 알아볼 차례에 이르렀다. 먼저 우리가 문명이란 낱말을 생각할 때 떠오르는 것은 문화(culture)라는 낱말일 것이다. 오래 전부터 우리는 문명과 문화의 개념을 서로 다른 의미를 가진 개념으로 받아들여 왔다. 즉 문명은 물질적인 것을 내용으로 하는 말로, 문화는 정신적인 것을 내용으로 하는 말로 이해하여 왔다. 어원적으로도 문화는 'colo(경작한다, 양육한다)'라는 라틴어에서 유래하여 정신적 교양의 의미로 사용되었고, 문명은 'civitas(도시국가, 시민생활 등)'라는 라틴어에서 발전하여 물질적 계몽의 의미로 사용되어 왔다. 실제로 유명한 학자들도 양자의 뜻을 분별하여 사용한 것이 사실이었다.

문명과 문화의 차이

칸트(Kant), 콜러리지(Coleridge), 매듀 아놀드(Mathew Arnold)와 같은 학자들은 개인의 도덕적, 정신적 가치를 문화의 속성으로, 그리고 사회의 관습적, 물질적 가치를 문명의 속성으로 간주하였다.[2] 한편 20세기에 들어와서도 오스왈드 쉬펭글러(Oswald Spengler)와 아놀드 토인비(Arnold Toynbee)에 의해서 다시 양자의 개념이 각각 다르게 해석되었다. 쉬펭글러는 고도로 발달된 문화의 쇠퇴국면들을 문명이라고 바라보았다. 즉 그는 민족이나 국가가 그 절정에 다다랐을 때 그들의 지적, 사회적 양상들이 문화이며, 그들의 절정기를 지나 침체기에 빠졌을 때 그들의 양상들이 바로 문명이라고 관망하였다.

토인비는 이와는 조금 다른 양적 입장에서 양자를 구별하였는데, 세계사를 문화적 단위들(cultural units)의 연결 고리들로 보고 이들 고리 부분들의 상호의존적 총체가 바로 문명에 이르는 것이라고 해석하였다. 그러나 과연 위의 학자들의 구분처럼 역사현상이나 사회생활을 정신적인 것과 물질적인 것,

---

2) Frederick M. Barnard, "Culture and Civilization in Modern Times," *Dictionary of the History of Ideas* V. I(New York, 1978).

고급의 것과 저급의 것, 부분적인 것과 전체적인 것 등으로 양분할 수 있을까? 역사현상이나 사회양상은 언제나 위의 양자의 상호관계에 의해 변화하는 것인데 실제로 정신적인 것을 물질적인 것으로부터 분리할 수 있는가?

예컨대, 함무라비법전은 정신적인 것으로 보아 문화에 속하는 것으로 해야 하는가, 아니면 물질적인 것으로 보아 문명에 속하는 것으로 해야 하는가? 함무라비법전은 아마도 물질적인 것도 아니요 그렇다고 정신적인 것도 아닌 양자의 협력으로 이루어진 결실이라고 해석해야 옳을 것이다. 우리는 다만 편의상 경우에 따라 문학, 예술, 사상 등과 같은 지적 소산물을 가리킬 때 문화와 연결시켜 사용하고 기술, 건축, 과학 등과 같은 보다 넓은 외적 소산물을 가리킬 때 문명과 관련하여 사용할 수 있을 것이다. 가령 토인비의 경우 위에서 설명한 것처럼 부분적인 문화들이 점진적으로 발전하여 고도의 단계에 이를 때 문명이라고 한다면 양자의 관계는 양분적이라기보다는 협력적 관계로 보는 것이 마땅할 것이다.

인류학적 해석

그리하여 이러한 견지에서 문명과 문화를 갈라서 다르게 볼 것이 아니라 한 가지로 보려는 학자들이 적지 않게 나타났던 것이다. 그들 가운데서도 가장 두드러진 사람들이 인류학이나 사회학을 전공하는 학자들이었다. 그들은 문명과 문화의 개념을 동일시하면서 문화를 문명보다 더 근원적이고 포괄적인 용어로 중시하였다. 그들에 의하면, 문화는 인간에 의해 이루어진 일체의 역사적, 사회적 소산이다. 인간의 지능이나 기술에 의해 원래의 자연적인 것이 제 2 차적인 자연으로 전환되었을 때 이루어진 것들은 모두 문화의 소산이다. 그러므로 인간집단이나 사회에 있는 것들은 문화적이지 않은 것들이 없게 되는 것이다.

2. 문명의 특성

그러면 인류학자들에 의해 연구된 문화의 본질적 성격에 관하여 살펴보도록 하자. 인류학자들은 일반적으로 문화에는 다음과 같은 몇 가지의 특성이 있다고 보고 있다.[3]

---

3) Joseph S. Himes and Wilbert S. Moore, *The Study of Sociology*(Scott, Foreman and Co.,

첫째로 문화는 창조된다(Culture is created). 즉, 문화는 인간이 새로 만들어서 이루어지는 것이지 원래부터 있는 유전적인 것이 결코 아니라는 것이다.

두 번째로 문화는 학습된다(Culture is learned). 즉, 인류에 의해 이루어진 역사적, 사회적 소산은 어떤 것이든 배워 익혀질 수 있다는 것이다.

세 번째로 문화는 전승된다(Culture is transmitted). 즉, 인류에 의해 이루어진 역사적, 사회적 소산은 후대인들에게 물려질 수 있다는 것이다.

네 번째로 문화는 공유된다(Culture is shared). 즉, 인류에 의해 만들어진 문화적 유산은 어떤 것이던 공유될 수 있다는 것이다.

요컨대, 문명이란 문화와 유사한 개념으로 인간이 정신적으로나 기술적으로 학습하여 얻은 일체의 행동과 그 소산이라고 설명할 수 있다. 그러나 근대로 오면서 문화는 사회적 특정 지역의 고유의 관습이나 관행을 의미하는 쪽(나바호 문화 등)으로, 그리고 문명은 특정의 언어나 종교, 민족과 같은 문화적 테두리를 한데 묶어 이루어지는 보다 넓은 지역을 지칭하는 개념(유교문명 등)으로 더 많이 사용하게 되었다.

제 3 절 문명의 역할과 기원

1. 문명의 역할

문명은 과연 인류에게 반드시 필요한 것인가. 문명의 중요성 못지않게 문명에 대한 회의론도 만만치 않게 대두되고 있는 것이 사실이다. 문명은 인간이 편안하게 잘 살기 위하여 자연환경을 극복 내지는 개조하여 이룩한 것이지만 지나치게 자연을 훼손한 나머지 인간이 만든 사회마저도 안전할 수가 없게 되었기 때문이다. 그러므로 자연을 자연 그대로 내버려두는 것이 자연뿐 아니라 사회, 더 나아가 인간마저도 그 수명이 더 오래 연장될 수 있는 것이 아니냐 하는 문명회의론이 나온다. 물론 인간과 사회도 자연을 바탕으로 하고 있다는 점에서 십분 이해되는 주장이다. 그러나 과연 자연환경이 자연 그대로 방치될 때 자연적 순환생태나 자생적 법칙에 의해 문제 없이 지속되는 것인지 아니면

1970), pp. 74-75.

인간의 기술이 필요한 것인지에 관해서도 쉽게 접근할 수 없는 문제이려니와 인간이 과연 자연인 그대로 만족하고 사는 존재여야 하는가 하는 보다 본질적인 문제가 나오게 된다. 특히 후자의 문제에 있어서 생의 가치, 윤리, 이념과 같은 인간의 질적 삶과 관련지어 생각할 때 문명은 인간으로부터 떨어질 수 없는 인간 삶의 속성이라고 간주된다.

자연, 인간, 문명

오늘날 대부분의 학자들은 문명에 대한 부정보다는 오히려 문명의 역할에 대하여 그 중요성을 강조하려는 경향을 보이고 있다. 이것은 문명에 관하여 인간의 지나친 욕망을 자제하려는 보다 적극적인 의미이기도 하다.

그러면 잠시 자연, 인간, 문명의 관계에 대하여 살펴보도록 하자. 제일 먼저 인간에게 영향을 주는 것은 자연이다. 자연은 무엇보다도 인간이 무엇을 할 것인가를 정해 준다. 그리하여 언뜻 보면 인간은 다만 자연환경에 따라가는 것처럼 보인다. 그러나 자세히 들여다보면 그렇지 않다. 같은 자연환경인데도 그 역할은 사람들에 따라 각각 다르게 나타나기 때문이다. 자연은 농부에게는 농사일에, 제조업자에게는 제조 일에, 사냥꾼에게는 사냥 일에 각각 전념하게 한다. 바꾸어 말하면 자연환경의 역할은 제일차적으로는 인간에 의해, 더 구체적으로는 인간의 문화에 의해 결정되는 것이다. 그렇다면 문화(문명)란 누가 만드는 것인가. 그것은 말할 것도 없이 인간의 의지에 의해 이루어지는 것이다. 그러므로 인간의 정신적 작용에 의해 문명이, 인간의 문명에 의해 자연환경이 영향을 연이어 받게 되는 것이라고 거꾸로 풀이된다. 이러한 견지에서 바라보면 영향의 결정적인 요인은 일차적으로는 인간의 문명이요, 자연 환경적인 요인은 제이차적이라고 말할 수 있다.[4]

그러나 인간과 자연(환경)의 관계는 어느 누구도 자연과학의 실험실에서처럼 정확한 해답을 얻어낼 수가 없다. 여기에 소위 문화적, 역사적 비교방법(the cultural-historical comparative method)이 등장하게 된 것이다.[5] 인간과 자연의 관계들은 그것이 어떤 것이든 역사적이지 않은 것은 없다는 주장이다. 학

---

4) George F. Carter, "Role of Physical Environment and Culture," ch. 11, *Man and the Land: a Cultural Geography*(New York, 1964).

5) *Ibid.*

자들은 주로 정치적 역사보다는 문화적 역사에 그들의 관심을 모으면서 문화
적 성장과 변화에 역점을 두게 되었다. 그들은 그것들(인간과 자연의 관계들)
속에서 인간·자연 관계를 주도한 주 요인을 찾아내려고 하였다. 그들은 문명
이 말하자면 하나의 필터(a filter)와 같은 것이라고 간주하게 되었다. 즉 그들
에 의하면, 문명은 자연환경이 인간에게, 거꾸로 인간이 자연에게 직접적으로
영향력을 행사하는 것을 막아준다. 인간은 여러 가지의 채색된 프리즘을 통하
여 환경을 보며, 그 여과과정을 통하여 나타난 색깔들은 다른 문화를 가진 사
람들에게 각각 전체적으로 다른 세계관을 심어 준다. 따라서 동일한 자연 환경
적 상황에서도 사람들은 아주 다른 반응을 보인다. 그리하여 사람들은 적절하
게 그들의 환경을 선용할 수 있다. 요컨대, 인간의 지혜가 올바로 발로되기만
한다면, 인간이 자연을 이용하여 이룩한 문명은 인간과 자연을 파괴하는 무기
가 아니라 오히려 인간을 자연으로부터 막아주고 나아가서 자연까지도 보호할
수 있는 방패가 될 것이다.

2. 문명의 기원

역사가들의 관심을 가장 많이 끄는 것은 문명의 기원문제이다. 문명은 어
떤 요인에 의해 일어나고 발달하는가, 그리고 어떤 문명은 고도로 발전하는 반
면 어떤 문명은 그렇지 못하게 되는 원인은 과연 무엇인가 하는 의문들이다.
이 문제에 민감한 반응을 보인 사람들은 사회과학과 역사분야의 학자들이었
다. 그들이 주로 문명의 요인으로 내세우는 것은 지리적 환경이었다. 이 이외
에 소수의견으로 경제적 자원, 식량공급, 다른 문명과의 접촉 등이 거론되었
다.[6] 그러나 문명을 형성하는 데 있어서 외적인 조건만을 내세우는 것은 모순
이 없지 않다. 왜냐하면 문명은 어디까지나 그것을 이룩하려는 주체인 사회나
집단 구성원들의 내적 의지와 연결되어 있기 때문이다. 문명의 환경적 결정론
은 주로 19세기의 지리학자들에 의해 주장되었다. 프리드리히 라첼과 엘렌 셈
플, 엘스워드 헌팅턴 등이 그 대표적인 학자들이었다.

---

6) 문명은 인간의 안전과 편의를 위해서 형성되었다. 그러므로 문명의 기원은 문명이 형성되기에
   알맞은 조건을 의미한다(Edward M. Burns and Philip L. Ralph, *World Civilization*, New
   York, 1975, pp. 23-30).

기후 결정론

기후의 조건들이 자극을 주어 문명을 고도의 수준으로 만들었다는 가설은 일찍부터 등장하였다. 특히 엘스워드 헌팅턴(E. Huntington)은 최적의 온도를 문명의 발달과 연결시켜 그의 주장을 전개하였다. 그는 고도의 문명은 특정의 기후(최적의 기후)를 가진 곳에서 일어난다고 생각하였다. 이 외에도 그는 기후변동의 원인이 되는 주기적 폭풍을 중시하였다. 순환적 폭풍은 온도를 조절할 뿐 아니라 인간의 활력을 불러일으키기 때문이다. 헌팅턴의 기후가설(the climate hypothesis)을 뒷받침해 주는 실례들로는 북극과, 인도, 중앙 아메리카, 브라질 등지의 정글이나 사막지역들을 들 수 있을 것이다. 기후가 나쁜 이들 지역들에서는 문명이 제대로 만들어지기는 곤란했다는 것이다. 이와는 조금 다른 예로 400-1500년간 찬란한 문명을 이룩한 멕시코 유카탄 반도의 마야문명을 들 수 있을 것이다. 종이, 제로, 태양력, 문자와 같은 발명들이 모두 그들로부터 이루어졌다는 것은 주지의 사실이다. 이 지역은 현재는 정글로 둘러싸여 있어서 말라리아와 같은 질병이 유행하고 농사에 부적절하지만 그 당시에는 그렇지 않았다는 것이 여러 분야의 조사 결과 판명되었다. 그러나 기후가설이 전부 다 들어맞는 것은 아니다. 그리스와 로마의 문명이 그 좋은 예이다. 서양문명의 바탕을 이루어준 이들 문명권이 현재보다 훨씬 양호한 기후조건들을 갖추었다는 증거는 찾아보기 힘들기 때문이다. 조사 결과 고대 그리스의 습도는 더 양호했다고 보이지만 온도는 그 반대였다. 그러므로 역사가들은 그들 문명의 요인으로 기후 이외의 다른 경제적, 사회적 조건들을 찾지 않으면 안 되었다.

지형 결정론

지리와 관련되어 나타난 또 다른 문명요인은 19세기 칼 리터(K. Ritter)의 지형이론(the topographical theory)이었다. 이것은 지구의 형태가 문화적 성장에 결정적인 영향을 준다는 가설로, 예컨대 불규칙적인 해안선과 다양한 지리조건들을 구비한 대륙이 국가발전의 유일한 환경을 제공한다는 주장이다. 지형이 단순하고 그곳의 구성원들이 동질적일수록 그들의 문화는 후진적인 반면에, 지형이 복잡다단하고 그 구성원들의 접촉이 잦을수록 그들의 문화는 진보한다고 보았다. 리터는 그 좋은 실례로 고도로 발달된 유럽대륙의 문명을 들고 있다. 이와는 조금 다른 각도에서 영국의 역사가 버클(H. T. Buckle)은 인간과 환경의 관계를 바라보았다. 그는 인간에게 미치는 환경의 차원을 두 가지로 나누어 설명하였다. 첫 번째 차원은 인간의 상상력(imagination)을 자극하는 환경적 요인이고, 두 번째 차원은 이해력(understanding)을 갖게 하는 환경적 요인이 그것들이다. 전자의 경우는 인도 문명으로, 인도인들은 자연을 인간을 위협하는 무서운 존재로 받아들여 그들 자신을 학대하고 각종 신들을 만들어 무시무시한 종교의식을 행사하였다. 그리하여 그들은 세상의 모든 가치를 부정하는 비관주의자들이나 숙명론자들이 되었다. 한편 후자의 경우는 그리스 문명으로, 그리스인들은 자연을 인간을 위해 존재하는 환경으로 수용하여 보다 낙천주의적인 생활을 여러 분야에서 영위할 수 있었다. 그리하여 그들은 초자연적인 기적보다는 인간 스스로의 노력에 의하여 놀라운 문화를 창출하였다.[7]

그러나 지형 결정론도 반드시 문명의 기원에 모두 들어맞는 것은 아니다. 그리스의 경우 지질학적 조사에 따르면 고대시대나 마찬가지로 지금도 지형적으로 별다른 큰 변화가 없게 나타났다. 그렇다면 고대의 찬란했던 문화가 현재는 퇴락한 이유는 무엇인가? 그리고 스위스와 같은 산악지역이 현대문명을 이끄는 선진국가로 발돋움한 원인은 과연 무엇인가?

유목이론

지리와 관련되어 문명의 기원을 설명하는 마지막 가설은 독일의 역사철학자 프란츠 오펜하이머(F. Oppenheimer)의 유목이론(the nomad theory)이다. 오펜하이머에 의하면, 유목민들은 역사상 가장 위대한 문화를 만든 최초의 집단이다. 그들은 원시인의 문화를 정복하여 국가와 다양한 사회를 만들었으며 귀족계층을 형성하여 각가지의 문화적 업적을 이룩하였다. 그들은 고기나 우유와 같은 먹이로 어디를 가나 그들의 활력소를 공급하여 그들 생활의 침체성을 벗어나게 했으며, 그들의 조직을 유지하게 하였다. 즉 훈련, 엄격한 계급체계, 인구의 급증, 일부다처제 등의 수단을 통하여 광범위한 영역을 정복하여 찬란한 문화를 발달시켰다. 역사상 그 실례들은 적지 않다. 아라비아사막 북쪽 목초지대로부터 유프라테스-티그리스강으로 바빌로니아인, 아시리아인, 갈데아인, 히브리인들이 이주했으며, 중앙아시아 초원지대로부터 메데스인, 페르시아

---

7) Henry Thomas Buckle, *The History of Civilization in England*(New York, 1964), ch. 1.

인, 인도인들이 남쪽으로 이동하여 그들의 살 곳을 찾았다. 지금도 이 지역들은 농업에 적합하지 않아 유목민들이 살고 있는 것을 볼 수 있다. 그러나 이 가설 또한 문명 기원의 일부를 설명할 뿐 충분한 이론이 되지 못한다. 왜냐하면 이집트인들은 농경에 의존하여 문명을 만들었는데도 그대로 정착되었으며, 페니키아인들은 B. C. 2000년경 레바논계곡에 해양문화를 이룩하기 위해 바빌로니아로부터 이주한 사람들인데도 그대로 정착할 수 있었기 때문이다.

역경이론

다음으로는 최근에 나타난 토인비의 문명기원의 가설에 대해서 잠시 둘러보기로 하자.[8] 토인비는 그의 저서를 통하여 고도의 문화를 이루는 주요 원인은 인간을 둘러싸고 있는 역경이나 곤경이라는 소위 역경이론(the adversity theory)을 발표하였다. 그러한 역경은 사람으로 하여금 그 역경을 극복하게끔 자극할 뿐 아니라 새로운 진보로 나아가게 하는 '도전(challenge)'을 일으켜 준다는 지적이다. 도전은 사막이나 정글지대, 험악한 지형 등의 형태로 나타나는데, 아라비아 사막에 도전하여 팔레스타인과 메소포타미아로 이주한 히브리인들과 아라비아인들이 그 좋은 실례들이다. 다음으로 도전은 전쟁의 패배나 노예의 형태로 나타나기도 하는데, 카르타고인들과 로마인들의 역사적 사건들이 적절한 실례들이다. 카르타고인들은 제 1 차 포에니 전쟁에서 패배한 결과 오히려 자극을 받아 스페인의 새 제국을 정복하게 되었으며, 몇 세기 후 로마인들의 노예가 된 오리엔트의 종교적 유산(기독교)은 오히려 로마인들을 결국 넘어뜨리지 않으면 안 되었다. 그러므로 역경이론은 일반적으로 도전이 크면 클수록 성취가 더욱 커진다는 가설이다. 그러나 토인비의 이 이론도 한계가 없지 않다. 왜냐하면 도전이 너무 심할 때는 아무 것도 이룰 수 없기 때문이다. 예를 들면, 그린랜드나 라브라도르(Labrador), 티에라 델 푸에고(Tierra del Fuego)와 같은 지역들은 기후나 토양이 너무 나빠서 문명을 결코 이룰 수 없었던 곳들이다.

이제까지 문명의 기원에 관한 학자들의 주장들을 대강 둘러보았다. 그들의 주장들은 물론 그들 나름대로 온당한 근거를 가지고 있었음이 확인되었다. 그러나 그것들은 문명에 관한 모든 조건들을 충분하게 만족시키기에는 너무나

---

8) 제 2 장 제 2 절 토인비의 역사철학 참조바람.

풀리지 않는 문제점들을 적지 않게 가지고 있다. 그리하여 오늘날의 학자들은 거의 대부분 문명의 기원을 어떤 한 가지의 원인으로는 밝혀낼 수 없고 다양한 원인들에 의해 조사해야 한다는 데에 그들의 의견을 모으고 있는 것 같다. 문명이란 기후와 같은 외적 조건들도 중요하지만 다른 한편으로는 그 문명을 이룩하려는 사람들의 의지와 같은 내적 조건들도 절대로 필요하기 때문이다. 따라서 위에서 설명한 지리적 요인들뿐 아니라 정치적, 경제적, 사회적, 문화적 요인들, 종교적 요인들, 더 나아가서 사상적 요인들도 문명의 기원을 규명하는 데에 없어서는 안 될 요인들이라고 간주해야 할 것이다.

제 4 절   서양문명의 기초: 헤브라이즘과 헬레니즘

1. 회고와 전망

문명의 위기의식

서양사람들이 문명의 위기의식을 가진 것은 세계대전을 거치면서였다. 그들은 제 1 차 세계대전 중 쉬펭글러의『서양의 몰락』(1918)을 탐독하면서 서양문명이 영구히 건재할 것이라는 자신감을 잃어버리게 되었다. 그들은 어떤 문명이든 한번 탄생하면 성장과 쇠퇴과정을 거쳐 결국은 붕괴한다고 믿게 되었다. 더욱이나 제 2 차 세계대전을 다시 체험하면서 문명의 위기의식을 확인하였으며 그들의 엄청난 비극으로 그들 생의 당위성마저 잃을 위험에 부딪치지 않으면 안 되었다. 그러나 다른 한편으로 그들은 지난날을 회고하는 가운데 역경을 딛고 일어날 수 있는 기회를 엿보게 되었다. 그것은 너무나 찬란했던 그들의 과거 역사에 대한 집착 때문이었다. 그들은 이제까지 세계의 여러 문명들을 지배하고 그들 위에 군림할 수 있었던 것은 서양문명이 무엇인가 다른 문명들과는 다른 장점들을 지니고 있었던 것이 아닌가 하는 생각을 가지게 되었다.

비판과 전망

서양의 지식인들은 특히 1950년도를 전후하여 그들 문명에 대하여 본격적으로 회고하기 시작하였다. 그들은 그들의 지나친 이기주의와 무모한 경쟁에 대해서는 신랄하게 비판한 반면에, 그들의 과학과 기술개발 및 합리적, 체계적 사고방식에 대해서는 긍정적인 평가를 아끼지 않았다. 왜냐하면 그들은 전자를 통하여서는 엄청난 희생을 감수한 반면에, 후자를 통하여서는 조야한 야만으로부터 벗어날 수 있었기 때문이다. 이와 같은 그들의 문명과 역사의식을 잘 반영한 것이 유명한 토인비의 『역사의 연구』(1934-61)이다. 이와 같은 움직임에는 지난 세기에 첨예한 대립을 보였던 과학자들과 기독교인들도 동일한 생각을 가지고 참여하였다. 왜냐하면 전쟁이나 전체주의 등에 의하여 서양문명이 붕괴된다면 세속적 자유뿐 아니라 종교적 자유까지도 모두 끝장나기 때문이다. 그리하여 그들은 일반적으로 서양문명에 대하여 두 가지의 문제들을 제기하고 이들에 관하여 검토하기 시작하였다. 첫째로는 서양문명의 밑바탕을 형성해온 요소들은 무엇인가 하는 것이며, 두 번째로는 서양문명을 구성하는 요소들은 서로 어떤 관계를 가지고 있는가 하는 것이었다.

2. 헤브라이즘과 헬레니즘

첫 번째로 그들은 서양문명을 일으키는 데 가장 중요한 역할을 한 요소들은 두 가지라는 데에 의견의 일치를 보았다. 그 한 가지는 유대·기독교적 전통(Hebraism)이며, 다른 한 가지는 그리스·로마적 전통(Hellenism)이다. 그러면 이들의 성격과 영향을 아울러 간단히 살펴보도록 하자.

전자 헤브라이즘은 유일신 여호와를 믿는 초월적, 종교적 사상으로 서양인들에게 그들의 경전(성경)을 통하여 일찍부터 인간 개체의 중요성과 도덕적 자유(moral freedom)의 정신을 심어주었다. 성경에 의하면, 인간은 '신의 형상(imago dei)'대로 태어난 신의 자녀이므로 선악을 분별하는 능력을 가진 존재이다. 한편, 후자 헬레니즘은 합리적, 인간주의 사상으로 서양인들에게 인간 개체의 중요성과 정치적 자유(political freedom)의 정신을 일깨워 주었다. 그들의 고전에 의하면, 인간은 누구나 이성을 가지고 태어났으므로 평등하며, 그리고 사회에서 일어난 모든 문제들은 그들 스스로 해결할 수 있는 존재이다. 그러므로 출발의 근거는 서로 달라도 양자의 사상에 의해 인간의 내적 자유와 외적 자유가 인정되는 기초가 이루어졌던 것이다.

다음으로 전자는 서양인들에게 성경의 역사전개과정을 통하여 시간의 인식과 역사의식을 불러일으켜 소위 직선적 발전과정(the linear process)의 이론을 낳게 하였으며, 후자는 이와는 다르게 공간적 중요성을 인식시켜 소위 순환적 발전과정(the cyclic process)의 이론을 낳게 하여 주었다. 요컨대, 헤브라이즘은 초월적 신 중심의 도덕적 자유의 정신을 서양 사람들에게 심어주었으며, 헬레니즘은 내재적 인간 중심의 자아결단의 정치적 자유의 정신을 서양 사람들에게 일깨워 서로 협력할 수 없는 적대성을 보여주었다. 그러나 양자 모두 인간 개체(individual)의 독자성과 가치를 인식시켜 주었다는 점에서 공통성을 지니고 있다.[9]

3. 역사의 연속적 해석

두 번째로 헤브라이즘과 헬레니즘의 상호관계에 관하여 살펴보도록 하자. 서양인들은 역사의 갈등과 대립의 견지에서 서양역사를 바라보던 종래의 입장에서 벗어나 상호 협력과 연속의 견지에서 관망하려고 시도하였다. 그들은 서양문명의 가치들이 인간과 우주, 개인의 역할과 사회의 질서에 관한 뿌리깊은 가설들에 바탕을 두고 있다고 믿게 되었다. 과거의 단절이 아무리 깊다 할지라도 서양인들은 모두 그들이 가톨릭이건 프로테스탄트이건 유대인이건 아니면 무신론자들이건 수세기에 걸쳐 내려오면서 하나의 공통된 기초 위에 있어 왔다고 믿었다. 그러므로 이러한 입장에서 바라본다면 서양의 역사는 헤브라이즘과 헬레니즘의 두 속성인 정신과 물질, 신앙과 이성, 종교와 철학, 종교와 과학, 종교와 경제 사이의 갈등과 대립이 아니라, 오히려 그것들의 상호 협력과 연속관계의 역사로 바라보아야 온당할 것이다.

막스 베버의 해석

20세기에 들어와서 이 두 가지의 상호관계에 대해 탁월한 연구를 시도한 사람이 바로 독일의 위대한 사회학자 막스 베버(Max Weber)이다. 그는 이러한 문제를 다룬 첫 번째 사람은 아니었지만 종교적 신념과 다른 인간활동의

---

9) Marvin Perry and Others, *Western Civilization: a Concise History*(Boston, 1981), Ⅱ, pp. xv-xix; Sidney A. Burrell, ed., *The Role of Religion in Modern European History*(New York, 1966), pp. 1-9.

형태, 특히 경제분야와의 관계에 관한 그의 이론을 전개하여 주목을 끌었다. 그는 과학과 기술에 나타나는 서양문명의 특정의 형태 가운데 자본주의로 묘사되는 합리화된 경제활동의 형태에 보다 깊은 관심을 가졌다. 그는 서양근대 자본주의 이념의 기원은 경제가 아니라 기독교 칼빈주의 정신에서 찾을 수 있다고 보았다. 즉 인간과 신 사이의 관계를 정립하여 설명하려 한 기독교의 독특한 방법으로부터 근대의 합리주의적 사고방법들이 나오게 되었다는 해석이다. 이와 같은 그의 주장은 유명한 그의 저술인『프로테스탄트의 윤리와 자본주의 정신』(1930)에 잘 나타나 있다.

기독교적 해석들

헤브라이즘과 헬레니즘의 협력관계로 서양문명을 관망한 사람은 비단 막스 베버만은 아니었다. 역사적으로 금세기 훨씬 이전부터 이미 그러한 움직임들은 적지 않았다. 초기 대부분의 기독교 지도자들은 고전문학과 철학에 넓은 지식을 가진 위대한 사상가들이었다. 성 바울(St. Paul)은 1세기경 오리엔트지역을 3회에 걸쳐 순회하면서 헤브라이와 기독교, 그리스의 문화들을 종합한 인물이었다. 그 후 5세기경 초대교회의 위대한 라틴교부인 어거스틴은 비록 헬레니즘세계에 대해서는 부정적이었지만 헬레나이즈된 교육방법들에 대해서는 매우 긍정적인 자세를 가졌다. 그리하여 그는 신앙들을 그리스철학을 통하여 체계적 교리를 형성하는 데 어느 정도 성공할 수 있었다.

양자의 사상적 요소가 거의 일체화된 것은 13세기경 토마스 아퀴나스에 의해서였다. 그는 아리스토텔레스 철학을 기독교에 적용하여 스콜라철학을 대성하였다. 기독교는 이제 자연적인 것과 신적인 것을 설명하는 데 매우 정교하고 합리적인 방법을 도입하였다. 그리하여 서양인들은 자연세계의 진리와 신의 진리 사이에는 어떤 모순이 있다고 생각하지 않았다. 왜냐하면 신의 창조의 본질적인 완전성과 합리성은 서로 어긋날 수 없기 때문이었다. 근대의 탁월한 과학철학자 화이트헤드도 17세기의 위대한 과학혁명의 공헌은 중세 아리스토텔레스의 합리적 사상에 돌려야 한다고 설명한 것은 모두가 이러한 맥락에서 나온 가설이다.

콘킨 · 스트롬버그의 해석

20세기 중엽에 들어와 이와 같은 견지에서 더욱 구체적으로 서양문명의 역사를 헤브라이즘과 헬레니즘의 기복현상으로 해석한 사람들은 폴 콘킨(Paul Conkin)과 롤랜드 스트롬버그(Roland Stromberg)이다. 그들은 헤브라이즘과 헬레니즘을 서양문명의 2대 본질로 보고 이 두 가지 고대문명의 요소들이 주축이 되어 서양역사를 이끌어갔다고 개관하였다. 말하자면 중세, 종교개혁, 낭만주의 시대는 각각 유대 · 기독교적 전통(헤브라이즘)이 우세하였던 시대였으며, 르네상스, 17세기, 계몽시대, 20세기 등은 그리스 · 로마적 전통(헬레니즘)이 각각 우세한 시대였다는 것이다.[10] 이것은 종래의 학자들이 고대시대는 야만에서 문명으로의 천이시대, 중세는 기독교 중심의 종교시대, 근대는 과학과 기술의 세속시대 등으로 분류해보려는 입장과는 근본적으로 다른 해석으로 간주된다.

그들(콘킨 등)에 의하면, 서양문명은 어디까지나 위의 두 가지 본질 위에 기초하고 있으면서 시대에 따라 나타나는 강조 차이의 기복현상만 나타낸다는 것이다. 위에서 설명한 것을 다시 한번 정리하면, 서양문명의 본질인 헤브라이즘과 헬레니즘의 전통은 서로 갈등과 대립의 관계에 있는 것이 아니라 오히려 양자의 협력과 이해의 관계에 있다고 보려는 것이 냉전 이후 서양사람들의 일반적인 입장이라 하겠다. 이와 같은 맥락에서 서양문명을 중심으로 나타나는 서구화(westernization)와 근대화(modernization), 국제기구(International Organization)를 통한 전쟁과 국제분쟁을 풀기 위한 국제화(internationalization), 그리고 더 나아가서 구체적으로 무역과 문화교류를 통하여 하나의 세계로 지향하려는 20세기 말기의 세계화(globalization) 현상을 바라보아야 한다고 생각한다.

---

10) Paul Conkin and Roland Stromberg, *The Heritage and Challenge of History*(New York, 1971), Pt. I.

제 2 장

20세기의 역사철학

♣ 개 관 ♣

역사의 형이상학

이제까지 인간과 역사, 문명, 문화, 그리고 서양문명의 기초에 관하여 둘러보았다. 그러면 서양역사에 들어가기에 앞서 문명을 단위로 인류역사의 전체 흐름을 특정의 일관된 패턴에 의해 바라본 20세기의 주요 역사철학자들의 사상을 간단하게 살펴보기로 하자. 이들을 먼저 다루려는 것은 예컨대, 토인비나 후쿠야마, 새무엘 헌팅턴 등의 주장들이 너무나 잘 알려져 있을 뿐 아니라 아울러 많은 현대인들의 민감한 반응을 불러일으키고 있기 때문이다. 그러므로 이들의 사상을 먼저 짚고 넘어가는 것이 서양사의 이해에 도움이 되리라 판단된다. 역사철학은 역사현상을 주관적으로 바라보려는 일종의 역사의 형이상학(meta-history)으로 일반역사를 입문하려는 사람들에게 지나친 부담을 주어 역사를 왜곡시키는 걸림돌로 작용하지 않을까 하는 우려의 지적 또한 없지 않다.

역사철학의 이점

그러나 반드시 그런 것은 아닐 것이다. 만일 우리가 그들의 역사철학의 내용을 올바르게 바라보고 그들의 주관적 해석을 통하여 나타나는 여러 문제점들을 미리 짚어볼 수 있는 장점을 백분 발휘한다면 올바른 역사이해에 오히려 디딤돌이 될 수 있을 것이다. 그것은 역사에 대하여 그 동안 알게 모르게 의아하게 품어왔던 어려운 문제들을 역사철학자들의 주장들을 통하여 반추하는 기회를 가질 수 있기 때

문이다. 즉, 자기도 모르는 사이에 역사에 대한 객관적 판단과 비판, 그리고 역사의 문제를 올바르게 해결하려는 문제의식을 가지게 된다는 뜻이다. 또 한 가지 이러한 역사철학을 통하여 얻게 되는 것은 20세기 현대사조에 대한 특성을 이해하는 데 적지 않게 도움이 된다는 사실이다. 왜냐하면 역사철학은 그 해당시대의 지적 배경을 반영하고 있기 때문이다. 요컨대, 현대 역사철학에 대한 이해는 우리의 전반적인 역사이해에 오히려 중요한 디딤돌이 될 것이라는 뜻이다.

제 1 절   20세기 역사철학의 특성

일반적으로 20세기의 역사철학은 제 1 차 세계대전을 계기로 형성되었다. 전쟁의 비극을 체험한 서양사람들은 역사 자체에 의구심을 가지면서 역사를 도피하거나 아니면 역사 속으로 뛰어들어가 그것을 근본적으로 재검토하려는 입장을 취하였다. 이에 대부분의 지성인들은 전자(도피)보다는 후자(재검토)에 기울게 되었는데 그것은 당연한 논리의 귀결일 것이다. 왜냐하면 그들이 역사로부터 벗어나면 날수록 그것의 망에 더욱 철저하게 걸려들기 때문이다. 그리하여 그들은 역사와 역사철학에 대하여 골똘히 숙고하지 않으면 안 되었다. 20세기에 접어들어 나타난 그들 사상의 특성을 살펴보면 다음과 같다.

전쟁의 혐오감

그 첫 번째 특성이 전쟁에 대한 혐오감이었다. 도대체 전쟁이란 왜 일어나야 하며, 사람들이 왜 전쟁을 겪어야 하는지, 그리고 세계대전이 언제 어디서 일어날 것이며, 만약 일어난다면 어떻게 될 것인지 등 사람들은 누구나 불안과 공포 속에서 나날을 보내지 않으면 안 되었다. 그러므로 그들은 전쟁 자체를 혐오하면서 다른 한편으로는 세계대전 발발의 원인과 배경에 대하여 깊이 숙고하게 되었다. 그들이 전쟁을 배격하면서 대략적으로 내리게 된 결론은 제국주의와 자본주의에 대한 불신이었다. 즉 국가적 이기주의와 민족적 우월주의를 통한 식민주의가 전쟁의 주범이라는 것이다. 그리고 그들은 더 나아가 유럽 중심의 역사연구나 해석에 대해서도 점진적으로 회의를 가지기 시작하였다. 왜냐하면 유럽이 주로 제국주의와 자본주의를 주도했을 뿐 아니라 전쟁을 야기시키는 중심 축이었기 때문이다.

랑케사학과의 결별

그 두 번째 특성은 19세기 랑케사학과의 결별이었다. 낭만주의에 바탕을 둔 랑케사학의 공헌은 그 누구도 부정할 수 없을 것이다. 과거 사실을 있는 그대로(wie es eigentlich gewesen) 조사하려는 실증적 방법과 개별과 특수의 가치를 중시하려는 접근자세는 아무리 강조해도 결코 지나치지 않을 것이다. 그

러나 19세기의 낙관론과 진보사관이 좌절되고 19세기적 세계질서와 가치체계
가 무너지자 사람들은 방향을 잃고 나아갈 바를 알지 못하게 되었다. 더군다나
민족과 국가의 이익을 중심으로 퍼져나가는 국가주의는 민족과 국가간의 갈등
과 적대감을 빚어내 그들 사이의 충돌을 피할 수 없게 만들었다. 여기에 랑케
사학은 그 설 자리를 유지할 수 없게 되었다. 그것은 주지하는 바와 같이 랑케
사학이 유럽을 중심으로 하는 세계사에 자리를 잡고 있었으며 그 역사의 단위
를 국민국가에 초점을 맞추고 있었기 때문이다. 다시 말해 랑케사학이 국가적
이기주의 및 민족적 우월주의와 결코 무관하지 않다는 논리이다.

유럽중심에서의 탈피

그리하여 우선 유럽중심에서 탈피하려는 역사철학이 등장하게 되었다.
즉, 유럽에서 벗어나려는 방법과 해석이 나타나게 되었다. 그 전형적인 역사해
석 가운데 하나가 순환적 역사발전과정이었다. 말하자면 서유럽의 역사도 순
환론에 의하여 쇠퇴하여 막을 내리는 때가 반드시 있다는 것이다. 그리고 역사
의 단위도 민족이나 국가적 차원이 아니라 이보다 더 넓고 큰 단위인 문명으
로 바라보아야 한다는 것이다. 이 해석의 가장 대표적인 사람이 20세기의 오
스왈드 쉬펭글러였으며 이를 이어받아 더욱 전문적으로 발전시킨 사람이 바로
아놀드 토인비였다.

탈냉전 역사철학

한편 냉전의 종식(1990)을 계기로 등장한 역사철학자들로는 신학자 라인
홀드 니부어와 프란시스 후쿠야마, 새무엘 헌팅턴, 하랄트 뮐러 등이 있다. 탈
냉전의 충격으로 역사의 앞날을 낙관적으로 바라보려는 사람들이 있는가 하면
반대로 비관적으로 바라보려는 사람들이 나타났다. 그 가장 대표적인 역사철
학자들이 후쿠야마와 헌팅턴으로, 전자(후쿠야마)가 인류 보편사의 성취를 확
신한 반면에 후자는 또 다른 문명들의 충돌을 예단하였다. 즉, 자유민주주의와
자본주의의 발달로 동질화된 역사는 더 이상 진화될 필요가 없는 온전한 '탈역
사시대'에 이르렀다는 것이 전자의 이상주의적 주장이며, 탈냉전의 휴식은 잠
깐일 뿐 종교를 바탕으로 다시 문명들간의 충돌이 나타날 것이라는 것이 후자
의 현실주의적 주장이다. 이에 헌팅턴의 문명충돌에 반대하여 문명들간의 공

존을 들고 나온 사람이 평화연구가 하랄트 밀러였다. 그러면 이들 가운데 가장 많이 인구에 회자되는 토인비와 후쿠야마, 헌팅턴의 사상에 대해서 간단하게 둘러보도록 하자.

제 2 절   토인비의 역사철학

아놀드 토인비(Arnold J. Toynbee: 1889-1975)는 20세기 중엽 경험적 조사를 기초로 세계역사의 문명들을 해석한 역사철학가로 유명하다. 그는 제 2차 세계대전의 위기를 맞아 19세기의 '알기 위한 역사(랑케사학)'에서 20세기의 '살기 위한 역사(반랑케사학)'로의 전환기에 이에 걸맞은 역사철학을 정립하였다. 말하자면 '도전과 응전'의 이론은 이 역사적 위기를 극복하기 위한 그의 역사적 방법론인 셈이다. 그는 런던에서 태어나 고전학 전공으로 옥스퍼드의 벨리올 칼리지를 졸업하였다. 그 후 9개월간 크레타섬과 아토스 반도를 여행하면서 문명의 멸망에 대하여 숙고하게 되었다. 문명은 왜 멸망하여야 하는가, 문명과 역사가 다시 회복될 수 있는 출구는 없는가 등에 관하여 깊이 고찰하였다. 그는 크리스챤으로서 개인의 구원뿐 아니라 문명과 역사의 구원에 대해서도 숙고하였다. 그리하여 그는 고전학, 언어학, 문학, 역사학의 영역을 벗어나 세계적, 우주적 차원에서 인간과 역사, 종교에 대하여 새롭게 성찰하려는 구도자의 마음을 가지게 되었다.

그의 이름이 세상에 널리 알려진 것은 유명한 『역사의 연구(*A Study of History*)』를 통해서였다. 이 저서는 첫 번째 3권(1934년), 두 번째 3권(1939년), 세 번째 4권(1954년), 그리고 나머지 2권(1959년, 1961년), 총 12권으로 이루어진 대작이다. 이 저서는 그 방대한 분량에도(처음 6권의 경우) 25만부나 팔려나가는 대중의 관심도를 보여주었다. 그 후 그의 저서는 미국인 소머벨에 의한 2권의 압축판 간행으로 일약 베스트셀러로 발돋움하게 되었다.[1]

---

1) D. C. Somervell, *Abridgement of Toynbee's A Study of History*, I-Ⅵ, Ⅶ-Ⅹ, New York, 1957(노명식 역, 『역사의 연구』 I, Ⅱ, 삼성사 참고바람).

토인비의 역사이해

토인비에게 가장 큰 영향을 준 것은 아마도 기독교 사상일 것이다. 그는 이 세계와 역사 안에 있는 모든 것들은 전적으로 하나님에 의하여 시간적으로나 공간적으로 움직여 나아가는 변경될 수 없는 운동이라고 생각하였다. 그리하여 그는 역사와 세계를 이해하기 위해서는 시공적으로 지엽적인 좁은 테두리에서 벗어나 좀 더 넓은 전체적인 안목을 가질 필요가 있다고 생각하게 되었다. 그의 사상구성에 중요한 영향을 준 사람들로는 미국의 철학자 테가아트, 독일의 괴테, 그리고 앞에서 말한 쉬펭글러를 들 수 있다. 그 가운데서도 그의 사상을 압도한 것은 쉬펭글러였다. 그는 1920년 내미어 교수로부터 전해 받은 쉬펭글러의 저서 『서양의 몰락』을 읽고 그 자신이 평소 품고 있던 역사에 대한 구상을 더욱 굳히게 되었다.

토인비와 쉬펭글러

그는 쉬펭글러의 다음 두 가지의 역사이해에 찬사를 아끼지 않았다. 한 가지는 '문명(civilization)'이라는 개념이고, 다른 한 가지는 동시대적 역사연구라는 방법이다. 즉, 역사의 연구대상은 근대 서유럽의 국민국가나 혹은 그리스, 로마의 도시국가와 같은 단편적인 테두리의 단위가 되어서는 안 되고 보다 넓은 범위, 적어도 사회적, 문화적 통일체로서의 문명이 되어야 한다고 생각하였다. 그리고 문명이라고 부르는 모든 사회들의 역사는 상호 병행적이며 동시대적으로 발전하는 것이지 일직선적으로 진보하는 것이 결코 아니라고 생각하였다. 그러므로 그의 역사철학은 고대에서 근대를 바라보고 다시 근대에서 고대를 바라보려는 쌍안적 역사안목과 현재를 과거 속에서 살리고 과거를 현재 속에서 살려 과거와 현재가 하나로 되는 철학적 동시성에서 출발하는 것으로 풀이된다. 그러므로 그에게 시대와 장소가 다른 사회와 문명들의 비교조사와 연구가 가능한 것도 모두 이러한 그의 사상에서 연유된 것이라 하겠다.[2]

토인비는 쉬펭글러를 따르면서도 마음에 내키지 않는 방법들에 대해서는 단호한 입장을 보였다. 그는 쉬펭글러의 지나치게 은유적이고 신비주의적인 직관이나, 문명을 자연의 한 법칙으로 묶어버리려는 그의 독단을 과감하게 배

---

2) A. J. Toynbee, *Civilization on Trial*(London, 1948), ch. 1; A. Marwick, *The Nature of History*, p. 106.

격하였다. 즉, 그는 역사해석에서 나타나는 그(쉬펭글러)의 선험적인 독일방식을 경험적인 영국방식으로 바꾸었다. 그리하여 그는 문명을 초유기체(super-organism)로 보려는 생물학적 비유를 배격하였으며 역사의 필연적 법칙이나 문화결정론도 인정치 않았으며 더 나아가 각 문명의 배타적 독립성을 받아들이지 않았다. 그는 문화 상호간의 이식과 동화를 인정함으로써 문화의 고립화를 방어하였다. 그는 더 나아가 소위 문명들 사이의 시간적 접촉과 공간적 접촉에 의하여 나타나는 문명의 변화를 통하여 문명을 넘어선 역사이해의 가능성을 개진하였다.

23개의 문명들

토인비는 역사 이래 존재한 사회(문명)들로 서유럽사회, 그리스 정교사회, 이슬람사회, 힌두사회, 극동사회(중국, 일본, 한국), 슈메르사회, 이집트사회, 신세계사회를 들고 있다. 그리고 이들 사회(문명)들을 소급하여 지금은 소멸된 사회들을 찾아냈다. 예를 들면, 서유럽사회 배후에는 그 부모에 해당되는 그리스-로마사회(헬레네문명)가 있었고, 그리스 정교사회는 정교 비잔틴사회와 정교 러시아사회로 나누어지는데 이들 배후에는 서유럽과 마찬가지로 헬레네사회가 있었으며, 이슬람사회 배후에는 이란과 아랍사회가 있었으며 다시 올라가면 성경을 통하여 친숙한 시리아문명이 있었다. 힌두사회 배후에는 인도사회가 있었으며 다시 그 배후에는 인더스사회가 있었으며, 슈메르사회는 히타이트와 바빌로니아의 두 자식사회들로 갈라지며, 신세계는 안데스, 유카탄, 멕시코 및 마야의 네 사회들로 갈라진다. 그리고 이집트사회는 아버지문명도 자식문명도 없음이 확인되었다. 그리고 이들 초기 문명들 배후에는 보다 고대적인 집단들이, 다시 이들 고대적 집단들 배후에는 인류 최초의 원시사회들이 있었다고 보았다. 결과적으로 그는 도합 28개의 문명들을 찾아냈다. 이 가운데서 도중에 '유산된(abortive)'문명 2개와 '정지된(arrested)'문명 5개를 제하면 온전히 성숙된 문명들은 실제로 모두 21개(혹은 23개)의 문명들이 있게 되며, 다시 이 가운데서 사멸된 문명들을 제하면 실제로 현재 살아 있는 문명들의 수는 위에서 밝힌 바대로 5개여(서유럽, 그리스정교회, 이슬람, 힌두교, 극동 등)가 되는 셈이다. 그러므로 그는 문명은 서유럽문명 하나뿐이라는 사고와 모든 문명들은 이집트에서 기원하였다는 문명전파설을 근본적으로 배척하고 있다.

이들 문명들은 각각 3'세대(generations)'로 나뉘어 발생(genesis), 성장(grow-th), 쇠퇴(breakdown), 해체(disintegration)의 과정을 밟으면서 발전하여 나아간다.[3]

문명의 발생

그는 연구주제를 정한 다음 주로 네 가지 커다란 질문들을 통하여 그의 사상을 전개하고 있다. 그는 그의 저서 6권(I-Ⅵ)에서 "문명들은 어떻게 발생하는가?"라는 그 첫 번째 질문을 제기하고 있다. 그는 23개의 문명 가운데 16개의 문명은 선행문명으로부터 나왔지만 그 나머지 6개의 문명은 원시사회에서 직접 발생하였다는 사실을 찾아냈다. 그렇다면 과연 문명을 낳게 만드는 요인은 무엇인가. 그에 의하면, 문명의 발생요인에는 선천적으로 우수한 인종적 자질, 유리한 지리적 자연환경, 앞의 두 가지 요소들의 상호작용의 세 가지를 들 수 있다. 그러나 이러한 것들은 문명을 만드는 근본적인 요인은 될 수 없다. 왜냐하면 경험적인 근거에서 볼 때 이들 요인들은 모든 실제적인 사건들을 만족하게 설명하지 못할 뿐 아니라, 문명이 때로는 발생하고 때로는 발생하지 못하는 이유를 설명하지 못하기 때문이다.

'도전과 응전'

그러므로 그 가장 중요한 요인은 인간의 무한한 힘을 일으켜주는 어려운 역경(adversity)이라고 주장한다. 즉, 문명발생의 기원을 알아내는 열쇠는 바로 '도전과 응전(challenge-and-response)'이라는 가설이다. 그것은 인간의 창의적 행동들이 역경을 당하여 이를 이겨내려는 전례 없는 노력을 필요로 하는 어려운 상황에서만 나타나기 때문이다. 위에서 말한 제1세대 문명은 이러한 과정을 거쳐서 이루진 것이다. 즉, 인류의 문명은 자연환경조건이 좋은 곳에서 일어나는 것이 아니라 오히려 어려운 역경(도전)에서 이를 물리치려는 끊임없는 인간의 정신적, 창의적 노력(응전)에서 일어난다는 것이다.[4]

토인비는 끝으로 이 공식(도전과 응전)을 더욱 정당화하기 위하여 소위 '세 가지 상호관계의 비교(comparisons in three terms)'를 제시하고 있다. 말하

---

3) Somervell, *op. cit.*, I-Ⅵ, pp. 35-59.
4) *Ibid.*, pp. 60-139.

자면 이 공식에 의해 도전이 더욱 격심하면 할수록 응전 또한 더 훌륭하게 된다는 식의 논조는 반드시 맞아떨어지지는 않는다는 것이다. 도전은 어떤 경우에는 너무 격심하면 응전이 성공적일 수 없게 되며, 반대로 너무 약할 경우에는 전연 반응이 나타나지 않을 수도 있다는 것이다. 그는 '중용(the Golden Mean)'이라는 섹션에서 문명은 '중용' 혹은 '최적의 조건(optimum)'의 도전에서 응전한다고 주장하고 있다. 그는 실제로 지나치게 과도한 강력한 도전에 직면하여 성공적인 응전을 해내지 못한 사회들을 수없이 많이 찾아냈다. 이 '유산된' 문명이 바로 바이킹으로 이들은 아이슬란드와 그린란드의 격심한 자연적 도전을 이겨내지 못하였으며, 유럽 극서의 켈트 기독교인도 팽창기의 이웃 서유럽문명의 끈질긴 도전에 견디지 못하고 스러지고 말았다.[5] 그러므로 한 문명이 성장을 계속하려면 그 문명이 직면한 문제를 해결하고 다시 새로운 문제가 일어나면 연이어 그것을 새로운 응전으로 해결하려는 끈기가 없으면 안 된다는 것이다.

문명의 성장

토인비는 문명의 기원에 대하여 설명한 다음 "문명은 어떻게 성장하는가?"라는 그의 두 번째 질문에 이른다. 이것은 기본적으로 첫 번째 질문과 동일한 해답을 얻게 된다. 즉, 문명들은 일련의 도전에 대한 응전으로 발전해 나아간다. 그러나 창조적 운동에 대한 그의 설명은 간단치 않다. 그것은 일종의 사회적 변증법을 암시하는 것으로 최적의 응전은 한 사회를 평형으로 내버려 둔다기보다는 오히려 더 많은 문제를 야기케 하여 발달을 지속적으로 고무케 한다는 주장이다. 그러므로 사회에는 응전을 일으키는 창조적 개인들 및 소수집단과 그렇지 않은 다수집단 사이의 중요한 차별이 생기게 된다. 그리고 성장하는 사회의 지도력은 그가 소위 '후퇴-복귀(withdrawal-return)'라 부르는 '근원 경험(archetypal experiences)'을 통하여 창조적 역할을 준비하는 집단을 가지게 된다. 즉, 창조적 개인들의 활동은 이 후퇴와 복귀의 이중운동을 하는데, 후퇴는 자기개발을 위한 것이고 복귀는 구성원들을 위한 활동을 의미한다. 그는 구체적으로 세계의 방대한 문헌을 인용하여 이러한 사례들을 보여주고 있다. 그는 그가 좋아하는 철학자 앙리 베르그송에 따라 이러한 사회적 성장 과

---

5) Somervell, ch. Ⅱ, pp. 60-139.

정의 결과를 사회적 생명의 약동현상(a vital elan)으로 표현하고 있다.[6]

'에테르화'

그러면 문명에서 성장의 기준은 무엇인가. 그것은 물질적 기술의 개량에서 나타나는 자연환경에 대한 지배력의 증대인가. 아니면 인근 민족의 정복에서 나타나는 인간적 환경에 대한 사회 지배력의 증대인가. 이런 것들은 물론 아니라고 그는 부정한다. 왜냐하면 농업이나 산업기술의 발전은 문명이 그 전성기를 지나면 흔히 일어나는 것이며, 지리적 팽창은 그가 후에 쇠퇴의 징후로 일컫게 되는 군국주의로 나타날 수 있기 때문이다. 그렇다면 문명성장의 기준은 무엇인가. 그것은 시간의 경과에 따라 나타나는 변화, 한 사회가 직면하고 있는 주요 도전들의 본질적 변화, 다시 말해 그가 만들어낸 소위 '에테르화(etherialization)'의 변화라는 것이다. 이것('에테르화')은 인간개인의 내면적 발달과 긴밀하게 병행한다. 즉, '에테르화'란 어떤 분야의 도전에서든지 그 내용이 주로 도덕적, 정신적인 차원의 도전으로 승화되는 상태를 의미한다. 그러므로 성장의 차원이 높아질수록 그 도전은 물질적이며 외적 도전에서 더욱 정신적이며 내적 도전으로 변화를 갖게 된다. 따라서 이 경우 창조적 생명력을 갖춘 인간행동만이 이 도전을 이길 수 있게 된다. 그것은 인간의 자아결정에 바탕을 두고 있기 때문이다. 그는 위에서 말한 베르그송의 '초인적 인물'에서 힌트를 얻어 창조적 영감을 가진 신비적 인물들을 그 도전에 이겨낼 수 있는 적절한 지도자들로 꼽고 있다. 여기서 그는 비창조적인 집단이 창조적 지도집단과 접촉하는 문제의 해결을 '사회적 미메시스(social mimesis)'에서 추구한다. 미메시스(모방)는 일종의 사회적 훈련을 통한 모방을 의미한다.

문명의 쇠퇴

그러나 위의 설명으로 그의 성장이론이 결코 만족할 만하게 충족된 것은 아니다. 왜냐하면 이론상으로 그의 문명성장은 계속 지속될 수 있는 것으로 나타나 있음에도 불구하고 수많은 문명들이 그 성장을 그치거나 사멸하고 있기 때문이다. 그 원인은 아마도 지도자들의 창의성 상실과 다수인들의 충성심 위축 등으로 사회적 통일이 더 이상 지탱될 수 없기 때문일 것이다. 그는 이에

6) *Ibid.*, ch. Ⅲ, pp. 164-243.

"문명쇠퇴의 원인은 무엇인가?"라는 세 번째 질문으로 가게 된다. 그는 현존 문명들에 관한 자료들을 조사하면서 문명쇠퇴의 공통적인 경향성을 찾아냈다. 그것은 문명 쇠퇴기에 즈음하여 문명전체를 하나로 통합하는 세계국가(univer- sal state)가 등장하고 있다는 것이다. 그것은 무너져 가는 문명의 운명을 다시 한번 회복해 보자는 의도에서 나타난 것이다. 그리고 이 세계국가가 출현하기 전 반드시 약 400년간의 '고난의 시기(a time of troubles)'가 있다는 것이다.

'사회적 미메시스'

그러면 토인비가 문명 쇠퇴의 원인으로 삼고 있는 내적인 원인은 무엇인가. 그는 창조적 소수집단과 비창조적 다수집단과의 조화로운 관계를 이루어 주는 '사회적 미메시스'의 본질에서 문명 쇠퇴의 요인을 찾고 있다. 이 사회적 미메시스(모방)는 앞에서 말한 바와 같이 소수의 지도집단이 비창조적인 다수 집단을 교도하는 일종의 훈련방법이다. 그러므로 그 훈련과정에는 무리한 억압이 행해지기 마련이다. 그것은 단시일 내에 소기의 목적을 달성하려는 소수 지배층의 욕망이 항상 도사리고 있기 때문이다. 이러한 경향은 그들의 창조성이 상실될 때 더욱 두드러지게 등장한다. 여기에 문명쇠퇴의 원인들로 국가지도자들의 심리적 자질과 사회모방의 한계성이 고개를 든다. 그에 의하면, 문명의 성장기에는 지도자와 그를 따르는 대중 사이에는 긴밀한 연결고리가 형성되어 후자는 전자의 창조의지를 모방하게 된다. 모방(mimesis)은 일종의 사회적 훈련을 통하여 이루어지는 것으로 일반 대중은 창조적 소수집단을 모방하여 사회적 관습, 재산, 사상 등을 얻는다. 그러나 소수집단이 창조성을 발휘하지 못하면서도 강압을 요구하게 되면 대중은 그들을 이탈하게 된다. 그리하여 그들은 자아결정(self-determination)의 힘을 잃게 되어 그들 사이의 충돌위험이 나타나게 된다. 그 결과 그들의 문명은 성장을 멈추게 된다.[7]

그는 이러한 변화——이것은 인류의 문명사에서 일어난 가장 불행한 사건이다——를 '창조적(creative)' 소수집단의 '지배적(dominant)' 소수집단으로의 변모라고 표현한다. 이와 같은 지배적인 소수집단은 알맹이가 없는 껍데기 집단으로 세 가지의 자가당착적인 우상숭배로 빠져 들어간다. 첫 번째는 사회제도에 대한 우상화로, 소위 '헬라스의 교양(the education of Hellas)'이라고 내세

---

7) *Ibid.*, ch. IV, pp. 244-359.

운 아테네인들의 도시국가가 그 좋은 예이다. 그들은 이 국가조직을 숭배한 나머지 폴리스를 뛰어넘는 국제화에 반발하여 새로운 도전에 실패하고 마는 결과를 초래하였다. 두 번째는 인간자아에 대한 우상화로, 유대인들의 종교가 그좋은 예이다. 그들은 구약시대의 도전에는 성공했으나 신약시대의 도전에는 실패하였다. 그들은 여호와를 지나치게 안전인수격으로 우상화한 나머지 선민의식에 사로잡혀 국제적으로 고립을 면하지 못하였다. 그리하여 급기야 하나님의 아들 그리스도의 강림까지 부정하는 우를 범하게 되었다. 세 번째는 과학기술의 우상화로, 스파르타인들이 그 좋은 예이다. 그들은 제한된 기술과 전략에 전적으로 의존한 나머지 페르시아전쟁에 패배하는 수모를 당하지 않으면 안 되었다. 토인비는 위의 것들과는 다른 중요한 문명쇠퇴의 공통된 정신적 원인으로 교만의 죄(the sin of pride)를 들고 있다. 이것은 균형감각의 상실을 의미하는 것으로 토인비는 이것을 '승리의 도취(the intoxication of victory)'라고 일컬었다. 즉, 인간이 자기의 분수를 인지하지 못하고 어떤 분야들에서도 다 해낼 수 있다는 맹목적인 교만에 치우친다는 것이다. 그는 이 경우의 대표적인 예들로 서양중세의 교황청의 만행과 군국주의자들의 만용을 들고 있다.[8]

문명의 해체

문명의 쇠퇴기 다음에는 해체기가 온다. '문명의 해체란 무엇인가?'라는 질문이 그의 네 번째 마지막 토의주제가 되는 것으로 그의 처음 6권의 대부분을 차지한다. 그는 해체기에는 처음의 세 단계들과는 아주 달리 모든 것들이 탄력적이지 못하고 기계처럼 정적으로 변한다고 본다. 그러나 여기에서도 그는 매우 유연한 변화의 여지를 남긴다. 즉, 문명의 발생기에서 생겨진 문명이 성장기로 들어가지 못한 '저지된' 문명이 있듯이 쇠퇴단계에서 상당기간 동안 해체기로 들어가지 않고 화석상태로 남아 있는 문명들이 있다는 것이다. 이것은 그가 문명의 기계론적인 결정론을 거부하려는 것으로 풀이된다. 다시 말해 문명이 발생했다고 저절로 성장하는 것도 아니고 쇠퇴기에 돌입했다고 해서 반드시 멸망하는 것도 아니라는 것이다. 문명의 해체과정의 한 시점에서 화석화되어 계속 변화 없이 수천년간 정체된 문명으로 남아 있는 것으로는 제 1 대 이집트문명을 들 수 있으며, 정식으로 사망한 다음에도 그 잔해가 후계 문명의

---

8) *Ibid.*

본체 안에 화석으로 존재하는 것들로는 인도의 파시교인들과 서유럽의 유대교인들을 들 수 있다. 이들은 모두 제 2 대 시리아사회에서 기원되었다.[9]

사회의 분열

토인비의 문명의 해체기는 군국주의와 같은 지도자의 지배력 증대에 따른 사회의 분열로부터 시작된다. 사회의 분열에는 수직적 분열과 수평적 분열이 있는데, 전자는 지리적으로 나누어져 있는 공동체 상호간의 분열(국가간의 전쟁)이고 후자는 지리적으로는 동일하지만 사회적 갈래들로 나타나는 분열(계급간의 갈등)이다. 사회가 여러 작은 지역적 공동체로 갈라지는 것은 어느 사회에서나 볼 수 있는 공통적인 현상이지만 계급적 분열은 문명사회, 특히 문명의 쇠퇴기에 주로 나타나는 현상이다. 문명의 해체기에는 주로 세 가지 주요 분파, 즉 지배적 소수집단, 내적 프로레타리아트, 외적 프로레타리아트의 분열이 나타난다. 첫 번째 지배적 소수집단(dominant minority)은 창의적 지도력을 상실한 집단으로 무력과 폭력으로 일반 대중을 강압하려 한다. 두 번째 내적 프로레타리아트(internal proletariat)는 해체과정에 있는 정치적 경계 안에 있는 사람들로 이들 무능한 지배세력에 대항하기 위하여 전투력을 집중적으로 형성한다. 그리스-로마사회의 경제적 상속권 박탈자들, 피정복인들, 노예무역의 희생자들이 이에 속한다. 세 번째 외적 프로레타리아트(external proletariat)는 국경 바깥에 있는 야만인들로 내적 프로레타리아트처럼 무력적 전투를 상습수단으로 삼는다. 그러나 토인비의 문명 해체기는 쉬펭글러와는 달리 최종적 파멸로 치닫게 하지는 않는다. 만약 그의 문명이 해체의 종국으로 끝난다면 그는 문화결정론자의 누명을 벗지 못했을 것이며 더 나아가 낙관적인 역사철학자로 머물게 되지도 못했을 것이다.[10]

그의 설명에 더 다가가 보자. 그에 의하면, 문명의 해체기 말기에는 새로운 싹이 움트고 있다. 그 징조로 지배적 소수집단은 위에서 지적한 세계국가(universal states)를 만들고 내적 프로레타리아트는 소위 고등종교인 세계교회(universal churches)를, 그리고 외적 프로레타리아트는 전투집단을 만든다. 이 세 가지의 만남으로 낡은 문명에서 새로운 문명이 일어난다. 그 중에서도 세계

---

9) *Ibid.*, ch. Ⅴ.
10) *Ibid.*

교회는 새로운 문명을 낳기 위한 번데기이다. 그리고 이 문명의 재생에는 문명 자체의 창의적 변화가 주력을 잡지만 다른 문명과의 접촉으로 들어오는 외적 영감(external inspiration)도 무시 못한다. 여기에 문명에 대한 토인비의 폭넓은 스케일이 있음을 감지하게 된다. 그것은 문명과 문명의 접촉과 교류 없이는 문명의 해체가 이해될 수 없기 때문이다. 그의 해체기에서 특히 중요시되는 것은 사회적 분열에 따른 영혼의 분열(schism in the soul)이다. 이 영혼의 분열현상은 인간의 깊은 내면에서 일어나는 것이기 때문에 사회적 분열현상보다 더욱 심각하고 복잡하다. 인간의 행동과 감정, 생활면에 나타나는 양상은 전체적으로 능동적인 것과 수동적인 것이 있는데, 모두가 창조적이지 못하다.

그에 의하면, 문명해체의 과정에는 실패-회복-실패-회복-실패의 2박자 반의 리듬이 있다. 이처럼 해체의 과정은 끝에 이르기까지 실패-회복을 계속 되풀이한다. '고난의 시기'가 첫 실패이고 '세계국가'의 수립이 회복이며, 그 후에 오는 '공위시대(interregnum)'가 최후의 실패이다. 공위시대는 외적 프로레타리아트의 전투집단이 활약하는 영웅시대(the heroic age)이다. 이 시기에 외적 프로레타리아트를 개종시켜 새로운 문명을 만들어내는 것은 다름 아닌 세계교회이다.[11]

세계교회의 역할

토인비는 『역사의 연구』 제7-10권(1954)에서 문명 해체에 대한 종래의 입장을 바꾸고 있다. 문명이 해체기에 이르면 그대로 종료되는 것이 아니라 그 안에서 자라난 세계교회를 통하여 새로운 문명을 낳는다는 것이 그의 일관된 해석이었다. 그리하여 세계교회는 새로운 문명의 번데기였다. 그러나 세계대전을 체험하면서 그러한 문명사관이 바뀌었다. 그는 오히려 해체기의 문명들을 세계교회를 낳기 위한 번데기로 거꾸로 본다. 즉 종래의 그의 문명사관이 종교사관으로 전환된 것이다. 이러한 그의 '역할의 역전(a reversal of roles)'은 아마도 문명의 좌절에 따른 고난을 통해서 인간이 신에게 더 가깝게 다가가려는 의지로 풀이된다. 즉, 종교의 힘을 통하여 반복하는 문명의 역사를 앞으로 전진시키려는 것이 아닌가 싶다. 그의 설명을 더 들어보자. 그에 의하면, 세계국가는 '고난의 시기'의 여러 가지 혼란들을 극복하기 위하여 이루어진 평화체제

---

11) *Ibid.*

이다. 사람들은 이 체제를 환영하고 따르지만 오래가지 못한다. 그것은 해체의 속도를 지연시킬 수는 있을지 모르지만 근본적으로 바꿀 수는 없다. 이 체제는 그들의 세계국가 곳곳에 세계교회를 수립하는 데 도움을 준다. 그리하여 내적, 외적 프로레타리아트를 만족시킨다. 그들은 결국 내적 프로레타리아트가 바라는 세계교회에 개종하게 된다. 요컨대, 그들의 문명인 세계국가는 내적 프로레타리아트의 세계교회를 위한 번데기라는 것이다.

그러므로 역사의 주체는 문명이 아니고 종교, 세계교회가 된다. 그러면 그가 문명과 종교(세계교회)의 관계를 역전시키는 원인은 무엇인가. 그에 의하면, 제 1 대 문명들과 제 2 대, 제 3 대 문명들을 두루 살펴보면 세계교회들(기독교, 이슬람교, 힌두교, 대승불교)이 새로운 문명들을 탄생시킨 것이 아니라는 것이 분명해진다. 그리스문명이나 시리아문명, 인도문명 같은 제 2 대 문명들은 모두 세계교회를 번데기로 하여 제 1 대 문명에서 탄생된 것이 아니다. 왜냐하면 모든 고등종교들은 제 2 대 문명의 해체기에서 성장했기 때문이다. 그러므로 오히려 문명들이 세계교회들의 출현을 준비하고 있는 것이다…. 문명들의 생성노쇠는 수레바퀴의 회전과 비슷하며 종교는 차체의 전진에 비유된다. 수레바퀴가 회전하는 것은 무엇보다도 소정의 목적지에 도달하기 위해서이다.[12]

이것은 문명의 순환과 종교의 전진이라는 낙관론에 기초한 그의 나선적 발전사관을 의미하는 것으로 풀이된다. 다시 말해 이것은 헬레니즘과 헤브라이즘의 사상이 그의 역사해석에 투영된 것임을 뜻하는 것이라 하겠다. 그는 위에서 말한 네 가지의 세계교회들의 역할에서 보다 높은 차원의 인류의 진보를 기대하고 있는 것이 아닌가 싶다. 왜냐하면 그는 위의 네 가지 세계교회들의 신앙과 가치, 목적 등이 유사하므로 복잡다기한 문명들을 하나의 목표를 향하여 이끌어 갈 수 있다고 믿고 있기 때문이다.

평 가

이제까지 토인비의 역사철학에 대하여 두루 살펴보았다. 그는 명실공히 20세기의 역사를 그 위기에서 구출하려고 시도한 역사철학자였다. 그는 이를 위하여 19세기의 역사학이 18세기의 합리주의에서 벗어나려 한 것처럼, 19세기의 역사주의에서 벗어나려 하였다. 그의 주장에는 쉬펭글러의 기계론적인

---

12) *Ibid.*, ch. Ⅶ.

운명론과 문화의 독자적 배타성을 탈피하려는 낙관적인 역사해석이 엿보인다. 그러나 그는 아마츄어 역사가 쉬펭글러와는 달리 전문적인 역사가라는 점에서 더욱 가혹한 비판의 대상이 되기도 하였다. 그러면 그의 주장에 대한 역사가들의 비판은 어떤 것들인지 살펴보도록 하자.

첫 번째는 그의 소위 '경험적' 방법에 대해서이다. 위에서 말한 바와 같이 그의 경험적 일반화의 방법은 무리라는 지적이다. 그는 역사사건들의 특수성을 무시하고 문명이라는 틀 속에서 역사현상을 일반화하려고 시도하였다. 겨우 31개의 문명들의 샘플을 가지고 다른 문명들의 일반적 발전의 패턴을 끄집어내거나, 역경에 대한 도전이라는 법칙을 가설하고 이 잣대로 모든 문명들의 운명을 점치려고 시도하였다.

두 번째는 그의 개념의 모호성이다. 그 가장 대표적인 것이 '문명'이다. 그는 도시국가나 국가 대신 문명을 사용하였다. 그러나 문명의 개념은 너무나 막연하고 분명하지 않다는 지적이다. 그의 '문명'은 처음에는 널리 받아들여졌다. 그러나 점차 역사가 다양화하면서 그 개념의 모호성이 드러나기 시작하였다. 이 개념으로 오히려 국가나 도시국가를 중심으로 전개되는 인과관계의 의미가 모호해졌을 뿐 아니라 문명 자체도 모호해졌다.

세 번째는 그의 주장들의 상충성이다. 즉, 그의 '규칙들'과 '법칙들'이 보편성을 잃고 있어 경우에 따라 서로 부딪힌다는 지적이다. 그 좋은 예가 도전과 응전의 법칙과 이에 따른 '세 가지 상호관계의 비교'이다. 그는 또 역사를 해석하는 과정에서 결정론자가 아니라 자유의지론자라고 항변한다. 그러나 문명의 해체과정에서 실제로 그가 과연 비결정론자인지 아닌지는 자못 분별하기 쉽지 않다. 그는 각 문명의 단계마다 비켜 갈 수 없는 코너를 정해놓고 있기 때문이다. 이러한 여러 가지의 비판에도 불구하고 그의 저서가 각광을 받는 것은 아마도 역사와 사회, 세계, 미래에 대하여 과감하게 진단하고 비판하며 더 나아가 예단하는 그의 예리한 섬광, 더 나아가 20세기의 위기로부터 세계와 역사를 구원하려는 그의 이상적인 구도자적 염원 때문이 아닌가 한다.

제 3 절 후쿠야마의 역사철학

프랜시스 후쿠야마(Francis Fukuyama: 1952-)는 탈냉전시대를 대표하는 이상주의 역사철학자로 국제외교정치학자로도 유명하다. 프랜시스 후쿠야마의 이름이 세상에 널리 알려진 것은 그의 저서『역사의 종말과 최후의 인간』의 발간을 통해서였다.[13] 이 책은 그 이름이 풍기고 있는 기독교의 천년왕국적 색채와 더불어 현대 세계의 정치, 경제, 문화, 사회의 속성을 깊이 분석하고 있다는 점에서 적지 않은 사람들의 관심을 불러일으켰다. 그들의 관심 가운데에는 찬사는 물론 신랄한 비판의 소리도 적지 않다. 이 책은 얼마 안 가서 미국뿐 아니라 프랑스, 영국, 이탈리아, 일본, 칠레 등에서도 베스트셀러가 되어 많은 사람들의 주의를 모았다.

그는 이 저서에서 인간의 사회는 너무나 극적인 변화를 맞아 드디어 최후의 단계에 이르렀다고 선포하였다. 다시 말해 냉전의 종식과 공산주의의 붕괴로 역사는 더 이상 이데올로기의 싸움에 머물러 있을 수 없게 되었는데 이것이 바로 '역사의 종말'이라는 해석이다. 즉, 역사의 바탕이 되는 일관된 원리나 패턴이 더 이상 진보할 필요가 없게끔 완전한 상태에 이르렀다는 것이다. 그리고 이 역사 이후에 보편적인 정치지도이념으로 나타난 것이 다름 아닌 자유민주주의(liberal democracy)이며 이와 수반하여 보편적인 경제지도이념으로 나타난 것이 자유시장경제(free market economy)라는 것이다. 이것은 자유민주주의를 신봉하는 그의 낙관적 이상주의 역사철학을 나타내는 것으로 기본적으로 역사의 보편적 발전과정을 주장하는 칸트, 헤겔과 그 노선을 같이한다.

인류의 보편사 : 자유민주주의의 실현

후쿠야마는 칸트나 헤겔처럼 역사에는 하나의 커다란 일관된 흐름이 있으며 이 흐름은 일정한 목표와 방향을 향하여 전진하는 것이라고 믿었다. 그리고 역사의 가장 큰 목표는 인간 자유의 자아실현(self-realization of human freedom)이며, 이러한 자유의 실현과정은 한없이 계속되는 것이 아니라 언젠가는

---

13) Francis Fukuyama, *The End of History and the Last Man*, New York, 1992(이상훈 역, 『역사의 종말』, 한마음사 참고바람).

목표에 도달하여 종료되는 것이라고 확신하였다. 그는 특히 냉전의 종식과 더불어 1989년 베를린장벽의 붕괴, 1990년도 공산주의의 파멸현장을 목격하면서 역사의 진행과정은 진실로 종말에 다다랐다고 확신하게 되었다. 그리하여 그는 1989년 여름호 논문에 "역사의 종말?"이라는 제목으로 기고하였다. 위에서 말한 저서(『역사의 종말과 최후의 인간』)는 말하자면 이 논문을 다시 정비하여 가다듬은 것이라고 말할 수 있다. 그의 사상은 그 저서의 이름이 내포하는 바와 같이 독일 철학자들과 기독교사상가들의 영향을 적지 않게 받은 것으로 나타나 있다. 특히 헤겔과 니체의 영향이 가장 크다. 그의 저서의 '최후의 인간 (the last man)'은 니체에게서 빌려온 개념이다.

그는 세습적인 군주제와 파시즘이 무너지고 최근에는 공산주의가 붕괴됨에 따라 드디어 정치체제로서의 자유민주주의가 그 정체성을 인정받게 되어 보편적으로 퍼지게 되었다고 확신하였다. 그러나 그는 미국을 비롯하여 프랑스, 스위스와 같은 비교적 안정세에 있는 나라들에서 일어나고 있는 어려운 사회문제들을 부정하지는 않았다. 그것은 어디까지나 근대 민주주의의 기틀이 되는 자유와 평등의 2대 원리가 잘못 적용된 데서 오는 것이지 자유민주주의 자체가 잘못된 것은 아니라는 것이다. 그의 설명에 귀를 더 기울여보자.

…많은 사람들은 '역사의 종말'에서 '역사'에 관하여 잘못 오해하고 있다… 내가 말하는 역사는 일상적인 사건들이 아니라 보다 근원적이고 일관된 역사 자체를 뜻한다… 나는 헤겔이나 마르크스와 같이 역사의 보편적인 진화과정을 믿으며 동시에 인간사회의 진화의 종말을 믿는다. 나는 인간사회는 인간의 근본적인 욕구가 이루어지면 인간사회의 진보는 일단 정지한다고 믿는다. 헤겔은 역사의 종말을 자유주의 국가의 실현이라고 믿은 반면에 마르크스는 공산주의 사회의 실현이라고 믿었다. 나는 그것을 자유민주주의의 실현이라고 확신하고 싶다…[14]

즉, 역사의 종말이란 역사의 보편적인 진화과정이 끝났다는 것을 의미하며 역사시대 이후(the post-historical period)의 이상적인 정치이념은 자유민주주의라는 것이다. 후쿠야마는 이어서 일관된 역사의 흐름을 강조하는 19세기적 보편사를 다시 들고 나와야 되는 역사적 배경에 대하여 다음과 같이 설명하고 있다.

---

14) *Ibid.*, pp. xi-xii.

역사적 배경

···역사의 방향성과 진보성을 주장하는 헤겔과 그의 후계자들의 사상은 빛바랜 지 이미 오래다··· 그러나 20세기 후반에 들면서 이와 같은 사고에서 벗어날 수 있는 기쁜 소식들이 나타났다. 최근 사반세기 동안 역사의 소용돌이는 극좌든 극우든 공산주의와 독재체제의 붕괴를 몰고 왔다··· 지역적으로 속도의 차이는 있지만 대부분 자유민주주의로 대체되었다··· 여기에서 우리는 다시 한번 전 세기의 문제를 제기하지 않으면 안 되게 되었다. 그것은 과연 우리 인류에게 보편적 역사는 존재하는가 하는 것이다. 이러한 문제는 이미 칸트나 헤겔, 마르크스에 의해 제기된 것이지만 나는 20세기를 맞아 다시 이 문제를 제기하려고 한다···[15]

다시 말해 20세기 후반에 일어난 공산주의체제의 붕괴로 자유민주주의를 기반으로 하는 인류 보편사의 흐름이 다시 정당성을 찾게 되었다는 것이다. 그는 인류의 역사가 자유민주주의로 이끌어지는 보편사로 된 데에 기여한 것들로 두 가지를 들고 있다. 그 한 가지는 외적인 것으로 경제적인 발달이고, 다른 한 가지는 내적인 것으로 소위 인간의 '인정받으려는 본성(the nature for recognition)'이다. 첫 번째로 경제적인 발달과정에 대하여 알아보자. 그에 의하면 인류의 경제를 발전시키는 데 가장 커다란 견인차 역할을 한 것은 자연과학의 발달이다. 자연과학의 발달로 사회는 점차 획일적으로 되었다. 그것은 과학기술을 가진 국가는 결정적인 군사력 보유로 국가력 증강에 월등하게 유리한 고지를 차지하게 되며, 경제분야에서도 생산력 증강에 획기적인 원동력을 가지게 하기 때문이다. 즉, 과학기술의 발달로 무한한 부의 축적이 가능해지고 인간의 욕망이 지속적으로 채워지면서 모든 인간의 사회는 그 역사적 기원이나 문화적 유산에 관계없이 점차로 동질화(homogenization)되어 가고 있기 때문이다. 그리하여 경제적 근대화는 국가의 중앙집권체제, 산업화와 도시화, 합리적인 정치경제제도, 대중보통교육, 보편적인 경제소비문화 등으로 연결되게 한다.[16]

그렇다면 근대적 과학과 경제발달로 나타나는 현대의 역사적 메커니즘은 자유민주주의와는 어떤 상관관계에 있는가. 즉, 그것은 역사의 방향성이나 보편성에 대해서는 설명이 가능하지만 과연 자유민주주의에 대해서도 설명이 가능한가 하는 것이다. 일반적으로 경제적으로 발달한 나라들에서 자유민주주의

---

15) *Ibid.*, pp. xiii-xiv.
16) *Ibid.*, pp. xiv-xv.

가 발달하는 경우가 꽤 있다. 그러나 그렇지 않은 경우도 적지 않다. 근대 과학이나 경제적 근대화가 자유주의라는 약속의 땅 입구로 인도해주기는 하지만 자유주의 자체를 가져다주지는 않는다. 미국의 경우처럼 민주주의체제가 산업화 이전사회에서 나타날 수도 있고 일본의 메이지 시대나 독일의 비스마르크, 더 나아가 오늘날의 싱가포르와 태국처럼 자본주의체제가 정치적인 권위주의 체제와 공존하고 있는 경우도 있다.[17] 요컨대, 과학적, 경제적 발달이 보편적 역사의 당위성을 설명하는 데에는 합리적이지만 자유민주주의의 당위성을 설명하는 데에는 충분하지 않다는 것이다.

'인정받으려는 본성'

그리하여 자유민주의의 보편사를 설명하기 위한 두 번째 이유인 '인정받으려는 인간의 본성'으로 가지 않으면 안 된다. 인간이 경제적인 욕망 이외에 정신적인 욕구와 관련되는 것은 인간의 속성이 경제적인 동물근성으로만 다루어질 수 없기 때문이다. 그러므로 인간의 전체적인 모습을 알기 위해서는 그 외적인 경제적 측면뿐 아니라 내적인 '인정받으려는 본성'에 근거한 비유물론적 측면으로 다가가지 않으면 안 된다. 이 개념의 기원은 멀리는 플라톤으로까지 소급되지만 주로 헤겔에 의해 주장된 개념이다. 후쿠야마는 바로 헤겔의 주장을 통하여 자신의 사상을 대변하려고 하였다. 그러면 헤겔의 주장은 어떤 것인지 그 요지를 살펴보도록 하자. 헤겔은 인간이 다른 동물과 구별되는 것으로, 다른 사람들로부터 자신의 존엄성을 인정받고 싶어하는 욕구를 들었다. 그는 이와 같이 인간이 자기 보존의 본능을 뛰어넘어 추상적이고 고차원적인 원리나 가치를 추구하려는 존재는 인간 외에는 없다고 보고, 이것이 바로 자유를 추구하려는 인간의 위대한 특성이라고 극찬하였다. 이것은 위에서 지적한 바 대로 플라톤의 저서(*Republic*)에서 밝혀지고 있다. 플라톤에 의하면, 인간의 영혼에는 외적 사물을 가지려는 욕망(desire), 합리적 사고를 추구하려는 이성(reason), 그리고 자신의 가치를 인정받고 싶어하는 '튜모스(thymos)', 즉 '정신적 활력(spiritedness)'이 있다는 것이다. 이들 가운데서 마지막 부분 튜모스, 정신적 활력이 바로 헤겔의 '인정받으려는' 정신과 일맥상통한다. '튜모스'는 인간이 태어나면서 자연히 가지게 되는 일종의 정의스러운 감정이랄까, 자존

---

17) *Ibid.*

심이랄까 하는 영적 패기를 의미한다.[18]

혜겔은 이러한 '인정받으려는' 인간의 열정, '튜모스'를 역사를 움직여 나아가는 동력이라고 생각하였다. 그리하여 그는 존엄성을 가지려는 인간의 '튜모스'가 바로 역사의 출발점이 된다고 확신하였다. 그에 의하면, 원시시대에 두 명의 전투사가 서로 상대에게 자신의 인간성을 인정받기 위하여 피비린내 나는 싸움을 벌이게 되었으며, 이 결과로 양자 사이에는 승자와 패자, 주군(master)과 노예(slave)로 갈라지게 되었다. 그러나 이와 같은 주종관계의 성립은 인류의 문제를 해결한 것은 아니었다. 이러한 양상은 사회가 다원화되면서 귀족사회에도 적용되었지만 귀족층에 만족을 주지는 못하였다. 왜냐하면 귀족들은 다른 귀족들로부터 인정받은 것이 아니라 하층의 노예들로부터만 인정을 받았기 때문이다. 그리하여 노예는 노예대로 주군은 주군대로 각각 불만을 품게되어 '모순(contradiction)'을 만들게 되었으며 드디어 다음 역사의 발전 단계를 발생하게 만들었다.[19] 그리고 혜겔은 이러한 역사의 '모순'이 극복된 것은 바로 미국혁명과 프랑스혁명을 통해서였다고 확신하였다. 그에 의하면, 이 두 가지 시민혁명을 통하여 노예는 해방되고 주군과 노예 사이의 본질적인 불평등이 사라지게 되었다. 사람들은 자유와 평등을 누리게 되었으며 인간의 존엄성을 보장받게 되었다. 그리하여 '인정받기 위한 투쟁'은 마침내 더 이상 역사의 진화를 계속할 수 없도록 만들었다.[20] 요컨대, 미국과 프랑스혁명을 통하여 인류사회는 자유민주주의를 이룩하게 되어 역사의 시대를 마감하게 되었다는 주장이다.

앵글로색슨과의 차이

후쿠야마는 이와 같이 혜겔의 주장을 빌려 인류보편사의 줄거리를 설명한 다음 그의 사상을 정리하려고 하였다. 그는 우선 자유민주주의의 기초가 되는 '인정받으려는' 인간의 본성에 대한 혜겔의 사상과 앵글로색슨적 사상의 차이점을 들고 나왔다. 그에 의하면, 미국이나 영국과 같은 나라들의 이론적 기초가 된 앵글로색슨적 입장은 순화된 이기주의(enlightened self-interest), 즉 이

---

18) *Ibid.*, pp. xvi-xvii.
19) *Ibid.*, pp. xvii.
20) *Ibid.*

성이나 육체적인 자기보존과 연관된 욕망에 속한다. 그리하여 홉스나 로크, 그리고 제퍼슨, 메디슨과 같은 미국 창건자들은 권리란 대체적으로 사람들을 풍요롭게 하고 인간의 영혼에 속하는 부분들 가운데 주로 욕망만을 만족시키는 개인의 영역을 보호하는 수단이라고 믿었다. 반면에 헤겔은 권리 그 자체를 하나의 순수한 목적으로 생각하였다. 왜냐하면 인류를 진실로 만족시킬 수 있는 것은 물질적 풍요가 아닌 인간 자신의 지위나 존엄을 인정하는 것으로 간주했기 때문이다.[21] 다시 말해 전자는 인간의 외적인 것에 치중한 반면에 후자는 인간의 내적인 것에 중요성을 둔 것으로, 전자의 실패는 후자를 간과 내지는 무시한 데서 연유되었다는 논리이다.

후쿠야마는 여기에서 역사를 경제적 관점에서 해석할 때 결여되었던 경제와 자유민주주의 사이의 잃어버린 연결고리(a missing link)를 찾을 수 있다고 생각하였다. 그 연결고리는 바로 인정받기 위한 인간의 욕망으로 자유민주주의를 지향하는 역사의 발전과정을 설명할 수 있는 열쇠라고 믿었다. 그것은 산업화에 따른 사회적 변화, 그 중에서도 보통교육의 보급으로 가난하고 교육을 받지 못한 사람들이 점차로 그들의 사회적 지위와 가치에 대해 인정받으려는 욕구를 가지기 시작했기 때문이다. 만일 인간이 욕망과 이성의 존재에 불과하다면 스페인의 프랑코 정권이나 한국의 군사독재정권, 브라질의 시장경제적 권위주의 정권 아래에서도 만족하면서 살아갈 수 있었을 것이다. 그러나 그들은 한결같이 개인의 자유와 평등을 인정하는 민주정권을 지향했던 것이다. 그리하여 후쿠야마는 오늘날 공산주의가 자유민주주의로 바뀌고 있는 것은 공산주의가 근본적으로 인정받으려는 인간의 욕구를 무시하는 우를 범했기 때문이라는 결론에 도달하였다.[22]

역사의 종말, 최후의 인간

후쿠야마는 마지막으로 '역사의 종말'과 '최후의 인간'에 대한 설명으로 그의 역사철학을 정리하려고 하였다. 그 첫 번째 문제는 역사의 종말을 장식하는 자유민주주의가 실제로 가장 이상적인 정치체제인가 하는 것이다. 과연 지난 세기 좌익진영을 대변하던 공산주의가 진정으로 없어진 것인지, 종교나 초

---

21) *Ibid.*, pp. xviii.
22) *Ibid.*, pp. xix.

국가주의는 다시 나타나는 것은 아닌지, 그리고 자유민주주의도 다른 체제와 마찬가지로 그 실천과정에서 내부적 모순으로 붕괴되는 것은 아닌지를 점검하였다. 그는 특히 자유민주주의에서 일어나고 있는 여러 심각한 문제들, 예컨대, 마약, 무주택, 범죄 등이 과연 그 걸림돌이 되는 것은 아닌지에 관해서도 심도 있게 훑어보려고 하였다. 그 결론은 매우 낙관적이다. 그는 여기에 20세기 헤겔의 위대한 해석자 알렉산드르 코제에브의 주장을 빌려 자유민주주의와 인정받으려는 인간의 본성의 중요성을 다시 한번 확인하려고 하였다. 그는 두 번째 문제로 그러면 실제로 자유민주주의 국가의 시민들은 이 자유민주주의를 그들의 존재가치를 인정해 주는 이념으로 만족하고 있는가 하는 것이다. 그 확인 방법으로 좌우익 양 진영이 과연 자유민주주의에 대해 어떤 반응을 보여주는가를 다음과 같이 비교 설명한다.

　…좌익진영에서는 자본주의는 경제적 불평등을 야기하는 분업의 실시로 그들(우익)의 보편적 원칙은 불완전하며, 그들의 번영도 상대적 빈곤에서 벗어날 수 없으며, 따라서 자유민주주의란 평등한 사람들을 오히려 불평등하게 인정하는 이념일 수밖에 없다는 결론을 내릴 것이다. 그렇다면 우익진영의 반응은 어떤가. 우익진영의 비판은 보다 강력하게 나타난다. 그들은 니체를 우익의 강력한 대변자로 내세워 그들의 주장을 설명한다. 나도 니체를 따른다. 니체에 의하면, 주군은 프랑스혁명을 통하여 스스로의 자아결단에 의해 노예신분으로부터 벗어난 것이 아니라 노예적 근성이나 노예적 윤리에 의해 승리를 얻은 사람들이다. 마찬가지로 자유민주주의 국가의 시민도 앞에서 말한 근대 앵글로색슨적 자기보존과 자기이익으로 인해 몰가치적으로 형성된 사람들이다. 그들은 말하자면 정신적 활력을 잃어버린 동물적 근성으로 가득 찬 '최후의 인간'이 되었다. 그리하여 그들은 물질적 욕망과 합리적 이성으로 이루어진 그야말로 '가슴 없는 인간(men without chests)'이 되지 않으면 안 되었다. 그러므로 그들이 다시 올바른 '최후의 인간'이 되기 위해서는 자유민주주의를 진정한 헤겔적 차원에서 인간의 존엄성을 인정할 수 있어야 할 것이다…[23]

　즉, 다른 사람들에게 인정받으려는 인간의 존엄성만이 진정한 의미의 자유민주주의를 이룩할 수 있다는 것이다. 그러나 여기에서 후쿠야마는 일대 자아모순에 빠지지 않으면 안 되게 되었다. 다시 말해 그가 좌우익 진영으로부터 각각 진솔한 반응을 이끌어내는 데에는 성공했지만 그 성공에 의해 헤어 나오

---

23) *Ibid.*, pp. xxii.

기 힘든 호구에 빠진 것이다. 그것은 신랄한 자유주의사회의 비판으로 오히려 이제까지 그가 주장해온 자유민주주의 이상이 존재할 자리를 잃을 위기에 처했기 때문이다. 과연 인정받으려는 인간의 욕구가 자유민주주의 사회에서 가능한 일인가, 남과 동등한 가치를 인정하려는 일이 가능한 일인가, 과연 자유와 평등이 공존할 수 있는 일인가 등 적지 않은 의문들이 쏟아져 나오게 된다. 더 나아가 존엄성이 인정되어 인간에게 어떤 욕망이나 투쟁의 의욕이 없다면 아무 소욕도 열정도 없는 죽은 '최후의 인간'이 되는 것이 아닌가. 이러한 상황에서는 자유민주주의의 평화와 번영은 무익한 것이 아닌가. 그렇다면 타고난 불평등을 다시 인정하고 또다시 짐승과 같은 '최초의 인간'으로 되돌아가야 하는 것은 아닌가 등의 원초적인 의문이 제기된다. 실제로 그가 고뇌하면서 상정하고 있는 이와 같은 그의 '매우 서글픈 때(a very sad time)'는 그의 낙관주의적이고 일관된 직선적 역사의 패턴이나 진보적 보편사의 주장들을 회의의 구렁텅이에 빠지게 하는 결과를 가져왔다.[24] 그럼에도 불구하고 그가 이러한 문제를 자문하려는 것은 무엇 때문일까. 그것은 아마도 모든 문제를 진솔하게 풀어헤쳐 해결의 실마리를 찾으려는 그의 충정 때문이 아닐까 싶다. 그는 사실 이러한 근본적인 인간과 역사의 문제를 해결하려는 목적으로 그의 저서를 쓰게 되었다고 고백하고 있다.

평   가

이제까지 우리는 프란시스 후쿠야마의 역사철학에 대하여 간략하게 살펴보았다. 그의 역사철학은 탈냉전시대를 맞아 인류 보편사를 동체로 그 밑에 자유민주주의와 그것과 병행하여 자유시장경제를 바퀴로 삼아 전진하는 이상주의적 세계관에 기초하고 있다. 이와 같은 낙관적인 후쿠야마의 주장에 찬미를 보내는 사람도 있는 반면에 신랄한 비판의 목소리 또한 적지 않다. 그러면 그에 대한 평가는 어떤지 알아보도록 하자.

첫 번째로는 역사의 종말에 대한 그의 낙관주의적 예단이다. 이것은 대부분의 역사가들의 신랄한 비판의 표적이 되는 것으로 전통적인 기독교에서 말하는 역사의 말세론(eschatology)과는 근본적으로 다르다. 이미 살핀 바와 같이 그의 역사의 종말(the end of history)은 이념적 진화가 더 이상 발전할 필

---

24) *Ibid.*, pp. xxiii.

요가 없어지고 자유민주주의의 보편화가 이루어지게 된 역사의 '실현(fulfil-ment)'을 의미한다. 그러나 과연 그의 확신대로 더 이상 발전할 여지가 없는 이상적인 탈역사시대가 이루어졌는지는 알 수 없는 일이다.

두 번째로는 자유와 필연에 대한 그의 불분명한 역사해석이다. 그는 포장마차의 대열을 설명하면서 인류 보편사의 필연성을 설명하였다. 다시 말해 마차 안에 타고 있는 사람들의 의지와 관계없이 포장마차의 대열은 앞으로 진행한다는 것이다. 그러나 다른 한편 그는 인간 자유의 자아실현과정이 바로 역사의 발전과정이라고 해석하였다. 그렇다면 그의 자유는 어떤 자유인가. 만약 인간에게 강요 아닌 강요에 의해 자유가 이루어진다면 그러한 자유는 '필연적인' 자유로서 부자유가 되고 말 것이라는 것이 비판자들의 주장이다.

세 번째로는 그의 지나친 서유럽 중심적 사고방식이다. 즉, 그는 자유민주주의와 시장경제체제를 통한 인류의 보편사를 구상함으로써 결과적으로 서구 중심적 테두리에서 벗어나지 못하고 말았다. 그가 간간이 다른 문명의 종교나 전통과 같은 고유의 문화를 강조한 것은 사실이나 그것은 어디까지나 주변적 변명에 불과하다는 지적이다.

이와는 반대로 그를 긍정적으로 평가하려는 사람들도 적지 않다. 이들은 대부분 역사철학에 대한 그의 순리적인 접근방법을 매우 중시하는 것 같다. 그들에 의하면, 그는 마르크스와 그 후계자들에 의해 가공적, 공산주의적 이데올로기에 기울어진 역사철학을 실제적인 인간의 세계로 이끌어내는 데 중요한 견인차 역할을 해냈다. 그는 역사 이래 진행된 여러 가지 형태의 정치체제들 가운데 인류의 경험을 통하여 잘 알려진 자유민주주의를 가장 완전한 정치체제로 내세우려고 하였다. 즉, 그의 연구는 국제관계와 특히 미국 외교정책에 중요한 길잡이가 되었을 뿐 아니라 더 나아가 전 인류에게 건설적이고도 낙관적인 역사관을 심어주었다는 것이다.

제 4 절 헌팅턴의 역사철학

새무엘 헌팅턴(Samuel P. Huntington: 1927-)은 뉴욕에서 태어나 예일대학과 시카고대학에서 수학하고 하바드대학에서 박사학위를 받았다. 그는 하바드대학에서 9년간(1950-58) 교수생활을 하였고 4년간(1959-62) 콜럼비아대학의 전쟁과 평화연구소 부소장으로 일하였다. 그는 특히 군사정치학, 비교정치학, 미개발국가정치발달 분야에서 세계적 명성을 얻었다. 그러나 새무엘 헌팅턴이 정치외교학교수에서 일약 세계적 역사철학가로 이름을 날린 것은 그의 저서의 발간을 통해서였다.[25] 이 책은 무려 22개 언어로 널리 번역되었다. 그는 탈냉전시대를 대표하는 보수적 현실주의(conservative realism) 역사철학자로 유명하다. 그는 이데올로기의 대결구도에서 벗어난 세계가 다시 문명 충돌의 소용돌이에 휘말리게 되었다고 선포하여 세상 사람들을 놀라게 하였다. 그는 말하자면 냉전시대의 양극화된 이데올로기로 인하여 숨어 있다가 수면 위로 다시 고개를 쳐든 다양한 문명들의 상충을 주시한 것이다. 그의 책은 문명을 바탕으로 하는 탈냉전시대의 역사철학의 진수를 음미하고, 더 나아가 새로 나타난 세계질서의 특성과 국제정치의 변화를 이해하는 데 중요한 길잡이가 된다고 평가된다. 그러면 그의 사상의 요지를 살펴보도록 하자.

헌팅턴의 역사이해

위에서 밝힌 바와 같이 냉전 종식의 충격으로 후쿠야마는 세계역사의 서광을 바라본 반면에 헌팅턴은 오히려 세계역사의 암울을 점치게 되었다. 냉전시대의 공산주의 이데올로기가 사라졌기 때문에 자연히 자유민주주의의 세계가 올 것이라는 것이 후쿠야마의 확신이었다. 그에게 더 이상 변증법적 순환은 용납될 수 없었으며 탈역사시대의 세계만이 존재할 뿐이었다. 이에 반해 냉전시대의 양극적 이데올로기 대립이 그쳤기 때문에 그 동안 숨어 있던 여러 민족의 문명들이 다시 고개를 쳐들면서 충돌양상이 불가피하다는 것이 헌팅턴의 소신이었다. 그러면 그의 주된 사상은 무엇인가. 탈냉전시대에 관한 그의 핵심 주장은 서로 다른 문명들 사이의 갈등과 대립이 새로 태동하는 세계구도에서 나타나는 특성이라는 것이다. 그에 의하면, 인류의 역사는 1500년경 근대에 접어들었으며 이 시기를 기점으로 약 400년 동안 서유럽의 국민국가(nation states)에 의한 다극적 국제체제가 발전하여 나아갔다. 이 기간에 서유럽은 주로 다른 문명들을 정복하고 식민지정책을 수행하였다. 이러한 국제질서는 양

---

25) Samuel P. Huntington, *The Clash of Civilizations and the Remaking of World Order*, New York, 1996(이희재 역,『문명의 충돌』, 김영사 참고바람).

차에 걸친 세계대전으로 바뀌지 않으면 안 되었다. 즉 냉전시대에 이르러 세계는 다극적 체제에서 공산주의와 자유민주주의의 양극적 체제로 변화되었다. 치열한 싸움은 이 두 진영 사이 이외에 이들 바깥에 있는 미개발국가들에서도 일어났다.

그러나 1980년대 말경 공산세계가 무너지면서 국제질서의 구도는 다시 한번 변화의 소용돌이에 휘말리게 되었다. 탈냉전시대에 등장한 가장 중요한 가치의 기준은 정치나 경제가 아니라 문화나 문명이 되었다. 이제까지 이데올로기의 대립으로 수면 밑에 가라앉아 있던 종교, 민족, 언어, 역사, 전통 등의 요소들이 고개를 쳐든 것이다. 그리하여 문화는 분열과 통합의 양면으로 나타나게 되었다. 즉, 문화적으로 통합되어 있지만 이념적으로 갈라져 있던 민족들이 다시 합치고, 이념이나 역사적으로 통합되어 있으나 이질적 문명으로 구성되어 있던 민족들이 다시 분열되거나 극심한 긴장을 가지게 되었다. 그리고 문화적으로 유사한 국가들은 정치, 경제적으로 상호 협력하게 되었다. 그러므로 현재까지 남아 있는 가장 대표적인 세계문명은 8개로 분류되며, 문명과 문명이 만나는 단층선에서 가장 위험한 문화적 분쟁이 일어날 것으로 예측된다. 즉, 탈냉전으로 양극적 이데올로기의 대립 대신 다극적 문명들의 대립이 문명의 단층선을 중심으로 일어난다는 것이다.

문명의 분류 : 8개

그에 의하면, 세계의 문명구도는 중화(Sinic), 일본(Japanese), 힌두(Hindu), 이슬람(Islamic), 정교(Orthodox), 서구(Western), 라틴아메리카(Latin American), 아프리카(African)의 8개 문명들로 나누어진다. 중화문명은 유교와 중국을 넘어서는 넓은 범위를 포괄하는 적절한 개념이며 B. C. 1500년으로 소급된다. 일본문명은 B. C. 100-400년경 중국문명의 영향으로 이루어졌다. 일부 학자들은 중국과 일본을 동아시아 문명으로 분류하지만 적절치 않다. 힌두문명은 B. C. 1500년경 인도대륙에서 이루어진 문명이며 힌두교는 실제로 B. C. 2000년부터 인도에서 중심역할을 하였다. 불교는 거대종교이긴 하지만 문명의 실체로서 인도에서 자리잡지 못하였다. 유대교도 거의 비슷하다. 이슬람문명은 700년경 아라비아 반도에서 이루어진 것으로 북아프리카, 이베리아반도, 중앙아시아, 인도, 동남아시아로 퍼져 나아갔다. 정교문명은 서구의 기독교에서 독립하여 러시아를 중심으로 발전하였으며, 비잔틴에서 갈라져 나와 200년의 몽골지배, 관료독재주의를 경험하고 르네상스, 종교개혁, 계몽사상의 영향을 받았다.

　　서구문명은 700-800년경 등장하여 유럽, 북미, 라틴아메리카로 갈라져 나아갔다. 서유럽은 유럽, 북미, 오스트레일리아, 뉴질랜드 등을 포함한다. 19세기의 미국은 유럽과 서서히 맞서는 입장을 취하였으며 20세기에 오면서 유럽을 포괄하는 서구라는 실체의 일원이며 선도자라는 인식을 갖게 되었다. 서구문명은 서구 기독교 국가권을 일컫는 말로 보편화되었으며, 서구화는 바로 근대화라는 신화를 낳았다. 라틴아메리카 문명은 유럽문명의 직계자손이면서도 라틴아메리카에서 토착화되어 집단주의적, 권위주의적 문화색채를 가지고 있다. 이 곳에서는 가톨릭이 주류를 이룬다. 아프리카문명은 브로델이 독자적으로 인정하고 있으며, 대부분이 이에 동조하지 않는다. 아프리카의 북과 동은 이슬람문명에 속하며 다른 지역은 서구문명의 요소를 받아들였다. 남아프리카공화국은 네덜란드, 프랑스, 영국계 이주민들에 의해 유럽문화를 이룩하였다. 아프리카는 강한 부족의식에도 불구하고 점차로 아프리카인으로서의 정체성을 이룩하려고 애쓰고 있다.[26]

종교의 부활

　　20세기 전반의 지적 엘리트들은 경제적, 사회적 근대화로 종교의 비중이 약화될 것이라고 확신하였다. 그리하여 과학, 합리주의, 실용주의와 같은 세속주의가 판을 치고 미신, 신화, 비합리성, 종교는 뒤로 물러설 것이라고 믿었다. 그러나 20세기 후반 이러한 희망과 기대는 전혀 근거 없다는 것이 입증되었다. 경제적, 사회적 근대화는 세계적 규모로 진행되었지만 동시에 종교의 부활이 세계적으로 확장되었다. 사람들은 근대화의 실패가 신을 등졌기 때문이라고 생각하게 되었다. 그들은 자신들 공동체의 전통종교로 돌아가 거기서 새로운 정통성과 의미를 찾으려고 하였다. 그리하여 한편으로는 교리와 종교체제에 맞게 그들의 개인과 사회, 대중의 행위를 정화시키려는 전투적인 원리주의 운동(fundamentalist movement)이 등장하였다. 이와 같은 종교의 부활은 옛 공산주의 국가들에서 더욱 현저하게 나타났다. 알바니아에서 베트남, 러시아에

26) *Ibid.*, pp. 21-29.

이르기까지 종교의 부활은 활발하게 전개되고 있다.

　　그러면 이러한 종교의 부활이 전세계적으로 일어나고 있는 원인은 무엇인가. 그것은 무엇보다도 사회적, 경제적, 문화적 근대화로 인하여 사람들이 삶의 의미와 목표를 잃고 자신의 정체성을 잃었기 때문이다. 그들은 삶의 터전인 농촌을 잃었고 도덕을 잃었으며 소속감을 잃었다. 그들은 사람은 이성만으로 살지 못한다는 것을 깨달았다. 종교는 바로 그들에게 도시화로 상실된 공동체를 대신하는 작은 사회의 울타리를 제공한 것이다. 종교의 부활은 말하자면 세속주의, 윤리적 상대주의, 자아방종에 대한 반작용이며, 질서, 규율, 노동, 상부상조, 인간적 유대감에 대한 포용인 셈이다. 종교는 특히 전통이 뿌리깊이 내려 정치적, 사회적 욕구를 만족시키지 못하는 나라들에서 그 역할을 대행해 주면서 교세를 크게 떨쳤다.

　　다음으로 종교의 부활을 부추기는 원인으로 근대화에 따른 정신적, 사회적 충격 이외에도 서구의 퇴전과 냉전의 종식을 들 수 있다. 19세기 이래 비서구가 서구로부터 받은 것은 서구의 자유주의 가치관이었다. 그러나 그들은 점차로 자유주의적 민족주의의 형태를 갖추어 서구에 저항하였다. 그 후 그들은 20세기 사회주의와 마르크시즘을 수용하여 그들의 상황에 맞추어 민족주의와 결합시켜 서구 제국주의에 대항하게 되었다. 마르크스-레닌주의는 실제로 소련, 중국, 베트남에서 활용되었다. 그러나 공산주의의 붕괴로 이데올로기의 진공이 나타나지 않으면 안 되었다. 이 이데올로기의 빈자리에 종교가 자리를 잡은 것이다. 즉, 세속적 민족주의의 자리에 종교적 민족주의가 들어섰다. 종교의 부활운동은 반세속적이고 반보편적이며 기독교를 제외하면 반서구적이다. 종교로 돌아가는 사람들은 각양각색이지만 그들에게 나타나는 한 가지의 공통성은 이들이 모두 도시에 거주하며 이동성이 신속한 사람들이라는 점과 차세대 토착화로 형성된 새로운 중산층이라는 점이다. 이것은 무엇을 의미하는가. 이것은 맥닐의 말대로, 유럽과 미국의 영향력을 거부하려는 움직임이며 반서구주의를 나타내는 강력한 예증이라고 간주된다. 그러한 종교의 부활은 근대화의 부정이 아니라 서구의 부정, 서구와 연결된 세속적이고 상대주의적인 타락한 문화의 부정을 의미한다. 즉 비서구 사회는 근대화를 진행하되 서구와는 다른 독자적인 근대화를 이룩한다는 것이다.

아시아와 이슬람의 도전

헌팅턴은 아시아는 경제성장에, 그리고 이슬람은 사회적 동원력과 인구증가에 각각 뿌리를 두고 서구에 도전하고 있다고 바라보았다. 21세기를 더욱 불안하게 만드는 것은 아시아보다는 이슬람이 될 수도 있다는 것이다. 왜냐하면 경제적 발전은 아시아 정권을 강화하는데 그치지만 특히 15-25세 연령층의 폭발적인 인구증가는 이슬람 원리주의의 테러리즘, 폭동, 노동력수출을 제공하며, 더 나아가 이슬람사회와 비이슬람사회에 위협으로 다가오기 때문이다. 그의 설명에 귀를 기울여 보자.[27]

20세기 후엽에 나타난 가장 현저한 현상은 동아시아의 경제적 발전이다. 이 과정은 1950년대 일본에서 시작되어 소위 네 마리의 용(홍콩, 대만, 한국, 싱가포르)으로, 다시 중국, 말레이시아, 태국, 인도네시아로 퍼져 나아갔으며 필리핀, 인도, 베트남에도 서서히 뿌리를 내리고 있다. 이들 국가들은 지난 10여년 동안 연평균 8-10%를 웃도는 경제성장률을 보였다. 이제 더 이상 서구와 미국을 부국으로, 비서구를 저개발국으로 선을 긋는 시각은 21세기에는 존재하지 못할 것이다. 이것은 경제분야만이 아니라 문화분야에서도 나타날 것이다. 일본과 중국은 각각 19세기 서구에 밀려 소수 엘리트들을 중심으로 그들의 전통문화를 전면 부정하고 서구화를 지향하려고 노력하였다. 그러나 결과는 실패로 그쳐 다시 개량주의로 방향을 바꾸었다. 일본은 메이지유신을 통하여 일본의 근대화를 추진하였고 중국은 '민족·민권·민생'을 내건 쑨원의 삼민주의, 량치아차오의 자유주의, 마오쩌둥의 마르크스-레닌주의의 슬로건으로 근대화를 이룩하려고 안간힘을 다하였다. 제 2 차 세계대전 이후 일본이 미국을 모방하려고 한 것처럼 중국은 소련을 모방하려고 하였다.

1970년대 공산주의가 경제발전에 실패하고 일본과 주변 나라들의 자본주의가 성공을 거두면서 중국은 소련의 모형으로부터 등을 돌리지 않으면 안 되었다. 10년 후 일어난 소련의 붕괴는 중국을 어려운 곤경에 빠트렸다. 그것은 그들이 서구에 접근할 것이냐 아니면 그들의 전통으로 그대로 남아 있어야 할 것이냐의 갈림길의 고민이었다. 그들은 결국 양자를 적당하게 받아들이는 '중체서용'의 기치를 내걸었다. 즉, 마르크스-레닌주의의 혁명 대신 중국고유의 문화에 기초한 중국민족주의를 선택한 것이다. 막스 베버의 지적대로 20세기

---

27) *Ibid.*, chap. 5.

초엽 중국지식인들이 그들 후진성의 원인을 유교에서 찾은 것처럼, 20세기 후엽 중국 지도자들은 중국발전의 원인을 바로 유교에서 찾으려고 하였다. 그리하여 그들은 1980년대 유교를 중국문화의 주류로 선언하였다. 이러한 흐름은 싱가포르와 대만도 마찬가지였다. 또 그들은 한족을 중심으로 하는 중국민족주의를 외쳤다. 그것은 한족이 중국 전체인구의 90%를 차지하고 있기 때문이다. 1980년대와 1990년대에 들어와 중국과 일본을 비롯한 아시아 국가들은 경제성장에 힘입어 자신감을 더욱 많이 가지게 되었다.

문명의 새로운 질서

헌팅턴은 세계정치가 문화의 경계선에 따라 재편되고 있다고 전망하였다. 그의 주장에 다가가 보자. 이데올로기와 강대국을 중심으로 이루어지던 제휴관계가 문화와 문명을 중심으로 하는 제휴관계로 바뀌고 있다. 정치적 경계선이 문명적 경계선과 일치해가며, 문명과 문명의 단층선이 세계정치에서 주요 분쟁선으로 나타나고 있다. 냉전시대에는 자국의 이해관계에 따라 여기저기 자리를 옮길 수 있었으나 새로운 세계질서에서는 문화적 동질성이 아군과 적군을 가르는 본질적 기준이 된다. 즉, '너는 어느 편인가?'라는 물음이 '너는 누구인가?'라는 보다 근원적인 물음으로 바뀌었다. 특히 1990년대에 들어와 정체성의 위기현상이 전세계적으로 확산되었다. 이러한 현상은 새로운 민족국가를 세우려는 옛 유고슬라비아에뿐 아니라 알제리, 캐나다, 중국, 독일, 영국, 인도, 이란, 일본, 멕시코, 모로코, 러시아, 남아프리카 공화국, 시리아, 튀니지, 터키, 우크라이나, 미국 등에도 나타난다. 정체성의 위기를 극복하기 위하여 사람들이 내세우는 것은 혈연, 믿음, 가족이다. 냉전시대 오스트리아, 핀란드, 스웨덴은 문화적으로는 서구의 일원이지만 서구와는 거리를 두고 중립을 지켰다.

헌팅턴은 냉전시대와 탈냉전시대의 문명구조를 서로 다르게 바라본다.[28] 그에 의하면, 냉전시대의 국가들은 양대 초강대국을 중심으로 동맹국, 위성국, 종속국, 중립국, 비동맹국으로 관계를 맺고 있었지만 탈냉전시대의 국가들은 문명을 중심으로 회원국(member states), 핵심국(core states), 고립국(lone countries), 단절국(cleft countries), 분열국(torn countries)으로 관계를 맺는다.

---

28) *Ibid.*, pp. 139-147.

문명은 민족처럼 정치구조를 가진다. 회원국은 한 문명에 완전히 동질감을 가지는 국가들을 의미하는 것으로 이집트와 이탈리아가 그 좋은 예이다. 대부분의 문명은 그 회원국들이 문화의 주근원으로 간주하는 한 군데 이상의 성스러운 장소를 가지고 있다. 이 장소는 대개 가장 막강한 힘을 가진 문화적 중심국가인 핵심국 안에 위치한다.

핵심국; 핵심국의 수와 역할은 문명과 시대에 따라 다르다. 일본은 유일한 일본문명이자 핵심국이다. 중화, 정교, 힌두 문명은 각각 하나의 핵심국과 다수의 회원국, 그리고 다른 지역의 사람들을 가진다. 서구는 핵심국이 둘(미국과 독일-프랑스)이고 영국은 이들 사이의 부가적인 중심국이다. 이슬람, 라틴아메리카, 아프리카에는 핵심국이 없다. 그 원인은 서구 열강의 제국주의 영향 때문이다. 이슬람에 핵심국이 없는 것은 이슬람과 비이슬람에 모두 중대한 문제이다.

고립국; 고립국은 다른 국가들과 문화적 동질성이 결여되어 있다. 고립국으로는 에티오피아와 아이티, 민츠가 있다. 에티오피아는 암하라어와 곱트 정교를 가진 고립된 나라이며 아이티는 크리올어, 부두교를 가진 고립된 나라이다. 가장 고립된 국가는 유일한 문명국이자 핵심국인 일본이다. 동일한 문명에 속하지만 문화적 차이를 가진 국가들은 분리되었거나(체코슬로바키아) 분리될 가능성이 있다(캐나다).

단절국; 그러나 깊은 분열은 대규모의 인구를 가진 단절국에서 출현한다. 여기에 한 국가의 강압적인 시도가 있을 때 더욱 악화된다. 인도, 스리랑카, 말레이시아의 힌두교, 신할리즈인, 이슬람교도가 그러한 시도를 하였다. 문명과 문명 사이의 단층선(fault lines)에 위치한 단절국은 국가적 통일을 이루는 데 어려움을 겪는다. 아프리카의 수단, 나이지리아, 탄자니아, 케냐 등이 이에 속하는 나라들이다. 이들 나라들에서는 기독교와 이슬람의 대립이 격심하다. 이 외에 인도(이슬람과 힌두), 스리랑카(신할리즈 불교와 타밀 힌두교), 말레이시아와 싱가포르(중국인과 말레이시아계 이슬람교도), 중국(한족, 티베트 불교도, 터키계 이슬람교도), 필리핀(기독교와 이슬람교), 인도네시아(이슬람과 티모르 기독교) 등이 비슷한 어려움을 겪고 있다. 특히 문명 단층선의 분열이 심하게 일어난 곳은 냉전시대 마르크스-레닌주의 이데올로기에 의해 강압적으로 통합되었다가 탈냉전으로 해방된 나라들이다. 공산주의의 붕괴로 결속과 대립을 일으키는 원동력이 된 것은 이념이 아니라 바로 문화였다.

분열국; 분열국은 한 문명 안에서 단일 문화를 가지고 있지만 그 나라의 지도부가 다른 문명으로 옮겨가기를 원하는 나라이다. 분열국의 국민들은 단절국의 국민들과는 달리 자신들이 누구인지에 대해서는 의견의 통일을 보지만 어떤 문명에 들어가는 것이 바람직한가에 대해서는 국론이 갈라져 있다. 일반적으로 지도층의 상당수는 케말주의 전략을 수용하면서 서구화와 근대화를 동시에 추구한다. 러시아는 표트르대제 이후로 자신이 서구에 속해 있는지 아니면 독자적인 유라시아 정교문명권에 있는지 결정을 내리지 못한 채 분열국으로 남아 있다. 물론 케말 아타튀르크의 터키도 앞에서 설명한 바대로 분열국이다. 멕시코는 미국에 대항하여 라틴아메리카의 일원으로 인정한 지 두 세기가 지난 1980년대부터 북미세계의 일원으로 재정의함으로써 분열국이 되었다. 호주(오스트레일리아)도 1990년부터 서구의 일원으로부터 벗어나 아시아의 일원으로 탈바꿈함으로써 분열국이 되었다. 분열국의 공통된 특성은 두 가지이다. 그들 지도부는 그들이 두 나라를 잇는 '가교'라고 주장하는 반면에 외부에서는 두 얼굴을 가진 야누스라고 빈정댄다.

문명의 충돌

탈냉전의 세계구도에서 문명들 사이의 대립과 충돌은 불가피한 사실이다. 헌팅턴은 미시적 차원에서 가장 폭력적으로 나타날 수 있는 단층선은 이슬람과 정교, 힌두, 아프리카, 서구 기독교문명 사이에 놓여 있으며, 거시적 차원에서는 서구와 비서구의 대립으로 나타나지만 가장 격렬하게는 이슬람·아시아와 서구 사이에서 야기될 것으로 전망한다. 그의 설명에 귀를 기울여보자.[29] 미래의 위험한 충돌은 서구의 방자함(arrogance), 이슬람의 편협성(intolerance), 중화의 독단성(assertiveness)의 상호작용으로 야기될 것이다. 미국을 축으로 하는 서구는 공산주의의 몰락 이후 비서구국가에 민주주의, 시장경제, 개인주의, 법치주의 등을 강요하려 한다. 그러나 비서구는 서구의 보편주의를 제국주의로 받아들인다. 비서구는 서구의 원칙과 행동을 위선이나 이중 플레이, 제스처로 바라본다. 즉, 그들은 서구의 보편주의를 서구의 이익이나 방어를 위한 수단이라고 간주한다. 그리하여 서구는 도전의식이 강한 이슬람과 중국에

---

29) *Ibid.*, pp. 183-98.

대해서는 항상 긴장감을 가지며 적대적이다. 힘이 약하며 서구에 의존하는 라틴 아메리카와 아프리카에 대해서는 원만한 관계를 가지려 한다. 그리고 '그네(swing)' 역할을 하는 러시아, 일본, 인도에 대해서는 중간적 입장을 취하면서 협력과 갈등을 교차적으로 가진다. 이슬람문명과 중국문명은 여러 가지로 다른 점들이 많지만 서구에 대응하려는 군사력, 특히 대량살상무기와 미사일개발에서 서로 뭉치고 있다. 1990년 '유교-이슬람 관계'가 이루어져 한편으로는 중국과 북한이, 다른 한편으로는 파키스탄, 이란, 이라크, 시리아, 리비아, 알제리가 각각 제휴하면서 서구에 대항하고 있다. 이에 서구는 무기확산금지와 민주주의의 확산, 이민제한 등의 방법으로 대응하고 있다.

서구·미국의 대처방안

헌팅턴은 문화의 정체성을 중심으로 서구와 미국이 대처해야 하는 방법에 대하여 다음과 같이 세 가지로 설명하고 있다.[30] 첫째로는 정치가들이 이러한 사실(문명의 정체성)을 인정할 때에만 현실을 건설적으로 변화시킬 수 있다는 것이다. 그들이 이러한 진정한 사태를 파악하지 못할 때는 실패할 수밖에는 별 도리가 없다. 그 좋은 실례들이 부시, 클린턴 행정부의 개입이었다. 미국은 소련, 유고슬라비아, 보스니아, 러시아의 통합성을 지지하고 나섰으나 허사로 끝나고 말았다. 둘째로는 미국은 냉전시대에 이루어진 정책들을 탈냉전시대에 맞게 다시 수정하거나 손질을 해야 한다는 것이다. 냉전시대에 형성된 나토의 틀이나 ABM(탄도탄요격미사일) 조약, 미일안보조약 등은 미국이나 서구의 이익에 도움이 되지 않는다. 셋째로는 다른 문화와 문명의 정체성은 서구문화의 정체성과 일치하지 않는다는 사실을 깨달아야 한다는 것이다. 만약 서구와 미국이 그들 문화의 보편타당성에 대한 신념을 고집한다면 자가당착에 빠질 것이 분명하다. 그러한 신념은 거짓이고 비도덕적이며 위험스러운 것이기 때문이다. 그러한 신념이 비도덕적인 것은 그것이 실현되기 위해서는 상당한 희생이 뒤따르기 때문이다.

냉전시대에는 서구의 신념이 가능했다. 그것은 문화가 힘을 뒷받침하여 전파되었기 때문이다. 제국주의는 보편주의의 필연적이며 논리적인 귀결이다. 아시아와 이슬람도 자신들 문화의 보편타당성을 내세울 수 있다. 서구의 보편

---

30) *Ibid.*, pp. 308-12.

주의가 세계에 위험스러운 것은 핵심국들 사이의 문명전쟁을 초래할 수 있기 때문이다. 더욱이 서구에게 위험스러운 것은 전쟁에서 서구의 패배 가능성이 있기 때문이다. 모든 문명은 시작, 성장, 쇠퇴의 과정을 거치는 것이므로 서구문명도 다른 문명과 모두 마찬가지이다. 그러므로 서구문명이 다른 문명과 다른 것은 그 전개과정 때문이 아니라 그들의 특이한 가치관과 제도 때문이다. 여기에는 기독교, 다원주의, 법치주의, 개인주의 등이 포함된다. 서구는 이런 것들을 잘 활용하여 근대화를 이룩한 것이다. 서구 지도자들은 서구문명의 고유한 특성을 고수하고 쇄신하는 데 역점을 두어야 하며 미국은 이를 강력하게 밀어주어야 한다. 미국은 탈냉전시대를 맞아 세계를 지배할 수도 없고 그렇다고 세계로부터 벗어날 수도 없다. 미국은 서구문명의 정체성을 되찾을 때 비로소 진정한 국익을 얻을 수 있을 것이다.

문명의 동질성

헌팅턴은 마지막으로 문명간의 충돌을 막기 위한 방편으로 문명의 동질성 (commonalties)에 대하여 다음과 같은 논리를 전개하고 있다. 그의 설명에 귀를 기울여보자.[31] 서구와 미국의 보편주의와 다원문화주의는 세계문명권을 위협한다. 세계를 미국처럼 만들려고 해도 안 되고 미국을 세계처럼 만들려고 해도 안 된다. 이것은 다른 문명들에도 도움이 결코 안 된다. 미국과 서구를 보존하기 위해서는 서구적 정체성의 부활이 필요하며, 세계의 안전을 위해서는 세계적 다원문화의 공존이 절대 필요하다. 그렇다면 문제는 이러한 보편주의를 부정하고 세계의 다원문화를 현실화하면 도덕적, 문화적 상대주의(moral and cultural relativism)로 빠져 들어가야만 하는 것이 아닌가 하는 것이다. 다시 말해 모든 문명들이 상대주의라는 그물에 걸려 충돌의 소용돌이에서 벗어날 수 없는 것이 아닌가 하는 것이다. 이에 대한 그의 해답은 긍정과 부정을 모두 포괄한다. 즉, 문화는 상대적이지만 윤리는 절대적이라는 것이다. 그렇다면 문화는 무엇이고 윤리는 무엇인가. 문화는 인간이 사회에 살아가면서 걸어야 하는 행동양식과 제도들로 이루어진 '두꺼운(thick)' 것인 반면에 이 속에는 인간이 지켜야 하는 '얇은(thin)' 최소한의 윤리도 함께 포함되어 있다. 우리는 때때로 다른 사람들과 함께 행진도 하지만 주로 홀로 걸으면서 자신과 다른

---

31) *Ibid.*, pp. 318-21.

사람들을 사유하는 것처럼, 우리는 인간사회에 살면서 인간이라는 보편성과 사회라는 특수성을 공유한다. 모든 문화에는 모든 인간이 걸어야 하는 최소한 의 윤리적 요소가 있는 법이다. 그러므로 문화적 공존을 위해서는 문명의 특수 성보다는 공통성을 찾는 것이 바람직한 일이다. 다원문명적 세계에서는 보편 주의를 거부하고 다양성을 받아들이며, 그리고 무엇보다도 동질성을 추구하는 것이 건설적인 길일 것이다. 요컨대, 문명들이 공존하기 위해서는 정체성을 바 탕으로 하는 문명들의 동질성을 추구하여 이것을 기초로 문명들 사이의 상호 협력과 이해를 가져야 한다는 것이다.

평 가

우리는 지금까지 새무엘 헌팅턴의 역사철학에 대하여 둘러보았다. 그는 후쿠야마와 함께 탈냉전시대를 대표하는 역사철학자로 손꼽힌다. 후쿠야마가 냉전의 종식으로 자유민주주의와 자본주의의 승리를 낙관하려 한 반면에 헌팅 턴은 민족주의와 문명들의 충돌을 비관적으로 바라보려 하였다. 그는 보수적 현실주의 내지는 신현실주의의 틀 속에서 지구상의 모든 현상을 문명의 갈등 을 중심으로 일관되게 투시하였다. 그리하여 그는 지구가 안고 있는 현실적 문 제들을 세상사람들로 하여금 너무도 적나라하게 바라볼 수 있게 해주었다. 반 면에 그는 이러한 지나친 현실주의적 도식 때문에 수많은 학자들의 비난을 한 몸에 받지 않으면 안 되었다. 그러면 그의 주장에 대한 비판은 어떤 것들인지 알아보도록 하자.

첫 번째로 그는 인류의 보편주의를 거부하는 반자유주의(illiberalism)의 함 정에 빠지게 되었다는 반론이다. 그는 자유민주주의의 이념을 단순한 서구적 문명의 산물로 해석함으로써 자유민주주의의 보편적 가치와 그것으로 연유되 는 인권의 보편성마저 무시하고 있다. 그는 이성보다는 감성에 더 무게를 두 며, 민족과 종교의 갈등을 지나치게 확대하고 있다. 그리하여 그는 반인종차별 주의에 찬물을 끼얹게 되었으며 모든 인류가 염원하는 자유, 평등, 사랑이 주 도하는 이상세계와 등을 돌리게 되었다는 지적이다.

두 번째로 그는 문명이 모든 것들을 움직인다는 소위 문화 결정론에 빠지 게 되었다는 것이다. 그리하여 그는 아시아의 경제발전의 원인을 유교에다, 그 리고 이슬람의 경제부진의 원인을 이슬람교에 두려는 우를 범하였다. 특히 문명의 충돌을 종교의 근본주의에 초점을 맞추려는 것은 너무나 편협한 틀-구성이라는 지적이다.

세 번째로 그는 다문화주의에 대한 심한 공포증에 걸려 있다는 지적이다. 이러한 그의 과장된 사고는 아시아의 상승과 이슬람의 부활에 대한 과대평가로 곧바로 이어졌다. 아시아, 그 가운데서도 중화의 패권화와 서구 쇠퇴에 대한 그의 전망은 일방적으로 도식화된 해석이라는 반론이 적지 않다. 즉, 중국의 부상은 서구나 다른 국가들이 걸은 역사발전과정의 한 단계에서 나타나는 현상이지 그 이상의 어떤 것도 아니라는 지적이다. 더군다나 이슬람권에 대한 그의 전망은 너무나 단순하고 일방적이다. 이슬람권은 국가와 지역에 따라 문화와 역사, 전통 등이 각양 각색인 점을 간과해서는 안 될 것이다.

네 번째로 그는 그의 문명 파라다임 해석에 대한 일관성을 잃고 있다는 비판이다. 그는 계속하여 문명의 정체성(identity)을 강조하다가 책 마무리에 가서 문명의 동질성(commonality)을 거론하고 있다. 그가 문명들의 충돌을 막기 위하여 문명의 동질성을 강조하려는 의도는 십분 이해한다. 그러나 그가 양자 공존의 중요성을 내세우려는 의도가 있었다면 처음부터 그것의 차별화와 동등화를 논리적으로 전개했어야 했다. 만약 그렇지 않다면 문명의 정체성과 관련된 인간본성에 대한 보다 근원적이고도 본질적인 근거를 제시했어야 마땅할 것이다.

제2편 서양문명의 여명

제 3 장

선사시대

♣ 개   관 ♣

인류의 기원

인류에 대한 가장 근본적인 문제는 인류의 기원문제이다. 그것은 인류의 기원문제가 해명되지 않는다면 그 존재 이유가 없어지기 때문이다. 땅은 언제 생명이 살도록 갖추어졌으며 인류의 조상은 과연 누구인가 하는 것이 해결되어야 할 급선무이다. 우선 선사시대를 알아내는 데에는 두 가지의 방법들이 있을 것이다. 한 가지는 가장 오래된 인류 조상의 유골과 선사시대인들이 사용했던 유물들을 통하여 그들의 기원과 생활을 추정하는 방법이며, 다른 하나는 현재에 이르는 선사인들의 후손들을 통하여 그들의 생활을 유추하는 방법이다. 전자에 속한 학문을 고고학(archeology)이라 하고 후자에 속한 학문을 인류학(anthropology)이라 한다. 이 두 가지 이외에 선사시대의 연대와 지구의 기원을 연구하는 데 없어서는 안 될 학문분야는 지질학(geology) 분야이다. 이외에 고생물학 등의 보조학문들도 도움이 되는 학문이다.

문자이전시대

인류의 생활이 언제 어디서 어떻게 시작되었는지는 정확하게 알기 힘들다. 왜냐하면 인류의 기원을 알기 위해서는 그들이 사용한 도구나 살았던 유적 등 그들에 관한 흔적을 통하여 추정할 수 있는 것인데, 그것들마저도 만족스럽게 발굴되지 않을 뿐 아니라 인류가 거처한 지구의 기원까지도 미궁에 빠져 있기 때문이다. 역사가들은 일반적으로

연구의 편의상 인류가 문자를 사용하기 이전의 시대를 선사
시대(prehistoric age)라 부르고, 문자를 사용하기 시작한 시
대를 역사시대(written historic age)라 부른다. 그러므로 엄
격하게 말해서 선사시대는 문자를 사용하지 않았던 시대
(unwritten age)로 '문자 이전 시대(preliterate age)'라 해야
옳을 것이다. 선사시대는 불과 5,000년 정도밖에 안 되는 역
사시대에 비해서 수백 배나 긴 시대로 석기시대(stone age)
로 통하며 문명에 이르지 못한 원시시대이기도 하다. 선사
시대를 석기시대라 함은 이 시대에 주로 돌로 만든 도구가
사용되었기 때문이다. 인류가 역사시대에 들어서게 된 것은
청동기가 사용된 때였으며 그들의 문명이 꽃을 피우게 된
것은 철기가 통용된 시대였다.

인간과 환경

그러면 인류가 다른 동물들과는 달리 그들의 환경을 잘
응용할 수 있었던 것은 무엇 때문일까? 성경에 따르면, 인간
은 모든 자연을 지배할 수 있도록 신의 형상(imago dei)대로
창조된 존재이다. 일반적으로 인류학자들은 인류가 환경을
다룰 수 있었던 것은 그들이 자연을 관할하는 능력들을 가
지고 있었기 때문이라고 생각하였다. 즉, 인류는 곧게 서서
그들의 손과 팔을 사용할 수 있다는 점, 그들의 엄지를 사용
하여 물건을 움켜쥐고 수공을 할 수 있다는 점, 그들 상호간
의사를 소통하고 교환할 수 있는 음성기관을 가지고 있다는
점, 그리고 그들의 경험과 지식을 후손에게 전수할 수 있는
두뇌를 가지고 있다는 점을 그들은 열거하였다. 어쨌든 인
류가 만물의 영장인 것만큼은 부인할 수 없는 일이다.[1] 현
대에 이를수록 선사시대의 연구가 절실하게 요청되는 것은
오늘날의 복잡다단한 문제들을 풀어 나가기 위해서이다. 오
늘날의 어떤 문제든지 그 기원(origin)을 따져보면 핵심적
단서가 나오게 되는데 무엇보다도 선사시대와 같은 단순하
고 원천적인 사회에서 보다 쉽게 그 본질적인 해답이 얻어
지기 때문이다.

---

1) Ralph Beals and Harry Hoijer, *An Introduction to Anthropolo-gy*(New York, 1985), pp. 31-32.

제 1 절 인류의 기원

창조설과 진화론

인류의 기원을 주장하는 데에는 대체로 두 가지의 가설이 있다. 하나는 창조설이고 다른 하나는 진화론이다. 신에 의해 최초의 인간이 창조되어 그 후손이 세계로 퍼져 나아갔다는 창조설은 종교적 신앙의 차원에 속하는 주장이므로 대부분의 학자들은 다윈의 진화론에 근거하여 인류의 조상을 추적하려는 방법에 기울어져 있는 실정이다.

그러나 창조설도 신앙적 차원이 아니더라도 인류를 물질중심의 기계론으로부터 인간존재의 유목적론과 삶의 신비로 승화시켜 준다는 차원에서 적지 않은 영향을 주었다는 사실을 간과해서는 안 될 것이다. 진화론은 주지하는 바와 같이 땅에서 발굴한 화석들을 기초로 그것들의 진화정도에 따라 인류의 조상을 알아내는 방법인데 여기에도 어려운 문제점들이 적지 않다. 두개골의 용적량이나 턱뼈의 모양, 혈청 등을 통하여 진화의 서순을 정한다 해도 앞의 화석이 뒤의 화석으로 직결되었다는 증거는 잡을 수 없으며 다만 추정할 뿐이라는 데에 문제점이 있는 것이다. 더욱이나 어디까지가 동물에 속하며 어디서부터가 인류의 화석인지를 구별하기란 쉬운 일이 결코 아니다. 현재로서는 발굴된 인류의 화석이 오늘날의 인류와 연결되는 고리조차 찾아내지 못하고 있는 형편이다.[2]

가장 오래된 인류 화석들

지구상에서 발굴된 인류의 화석 가운데 가장 오래된 인간의 조상으로 추정되는 것들로는 아프리카에서 출토된 진잔트로푸스 보이세이(Zinjanthropus Boisei), 오스트랄로피테쿠스(Australopitecus) 등이 있는데, 조사에 따르면 이들의 생존시기는 약 175만년 전으로 추정된다. 이들은 모두 서서 걸어 다니면서 도구를 사용했을 가능성이 많아 현생인류와 연결되는 것으로 추정되었다. 그러나 이러한 추정은 더 오래 버틸 수 없었다. 영국의 유명한 고고학자 리키(Louis S. Leaky)는 이들을 호모 하빌리스(Homo Habilis: 기술이 좋은 사람)와

---

2) Frederick S. Hulse, *The Human Species*(New York, 1964), ch. 1-2.

구별하여 주의를 끌었다. 직립보행과 도구사용이 가능했던 호모 하빌리스(No. 1470)는 오스트랄로피테쿠스와는 비교가 안 될 만큼 두뇌가 발달하였다.

　　다음으로 호모 에렉투스(Homo Erectus: 서서 다니는 사람)라 불려지는 화석들로는 20세기 초 북경에서 출토된 북경인(Sinanthropus Pekinensis)과 19세기 말 자바에서 발굴된 자바인(Pithecanthropus Erectus), 20세기 초 유럽에서 나온 하이델베르크인(Homo Heidelbergensis) 등이 있다. 이들은 지금으로부터 약 50만-30만년 전에 살았던 것으로 추정된다. 그리고 네안델탈인(Homo Neanderthalensis)은 약 20만년 전에 유럽일대에 살았던 현생인류(Homo Sapiens: 지혜로운 사람)의 아류로 19세기 중엽 네안델탈 계곡에서 출토되었다. 이들은 호모 하빌리스보다 훨씬 진화된 인류로 밝혀져 있다.

　　현재의 인류와 비슷한 현생인류인 호모 사피엔스 사피엔스(Homo Sapiens Sapiens: 아주 지혜로운 사람)가 등장한 것은 약 4만년 전으로 19세기 중엽 프랑스에서 발굴된 크로마뇽(Cro-Magnon)인 등이 가장 대표적이다.[3] 요컨대, 진잔트로푸스 보이세이 등이 직립보행을 했으며 호모 하빌리스 등이 도구를 만들어 사용했으며 호모 에렉투스가 북경인 등으로 분류되는 가장 오래된 인류로 추정되고는 있으나 현생인류에 대한 분명한 계보는 아직까지 확인되지 않은 실정이다.

제 2 절　구석기시대의 생활

'먹이 채집자'

　　최초의 인류는 아마도 그들의 먹이를 스스로 만들어 충족시킨 것이 아니라 수렵채취를 주로 했었을 것으로 추정된다. 그들의 도구들도 매우 조야했을 것으로 보여진다. 지금으로부터 약 200만년 전에서 1만년 사이에 해당되는 구석기시대는 바로 간단한 도구로 열매를 따먹거나 고기를 잡아 먹이로 삼던 시대로 보인다. 그들의 일은 주로 사냥이었으며 야생의 말이나 사슴, 소 등으로 짐작된다. 그것은 그들의 화석이 나타나는 곳에서 동물들의 뼈들이 많이 발견되기 때문이다. 그리하여 이 시대 사람들은 "먹이 채집자(food-gatherers)"로

---

3) Clark Graham, *World Prehistory*, 1969 참조바람.

불리어진다. 그들의 화석과 더불어 발견된 조야한 석편들은 그들에 의해 만들어진 것인지는 확실치 않으나 호모 하빌리스나 호모 에렉투스와 함께 나타나는 석기들은 그들이 만들었을 가능성이 적지 않다. 그들의 석기들은 거의 대부분 조약돌의 한편을 떼어내어 만든 찍개(choppers)나 그것들에서 떨어져 나온 날카로운 쪼가리인 박편(flakes)이다. 그들은 거의 대부분 거칠거나 조야한 상태에 있었으므로 타제석기(rough stones)라 부른다.

자연동굴문화

아프리카에 살던 유인원과는 달리 호모 에렉투스에 이르면 구석기시대인들은 동굴을 위주로 군거생활을 했던 것으로 판명된다. 그들은 불을 사용하고 있었으며 언어 구사에 의해 서로 협력하면서 여러 가지의 위험들로부터 그들을 방어하였다고 보여진다. 그들의 화석 주변에서 큰 사슴이나 코끼리와 같은 뼈들이 많이 발견되기 때문이다. 호모 종족인 네안델탈인이 등장하면서 그들의 생활방식은 더욱 발달하게 되었다. 그들이 흔히 이용한 도구는 소위 다목적 도구인 손도끼(hand-axe)로 이전에 비해 그 만들어지는 과정이 훨씬 정교하였다. 이들로부터 한 가지 명기할 일은 그들이 이미 종교적 감정을 가지고 있었던 것이 아닌가 하는 추정이다. 왜냐하면 나무가 타버린 재 속에서 그들의 유골이나 도구, 먹이들이 나오기 때문이다. 아마도 그들은 동굴 안의 화로가에 시체를 묻고 그 시신이 다시 살아나서 먹이를 들기를 희구했던 것이 아닌가 추정된다.

홍적세 마지막 시기에 현생인류는 더욱 날카로운 무기들을 가지고 짐승들을 사냥했던 것 같다. 그들은 동굴의 벽에 들소나 말, 순록과 같은 동물들의 그림을 그렸는데, 이것은 많이 잡히기를 바라는 주술적 행위에서 비롯된 것으로 보인다. 그들의 회화방법은 있는 대로 나타내려는 자연주의에 충실한 것으로 보인다. 프랑스의 라스코(Lascaux)와 스페인의 알테미라(Altemira) 동굴벽화들이 그 대표적인 것들이다. 이 외에도 구석기시대 말기 비너스의 여인조각상이 있는데, 이것은 다산을 기원하는 그들의 바램에서 나타난 것으로 보인다.

제 3 절 신석기시대의 생활

'먹이 생산자'

구석기시대 사람들이 수렵, 채취, 어로 등에 의해 그들의 먹이를 수집한 사람들이었다면 신석기시대 사람들은 그들의 먹이를 직접적으로 만들어 해결했던 사람들이다. 지금으로부터 약 1만년에서 5000년 전에 살았던 이들은 이 곳저곳을 두루 이동하면서 그들의 먹이를 해결했던 방법에서 한군데서 해결하는 방법으로 바뀌었다. 그것은 그들의 인구증가로 먹이를 구하기 어려웠을 뿐 아니라 그들의 체험과 지혜의 발달로 예리한 각종 도구들을 만들 수 있었기 때문이다. 그들의 새로운 방법은 바로 농경과 목축의 시작이었다. 인류는 이제 수렵과 채집이라는 획득경제에서 농경과 목축이라는 생산경제로 탈바꿈을 한 것이다. 그리하여 인류학자 차일드(Gordon Childe) 교수는 이것을 신석기시대의 혁명(Neolithic Revolution)이라고 불렀다. 이러한 골든 차일드 교수의 해석은 갑작스러운 변혁을 의미하는 것은 물론 아니다. 그들이 재배한 곡물들은 밀, 보리 등이었으며 사육된 가축은 염소, 양, 돼지 등이었을 것이다. 농경도 인간의 한없는 지식을 요구했을 뿐 아니라 목축 또한 인간의 지식을 필요로 했을 것으로 판단된다. 그들은 문자 그대로 "먹이 생산자(food-producers)"가 되었다.

농경과 목축은 인간의 정착생활과 정교한 도구제작에 적지 않은 영향을 주었을 것이다. 그들은 우선 정착생활에 의해 동굴생활에서 벗어나 땅에 움집을 만들어 살게 되었다. 농경은 주로 비료 없이 자연에 의존하였으므로 땅을 변경해야 할 필요에서 한곳에서 커다란 부락을 이룩하지는 못하였던 같다. 그들은 가족이나 간단한 씨족을 중심으로 집단 공동체를 형성하여 나아갔다. 그들은 농경과 목축을 위하여 서로 협력하지 않으면 안 되었으며 더욱이나 외적을 물리치기 위하여 긴밀한 협동이 요청되었을 것이다. 그들의 무덤을 표시하는 돌멘은 이것을 잘 나타내 주고 있다.

태양거석문화

농경의 발달로 그들의 연장은 구석기시대의 것들보다 훨씬 갈고 닦지 않으면 안 되었다. 신석기시대의 도구를 마제석기(soft stones)라 부르는 이유가 여기에 있는 것이다. 농경에 사용되는 도구로 도끼, 괭이, 낫, 칼 등이 만들어 졌다. 그들의 도구에서 매우 중요한 변화는 토기의 출현이었다. 토기는 수확한 곡물을 담아 두거나 끓이는 데 필요한 그릇이었다. 이것이 바탕이 되어 후에 도기류가 등장한 것이었다. 이 이외에도 수확물을 옮기는 데 필요한 바퀴수레 와 옷감을 만드는 면직이 발달하였다. 특히 고고학자들의 관심을 끄는 것은 채색토기인데, 이것은 신석기시대의 발달경로와 깊은 관련이 있기 때문이다.

이 시대의 문화는 주로 거대한 바위나 태양을 숭배하는 태양거석문화(the Sun-megalithic culture)로서 지역경계나 수호신역할을 한 것으로 보여지는 선돌(menhir)과 무덤표지인 고인돌(dolmen), 태양사원의 유적지에 남아 있는 영국의 스톤 헤인지(Stone-henge) 등이 그들의 대표적인 유물들이다. 그들의 신앙으로는 동물을 숭배하는 토테미즘(totemism), 조상을 숭앙하는 조상숭배사상, 무속신앙인 샤마니즘(shamanism), 정령을 믿는 정령숭배사상(animism) 등이 지배했을 것으로 추정된다. 그러나 이 시대에 모계지배가 우선했는지 아니면 부계지배가 우선했는지, 그들의 결혼은 일부다처제가 유행했는지 아니면 일처다부제가 지배적이었는지 등에 관해서는 아직도 논란이 되고 있는 문제들이다.

제 4 절 인종구분

일반적으로 인종은 인류의 피부나 모발, 눈, 골격, 체격 등과 같은 체질의 모양과 언어 등에 의해 구분되는 것이 상례이다. 인류학자들, 특히 형질인류학자들(physical anthropologists)은 현재 세계의 인종을 세 가지로 크게 구분하고 있다. 그들은 인종을 피부색깔에 따라 황인종(yellow people: Mongoloid), 백인종(white people: Caucasoid), 흑인종(black people: Negroid)으로 분류하며, 다시 언어에 의해 각 민족으로 나눈다. 그 내용은 다음과 같다.

백인종은 셈어족(the Semites)과 햄어족(the Hamites), 인도·유럽어족(the Indo-Europeans)으로 분류되며, 셈어족에는 바빌로니아인, 아시리아인, 페니키아인, 히브리인, 아라비아인, 시리아인 등이 속하며, 햄어족에는 이집트인이 속한다. 그리고 인도·유럽어족에는 인도인, 페르시아인, 히타이트인, 이란인, 그리스인, 이탈리아인, 프랑스인, 스페인인, 러시아인, 폴란드인, 체코인, 슬로바키아인, 캘트인, 독일인, 영국인, 홀랜드인 등이 속한다.

황인종은 우랄·알타이어족(the Ural-Altaies)과 차이나·티베트어족(the China-Tibetians)으로 분류되며, 우랄·알타이어족에는 핀란드인, 마자르인(이상 우랄어족), 터어키인, 몽고인, 만주인, 한국인, 일본인(이상 알타이어족) 등이 속하며, 차이나·티베트어족에는 중국인, 티베트인, 버어마인 등이 속한다. 흑인종은 크게 아프리카어족과 드라비다어족으로 분류된다.

제 4 장

고대 오리엔트문명

♣ 개 관 ♣

'해뜨는 동방'

인류가 선사시대를 지나 비로소 문명의 단계에 들어간 것은 오리엔트문명(the Oriental civilization)이다. 고대 오리엔트지역은 일반적으로 흑해, 카스피아해, 페르시아만 및 홍해를 연결하는 사각형의 근동지역(the Near-East area)인 오늘날의 중동지역(the Middle-East area)과 아프리카 북부의 이집트를 포함하는 곳을 가리킨다. 이 지역은 일찍이 아열대기후와 장강하류, 충적평야와 같은 농업에 적절한 조건들뿐 아니라 금속기의 사용, 문자의 발명, 국가의 성립 등 소위 문명발생의 여러 조건들을 골고루 갖추고 있었다. 그리하여 로마 사람들은 이 지역을 오리엔트(Orient)라 불렀는데, 원래 '오리엔트'라는 말은 라틴어의 '오리엔스(Oriens)'에서 유래한 '해뜨는 동방'이라는 의미이다. 고고학자 브레이스티드는 이 오리엔트지역을 '비옥한 초승달지대(the fertile Crescent)'라고 명명하여 주의를 끌기도 하였다.

오리엔트인들은 통일된 국가를 성립하기 전에는 도시국가를 만들어 상호간의 경제활동을 전개하였으며 신전을 중심으로 하는 종교적 신정정치를 구현하였다. 그들의 지배자는 '태양신의 아들,' '신의 대리자'라 하여 강력한 절대권의 표상을 보여 주었다. 오늘날의 입장에서는 이해하기 어렵지만 역사상에서 일인의 강력한 지배자가 배출된다는 것은 그리 쉽게 이루어지는 것이 결코 아니라는 것을 알아야 할 것이다. 서양근대의 통치자의 기원도 근원적으로 따진다면 결국은 고대 오리엔트에서 찾아야 하기 때문이다.

이집트와 메소포타미아 문명권

오리엔트 문명권에서 가장 대표적인 지역은 이집트와 메소포타미아였다. 이 두 지역들은 나일강, 유프라테스 · 티그리스 양 강을 중심으로 하는 농경에 의한 풍부한 생산력과 기술을 일으킬 수 있었다. 이집트와 메소포타미아는 여러 가지 면에서 다른 점들을 가지고 있었다. 이집트가 사막과 홍해 등으로 둘러막힌 폐쇄적이며 동질적인 사회라면, 메소포타미아는 개방적이며 이질적인 사회였다 할 수 있다. 전자의 사람들이 낙천적이며 내세적 신앙을 가진 사람들이었다면, 후자의 사람들은 매우 조소적이며 현실적 생활태도를 가진 사람들이었다 할 수 있다. 이러한 환경에 의해 이집트에서는 윤리적 종교가 발달하였으며, 메소포타미아에서는 준법적 법률제도가 발달하게 되었다.

문명의 발상지로서의 오리엔트 문명권은 이집트와 메소포타미아, 동부 지중해(페니키아와 헤브라이)로 갈라져 발전하다가 B. C. 6세기 중엽 인도 · 유럽어족에 속하는 페르시아에 의해 통일되었으며 이후 아시아뿐 아니라 서양에도 적지 않은 영향을 주게 되었다. 특히 고대 오리엔트 문명에서 특기할 만한 사실은 헬레니즘과 함께 서양문명의 두 가지 본질이라 할 수 있는 헤브라이즘의 기초가 이루어졌다는 점과 유럽, 아시아, 아프리카 3대륙의 문화적 접촉지로서의 역할을 충분히 수행했다는 점이다.

제 1 절 이집트문명

1. 역사개관

'나일강의 선물'

그리스의 역사가 헤로도투스의 말과 같이 이집트 문명은 '나일강의 선물'
이었다. 사하라사막을 가로지르는 세계 3 대 장강의 하나인 나일강은 매년 6 월
에서 11월에 걸쳐 범람하여 그 결과 이루어지는 하류지역의 비옥한 델타지대
는 농경에 알맞은 자연의 혜택을 받은 땅이었다. 나일강의 범람시기를 알려는
이집트인들의 끈질긴 노력은 개 모양을 하고 있는 시리우스 별(Sirius, the dog
star)을 발견하게 하였으며 급기야는 세계최초의 태양력을 만들어내게 하였다.
그리고 새로 형성된 비옥한 땅을 서로 원만하게 갈라 가져야 하는 데서 수학
과 기하학 등 여러 가지의 기술이 개발되지 않으면 안 되었던 것이다.

아라비아에서 햄족에 속하는 이집트인들이 나일강지역으로 이주한 것은
B. C 4000년경 전후로, B. C. 3200년경 왕조시대가 성립되기까지는 도시국가
형태를 가진 40여개의 노메스(Nomes)들이 나일강을 중심으로 상하로 흩어져
있었다. 이 상하의 도시국가들의 통합은 상 이집트의 메네스왕에 의해 이루어
졌으며(B. C. 3200), 이후 이집트는 고왕국(the old Kingdom: c. 3200 B. C.-c.
2500 B. C.), 중왕국(the middle Kingdom: c. 2500-1780 B. C.), 신왕국(the new
Kingdom: c. 1580-525 B. C.)으로 발전하여 나아갔다.

고·중·신왕국

고왕국은 처음에는 상 이집트의 티니스(Thinis)를 수도로 유지하고 있다
가 델타지역 남부근경의 멤피스(Memphis)로 옮긴 후 약 1,000여년간 지속되
었다. 고왕국은 전제체제라기보다는 일종의 신정체제였다. 왕은 태양신 레
(Re)의 아들로서 이집트어 'Per-o'(Great House 혹은 Royal House를 뜻함)에서
유래한 '파라오(Pharaoh)'라 불리어졌다. 파라오는 신의 뜻을 성취하기 위하여
고대의 법을 엄격히 지켜야 했으며 결혼도 오염을 막기 위해 직계가족 안에서
만 가능하였다. 이러한 의미에서 파라오는 근대 절대왕조의 왕권과는 크게 대

조된다 하겠다. 고왕국은 제3, 4왕조를 통하여 크게 발전하였으며 제5, 6왕조에 이르러 중앙집권적 국가체제로 절정기를 이룩하였다. 이 시기에 파라오의 분묘인 피라미드가 건설되었는데, 기제(Gizeh)의 거대한 피라미드들이 파라오의 권위를 잘 반영하고 있다. 그리하여 이 시대를 파라오시대 혹은 피라미드시대라고도 부른다. 그러나 제6왕조에 들어가면서 지방장관들(nomarchs)의 발호로 정치적 혼란을 피할 수 없게 되었다. 중왕국에 이르러 수도를 멤피스로부터 나일강 중류의 테베(Thebes)로 옮겨 왕권을 회복하려고 애썼으나 일시적일 뿐 다시 혼란을 거듭하였다. 제12왕조 이후로는 외부와의 접촉과 싸움이 잦아 영토가 확장되고 토목, 건축, 문학 등 여러 분야에 걸쳐 적지 않은 진전을 보았다. 그렇지만 왕조 말엽부터 왕권이 쇠퇴하기 시작하더니 종국에는 아시아계의 힉소스족(Hyksos)의 침략을 받아 약 200여년간 식민지로 지내야 했다.

이 외적의 침입을 물리치고 이집트를 부흥시킨 사람이 바로 신왕국의 창시자인 아모세 1세(Ahmose Ⅰ)였다. 그는 힉소스를 격퇴시키고 지방세력을 견제하여 중앙집권을 강화하였다. 그 후 투트모시스(Tuthmosis Ⅲ), 아멘호테프(Amenhotep Ⅳ), 투탄카몬(Tutankhamon) 등 유능한 군주들이 등장하여 지중해 연안과 메소포타미아까지 확장하여 고대 이집트의 극성기를 맞이하였다. 투트모시스는 카르낙(Karnak)신전을 건립한 것으로, 아멘호테프는 종교적 개혁과 아마르나로의 수도이주로, 그리고 투탄카몬은 '왕들의 계곡'에서 발굴된 무덤으로 잘 알려져 있다. 신왕국은 유명한 지배자 람지스 3세(Ramses Ⅲ) 이후 승려들의 권력찬탈로 주변 여러 나라들의 침략을 막지 못하다가 아시리아에 의해 정복당했으며(B.C. 670), 결국 페르시아에 의해 최후를 맞게 되었다(B.C. 525).

2. 종 교

고대 이집트에서 가장 중요한 영향을 끼친 것은 종교였다. 정치나 경제, 사회, 문학, 예술 등이 사실은 종교적 동기에서 발달했기 때문이다. 일반적으로 이집트의 종교는 다신교로 출발하여 일신교의 모양을 갖추게 되었다. 이집트에는 각 지방마다 그 지역을 지키는 수호신이 있었는데 왕국이 이루어지면서 하나로 통일된 신이 등장하게 되었다. 예를 들면 고왕국 때는 태양신 레

(Re) 혹은 라(Ra)신으로, 중왕국 때는 아몬(Amon) 혹은 아몬-레(Amon-Re)
신으로, 그리고 신왕국 때는 아톤(Aton)이라는 윤리적 일신교로 발전하였다.
다른 한편 나일강을 중심으로 자연의 생장을 주관하는 오시리스(Osiris)신이
상당한 세력을 가지고 뻗쳐 나아갔다. 그러므로 이집트 전체역사를 개관할 때
가장 대표적인 신으로는 레신과 오시리스신을 꼽을 수 있으며 이들은 우주를
다스리는 신으로 우위 권을 위해 서로 싸웠다. 이외 다른 신들은 모두 이 두
신들보다 아래에 있었다. 위에서 말한 바와 같이 레 혹은 라신은 고왕조 때 태
양을 숭배하는 신앙을 통하여 왕권과 연결됨으로써 크게 신장되었다.

오시리스전설
　　오시리스신은 소위 오시리스전설에 의해 널리 이집트인들에게 퍼지게 되
었다. 그것에 따르면, 오시리스는 나일강의 신으로서 그의 인민에게 농업과 여
러 가지 기술을 가르치며 법을 시사하는 자애로운 지배자였다. 그런데, 어느
날 그의 사악한 동생 세트(Set)에 의해 살해되어 그의 시체는 산산조각으로 흩
어졌다. 그의 여동생이자 부인인 이시스(Isis)는 부랴부랴 그 시체 조각들을 찾
아 봉합하여 기적적으로 부활시켰다. 그리하여 다시 살아난 오시리스신은 왕
국을 다스리다가 죽은 자의 심판자가 되기 위하여 아래 세계로 내려갔으며, 그
의 유복자 호루스(Horus)는 성인이 되어 급기야는 세트를 살해함으로써 그의
아버지의 원수를 갚았다는 내용이다.
　　오시리스의 죽음과 부활은 나일강의 퇴각과 충만을 나타내는 이야기이지
만 이것은 여기에서 그치지 않고 남편에 대한 아내의 충성, 부모에 대한 자식
의 효성, 악에 대한 선의 승리, 그리고 죽은 다음의 영혼불멸 등의 사상을 이
집트인들에게 심어주었다. 여기서 한 가지 특이한 것은 오시리스 신앙은 중왕
국 때 개인주의적 풍조가 발달함에 따라 내생의 구원을 찾으려는 대중의 신앙
으로 발전했다는 사실이다. 그들은 이 세상에서 어떤 보상을 바라는 것이 아니
라 죽은 다음 오시리스의 심판을 바랐던 것이다. 이것은 현세의 의로운 통치를
바라는 보다 고매한 사람들의 라신을 숭배하는 신앙과는 크게 대조되는 것이
라 하겠다. 결국 이 세상의 살아 있는 선신으로서의 라신과 저 세상의 사자의
심판자로서의 오시리스신은 중왕국 말엽과 신왕국 초기 경 윤리를 중시하는
하나의 종교로의 결합이 위에서 비친 바 있는 아멘호테프에 의해 시도되었던

것이다.

영혼불멸의 신앙

그들의 피라미드와 미이라(mummy)는 이러한 영혼불멸의 사상으로부터 만들어진 것으로, 그들은 사람이 죽은 후에도 영혼(ka, ba)은 죽지 않고 돌아다니다가 다시 육체 속으로 들어온다고 믿었다. 스핑크스는 그들의 영혼을 지키는 문지기였다. 피라미드는 왕권의 상징으로 처음에는 귀족의 무덤인 작은 규모의 마스타바(Mastaba)였으나 왕권이 강해짐에 따라 귀족과 구별되는 대규모의 피라미드로 바뀌었다. 이것은 인간인 귀족과 신인 파라오의 분별이기도 했다. 미이라는 처음에는 왕과 귀족에게만 실시되었으나 후에는 일반인들에게도 실시되었다. 이집트에는 성스러운 문자로 알려진 상형문자(hieroglyph)가 있으며, 사람들은 나일강변에서 자라는 파피루스로 만든 종이에 문학작품들을 썼다. 소위 19세기의 이집트학(Egyptology)은 18세기 말 나폴레옹의 원정 때 발견된 로제타석(Rossetta stone) 연구로부터 비롯되었다.[1]

제 2 절 메소포타미아문명

'에덴동산'

메소포타미아 문명은 티그리스 · 유프라테스의 두 강들 사이에서 이루어진 문명으로 구약의 '에덴동산'의 땅으로 추정된다. 이 지역은 이집트의 자연조건과 비슷하나 이집트가 나일강과 사하라 사막으로 둘러싸인 폐쇄적인 지형임에 반하여 메소포타미아는 여러 민족들이 왕래하기 쉽게 열려진 개방적인 지형이었다. 메소포타미아 문명의 창시자는 중앙 아시아고원에서 이주한 것으로 알려진 수메르족(the Sumerians)으로 B. C. 3000년경 두 강 하류지역에 들어와 우르(Ur), 라가쉬(Lagash) 등 도시를 만들고 살았다. 그러나 B. C. 2400년경 수메르족은 셈족 지배자 사르곤(Sargon Ⅰ)에 의해 정복당하였다. 사르곤이 세운 아카드(Akkad)는 서부 아시아에 세워진 최초의 셈족 왕국으로 엘

---

1) 1799년 로제타 근교에서 발견된 비석으로, 샹폴리옹이 이집트문자를 해독할 수 있는 단서가 되었으며 현재는 대영박물관에 소장되어 있다.

라마이트족과 북부 시리아 등을 쳐부수어 지중해에 이르는 강세를 떨쳤으나
수메르족의 끈질긴 반란으로 오래 견디지 못하고 말았다. 그 후 수메르족은 북
부의 야만족 구티족(the Guti)의 지배를 받다가 B.C. 2100년경 우르 도시의
주도하에 그들의 지배를 벗어나게 되었다. 그들은 다시 유명한 둔기(Dungi)에
의해 지배되었는데, 둔기는 사르곤의 옛 영광을 회복하려고 안간힘을 다하였
다. 그러나 그의 꿈도 오래가지 못하였다.

고바빌로니아

메소포타미아 문명의 두 번째 단계를 장식한 사람들은 아라비아 사막에서
이주한 아무르인으로 알려진 셈족이었다. 그들은 바빌론(Babylon)을 수도로
정하고 바빌로니아 왕국을 세웠다. 이것은 후에 나타나는 신바빌로니아왕국과
구분되어 고바빌로니아왕국(the old Babylonian dynasty: B.C. 2100-B.C. 1750)
으로 불리어졌다. 고바빌로니아는 주변의 여러 나라들을 차례로 지배한 다음
특히 6대 함무라비(Hammurabi)에 의해 강력한 중앙집권적 바빌로니아제국을
이룩하였다. 이 시기는 영토의 확장은 물론 고대 바빌로니아문명의 융성기로
서 수메르문명의 진수를 계승한 위에 그들 독자의 문화적 요소를 발전시켰다.
그의 유명한 함무라비법전은 이러한 사실을 잘 반영해주는 실례이다. 함무라
비법전(the Code of Hammurabi)은 높이 7.4피트의 검은 돌기둥에 새겨진 전문
282조에 이르는 성문법으로 수메르인의 관습법을 기초로 한 것이다.[2] 고바빌
로니아는 그 후 내적 동요와 히타이트 등 외적 약탈에 의해 B.C. 1750년 드디
어 카사이트에 의해 멸망하였다.

아시리아

고바빌로니아의 멸망 이후 카사이트는 메소포타미아에 말을 소개한 일 이
외에는 공헌한 일이 별로 없었다. 만약 또 다른 셈족의 출현이 나타나지 않았
더라면 고대의 문화는 거의 사라졌을 것이다. 이들이 바로 티그리스 강변에서

---

2) 1901년 프랑스 고고학자 드 모르간(De Morgan)에 의해 수사에서 발견된 비문으로 함무라비
왕이 태양신으로부터 법률을 받는 광경이 부각되어 있다. 3600행 이상의 설형문자로 된 이 기록
은 고대법제의 특성인 중형주의, 보복주의, 남녀불평등주의에 입각해 있으며 현재는 르부르박물
관에 소장되어 있다. 개인의 재산, 부동산, 사업, 농업, 유산에 관한 내용이 규정되어 있으며, 여
자와 어린이, 노예에 관한 보호내용이 조심스럽게 규정되어 있다(William Sinningen and
Charles Robinson, Jr., *Ancient History*, New York, 1981, pp. 39-41).

약 500마일 떨어진 아수르 고원에 작은 왕국을 세웠던 아시리아족(the Assyri-
ans)이었다. 그들은 메소포타미아 문명의 세 번째 단계를 이룩한 사람들로 B.
C. 1300년경 북부 전지역을 차지하게 되었다. 아시리아제국(the Assyrian Em-
pire)은 B. C. 8-7세기에 걸쳐 그 전성기를 맞이하였는데, 사르곤 2 세(Sargon
Ⅱ: 722-705), 세나체리브(Sennacherib: B. C. 705-681), 그리고 아수르바니팔
(Assurbanipal: 668-626)이 그 당시 유명한 지배자들이었다. 아시리아는 주변
의 시리아, 페니키아, 이스라엘왕국을 점령하여 메소포타미아 최초의 통일국이
되었다. 단지 유다왕국만이 세나체리브 군대 내의 흑사병 만연으로 버틸 수 있
었을 뿐이다.

신바빌로니아

그러나 아시리아는 확장되는 영토에 걸맞은 정치체제와 피정복인들을 다
스리는 회유정책을 갖추지 못하였다. 그들은 지나친 무력지배로 더 이상 견디
지 못하고 시리아 여러 나라들의 이탈과 소아시아의 리디아, 메디아 등의 등장
으로 B. C. 612년 마침내 수도 니네베(Nieneveh)가 함락되고 말았다. 새로 출
현한 사람들은 두 강 남동쪽에 자리잡은 셈족인 갈데아족(the Chadeans,
Kaldi)이었다. 니네베를 함락한 나보포라사르(Nabopolassar)를 승계한 아들 네
브카드네자르(Nebuchadnezzar)는 근동의 새로운 세계제국을 건설하였는데 이
것이 바로 신바빌로니아였다. 거의 한 세기를 버틴 신바빌로니아는 B. C. 539
년 페르시아의 키루스에 의해 끝나고 말았다.

메소포타미아 문명의 바탕은 기본적으로 수메르문명이었으며 이것이 계속
이어 내려간 것이다. 메소포타미아인들의 신은 천신(Annu), 바람신(Enlil) 등
의 다신교적 신들이었으며 함무라비 때는 마르두크(Marduk)와 같은 최고의
신도 있었으나 이집트와는 달리 인간적이며 마술적인 성격이 다분하였다. 그
들은 이집트의 내세적인 종교 대신 별을 보고 점을 치는 현세적인 점성술이
발달하였으며 변화무쌍한 사회질서를 위하여 둔기법전(the code of Dungi)이
나 함무라비법전이 만들어졌다. 그들의 문자는 진흙 판에 남아 있는 설형문자
(cuneiform letter)였으며, 문자해독은 전적으로 서기나 승려의 업무였다. 메소
포타미아에는 석질이 좋지 않았으므로 구운 벽돌이 사용되었는데 그 대표적인
것이 수메르의 계단식 성탑(Ziggurat)으로 구약의 바벨탑을 모방한 것으로 알

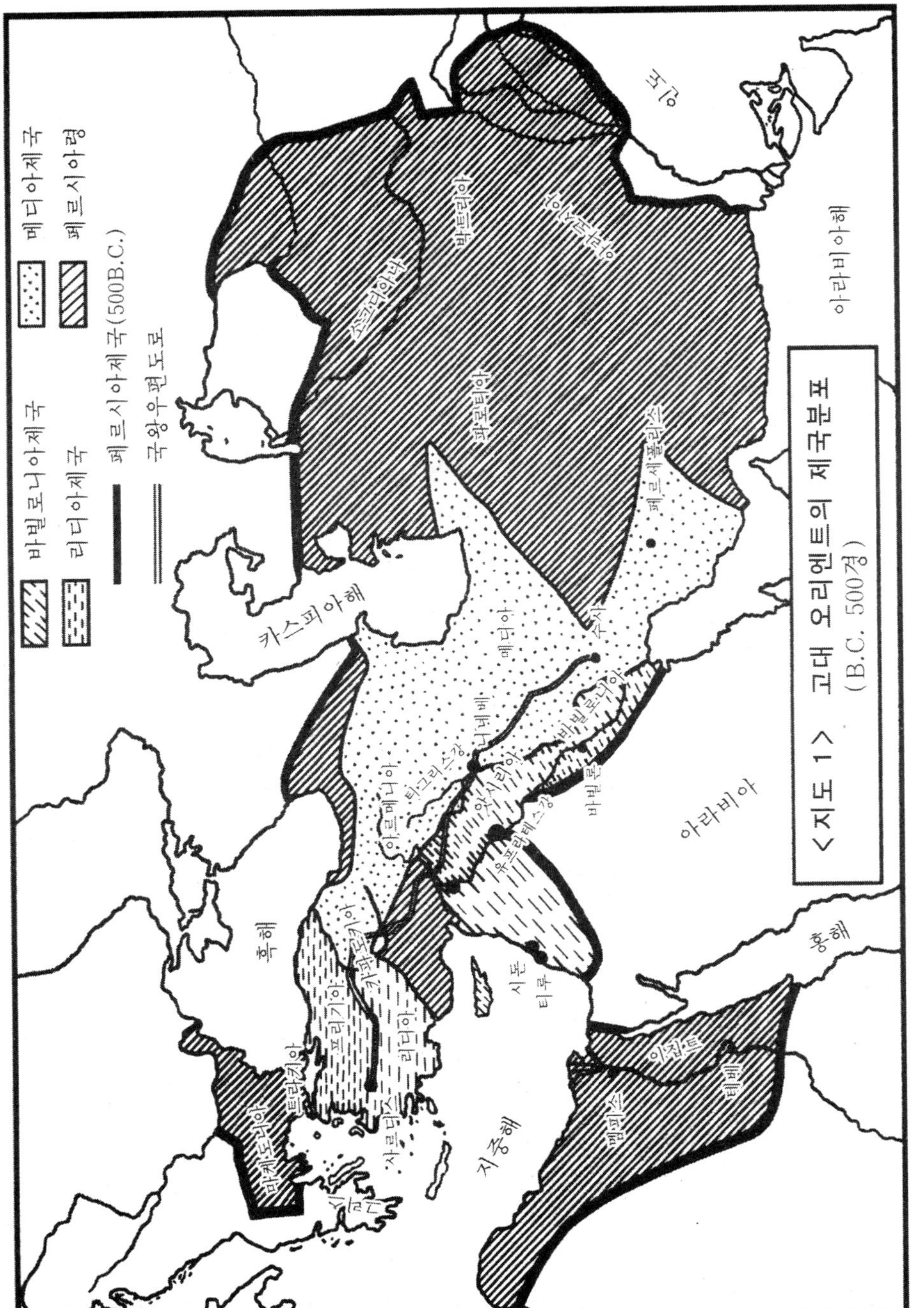

〈지도 1〉 고대 오리엔트의 제국분포
(B.C. 500경)

려져 있다. 특히 일주일을 7 일로, 하루를 24시간으로 분류하는 것이나 원의 360도, 12궁(the twelve signs of the zodiac), 60진법 등이 모두 그들로부터 창안되었다. 더욱이나 고대문학으로는 길가메쉬(Gilgamesh)의 서사시가 매우 유명하다.[3]

제 3 절 동부 지중해문명

1. 페니키아

이집트와 메소포타미아 사이를 연결하는 시리아, 팔레스타인의 동부지중해 지역에는 셈족에 속하는 페니키아인과 헤브라이인이 거주하고 있었다. 페니키아인들(the Phoenicians)이 레바논산맥 서쪽에 정주하게 된 것은 B. C. 2000년경이었다. 그들은 시돈(Sidon), 티르(Tyre) 등 도시를 중심으로 발전하여 수메르인들과 더불어 세계사상 도시국가의 선구가 되었다. 일찍부터 해양에 근접한 환경이 그들을 해양민족으로 발전하게 하였으며 조선업의 시조가 되게 하였다. 그들은 에게해와 흑해방면으로 진출하여 교역에 종사하는 한편 각지에 그들의 식민지들을 개척하였다. 그들은 고대 여러 나라들의 유산을 수렴하여 제일 처음 문자를 만들어 알파벳의 기원이 되기도 하였다. 그들의 해양활동은 오리엔트문명을 에게문명을 통해 그리스의 서양세계에 전달해 주는 교량적 역할을 수행하였다. 그들의 세력은 그리스인에 의해 물러서게 되었다.

---

3) 수메리아에 기원을 둔 영웅 길가메쉬의 서사시는 B. C. 2000년경에 이르러 더욱 발전하였으며, 그 후 근동과 중세에까지 적지 않은 영향을 끼쳤다. 이 서사시는 의식과 연결된 다른 신화와는 달리 끊임없이 노력하고 창조하지만 끝내는 죽고 마는 인간의 성품을 잘 나타내고 있는 점이 특이하다. 거의 3분의 2가 신인 길가메쉬는 우루크(Uruk)의 전설적인 왕으로 가혹한 다스림으로 다른 신들의 미움을 받았다. 그들은 거친 인간 엔키두(Enkidu)를 만들어 길가메쉬에 대항하게 하였다. 그러나 길가메쉬는 한 창녀를 보내 오히려 엔키두를 잘 길들였다. 이것은 인간의 문명화 과정을 묘사한 것으로 알려져 있다. 다른 한 가지는 소위 노아 홍수이야기이다. 길가메쉬는 노아로부터 홍수이야기와 바다에서 식물을 얻는 방법을 전수받았다. 그는 성공했지만 귀가 길에 뱀에게 그 식물을 잃어버리고 말았다. 후에 이 서사시는 그리스의 일리아드와 대조되어 해석되기도 하였다. 말하자면 길가메쉬 서사시는 일리아드에 비해 더 용감하고 세속적이지만 덜 예술적이며 나이브하다는 평이다(Chester G. Starr, *A History of the Ancient World*, New York, 1977, pp. 40-41).

2. 헤브라이

야웨신앙

한편 셈족에 속하는 헤브라이인들(히브리인, the Hebrews)은 '추방된 자' 혹은 '유목민'을 의미하는 하비루(Habiru, Khabiru)에서 나온 명칭으로 그들 적들에 의해 불리어졌다. 그들의 기원은 확실치 않으나 아마도 아라비아사막 인 것으로 추정되며, B.C. 1800년경 아브라함의 인도로 메소포타미아 서북쪽 에 정착했던 것으로 보인다. 그 후 그들은 아브라함의 손자 야곱에 의해 서쪽 으로 이주하여 팔레스타인에 이르렀는데 그의 이름 이스라엘을 따서 이스라엘 족이라 불렀다. 그들은 일부 다른 헤브라이인들과 함께 기근을 피해 B.C. 1600년경 이집트로 들어가는 델타근역에 정착하려 했으나 이집트 파라오의 노 예가 되고 말았다. 그들은 이집트인들과 싸우다가 인종차별에 못 이겨 B.C. 1200년경 유명한 모세(Moses)의 인도를 받아 이집트를 벗어나려고 하였다. 모 세는 그들을 시나이반도에서 야웨(Yahweh)신을 믿는 강건한 민족으로 인도하 여 야웨신성동맹(the Yahweh amphictyony)을 맺게 함으로써 "젖과 꿀이 흐르 는 땅(a land flowing with milk and honey)" 팔레스타인으로 들어가게 하였다. 그러나 그들은 바빌로니아, 히타이트 등 주변의 여러 민족들과의 싸움을 피할 수가 없었으며, 더욱이나 소아시아와 에게해로부터 이주한 필리스타인족(the Philistines)은 그들에게는 너무나 벅찬 상대였다. 팔레스타인이란 이름도 사실 은 그들로부터 유래한 것이었다.

통일왕국과 분열

그리하여 이스라엘인들은 그들의 위협에서 벗어나기 위하여 더 이상 종교 적 지도자인 사사(Judges)의 지배 아래 머물 수 없었다. 그들은 드디어 B.C. 1025년경 여러 부족들을 한데 불러모아 한 사람의 왕을 중심으로 하는 국가를 이룩하게 되었다. 그것이 바로 헤브라이 통일왕국으로 그 최초의 왕이 사울 (Saul: 1012-1004 B.C.)이었으며 그를 계승한 다윗(David: 1000-960 B.C.)에 의해 예루살렘을 수도로 하는 강력한 통일국가가 되었다. 다윗의 아들 솔로몬 (Solomon: 960-922 B.C.) 때에는 헤브라이의 전성기로서 외부와의 무역과 통 상이 활발하여 국력을 신장시켰으며 호화로운 신전, 궁전 등의 건설로 국가의 위엄을 크게 드높였다. 그러나 지나친 국고낭비와 힘의 소모로 내분이 잦아지고 정치적 혼란을 초래하여 B. C. 933년 북부의 10부족들이 이탈하여 이스라엘왕국을 세우고, 이에 남부 2부족들은 유대왕국을 건립하였다. 분열 후 부족들간의 항쟁은 더욱 격심하게 되어 주변의 약탈을 받던 중 이스라엘왕국은 B. C. 722년 아시리아에게 망하고 유대왕국은 B. C. 586년 신바빌로니아에게 병합되었다.

디아스포라

신바빌로니아의 네브카드네자르왕은 약 2만 명의 유대인들을 바빌론에 가두고 갖은 곤욕과 학대를 불사하였다. 이것을 "바빌로니아의 포로(the Babylonian Captivity: 586-538 B. C.)"라 부른다. 나중에 신바빌로니아가 페르시아에게 정복될 때(538 B. C.) 그 중 대다수는 해방되어 유대로 귀환하였다. 그러나 그들의 생활은 정치보다도 종교적 생활에 더욱 치우쳤다. 그들은 페르시아의 지배를 거쳐 다시 로마에 의해 유대 공화국이 붕괴되면서(70 A. D.) 그들 종교의 자유를 위해 세계 여러 곳으로 흩어져 살아야 되는 디아스포라(Diaspora, 분산)의 운명을 밟지 않으면 안 되었다. 제 2 차 세계대전 후 이스라엘 공화국의 탄생은 헤브라이민족의 정치생활의 부활을 의미하는 일대 사건이었다.[4]

제 4 절 페르시아

오리엔트 문명의 마지막 장면은 이란 고원지대를 중심으로 펼쳐진 페르시아인들에 의한 전오리엔트의 통일로 장식되었다. 페르시아인(the Persians)은 인도·유럽어족에 속하는 민족으로 메디아(Media)인들에 종속되어 있었으나 B. C. 550년경 그들로부터 벗어나 독립하게 되었다. 페르시아의 창시자 키루스(Cyrus: 557-529 B. C.)왕은 처음에는 남부 페르시아 부족들을 지배하다가(559 B. C.), 5년 후 모든 페르시아인들을 장악하게 되었으며 급기야는 주변의 여러

---

4) 헤브라이민족은 디아스포라 이후 세계 여러 나라에 흩어져 살다가 제 1 차 세계대전 중 영국의 발포어선언(1917)으로 이스라엘공화국의 건설을 약속 받았으며, 제 2 차 세계대전 후 이스라엘공화국으로 독립되었다(1948). 그러나 그들은 1967년 소위 6 일 전쟁(제 3 차 중동전쟁)을 치르지 않으면 안 되었으며 지금까지도 중동분쟁에서 벗어나지 못하고 있는 실정이다.

국가들을 정복하게 되었다. 그는 결국 리디아와 신바빌로니아를 넘어뜨림으로 써 승기를 잡았다. 그리고 그의 아들 캠비시스(Cambyses: 529-522 B.C.)왕은 이집트를 정복하여 그 지반을 더욱 넓혔다. 그러나 캠비시스왕 말기부터 페르 시아는 피정복민들의 반란과 승려들의 내분이 계속되어 혼란을 거듭하였다. 이 혼란을 수습하고 페르시아뿐 아니라 전오리엔트를 명실상부하게 통일한 사 람이 유명한 귀족출신의 지배자 다리우스 1세(Darius I: 521-486 B.C.)였다. 그는 정국을 수습한 다음 페르세폴리스, 수사 등을 중심도시로 정하고 그의 광 대한 제국을 20개의 주로 나누어 총독(satrap)을 파견하여 다스리게 하였다. 그는 대체로 군대와 납세의 의무를 제외하고는 온건한 정책을 펼쳤다. 그의 전 성기 때는 영토가 동은 인도, 북은 코카사스, 남은 이집트, 그리고 서는 발칸반 도에까지 이르렀다. 그는 도로를 확장하고 수도 수사로부터 리디아의 사르디 스에 이르는 1,600마일의 왕도를 새로 만들며, 우편제도를 갖추는 등 국가의 기초를 튼튼히 하였다. 페르시아는 오리엔트의 중앙집권적이며 전제적인 관료 조직의 표상이었다. 페르시아는 B.C. 330년 알렉산더 대왕에게 멸망할 때까지 약 200년 동안 건재하였다. 페르시아인들은 바빌로니아 문화의 영향을 받는 동시에 이집트 문화의 요소도 잘 받아들여 뛰어난 건축과 조각양식을 만들어 냈다.

조로아스터교

그러나 그들의 유산 중에서 가장 특기할 만한 것은 그들의 종교일 것이다. 조로아스터교(마기교, Zoroastrianism)는 불을 숭상하는 배화교로 복잡하고 화 려한 건물이나 제단을 요하지 않는 것이 특징적이다. 이 종교의 창시자는 선지 자 조로아스터(Zoroaster)로, 이 이름은 페르시아어 'Zarathustra'가 그리스어 로 화한 명칭에서 유래한 것이다. 조로아스터교의 기원은 B.C. 1500년까지 소 급되며, 실제적으로 조로아스터교가 이루어진 것은 B.C. 6세기경 조로아스터 에 의해서였다. 조로아스터교는 원래 다신교로서 동물희생이나 주술, 마술 등 의 관습이 지배적이었다. 말하자면 조로아스터는 이러한 전례적인 다신교적 의식들을 제거하고 좀더 윤리적이며 영적인, 그리고 발전된 농업사회에 걸맞 은 종교로 개혁하려고 조로아스터교를 만든 것이다. 그리하여 그의 종교사상 에는 소와 토지를 숭상하는 가르침이 적지 않게 들어 있다. 일반적으로 조로아

스터교의 특성은 다음과 같다.[5]

첫째로는 그들의 신성이 이원론(dualism)에 기초하고 있는 점이다. 그들의
신은 이집트나 바빌로니아, 헤브라이의 신과는 다르다. 그들의 신은 우주를 통
치하는 두 가지의 신들로 나누어지는데, 하나는 선을 다스리는 선신 아후라마
즈다(Ahura-Maszda)이며, 다른 하나는 악을 관장하는 악신 아리만(Ahriman)
이다. 전자는 광명의 신이며 후자는 암흑의 신으로 양자는 주도권을 위해 싸움
을 계속한다. 이것이 바로 역사의 발전과정이다. 그러나 종국에는 선신의 승리
로 세계는 구제된다.

두 번째로는 그들의 신앙이 종말론(eschatology)에 기초하고 있는 점이다.
이 사상 속에는 메시아의 도래, 죽은 자의 부활, 마지막 심판, 영원한 낙원 등
의 개념들이 들어 있다. 그들의 신앙에 의하면, 세계는 모두 12,000년간 지속
되는데 9000년 말기에 조로아스터의 재림에 의하여 궁극적 구원의 징표가 나
타나며, 그리고 메시아인 사오샨트(Saoshyant)의 탄생으로 세상 끝이 온다. 그
리하여 아후라마즈다는 아리만을 쓰러뜨려 심연 속에 던지고 죽은 자는 살아
나며 악한 자는 지옥에 떨어진다. 그러나 결국에는 모두가 구원에 이른다는 만
인구제론에 기초하고 있어 기독교와는 구별되고 있다.

세 번째로는 그들의 신앙이 윤리에 기초하고 있는 점이다. 인간에게는 자
유의지가 있어 도덕적 책무를 다해야 한다고 믿는다. 인간으로서 지켜야 할 것
들(덕목)과 피해야 할 것들(악덕)을 정해 놓고 있다. 학자들은 이러한 그들의
윤리적 이념들이 서양 중세의 소위 "일곱 가지 죄 개념(the seven deadly sins)"
을 만들어 내는 데 중요한 영향을 주었다고 보고 있다.[6]

네 번째로는 그들의 신앙이 계시(revelation)에 기초하고 있는 점이다. 말
하자면 그들의 경전인 젠드 아베스타(Zend-Avesta)는 마즈다로부터 계시를 받
아 조로아스터가 편집한 성스러운 문서이다.

---

5) Burns, *op. cit.*, pp. 92-95.
6) 중세에 널리 알려진 7대 악덕은 탐욕, 식탐, 호색, 분노, 근심, 나태, 허영이었다. 이들 악덕들
   이 사회의 변화에 따라 순위와 내용이 바뀌었다(M. W. Broofield, *The Seven Deadly Sins: An
   Introduction to the History of a Religious Concept*, East Lasting, 1978; 졸고, "서양중세의 7
   대 악덕과 사회적 변화,"『중앙사론』 3, 1980).

다른 종교사상들

조로아스터교는 시간이 지남에 따라 여러 잡다한 민간신앙들과 결합하면서 새로 변형된 종교사상을 만들어냈다. 그 대표적인 것들로는 미트라교, 마니교, 영지주의 등이 있다.

미트라교(Mithraism)는 조로아스터교에서 파생된 것으로 아후라 마즈다의 후계자 미트라스(Mithras)에서 유래하였다. 그 기원은 분명치 않으나 대개 B. C. 4세기로 추정되며 3세기 말경 약화되었다. 미트라교는 주로 평민과 하층인들의 사랑을 받았다. 그것은 미트라스신이 현세에서 여러 가지의 일들, 홍수와 가뭄, 식량, 고통 등에서 기적을 행사하면서 살았기 때문이다. 그들로부터는 주일을 성수일로, 12월 25일을 태양일로 정한 예식이 전해지고 있는데 기독교에 영향을 주었다. 마니교(Manichaeism)는 미트라교를 이어받은 종교로 귀족인 마니에 의해 창시되었다. 마니교는 페르시아에서는 인정받지 못하였으며 그의 사후 인도와 중국, 이탈리아로 전파되었다. 마니교의 가장 중요한 사상은 이원론이었다. 그들에 의하면, 영의 왕국은 신이 다스리는 왕국이며 물질의 왕국은 사탄이 지배하는 왕국으로 인간은 물질의 왕국을 벗어나기 위하여 인간의 육적 욕망을 버려야 하며 결혼도 포기해야 한다. 마니는 자신이 예수 그리스도라 자칭하여 어거스틴을 비롯한 많은 서유럽인들을 끌어들이기도 하였다. 마니교는 400년경 로마제국 내에 적지 않은 추종자들을 얻었으나 그 이후 박해로 서서히 사라졌다.

영지주의(Gnosticism)는 페르시아의 전통을 이어받은 세 번째 종교사상으로 한 사람에 의해 만들어진 것이 아니라 그리스와 페르시아의 종교사상들로부터 만들어졌다. 신비적이며 초자연적 지식을 뜻하는 'gnosis'에서 유래한 영지주의는 1-2세기경 그 교세가 절정에 다다랐으며 이탈리아보다는 근동지방에서 활발하게 진행되었다. 그들 사상의 특성은 신비주의로서 종교의 진리는 이성이나 단순한 지식으로는 불가능하며 신으로부터 받은 신의 계시에 의해서만 가능하다는 주장이다. 왜냐하면 신의 계시는 진리를 알 수 있는 비밀스러운 영적 지식을 주기 때문이다. 위의 종교적 사상들은 서양사상에 적지 않은 영향을 주었다. 헤겔의 변증법적 사상이라든지 인간의 자유의지론, 양분적 해석(dichotomy) 등은 모두가 그들로부터 유래한 것들이다. 한 가지 부언해둘 것은 헤브라이의 종교사상과 유사한 이념들이 과연 헤브라이인들의 영향을 받아서 이

루어진 것인지 아니면 그들의 사상이 오히려 헤브라이인들에게 영향을 준 것
인지는 아직도 학자들 사이에 의견이 분분한 실정에 있다.

제3편 | 서양 고전문명

♣ 개 관 ♣

고전문명

서양사에서 지중해를 중심으로 이루어진 그리스문명, 헬레니즘시대문명, 그리고 로마문명을 서양문명의 받침돌이 되었다 하여 '고전문명(the classical civilization)'이라 일컫는다. 이것은 서양문명이 앞으로 이 3대 문명들을 근간으로 발전해 나아갔음을 의미한다. 이 문명(고전문명, 헬레니즘)은 헤브라이즘과 함께 서양문명의 기초가 되었다. 헤브라이즘이 유대·기독교적 전통으로 서양사상에 시간의식을 불러일으켜 주었다면 헬레니즘은 그리스·로마적 전통으로 인간중심의 자아의식을 심어주었다. B.C. 600년경부터 문명의 중심은 근동지역에서 벗어나 발칸반도와 이탈리아반도로 옮겨졌다. 그 이전에도 그들의 활동은 있었다. 그러나 B.C. 600년경에서 300년경 사이에 매우 괄목할 만한 발전을 보여주었다. 그리스는 오리엔트문명을 받아들여 그것을 그들의 문화와 접목시켜 새로운 문명인 헬레니즘시대문명으로 이어지게 하였으며 다시 그것들을 로마문명으로 연결되게 하였다. 이들 문명들은 오리엔트문명과는 달리 지나치게 종교적인데서 벗어나 인간의 의지와 자유를 구가하려는 모습을 보여주었다. 이들 문명들을 구태여 구별해 본다면 그리스문명은 주지주의적 문명(intellectualist civilization), 로마문명은 주의주의적 문명(voluntarist civilization), 그리고 헬레니즘시대문명은 이 양자 사이의 과도기적 문명이라고 설명할 수 있다.

드로이젠의 역사해석

그리스와 로마의 사이에 끼여 있는 헬레니즘시대문명의 역사적 중요성을 강조하여 인정을 받은 학자는 19세기 독일의 드로이젠(Johann Gustav Droysen: 1808-1884)이었다. 그의 주장이 나오기까지는 헬레니즘시대문명은 그리스문명의 그늘에 가려 질적으로 낙후된 문명으로 간과된 것이 사실이다. 드로이젠에 의하면, 헬레니즘시대문명은 질적으로는 그리스의 폴리스문명에 뒤떨어지지만 세계사적 차원에서는 오히려 그리스를 훨씬 뛰어넘는 문명이다. 왜냐하면 헬레니즘시대를 통하여 비로소 그리스문명은 그 지엽적인 폴리스문명을 초월하여 지중해적 로마로 이어져 중세와 유럽, 더 나아가 세계문명으로 발전할 수 있었기 때문이다. 드로이젠의 학설은 아직까지 역사학자들의 통설로 받아들여지고 있다.

그리스와 로마

그리스가 유럽의 동방세계를 대표한다면 로마는 그 서방세계를 대표하는 국가였다. 그들은 각각 동·서의 상이한 생활이상과 양식을 그 역사과정에 표출하면서 헬레니즘사상의 2대 기조를 이룩하였다. 그러나 그리스와 로마는 양자 공히 지중해라는 터전 위에서 반도의 이점을 십분 발휘한 국가들이었으나, 전자가 폴리스 이상 발전하지 못하고 쇠미한 반면에 후자는 도시국가를 뛰어넘어 세계제국으로까지 펼쳐 나아갈 수 있었다. 로마는 여러 국가들을 건설하여 이를 통제하고 유지하는 데 힘썼으며 그리스는 지엽적인 폴리스지배로 끝났으나 정신문화에 있어서는 그 영향이 서양뿐 아니라 동양에까지 파급되었다. 그러면 로마가 그 문화적 열세에도 불구하고 그리스를 뛰어넘어 세계국가로 발돋움한 원인은 무엇인가. 그것은 아마도 위에서 설명한 바와 같이 그리스문화를 오리엔트문화와 결합시킨 헬레니즘시대문명의 덕분이 아닌가 한다. 로마는 그 터전 위에서 정치나 법조직뿐 아니라 세계종교인 기독교까지 출범시켰기 때문이다. 그리스에서의 자유로운 인간정신의 발전은 세계사에서 자랑할 수 있는 유산이며 서양문화는 이러한 인간의 자유를 기조로 했기 때문에 더욱 빛나게 되었다.

그러나 자유는 통제와 서로 상치되는 것이므로 그리스는 정치적으로 분열되었고 통일의 꿈을 실현하지 못하였다. 로마에서는 이와 같은 그리스세계가 지녔던 결점을 보충해 주었다. 하지만 여기에서도 자유보다 통제가 우선하였기 때문에 몰락의 원인이 되었다. 이처럼 서양사는 어느 면에서는 그리스의 자유와 로마의 통제로 그 역사를 이어간 발전과정이라고도 해석할 수 있는 것이다. 이와 같이 지중해의 고전문명은 서양문명의 기초가 되는 헬레니즘사상의 바탕을 이룩하였으며, 로마는 오리엔트의 유대교를 기독교로 승화

시켜 헤브라이즘사상의 바탕을 만들어 줌으로써 서양문명의
기본적인 틀을 갖추게 되었다.

그리스문명

제 1 절 에게문명

크레타 · 미케네 · 트로이 문명들

에게문명(the Aegean civilization)은 그리스문명이 일어나기 이전에 세계 최초의 해양문명으로서 오리엔트문명을 그리스인들에게 전달하는 중계적 역할을 수행하였다. 에게문명은 크게 크레타문명(the Cretan civilization)과 미케네문명(the Mycenean civilization)으로 나뉜다. 전자는 그리스 남부 크레타섬과 패스토스를 중심으로 일어났고, 후자는 그리스 본토의 미케네, 티린스, 소아시아의 트로이를 중심으로 일어났는데, 두 사람의 고고학자들에 의해 세상에 알려졌다. 19세기 말 하인리히 실리이만(Heinrich Schliemann: 1822-1890)은 호머의 작품에 나오는 트로이(Troy) 땅이 실제 있었던 실전지가 아닌가 하는 호기심에서 발굴을 시작하여 1870년 드디어 9개의 성채와 도시를 캐냈으며 다시 트로이공격의 장본인인 아가멤논의 미케네(Mycene) 땅을 발굴하여 미케네와 트로이문명의 실체를 드러냈다. 한편 영국의 고고학자 에반스(Sir A. Evans: 1851-1941)는 1900년경 크레타(Crete) 섬 북쪽에 있는 크노소스의 "미노스왕의 미궁"을 찾아내어 크레타문명의 실체를 알아냈다.

청동기의 해상문명

크레타문명을 이룬 민족은 그리스인들이 아니라 소아시아인으로 추정된다. 그들은 B. C. 3000년경부터 이집트의 영향을 받아 청동기문명을 일으켰고 B. C. 2000년경에는 지중해에서 멀리 떨어진 북유럽에서도 활동하였으며 무역으로 이름을 떨쳤다. 크레타를 다스리던 미노스왕의 권위는 그곳에서 발굴된 유적에 잘 나타나 있으며 벽화, 조각, 금속공예, 도기 등의 유물들은 당시 귀족들의 호화로운 생활을 반영하고 있다. 특히 유방을 드러낸 뱀 여신상이나 궁전

풍습과 해중동물을 그린 벽화들은 사실적이며 움직임을 나타내는 해상예술의 풍치를 그대로 보여주고 있다. 그들의 문자도 처음에는 선문자 A(Linear A)가 나타나다가 나중에 선문자 B로 바뀌었는데, 이것은 아마도 그리스의 미케네인들이 내려와서 그들을 지배한 것이 아닌가 추정된다. 왜냐하면 미케네인들은 선문자 B를 사용했기 때문이다.[1]

크레타섬에서 일어난 에게문명은 점차로 그리스 본토와 소아시아로 진출하여 발전하다가 다른 민족들과 특별히 해상국인 페니키아의 저지를 받아 물러나지 않으면 안 되었다. 그리하여 B. C. 1500년경 문화의 중심이 미케네와 티린스로 옮겨 해양문화로부터 내륙문화로 변모하게 되었다. 그 중에서도 미케네를 중심으로 하는 미케네문명은 평화적이며 세련된 미적 감정을 지닌 크레타문명과는 달리 매우 단순하고 호전적인 특성을 가졌다. 미케네인들은 왕을 위하여 커다란 분묘를 지었으며 도시주변에는 두꺼운 성벽을 쌓아 상무적이며 군사적인 그들의 성격을 반영하고 있다. 그러나 그들은 그 후 새로 남하해온 도리아인들(the Dorians)에 의해 파괴되어 그 후 오랜 동안 암흑시대를 초래했지만 반면에 찬란한 그리스문명을 일으키는 좋은 계기가 되기도 하였다.

제 2 절 호머시대
(the Homeric Age: c. 1200-800 B. C.)

그리스문명을 이해하기 위해서는 먼저 그 선진문명이었던 소위 호머시대에 대하여 알아야 할 것이다. 그리스 땅은 지중해 동쪽 발칸반도 남부에 위치하는 산악지대로서 북은 뎃사리아를 거쳐 마케도니아에 접하고 그 나머지는 에게해와 지중해에 의해 둘러싸여 있었다. 면적이 협소한데다 8할이 산지고 평야라고는 산간의 분지가 대부분이므로 교통이 불편하고 생산성이 낮으며 민족적 통일국가를 이루기 힘들었다. 그러나 온화한 지중해성 기후와 아름다운 풍토는 심미적이며 명랑한 국민성을 길러주고 해외진출을 가능케 하였으며 국내에서 생산되는 올리브, 포도, 무화과, 대리석 등을 오리엔트의 곡물과 교역

---

1) 선문자의 발굴은 피로스에서 1939년 미국의 고고학자 블레겐(Carl Blegen)에 의해 이루어졌다. 선문자 B는 영국의 건축가 벤트리스(Michael Ventris)에 의해 해독되었으며 초기 그리스어임이 밝혀졌다.

하였다. B. C. 1200년경 그리스 땅에 들어온 사람들은 이오니아인(the Ionians), 아케아인(the Achaeans) 등이었다. 그들은 앞에서 설명한 바와 같이 미케네와 트로이, 크레타 등을 점령하여 주도권을 장악하였으나, B. C. 1200년경 이후에는 도리아인들의 침략을 받아 그들에게 넘어가고 말았다.

인간주의적 문명

호머시대는 위의 사람들 가운데 어느 집단에 의해 이루어졌는지는 알 수 없으나 근본적으로 동질적인 문화로 원시적인 성격을 가지고 있었다. 암흑시대로도 일컬어지는 호머시대는 대체로 문자이전시대로서 민요나 발라드, 서사시 등을 외우면서 이곳저곳을 돌아다녔던 것으로 보인다. 그리하여 그들이 읊던 자료들이 모여 지금까지 전해지고 있는데, 그 중에 가장 대표적인 것이『일리아드(*Iliad*)』와『오디세이(*Odyssey*)』라는 두 가지 시집으로 호머시대를 아는데 유일한 정보가 되고 있다.[2] 호머시대인들의 집단은 국가라기보다는 촌락으로 구성된 독립사회로서 왕(basileus)의 권력도 매우 미약한 원시적인 정치제도를 가지고 있었다. 왕은 전시에나 군대를 지휘했으며 평시에는 일반인들과 같이 농사를 지었다. 왕 밑에는 귀족이나 전사들의 회의가 있었으나 정부조직에는 미치지 못하였다. 사회구성도 엄격한 신분제도가 이루어져 있지 않았으며 전사가 귀족을 대신하였다. 귀족 아래에는 그들을 돕는 사람들이 있었으나 그들이 과연 노예신분이었는지는 분명치 않다. 호머시대 그리스인들의 종교는 내세보다는 현세에 대한 관심이 컸다. 그들은 종교를 자연현상의 여러 가지 신비를 설명하고 인간의 정감을 관장하는 수단으로 생각한 것 같다.

그들은 전쟁에 나가 이기는 방법이나 곡식을 많이 수확하는 일들과 같은 것에 관심을 쏟았다. 그들은 영적인 축복이나 죄에서 벗어나는 것과 같은 내적

---

2) 이 두 가지 서사시는 호머시대가 끝날 무렵(B. C. 8세기경) 미케네의 방랑시인들이 읊어오던 것들을 호머가 서사시로 다시 꾸민 것으로 호머시대를 아는데 필요한 유일한 정보이다. 이 서사시의 형태는 6보격의 시(the hexameter)로 되어 있으며 그 주제는 트로이전쟁을 전후하여 오래 살았던 영웅들의 전쟁과 모험들에 관한 이야기였다. 전쟁은 미케네의 왕 아가멤논(Agamemnon)이 빼앗겼던 미녀 헬렌(Helen)을 스파르타의 메네라우스(Menelaus)로부터 다시 찾는 데서부터『일리아드』는 시작된다. 그리고『오디세이』는 전쟁이 끝난 다음 돌아오는 오디세우스(Odysseus)의 방황에 관한 내용이다. 이 서사시들은 신과 인간을 주제로 하면서 신을 더 중요하게 다룬다. 영웅의 행동을 통하여 인간의 처절한 운명과 본성을 잘 묘사함으로써 인간과 문명의 관계를 시사하는 장점을 가진 작품으로 평가된다. 이 두 서사시들은 헬레니즘시대 때 아리스탈쿠스(Aristarchus: 215-145 B. C.)에 의해 두루마리로부터 각각 24권으로 나뉘어 편집되었다 (Starr, *op. cit.*, pp. 197-201 ; Michael Cheilik, *Ancient History*, pp. 133-134).

인 일에는 주의를 기울이지 않았으며 복잡한 교리나 의식, 성사, 계명들도 가지고 있지 않았다. 그들은 신의 진노와는 관계없이 그들이 원하는 대로 하였다. 그들의 신은 초자연적인 존재가 아니라 인간의 성정을 가진 존재였으며 때로는 인간과 결혼도 하는 친근한 존재였다. 인간과 다른 점은 불로주(ambrosia, nectar)로 살아가는 불멸적일 수 있는 존재라는 점이다. 그들의 신은 하늘이나 별 세계에 사는 것이 아니라 10,000 피트 높이의 그리스 북쪽 올림푸스 산에 살고 있다. 그들의 신은 다신적이며 어떤 신도 독존적이지 않았다. 예를 들면 제우스(Zeus)는 하늘의 신이며, 포세이돈(Poseidon)은 바다의 신, 아프로디테(Aphrodite)는 사랑의 신, 아테나(Athena)는 전쟁의 여신에 불과하다.

그들에게는 원칙적으로 사탄의 개념이 없으므로 선악의 이원론이 성립될 수 없고 그들의 신은 좋은 일도 나쁜 일도 모두 가능한 도덕과 무관한 존재였다. 그들은 죽은 후의 세계에 대한 관심이 없었으며 그들의 종교의식도 죄를 풀기 위한 것이 아니라 단지 형식적이며 기계적인 희생의식에 불과했으며 전문적인 사제나 사원이 필요치 않았다. 이러한 의미에서 이와 같은 그들의 교리로부터의 해방과 초자연적 공포로부터의 자유가 그리스인들의 지적이며 예술적 진보에 공헌하는 원인이 되었다. 요컨대, 이와 같은 호머시대 그리스인들의 낙관적이며, 이기적이며, 세속적이며, 인간주의적이며 그리고 자유스러운 현실중시의 생활태도가 이후에 등장하는 그리스의 고전문명에 그대로 이어졌던 것이다.

제 **3** 절 폴리스의 성립과 성격

위에서 말한 미케네문명이 무너진 후 그리스에는 4개 부족으로 구성된 왕국이 형성되었으며 부족 아래 몇 개의 형제집단(phratria)과 씨족집단(genos)이 있었으나 가족을 중심으로 하는 촌락공동체가 주종을 이루었다. 그리고 토지는 추첨(kleros)에 의해 분배되어 가장의 경제적 독립성이 강하였다. 교역은 아직 미급하였으며 자급자족적인 자연경제의 촌락생활이 일반적이었다. B. C. 800년경 그들은 인구의 증가로 공동방어와 공동생산의 필요에서 귀족을 중심으로 중요한 장소(도시)를 중심으로 한군데로 뭉치기 시작하였다. 더욱이나 도리아인들의 침략의 경험이 있는 그들로서는 중차대한 일이 아닐 수 없었다.

그들은 군사적, 경제적 요지에 성벽을 쌓고 그들의 정치적 중심지로 삼았는데 이러한 그들의 뭉쳐진 집단 시노이키스모스(집주: synoikismos)에 의해 폴리스 (city-states)가 이루어졌다.

폴리스의 구조

그리스의 대표적인 폴리스로는 아테네, 테베, 메가라, 스파르타, 코린트, 밀레투스, 미티렌, 찰키스 등이 있으며 그 지역 크기와 인구도 지역에 따라 다양하였다. 예를 들면 스파르타는 3,000평방마일, 아테네는 1,100평방마일이었으며 그들의 인구는 각각 40만 명에 육박하였다. 그러나 대부분은 만 명을 넘지 못하였다. 그리스의 폴리스 수는 전성기 때는 200여 개에 다다랐으며 해외의 것들까지 합치면 도합 1,000여 개에 달하였다. 폴리스의 구조를 보면 대개 그들의 수호신이 있는 아크로폴리스(Acropolis)를 중심으로 도시인들의 정치토론장이나 시장이었던 광장(agora), 관청, 기타 공공 건물과 주택지들이 있었고 성 밖에는 농업생산지인 전원지대와 삼림지대가 있었는데, 아테네가 그 가장 좋은 표본이다. 폴리스의 사회구성은 위에 왕이 있고 밑에 귀족이 있으나 왕은 앞에서 비친 바대로 권력기반이 미약하여 오히려 귀족들이 시노이키스모스를 중심으로 힘을 모을 수 있었다. 귀족은 토지와 가축을 많이 소유하고 있을 뿐 아니라 출신성분도 빼어났다. 그들은 군 장비를 갖출 수 있는 재력을 가지고 있었기 때문에 자연 전사가 되었으며 주요 관직을 독점하게 되었다.

평민은 대부분 분배지를 가진 농민이었으며 수공업자와 상인도 있었다. 평민은 노예를 부리기도 하지만 스스로 농사를 짓는 자영농민이었다. 그들 중에 여유 있는 사람들은 생산업무를 노예들에게 맡기고 육체를 단련하며 공무, 군무 및 문화적 일에 전념하였다. 그들은 시민 공동체의 일원으로서 상부상조와 우애정신을 가지고 살았으며 그들 자신을 헬레네(Hellene)라 부르고 다른 민족들을 바르바로이(Barbaroi)라고 멸시하였다. 비록 많은 폴리스들이 분립 공존하였으나 이와 같은 우월감과 시민의식은 혈연, 종교, 문화공동체에 연유된 동족의식과 공동신앙을 바탕으로 이루어진 것이었다. 올림피아의 제우스신전이나 델피신전을 중심으로 초폴리스적 행사가 4년마다 실시된 올림픽 경기(776 B.C. 시작)나 아폴로신을 섬기는 폴리스간의 인보동맹(Amphyictyony)은 폴리스 상호간의 동족적 평화협조기관으로서 그 의의를 충분히 발휘하였다.

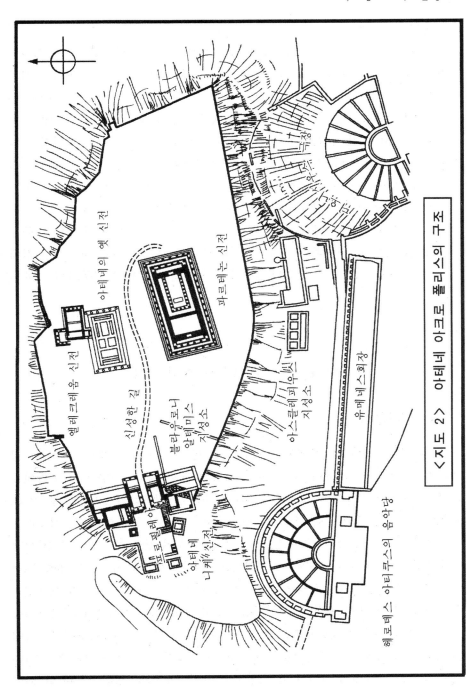

<제도 2> 아테네이 아크로 폴리스의 구조

폴리스의 유형

일반적으로 그리스의 폴리스들은 거의 유사한 정치적 발전과정을 거쳤다고 보고 있다. 그들은 왕정(monarchies)으로 시작하여 과두정(oligarchies)을 거쳐 전제정(tyrants)과 금권정(timocracies)을 지나 종국에는 민주정(democracies)으로 발전하였다. 이러한 정치적 변천은 정치일반의 모형으로 아테네에서 극명하게 나타나고 있다. 학자들은 그리스의 폴리스들을 두 가지의 정치적 유형으로 분류하고 있는데, 하나는 민주적 정치형태의 아티카형(the attican type)이며 다른 하나는 전제적 정치형태의 라코니아형(the laconian type)이다. 전자의 대표적인 폴리스가 아테네이며 후자의 대표적인 폴리스가 스파르타이다. 그러므로 우리는 그리스문명을 이해하기 위해서는 먼저 이들 두 폴리스들을 살펴야 될 것이다. 왜냐하면 그들은 정치분야뿐 아니라 다른 여러 가지 점에서 좋은 대조를 이루고 있었으며 그리스의 문명을 대표한 도시국가였기 때문이다.

제 4 절 아테네와 스파르타

1. 스파르타

스파르타(Sparta)는 도리아인이 그리스 반도에서 가장 비옥한 지역인 펠로폰네소스 반도의 라코니아(Laconia) 지방에 세운 폴리스였다. 스파르타인들은 B.C. 7세기경까지 라코니아인들의 선주민을 정복하였으며 그 후 B.C. 600년 이후에는 펠로폰네소스 도시동맹 중에서 최강의 폴리스를 형성하였다.

그러나 스파르타는 지형적으로 동북부와 서부가 산으로 둘러싸여 있고 남부마저 쓸 만한 항구가 부족하여 농업에는 좋은 조건이나 외부와의 접촉을 가질 기회가 많지 않았다. 그리하여 그들은 진보적 문명을 발전시키지 못하였으며 자유를 위해 싸울 중류계층도 성장시키지 못하였다. 스파르타인들은 처음부터 라코니아의 강력한 미케네인들을 물리쳐야만 했으며, B.C. 8-7세기경에는 인근의 비옥한 땅 메세니아(Messenia)를 정복하여 그곳 사람들뿐 아니라 주변의 여러 사람들의 끊이지 않는 반발을 무력으로 막아내지 않으면 안 되었다. 이러한 상황에서 그들은 군사적 단합과 스파르타인들의 용맹을 나타내기도 하였지만 역사적으로 일찍이 군국주의적(militarist), 보수주의적(conservatist), 지역주의적(provincialist), 집단주의적(collectivist), 공산주의적(communist), 그리고 파시스트적(fascist) 고대사회를 이룩하게 되어 역사가들의 주의를 집중시켰다.

스파르타의 정치

스파르타의 정치체제는 B. C. 9세기경 신화적인 인물로 알려진 입법가 리쿠르구스(Lycurgus) 헌정에 기초하고 있는데, 실제로는 메세니아와의 전쟁의 과정에서 만들어진 결실이다. 스파르타의 왕은 가계를 대표하는 두 사람들로 되어 있었으며 주로 군사적, 사제적 권한을 행사하였다. 그들의 두 번째 정치조직은 2명의 왕과 28명의 귀족들로 구성된 장로회(the council)로서 행정을 감독하고 민회에 제출할 의안을 작성하며 최고 법정의 역할을 감당하였다. 그들의 세 번째 정치조직은 30세 이상의 성년 남자로 구성된 민회(the assembly)로서 장로회의 의안을 최종 결의하며 왕 이외의 관리들을 선출하였다. 그러나 그들의 최고 의결기관은 5명으로 구성된 에포라테(the Ephorate)로서 스파르타의 모든 실권을 장악하고 있었다. 에포라테는 장로회와 민회, 교육, 군사 등 모든 입법뿐 아니라 신생아의 운명까지도 좌지우지할 수 있었다. 그들의 임기는 원래는 1년이지만 연장될 수 있었다. 스파르타의 정치는 겉으로 보기에는 왕정과 귀족정을 겸비한 민주정이지만 실제로는 에포르테에 의한 전제정치였다.

스파르타의 사회구성

스파르타의 사회구성은 대체로 세 계급으로 되어 있었다. 위로 지배계급인 스파르티아테스(the Spartiates)는 원정복인의 후예로 전 인구의 20분의 1에 불과했지만 정치를 독점하고 있었다. 다음 계급은 주변주민이라는 의미의 페리오이코이(the Perioicoi)로 스파르타인의 동맹자였거나 그들에게 복속한 사람들이었으며 시민권을 가지지 못하였다. 그들은 주로 상공업에 종사하면서 그들의 생계를 유지하였다. 아래로 노예에 속하는 헬로트(the Helots)는 스파르티아테스를 돕고 농사를 지으면서 살아가는 자유가 없는 사람들이었다. 사회구성상 숫자가 적은 지배계급은 언제나 절대다수를 점하고 있는 페리오이코이나 헬로트의 반란을 감시하지 않으면 안 되었다. 그리하여 그들은 그들의 지위를 유지하기 위하여 군국주의적 강압체제나 비밀조직의 운영을 펼치지 않으면 안 되었다.

스파르타식 교육

스파르타에서 가장 잘 알려진 것은 소위 리쿠르구스의 스파르타식 교육이다. 갓 태어난 아이는 에포르테의 판정에 의해 건강한 아이만 남게 하고 약하거나 온전치 않은 아이는 파기하였다. 선정된 아이는 6세까지 집에서 양육되고 7세부터 19세까지는 군사훈련을 받으며 20세부터 60세까지는 국가를 위해 집단생활을 해야 하였다. 결혼은 30세에 허락되었다. 이러한 생활은 여자에게도 동일하였다. 이와 같은 군대식 집단생활이 그들을 강국으로 유지하기도 했지만 다른 한편으로는 그들을 폐쇄적으로 만들어 오래 지탱하지 못하게 하였다. 한 가지 특이한 것은 스파르타인들의 결혼관습이다. 그들은 리쿠르구스의 명령에 따라 젊고 건장한 남녀에게 아이를 낳게 하고 이 아이들을 공동소유토록 하였다. 그들은 마치 농부들이 가축에 적용하는 원리대로 일정한 부부관계를 벗어나 건강한 시민 생산에만 몰두하게 하였다.

오늘날 역사가들 가운데에는 이러한 스파르타의 사회조직을 스파르티아데스의 집단소유와 관련하여 공산주의적인 것으로 해석하는 사람들이 없지 않다. 물론 스파르티아데스가 그들의 생산수단(헬로트와 토지 등)을 집단적으로 소유하거나 그들의 소득을 집단을 위해 바치는 사람들도 있었다. 그러나 그들은 또한 상업을 사유화하고 헬로트를 그들만을 위해 전용하게 하였으며 정치적 특권을 세습적 귀족에게만 제한했다는 점에서 근대적 공산주의와 직결시키는 것은 논리의 비약이라 간주된다. 왜냐하면 근대 공산주의에 의하면, 모든 생산수단은 사회에 속해 있어 다른 사람들에 의한 착취가 있을 수 없고 모든 사람들은 사회의 이익을 위해서 일하면서 필요에 따라 부의 공유가 이루어져야 하기 때문이다. 그러므로 오히려 그들의 군국주의, 비밀경찰, 소수지배, 폐쇄경제 등과 같은 체제로 미루어 스파르타의 체제는 공산주의보다는 파시즘에 더 가까운 것으로 판단된다. 이와 같은 스파르타의 사상은 플라톤과 그 후의 사상가들에게 적지 않은 영향을 끼쳤다.

2. 아 테 네

아테네(Athene)는 아티카(Attica) 지방의 이오니아인들이 세운 폴리스로서 스파르타와는 다른 상황에서 그들의 역사를 시작하였다. 그들이 속해 있는 아티카 지방은 평지는 작으나 비옥한 엘레시우스 분지에서 목재, 은, 대리석, 석탄 등을 산출하였으며 연안의 항구의 발달로 해상활동이 활발하였다. 그러므로 그들은 스파르타의 군국주의적 지배와 격심한 반목과 대립 대신 점진적인 정치적 발전을 도모하였다.[3]

아테네 정치의 5단계

B. C. 8세기 중엽까지 아테네는 다른 폴리스와 마찬가지로 왕정(monarchy)을 유지하고 있었다. 그들의 왕은 일종의 가계의 우두머리(basileus)에서 만들진 지배자로 힘이 강하지 못하였다. 그리하여 귀족집단이 구성한 귀족회의인 아레오파구스(Areopagus)에 의해 흡수되지 않으면 안 되었다. 아레오파구스는 9명의 집정관(archon)을 뽑아 행정, 사법, 군사를 맡아보게 하였다. 그들은 귀족의 권익을 위해 농민과 시민들을 정권에 들어오지 못하게 하였다. 그들의 과두정은 부의 집중 때문에 이루어진 것인데, 당시 포도와 올리브 재배의 도입으로 재력이 풍부하지 못한 농민들은 그 수확기간 동안 기다릴 수 없어 몰락할 수밖에 없었다. 소농민들은 채무로 그들의 땅을 저당 잡히거나 심하면 노예로 전락되기도 하였다. 이에 도시에서는 중산계급의 사람들이 이들 소외당한 농민들을 편들어 귀족정치에 반대하여 봉기하거나 아니면 해외로 진출하여 무역으로 부를 늘리기도 하였다. 특히 이들 부유해진 중산계층의 시민들은 이제까지 기사로서 전투를 장악하던 귀족을 대신하여 보병밀집대(Phalanx)로 참전함으로써 그들의 발언권이 증대하였다. 왜냐하면 그들도 전쟁에 필요한 창과 방패를 가진 중장보병의 장비를 구비할 수 있었기 때문이다.

귀족의 횡포에 대해 시민들의 대항이 본격화된 것은 B. C. 621년경 드라콘(Drachon)이 성문법을 만들면서부터였다. 그의 법은 관습법을 기초로 이루어진 것으로 죄의 종류를 세분화한 장점도 있었으나 지나친 중벌주의를 표방하고 있어 오히려 역효과를 가져오고 말았다. 실질적으로 정치적 개혁이 단행

---

3) 김봉철, 『아테네』, 청년사, 2002 참고바람.

된 것은 B. C. 594년경 솔론(Solon)에 의해서였다. 어느 편에서도 솔론이 절대권을 가진 집정관으로 일하는 것을 반대하지 않았다. 그는 시민을 재산소유에 따라 대지주귀족, 기사(중소귀족), 농민, 빈민의 4계급으로 나누고 정치참여의 차이를 두었다. 그의 정치적 개혁의 내용은 각 부족별로 100명씩 뽑아 400인회(the council of four hundred)를 만들고 그 안에 중산계급을 참여시킬 것과 하층인들게게도 민회에 참석케 할 것, 최고법정(Heliaea)에 일반시민도 참석하여 재판의 과정을 볼 수 있게 할 것 등이었다. 그의 경제적 개혁의 내용은 빈민층의 부채를 말소하고 저당 잡힌 것을 취소할 것, 개인의 토지소유에 제한을 둘 것, 외국과의 무역을 위한 화폐를 만들 것, 무위도식자에게 최고형을 줄 것, 외국 기술자들에게도 시민의 특권을 줄 것 등이었다. 솔론의 개혁은 아테네 시민에게 자유를 주어 실추된 국방력을 다시 신장시키려는 것이었으나 결과적으로는 계층간의 반목과 특히 귀족들간의 알력을 빚어내게 하여 오히려 아테네 사회의 혼란만 초래케 하였다.

　이러한 처지에서 더욱 어려운 일이 벌어졌다. 그것은 메가라(Megara)와의 분쟁이 다시 일어나 전쟁이 터진 것이다. 이 전쟁에서 승리한 페이시스트라투스(Peisistratus)는 B. C. 561년 빈민을 포함한 시민을 기반으로 모든 정권을 장악하였다. 그는 귀족을 물리치고 그들의 토지를 빈민에게 나누어주고 국위를 떨치면서 아테네의 독재자(tyrant)가 되었다. B. C. 527년 그가 죽자 그의 아들 히파르코스(Hipparcos)와 히피아스(Hippias)가 권력을 이었으나 히파르코스가 귀족들에게 살해된 후 히피아스 또한 폭군화하여 B. C. 510년 쫓겨나고 말았다. 독재정치의 몰락으로 아테네는 일단 한 고비를 넘겼으나 사회적 혼란은 이루 말할 수 없었다. 아테네는 다음의 민주정까지의 과도기를 거치지 않으면 안 되었다.

제 5 절 아테네의 민주정치

클레이스테네스

　고대 아테네의 민주정치는 클레이스테네스에 의해 그 기초가 세워지고 페리클레스에 의해 그 절정에 달하였다. 히피아스의 독재정이 무너진 다음 추방

당한 귀족들 중에서 아테네로 돌아와 시민의 지지를 얻어 민주적 개혁에 착수
한 사람이 클레이스테네스(Cleisthenes: B.C. 508-502)였다. 클레이스테네스는
아테네 민주주의의 아버지로서 우선 4부족제를 10부족제로 개편하고 노예와
외국인을 제외한 모든 시민들에게 평등한 참정권을 부여하려고 하였다. 그는
아티카 지방의 해안지대(상업지역), 산악지대(빈민지역), 도시지대(부유층지역)
를 중심으로 각 지대로부터 10개의 중간행정구역(trittys)을 만들고 3개의 중
간행정구역을 하나의 행정부족(tribe)이라 하였다. 그는 촌락을 단위로 소행정
구(demos)를 설정하여 누구나 구민이 되도록 등록케 하였다. 이 행정구가 아
테네의 행정단위로서 종전의 혈연적, 지연적인 테두리에서 벗어나 아테네의
모든 정치적, 군사적 활동의 기초가 되었다.

　　그는 이러한 행정구를 바탕으로 400인회 대신 500인회를 편성하였다. 이
것은 행정구의 주민 수에 따른 추첨에 의하여 10개 부족에서 50명씩 뽑아 500
인회(Boule)로 이루어진 것인데, 아테네의 재정, 전쟁, 외교 등의 문제들이 주
로 다루어졌다. 20세 이상의 시민권을 가진 남자들로 구성된 민회(Ecclesia)는
500인회의의 제안을 토론에 부쳐 의결하였으며, 재판은 시민법정에서 실시되
었다. 저 유명한 도편제도(Ostracism)는 그의 정신을 이어받아 후에 만들어진
것으로 독재자가 될 위험성이 있는 인물의 이름을 도편에 적게 하여 그 수가
6,000 이상일 경우 그를 10년간 해외로 추방하는 제도로서 민주정치를 이루는
데 적지 않은 영향을 주었다.

페리클레스

　　아테네의 민주주의가 완성기에 달한 것은 페르시아 전쟁을 성공적으로 치
른 위대한 지도자 페리클레스(Pericles: B.C. 461-429)를 통해서였다.[4] 그는
민회(Ecclesia)를 강화하여 500인회의 제안을 결정하는 권한 말고도 입법권을
행사하게 하였다. 민회에는 18세 이상된 남자들은 누구나 참석할 수 있었으며

---

4) 아테네 민주정치의 정수는 펠로폰네소스전쟁 제1년의 전사자에 대한 페리클레스의 장례식연
　설에 잘 나타나 있다. 그는 아테네의 권력은 소수가 아니라 전 시민에게 있으며, 시민은 누구나
　재능에 따라 임명되며, 그들의 사생활은 자유로우며 법을 준수해야 한다고 말하였다. 그는 더 나
　아가서 전사자와 미망인, 그리고 그들 자녀에 대한 국가의 양육책에 대해 강조하였다. 말하자면
　그의 민주사상은 아테네 시민의 현실을 나타냈다기보다는 그들의 바람직한 이상을 표출한 것으
　로 판단된다(Starr, *op. cit.*, pp. 305-307; Raphael Sealey, *A History of the Greek City States*
　, Berkeley, 1972, ch. 6, 11; 양병우, 『아테네 민주정치사』, 서울대, 1976).

단 외국인 거류자와 노예, 여자는 불참되었다. 시민권은 부모 모두 시민권을 가진 자에게만 한정하였다. 당시 민회에 참석하는 수는 40,000명 정도에 불과하였으나 국정에 직접 참여하는 직접민주주의라는 점에서 중요성이 있었던 것이다. 민회는 일반적으로 관리선출, 군 지휘관 선출, 기타 국사를 심의하는 국가최고 의결기관이었다. 다음으로 중요한 정치조직은 영국의 내각에 해당되는 유명한 10장위원회(the Board of Ten Generals)로 내외의 주요정책들을 수행하는 일을 하였다. 10장위원회의 구성원들은 민회에 의해 선출되며 임기는 1년이지만 계속하여 중임될 수 있었다. 말하자면 페리클레스는 10장위원회의 의장(Chief Strategus)으로 30년 이상을 지휘하였다. 10장들은 군사령관직과 입법, 사법의 최고관직뿐 아니라 클레이스테네스가 500인회에 부여했던 대권을 행사하였다. 그럼에도 그들이 독재자가 될 수 없었던 것은 그들의 정책수행이 민회에 의해 매년 감독을 받아야 했으며 만약 부정이 있을 경우는 고소되었기 때문이다.

다음으로 중요한 아테네의 정치조직은 시민들의 소송을 다루는 시민법정의 설정이었다. 각 부족에서 600명씩 추첨으로 임명되는 6,000명의 배심원이 시민법정을 운영하여 시민들의 여러 가지 사건들을 재판해 주었다. 아테네의 동맹도시들의 소송도 취급되었기 때문에 사건들이 너무 많이 몰려오는 때가 있었으며 판결은 단순한 다수결로 처리되었다. 페리클레스는 특히 전쟁 미망인들에 대해서 깊은 배려를 아끼지 않았으며 그들의 자녀들에 대해서는 양육비를 전담해 주었다. 이처럼 펠리클레스 시대는 고대 어느 곳에서도 찾아보기 힘들 정도로 시민의 정치적 자유를 최대로 보장해 주려는 흔적을 남겼다.

아테네 민주정치의 특성

그러면 다음으로 고대 아테네의 민주주의와 근대 민주주의는 어떻게 다른 것인가. 첫째로 아테네의 민주주의는 전체 인구가 아니라 시민권을 가진 사람에게만 한정된 민주주의라는 점이다. 외국인 거류자나 여자, 노예는 제외되었기 때문이다. 그러나 한정된 범위 내에서는 근대 민주주의보다 더욱 철저한 면모를 볼 수 있다. 예를 들면, 추첨에 의한 관리선출, 관리의 임기 1년 엄수, 다수결에 의한 결정 등이 그러하였다. 두 번째로 아테네의 민주주의는 대의제가 아니라 직접민주제에 의한 정치제도라는 점이다. 그들은 500인회의 제한된 선

출방법 이외에는 대의제를 채용치 않았다. 세 번째로 그들은 지배자(the ruler)
와 피지배자(the ruled) 사이의 구분이 없었다는 점이다. 페리클레스 중기 이후
에는 바뀌었으나 그들에게는 오늘날과 같은 전문적인 정치가들이 존재하지 않
았다. 요컨대, 그들의 관심은 명성과 능력 있는 사람들의 통치에 있었던 것이
아니라 모든 공무운영에 있어서의 각 시민의 실제적 권리의 확인에 있었던 것
이다. 즉 그들의 이상은 통치의 효율이 아니라 민주주의의 효율에 있었다는 점
이다. 이러한 관점에서 그들의 민주주의 이념은 오늘날보다 오히려 그것의 원
칙에 더 접근되어 있었던 것으로 보인다.

제 6 절 그리스의 대내외전쟁

　　그리스는 다른 나라들에서와 같이 대외전쟁과 대내전쟁을 치르면서 심오
한 사회적 변화를 가지게 되었다. 대외전쟁인 페르시아전쟁은 그리스로 하여
금 지중해를 장악하여 새로운 서양문명을 열게 하였으며 대내전쟁인 펠로폰네
소스전쟁은 그리스 본토 내의 폴리스간의 내란을 가지게 하여 급기야는 그리
스의 몰락으로 떨어지게 하였다. 한 가지 이 두 전쟁들과 관련하여 기억할 것
은 전자는 유명한 역사의 아버지 헤로도투스(Herodotus: B.C. 484-425)에 의
해 전해졌으며 후자는 투키디데스(Thucydides: B.C. 471-401)에 의해 전해졌
다는 사실이다. 이들은 서양역사의 두 큰 흐름을 지배한 역사가들로, 전자는
일어난 사실을 있는 대로 서술하는 이야기식 역사가(the narrative historian)로
알려져 있으며 후자는 사실을 주요 테마 중심으로 체계적, 과학적, 합리적으로
서술하는 정치적 역사가(the political historian)로 알려져 있다. 말하자면 서양
의 역사서술은 이 두 역사가들의 서술방법에 의해 지금까지 내려온 것이다.[5]

페르시아전쟁
　　페르시아전쟁(the Persian War: B.C. 492-479)은 오리엔트를 통일한 페르
시아와 새로 서양문명을 일으키려는 그리스와의 피할 수 없는 일대 충돌이었
다. 소아시아를 정복한 다리우스 1세는 지중해 무역을 장악하려 했으나 그리

---

5) Harry Elmer Barnes, *A History of Historical Writing*(Oklahoma, 1975), ch. Ⅱ.

스와 동맹시들의 진출로 방해를 받자 이들에 대한 근본적인 대책을 강구하지
않으면 안 되었다. 페르시아의 직접적인 방해물은 소아시아에 있던 아테네의
식민시 밀레투스(Miletus)였다. 밀레투스는 페르시아의 영역에 있었으나 그리
스의 후원을 믿고 대항하였다. 그리하여 이후 3회에 걸친 싸움이 벌어졌다. 제
1회는 다리우스왕이 밀레투스를 정복하고 그리스 본토(헬레스폰트와 트리키아)
에 진입하려 했으나 폭풍으로 실패하였으며, 2년 후 제2회 때는 아테네 북부
마라톤(Marathon)에 진격하였으나 패배하고 말았다. 이 전투에서 아테네인들
은 애국자 밀티아데스(Miltiades)에 힘입어 승리를 거두게 되었다. 이 소식을
듣고 아테네 시민들은 마라톤으로 달려와 소위 마라톤 경주의 유래가 되었다.
특히 마라톤 전투의 승리는 시민들의 밀집보병 전술의 덕분이었는데, 시민들
은 이전의 중장비에서 가벼운 경장비의 사용으로 배의 효과를 보게 되었다. 제
3회는 10여 년 후에 페르시아군에 의해 감행되었는데 이때는 아테네뿐 아니
라 스파르타도 합세하였다. 크세르크스의 대원정군은 스파르타의 레오니다스
(Leonidas)군을 테르모필레(Thermopilae)에서 격파하고 아테네까지 함락시켰
으나 살라미스에서 아테네의 테미스토클레스(Themistocles)가 인솔하는 해군에
게 B.C. 480년 대패하였다. 전후 에게해 동부연안의 여러 폴리스는 페르시아
의 보복에 대비하여 델로스동맹을 맺었다(B.C. 477). 200여개의 동맹 폴리스
들은 군사기금으로 대함대를 준비하였으며 본부를 델로스 섬에 두었다. 이미
최대의 해군국이 된 아테네는 그 맹주가 되어 지중해 최대의 경제도시로 부상
하였다. 이에 다른 동맹 폴리스들의 불만을 사게 되어 결국 내란으로 치닫게
하였던 것이다. 요컨대, 페르시아전쟁은 동서양의 일대 충돌이었고, 전제정치
와 민주정치의 대결이었으며, 그리고 지중해 상권을 주도하려는 일대 상권쟁
탈전이었던 것이다.

펠로폰네소스전쟁

한편, 펠로폰네소스전쟁(the Peloponnesian War: B.C. 431-404)은 대외전
쟁에서 승리한 그리스 내에 있어서 아테네와 스파르타 사이에 벌어진 일대 주
도권 쟁탈전이었다. 이 전쟁은 중부지방의 상업도시 코린트(Corinth)와 그 식
민시 콜키라(Corcyra)와의 분쟁에서 유발되었다. 이 분쟁에서 아테네가 콜키
라를 지원하자 코린트는 상권을 지키기 위해 스파르타의 지원을 요청하게 되

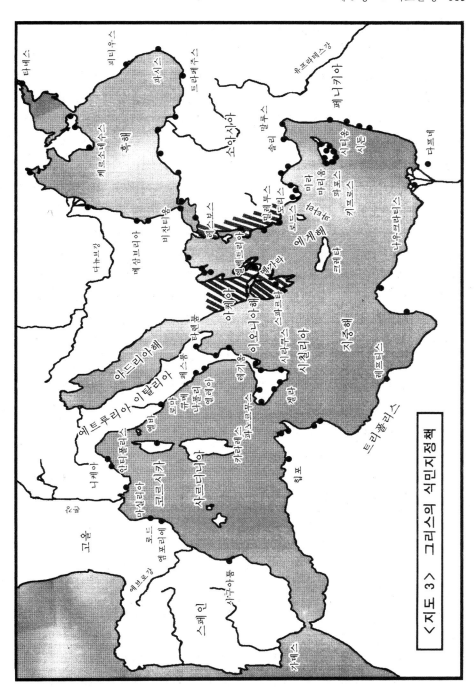

<지도 3> 그리스의 식민지정책

어 아테네와 스파르타와의 전쟁으로 번지게 되었고 결국 아테네의 델로스동맹
국과 스파르타의 펠로폰네소스 동맹국 사이의 일대 내란으로 확대되었다. 내
란 초기 10여 년간은 양측의 세력이 백중하여 육군이 우수한 스파르타가 아테
네를 공격하면 해군이 우수한 아테네는 펠로폰네소스해안을 봉쇄하였다.

그러나 B. C. 429년 위대한 정치가 페리클레스의 사망과 페스트의 만연으
로 아테네의 전세가 매우 불리하게 되었다. 아테네는 니키아스조약(421 B. C.)
으로 휴전을 하다가 다시 시칠리아 섬의 스파르타의 동맹시인 시라쿠스를 원
정하다가 B. C. 404년 에고스포타미(Aegospotami) 해전에서 함락되고 말았다.
스파르타의 승리는 페르시아의 도움이 컸으나 내란 종결 후 소아시아 연안의
그리스 식민지의 귀속문제를 둘러싸고 스파르타와 페르시아 사이의 분쟁이 야
기되었다. 더욱이나 스파르타의 전제적 압제에 대항하는 코린트 동맹이 결성
되어 스파르타의 입장은 곤경에 빠지게 되었다. 이에 스파르타는 안탈키타스
의 제안으로 페르시아에 양보하는 소위 B. C. 386년 안탈키타스의 평화(the
Peace of Antalcidas)를 체결하였다. 그러나 스파르타의 운명은 평탄치 않았다.
그리스 중부의 폴리스 테베는 애국자 에파미난도다스에 힘입어 스파르타군을
B. C. 371년 레욱트라(Leuctra)전에서 격파하여 그리스의 패권을 잡게 되었다.
그리스는 결국 테베의 등장으로 군소 폴리스들간의 알력과 반목 등으로 군사
적 혼란, 경제적 침체, 사상적 혼미를 거듭하다가 마케도니아에 의해 B. C.
338년 케로네아(Chaeronea)전투에서 그 막을 내리고 말았다.

제 7 절 그리스의 사상과 문화

오리엔트와 에게문명의 영향을 받으면서도 그리스 고유의 문명을 발전시
킨 그리스의 주지주의적 문명은 헬레니즘시대, 로마문명과 함께 서양 고전문
명의 중요한 원류가 되었다. 이미 밝힌 것처럼 그리스문화는 인간주의, 현실주
의, 합리주의, 자유주의의 네 가지 사상의 바탕이 되는 요소들을 근본정신으로
하고 있다. 그들은 오리엔트의 신정정치와는 달리 인문주의를 기초로 이성과
개성을 존중하며 인간성을 중시하고 확대하여 갔다. 이러한 그리스인의 인간
중심의 문화는 현실성을 존중하였다. 그들은 폴리스의 현실생활을 중시하였으

며 전체 문화의 뿌리를 현세에 두고 있었다. 이와 같은 현실주의감각은 이성을 바탕으로 한 합리적 사유의 결과로 나타난 것이었다. 그들의 합리주의이념은 그들 생활의 이론적 근원을 밝히려는 철학과 정신적, 육체적 강건을 존중한 교육을 통해 알 수 있다. 또한 그들의 조화와 균형의 감각은 특히 아름다움을 표현하려는 예술을 통하여 터득할 수 있다. 그들의 자유주의적 이념도 그들의 모든 문화에 배어 있었다.

1. 종교의 발달

그리스문화의 바탕이 된 것은 그들의 인간중심적 종교사상이었다. 그들은 실로 다채로운 신화의 민족으로서 신화적 요소와 종교적 세계관을 반영하였다. 그들은 처음에는 인도·유럽어족에 공통된 자연신을 숭배하는 다신교신앙을 가지고 있었으나 오리엔트와 크레타의 영향을 받아 점차로 신의 개념이 생기고 의식, 점술, 신화도 존중되었다. 폴리스 형성기에는 올림푸스의 주신(主神) 제우스를 중심으로 의인화된 12신의 계보가 이루어졌다.[6] 그들은 신을 공포의 대상이 아니라 인간의 성품을 그대로 지니고 직책과 기능에 따라 우주를 지배하는 친밀하고도 전능한 주재자라고 보았고 또한 인간세계를 확대한 것이 곧 신의 세계라고 생각하였다. 폴리스는 각 수호신을 섬기면서 전체적으로는 제우스신을 통일적으로 떠받들어 민족종교를 이룩하였고 신화는 인간생활의 지침을 제시하는 것이므로 신탁을 받고 신의 가호를 감사하는 의식이 발달하였으며 종교동맹, 올림픽경기, 신을 찬양하는 문학, 신상과 신전건축이 발달하였다.

2. 철학의 발달

그리스인이 서양문명에 끼친 가장 중요한 것은 무엇보다도 그들의 사상분

---

6) 올림푸스의 12신은 Jeus(Jupita, 최고의 신), Hera(Juno, 제우스의 부인), Poseidon(Neptune, 바다의 신, 제우스의 동생), Hades(Pluto, 제우스의 동생, 사자의 신), Athena(Minerva, 제우스의 딸, 학문과 예술의 신), Apollo(태양신), Artemis(Diana, 아폴로의 누이동생, 달의 신), Aphrodite(Venus, 사랑의 신, 에로스의 어머니), Hephaestus(Vulcan, 제우스의 절름발이 아들, 대장간의 신), Hermes(Mercury, 상업의 신), Ares(Mars, 군대의 신), 그리고 Hestia(Vesta, 가족의 신)였다(괄호안은 로마명칭임).

야일 것이다. 그들의 사상 발달과정을 살펴보면 대략 다음과 같다.

B.C. 6세기 후엽 그들의 관심은 우선 그들을 둘러싸고 있는 우주와 세계의 본질(arche)에 있었다. 우주를 이루고 있는 구성요소는 과연 무엇인가 하는 것이었다. 그리하여 그들은 질료(matter) 문제에 관하여 주의를 집중하였다. B.C. 6세기 초에 이르러 그들은 질료 밑에 깔려 있는 어떤 것, 형상(form)이나 존재, 신, 진리 등과 같은 형이상학적 문제에 관심을 가지게 되었다. 그들의 관심이 그들 자신, 즉 인간자체에 다다른 것은 B.C. 5세기 후엽이었다. 다른 어떤 문제보다 우선 인간의 존재는 무엇인가 하는 것이었다. 그들은 자연히 인간의 출세, 욕망 등의 문제를 풀려고 하였다. 그리고 B.C. 5세기 중엽에 그들은 인간의 윤리, 이성, 도덕, 진리의 객관성 등과 같은 인간의 내면과 근원적인 본성에 대하여 심층적으로 연구하게 되었다. 말하자면 그들은 자연현상에 관한 철학에서 시작하여 점진적으로 인간에 관한 철학으로 발전한 것이다.

자연철학

물질세계의 근본원리를 탐구하려는 자연철학은 오리엔트의 영향을 받은 이오니아의 식민지인 밀레토스에서 일어났다. 탈레스학파의 시조인 철학자 탈레스(Thales: B.C. 640-548)는 물을 우주만물의 구성원인으로 보았고, 아낙시멘더(Anaximander: B.C. 611-545)는 무한(the infinite)을 우주의 본질로 보아 영원한 운동을 설명하였으며, 아낙시메네스(Anaximenes: B.C. 584-524)는 공기를 본질로 보고 만물의 구성을 설명하였다. 헤라클레이토스(Heraclitus: B.C. 544-484)는 세계의 본질을 불로 보아 그 활동으로 운동과 유전의 세계를 설명하였으며 우주에는 생성변화를 규정하는 신의 법칙이 있다고 보았다.

이에서 더 나아가 피타고라스(Pythagoras: B.C. 582-483)는 수학으로 우주의 근본원리를 설명하였으며 피타고라스의 정리의 발견자인 그는 사변적인 생활이 지고의 선이며 육체와 악마를 벗어나야 한다고 주장하였다. 그는 선과 악, 정신과 물질, 조화와 불화를 양분함으로써 그리스 최초의 이원론자가 되었다. 한편 남부 이탈리아의 마그나 그레시아의 엘레아에서는 크세노파네스(Xenophanes: B.C. 570-480)가 만물의 근원을 불생, 불멸, 불변의 신으로 보아 일신교를 주장하고 종래의 신인동형설을 공격하였다. 파르메니데스(Parmenides)는 스승 크세노파네스의 설을 전개하여 우주를 통일체(unity)로 보아 생성과 존재를 대립적으로 보며 존재만을 인정하고 생성을 부정하였으며, 제논(Zenon: B. C. 490-30)은 교묘한 비유로 운동을 부정하여 잡다한 것들이 존재할 수 없음을 논증하였다. 이와 같은 두 개의 극단적인 주장들의 변증법적 전개라 할 수 있는 것이 엠페도클레스, 아낙사고라스 등의 학설들이었다. 엠페도클레스(Empedocles)는 흙, 공기, 불, 물의 4요소가 불생, 불멸하는 것으로 이것이 사랑과 미움의 작용으로 이합집산되어 경험세계의 여러 물체들로 만들어진다고 보았다.

다음으로 아낙사고라스(Anaxagoras: B. C. 500-428)는 많은 종자가 이성의 작용으로 이합집산하여 만물이 생멸한다고 보았다. 이러한 유물적 고찰을 발전시켜 자연과학의 원리를 수립한 사람이 리우키푸스(Leucippus)와 데모크리투스(Democritus: B. C. 460-371) 등의 원자론자들이었다. 데모크리투스는 모든 만물은 등질불변의 원자로 구성되어 있고 원자의 모양과 수의 차이로 인간과 나무의 차이도 생겨난다고 생각하였다. 원자론자들은 정신작용도 원자로 설명하였으며 인간영혼의 불멸과 영의 존재를 부정하였다. 그는 마음의 평화를 최고의 선으로 보는 일종의 행복설을 내세우는 도덕적 이상주의자였다.

소피스트

B. C. 5세기 중엽 외래문화의 자극과 민주적인 정치, 사회제도의 변화 등이 아테네인들의 자각을 촉진시켰는데, 이러한 계몽기의 요구에 따라 청년교육을 담당한 사람들이 소위 소피스트들(sophists)이었다. 그들은 철학의 관심을 자연으로부터 인간의 세계로 전환하여 주로 현실사회와 국가 혹은 입신출세에 쏟았으며 사상표현의 형식적 방법에 주력하였다. 후에는 내용이 없는 궤변에 빠지고 말았으나 그들이 아테네의 사상전환기의 청년들을 자극하여 학문연구를 촉진시킨 공적은 적지 않았으며 논리학과 심리학의 발달도 그들에게 힘입은 바가 컸다. 그들은 또한 노예제를 반대하고 그리스의 지나친 쇼비니즘에 반기를 든 것은 그리스의 자유이념을 위해 기여했다는 평가가 나오고 있다. 그러나 그들은 형식위주와 입신출세, 이기적 진리접근 등으로 후세의 비난을 면할 수 없게 되었다. 소피스트들의 대표자들로는 프로타고라스, 고르기아스, 히피아스 등이 있었다. 소피스트의 제일인자는 압데라 출신의 프로타고라스(Protagoras: B. C. 481-411)였다. 그는 운동으로 물성을 설명하여 만물은 능동과

수동의 두 작용으로 나타나며 지각도 감관과 대상과의 상호운동의 결과로 나
타나는 것이므로 감각적 인식은 그 발생하는 순간에만 진실하며 절대적인 정
(正)도 사도 있을 수 없다고 생각하였다. 그는 "절대적인 진리는 있을 수 없고
사물은 그것이 우리에게 있는 것과 같이 보일 뿐이다. 인간은 만물의 척도다
(Man is the measure of all things)"라고까지 말하여 인간의 주관적 사고와 인
식대상의 상대성을 강조하였다.

소크라테스

이러한 이기주의적이며 상대주의적인 소피스트에 반대하여 진리와 윤리의
객관적 표준을 내세운 철학자가 다름 아닌 유명한 소크라테스(Socrates: B.C.
468-379)였다. 그의 사상은 주로 그의 제자인 크세노폰과 플라톤을 통하여 알
려져 있다. 그는 처음에는 소피스트에게서 지식을 배웠으나 점차로 그들에게
회의를 느끼고 인간의 무지를 심층적으로 깨달아 겸허한 자세를 가졌다. 한편
으로 그는 인간의 내면에는 진리를 알 수 있는 '내적 음성(inner voice; 다이몬
신의 소리)'이 있다는 전제 아래 인간의 윤리적 가능성을 시사하였다. 그는 거
리를 돌아다니며 반어법으로 사람들의 편견과 고집을 각성시켜 진리의 탐구와
실천적 도덕성을 일깨웠다. 이러한 끝없는 질의응답을 통해 진리에 도달하게 되
는 그의 '소크라테스적 방법'은 보편적 지식(universal knowledge)의 중요성을
후세에 전달하게 되었다. 그는 덕은 지라는 것과 겸허, 공정, 용기, 절제 등도
하나의 정지(正知)이며 지와 덕은 일치되는 것임을 가르쳤다. 이런 점에서 지식
에 관계없이 순수한 믿음을 강조하는 기독교와 다르다 하겠다. 그는 이성에 따
르는 것이 선이며 선은 복과 일치되는 것으로 유덕한 생활은 행복한 생활이며
공정은 합법과 일치하기 때문에 국법과 이법에 따라야 한다고 주장하였다.

플 라 톤

소크라테스 사후 그의 제자 플라톤(Platon: B.C. 427-347)은 각 지방을
편력하며 학문을 연구하고 돌아와 아테네에 아카데미를 세워 제자들을 양성하
는 한편 많은 저술을 펴냈다. 그는 소크라테스의 보편적 지식을 이데아(Idea)
에서 찾았다. 그는 현실세계를 감각적 허상으로 보고 그것의 실체가 되는 본질
의 세계인 이데아의 세계(the realm of idea)를 설정하여 소크라테스의 보편적

지식의 이념을 구체화하였다. 이데아는 감각적인 감관을 벗어난 개념적 인식을 통해 얻어지는 절대적이며 보편적인 존재의 진리로서 시간과 공간을 초월한 것이며 최고의 이데아는 선이며 신이었다. 현상계는 정신계의 영상에 불과한 것이었다. 여기에 그의 이상주의 사상과 관념철학 사상이 나타나 있다. 이러한 그의 이원론적 사상은 영혼불멸사상으로 이어졌다. 그는 이데아가 실현되는 장소를 폴리스라고 보아 그의 저술(*the Republic*)에서 철인왕(Philosopher-King)을 중심으로 전개되는 이상국가를 그리고 있다. 그는 인간영혼이 3가지 기능(이성, 의지, 식욕)으로 나뉘는 것과 같이 사회를 3가지 계급인 지배자(금), 군인(은), 생산자(놋·철)으로 분류하여 다스리는 귀족주의적 정치를 구상하였다. 이것은 아마도 그의 스승을 죽인 아테네의 민중정치에 대한 실망에서 나온 것이 아닌가 추정된다. 그리고 그는 좋은 국가를 위하여 지배자계급의 처자와 재산의 공유를 들고 나왔다. 우생학적 운명과 관련된 그의 공산주의적 사상은 앞에서 말한 대로 스파르타에서 연유된 것으로 보인다.

아리스토텔레스

플라톤의 지나친 이상주의를 비판하고 현실주의의 사상을 전개한 사람은 마케도니아의 알렉산더 대왕의 스승이었던 아리스토텔레스(Aristotle: B.C. 384-322)였다. 그는 리케움(Lyceum)에 학교를 세우고 걸어다니면서 가르쳤기 때문에 그의 무리들을 소요학파(the Peripatetic school)라고 부른다. 그는 소크라테스나 플라톤의 절대적 보편지식과 영구불변적 기준을 좇아 그것을 더욱 체계화하였는데 그것이 바로 논리학(logic)이다. 그는 논리학 이외에도 수사학, 형이상학, 동물학, 심리학, 윤리학, 정치학, 시학 등을 저술하여 경험적 방법을 중시하였다. 그러나 그는 심미주의자인 플라톤이나, 나무와 돌로부터는 아무 것도 배울 게 없다고 가르친 소크라테스와는 달리 생물학이나 의학, 천문학 등에 지대한 관심을 가지고 현실세계에 주의를 모았으며 귀족주의적 정치에는 큰 관심을 두지 않았다. 아리스토텔레스는 이데아의 세계는 실재하며 감각의 세계는 불완전하고 제한적이라는 주장에는 공감했으나 존재를 보편에, 그리고 물질(질료)을 정신(형상)에만 종속시키는 것에는 과감하게 반기를 들었다. 그는 질료(matter)와 형상(form)은 동등한 중요성을 지닌 것으로 양자 중 어느 것이 없어도 상호 존재할 수 없다고 주장하였다. 개물은 말하자면 질료와 형상

으로 이루어지는 것이며 이것이 바로 운동으로 나타난다는 것이다. 그의 사상
은 플라톤의 정신주의(spiritualism), 혹은 초월주의(transcendentalism)와 원자
론자들의 기계론적 물질주의(mechanistic materialism)를 결합시킨 산물인 셈이
다. 그의 우주관은 유목적적이긴 하지만 그렇다고 정신이 물질을 지배하는 것
과 같은 논리는 아니었다.

그의 신은 제 1 원인(First Cause)으로 플라톤의 윤리적 의미의 선의 이데
아와는 근본적으로 다르다. 그의 신은 단지 제 1 운동자로서 목적을 향하여 움
직이는 것이며 인격적 신이 아니다. 왜냐하면 그의 신은 감정이나 의지, 욕망
이 없는 순수 지성(pure intelligence)이기 때문이다. 따라서 인간의 영혼불멸이
자리할 수 없다. 그의 윤리철학도 플라톤에 비해서 금욕과는 거리가 멀다. 그
에게 육체는 영혼의 감옥이 아니며 육체적 욕망도 악이 아니다. 인간의 지고의
선은 이성적 생활을 영위하는 자기실현(self-realization)이다. 그리고 그것에
이르는 최선의 방법은 과도한 욕망과 금욕적 욕구를 조절하는 중용(the golden
mean)이다. 요컨대, 플라톤의 이원론이 아리스토텔레스에 이르러서는 양자합
일의 일원론으로 발전한 것인데 이후 이들의 이러한 사상들이 서양문명에 적
지 않은 영향을 끼치게 되었다.

3. 역사의 발달

과거에 일어난 사실을 역사에 남기는 일을 처음으로 시도한 민족은 실제
로 그리스인이었다. 역사의 아버지라 부르는 소아시아 출신의 헤로도투스(He-
rodotus)는 이미 설명한 바와 같이 페르시아 전쟁 후 다년간 오리엔트 여러 나
라들을 편력하여 그 견문을 넓힌 후 구비전설과 민속학적 자료들을 모아 페르
시아 전쟁사(*Historia*)를 썼다. 그는 보고 체험한 것들을 보고형식으로 적어 이
야기식 역사서술의 시조가 되었다. 이와는 대조적으로 투키디데스(Thucydi-
des)는 정치적, 군사적, 외교적인 사료를 선정하여 그것들을 인과적으로 극화
시켜 서술함으로 과학적 체계적 역사서술의 시조가 되었다. 그는 페르폰네소
스 전쟁사를 서술하여 후대에 남겼다. 이 두 사람의 서술방법은 그대로 서양
역사서술의 모범이 되었다. 이 밖에도 크세노폰(B.C. 430-353)이 오리엔트의
지리와 정치, 문화에 관한 역사(*Anabasis*)를 썼다.

4. 문예의 발달

문 학

그리스인의 인간을 사랑하는 마음과 진선미를 추구하는 정열은 문예분야에도 잘 반영되었다. 그들의 문학은 시초에는 신화와 각 부족의 역사적 전승이 결합된 종교의식을 통하여 발전하였다. 앞에서 이미 설명한 호머의 2대 서사시인 『일리아드(*Iliad*)』와 『오디세이(*Odyssey*)』는 신의 위력과 가호를 받는 영웅설화로서 그는 여기에서 소박하나마 신에 대한 전적인 신뢰감과 불굴의 투지, 그리고 놀라운 지혜와 같은 인간정신을 표현하여 민족적 정서에 크게 이바지하였다. B.C. 8세기의 서정시인 헤시오도스(Hesiodos: B.C. 750-700)는 그리스신화를 체계적으로 계보화하였고 그의 저서 『노동과 나날(*Works and Days*)』에서 인생의 고뇌와 노동의 신성함, 농민생활을 그려 인간의식과 서민성을 나타냈다. B.C. 7-8세기에 이르러 인간의식이 발달함에 따라 시모니데스(B.C. 566-443), 사포, 아나크레온(B.C. 563-478), 핀다로스(B.C. 522-443) 등이 나타나 개성의 발로인 아름다운 서정시를 썼는데, 특히 사포는 단순하고 간결한 말로써 여성적인 정열을 읊었으며, 핀다로스는 올림픽의 우승자를 찬양하는 웅장한 시를 썼고, 시모니데스는 데르모필레의 순국용사들을 애도하는 시를 썼다. 그들은 대체로 신의 정의와 인간의 운명과의 모순을 비판하여 폴리스의 발전에 대응하는 사회변화를 잘 반영하였다.

연 극

다음으로 그리스에서 발달한 것은 연극이었다. 페리클레스 시대에 절정에 달했던 연극은 신에 대한 제사, 특히 주신 디오니소스의 제사에서 기원하여 처음에는 서정시의 대화적 부분이 음악과 춤의 반주 아래 문답형식으로 상연되었다. 3대 비극작가의 한 사람인 아이스킬로스(Aeschylus: B.C. 525-456)는 페르시아 전후의 번영시대를 대표하는 사람으로서 그의 현존하는 7편의 작품(『사슬에 묶인 프로메테우스』, 『아가멤논』)에서 인간의 부조리한 운명을 인정하면서도 신의 정의와 선을 발견하려고 노력함으로써 동요기의 그리스인의 운명관을 암시하였다. 그리고 소포클레스(Sophocles: B.C. 496-406)는 『안티고네』등에서 신의 전능과 인간의 무력함을 자각하고 영웅설화보다는 인간의 정서를 노래했다. 그의 대표작인 『오이디푸스왕』에서 그는 모친을 부인으로 맞이한 테베왕의 비극을 통하여 인간의 운명을 극화하였다. 그는 전통적인 운명관에서 탈피하지는 못했지만 아이스킬로스에 비해 한층 인간적이었으며 개성적이며 현실적이었다. 또 페리클레스 시대의 자유스러운 분위기에서 교육을 받은 에우리피데스(Euripides: B.C. 485-406)는 『메데아』에서 그리스 사회의 쇠퇴기를 반영하여 인생의 의의와 가치를 추구하는 회의적이며 사실적인 묘사를 시도하였다. 비극에 뒤이어 희극이 나타났다. 희극은 디오니소스신을 제사하기 위한 가장무용에서 시작되었다. 이제까지 알려진 대표적인 희극작가는 아리스토파네스(Aristophanes: B.C. 450-385) 한 사람뿐으로 현재 11편의 작품이 남아 있다. 그는 그의 작품들(『구름』, 『개구리』 등)을 통하여 그 시대 사회와 인간을 풍자하여 웃음을 끌어냈다.

건축 등

건축을 비롯한 미술, 공예는 오리엔트의 영향을 받은 바 컸으며 아름다운 자연환경과 우아한 미적 교양과 인간성을 십분 발휘하여, 이것을 풍부하게 생산되는 대리석을 이용해서 신과 인간을 교묘하게 조화하여 이상적인 신전과 신상을 조각하였다. 건축의 기본양식은 미케네의 메가론에 따라서 두 개의 원주형식을 점차로 열주식으로 만들었다. 원주양식은 페리클레스가 익티누스(Ictinus), 칼리크라테스(Calicrates), 조각가 피디아스(Phidias) 등의 감독하에 완성케 한 파르테논(Parthenon) 신전이나 제우스 신전과 같이 장엄 소박한 도리아(Doria) 양식에서 세밀하고 우아한 이오니아(Ionia) 양식을 거쳐 화려한 코린트(Corinth) 양식으로 변천되었다. 조각으로는 신전장식과 신상, 경기의 승리자상, 묘비상 등이 있었으며 목각에서 석각으로 변하면서 B.C. 7세기 이후엔 독자적 경지를 개척하였고 B.C. 4-5세기에는 전성기에 도달했다. 특히 페르시아전쟁 후에는 단순하고 침착한 성격을 나타내고 있었다. 당대를 대표하는 작가 폴리크리토스(Polyclitus)는 '창을 든 남자상(spear pearer)'을 만들어 소요 이후의 안정된 모습을 반영했으며 스코파스(Scopas)는 동적이며 격렬한 애정을 묘사하였다. 그리고 미론(Myron)의 '원판 던지는 남자상(dioscus thrower)'은 벽화 가운데 조화미를 구하는 사실적 표현을 하고 있으며 피디아스의 '아테네 파르테논'과 올림페이온의 '제우스상'은 이상적인 신상으로 위엄을 나타내었다. 프락시텔레스(Praxiteles)는 아름다운 인간적 신상인 헤르메스의 신상을 만들어 여성적인 육체미를 묘사했고 그 수법은 인체묘사의 완성자라고 불리는 바 경기 후 몸을 씻고 있는 '나체 남자상'으로 발전하였다.

아폴로와 디오니소스

그리스인의 사상에서 두드러지게 나타나는 것은 한편으로는 인간적이며, 현세적이며, 낙관주의적인 소위 아폴로(Apollo: 태양신)적인 면이 주류를 이루고 있는 반면에, 다른 한편으로는 초월적이며, 내세적이며, 비관주의적인 소위 디오니소스(Dionysus, Bacchus: 주신)적인 면이 주류를 이루고 있다. 그리스의 종교적, 윤리적 이념들이 폴리스나 다른 집단들과 연결되면서 그리스인들은 그들의 어려운 문제와 긴장을 풀 수 있는 방법을 찾게 되었다. 그리하여 어떤 것을 숭배하려는 종교사상이 나타났다. 그 하나가 아폴로 신앙이며, 다른 하나가 디오니소스 신앙이었다. 아폴로신은 원래 올림푸스의 신으로 입법자, 음악과 시의 보호자, 신탁인, 양심의 치유자로서 이오니아인들에 의해 숭배되었으며, 델피신전에서 신탁을 지휘하였다. "너 자신을 알라, 중용을 지켜라"는 모두가 여기에서 연유된 모토들이었다. 아폴로신은 주로 그리스 합리주의의 화신으로 해석된다. 반면에 디오니소스신은 원래 트라키아 지방의 신이 그리스로 전해온 신이었다. 디오니소스신은 황홀과 감성을 대변하며, 술과 잔치, 초목의 신으로 여자들의 열광적인 숭배를 받았다. 이 신앙들은 고대나 중세뿐 아니라 근대 서양, 특히 독일 사상, 예를 들면, 괴테와 쉬펭글러, 토인비, 니이체 등에 적지 않은 영향을 주었다.[7]

---

7) Starr, *op. cit.*, pp. 241-244; 김진경, 『그리스 비극과 민주정치』, 일조각, 1991.

제 6 장

헬레니즘시대문명

제 1 절 마케도니아의 출현

발칸반도 중부의 마케도니아(Macedonia)는 인도·유럽어족의 민족이 세운 신흥국가로서 그리스에 비해서는 소규모적이었으나 B. C. 4세기 중엽에는 필립 2세에 의해 통일국가의 형태를 갖추고 있었다. 필립은 그리스의 분열상을 간파하고 그리스를 침략하기 시작하였다. 이 무렵 아테네는 노예노동이 발달하고 자유민이 몰락하여 실업자가 속출하였으며 전쟁중에는 페스트가 만연하여 사회혼란이 가중되었다. 그리고 페리클레스 사후의 민주정치는 중우정치로 전락한 결과 크레온과 같은 정치가의 정권 선동으로 시민은 더욱 빈곤하여졌다. 그리하여 하층민 노예를 도외시했던 아테네의 민주정치의 모순은 더욱 표면화되어 갔고 용병제의 도입으로 쫓겨난 시민들은 거리의 부랑자로 전락하였다. 이와 같은 불안과 모순의 격화로 정치에 무관심하게 된 사람들은 세속적 쾌락과 영혼구제를 기대하는 극단적인 이기주의와 폴리스를 초월한 세계주의의 사상을 가지게 되었다.

이에 이소크라테스(Isocrates: 436-338 B. C.)는 그리스의 통일과 나아가 범헬라주의를 역설하였다. 한편 아테네의 애국자 데모스테네스는 필립의 야망을 간파하고 마케도니아에 대항하였다. 그러나 필립은 강력한 보병장창밀집부대로 이미 이야기한 케로네아전투(338 B. C.)에서 헬라스의 연합군을 섬멸하였다. 그 후 필립은 오리엔트의 원정에 나섰으나 반대파에 의해 암살되어 그의 뜻은 아들 알렉산더대왕(Alexander the Great: 356-323 B. C.)에게 계승되었다. 대왕은 곧 반마케도니아 운동을 수습하고 오리엔트원정을 단행하여(334 B. C.) 그리스식민지를 해방한 후 다음해 이수스(Issus)전투에서 다리우스 3세를 격파하였다. 그는 다시 세계정복을 꿈꾸어 결혼정책에 의하여 동·서문화의 융합을 꾀하고, 이란, 박트리아, 인도로 진격하였다. 그는 바빌론으로 돌아와서 오리엔트의 전제군주가 되었으나 병사하여(323 B.C.) 그의 꿈은 좌절되고 말았다.

제 2 절 헬레니즘시대의 역사

일반적으로 알렉산더대왕의 죽음(323 B.C.)으로부터 악티움해전(31 B.C.)까지의 300여 년간을 헬레니즘시대라고 부른다. 이 시대는 실로 그리스문명과 알렉산더가 정복한 오리엔트문명이 접목되어 이루어진 새로운 세계사적 문명을 의미한다. 비록 헬레니즘시대인들은 그리스어를 사용하고 그리스화되었지만 그들 문화의 정신은 오리엔트의 바탕을 유지하였다. 드로이젠의 말과 같이 헬레니즘시대는 그리스의 문화를 오리엔트에 이식한 것으로 세계사적 차원의 문명이라는 역사적 의미를 가지고 있다. 마치 이것은 근대문명이 중세문명과 차원을 달리하고 있는 것과 흡사하다 하겠다. 여기에 이 시대 문명의 중요성이 있는 것이다.

분할통치

그러면 먼저 알렉산더가 죽은 후 그의 정복지가 어떻게 분할변천되었는지에 관하여 살펴보도록 하자. 그가 돌아갔을 때 그에게는 허약한 이복동생이 한 사람 있었다고 한다. 전하는 바에 의하면 알렉산더는 후계자에 대한 유언을 묻는 신하들에게 '가장 훌륭한 사람'에게 상속할 것을 당부했다고 한다. 그리하여 그의 부하들은 그의 상속을 맡기 위하여 투쟁을 벌이지 않으면 안 되었다. 그들 사이에 일어난 싸움이 유명한 입수스전투(the Battle of Ipsus: 301 B.C.)로, 이 전투에 의해 4인의 고위 장성들이 정복지를 분할하게 되었다. 결국 알렉산더의 땅은 3인에 의해 최종적으로 확정되었는데, 그 첫 번째 사람은 시리아, 메소포타미아, 페르시아, 소아시아, 트레이스를 지배한 셀레우코스(Seleucus)이며, 두 번째 사람은 마케도니아를 차지한 카산더(Cassander)이며, 그리고 세 번째로는 이집트와 페니키아, 팔레스타인을 다스린 프톨레미(Ptolemy)였다. 그들은 끈질기게 버티다가 B.C. 146-30년 로마의 지배로 들어가고 말았다. 그들의 정치는 대체로 신정과 비슷한 전제정치를 실시하였다.

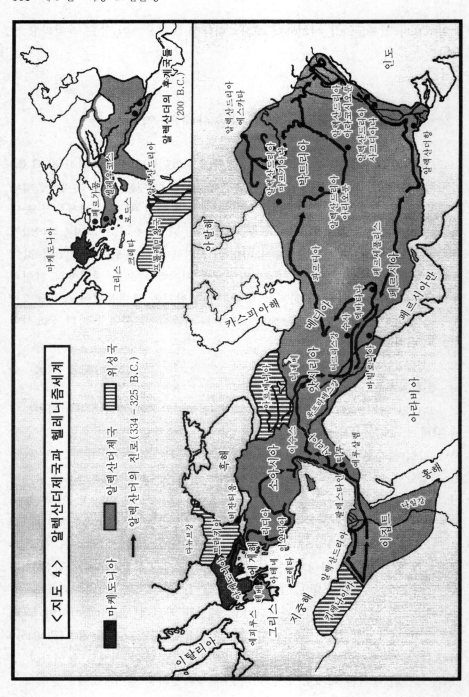

<지도 4> 알렉산더제국과 헬레니즘세계

동·서문명의 교류

알렉산더의 세계정책은 지중해세계와 오리엔트세계를 하나의 거대한 교역권으로 결합시켜 광대한 시장을 형성케 하였다. 헬레니즘시대인들은 이집트를 제외하고는 알렉산더의 화폐를 사용하였으며 코이네(koine)를 국제어로 상용하였다. 그들은 상업과 산업의 발달로 금융업과 은행의 발전을 가져왔으며 도시와 인구의 증가를 몰고 왔다. 헬레니즘시대 왕들은 대체로 신으로 자처하였으며 카산더왕조만이 조금 온건하였다. 이 시기에 한 가지 중요한 일은 마케도니아의 압제에 반발하여 그리스의 국가들이 동맹을 결성했다는 사실이다. 그들은 알렉산더제국에 반대하여 그들의 독립을 얻기 위한 연합동맹을 결성하였다. 하나는 스파르타와 엘레스를 제외한 펠로폰네소스국가들에 의해 결성된 아카이아동맹(the Achaean League)이며, 다른 하나는 아테네를 제외한 중부그리스국가들에 의해 이루어진 에톨리아연합(the Aetolian Federation)이었다. 이들은 오늘날 미국의 연방정부와 같은 것으로 각 도시들을 회원국으로 하고 통일된 법률에 의해 이들을 통제하는 중앙권력기구를 가지고 있었다. 그들은 외교, 세금, 군사 등의 문제들을 일괄적으로 처리했으며 화폐와 도량형도 통일하였다.

요컨대 동·서문화의 교류로 헬레니즘시대는 급격한 사회적 변동을 초래하여 정치적, 경제적, 사회적, 사상적으로 지엽적인 폴리스적 차원에서 세계적 차원으로 옮겨지지 않으면 안 되었던 것이다.

제 3 절   헬레니즘시대의 사상과 문예

헬레니즘시대는 위에서 설명한 바와 같이 동·서문명이 서로 결합하는 과도기적 흐름에 있었기 때문에 안정된 그리스문명의 시대와는 상당히 다른 면모를 가질 수밖에 없었다. 이 시대는 대체로 상대주의적, 회의주의적, 개인주의적, 사해동포주의적, 그리고 유물론적 경향성이 강한 시대였다고 말할 수 있다.

1. 철학의 발달

헬레니즘시대의 철학과 사상은 그리스와 비교할 때 한마디로 말하여 비정상적인 과정, 역행적인 코스를 밟아 발전하였다고 보여진다. 일반적으로 이 시대의 사상은 세 단계를 거쳤는데, 첫 번째 단계에서는 주로 그리스 철학의 영향을 받아 이성을 인간의 모든 문제들을 해결하는 열쇠로 간주하였으며, 두 번째 단계에서는 이성을 거부하는 회의주의의 영향을 받아 모든 가치와 진리를 믿지 않으려 했으며, 그리고 세 번째 단계에서는 조야한 신비주의의 영향을 받아 이성이나 경험에 기초한 모든 지적 방법들을 파기하려고 하였다.[1] 그러나 한 가지 그들 사상의 공통된 요구는 그들이 그들의 곤경과 악으로부터 구원을 갈구하고 있었다는 점이다. 이것은 아마도 헬라스적인 세계에서 헬레니즘적인 세계로의 과도기적인 이행과정에서 나타난 그들의 경향성이 아닌가 한다.

에피큐루스 철학과 스토아 철학

헬레니즘시대의 가장 중요하고 대표적인 철학은 B. C. 300년에 일어난 에피큐루스 철학(Epicureanism)과 스토아 철학(Stoicism)이었다. 후자의 철학은 사모스 출신의 제노(Zeno: B. C 335-263)에 의해 이루어졌으며 전자의 철학은 아테네에서 대부분의 생애를 보낸 키프로스 출신의 에피큐루스(Epicurus: B. C. 342-270)에 의해 만들어졌다. 양자의 철학은 몇 가지 면에서 유사점과 상이점이 있는데 먼저 비슷한 내용을 살펴보면 다음과 같다. 첫째로 양자는 사회의 복지보다는 개인의 선을 추구하려는 개인주의적 성향을 가지고 있다는 점이다. 두 번째로 양자는 영적인 실체나 신성을 부정하려는 유물주의적 성격을 가지고 있다는 점이다. 그리하여 그들은 영혼도 물질로 이루어져 있다고 믿었다. 세 번째로 그들은 인간의 노력은 무익하며, 오리엔트의 정적주의(Oriental quietism)를 따라야 한다는 패배주의(defeatism)적 성향을 가지고 있다는 점이다. 마지막으로 그들은 모든 개념들은 이름뿐이고 개물만이 실재하며 그리고 모든 지식은 감각적으로만 인식된다는 교리에 입각해 있다는 점이다.

이에 반해 양자의 차이점도 적지 않다. 우선 스토아 철학에 관하여 좀더 살펴보자. 그들은 우주(cosmos)는 질서 있는 전체로서 이 안에서 모든 모순들

---

1) Cheilik, *op. cit.*, pp. 133-38; Burns, *op. cit.*, pp. 251-55.

이 궁극적 선을 위하여 용해된다고 생각하였다. 즉, 악은 상대적이며 개인의 불행도 우주의 궁극적 목적을 위해서는 필요한 사건들이다. 인간은 운명의 주인이 아니라 이어진 쇠사슬의 한 고리이다. 그러나 그는 그의 운명을 수용할 수도 거부할 수도 있다는 점에서 자유로운 존재이나 그것을 극복할 수는 없다. 그는 오히려 그의 운명에 의탁함으로써 마음의 평정과 행복을 얻을 수 있다. 여기에 그들의 윤리적 사상이 엿보인다. 그들은 특정의 악들을 인정함으로써 오히려 자기훈련(self-discipline)에 의해 이것을 극복하여야 하며, 인간 상호간의 용서와 관용정신을 나타내야 하며, 그리고 모든 인간은 신의 자녀로 인종차별을 뛰어넘어 사랑을 베풀어야 한다는 논리가 나타나 있다. 근대 서양사상의 평등주의(equalitarianism), 평화주의(pacifism), 박애주의(humanitarianism) 이념들은 모두가 이들로부터 연유된 것임을 알아야 할 것이다.

에피큐루스 철학

한편, 에피큐루스 철학은 스토아 철학이 헤라클레이투스의 우주관으로 회귀한 것과는 달리 데모크리투스의 형이상학으로 기울었다. 에피큐루스는 모든 사물의 기본구조는 세미한 불가분의 원자(atoms)로 되어 있기 때문에 변화와 성장도 이들의 결합과 분리로 되어진다고 가르쳤다. 그는 원자론자들의 물질주의를 인정했지만 그들의 절대적 기계론은 받아들이지 않았다. 즉, 원자들의 자동적 기계운동이 우주 만물의 원인은 아니다. 원자들은 그 무게로 밑으로 떨어지지만 그 낙하에서 벗어나 상호 결합할 수 있는 자율성을 또한 가지고 있다. 이와 같은 원자론의 변용은 인간자유에 대한 그의 신념을 나타내는 것으로 인간의 기계화와 숙명주의를 극복하려는 그의 철학의 바탕으로 데모크리투스와 스토아 철학을 뛰어넘는 대목이라 하겠다.

다음으로 에피큐루스파의 윤리사상은 어떤 것인가에 관하여 알아보자. 그들의 윤리철학은 한마디로 말해 인간의 지고의 선은 쾌락(pleasure)에 있다는 것이다. 그러나 순수한 쾌락의 범주 속에 모든 형태의 것들을 포함시키는 것은 아니다. 타락한 사람의 쾌락은 오히려 고통으로 균형을 잡아야 하기 때문에 피하지 않으면 안 된다. 적당한 육욕의 만족은 그 자체로서 선일 수 있다. 이것보다 더 좋은 것은 정신적 쾌락으로 취사선택을 잘하는 진지한 명상이며 성숙한 자족이다. 그렇지만 모든 쾌락들 가운데 지고의 쾌락은 정신적, 육체적 고통이 없는 영혼의 평정에 있다. 이러한 목표는 공포, 특히 초자연적인 것에 대한 공포를 제거함으로써만이 이루어질 수 있다. 왜냐하면 그러한 공포는 정신적 고통의 주된 근원이기 때문이다. 인간은 철학의 연구를 통하여 영혼은 물질적인 것이며 우주는 그 자체로 가동되는 것이며, 그리고 신들도 인간의 문제들에 끼어들 수 없다는 사실을 배우지 않으면 안 된다. 신들은 세계로부터 너무 멀리 떨어져 있으며 또한 그들 행복에 너무 몰두해 있기 때문에 인간문제들에 간섭할 수 없으며, 더 나아가 인간의 현세나 내세의 문제들에 관해서도 벌을 주거나 상을 줄 수 없다. 그러므로 인간은 공포를 가질 하등의 이유가 없다. 이와 같이 에피큐루스파는 길은 좀 달랐지만 스토아학파와 거의 동일한 주장-지고의 선은 마음의 평정이라는 결론에 다다랐다고 보여진다.

다음으로는 그들(에피큐루스파)의 정치이론에 관하여 살펴보도록 하자. 그들의 정치와 윤리사상의 기초는 공리주의적 이념이었다. 그들은 스토아학파와는 대조적으로 선이 그 자체의 목적이 아니며, 인간이 선해야 하는 유일한 원인은 그의 행복을 증진하는 데에 있다고 생각하였다. 그들에게 절대적인 정의는 있을 수 없으며 법률이나 사회제도들도 개인의 복지에 기여하는 한에 있어서 정당한 것이다. 그러므로 국가의 기원과 존재도 어디까지나 자기이익(self-interest)에 뿌리를 두고 있는 것이며 단순한 편의에 따른 것이라는 주장이다. 이러한 의미에서 그들은 공적 생활에 깊은 개입도, 그렇다고 문명을 회피하고 자연으로 귀의하는 것도 모두 배척하는 입장에 있었다. 그러므로 그들의 행복관은 본질적으로 수동적이며 패배주의적이었다고 풀이된다. 현자는 아무리 강하고 지적이라 할지라도 이 세상의 악을 제거할 수 없으므로 "정원을 갈고" 철학을 공부하며 좋아하는 친구들과 즐기는 편이 훨씬 이롭다는 입장이다.

회의주의 철학

위의 두 가지 철학사상들(스토아 철학과 에피큐루스 철학) 이외에 이 세대에 있어서 간과할 수 없는 철학사상은 보다 급진적 패배주의 이념을 지닌 회의주의 철학(skepticism)이었다. 이 철학은 제노, 에피큐루스와 동시대인인 피로(Pyrrho: B. C. 365-275)에 의해 이루어졌지만 그 사상이 절정에 다다른 것은 1세기 후의 카르니데스(Carneades: B. C. 214-129)를 통해서였다. 회의주의 철학 사상의 주된 근원은 모든 지식은 감각에서 나오는 것이므로 제한적이며 상대적이라는 소피스트 학파의 가르침으로부터 기원되었다. 즉, 우리의 감각에 의한 어떤 인상들이나 사물들이라도 증명할 수 없는 기만적인 것에 불과하다. 오직 우리가 말할 수 있는 것은 일들이 그렇게 일어나고 있다는 것, 그러나 그들의 본질이 무엇인가를 알 수 없다는 것, 초자연적인 것이나 생의 의미, 진위에 관한 정확한 정의를 알 수 없다는 것뿐이다. 따라서 판단에 대한 의구심만이 있을 뿐이다. 이것만이 행복으로 인도될 수 있는 길이다. 만약 인간이 절대진리에 대한 고집을 버리고 선악에 대한 생각을 파기한다면 그는 지고의 만족을 가져다주는 마음의 평정을 얻게 될 것이다. 이와 같이 그들은 에피큐루스학파에 비해서 정치적, 사회적 문제들에 관한 관심을 훨씬 덜 가졌다. 요컨대, 헬레니즘시대에 있어서 그들의 이상은 그들이 개혁할 수도 이해할 수도 없는 세상으로부터 개인적으로 도피하는 일이었다.

신피타고라스학파

끝으로 이 시대의 마지막 철학사상은 B. C. 1세기와 A. D. 1세기경에 나타난 필로 쥬데커스(Philo Judacus)와 신피타고라스학파(Neo-Pythagoreans)의 이념으로 철학적으로는 매우 저급한 수준의 사상이었다. 그들은 대체적으로 종교적 견해에 대하여 동일한 이념을 가지고 있었다. 이 세상의 모든 것들은 이해할 수 없는 일시적인 것이므로 초월적인 절대 신을 믿어야 된다고 생각하였다. 즉, 이 우주는 정신과 물질로 양분되어 있으며 물질은 악에 속한다. 인간의 영혼은 그의 육체 안에 갇혀 있으므로 육체의 고행과 파기를 통하여 벗어나야 한다. 이처럼 그들은 매우 신비적이며 반지성적이었으며, 진리는 과학이나 이성으로부터가 아니라 오직 계시를 통해서만이 가능하다고 신앙하였다. 인간의 연역능력은 경멸의 대상이기 때문에 생의 궁극적 목표는 신과의 신비적 합일(a mystic union with God)로서만 가능하다는 것이다. 이것은 회의주의 철학의 극단적 결과로 나타난 사상으로 로마시대를 거쳐 중세 때 지배하게 되는 명상의 세계, 신앙의 세계, 즉 기독교의 출범을 예고하는 징표라 하겠다.

2. 예술과 과학의 발달

헬레니즘시대의 문예는 다채롭고 우아한 그리스적 기풍보다 훨씬 자연적이며 세속적이며 그리고 개인주의적 경향을 가졌다. 미술은 그리스적인 양식을 벗어나 궁전, 극장, 분묘, 기념비 등의 건축이 많아지고 스타일도 세속적이어서 화려한 코린트식이 지배적이었다. 조각은 개인의식을 잘 나타낸 데생이 많았고 기법도 사실화하였지만 관능적이고 감정, 개성도 조화보다는 불균형적 미를 추구하려고 하였다. 이와 같이 그리스의 미술과 문화를 흡수한 헬레니즘 문화는 다시 로마문화에 계승되었고 헬레니즘 문명권의 확대로 박트리아, 대하를 거쳐 인도에 전해져 간다라미술로서 서역, 중국, 한국, 일본 등으로 건너 갔으며 아라비아를 거쳐서 유럽중세에까지 전해져서 범세계화하였다.

헬레니즘시대에 발달한 가장 괄목할 만한 분야는 자연과학이었다. 17세기 이전에 있어서 그들의 과학적 업적은 타의 추종을 불허하였다. 자연과학은 오리엔트의 특성을 이어받아 그리스적 바탕을 그대로 확대시켰다. 알렉산드리아의 도서관, 박물관, 각종 연구소, 천문대, 동물원, 학원 등은 모두가 이 시대의 업적들이었으며 과학자들의 활동 또한 대단하였다. 유클리드(Euclid)의 기하학, 아르키메데스(Archimedes: 287-212 B.C.)의 비중의 원리, 아리스타르쿠스(Aristarchus: 310-230 B.C.)의 지구구형설, 에라토스테네스(Erasthothenes: 275-194 B.C.)의 지구면적측정과 세계지도, 히포크라테스의 생리학과 의학 등은 헬레니즘시대의 자연과학발달의 결실이었다. 요컨대, 헬레니즘시대의 사상과 문화는 그리스문명을 오리엔트문명에 이식하여 이루어진 것으로 드로이젠의 해석대로 그 질적인 면에 있어서는 그리스의 것에 비해 다소 떨어지는 감도 없지 않지만 그 양적이며 발전적인 흐름에 있어서는 오히려 그리스의 것을 훨씬 뛰어넘는 국제화와 세계화에 걸맞는 내용들을 창출했다 하겠다.

제 7 장

로마문명

제 **1** 절 왕   정
(the Monarchy: 753-509 B.C.)

　　로마는 지중해를 동서로 가르는 이탈리아반도의 지세로 대리석, 동, 금, 철 등을 제외하면 광물들이 거의 없는 농업지역이었지만 한대와 열대, 산악과 평원이 잘 결합되어 목축과 포도, 올리브 등의 재배에 적합하고 해상에 쉽게 진출할 수 있었으므로 지중해문명의 주인이 될 수 있었다. 반면에 이러한 개방적인 지형으로 그리스에 비해 외부의 침입이 용이하여, 무력적 지배와 강력한 권력행사가 로마의 주무기가 되기도 하였다.

　　B.C. 1000년경을 중심으로 이탈리아반도에는 인도·유럽어족에 속하는 몇 갈래의 민족들이 쳐들어와 반도를 크게 세 지역으로 나누어 점령하였다. 첫 번째로는 소아시아에서 왔다고 보이는 에트루리안(Etrurians, Etruscans)이 아르노강과 티베르강 사이인 투스카니지방을 차지하여 반도 북부지역에 선도적 문화를 이룩하였다. 두 번째로는 반도 중부지역에 그리스를 거쳐 침입한 삼니 테스족(Samnites)과 라틴족(Latins) 등 여러 민족들이 정착하였으나 라티움 (Latium)지방을 차지한 라틴족이 우세하여 로마의 정통을 잇게 되었다. 그리고 세 번째로는 반도의 남부지역에 그리스의 식민지인 그리스인들이 타렌툼을 중심으로 문화를 이룩하였다. 위에서 말한 바와 같이 B.C. 8세기 중엽부터 반도 중부의 라틴족은 라티움 근처에 민족적 소도시들을 형성하고 농업생활을 영위하였는데, 그 가운데 하나가 로마(Rome, Roma)였다. 그리고 이 로마에 의해 이탈리아반도가 하나로 뭉쳤던 것이다.[1]

　　전설에 의하면, 로마의 건국은 트로이함락 때 반도로 건너온 트로이왕자

---

[1] William G. Sinningen, ed., *Rome: Sources in Western Civilization* (New York, 1969), pp. 1 -26.

의 후손인 로물루스(Romulus)형제에 의해 이루어졌다고 한다. 그 연대는 B.C.
753년으로 추정되며 이후 7대에 걸쳐 로마를 통치했다고 전해진다. 로마는 그
들의 안전을 위해 결성한 라틴동맹(the Latin league)에 의해 에트루리안계통
의 왕 타르퀸(Tarquin the Proud)을 추방하여 왕정을 끝냈고 B.C. 509년 공화
정을 열게 되었다.

로마사회의 구성

로마인들의 초기 사회와 정치는 다른 민족들과 같이 족장(Patriarch)중심
의 보수적 성격이 매우 강하였다. 그들 사회의 가장 중요한 단위는 족장적 씨
족인 겐스(gens)로서 그들의 사회적 종교적 경제적 기능을 담당하였으며 후에
국가에 의해 흡수되었다. 씨족(겐스)은 가족(families)으로 나뉘어지며 가족의
절대적 권력은 가계의 우두머리(paterfamilies)에게 부여되었는데, 그의 말은
곧 법이었으며 가계의 모든 성스러운 의식을 주관하였다. 씨족은 군대와 잡무
를 했던 잡다한 예속인(clients)의 보호자역할을 담당하였다. 이 예속인제도야
말로 이 당시뿐 아니라 로마역사를 통해 핵심적인 역할을 했던 중요한 조직이
었다.

이 때 한 가지 특이할 만한 일은 두 가지 집단들이 등장하여 서로 균열을
일으켰다는 사실이다. 그 하나는 그들의 경제적 사회적 정치적 주도권을 가지
고 있었던 귀족계층(aristocrats, patricians)이었으며, 다른 하나는 농민들과 예
속인, 부유한 시민들로 구성된 이질적 집단인 평민계층(commoners, plebians)
이었다. 제일 처음 세력을 잡을 수 있었던 사람들은 씨족의 장로들(the clan
elders)로서 왕의 마음만 사면 가능했으며 이들은 여러 가지 방법으로 권력을
휘두를 수 있었다. 왕은 군지휘자, 법관, 사제로서의 최상의 힘을 가지고 있었
지만 그의 권력은 실제로는 씨족의 조직과 여러 사람들의 협의를 거쳐야 된다
는 로마관습에 의해 제한을 받지 않으면 안 되었다. 그 협의를 거친 곳이 바로
300여 명의 유능한 귀족의 씨족대표들로 구성된 장로회의(a council of elders,
senate)였다. 그리고 국가의 성패는 결국 전쟁을 치르는 모든 계층의 시민에게
달린 문제이기 때문에 왕과 그의 장로회의는 인민에게 모든 중요한 문제들을
알리는 것이 현명하다고 판단하여 경우에 따라서 소위 쿠리아회의(the Curiate
Assembly)라 부르는 회의를 소집하곤 하였다. 이 조직은 비록 법을 만드는 권

한은 없었지만 장래 민주적 성격을 가진 의회의 씨앗이 될 수 있었다는 점에
서 학자들의 주의를 모으고 있다.

제 2 절 공화정 전기
(the early Republic: 509-265 B.C.)

일반적으로 로마의 공화정을 만들어 낸 정치혁명의 장본인은 귀족계급이
었다. 그들은 5세기경 초 매년마다 2명씩 선출되는 집정관제(the consulship)
를 도입하여 그들로 하여금 구왕권이 가졌던 최고의 행정, 군사의 대권(the im-
perium)을 관장케 하였다. 그들은 국가 비상시 통일된 지휘권이 바람직하다고
생각하여 2명의 집정관 가운데 1인을 독재자(the dictator, pro-consul)로 선정
하여 6개월간 다스리도록 하였다. 그들은 왕이 가졌던 사제기능을 관할하였으
며 모든 법과 관습을 그들 마음대로 운영하였다.

원로원과 민회

그들의 실권을 실제로 움직인 것은 장로회의로 시작된 원로원(senatus
populusque Romanus: SPQR)이었다. 원로원은 처음에는 씨족대표들로 구성되
었으나 점차로 전문적인 관리들로 채워졌으며 그 임기도 종신으로 바뀌었다.
겉으로는 집정관에 의해 소집되고 운영되었으나 실질적으로는 공화정의 최고
권력기관으로서 군림하여 '원로원의 권고(senatus consulta)'는 집정관도 거부
할 수 없었다. 귀족들은 점차로 국가 중대사에 인민을 참여시키는 일이 유리하
다는 생각에서 민회를 허용하게 되었는데, 그 가장 오래된 것이 쿠리아회(co-
mitia curiata)였다. 이것은 위에서 말한 대로 로마 초기사회의 씨족적인 조직
에 의해 구성된 종교적, 군사적 집단으로 노예를 제외한 모든 시민들이 소속되
어 있었으며 주로 귀족에 의해 지배되었다. 다음으로 쿠리아회를 제치고 등장
한 것이 100인회(comitia centuriata)로서 귀족에 대한 시민들의 싸움과정에서
만들어진 민회였다. 이것은 군무를 지닌 전 시민의 100인 조직(centuria)으로
기병, 보병 등 5등급으로 구성된 회의로 집정관의 선출, 전쟁 등과 같은 국가
중대사들을 결정하는 일을 실행하였다. 그러나 이것은 어디까지나 귀족계층의

권익을 전제로 한 것일 뿐 일반시민들을 위한 민주적인 성격을 가진 민회와는 거리가 멀었다.

평민계급의 발달

그러므로 귀족의 지배에서 벗어나려는 일반 시민이나 평민계급(the plebe-ian class)이 등장하여 그들의 사회적 경제적 입지를 찾으려는 움직임이 일어났으며 더욱이 경제적으로 저당이나 차압으로 곤경에 빠진 하층인들의 반발이 격심하였다. 역사가 리비우스에 따르면 이러한 긴장은 B. C. 5세기경이 가장 컸다고 한다. 평민들은 드디어 B. C. 494년 로마 교외에 있는 성산(the Sacred Mt.)에 모여 부족별로 구성된 평민회(the Tribal Council, concilium plebs)를 만들고 그들의 요구들이 허락되지 않으면 끝까지 항의할 것을 결의하였다. 그들은 결국 호민관(tribunus)의 선출과 원로원의 결의를 거부할 수 있는 권한을 얻어 냈다. 호민관의 임기는 1년이며 그 수는 10여 명이 되기도 하였다. 이것으로 평민의 권력이 크게 신장되었다. 더욱이 그들의 권력신장에 분수령이 된 것은 로마에서 처음으로 만들어진 12표법, 리키니우스법, 호르텐시우스법과 같은 성문법들이었다.

12표법(the Law of Twelve Tables: 451 B.C.)은 평민을 귀족과 동등하게 하려는 법으로 귀족의 전횡적인 행동이 억제되고 귀족과의 결혼도 되도록 가능하게 하였다. 리키니우스법(the Sextio-Licinian Law: 367 B.C.)은 2명의 집정관 가운데 1명은 평민을 반드시 선출하게 정하였으며 귀족의 토지소유를 500유게라(약 125만 평방 미터)로 한정시킴으로써 귀족의 전단을 막게 하였다. 그리고 호르텐시우스법(the Hortensian Law)은 평민회의 결정이 원로원의 승인을 거치지 않고도 인정케 함으로 평민의 힘을 사실상 격상시키는 결과를 가져다 주었다.

이와 같은 평민들의 권익을 신장시켜 주는 성문법들과 이미 설명한 평민회의 발달과 함께 등장한 새로운 관직들이 법무관, 형무관, 감찰관, 경기관 등이었다. 법무관(praetor)은 사법을 다스리는 관리로 대권을 장악하고 있었으며 법무관을 지낸 다음 집정관이 될 수 있었다. 감찰관(censor)은 국고재정을 담당하고 평민을 모든 군대조직에 배치할 수 있는 권리를 가짐으로써 원로원의 구성원들을 몰아 낼 수 있었다. 그리고 형무관(quaestor)은 형법을 운영하는 데 집정관을 보조하였으며, 경기관(aedile)은 공사와 시장을 감독하였다.

사회구조의 변화

그렇다면 이처럼 공화정 전기에서 평민들의 권익이 크게 급성장한 원인은 어디에 있는가. 그것은 B.C. 5세기경 후반에 그리스로부터 들어온 중장보병 밀집대형(팔랑크스)에 의한 사회의 구조적 변화였다 할 것이다. 즉 새로운 전쟁대형이 모든 평민들에게 부하됨으로써 신분제의 구조를 변질시켰다는 것이다. 이 대형은 모든 로마사람들을 신분의 구별 없이 재산정도에 따라 기사계급(중장, 경장) 등 5등급으로 나누어 조직하였는데, 장비는 군인 스스로가 부담케 했다. 이것이 바로 그들의 신분제를 바꾸게 한 것으로 공화정 후기에서 지중해를 장악케 하는 결과를 가져다 주었던 것이다. 더욱이 이러한 변화를 부추긴 것은 새로운 지배계층의 형성이었다. 즉 유력한 평민과 구지배층(파트리시안)의 결합으로 새로운 지배계층인 노빌레스(nobiles)가 형성된 것이다. 이것은 로마공화정을 혈통적인 귀족정치로부터 노빌레스의 과두정치로의 전환을 의미하는 것으로 로마공화정 후기의 성격을 예고하는 것이라 하겠다.

제 3 절 공화정 후기
(the late Republic: 265-27 B.C.)

공화정 전기에서 이탈리아반도를 통일한 로마는 지중해를 장악하는 일을 남겨 두고 있었다. 로마가 지중해진출을 꾀하려는 주된 목적은 말할 것도 없이 경제적 상권획득이었다. 당시 로마의 토지는 공화정 전기의 유수한 법령에도 불구하고 대부분 구귀족들의 수중에 들어 있었으며 이로 인하여 농촌의 피해는 적지 않았으며 반면에 도시가 상업활동의 중심지로 크게 발달하게 되었다.

더욱이 신식민도시와 자치도시의 증가로 그들의 자본주의적 욕구는 날이 갈수록 더하여 갔다. 그리하여 그들은 지중해를 향하여 돌진하지 않으면 안 되었다. 그러나 그들의 앞길은 수월하지 않았다. 그것은 아프리카 북부의 카르타고(Carthago, Carthage)가 이미 상업국가로서 지중해에서 활동하고 있었기 때문이다. 카르타고는 페니키아의 식민지로서 그들의 막강한 부력과 해군을 배경으로 사르디니아와 코르시카, 시칠리아섬을 장악하고 있었을 뿐 아니라 지중해 서부를 제압하고 있었으므로 로마가 지중해로 진출하기 위해서는 카르타고와의 일전을 피할 수가 없는 형세였다.

포에니전쟁

이것은 마치 페르시아전쟁 때 동부지중해를 둘러싸고 페르시아와 그리스가 일전을 치러야 했던 것과 유사한 상황이었다. 싸움은 마침내 B. C. 264년에 시작되어 전 3 회에 걸친 100여 년의 긴 전쟁으로 이어졌다. 이것이 유명한 포에니전쟁(the Punic War: 264-146 B. C.)이었다. 로마는 이 전쟁에서 여러 번에 걸쳐 위험한 국면에 처했으나 민족적 단결과 강인한 인내로 최후의 승리를 거두어 지중해로부터 카르타고의 세력을 물리칠 수 있었다. 포에니전쟁은 시칠리아섬에서 일어났다. 당시 시칠리아는 대부분 카르타고령이었으며, 동부의 그리스식민지 시라쿠스만이 카르타고에 반기를 들었다. B. C. 264년 서북부의 메시나가 로마의 원조를 받아 시라쿠스와 싸움을 일으키니 카르타고는 숙적 시라쿠스를 후원하게 되어 전쟁이 발발하게 되었다.

제 1 회(264-241 B. C.)는 양군의 세력이 팽팽하여 승패를 가리기 힘들었으나 시라쿠스의 이탈로 로마의 전세가 호전되어 B. C. 241년 에가테스해전에서 승리함으로써 로마는 시칠리아섬을 지배하여 이것을 지중해진출의 기지로 삼게 되었다. 제 2 회(218-201 B. C.)는 카르타고의 애국자 하밀칼 발카스(Hamilcar Barcas)와 그 아들 한니발(Hannibal)이 1 회의 패전을 설욕하려고 전쟁을 일으켰다. 한니발은 그의 아버지 발카스가 이룩하지 못한 일을 하기 위하여 우선 B. C. 218년 스페인의 로마 동맹시 사군툼을 함락한 후 알프스를 넘어 이탈리아에 들어와 칸네(cannae)전투에서 로마군을 대파하였다. 그러나 로마의 명장 스키피오(Scipio)의 눈부신 활약으로 전세가 역전되었다. 카르타고는 본국과의 연락두절로 식량보급이 끊어져 결국 자마(zama)전투에서 로마에게 손을 들고 말았다.

카르타고는 스페인과 지중해의 모든 영토를 로마에게 양도하지 않으면 안 되었다. 제 3 회(148-146 B. C.)는 로마가 카르타고의 재침을 사전에 막기 위하여 전쟁을 일으켰다. 로마는 카르타고의 급속한 경기회복에 불안을 느낀 나머지 카르타고의 인접국인 누미디아를 사주하여 카르타고와의 분쟁을 일으키고 이것을 구실로 카르타고에 침입하였다. 카르타고인들은 3여 년간이나 로마에 대항하였으나 스키피오의 작전에 견디지 못하고 B.C. 146년 로마에 항복하고 말았다. 로마는 이에 그치지 않고 여세를 몰아 동방으로 진격하여 마케도니아를 정복하고 다시 동부로 나아가 시리아와 소아시아 일대를 수중에 넣었다. 로마는 다시 그리스의 도시국가들의 내분을 틈타 코린트를 비롯한 여러 폴리스들을 공략하여 이집트를 제외한 헬레니즘세계의 원래의 지역을 거의 다 지배하기에 이르렀다.

로마사회의 변화

포에니전쟁에서 승리한 로마는 지중해상권을 장악하게 되자 국력이 급격하게 상승하여 사회의 여러 분야에 걸쳐서 구조적 변화를 가지게 되었다. 앞에서 잠깐 비친 것과 같이 우선 사회적 신분제도에 적지 않은 지각변화가 일어났다. 전쟁으로 오리엔트로부터 화폐경제가 들어오고 속주(provinces)의 약탈과 착취로서 막대한 수입이 형성되는 과정에서 로마사회는 상업활동을 전문으로 하는 새로운 계층이 요구되었다. 왜냐 하면 로마는 무역을 주도하고 공공사업을 만들며 전쟁을 수행하며 그리고 조세를 거두어들이는 실천적인 실무자들이 필요했기 때문이다. 일반적으로 원로원과 같은 지배계층은 상업과 사업에서 벗어나 있었으므로 "중산계급(the middle class or equestrian class)"만이 그러한 일들을 할 수 있었다. 이러한 중산계급은 특히 B.C. 2세기경 활발했으며 점차로 그들은 로마의 속주들로부터 세금을 징수하는 세금징수청부인(the taxfarmers, Publicani)이 되었다. 그들은 원칙적으로는 정치와는 떨어져 있었지만 그들의 경제적 이권에 대한 원로원의 횡포가 있을 때마다 자연히 정치와 연루되지 않을 수 없었다.

라티푼디움의 발달

또 이 시기에 중요한 변화는 공화국이 그들의 군단을 위해 의존했던 요먼(yeomen)의 점진적인 붕괴였다. 그리하여 아직도 농촌의 지주로서 버텨 왔던 토착귀족이 무너지게 되었다. 더욱이 부의 유입과 관권적 어용상인, 징세청부인, 금융업의 활동으로 이들 부유해지는 중산계층은 앞에서 설명한 토착귀족과 결합하여 새로운 귀족(nobiles)을 형성하여 로마는 급속도로 자본주의화하

여 나갔다. 이들에 의해 얻어지는 자본의 축적은 대부분 토지에 투자되어 수년
전부터 진행되던 토지겸병의 소유화경향을 부추기게 되었는데, 이것이 소위
라티푼디움(latifundium)이라는 대토지사유제도였던 것이다. 이 제도는 주로
제 2 차 포에니전쟁 이후 활발하게 진행되었으며 그 경영형태는 곡물생산이나
가축사육 등 다양하였다. 부유하게 된 신흥자본귀족은 정복지로부터 취한 다
수의 노예들을 이용하여 대규모의 토지를 경영할 수 있게 되었다. 그러나 농토
로부터 이탈된 중산적 자작농들은 그들의 갈길을 잃고 방황하지 않을 수 없었
다. 그들은 농촌을 떠나 유이민(proletariat)이 되었으며 도시의 권력가들의 수
중에 들어가거나 아니면 노예로 전락하게 되어 로마사회의 새로운 심각한 사
회문제로 등장하게 되었다. 설상가상으로 로마를 더욱 곤경에 빠뜨린 것은 헬
레니즘문화의 유입으로 로마 고유의 문화기강을 무너뜨리고 퇴폐풍조와 물질
주의적 사조에 의해 로마의 건전한 국민적 도덕정신을 타락시킨 일이다.

그라쿠스 형제의 개혁

위에서 나타난 로마사회의 구조적 변화는 정치에도 반영되어 금권적 과두
정치의 형태를 불가피하게 하였다. 새로 등장한 신흥 귀족은 옛 귀족에 못지
않게 원로원을 무대로 권력을 휘둘렀으며 이에 귀족과 평민 사이의 정치투쟁
을 재연시키고 말았다. 이러한 상황에서 평민의 권리를 지키기 위하여 깃발을
세운 사람들이 그라쿠스 형제였다.

스키피오의 외손자이며 집정관의 아들인 티베리우스 그라쿠스(Tiberius
Gracchus)는 B. C. 133년 호민관으로 선출되자 이미 공문화된 리키니우스법을
부활하여 귀족의 대토지사유화를 억제하고 그들의 땅을 무산자들에게 분배하
려고 시도하였으나 귀족들의 강렬한 반대에 봉착하여 실패로 끝나고 말았다.
형이 죽은 지 10년 후 아우 가이우스 그라쿠스(Gaius Gracchus)는 B. C. 123
년 호민관으로 선출되어 다시 형의 유지를 관철하려고 하였다. 그는 빈민들에
게 시장가격보다 싸게 곡물을 판매하고 카르타고의 식민지에 그들을 이주시키
려고 하여 많은 사회계층으로부터 폭넓은 지지를 얻었다. 그러나 이 역시 귀족
층의 격렬한 반대로 무산되자 가이우스는 B. C. 121년 스스로 목숨을 끊고 말
았다. 요컨대, 형 티베리우스는 농지법에 의해, 그리고 아우 가이우스는 곡물
법에 의해 로마사회의 경제문제를 해결하려고 시도했으나 실패로 그쳤던 것

이다.[2]

그라쿠스 형제의 개혁에 대해서는 역사가들 사이에 평가가 분분한 실정이다. 그들의 개혁을 미국의 뉴딜로 해석하는 자유주의자들이 있는가 하면 반대로 그들의 개혁을 사회적 혼란만을 조장하고 말았다는 보수주의자들이 있다. 어쨌든 로마는 그라쿠스 형제의 개혁주의와 원로원의 보수주의 사이에서 맴돌다가 결국은 군벌 독재의 수렁에 들어가지 않으면 안 되었던 것이다.

군벌의 대두

그라쿠스 형제의 개혁이 수포로 돌아간 후 로마사회는 몇몇 계층들 사이의 갈등을 겪게 되었다. 즉 원로원을 중심으로 지배계층을 대표하는 옵티마테스(optimates: 벌족파)와 인민의 권익을 옹호하려는 포풀라레스(populares), 그리고 새로운 신흥계층인 에퀴테스(equites)가 대립하였다. 이들은 다시 옵티마테스와 나머지 두 집단들의 이합집산으로 옵티마테스와 포풀라레스로 갈라져 이후 거의 한 세기 동안 유혈사태를 빚어냈다. 그리하여 로마정치의 중추였던 원로원은 더 이상 그 기능을 발휘할 수가 없게 되었다. 특히 B.C. 2-1세기 동안 로마는 정치적 공백 그대로였다. 이러한 상황에서 등장한 것은 군부 지배계층의 발호였으며 여기에 벌족파와 인민파의 대립이 가세하여 로마정국은 난세의 소용돌이에서 헤어날 수 없게 되었다. 군벌들은 주로 용병제로서 사병을 모집하여 직업군인제도를 정착화함으로써 그들의 권력기반을 굳혀 나아갔다. 군부로서 최초로 정치무대에 등장한 인물은 마리우스(Marius: 157-86 B.C.)였다. 그는 빈민이나 무직자들을 그의 군부에 끌어들이고 그들에게 후한 봉급과 연금과 토지까지 후대함으로써 인기를 한 몸에 지녔다.

이제 북 아프리카의 누미디아를 정복하여 명성을 얻은 마리우스와 소아시의 폰투스를 정복한 술라(Sulla: 138-78 B.C.), 그리고 스페인의 인민들을 평정한 폼페이우스(Pompeius: 106-48 B.C.) 등이 정권다툼을 벌여 로마의 정국은 한 치 앞을 헤아릴 수 없게 되었다. 이들 가운데서도 마리우스와 술라의 세력다툼은 로마의 공화적 전통을 여지없이 유린하였다. 이와 같은 혼란한 정국속에서 일어난 것이 노예반란이었으며 그 대표적인 것이 스파르타쿠스의 난(135-132, 104-101 B.C.)이었다. 집정관 카토나 키케로가 공화정의 부흥운동을

---

2) William G. Sinnigen and Arthur E. R. Boak, *A History of Rome to A. D. 565*, 1977, ch. 12.

호소한 것은 바로 이즈음이었다.

제 1 차 삼두정치

이와 같은 공화정 말기의 일대 혼란을 수습한 사람은 위대한 전술가이며 문화정치가로도 유명한 율리우스 케사르(Julius Caesar: 100-44 B.C.)였다. 그는 술라의 뒤를 이어 로마에 반항하던 미트리다테스를 공략한 폼페이우스와 노예반란을 진압하여 이름을 떨친 크라수스(Crassus: 112-53 B.C.)와 함께 B.C. 60년 소위 제 1 회 삼두정치(triumvirate)를 실현하였다. 케사르는 그의 딸을 폼페이우스와 결합시키고 폼페이우스의 군대정책(토지분배 등)을 따랐다. 그러나 이러한 정치형태는 엄밀한 의미에서 세 사람의 연합집단이 아니라 원로원에서 벗어나 귀족층에 대항하기 위하여 이루어진 폼페이우스 중심의 전제정권에 지나지 않았다. 이들 세 사람들은 로마의 전 영토를 셋으로 나누어 각각 총독(pro consul)의 지위로서 다스렸는데, 폼페이우스는 스페인을, 크라수스는 시리아를, 그리고 케사르는 갈리아를 통치하였다. 이들 가운데 케사르는 출중한 정치가의 면모를 유감없이 발휘하였다. 그는 클로디우스와 같은 젊은 호민관을 잘 이끌었으며, 전쟁 중에도 폼페이우스와 크라수스를 타일러 삼두정치의 결속을 강권하기도 하였다.

케 사 르

케사르는 갈리아에 8년간 머물면서 갈리안인을 복속시키고 다시 브리타니아까지 진출하여 정복지에 로마의 문화를 심으니 그의 이름이 크게 떨치게 되었다. 이에 폼페이우스는 크라수스가 오리엔트 원정에 실패한 때라 케사르의 명성에 불안을 가지지 않을 수 없었다. 그리하여 그는 고민하던 끝에 원로원과 결탁하여 케사르 타도를 음모하기에 다다랐다. 원로원은 B.C. 52년 폼페이우스를 최고 집정관 자리에 앉히고 케사르를 제압하려고 하였다. 드디어 B.C. 49년 원로원은 케사르에 소환장을 보냈다. 케사르는 언젠가는 이러한 일이 오리라는 예상을 하고 있던 터라 북 이탈리아의 갈리아와 로마의 국경선인 루비콘강(Rubicon River)에 다다라 결단을 내려야만 하였다. 로마법에 의하면, 이 국경선에는 어떤 사람도 무장을 하고 건널 수 없도록 정해졌기 때문이다. 케사르는 "주사위는 이미 던져졌다"는 유명한 말과 함께 루비콘강을 건너 로마로 진격하였다. 이로써 로마의 공화정은 종말을 고하게 되었으며 폼페이우스와 원로원 사람들 대다수는 그리스 등지로 도주하였다. 케사르는 이탈리아를 평정하고 더 나아가 B. C. 48년 폼페이우스군을 격파하였으며 이어서 이집트로 도망간 폼페이우스를 죽였다. 케사르는 그 곳에서 이집트의 여왕 클레오파트라(Cleopatra: 69-30 B. C.)를 만나 케사리온이라는 자식까지 낳았다.

그는 마지막으로 B. C. 45년 클레오파트라의 반대세력을 무찌른 다음 로마로 개선하여 임페라토르(Imperator)라는 군최고지휘권을 위시한 로마의 모든 권력을 장악하여 사실상 공화정을 폐지하고 독재정을 열었다. 그는 다른 독재자와는 달리 정적이나 반대파에 대해 관대하였으며 로마사회의 정의와 후생을 위하여 혼신을 다하는 정책을 펼쳤다. 그는 시민권을 확장하고 군인을 후대하였으며 부채를 경감하여 채무자의 부담을 덜어 주었다. 그는 더 나아가 속주통치의 법적 향상과 세제개혁, 토지균배 등을 단행하였으며 로마의 시가건설과 태양력(Julian Calendar) 제정에 힘을 기울였다. 그러나 케사르의 독재정은 순탄할 수만은 없었다. 그것은 공화정을 다시 일으키자는 사람들이 적지 않았기 때문이다. 그 대표적인 정치가들이 케사르의 의붓아들인 브루투스(Brutus)와 카시우스(Cassius) 등이었다. 케사르는 결국 B. C. 44년 3월 그에 대한 제위부여를 토론하기로 예정된 날 이들에 의해 암살되고 말았다. 그렇다고 케사르의 제거로 공화정의 전통이 다시 나타난 것은 아니었다.

제 2 차 삼두정치

오히려 유산을 시민들에게 약속한 그의 유언장의 내용으로 암살자들의 타도 소리가 높아갔다. 그리하여 케사르 사후 그의 유산을 상속받은 옥타비아누스(Octavianus: 63 B. C.-14 A. D.)는 케사르의 충실한 부하였던 안토니우스(Antonius: 82-30 B. C.)와 레피두스(Lepidus)와 함께 제 2 회 삼두정치를 B. C. 43년 다시 속개하였다. 그들은 숙청을 단행하여 수천명의 목숨들을 앗아갔으며 키케로도 희생을 면할 수가 없었다. 그러나 이 중 레피두스가 일찍이 탈락하여 로마는 안토니우스와 옥타비아누스에 의해 동서로 양분되어 다시 두 세력의 대립을 보게 되었다. 안토니우스가 이집트 프토레미왕조의 여왕 클레오파트라와 결탁하여 오리엔트에 세력을 심는 동안 옥타비아누스는 케사르의 방법에 따라 민심을 수습하면서 그 기반을 굳혀 나아갔다. 안토니우스의 적대적 행동이 심화되자 옥타비아누스는 B.C. 32년 안토니우스와 클레오파트라의 연합군을 악티움(Actium)해전에서 무너트렸다. 다급해진 클레오파트라는 옥타비아누스를 회유하여 기회를 가지려고 시도했으나 실패로 끝나 결국 마지막 헬레니즘세계의 국가인 이집트마저 로마의 휘하에 들어오게 되었다. 요컨대, 삼두정치는 로마 말기의 여러 가지 어려운 문제점들이 노출된 시기에, 공화정에서 제정으로 넘어가는 사이에 나타난 과도기적 정치형태라고 말할 수 있겠다. 이것은 물론 정치적으로는 로마를 지탱하던 원로원의 정치적 기능의 상실이 그 가장 큰 원인이었던 것이다.

제 4 절 로마제정
(the Roman Empire: 27 B.C. - 476 A.D.)

B.C. 27년 악티움해전에서 승리한 옥타비아누스는 케사르가 누렸던 권력들을 모두 장악하였다. 그는 케사르가 부당하게 원로원의원으로 임명한 200여 명을 숙청하고, 원로원으로부터 아우구스투스(Augustus: 존엄의 의미)의 위호와 아울러 '제일의 시민'이라는 뜻의 '프린켑스(princeps)' 칭호를 받았으며 나아가 케사르가 지녔던 최고군사지휘권, 최고사제직 등을 계승하였다. 그는 공화정의 형태를 그대로 유지하면서 한편으로는 새로운 제정형태를 서서히 구축하였다. 이것이 바로 역사가들이 원수정(Principate)이라고 부르는 황제정치라는 것이다. 그는 로마시민 가운데 '제 1 인자'로서 다스린다는 의미이다. 그리하여 옥타비아누스는 아우구스투스로 불리워지게 되었다.

아우구스투스(Augustus: 27 B.C. - 14 A.D.)는 집정관과 호민관 등의 직책들을 소정의 과정을 통하여 수행하면서 다른 한편으로는 프린켑스와 원로원의장직들을 공화정의 합헌적 절차에 의해 수행하였으며 동시에 황제로서의 전권을 수행하였다. 여기에는 물론 그의 뛰어난 통치력뿐 아니라 그를 지지하는 로마시민의 배경이 뒷받침하고 있다는 사실을 간과해서는 안 될 것이다. 군제는 기본적으로 마리우스의 방법을 따랐다. 정규군단은 이탈리아와 속주의 시민들로 구성되었으며 복무기간은 20년이며 총군단수는 25군단(legion)에 달하였다. 아우구스투스는 정규군 이외에 보병과 기병을 두어 치안을 다스렸으며 복무 후에는 로마시민이 되게 하였다. 또 에퀴테스 출신들을 친위대로 결성하여 황제를 지키게 하였다. 그는 군인들의 봉급과 연금, 노후대책 등을 마련하여 군대를 완전히 그의 휘하에 집어 넣었다. 그는 속주민이 주로 부담하던 세제를 근본적으로 뜯어 고쳐 정확한 인구조사와 철저한 징수방법에 의해 국비문제를 해결하려고 하였다.

로마의 평화시대

아우구스투스의 제정은 수도 로마를 중심으로 정치뿐 아니라 건축, 문예, 종교, 문화가 전반적으로 발달한 로마사회의 평화시대였다. 역사가들은 그의 재위 40여 년간(27 B.C.-14 A.D.)의 '아우구스투스시대(Augustan Age)'와 그 이후 5현제시대(96-180)까지의 200여 년간을 '로마의 평화시대(Age of Pax Romana)'라고 부른다. 이 기간은 라인-다뉴브강을 국경선으로 하는 광대한 영토를 다스린 시대로 아우구스투스의 정치가 그대로 이어진 비교적 평온한 기간이었다. 당시 로마의 인구는 100만을 넘었으며 노예와 외국인을 제외한 빈민들에게 곡물을 무상으로 지급하였으며 로마를 아름다운 대리석으로 단장하기도 하였다. 그는 특히 건전한 가정을 관장하기 위하여 남녀의 정당한 결혼을 장려하고 간통과 같은 불법적인 일들을 엄히 다스렸다. 즉 정치, 경제, 사회, 문화 등 각 방면에서 질서가 잡혔던 시대였다.

그는 후사가 끊겨 후처가 데리고 온 티베리우스를 양자로 삼아 제위를 물려주고 죽었다. 그러나 티베리우스(Tiberius: 14-37)나 그 뒤를 이은 가이우스(Gaius: 37-41), 클라우디우스(Claudius: 41-54), 네로(Nero: 54-68) 등 5대까지의 황제들은 지지부진한 사람들로서 아우구스투스의 그늘 속에 있던 사람들이었다. 이 중 네로는 역사상 너무나 잘 알려진 폭군으로, 클라디우스의 네 번째 부인 아그리피나의 전남편의 소생으로 자제력이 부족한 인물이었다. 네로는 세네카와 같은 철인을 가깝게 하기도 했지만 말년에는 그의 모친(아그리피나)과 아내를 살해하는 광기를 나타냈다. 그는 로마의 화재사건에 말려들자 기독교인들을 방화자로 꾸며 그들을 대학살하는 우를 범해 악명을 내기도 하였으며『쿠오 바디스』는 이러한 배경에서 나온 소설이었다. 네로의 자살로 케사르 출신 씨족인 율리우스가와 티베리우스 출신 씨족인 클라디우스가의 혈통이 제위에서 단절하게 되었다.

네로 이후 1년간 제위를 둘러싼 혼란이 계속되었으나 베스파시아누스 (Vespasianus: 69-79)가 등장하면서 사태가 수습되었으며 그는 50,000명을 수용하는 원형극장(colosseum)을 건설하여 이름을 냈다. 그 아들 티투스(Titus: 79-81) 때는 베스비우스화산폭발로 인구 20,000명의 폼페이(Pompeii)가 일순간에 매몰되는 일이 일어났다. 그러나 19세기에 다시 발굴되어 세상을 놀라게 하였다.

5현제 시대

다음에 등극한 황제는 원로원에 의해 추천된 65세의 네르바(Nerva: 96-98)였는데, 그 후 트라야누스(Trajanus: 98-117), 하드리아누스(Hadrianus: 117-138), 피우스(Antonius Pius: 138-161), 마르쿠스 아우렐리우스(Marcus Aurelius: 161-80)까지의 시대를 소위 '5현제 시대(Age of the Five Good Emperors)'라고 한다. 5현제들은 아들이 없어 유능한 인물들을 양자로 맞아 황제에 영입함으로써 왕조의 어려운 문제들을 해결할 수 있었다. 이들 중 트라야누스 때는 다키아지방을 새로 정복하여 로마의 영토를 북은 라인-다뉴브강과 흑해연안으로부터, 남은 이집트를 포함하는 아프리카의 지중해연안, 동은 소아시아와 아라비아의 지중해 일대, 그리고 서는 대서양과 브리타니아섬에 이르는 로마 최대의 영토를 차지하였다. 그리고 마르쿠스 아우렐리우스는 스토아학파의 철인황제로서 『명상록』으로도 유명하다.

군인황제시대

옥타비아누스에서 비롯된 로마의 평화시대는 2세기 말에 이르면서 동요되기 시작하여 3세기에 들면서부터는 말기적 징후가 나타나 무력의 횡포가 자행되었다. 5현제시대 마지막 황제인 마르쿠스 아우렐리우스는 5대나 지속된 양자제도를 무시하고 그의 아들 콤모두스(Commodus)를 제위에 앉히게 되었는데 이로부터 약 1세기간 혼란과 무력적 폭력의 시대가 계속되었다.

무능하고 잔인한 콤모두스(180-192) 이후 셉티미우스 세베루스(Septimius Severus: 193-211)로부터 세베루스 알렉산더(Severus Alexander: 222-235)에 이르기까지 로마는 정치적 혼미를 반복하였다. 세베루스 알렉산더가 죽은 다음 약 50여 년 동안(235-284) 26명의 황제가 제위에 올랐다. 그들은 전부가 군대의 후원에 의해 활동한 군부출신이기 때문에 군인황제(barrack emperors) 라고 일컬어진다. 그리하여 로마제정은 일대 위기에 봉착하였다. 이러한 정치 적 혼란을 수습하기 위하여 제정을 부활하려고 시도한 사람들이 나타났는데 그들이 디오클레티아누스(Diocletianus: 284-305)와 콘스탄티누스(Constantinus: 306-337)였다.

제정의 부활

디오클레티아누스는 군대의 추대로 제왕이 된 다음 제국을 넷으로 나누어 분할 통치하였다. 두 사람의 황제(Augustus) 아래 각각 한 사람의 부황제(Caesar)를 두고 제국을 다스렸으며 디오클레티아누스가 최고 권력을 장악하였다. 황제 유고시에는 부황제가 자동적으로 그 자리를 잇게 함으로써 군인의 개입 을 방지하였다. 디오클레티아누스는 오리엔트 전제정의 기풍을 답습하여 황제 의 권위를 유지하려고 하였다. 그리하여 황제와 부황제는 각각 그들의 군대, 관리 및 보좌관을 두도록 하였다. 그러나 이러한 행정과 군대조직의 개편은 자 연히 납세의 의무를 가중시켜 그 가운데서도 소농과 소작농의 부담이 커졌다. 그들은 토지를 포기하거나 아니면 대지주의 휘하에 들어가 보호를 구하기도 하였다. '코로누스(colonus)'라는 소작제는 말하자면 이와 같은 배경에서 나타 난 토지제도였다. 로마의 대토지사유제는 공화정 후기 이래 노예제 위에 기초 된 것이었으나 인구감소와 노예의 고갈로 더 이상 지탱할 수가 없게 되었다. 더욱이 농민들의 이탈로 귀족의 기반이 되어 온 라티푼디움은 붕괴되지 않으 면 안 되었다. 코로누스제도는 로마사회 붕괴의 중요한 원인이 되었으며 다른 한편으로는 중세 농노의 선구이기도 하였다.

디오클레티아누스가 물러나고 그 자리에 들어 앉은 사람은 콘스탄티누스 였다. 콘스탄티누스는 민심을 일신하기 위하여 기독교를 공인하고(밀라노칙령: 313) 수도를 로마에서 비잔티움으로 옮기고 그 이름을 콘스탄티노플이라고 고 쳤다. 그는 대체로 디오클레티아누스의 정치를 그대로 따랐다. 디오클레티아누 스와 콘스탄티누스의 정치는 로마의 정치적 혼란과 무질서를 어느 정도 수습 하여 새로운 발전으로 이끌어 간 것은 부인할 수 없으나 그렇다고 로마사회의 근본적인 문제점을 치유한 것은 결코 아니었다. 오리엔트적 전제정에 의해 로 마사회를 더욱 경직되게 하였을 뿐이다. 이러한 로마사회의 내적 동요에 게르

만인들의 유입은 로마를 더욱 불안하게 하였다. 로마제국은 이제 더 이상 크나
큰 영토를 유지할 수 없게 되었다. 테오도시우스(Theodosius: 379-395)는 기독
교를 국교로 하여(394) 사태를 수습하려 했으나 395년 제국은 동서로 양분되
었다. 그리하여 그의 장자 아르카디우스(Arcadius)는 동로마를 다스리게 되었
으며 차남 호노리우스(Honorius)는 서로마를 다스리게 되었다(서로마는 476년
게르만족에 의해, 동로마는 1453년 오스만 투르크에 의해 각각 멸망하였음).

역사가들의 해석

그러면 마지막으로 로마가 멸망한 원인은 무엇인가에 대하여 알아보자.
일반적으로 로마 멸망의 원인에 대해서는 두 가지의 학설이 가장 두드러지게
관심을 모았다.

한 가지는 에드워드 기번(Edward Gibbon)의 주장이며 다른 한 가지는 로
스토프체프(M. Rostovtzeff)의 주장이다. 전자는 18세기 계몽사상의 영향을 받
아 반기독교적인 흐름에서 나온 것으로, 로마에 기독교와 같은 외래적 사상이
유입되어 로마 고유의 청순성을 파괴함으로써 로마가 멸망했다는 주장이다.
후자는 20세기 공산주의사상의 영향을 받아 경제적 문제와 계급대립에 의해
로마가 멸망했다는 주장이다.[3] 그러나 한 나라의 붕괴원인을 다루는 데에 있
어서 어떤 한 가지의 원인만을 가지고 설명한다는 것은 올바른 태도는 아닐
것이다. 로마의 멸망원인을 따지기 위해서는 정치적 문제나 경제문제뿐 아니
라 사회문제, 문화, 그리고 더 나아가 정신적인 배경까지도 포괄하여 취급해야
마땅할 것이다. 일반적으로 로마 멸망의 원인들로는 군제의 문란과 외국인 용
병제의 도입, 콜로누스제로 인한 토지제도의 붕괴, 사회기강의 문란, 지도체제
의 약화 등이 거론된다.

제 5 절 로마의 문화

그리스문화의 성격을 주지주의적이라 할 때 로마의 문화는 주의주의적이

---

[3] M. I. Rostovtzeff, *Social and Economic History of the Roman Empire*(1926); Edward Gibbon, *History of the Decline and Fall of the Roman Empire*(1936).

라 분류할 수 있다. 그것은 양자의 문화가 현세에 기초하고 있으면서도 로마의 문화가 주로 건축, 토목, 군대, 종교, 법률과 같은 실제적이며 실천적 행동분야에서 더욱 발달했기 때문이다. 로마 문화는 공화정 후기에서 제정 초기 사이에서 그 성숙미를 보여 주고 있으나 그 질적인 면에서는 그리스문화의 아류를 답습한 데 불과하였다. 이것은 로마인의 용맹한 행동기질 때문이기도 하지만 다른 한편으로는 그들의 끊이지 아니하는 정복전쟁으로 인한 군국적 생활과 국가적 통제에 의한 제약 때문이기도 하였다.

로마문화는 위에서 밝힌 바와 같이 그리스문화에 미치지 못하는 것은 부인할 수 없지만 그 나름대로의 특징을 가지고 있는 것 또한 사실이다. 그것은 로마의 문화가 헬레니즘시대의 문화를 이어받아 그 바탕 위에서 세계사적 문화의 기초를 이루어 주었기 때문이다. 로마는 그리스의 문화를 단순히 모방한 것이 아니라 거기에 그들 자신의 고유한 라틴적 요소를 가미하여 소위 유럽의 고전문화를 이룩한 것이다. 그리고 로마는 이 고전문화를 유럽역사에 이어 줌으로써 서양역사의 흐름에 중요한 한 몫을 수행한 것이다. 세계종교인 기독교의 발판도 로마였던 것을 잊어서는 안 될 것이다.

법 률 학

로마의 유산 중 가장 위대한 것은 아마도 법률일 것이다. 광대한 영토와 국가통제의 필요에서 준법정신과 이로 인한 법률이 발달하게 되었다. 로마 최초의 성문법인 12동판법은 공화정 초기의 시민법(Jus Civile)으로서 로마시민의 권리와 의무가 들어 있다. 그러나 시민이 아닌 사람들에 대해서는 아무런 규정이 없어 특권적이며 차별적인 한계를 벗어나지 못하였다. 포에니전쟁 후 영토가 넓어지고 여러 민족들이 로마에 복속하게 됨에 따라 시민법과 같은 차별적인 법률을 가지고서는 이들을 포섭할 수가 없게 되었다. 그리하여 등장한 것이 모든 민족들의 특수성을 고려한 보편적인 법인 만민법(Jus Gentium)이었다. 그렇다고 위에서 말한 차별적인 요소가 온전하게 제거된 것은 아니었다. 이러한 문제들은 후의 자연법(Jus Naturale)에 의해 인간의 본성과 존엄성의 강조로 해소되었다. 이 자연법사상은 물론 로마인에 의해 성취된 것이었으나 그 기원은 스토아철학의 세계주의적 경향과 평등사상으로까지 소급되며 이를 실제로 구체화한 것은 유명한 키케로였으며, 이것을 다시 자연법, 만민법, 시민법의 개념으로 정립한 것은 울피아누스(Ulpianus: 170-228) 등이었다. 이러한 로마법은 나중에 제국분열 후 동로마황제 유스티니아누스(Justinianus: 527-565)에 의해 다시 집대성되었다. 그는 법학자 트리보니아를 명하여 모든 로마의 잡다한 법령과 학자들의 저술들을 정리하여 로마의 대법전(Corpus Juris Civile)을 편찬케 하였다. 이것은 근대 여러 국가들의 법제형성의 규범이 되었다.

문학과 사상

로마는 헬레니즘시대와 마찬가지로 그리스어의 영향권 아래에 있었다. 그리하여 로마의 지식인들은 아티카어와 오리엔트어를 절충한 코이네(Koine)라는 세계어를 사용하였다. 그들이 그들 고유의 언어를 가진 것은 페니키아문자를 이용하여 로마문자(Roman Letters)를 창안하면서부터였다. 그들은 그들 고유의 라틴정신과 도덕관, 인생관 및 자연관 등을 라틴문학을 통하여 표출하였다. 라틴어는 그들의 정복지에 전파되어 중세 말에는 각 나라에 근대 국어가 발달하기까지 유럽의 공용어로 통용되는 한편 라틴어에서 나온 지방어인 로만스어(Romanic language)가 발달하여 이로부터 근대 라틴계 여러 민족의 국어가 파생되었다.

로마문화의 황금기인 아우구스투스시대에 버질(Virgil: 70 B. C.-19 A. D.), 호라티우스(Horatius), 오비디우스(Ovidius) 등 국민시인이 배출되었으며, 그 가운데서도 버질은 로마 최대의 시인으로서 그의 서사시『에네아스(*Aeneas*)』는 로마문학의 최고의 걸작이었다. 이 외에도 공화정시대의 국수문화의 옹호자인 카토(Cato: 95-46 B. C.)와 정치가이며 웅변가인 키케로(Cicero: 106-43 B. C.) 등은 모두 라틴산문의 대가였다. 이들 중에 키케로는 정치에도 관심을 보였으며 스토아학파의 사상가로 세네카와 함께 자연법사상, 평등사상을 주장하기도 하였다. 그러나 대체로 로마의 문학은 그 내용과 형식에 있어서 그리스의 것을 모방한데 불과하여, 고유한 문학적 가치보다는 오히려 라틴어를 통한 그리스문학의 보급에 의의가 더 컸다 할 것이다.

로마에서는 순수문학이 부진한 반면에 역사서술이나 수사학, 웅변술 등 실제적인 학문분야가 발달했던 것을 보아 로마의 주의주의적 경향성을 다시 한번 엿볼 수 있다 하겠다. 율리우스 케사르는 역사가로서『갈리아전기』등을 남겼으며 아우구스투스시대를 전후하여서는 리비우스(Livius: 59 B. C.-17 A. D.),

타키투스(Tacitus: 55-117), 플루타르쿠스(Plutarch: 46-120,『비교영웅전』) 등
의 역사가들이 활약하였다. 사상에서는 사변적인 순수철학보다는 실천철학과
윤리철학 등이 우세하여 철학의 도덕화 내지는 종교화가 현저하였다. 스토아
철학이 크게 유행하여 세네카(Seneca: 4 B. C.-65 A. D.)를 비롯하여 키케로,
황제 마르쿠스 아우렐리우스 등이 유명하였다.

토목과 건축

미술분야에서도 로마의 것이라기보다는 그리스와 헬레니즘의 것을 본딴
것이 그 특징이었다. 군국적 공공생활의 필요에서 주로 지배자의 위용을 나타
내는 거대한 건조물이 많았다. 판테온(Pantheon: 만신당)으로 대표되는 신전,
집회소인 바실리카(Basilica)를 비롯하여 로마의 포룸(Forum: 공회소), 콜로세
움(Colosseum: 원형극장), 개선문, 카라칼라(Caracalla)의 테르메(Therme: 욕
장) 등이 그 대표적인 작품들이었다. 그 중에서도 판테온은 돔건축의 전형적인
것이었으며 원형극장인 콜로세움은 5만명의 관중을 수용할 수 있는 거대한 시
설이었다. 건축은 주로 코린트식 열주와 에트루리아의 원형아취(arch)를 도입
하고 여기에 독자적인 돔(dome)을 더하여 그리스·로마적 종합양식(Greco-
Roman style)을 만들었다. 이 밖에 수도시설과 조각 등도 로마인의 실용적 기
술과 실제적 사실추구의 면모를 여실히 나타냈다.

제 6 절   원시 기독교의 형성

로마시대에 이루어진 일들 가운데 서양문명에 가장 큰 영향을 준 것은 아
마도 기독교의 성립일 것이다. 기독교는 헬레니즘시대로부터 시작하여 로마시
대까지 이어진 회의주의철학의 사상적 혼란을 수습하고 새로운 중세문명을 열
어 주는 디딤돌이 되었다는 점에서, 그리고 더 나아가 서양문명의 주축이 되는
헤브라이즘의 기틀이 되었다는 점에서 적지 않은 사람들의 관심을 끌고 있다.
말하자면 기독교는 눈에 보이는 감각적 세계의 회의로부터 사람들을 명상적이
며 신앙적인 차원의 세계로 인도한 것이다.

역사적 배경

기독교는 유대교적 민족중심의 테두리에서 벗어나 보편적이며 초민족적인 테두리로 발돋움한 세계종교이지만 그 주요한 대부분의 교리들은 히브리신앙인 유대교에서 이어받았다. 유대교를 새로운 종교로 옮긴 장본인은 다름 아닌 나사렛 예수 그리스도(Jesus Christ: c. 4 B. C.- 29 A. D.)였다.[4] 그러나 유대교와 기독교와의 관계, 기독교와 반유대주의, 기독교 공동체의 기원, 예수의 모국어 문제 등이 아직도 학자들의 연구를 필요로 하고 있는 부분들이다. 그러면 먼저 이 당시 이스라엘인들은 어떤 역사적 상황에 있었으며, 어떤 종교적 정치적 이해관계에 의해 어떤 분파들로 나누어져 있었는지에 대해 간단하게 살펴보도록 하자.

이스라엘인들은 B. C. 538년 페르시아로부터 해방된 다음 독립할 입장이 안 되어 계속 알렉산더대왕과 이집트, 시리아 등 강대국들의 압제를 받다가 다시금 B. C. 63년 로마의 지배를 받게 되었다. 로마는 이스라엘을 헤로드왕(Herod the Great: 37-4 B. C.)에게 맡겨 다스리게 하였는데, 이즈음에 세례 요한이 메시아의 도래를 예언하였으며 얼마 안 가서 예수 그리스도가 탄생하였던 것이다. 대체적으로 그리스도 탄생전야에 있어서 이스라엘인들은 세 가지 집단으로 나뉘어 있었다. 하나는 다수집단인 바리새파(the Pharisees)였으며 다른 두 집단은 소수집단에 속하는 사두개파(the Sadducees)와 에세네파(the Essenes)였다. 바리새파는 중산층과 교육을 많이 받은 사람들로 구성된 집단으로 재림, 죽은 후의 보상과 형벌, 정치적 메시아의 도래를 믿고 있었다.

그들은 특히 민족주의정신이 투철한 사람들로 정치적 참여와 고대법의 준수를 중시하였다. 이와는 반대로 승려와 부유층으로 구성된 사두게파는 재림과 사후의 보상이나 형벌을 부정하였다. 그들은 고대법과 로마의 지배에 대해서도 바리새파보다 훨씬 부드러운 태도를 나타냈다. 세 번째의 에세네파는 대부분의 하층인들을 대표하는 분파로 기독교형성에 가장 큰 영향을 준 집단이었다. 그들은 금욕주의를 실천하고 내세관을 강조하면서 승려계층과 지배계층을 공격하였다. 그들은 검소한 생활을 몸소 행하고 물건을 공유했으며 결혼을

---

4) 그러나 실제로 유대교와 기독교를 구분짓는 데 결정적인 역할을 하게 된 것은 약 1세기경 바울의 서신을 통해서였다. 즉, '히브리성경(구약)'을 '신약'의 빛 아래에서 해석함으로써 예수 중심의 기독교가 형성되었다.

필요악으로 간주하였다. 그들은 정치적 참여를 거부하였으며 외형적 예배보다
는 영적이며 내면적인 예배와 영혼의 불멸을 신봉하였으며 종교적 메시아의
도래와 이 세상의 조기 파멸을 믿었다.

　이들 에세네파를 대변하여 등장한 사람이 바로 위에서 말한 세례 요한
(John the Baptist)으로 에세네파와 초기 기독교인들 사이의 고리를 이어 준 인
물이었다. 말하자면 유대교의 일파인 에세네파는 유대교의 구각으로부터 벗어
나려 하였으며, 다시 세례 요한은 에세네파의 구각으로부터 벗어나 기독교로
귀속하였던 것이다. 최근에는 에세네파와 관련된 『사해문서(*the Dead Sea
Scrolls*)』가 발견되어 그리스도 탄생 이전의 유대교 상황을 생생하게 보여 주고
있으며 아울러 위에서 말한 기독교 공동체 기원 등에 대한 새로운 문제를 제
기하고 있다.[5]

예수의 가르침

　예수는 이러한 배경에서 세례 요한의 예언대로 탄생한 것이다. 신약성경
에 의하면 예수는 약 3년간 전도와 가르치는 일에 전념하였으며 병든자, 눈먼
자, 귀머거리, 죽은 자를 치유하였다. 그는 유대인들의 율법주의와 형식주의를
공격했으며 그들의 사치와 허영을 질타하면서 진정한 구원의 도리를 가르쳤
다. 그는 그 자신이 하나님의 아들이며 구원의 메시아로 자처한 것이 원인이
되어 로마인들의 원성을 사게 되었다. 그는 결국 로마관리 폰티우스 빌라도
(Pontius Pilate)에게 넘겨 예수살렘 교외에 있는 골고다 산상에서 두명의 도적
들과 함께 십자가에서 운명하였다. 예수의 십자가 죽음은 기독교역사에서 일
대 절정을 이룩하였다. 그가 죽은 다음 그를 믿는 기독교인들은 희망을 거의
잃었으나 그의 부활을 통하여 다시 용기를 얻고 모이기 시작하였다. 처음에 그
들의 집단은 나사렛 예수의 가르침에 관하여 하나의 일치된 공감대를 가지지
못하였다. 그들이 의지할 수 있는 기록은 4 복음서였으며 이들 가운데 가장 오
래된 것도 예수 사후 한 세대가 지나서야 비로소 쓰여진 것이다. 그들 가르침
의 중심내용은 대략 하나님의 중보, 인간의 형제애, 황금률, 원수의 용서와 사

---

5) 양치는 아랍의 한 목자가 1947년 사해 서쪽해안에서 잃어버린 양을 찾다가 우연히 동굴을 발
　견하였다. 그는 그 곳에서 가죽으로 된 문서가 담긴 50여 개의 항아리를 찾아 냈다. 학자들은 이
　문서로 이 곳이 130 B. C.-67 A. D.간 에세네라는 금욕공동체가 있었던 장소라는 것을 알아 냈
　다. 이 공동체는 유대교의 실체를 알아 내는 데에도 중요한 자료이다.

랑, 악에 대한 선의 응보, 자기 부정, 외식과 탐욕의 응징, 형식주의의 배격, 세
상 끝의 임박, 죽은 자의 부활과 하늘나라의 성취 등에 관한 가르침이었다. 기
독교는 앞에서 말한 바와 같이 예수의 후계자들인 12제자들과 사도 바울(the
Apostle Paul: ?-c. 67)에 의해 체계화되고 깊어졌다. 그 중에서도 바울의 역할
은 지대하였다. 타르수스의 바울로 알려진 그는 디아스폴라의 유대인 출신으
로 소아시아 동남쪽 타르수스에서 태어났다. 그는 이 곳에서 스토아철학과 접
촉하였으며 특히 영지주의(Gnosticism)에 깊히 빠져 들게 되었다. 그는 결국
이들 사상들로부터 벗어나 예수를 신앙하게 되었다.

　　그리스적 사상을 여과한 유대인인 그는 오히려 기독교의 사상을 소아시아
와 마케도니아, 그리스 등 비헤브라이 지역에 전파한 이방사도로 유명하게 되
었다. 그는 예수가 단순히 유대인의 구원이 아니라 모든 인류의 구원을 위해
보내진 구세주임을 전파함으로 기독교의 보편적 종교성을 선포하였으며 더 나
아가 예수를 그리스도로, 그리고 도성인신(道成人身)의 중보자로 전도하였다.
그리하여 그는 유대교의 편협한 율법주의 대신 사랑과 은혜의 교리를 전파하
였다. 이 무렵 오리엔트에서 활동한 베드로 역시 로마에서 전도하다가 결국 네
로의 희생자가 되고 말았다. 이들 사도와 제자들의 전도활동과 이들에 대한 로
마의 박해로 기독교는 오히려 그 세력을 더욱 확장하는 결과를 가져왔다.

기독교에 영향을 준 사상들

　　그렇다면 원시 기독교가 이처럼 로마에서 승리를 거두면서 교리를 갖추는
데 영향을 준 사상들은 어떤 것들인가. 대체적으로 역사가들은 기독교에 영향
을 끼친 사상들로 유대교와 이미 설명한 바 있는 영지주의(Gnosticism), 미트
라교(Mithraism), 스토아철학 등을 들고 있다.[6]

　　간단히 역사가들의 주장을 소개하면, 기독교는 유대교로부터는 신성의 명
칭, 우주창조, 세계사, 십계명, 원죄, 섭리에 관한 개념과 윤리의 주요덕목들을,
영지주의(靈智主義)로부터는 신비로운 계시사상을, 미트라교로부터는 침례와
같은 종교의식을, 그리고 스토아철학으로부터는 코스모폴리타니즘과 인간의
형제애이념들을 받아들였다는 것이다. 기독교가 승리한 그 자체의 장점들로는
다른 종교에서는 볼 수 없는 여성의 참여활동이라든지 예수와 같은 분명한 역

---

6) Williston Walker, *A History of the Christian Church* (New York, 1970), pp. 12-42.

사적 인물의 존재, 그리고 평등사상에 의한 빈민과 피압제민의 흡수 등이 거론
된다.

그러나 기독교는 놀라운 승리에도 불구하고 그 내적 갈등과 불화를 겪지
않으면 안 되었다. 그것은 기독교 형성과정에서 안게 된 이질적 요소와 지도자
들 사이에 나타난 협상적 태도 때문이었다. 더욱 구체적으로 말하면 기독교 내
부의 주지적 경향성과 주정적 경향성 사이의 갈등에 기인하는 문제였다. 전자
(주지적 경향성)에 속하는 기독교집단은 아리안파(the Arians)와 네스토리안파
(the Nestorians, 종속주의파: the Subordinationists라고도 일컬어짐)였으며, 후자
(주정적 경향성)에 속하는 기독교집단은 그노시스파(영지주의파, the Gnostics)
와 마니교파(the Manicheans)였다. 아리안파와 네스토리안파는 삼위일체론을
거부하는 점에 있어서 공통성을 가지고 있었다. 그들은 그리스철학의 영향으
로 그리스도가 하나님과 동등하다는 주장을 배격하였다. 아리안파는 성자는
성부에 의해 창조되었다고 주장하였으며 네스토리안파는 성모 마리아는 하나
님의 모친이 아니라 그리스도의 모친이라고 주장함으로써 그리스도의 신성을
부정하였다. 그들의 가장 커다란 반대파는 삼위일체론을 주장하는 아타나시우
스파(the Athanasians)였다.

기독교의 주정적 성격을 강조하는 그노시스파와 마니교파는 원래는 기독
교에 속한 분파가 아니었지만 점차로 기독교에 적지 않은 영향을 끼치게 되었
다. 그들은 극단적인 금욕주의와 신비주의 노선을 따르는 분파로 종교적 진리
의 순수한 계시성을 주장하였으며 기독교진리의 합리화나 세속성을 거부하였
다. 그들은 성령주의를 지나칠 정도로 과신한 반면에 물질을 악으로 경멸하였
다. 위의 기독교분파들 가운데 아타나시우스파만을 제외하고는 모두 교회 공
회에 의해 이단으로 규정되었다.

기독교의 발달

기독교는 1세기경 네로 황제의 박해로부터 3세기경 데키우스황제와 디오
클레티아누스황제의 박해기간을 통하여 어려운 곤경을 당하기도 했으나, 콘스
탄티누스황제의 기독교 공인(밀라노칙령: Edict of Milan, 313)과 아타나시우스
파의 삼위일체론채택(니케아종교회의: the Council of Nicaea, 325) 그리고 테오
도시우스황제의 기독교 국교화(380)정책에 의해 그 기초를 굳건히 다지게 되

었다. 그러나 기독교는 삼위일체론뿐 아니라 성사, 사제직 등 교리문제들에 대하여 아직도 일치된 합의를 얻지 못한 상태였다. 더군다나 이러한 불일치는 기독교인들의 신앙적 태도와 기독교 조직문제로 더욱 혼선을 빚게 되었다. 한편에서는 신실한 기독교인들이 사도시대의 기독교를 이상으로 삼아 내면적 내광(Inner Light)에 의한 신비주의적 공동체를 원하는가 하면, 다른 한쪽에서는 시대적 요청에 따른 교회조직을 만들어 구성원들의 정치를 실시할 것을 원하고 있었다. 하지만 교회가 적지 않은 이단들의 공격과 자체 내의 분열로부터 살아남기 위해서는 집단의 조직화는 피할 수는 없는 일이었다. 더욱이 이 시대는 로마제국의 붕괴로 곤경에 빠진 사람들을 건져 줄 집단을 요청하던 시대였다는 것을 알아야 할 것이다. 이와 같은 상황에서 기독교는 서서히 외형적 조직을 갖추어 가지 않으면 안 되었다. 실제로 기독교는 로마제국의 많은 조직적 기능들을 전수받아 야만인들을 계몽하고, 사회정의를 진전시키고, 고대학문을 계승하는 등 로마 말기의 혼란을 수습하는 일을 수행한 것으로 평가되고 있다.

교회조직의 성립

교회의 조직은 처음에는 매우 단순하였다. 초기 기독교인들은 그들의 집에 모여서 성령의 체험을 가진 신실한 사람들의 영적 증언을 주로 들었다. 승려와 평신자의 구별이 없었으며 각 독립된 교회에는 주교(bishops)와 장로(elders)로 알려진 관리들이 있어서 예배인도와 회원훈련, 구제 사업을 관장하였다. 점차 이방종교의 영향을 받으면서 전문적인 사제직과 같은 기독교의식이 만들어졌으며 박해의 방어와 신앙적 통일의 필요성에서 교회조직이 발달하게 되었다. 약 2세기경 중요한 도시에 한 명씩의 주교가 배치되어 인근의 승려들을 감독하는 일이 시작되었다. 주교의 관할권이 미친 가장 작은 로마의 행정단위가 키비타스(civitas)였다. 점점 기독교의 세력이 확장되면서 주교들의 지위 차별이 나타나기 시작하였다. 더 큰 규모의 도시에는 전체 속주의 승려들을 다스리는 대주교(archbishop)가 생겼으며, 4세기경에는 가장 오래되고 가장 큰 도시들을 다스리는 최고의 권위를 가진 수장주교(patriarch)가 등장하게 되었다. 이 수장주교가 있는 중심 대도시들이 바로 기독교의 5대 본산으로 로마, 콘스탄티노플, 안티옥, 알렉산드리아 그리고 예루살렘이었다. 주교들의 권위는 사도계승(apostolic succession)으로부터 유래한 것이다.

　　기독교의 5대 본산의 발달은 로마 수장주교가 다른 모든 주교들을 관장하는 교황(the Pope)으로 승격하는 데서 그 절정을 이루었다. 로마의 수장주교가 교황으로 오른 데에는 몇 가지의 원인들이 있다. 첫째로는 로마교회가 베드로에 의해 건설되었다는 점, 둘째로는 성경에 반석(베드로) 위에 교회를 세울 것이라는 것과 베드로에게 어떤 것이든지 매고 풀 수 있는 권한을 준다고 기록되어 있다는 점, 셋째로는 서방에서 황제권의 약화로 로마의 교세가 활발하게 발전할 수 있었다는 점 등이다. 이와 같은 주장들은 소위 베드로의 계승론(the doctrine of the Peterine Succession)으로 알려져 있는 것으로 베드로는 그리스도의 대리자(vicar)로서의 권한을 모두 물려받았다는 것이다. 따라서 이 땅에서 하나님의 권위는 그리스도에게, 다음 베드로에게, 그리고 로마교황에게 계승된다는 논리이다. 실제로 교황의 힘이 커진 것은 수도 로마가 콘스탄티노플로 옮긴 후부터였다. 이러한 로마 수장주교의 교황화는 동방의 거센 반발을 받지 않은 것은 아니지만 결국 455년 교황 발렌티니안 3세(Valentinian III)의 선포로 교황제도(papacy)의 성립을 보게 되었다. 그러나 동방뿐 아니라 서방에서도 교황의 결정을 따르지 않는 주교들이 아직도 적지 않았다. 교황의 통일적 권위의 확립을 위해서는 그레고리 1세와 같은 유능한 교황들의 지도력을 기다리지 않으면 안 되었다.

제 4 편 서양 중세문명

♣ 개   관 ♣

'중세'의 해석들

서양의 중세시대는 로마 말기의 사회적 혼란과 사상적 회의주의로부터 벗어나 명상과 관조의 세계를 갈구하려는 신앙위주의 새로운 종교시대였다. 그러나 이 시대는 종교만의 시대가 아니라 원시 게르만적 전통과 헬레니즘적 고전문화가 한데 어울려 이루어진 문명시대라는 것이 판명되었다. 그럼에도 불구하고 중세는 근대 르네상스인들에 의해 오랫동안 "고대와 근대 사이에 끼어 있는 필요 없는 시대(Medii Aevi)"로 간과되었다. 더욱이 18세기 계몽사상가들에 의해서는 탈락한 "암흑시대(dark age)"로 무시되기도 하였다. 그러다가 19세기 낭만주의 역사가들의 "모든 시대는 신으로부터 동일한 거리에 있다"는 사고에 의해 중세의 진가가 재평가되었다. 그들에 의하면 중세문명은 오히려 고전문명의 헬레니즘과 헤브라이즘을 게르만적 봉건사회를 통하여 결합함으로써 유럽문명을 형성시킨 교량적 역할을 해냈다는 것이다. 실제적으로 중세 없이 근대의 형성은 생각할 수 없는 일일 것이다. 비록 중세문명 속에 부정적인 요소들이 들어 있지 않은 것은 아니지만 그것들마저도 근대를 일으키는 데에 기여했다고 해석하는 편이 올바른 논리이기 때문이다.

중세문명들

일반적으로 유럽의 중세는 주로 서방쪽의 기독교적 문명권을 다루는 것이 상례이지만 사실에 있어서는 기독교적 문명권 이외에도 간과할 수 없는 두 가지의 문명권들이 있었음을 주시하지 않으면 안 된다. 한 가지는 비잔틴 문명권이며 다른 한 가지는 이슬람 문명권이다. 양자가 모두 종교를 근본 바탕으로 하고 있으면서 비관주의와 숙명주의, 신비주의의 지배를 받고 있었던 점이 특징이다. 그러면서도 후자는 과학과 철학분야에 괄목할 만한 업적을 남겼으며 전자는 그리스·로마적 바탕 위에서 예술분야에서 간과할 수 없는 공헌을 남겼다.

중세사회의 특성

서유럽의 중세사회는 일반적으로 전통, 권위(신앙), 관습을 위주로 하는 집단주의적 사회라는 점에서 개인주의에 기초하려는 근대사회와는 크게 구별된다. 중세문명은 두 번에 걸친 민족대이동(게르만족〈4-6세기경〉, 노르만족〈9-11세기경〉)을 통하여 주로 농촌을 근거지로 하는 자연경제체제를 이루게 되었다. 이러한 경제적 바탕 위에서 봉건제도와 가톨릭교회가 정착한 것이다. 말하자면 이 시대는 봉건제도와 가톨릭교회라는 이질적인 두 가지 기둥으로 이루어진 사회로서 전자가 분권적이며 원심적 정치구조라면 후자는 집권적이며 구심적인 종교정신의 구조라 할 수 있다. 그러므로 중세 초반에는 이 양대 요소가 공생하는 과정에서 상호 대립 쟁투의 양상을 면하기 힘들었다. 그러나 10세기를 전후하여 양자가 서로 타협하려는 양상이 일어났다. 양자의 이러한 협력과정에서 동방의 회교권까지도 봉건화하고 가톨릭화하려는 서유럽의 야심이 발동한 것이다. 이것이 바로 십자군운동이었다.

민족적 봉건왕국의 발달

이 십자군운동으로 중세문명은 급기야는 그 종말을 고하게 되었고 새로운 국민국가(national states)중심의 근대문명을 맞이하게 되었던 것이다. 이러한 근대문명의 정치적 특성인 국민국가의 기초는 중세 후기의 민족적 봉건왕국(the national feudal monarchy)의 발달에 있었다. 9세기경에 보편화된 봉건사회는 점차적으로 봉건제도의 틀을 벗어나 유능한 지배자(왕)를 중심으로 거족적인 통치체제를 이루게 되었던 것이다. 대체적으로 영국과 프랑스 등이 성공적이었으며 독일과 이탈리아 등은 성공적이지 못하였다. 그리고 이 봉건왕국이 근대의 종교개혁과 종교전쟁을 통하여 절대왕조로 발전하고 다시 시민혁명을 거쳐 국민국가의 형태를 이루게 되었던 것이다.

제 8장

중세 초기 유럽문명

제 **1**절 새로운 민족의 대이동

1. 게르만족의 이동

게르만족의 기원

게르만족이 처음 어디에서 왔는지, 그 종류는 얼마나 되는지에 대해서는 아직까지 확실한 연구가 아직 이루어지지 않고 있다. 다만 그들의 원주지는 아마도 발트해 연안과 스칸디나비아 반도, 라인강 동부와 다뉴브강 북쪽이 아닌가 한다. 그들은 장신의 인도·유럽어족에 속하는 사람들이었다. 그들의 원시 게르만사회는 혈연집단인 짚페(sippe)를 단위로 일정한 토지를 공유하는 공산적 마르크(mark) 공동체를 이루고 있었다. 그들의 경제생활은 목축시대로부터 농업시대로 옮아가는 이행기로서 농업과 목축이 지역적으로 병행되고 문화정도는 미개하여 문자는 가지고 있지 않았다. 로마 제정 시에는 추장(chieftain)이나 족장에 의해 다스려지는 부족사회로 추정된다. 그들은 속박이나 통제를 좋아하지 않았으며 건전하고 자유로운 가족생활을 향유하여 공동생활에 있어서 자유사상과 회합정신이 일찍부터 발달하였다. 그리하여 그들은 그들 특유의 인적 유대관계를 가지고 있었으니 그것이 바로 종사제도(comitatus)였다. 추장이나 족장들은 각기 종사집단을 거느리면서 그들에게 무기와 식량을 공급하고 그들로부터 전쟁의 충성을 다짐받았다. 이 제도는 나중에 봉건제도의 기원이 되기도 하였다.

주요 게르만족들

그들은 그들 고유의 신앙을 가지고 있었으나 민족이동시에는 로마에서 이단으로 낙인찍힌 아리우스파의 기독교를 신봉하였다. 게르만족과 로마인과의 접촉은 제정 초기부터 은밀하게 이루어졌으며 제정 후기에는 인구의 감소로 특히 4, 5세기에 이르러는 게르만족이 부족단위로 로마군에 동맹자(foederati)로 들어가 로마에 동화되었다. 게르만족은 로마의 따뜻한 기후와 충족한 곡물, 문화적 발달 등에 매료되어 로마분열을 전후한 4세기 말부터 본격적으로 남하할 기세를 보였다. 게르만족의 민족이동은 중앙 아시아의 격렬한 유목민인 훈족(Huns: 흉노)이 한족의 압력으로 밀려 흑해 북쪽에 있던 동고트족(Ostrogoths)을 침략한 데서부터 비롯되었다. 훈족의 침략을 받은 동고트족은 다시 그 서편의 서고트족(Visigoths)을 강압하여 이것을 계기로 전체 게르만족의 일대 변동을 야기시켰다. 게르만족의 종류는 확실하게 알려지지 않았으나 가장 중요한 영향을 끼친 게르만족으로는 대개 위에서 말한 동고트족과 서고트족, 반달족(Vandals), 부르군드족(Burgundians), 프랑크족(Franks), 롬바르드족(Lombards), 앵글족, 색슨족, 쥬트족(Angles, Saxons, Jutes) 등 일곱 가지로 거론되는 것이 보통이다.

동고트족은 돈강(Don R.)과 드니에스텔강(Dniester R.) 사이에 자리잡고 있었으나 375년 훈족의 침략으로 서쪽 다뉴브강 쪽으로 옮기게 되었으며 나중에 동고트 출신 데오도릭(Theodoric)이 이탈리아를 공략하여 동고트왕국(493-555)을 건설하였다. 서고트족은 다뉴브강 하류 북쪽이 그 원주지였으나 동고트족의 압력으로 그들의 일부와 합류하여 추장 아라릭(Alarick)의 지휘하에 로마로 진입하여 378년 아드리아노풀전에서 로마군을 격파하였다. 그 후 이탈리아와 갈리아를 약탈하고 에스파니아로 건너가 반달족을 아프리카로 몰아낸 다음 서고트왕국(415-711)을 세웠다. 그리하여 서고트족은 이후 3세기간에 걸친 지배로 중근대 에스파니아 민족형성에 크게 이바지하였다. 반달족은 5세기경 원래 오데르강 유역에 자리를 잡았다가 갈리아를 거쳐 에스파니아에 정착하였으나 위에서 설명한 대로 서고트족의 압력으로 아프리카로 밀려나 반달왕국(429-534)을 세웠다. 그들은 로마 영토를 지배하는 중 로마까지 약탈을 자행하여 야만적 만행을 의미하는 '반달리즘(Vandalism)'이라는 말을 만들어내기도 하였다. 그들은 533년경 동로마 유스티니아누스에 의해 멸망하였다.

부르군드족은 반달족의 압력으로 발틱 연안으로부터 남쪽으로 이동하여 오데르강을 거쳐 라인강과 로느강 지대에 부르군드왕국(443-534)을 건국하였으나 1세기 말경 프랑크왕국에 흡수되었다. 프랑크족은 라인강 남쪽으로부터 갈리아지방으로 이동하여 로마의 세력을 몰아내고 486년 프랑크왕국을 건설하였다. 메로빙왕조와 카롤링왕조는 그들에 의해 만들어진 왕조였다. 그들은 게르만족 가운데 가장 강력한 민족으로 군림하였으며 나머지 게르만족들을 지배하였다. 그들이 이처럼 가장 강력한 왕국으로 군림할 수 있었던 것은 그들이 차지한 땅이 유럽의 중심지였을 뿐 아니라 그들이 일찍부터 로마 가톨릭과 제휴할 수 있었기 때문이다. 롬바르드족은 다뉴브강 남쪽으로부터 북부 이탈리아로 옮겨 롬바르드왕국(568-774)을 건설하여 이탈리아문화에 크나큰 영향을 주었다.

앵글족, 색슨족, 쥬트족은 브리타니아로부터 로마군단이 퇴각한 것을 틈타 스칸디나비아와 북해에서 건너와 브리튼(Brotons), 스코트족 등 켈트계 원주민을 압도하였다. 그들은 다시 군소왕국(7왕국시대: 449-827)의 난립을 거쳐 9세기경 웨섹스왕 에그버어트에 의해 잉글랜드왕국(Kingdom of England)을 건설하였다. 이것이 영국의 시초였다. 고트족을 쳐서 유럽의 민족이동을 일으킨 훈족은 계속하여 추장 아틸라(Atilla)의 지휘 아래 헝가리와 중부유럽 일대를 유린하였으나 결국 551년 카타라우눔(Catalaunums, Charonne)전투에서 패하고 말았다.

2. 프랑크왕국

프랑크족은 5세기 중엽 론강에 있던 부르군드족을 몰아 내고 갈리아의 실질적인 지배자가 되었다. 프랑크는 클로비스(Clovis: 481-511)의 지휘 아래 로마인과, 부르군드족, 서고트족 등을 축출하고 동남쪽으로 그 영역을 확장하였으며 5세기 말에 이르러서는 라인강, 론강, 가론느강 유역에 걸친 광대한 지역을 점령하여 국가의 바탕을 확립하였다. 이것이 바로 메로빙왕조(Merovingians dynasty: 프랑크 전설상 개국자 Merovis에서 기원되었음)였다. 그러나 메로빙왕조는 클로비스 이후 실권이 궁재에게 넘어가 오래가지 못하였다. 궁재 찰스 마르텔(Charles Martel: 714-741)은 투르전투(the Battle of Tours, 732)에서 이슬람세력을 물리쳐 프랑크왕국을 결정적으로 보호하는 공을 세우기도 하였다. 드디어 칼로루스 가계출신이며 마르텔의 아들인 피핀(Pipin the Short: 741-768)은 무력해진 메로빙왕조를 무너뜨리고 새로운 왕조를 열게 되었으니 이것이 카롤링왕조(Carolingian dynasty)였다.

여러 게르만족 가운데 프랑크족이 주도적인 역할을 담당하게 된 것은 앞에서 잠깐 말한 바와 같이 주변의 침략을 방어할 수 있는 갈리아의 지리적인 여건과 기름진 토양, 그리고 로마가톨릭으로의 개종이었다. 그들 본래의 신앙은 원시 다신교였으나 일찍부터 아리우스파로 기울어진 바 있었다. 그러나 갈리아로 옮긴 이후 클로비스를 위시한 프랑크의 실권자들은 거의 다 가톨릭으로 다시 귀의하였다. 특히 피핀이 쉽게 카롤링왕조를 이룰 수 있었던 것은 로마교황의 승인이 크나큰 효과를 불러왔다. 이 당시 롬바르드족이 이탈리아 북부에서 라벤나를 점령하고 교황을 위협하고 있었으므로 교황은 프랑크의 지원을 바라고 있었던 터였다. 교황 스테판(Stephen II: 762-757)은 피핀에게 제위를 인정하였고 피핀은 그 보답으로 롬바르드족을 무찌르고 라벤나를 포함하는 영토를 교황에게 기증하였다.[1] 이것이 소위 교황국가(Papal State)의 기원이 된 것이다. 게르만적 성격을 보유한 프랑크족이 로마적 전통을 가진 갈리아에서 교회와 결합하였다는 것은 기독교를 기초로 하는 새로운 로마·게르만적 문화의 형성으로 새로운 유럽세계사의 시발을 예고하는 일대 사건이라 하겠다.

서로마제국의 부활과 찰스의 정치

피핀을 이어받아 왕위에 오른 사람이 프랑크왕국의 최대의 지도자이며 중세 초기 위대한 정치가인 찰스대제(Charles the Great, Charlemagne: 768-814)였다. 그는 용맹하고 지략을 갖춘 정치가로 그의 임기 대부분을 정복사업에 몰두하였다. 그는 북은 엘베강으로부터 남은 에브로강에 이르기까지 동은 보스나에서 대서양에 이르기까지 중서 유럽의 광대한 땅을 차지하여 서로마몰락 이후 최대의 영토를 지배하였다. 그는 정복시 승려들을 동반하여 들뜬 민심을 누그러뜨리고 국경 근처에는 변경주(marks)를 설정하여 경계를 게을리 하지 않았다. 저 유명한 『롤랑의 노래(Chanson de Roland)』는 에스파니아원정 실패 때 만들어진 무훈시였다.

찰스는 드디어 그의 정복사업의 성공으로 800년 크리스마스 때 교황 레오 3세(Leo Ⅲ: 795-816)로부터 서로마제국의 제관을 수여받았다. 일시 비잔틴

---

1) 이것이 1870년까지 지속된 교황령의 시작이었다. 그리고 르네상스 때 가짜로 밝혀진 '콘스탄티누스의 기증'은 이 때 만들어진 것으로 알려져 있다.

황제의 거센 반발도 있었으나 결국 인정받았다. 이것은 기독교를 바탕으로 로마-게르만적 중세유럽의 새로운 질서의 정착을 의미하는 일대 사건이기도 하였다. 그러나 다른 한편으로는 신성로마제국의 성립과 더불어 시작되는 정교분쟁(政敎紛爭)의 씨앗이 되기도 하였다. 즉 제관을 수여한 사람(교황)이 더 우위에 있는 것인가 아니면 제관을 받은 사람(황제)이 더 우위에 있는 것인가 하는 논쟁이 야기된 것이다.

찰스대제는 영토를 300여 개의 주(county)로 나누고 주지사(count, graf)를 통해 왕의 명령을 준수케 하여 4세기여의 민족이동으로 인한 일대 혼란을 수습하였다. 그는 로마교권과의 긴밀한 결탁으로 그의 강력한 관료정치를 더욱 공고하게 하였을 뿐 아니라 수도 엑스·라·샤펠(Aix-la-Chapel)을 중심으로 문예부흥에도 힘을 쏟았다. 그는 수도에 궁정학교를 개설하고 그 곳에 색슨족 출신의 알퀸(Alcuin)을 비롯하여 다른 많은 학자들을 불러모아 고전학과 라틴어문법, 논리학 등을 가르치게 하였다. 그들은 고전작품의 필사와 문헌수집, 사적편찬 등의 작업을 일으켜 게르만족의 약탈로 끊겼던 고전학문을 다시 부활하게 하였다. 이러한 중세문화의 서광을 나타내는 문화운동을 "카롤링왕조의 르네상스(the Carolingian Renaissance)"라 부른다.

프랑스 · 독일 · 이탈리아 3국 성립

그러나 찰스의 서로마제국은 그가 죽은 다음까지도 지속될 수는 없었다. 문화가 다르고 인종이 잡다한 프랑크왕국의 통치는 찰스와 같은 위대한 정치가에 의해서만 가능하였다. 그의 사후 그를 이을 만한 인물이 없는데다 게르만족 전래의 제자상속법이 작용하여 왕위상속권을 둘러싼 왕자싸움으로 프랑크왕국은 분열되고 말았다. 그의 영토는 그의 아들 루이(Louis the Pious: 814-840)에게 넘겨지게 되었으나 그의 죽음으로 루이의 세 아들에게 각각 분할되었다. 즉 843년 베르뎅(Verdun)조약에 의해 차자 루이(Louis the German: 843-876)는 라인강 동부지역(동프랑크)를 차지하였고 말자 찰스(Charles the Bald: 843-877)는 라인강 서부지역(서프랑크)을 차지하였으며, 그리고 장자 로테르(Lothair: 840-855)는 동서프랑크의 중간지역(Lotharingia: 독일과 프랑스 접경지역으로 이후 양국분쟁의 불씨가 된 Lorraine 지방)를 차지하였다. 그러나 장자 로테르가 죽자 다시 영토분쟁이 재연되어 이를 해결하기 위하여 870년 메르센

(Mersen)조약에 의해 로테르의 땅은 루이와 찰스에게 각각 분할되었다. 이것이 오늘의 프랑스, 이탈리아, 독일 3국 성립의 시작이 된 것이다. 이후 분열된 프랑크왕국은 9세기 후엽부터 제2차 민족이동이라 불리워지는 노르만족에 의해 더 이상 버틸 수 없게 되었다. 요컨대, 게르만족의 유럽정복은 찰스대제의 기독교귀의를 중심으로 로마와 게르만 양대문화의 융화를 촉진시켰으며 서유럽문명의 기틀을 정착시켰다.

그러나 이러한 움직임은 유럽 모든 지역에 동시에 공통적으로 파급된 것이 아님은 물론이다. 이탈리아를 중심으로 하는 지중해지역에서는 라틴적 요소가 우세하였는가 하면 독일을 중심으로 하는 북부지역에서는 게르만적 요소가 우세하였다. 이 두 가지 요소들이 비교적 균형적으로 조화를 이루어 발전한 곳은 갈리아지역이었다. 독일과 프랑스 양국의 분리는 그 본질에 있어서 이와 같은 민족적 문화적 이질성에서 유래한 것이었으며, 그리고 프랑크왕국이 주도권을 가진 원인이나 이후 프랑스가 중세문명을 휘두른 원인도 이러한 것에서 찾을 수 있는 것이라 하겠다.

3. 노르만족의 활동

9세기경 게르만족에 속하는 노르만족(Norman, Northman, Vikings)의 침략으로 유럽은 새로운 국면을 맞게 되었다. 노르만족의 원주지는 스칸디나비아반도와 발트해연안지역으로서 농업이 부적절하여 일찍부터 해상활동에 익숙해 있었다. 그러므로 그들은 게르만족과는 대조적으로 해상에서의 모험적 해적성이 뛰어난 부족이었다. 그들의 활동은 처음에는 단순한 약탈에 지나지 않았으나 찰스대제 이후 프랑크왕국이 분열되면서부터 점차 정복적 성격을 띠면서 육해양면을 차지하게 되었다.

노르만족은 여러 지파로 분산되었는데, 그 가운데 노르웨이인(Norwegians)은 일찍이 대서양의 아이슬란드에 식민하였으며, 다시 해상으로 진출하여 그린란드로 진출하여 1000년대에 들어서서는 북아메리가대륙에 이르렀다. 9세기 중엽 스칸디나비아의 루스인(Russ)은 그 추장 루릭(Rurik)에 인도되어 노브고로드(Novgorod)를 중심으로 아랍인들을 통합하여 862년 루스국을 창설하였는데 이것이 러시아의 시작이었다. 그들은 더 나아가 흑해방면과 동로마까지 쳐들어갔다.

그러나 노르만족의 이동으로 가장 직접적인 피해를 입은 곳은 서프랑크인 북부프랑스지역이었다. 노르만족의 북부프랑스 침입은 찰스대제 말엽으로부터 비롯된 것으로 마침내 그 추장 롤로(Rollo)에 이르러 서프랑크로부터 센느강 하류지역을 획득하여 노르만디공국(Duke of Normandy)을 건설하였다. 노르만족은 그들의 잔학성에도 불구하고 정복지에서의 친화력이 두터워 기독교에의 귀의로 프랑스화하는 데 속도를 늦추지 않았다.

영국(잉글랜드)의 형성

중세 초기까지 오늘날 영국으로 알려진 대부분의 지역은 로마의 지배 아래에 있었다. 그러나 5세기경 로마는 게르만족의 이탈리아 침입으로 철수하지 않으면 안 되었다. 그 후 영국은 대륙으로부터 건너온 게르만족에 속하는 색슨족, 앵글족, 유트족에 의해 곧바로 점령당했다. 그들은 게르만족의 관습과 제도들을 영국에 들여왔으며, 원주민 켈트족(the Celtic natives)을 웨일즈와 콘월지역으로 내몰면서 그들의 왕국을 건설하였다. 그들은 소위 7왕국(노덤브리아, 동앵그리아, 켄트, 에섹스, 서섹스, 웨섹스, 머시아)을 이루어 색슨족의 위용을 나타냈으나 그들 사이의 반목과 알력은 끊이지 않았다. 9세기경 유틀란드반도의 노르만인 덴족(the Danes)이 이 틈을 노려 정복을 시도하였다. 이 새로운 적 덴족의 정복을 막으려는 피나는 노력은 그들의 7왕국들을 하나의 강력한 연맹으로 결속시켜 주었다. 이 결속의 새 주인공이 바로 알프레드대왕(Alfred the Great: 871-899)이었다. 그는 덴족을 몰아 내고 그의 웨섹스를 중심으로 군대를 재조직하고 지방정부를 활성화하며 법을 고쳐 국력을 강화하였다. 그는 아울러 학교를 세우고 문예를 장려하였으며 덴족과도 화해를 기도하였다. 덴족의 거주지인 데인로(Danelaw)는 그대로 보호되어 그들 고유의 관습과 법이 유지되었다.

알프레드 이후 왕들은 허약하였다. 그러나 각종 제도들은 유럽의 어느 곳보다도 능률적으로 짜여 있었다. 국왕은 자문기관인 동시에 국왕선출을 맡고 있는 위탄게모트(wittangemot)를 주재하였으며 왕명을 만드는 비서실(chancery)을 운영하였다. 왕은 국정의 일부만을 관장하고 나머지 일들은 주법정(shire court)에 맡겼다. 주(shire, county)는 원래 앵글로·색슨왕국의 지방행정단위였으며, 덴족의 점유지를 회복하면서 군사기지인 보러(borough)를 중심으로 샤이어(shire)가 새로 조직되었다. 주법정은 지방사령관(eardorman), 주장관, 그리고 주교의 주재하에 주의 주민들이 모여 지방관례에 따라 재판하였다.

앞에서 잠깐 비친 대로 알프레드의 후계자들은 대부분 무능하였다. 그의 아들 에드워드 이후 에델레드(Ethelred the Unready)대에 이르러 영국은 드디어 11세기경 덴족의 재침으로 덴마크 왕 카누트(Canute: 1016-1035)에게 넘어갔다. 이후 영국은 18년간 노르웨이와 덴마크를 포함하는 북해제국(North Sea empire)의 속국으로 지배를 받지 않으면 안 되었다. 카누트왕은 매우 유능한 통치자로 군대비용을 위한 덴겔트(Danegeld)를 징수한 것 이외에는 영국의 법과 관습을 존중하였다. 카누트가 죽자 그의 후계자 싸움이 일어나 혼란을 빚었으나 위탄게모트는 알프레드 계통의 에드워드 고백왕(Edward the Confessor: 1042-1066)을 그의 후계자로 뽑았다. 그러나 에드워드왕이 후사 없이 죽음에 따라 그의 사촌인 노르만디공 윌리엄이 왕위에 오르게 되었다. 왜냐하면 에드워드의 어머니가 노르만디공 리처드 2세의 누이동생이었으므로 노르만디공국이 영국의 국사를 거의 다 관여했기 때문이다.

제 2 절   수도원제도의 형성

중세의 수도원제도(monasticism)는 중세교회뿐 아니라 사상이나 문화에도 중요한 영향을 끼친 종교집단이었다. 그런데 이 수도원제도는 원래가 금욕주의에서 연유하였기 때문에 그것(금욕주의)이 실제로 기독교와 어떤 관계를 가지고 있었는가를 밝히는 일이 먼저 선행되어야 한다. 지금까지 알려진 바로는 금욕주의는 기독교의 본질적 요소는 아니었다. 그러한 기질이 기독교가 종교라는 관점에서 약간 있었던 것은 사실이다. 우리는 예수나 그를 따르는 사람들에게서 자해하는 극단적인 태도는 보지 못하였다. 예수도 결혼을 하지 않았으며 광야에서 40일간 금식한 일이 있었지만 3, 4세기에 보여지는 은둔자들의 병적인 육체적 고행과는 근본적으로 다른 것이었다. 어쨌든 초기 기독교인들의 대부분은 은둔자들로서 세상을 떠나 황야나 사막에서 격리생활을 하는 3세기 이집트에서 시작된 금욕주의를 실천하였다. 이와 같은 형태의 금욕주의 생활은 그 후 동로마로 건너가 1세기 이상 유행한 것으로 나타나 있다. 이 은둔자들은 동물처럼 지내거나 맨몸으로 가시덤불 위를 구르거나 아니면 뱀이 우글거리는 늪 속에 살거나 하였다. 그 대표적인 사람이 성 시메온 스타이라이트스(St. Simeon Stylites)로 60피트나 되는 기둥을 쌓고 그 위에서 그의 남은 30여년의 여생을 보냈다. 이것은 영적인 생활을 통하여 진리의 빛을 발견하려는 강렬한 열정에서 비롯된 것이다.

수도원의 기원

그러나 시간이 지나면서 사람들은 이러한 이상한 행동들에 대하여 반성하기 시작하였다. 왜냐하면 은둔자들의 고독한 자해적 생활은 정신이상을 초래할 뿐 아니라 영혼에도 유익하지 않았기 때문이다. 그리하여 뜻 있는 지도자들은 어떤 조직을 통하여 은둔자와 같은 사람들을 훈련시킬 수 있는 방법을 모색하게 되었다. 이것이 바로 수도원의 기원이었다. 수도원생활은 먼저 동방에서 비롯되었다. 최초로 수도원을 만든 사람은 4세기 중엽 이집트에서 살던 파코미우스(Pachomius)였다. 그는 3세기 말 이집트 북부 사막에서 집을 짓고 은둔생활을 실시한 성 안토니(St. Anthony)를 본받아 수도원을 운영하였다. 그는 안토니의 방법을 좀 순화하여 규율 있는 공동생활을 실내로 끌어들였다. 수도원의 격식을 갖춘 수도원은 카파도시아의 주교인 성 바질(St. Basil)에 의해 시작되었다. 그는 파코미우스의 방법을 더욱 발전시켜 수도원 조직의 정치를 심화시켰다. 그는 극단적인 자해나 장기간의 금식 대신 유용한 노동을 통한 훈련을 강조하였다. 그는 더 나아가 빈곤, 겸손을 중시하였으며 명상의 시간을 강조하였다. 바질의 방법은 동방세계의 표준이 되었으며 지금도 그리스정교에 남아있다.

서유럽의 수도원

서유럽의 수도원은 위의 이집트의 모형이 로마에 전해진 4세기에 시작되었다. 그러나 진정한 의미의 수도원은 6세기에 창설된 성 베네딕트(St. Benedict of Nursia: 480-543)의 수도원이었다. 그는 나폴리의 몬테 카시노에 수도원을 세우고 라틴 기독교세계의 모든 수사들(monks)이 따르는 규율을 만들었다. 베네딕트수도원은 청빈(poverty), 순종(obedience), 노동(labor), 헌신(religious devotion)을 모토로 삼고 바질의 방법과 같은 규율을 강조하였다. 다른 점이 있다면 조직화된 통제를 더 강조하였다는 사실이다. 수도원장은 실제로 그의 휘하의 수사들 훈련에 대한 무제한의 권력을 가지고 있었다. 그들의 일과는 노동과 기도로 크게 나누어지며, 일정한 시간의 기도와 명상, 육체노동, 공동예배 등이 실시되었다. 수도원이 초기 중세사회에 끼친 영향은 막대하였다. 수도원의 수사들은 훌륭한 농민으로 일반적인 농사일, 황무지와 건조지의 개간은 물론 토질향상과 관련된 일들까지 도맡아 하였다. 그들은 더 나아가 로마인들의 건축기술을 이어받았으며 산업예술, 목각, 금속공예, 유리제조, 양조 등의 일과 필사본, 저서, 도서관 등의 일들에 기여하였다.

승려의 분화

끝으로 수도원제도의 발전은 승려들의 분화, 즉 일정한 규율에 따라 사는 소위 정규승려(the regular clergy)와 세속사에 관여하며 사는 소위 세속승려(the secular clergy)로 갈라졌다. 예를 들면, 사제나 주교, 대주교는 후자에 속하는 승려였다. 정규승려와 세속승려의 갈등과 적대감은 작지 않았다. 말하자면 수도원의 수사들은 이 양자 사이에서 조정역할을 하지 않으면 안 되었으며, 경우에 따라서는 사제들(priests)의 세속화에 반대하는 개혁운동을 일으키기도 하였다. 베네딕트수도원의 수사들은 대체적으로 교황 측에 서 있었는데, 이러한 교황권과 수도원의 동맹이 바로 전자(교황권)가 교회에 대한 세력을 확장하는 계기가 되었던 것이다.

제 3 절   비잔틴문명과 동유럽의 형성

1. 비잔틴문명과 이슬람문명

유럽의 중세문명은 봉건적 중세문명 이외에 두 가지의 다른 문명들을 포괄하게 되었다. 그것은 비잔틴문명(the Byzantine civilization)과 이슬람이라는 사라센문명(the Saracenic civilization)이었다. 그들은 모두 유럽대륙에 자리잡고 있었지만 그들 영토의 상당부분은 아프리카와 아시아에 위치하였다. 이 두 문명이 더욱 중요한 것은 오리엔트문명을 닮았다는 사실이다. 사라센인들은 이슬람교에 속하고 비잔틴인들은 기독교에 속하였지만 둘 다 종교가 그들의 생활에서 지배적인 역할을 하였다. 양자가 모두 종교적 조직과 긴밀하게 연결되어 있었으므로 그들의 정부도 주로 신정적이었다. 더 나아가서 그들의 문명들은 비관주의와 숙명주의에 젖어 있었으며, 그리고 합리적인 것보다 더 우세하기 위하여 신비주의적인 사상에 기울어져 있었다. 그러나 이슬람문명이 주로 철학과 과학에서 두드러진 역할을 나타낸 반면에 비잔틴문명은 예술에 뛰어나 그리스와 로마의 수많은 업적들을 보존하였다는 사실을 간과해서는 안될 것이다.

2. 비잔틴제국

서로마 제국이 476년 멸망한 다음에도 동로마 제국은 약 1,000여년이나 더 지속되었다. 서쪽의 서로마는 로마-게르만적 문화가 발달한 반면 동쪽의 동로마는 그리스적 문화가 발달하여 라틴어 대신 그리스어를 사용하였다. 그리하여 동로마를 수도 콘스탄티노플의 전신인 비잔티움의 이름을 따서 비잔틴제국(Byzantine Empire) 혹은 그리스제국이라고 부른다. 데오도시우스의 치세가 끝난 다음 로마는 페르시아의 사산조와 게르만족의 침략으로 어지러운 정국을 면치 못하였다.

유스티니아누스대제

그러나 동로마는 지중해 동부의 한쪽에 자리잡고 있었다는 점과 6세기 말 과거 로마제국의 부흥과 그 전통의 계승을 시도한 영웅적 제왕 유스티니아누스(Justinuanus: 527-565)에 의해 국가중흥을 성취할 수 있었다. 유스티니아누스 대제는 장군 베리사리우스(Belisarius)와 나르시스(Narses) 등의 지휘 아래 원정군을 파견하여 북아프리카의 반달국을 정략하고 시칠리아를 거쳐 이탈리아의 동고트족을 무너트림으로써 로마제국의 고토를 상당부분 회복하였다. 그는 정복과 동시에 로마의 법치적 전통을 부활하여 제국의 통치를 강화함과 동시에 종교적 정설을 정착시키려고 하였다. 즉 그는 네스토리우스(Nestorius:

428-451) 이래의 종교적 이설을 일소한 후 콘스탄티노플교회를 중심으로 하는 종교적 전제정치를 수립하였다. 유스티니아누스는 트리보니아누스(Tribonianus) 등 법학자들을 동원하여 로마의 주요 법령들과 법학설들을 정리하여 유스티니아누스법(the Code of Justinian)을 집대성하였다.

그는 한편으로 건설에도 힘을 모아 성 소피아(St. Sophia) 성당을 건립하여 그의 전제적 위력을 과시하였다. 그의 로마법전과 소피아성당은 비잔틴을 대표하는 걸작품으로 인정받고 있는 실정이다. 그의 사후 비잔틴은 북으로부터 아바르족과 슬라브의 공략을 받고 동으로부터는 페르시아의 공격을 받아 시리아와 이집트를 잃었다. 그 후 헤라클리우스(Heraclius: 610-641)는 매우 유능한 황제로서 잃어버린 땅들을 어느 정도 다시 찾았으나 새로 일어나는 이슬람의 공격으로 비잔틴의 영토는 오히려 축소되지 않으면 안 되었다. 이즈음 한 가지 특징적인 사실은 군행정구(themes)의 설정이었다. 이것은 비잔틴이 외부 세력의 침입을 막기 위하여 만든 행정단위로 농민들에게 일정한 토지를 나누어주고 대신 군무에 복역케 하는 제도였다. 부여된 토지는 그 자식들에게도 군역만 계속하면 상속이 가능하였다. 이것은 결국 로마 초기의 대토지사유제 대신 나타난 소토지의 소유자들과 농민들의 결속력을 강화시키는 결과를 가져와 새로운 동로마 사회의 조직을 만들어 주었다. 군행정구의 우두머리는 군대뿐 아니라 지방행정도 관장하였기 때문에 그 권한은 작지 않았다. 7세기 말에는 반란이나 폭동이 끊이지 않아 군행정구의 수가 10개로 늘어나다가 8세기에는 30여개로 증가하였다. 8세기경에는 이슬람의 격침으로 콘스탄티노플이 위기에 들기도 하였으나 레오 3세(Leo Ⅲ: 717-741)에 의해 모면되었다.

동·서교회의 분열

레오는 성상금지령을 공포하여(726) 동서교회 분열의 계기를 만들기도 하였다. 교회예배에 성상사용을 반대하는 사람들을 성상파괴자들(Iconoclasts, image-breakers)이라고 하는데 이들이 그러한 성상파괴운동을 하는 데에는 몇 가지의 원인들이 있었다. 첫째로는 그들이 종교상의 어떤 물질이나 감각적인 것을 거부하는 그리스도 단성론운동(the Monophysite movement)과 연계되어 있었다는 점이며, 두 번째로는 그들이 교회의 이교화와 세속화에 반대하고 있었다는 점, 그리고 세 번째로는 교회의 과대한 재정력증대에 위협을 느끼고 있

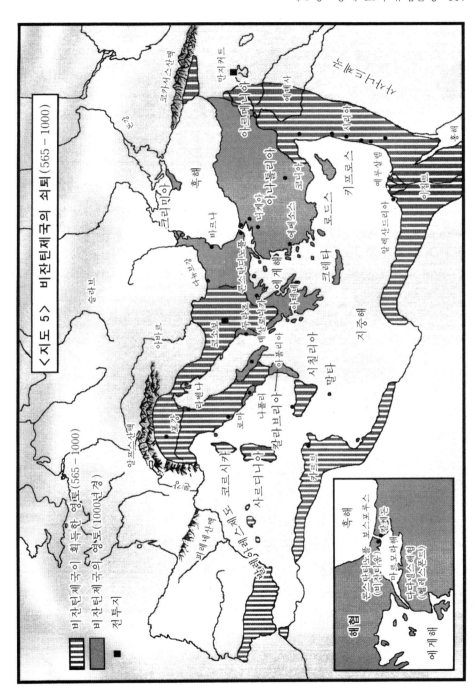

〈지도 5〉 비잔틴제국의 쇠퇴 (565 - 1000)

었다는 점이었다. 이처럼 이 운동은 단순한 종교문제에만 그치는 것이 아니라 경제문제를 둘러싸고 일어나는 황제권과의 대립이었다. 즉, 대토지소유계층을 억제하려는 정책과 깊은 관계를 가진 것으로 대토지소유자인 수도원의 세력을 억누르려는 계획이었다. 이후 비잔틴제국은 주변의 공략과 내부적 폭동에 의해 소토지제도가 위협을 받게 되어 대토지 소유화하려는 벌족들의 활동이 끊이지 않았다.

성상파괴운동은 이후 9세기까지 끌고간 운동으로, 이 시기에는 로마적 전통과 오리엔트적 전통과의 싸움을 야기시켜 급기야는 11세기(1054)의 동·서 교회의 분열을 일으켰지만, 가톨릭의 이교적 요소에 반대하는 16세기의 프로테스탄트 운동까지 예고했다는 점에서 그 중요성이 작지 않았다. 왜냐하면 이 운동은 실제로는 외형적 의식을 강조하려는 사람들과 내면적 신앙을 강조하려는 금욕적, 신비주의적 사람들과의 대결이었기 때문이다. 비잔틴은 그들을 에워싸고 있던 민족들에 의해 어려움을 당하지 않으면 안 되었다. 그들을 괴롭힌 민족들은 6세기경 이미 말한 아시아계의 아바르족(Avars)과 9세기경의 헝가리를 세운 마쟈르족(Magyars), 슬라브족(Slavs) 등이었다. 결국 비잔틴제국은 여러 가지 우여곡절을 거치면서 11세기경 소아시아계 출신인 알렉시우스 1세 (Alexius Ⅰ: 1081-118)가 제위에 오르면서 제자리를 찾게 되었으며 십자군운동에 임하게 되었다.

3. 비잔틴제국의 문화

비잔틴문화는 그 전신에 속하는 로마제국의 문화에 비하면 훨씬 뒤떨어지는 것이 사실이지만 그 뒤에 나타나는 이슬람문화나 러시아문화, 중세문화, 그리고 르네상스문화에 적지 않은 영향을 주었다는 점에서 간과할 수 없는 문화였다. 그리고 비잔틴문화는 로마문화와는 구별되는 독자적인 성격의 색깔을 가졌다는 점에서 그 위상이 인정되는 문화라 하겠다. 즉 비잔틴문화는 그리스적 헬레니즘문화에 동방적 요소를 받아들이고 다시 그리스정교에 의해 교화된 문화였다.

그들의 황제는 서방의 황제와는 다른 절대적인 권력을 행사하는 지배자였다. 그들의 황제는 정치권력뿐 아니라 종교권력까지도 거머쥔 통치자로 관리와 군대, 종교회의, 교회지도자의 임명권 등을 휘둘렀다. 그는 이처럼 신과 같은 힘을 바탕으로 양권을 가지고 있었기 때문에 그들의 조직을 황제교황주의(Caesaropapism)라고 부른다. 비잔틴황제는 주로 궁실을 중심으로 행정과 입법, 사법을 지휘하였으며 그의 제위도 세습되는 것이 상례였다. 비잔틴은 사방이 복잡한 민족으로 둘러싸여 있어서 군대는 그들에게 매우 중요한 조직이었다. 그들의 군대는 주로 기병대로 반 이상을 차지하고 있었으며 귀족들과 같은 상층계급이 지배하였다. 보병은 국가로부터 토지를 하사받은 자유농민들로서 두 종류로 나뉘어 있었다. 하나는 활을 가진 경보병이며 다른 하나는 칼과 창을 가진 중보병이었다.

비잔틴제국의 도시들은 농업중심의 이탈리아와 남부프랑스의 서유럽과는 달리 상공업의 중심지로 번영하였는데 그것은 산업과 무역이 경시당하지 않았기 때문이다. 콘스탄티노플의 인구는 100만에 가까웠으며 데살로니가의 경우는 거의 50만에 달하였던 것으로 나타나 있다. 그들의 생업도 여러 가지였으나 대부분이 길드에 의한 독점생산이 주종을 이루고 있었으며 서방에 비하면 보잘 것이 없었으며 빈부의 격차도 심하였다. 그들의 도덕생활도 중용과 자제를 중시하는 그리스의 경우와는 달리 극단적인 면모를 보이고 있다. 지나친 방종이나 자기부정적인 금욕주의가 지배적이었다. 그리하여 이러한 결점들을 보완하려는 관점에서 "비잔틴(Byzantine)"이라는 말의 뜻도 감각을 우아하게 하고 잔인성을 정제하려는 내용을 암시하고 있다.

법률의 편찬

비잔틴은 지적 분야에서는 독창적인 것이 별로 없었다. 그들의 지적 업적 가운데 가장 두드러진 것은 아마도 법률의 편찬이었을 것이다. 비잔틴은 로마 이후 오리엔트의 전제주의와 기독교의 공인으로 사실상 법률의 필요성을 절감하지 못하였다. 유스티니아누스는 527년 제위에 오르자 이제까지의 법률들을 그의 통치에 맞게 개정하여 다시 편찬할 것을 결심하였다. 그는 앞에서 잠깐 비친 바와 같이 트리보니우스 지휘하에 법률가들을 임명하여 그들로 하여금 이 일을 수행케 하였다. 그의 법률편찬이 민법체계(Corpus Juris Civilis)로 되기까지는 4단계의 과정을 거쳤다. 첫째는 하드리아누스로부터 유스티니아누스에 이르는 성문법들을 체계적으로 개정하는 과정이었으며(the Code), 둘째로는 이것에 다시 그(유스티니아누스)와 그의 후계자들의 법을 첨가시키는 과정이었으며(the Novels), 셋째로는 여기에 대법률가들의 저술들의 개요를 나타내는 과정이었으며(the Digest), 그리고 넷째로는 이것을 최종적으로 첫째 것(the Code)과 셋째 것(the Digest)에 나타나 있는 법률원칙들을 하나의 텍스트북으로 마무리하는 과정이었다(the Institues). 다시 말해 위의 네 가지 것들이 합하여 이루어진 것이 소위 민법체계인 것이다.

이 민법체계는 두 가지의 특성을 가지고 있었다. 하나는 이것이 로마시대에 비해 더욱 국제화적 성격을 가지고 있어서 각종 다양한 국적의 시민들에게 적용될 수 있었다는 것이다. 다른 하나는 이 법이 중세적인 개념, 즉 신성한 성격을 가진 법이기 때문에 황제를 유일한 입법자로 인정하고 있었다는 점이다. 그들에 의하면 모든 사람들은 이미 그들의 권력들을 황제에게 이양했다는 것이다. 그리하여 황제는 오로지 신에 의해서만 제재를 받을 수 있다는 것이다. 이것은 로마법이 오리엔트적 군주에 맞게 개정되었다는 것을 의미한다.

철학과 예술

다음으로 비잔틴의 지적 업적으로 내세울 만한 것은 중세 후기 서유럽의 스콜라사상 발달에 크게 기여한 철학분야를 들어야 할 것이다. 그들은 아리스토텔레스철학에 기초하여 이성의 가치를 강조하였으며 아리스토텔레스의 가르침을 성경과 기독교교부들의 가르침과 결합시키려고 시도하였다. 역사서술로는 비록 험담적인 저술이긴 하지만 유스티니아누스의 사생활을 그린 프로코피우스(Procopius)의 저술(*Secret History*)이 알려져 있을 뿐이다. 문학이나 사상에서 중요한 위치를 차지한 것은 신학으로 찬가와 성인전, 백과사전류, 해석류 등과 같은 것들이 유행하였다.

비잔틴문화의 중심은 무엇보다도 예술분야였다. 그러나 그들의 금욕주의적 영향으로 조각분야는 깊게 발달할 수가 없었으며 건축분야가 그들의 신비주의적이며 내세적 성향으로 탁월성을 과시하였다. 이미 말한 것과 같이 유스티니아누스 때 만들어진 성 소피아교회(the church of Santa Sophia: Holy Wisdom)가 가장 대표적인 작품이다. 이것은 그리스의 사원과는 대조적으로 인간의 긍지나 생의 만족을 표현하려는 것이 아니라 기독교의 내면적 영적 성격을 상징화하려는 예술이었다. 그리하여 그들은 교회의 외형보다는 내부장식에 주의를 기울여 풍부한 색깔의 모자이크이나 금 잎새, 대리석기둥 등을 나타냈다.
따라서 교회 내부의 빛도 외부로부터 들어오게 하지 않고 오히려 내부 지향적
으로 꾸몄다. 말하자면 그들의 모자이크벽화는 그리스와 팔레스타인, 시리아
등의 미술양식들을 조화하여 새롭게 만든 독창적인 예술로서 화려함과 무한한
신비로움을 상징적으로 표현하고 있는 것이 특징이다.

그리고 무엇보다도 성 소피아교회는 서양건축사상 새로운 구조를 가진 건
축물이라는 데에 크나큰 의의가 있다. 우선 교회모양이 십자가형태로 되어 있
으며 가운데 사방형의 기둥들 위는 돔(dome)으로 커버되고 있으며 직경이
107피이트, 높이 180피이트에 이르는 건축물이라는 점에서 그 웅장함을 나타
내고 있다. 이 외에도 라벤나의 비탈레교회와 베네치아의 성 마르코교회가
있다.

4. 동유럽의 형성

비잔틴제국을 중심으로 활발한 이동을 전개한 민족들 가운데서도 슬라브
족의 만성적 이동은 그들에게 적지 않은 영향을 주었다. 슬라브족은 게르만족
에 속한 지파로 대륙의 동북방면에서 활약한 인도·유럽어계 사람들이었다.
일반적으로 슬라브족은 러시아인을 주로한 동슬라브족과 보헤미아인(Bohemi-
ans), 체코인(Czechs), 슬로바크인(Slovachs), 폴란드인(Poles) 등을 주로 하는
서슬라브족, 그리고 슬로벤인(Slovens), 세르비아인(Serbians), 크로아티아인
(Croatians), 불가리아인(Bulgarians) 등을 주로 하는 남슬라브족의 셋으로 구
분된다.[2]

앞에서 설명한 바와 같이 유스티니아누스대제 이후 동로마가 주변민족들
에 의해 약화됨에 따라 동남부의 슬라브족은 점진적으로 발칸반도를 향하여
침투하게 되었다. 남슬라브족에 속하는 세르비아인, 크로아티아인, 아시아계로
서 슬라브화한 불가리아인 등이 각각 국가의 기초를 이루기 시작하였으니 이
들이 소위 동방문제의 불씨를 이 때부터 만들고 있었다. 특히 동부의 러시아인

---

[2] Arthur Adams, Iran Matley, and William McCagg, *An Atlas of Russian and East Euro-
pean History*(New York, 1967); 임영상 외 공편, 『소련과 동유럽의 종교와 민족주의』, 한국외
대, 1996.

은 826년 노르만족에 인도되어 루스국을 창설한 후 남하하면서 동로마로 진출
하여 또 다른 새로운 국면을 형성하였다. 즉 서유럽에서 게르만족이 서로마와
결합하여 하나의 문명을 이룩한 것과 같이 그들은 동로마와 결합하여 다른 하
나의 독자적인 문명을 이룩하였다. 그들은 비잔틴문화를 받아들여 언어와 그
리스정교, 전제적인 정치체제를 그들의 전통에 접목시켰다.

제 4 절 이슬람문명

1. 아라비아인과 마호메트교

이슬람(Islam)의 문명은 비잔틴문명보다는 좀 늦게 시작되어 조금 일찍
막을 내렸다. 이슬람문명은 대략 630년에서 1300년까지 지속되었다. 이슬람은
사라센(Saracen)이라고도 부른다. "사라센"이라는 말은 원래 아랍인을 의미하
는 말이었지만 이후 국적에 관계없이 모슬렘 신앙을 가진 사람이면 누구에게
나 해당되게 되었다. 사막지대인 아라비아반도는 셈족에 속하는 아랍인들의
주거지였다.

아라비아인들의 분류

아라비아인들은 가축을 가지고 오아시스를 찾아다니는 유목생활을 영위
하였는가 하면 우량이 많은 곳에서는 농사일을 하였으며 홍해연안에서는 대상
(隊商) 일에 종사하기도 하였다. 6세기 말경에 이르러 아라비아인들은 대체적
으로 두 집단으로 나뉘어졌는데, 하나는 도시 아라비아사람들(the urban Arabs)
이며, 다른 하나는 베드윈사람들(the Bedouins)이었다. 도시 아라비아사람들은
메카(Mecca)와 야드립(Yathrib)과 같은 도시에 사는 상인이나 장인이었으며
그들의 대부분은 글을 해득하는 부유한 사람들이었다. 이에 비해 베드윈사람
들은 동물의 우유나 육류에 의존하면서 그날그날 살아가는 유목민이었으며 유
아살해나 인간희생을 행사하는 미신에 젖어 있는 무지한 사람들이었다. 그들
은 샘물과 오아시스를 위하여 피나는 싸움을 불사하는 사람들이었다. 도시 아
라비아인들이나 베드윈인들에게 어떤 조직된 정부는 존재하지 않았으며 그들

의 씨족이나 부족이 이를 대신하였다. 그들의 종교는 교육받은 도시인들에 의해 유일신으로서의 알라(Allah)에 대한 신앙이 받아들여지기는 했지만 일반적으로 다신교적인 색깔이 짙었다. 오래 전부터 메카는 성스러운 도시로 알려져 있었으며 이곳에는 하늘로부터 기적에 의해 내려왔다고 전해지는 거룩한 흑석(a sacred black stone)이 있는 카아바(Kaaba)라는 신전이 있었다. 이 신전을 장악하는 사람들이 아라비아 고래의 귀족제도에 가장 근접하는 쿠라이쉬(the Kuraish) 부족을 형성할 수 있었다. 아라비아지역의 사람들을 한데 묶어주고 그들의 문명을 이룩해준 원동력은 말할 것도 없이 모하메드 종교였다.

마호메트의 등장

마호메트 신앙의 창시자는 570년 메카에서 태어났으며 그의 부모는 쿠라이쉬 부족의 가난한 씨족에 속해 있었다. 그의 이름은 모하메드(Mohammed), 마호메드(Mahomed), 혹은 무하마드(Muhammad)라는 아라비아 명칭으로 주어졌으며 그의 초기 생애에 대해서는 그의 조부와 삼촌에 의해 키워졌다는 사실 이외에 알려진 것이 거의 없다. 그가 과연 읽기와 쓰기를 배웠는지 아닌지에 대해서도 확실치 않으며 다만 그가 지배적인 부족으로서 약간의 교육을 받지 않았느냐 하는 추정을 할 뿐이다. 그는 25세 때 부유한 과부에게 고용되어 북쪽 시리아로 그녀를 따라 대상으로 갔다고 한다. 그는 곧 그녀의 남편이 되었으며 이 때로부터 여가시간을 얻을 수 있었으며 그의 생활도 안정을 찾아 시간을 종교에 쏟을 수 있었다. 그는 깊은 감성의 소유자로 간질로 고생하는 중에 하늘로부터 음성을 들었다고 한다. 그는 일찍부터 북부 아라비아 도시에 사는 많은 유태인들과 기독교인들과의 친교를 통하여 그들의 종교적 영향을 받았다. 그는 아라비아의 사회적, 도덕적 환경이 개혁되어야 한다는 생각을 가지게 되어 메카의 금권정치가들을 비난하기 시작하였다. 그는 더 나아가 그들 민족의 나쁜 미신적 관행들에 대해서도 공격하였다. 그는 드디어 자신이 파괴로부터 아라비아인들을 구원하기 위하여 임명된 신의 도구라고 확신하게 되었다.

헤 지 라

마호메트는 알라의 계시를 전파하려고 애썼지만 그의 직계 가족 이외에

극소수만이 따랐을 뿐 쿠라이쉬부족도 그를 적대하였으며 메카의 일반인들도 거의 무관심하였다. 그는 베드윈인들도 메카도 포기하기로 마음먹었다. 그는 622년 9월경 드디어 성스러운 메카를 떠나 위험을 무릅쓰고 야드립으로 옮기지 않으면 안 되었다. 이 옮김을 헤지라(Hegira)라 하며 모하메드인들은 이 성천을 이슬람교의 시작으로 간주하였다. 모하메드는 야드립(Yathrib)의 이름을 메디나(Medina: "the city of the Prophet")로 고치고 그 도시의 통치자로 자처하였다. 그러나 그의 추종자들의 지지를 얻는 일은 쉬운 일이 결코 아니었다. 더욱이나 메디나의 유태인들의 반항이 만만치 않았다. 이러한 상황하에서 그는 그들과의 성전을 위한 베드윈인들의 지지를 얻기 시작하였다. 1년도 안 되어 600여명의 유태인들이 사살되는 등 예언자의 승리가 이루어졌다. 630년 드디어 모하메드는 메카를 장악하게 되었으며 그의 적들과 우상들을 없애버렸다. 그러나 카아바 자체는 보존되었으며 메카는 모하메드 신앙의 성스러운 도시로 정착되었다. 모하메드는 2년 후 돌아갔다.

코 란

모하메드교는 원래는 아주 간단한 교리를 가진 종교였다. 모하메드교인들은 알라(Allah)라는 아라비아어의 유일신을 믿었으며 모하메드는 알라신의 예언자로 받아들였다. 알라신은 이웃을 사랑하고 빚진 자들에게 관대하며 정직하고 용서할 것을 가르치고 있다. 아울러 유아살해를 금할 것과 돼지고기를 먹지 말 것, 자극적인 음료수를 마시지 말 것, 피나는 싸움을 금할 것 등을 가르치고 있으며, 특히 그들의 준수사항들 중에는 가난한 자들을 구제할 것, 성일에 금식할 것, 하루에 다섯 번씩 기도할 것, 그리고 가능하다면 일생에 한 번은 메카에 순례할 것 등이 들어 있었다. 이들 가르침들은 거의가 그들의 경전인 코란(Koran)[3]에 있는 것으로, 그들 가르침 가운데 가장 중요한 것은 갇힌 자들을 풀어주고 주린 자들을 먹여주며 불쌍한 자들을 도와주는 일이었다. 그들의 가르침은 유대교나 기독교와 마찬가지로 외형적인 것들보다는 내면적인 것들을 중시하였으나 성사나 사제제도는 가지고 있지 않았다.

---

3) 코란은 'Quran'에서 유래한 말로 '읽는다'는 뜻이다. 코란은 2대 교주인 아부 베크르(Abu Bekr: 632-634) 때 편찬이 시작되어 4대인 오토만(Othman: 644-655) 때 완성된 것으로 전부 114장, 6,200여절로 구성되어 있다.

이슬람교의 기원

모하메드교는 절대적으로 신에에 맡긴다는 의미의 "이슬람(Islam)"으로 알려져 있다. 신자에 대해서는 공식적으로 "이슬람"이라는 동사의 분사인 "모슬렘(Moslem)"이라는 명칭으로 불렀다. 일반적으로 이슬람교의 기원에 대해서는 잘 알려져 있지 않다. 아랍인들이 아브라함의 장자인 이스마엘의 후손들이라고 가르친 모하메드에 의해, 그리고 코란의 교리들에 관한 성격적 분석에 의해 이슬람교가 유대교나 기독교와 밀접한 관계를 가지고 있는 것이 아닌가 하는 생각을 가지게 되었다. 그들의 엄격한 일신교적 신앙과 일부다처주의, 그리고 고리대금·우상숭배·돼지고기의 금지 등이 실제로 유대교의 구약성경의 교리들과 유사하다. 모하메드에 의하면, 신구약은 모두 신의 영감에 의하여 이루어진 책들이며 예수는 여러 위대한 선지자들 가운데 한 사람이다. 그들의 육체부활, 최후심판, 사후상벌, 천사에 관한 교리들은 거의가 기독교의 신약성경의 교리들과 비슷하게 보여진다. 그러나 그들의 교리들은 정통 기독교와는 상당한 거리가 있음을 알아야 할 것이다. 시리아나 아라비아에 살고 있는 기독교인들의 대부분이 삼위일체론을 부인하는 에비온파나 네스토리안파에 속하는 것은 이러한 이슬람 영향권에 의한 것인데, 이슬람에서는 주지하는 바와 같이 예수를 신이 아니라 요셉과 마리아의 아들인 인간으로 간주하기 때문이다.

이슬람교의 분열

이슬람교는 기독교나 마찬가지로 여러 교파로 갈라졌는데, 크게 세 가지로 대분할 수 있다. 가장 중요한 것들로는 수니파(the Sunnites), 시아파(the Shiites), 수피파(the Sufis)로서 특히 앞의 두 가지 분파들은 정치적, 종교적 성격을 가지고 있는 것이 특징적이다. 수니파는 이슬람 국가의 우두머리이며 예언자인 모하메드의 후계자는 고대 아라비아 관습인 부족장 선거 기준에 따라 신자집단의 대표자들에 의해 뽑아야 한다고 주장하였다. 종교문제에 있어서 코란 바깥에서 이룩된 순나(sunna: 구전되어 온 율법)나 전통들도 정당한 신앙의 근거로 인정받아야 한다는 것이다. 즉 그들은 코란을 사회변화에 맞게 해석할 수 있다고 주장하는 아라비아 전통주의자들이었다. 이에 대해 시아파는 결혼이나 핏줄로 예언자 자신과 관련되지 않은 사람을 우두머리로 선출하는 것은 있을 수 없다고 반대하였다. 그들은 수니파의 민주적 방법에 정면으로 도전하면서 코란 이외의 어떤 것도 종교적 신앙기준으로 인정할 수 없다고 주장하는 원론주의자들이었다. 이들에 비해 수피파는 보다 신비주의적이며 금욕주의적인 이상을 고수하려고 하였다. 이들은 합리적 판단의 정당성을 거부하면서 신의 계시만이 믿을 가치가 있는 것이라고 주장하였다. 그들에 의하면 인간도 육체의 고통을 통하여 신의 계시를 받을 수 있고 영혼을 해방시켜 신과 연합할 수 있다는 것이다. 오늘날 인도와 페르시아에서 보이는 고행자들(fakirs, dervishes)은 이들 수피파에 속하는 사람들이라 할 수 있다.

2. 이슬람의 발전과 쇠퇴

사라센 문명의 역사는 이슬람교의 발전과 긴밀한 관계를 가지고 있었다. 이슬람교의 창시자 모하메드는 이슬람교의 우두머리일 뿐 아니라 메디나를 수도로 하는 아라비아국가의 우두머리로 군림하였다. 그가 632년 죽은 후에도 그의 장인 아브-베크르(Abu-Bekr)가 이어받아 이슬람의 세력을 확대하는 데 문제가 없었다. 다만 아브-베크르로부터 예언자의 후계자란 의미의 "칼리프(caliph)"라는 명칭이 주어졌을 뿐이다. 아브-베크르 사후에도 모하메드의 초기 제자들 가운데서 두 사람이 칼리프로 뽑혀 일을 수행하였다.

칼리프 쟁탈전

그러나 그들 이후 656년부터 이슬람의 최고권력을 얻기 위한 기나긴 싸움이 시작되었다. 첫 번째로 시아파가 모하메드가(家) 바깥에 있는 옴미아드가(the Ommiad family) 사람을 축출하고 대신 모하메드의 딸 파티마(Fatima)의 남편인 알리(Ali)를 칼리프로 선출하는 데 성공하였다. 그러나 5년 후 알리는 살해되고 옴미아드가가 다시 세력을 잡은 후 곧바로 수도를 다마스커스로 옮기고 그들의 가계(옴미아드가)를 비잔틴 모형에 따라 정통왕가로 자리를 잡았다. 이에 750년 시아파는 정렬을 가다듬어 다시 반란을 일으켰다. 이번에는 예언자의 먼 친척인 아바시드가(the Abbasid family) 사람의 지휘 아래 진행되었다. 드디어 아바시드가가 권력을 장악하고 수도를 티그리스강가의 바그다드로 옮겼다. 그들은 그 곳에서 3세기 이상 오리엔트식 전제정치를 실시하였다. 그들 가운데는 학문을 계몽시킨 패트론으로 유명한 하룬-알-라시드(Harun-al-

Rasid: 786-809)와 알-마문(Al-Mamun: 813-33)이 있었다.[4] 모하메드 때만 하더라도 아라비아반도의 삼분의 일도 차지하지 못했던 이슬람이 100년이 지나자 인도 국경으로부터 지브랄타르 해협과 피레네산맥에 이르는 방대한 영역을 정복하게 되었다. 아시아와 아프리카, 유럽의 3개 대륙에 이슬람제국이 건설되었다.

이슬람의 정복요인

그러면 그들 정복의 성공원인은 과연 무엇인가. 사실상 그 원인은 일반적으로 생각하는 것과 같이 종교적인 데 있었던 것은 아니다. 사라센인들은 실제로 그들의 신앙을 심기 위해 세계를 정복한 것은 아니었다. 때때로 그들의 광신적인 분출도 없었던 것은 아니지만 그들의 관심은 정복된 지역의 이슬람교화에 있지 않았다. 정복지의 사람들이 무장에 끼어들지 않고 납세의무에 따르는 한 그들의 신앙과 관습은 간섭받지 않은 것으로 나타나 있다. 유대인과 기독교인도 모슬렘제국에서 수세기 동안 방해받지 않고 살았다. 그러므로 그들 팽창의 원인은 종교적인 것보다는 오히려 경제적이며 정치적인 것에서 찾아야 될 것으로 보인다. 무엇보다도 먼저 아라비아인들의 대부분이 다산적인 유목민이라는 사실을 명심해야 한다. 그들은 일부다처주의에 따르고 있었기 때문에 그들의 유아살해관습은 급격한 인구증가에 크나큰 영향을 주지 않았다. 이러한 상황에서 그들은 7세기 초부터 심한 한발에 시달리지 않으면 안 되었다. 그리하여 그들은 일찍부터 오아시스를 찾아 주변 여러 나라들을 정복하려는 욕망을 가지게 되었다. 여기에 주변정세가 그들의 팽창을 도왔던 것이다. 즉 비잔틴과 페르시아는 오랜 동안의 전쟁에 지쳐 있었고 시리아의 유대인들이나 이집트의 단성론자들 역시 박해와 중세에 시달리는 형편에 있어 이슬람들의 정복을 오히려 환영하고 있었다. 요컨대, 그들의 정복은 그들 이슬람교를 전파하려는 데 목적이 있었던 것도 부인할 수 없는 사실이나 그보다는 보다 살아가기 편리한 땅을 구하는 데 그들의 주목적이 있었다고 보여진다.

---

4) 하룬-알-라시드와 알-마문은 문화를 발전시킨 대표적인 칼리프들이었다. 전자는 그리스의 고전작품 연구에 몰두하였으며『아라비안 나이트』와도 관계가 깊었다. 후자는 그리스와 인도의 철학작품들을 아라비아어로 번역하는 사업을 장려하였다.

이슬람의 쇠퇴

사라센제국의 쇠퇴는 그 흥기와 마찬가지로 빨리 진행되었다. 그 원인은 여러 가지가 있겠지만 그 주된 원인은 그들의 정치적 경험의 부족 때문이었다. 더욱이나 그들이 정복한 땅이 너무 광대하고 그 구성원들이 너무 이질적이어서 하나의 강력하고 응집된 정치체제를 이루기에는 역부족이었다는 사실이다. 그러나 이보다 더욱 심각한 붕괴원인은 그들의 분파적이며 파당적 싸움이었다. 수니파와 시아파는 전연 그들의 화해기미를 보이지 않았으며, 결국 신비주의파와 합리주의파 사이의 균열은 더욱 넓어져 국가의 기초였던 종교의 약화를 불러오지 않으면 안 되었다. 929년 옴미아드가(수니파)는 스페인 코르도바에 독립 칼리프를 세우는 데 성공하였으며, 이후 알리와 파티마 후손들(시아파)도 뒤질세라 모로코와 이집트의 지배자들로 자처하였다. 한편 바그다드의 시아파 칼리프들은 오리엔트 왕들의 관행을 모방함으로써 페르시아 지배자들의 꼭두각시가 되었으며 나중에는 터어키군대의 종복이 되고 말았다. 1057년 그들은 드디어 모든 권력을 셀죽 터어키의 술탄에게 양도하였다. 그들은 비록 12세기 중엽까지는 셀죽 터어키에 의해, 그리고 15세기에서 1918년까지는 오토만 터어키에 의해 모슬렘 종교를 유지하기는 했지만 그들의 제국은 사라진 것이나 다를 바 없었다.

3. 문   화

12세기 이전의 사라센문화는 기독교적 유럽의 어느 지역보다 우수하였다. 사라센문화는 헬레니즘문화와 페르시아문화를 기초로 하면서 그 주변문화를 흡수하고 사라센교와 아라비아적인 창의성을 더하여 이루어진 우수한 문화였다. 그들의 업적 가운데 특히 높이 평가받는 분야는 과학이며, 이 이외에도 철학, 문학, 미술, 음악 등에서도 훌륭한 유산을 남겼다.

철   학

사라센철학은 본질적으로 아리스토텔레스주의와 신플라톤주의가 결합하여 이루어진 것으로 그 기본적인 가르침은 다음과 같다. 즉 이성은 지식의 근원으로 신앙보다 위에 있으며, 종교교리는 전적으로 무시될 수는 없으나 비유적이거나 은유적인 의미로 계몽된 정신에 의해 해석되지 않으면 안 된다. 그리고 그들(종교교리)은 이성에 상충되지 않는 오히려 보완적인 순수한 철학지식이지 않으면 안 된다. 우주는 시간 안에서 시작을 가진 것은 결코 아니지만 영원히 창조된 것으로서 신으로부터 나온 일련의 발산물이다. 세상에서 일어나는 모든 것들은 신에 의해 예정되어 있으며 모든 사건은 원인과 결과의 견고한 쇠사슬로 되어 있기 때문에 기적이나 신의 섭리의 개입은 불가능하다. 비록 신은 모든 사물의 제 1 원인이지만 전능한 신은 아니며, 그의 능력은 어디까지나 정의와 선에 의해 제한되어 있다. 인간의 영혼도 불멸하지 않는다. 왜냐 하면 인간의 영적 본질은 물질적 구성과 분리하여 존재할 수 없기 때문이다. 그러나 우주의 영혼은 그 제일차적 본질이 영원하므로 영원히 존재한다.

사라센 철학의 발달은 두 가지의 짧은 기간 동안에 적지 않은 제한을 받았는데 하나는 9세기와 10세기의 바그다드 칼리프에 의해서이며, 다른 하나는 12세기의 스페인 칼리프에 의해서였다. 동방의 철학자들 가운데에는 알 킨디(AL Kindi), 알 파라비(Al Farabi), 알 아비센나(Al Avicenna)가 유명하다. 이들의 첫 번째 사람은 870년에 죽었고 마지막 사람은 980년에 낳았다. 그들은 모두 터키나 페르시아사람으로 나타나고 있다. 11세기경 동방의 사라센철학은 알가젤(Algazel) 휘하에서 종교적 근본주의와 신비주의로 떨어졌다. 알가젤은 그의 많은 교리를 빌려 온 수피파와 마찬가지로 이성의 힘을 부정하고 신앙과 계시에 매달리려고 하였다. 그 후 철학은 바그다드에서 없어졌다. 사라센 철학자들 가운데 가장 위대한 사상가는 아베로스(Averroes of Cordova: 1126-98)로 13세기 기독교 스콜라철학에 지대한 영향을 끼쳤다. 13세기에는 이븐 할둔(Ibn Hardun: 1332-1406)과 같은 위대한 역사가가 배출되어 세계사적 원리를 발표하기도 하였다. 14세기의 이븐 바투타(Ibn Battuta: 1304-1377)는 여행을 통하여 광대한 이슬람지역의 지리를 계몽하는데 크게 기여하였다.

과   학

사라센의 업적 중 가장 뛰어난 분야는 앞에서 지적한 대로 과학이다. 그들은 훌륭한 천문학자와 수학자, 물리학자, 화학자, 의사를 배출하였다. 그들은 아리스토텔레스를 선호하였음에도 불구하고 우주가 지구를 중심으로 동심체를 이루고 있다는 아리스토텔레스의 주장을 비판하고 오히려 지구가 그 축을 중심으로 회전하면서 태양의 주위를 돌고 있다는 가능성을 받아들였다. 그들은 대수와 삼각법에 있어서 헬레니즘시대를 능가하였다. 그들은 천문학이론에서 헬레니즘시대를 뛰어넘지는 못했지만 훌륭한 관측소와 관측기구를 제작하였다. 그들은 유명한 "아라비아 숫자체계"를 만들지는 않았지만 그것을 인도에서 가져다가 서유럽에 전파하는 일을 성취하였다. 영(zero)의 개념도 인도로부터 받아들인 것이며, algebra, alcohol, alchemy, zenith, nadir 등도 모두 아라비아어에서 유래한 것이다. 사라센 물리학자들은 광학을 발전시켰으며 확대경과 속도, 전도, 빛의 굴절에 관한 많은 결론들을 이끌어 냈다. 주지하는 바와 같이 그들의 화학은 연금술에서 발달한 것이다. 그들은 모든 금속은 본질에 있어서 동일하므로 아주 열등한 금속이라도 철학자의 석기인 올바른 도구만 발견되면 금으로 변질시킬 수 있다고 확신하였다. 그러나 그들의 노력은 허사로 끝나고 말았다. 그들 가운데 어떤 사람들은 금속전환의 모든 이론을 부인하기도 하였다. 어쨌든 그들의 실험결과로 그들은 새로운 여러 물질과 화합물들을 발견하는 의외의 성과를 가져오는 쾌거를 얻었다. 즉 탄산석회, 명반(alum), 붕사, 염화 제2수은, 질산은, 초석, 질산, 황산 등이 그것들이다. 이 외에도 그들은 처음으로 증류와 여과, 승화의 방법에 관한 화학과정을 조사한 과학자들이다.

문 예

그들의 문학은 주로 유목생활을 나타낸 것으로 시집으로는 오말 가이얌(Omar Khayam: 1060-1123)의 『루바이야트(Rubaiyat)』와 알 피르도시(Al-Firdausi: 935-1020)의 시집(*the Book of Kings*)이 유명하다. 두 가지 모두 페르시아와 관련이 많은 작품이며 특히 후자의 기계론적, 회의론적, 쾌락론적 성격은 구약의 전도서와 아주 흡사한 것이 특징이다. 무엇보다도 사라센의 산문학의 가장 유명한 작품은 8세기와 9세기 사이에 이루어진 『아라비안 나이트(*Arabian Nights, or Book of the 1001 Nights*)』이다. 이것은 중국으로부터 이집트에 이르는 여러 나라들의 문학에서 발췌한 이야기들로서 바그다드시절의 모슬렘의 생활을 묘사하고 있는 것이 인상적이다. 미술에 있어서는 건축과 장식면에서 그 우수성이 나타나고 있는데, 커다란 원형지붕이라든지 종각을 지닌 모스크양식, 잎이나 꽃을 아름답게 장식한 아라베스크양식이 대표적인 것이다. 그들은 음악분야에서도 두각을 보였는데, lute(류트), tambourine(탬버린), guitar(기타), fanfare(팡파르) 등이 모두 그들의 아라비아말에서 온 것이다. 그들은 앞에서 잠깐 비친 바와 같이 아리스토텔레스사상을 서유럽에 전달했을 뿐 아니라 아라비아 숫자, 대수, 전염·홍역·의약과 같은 의학분야, 문학·문양 등의 예술분야, 나침반·관측의·제지·비단과 같은 과학분야, 그리고 주식회사·수표·신용장과 같은 경제분야의 발달에도 크게 기여하였다. 요컨대, 사라센문명은 그리스문명의 보존자로서, 그리고 사라센문명의 창의자로서 유럽문명에 크나큰 영향을 주었다.

제 9 장

중세 후기 유럽문명

제 1 절 봉건사회(I): 봉건제도

1. 학자들의 해석

일반적으로 유럽 중세사회의 기본구조를 봉건제도(feudalism, 封建制度), 혹은 봉건사회(feudal society, 封建社會)라고 한다. 본래 'feudalism'이라는 말은 앞에서 살핀 대로 1, 2차에 걸친 민족 대이동으로 도시를 떠나 농촌생활을 영위할 때 무력을 가진 군인을 위하여 어떤 일을 수행해 준 대가로 얻는 토지(fief, feodum, 봉토)를 일컫는 데서부터 유래하였다. 그리하여 이러한 토지를 중심으로 자연히 토지(봉토)를 수여하는 사람(lord, 주군)과 그것을 받는 사람(vassal, 봉신)의 신분적 역할구분이 이루어졌으며, 그들 사이의 권리와 의무관계 그리고 토지경영과 소유권에 관한 일련의 규정들이 성립되었다. 그러나 이러한 봉건사회는 실제로는 어디에서나 볼 수 있는 유럽의 공통적 일반양상을 가진 것은 아니다. 왜냐 하면 지역의 형편과 지배자들의 욕구에 따라 그것의 구조와 성격이 각각 다르게 발달되었기 때문이다. 여기에 feudalism의 구조와 성격규명에 대한 어려움이 있게 되는 것이다. 따라서 feudalism의 올바른 이해를 위해서는 학자들의 해석들을 살필 필요가 있다.

대체적으로 봉건제도에 대한 역사가들의 해석에는 세 가지가 있다.[1] 첫째로는 정치·법제사적 해석이며, 두 번째로는 경제사적 해석, 그리고 세 번째로는 사회사적 해석이다. 첫 번째의 것은 봉건제도의 골격을 봉신의 주군에 대한 군사적 봉사제도와 군사적 봉사에 대한 대여토지의 법제도로 보려는 해석

---

1) Brian Tierney, Donald Kagan, Pearce Williams, ed., *Great Issues in Western Civilization* (New York, 1976), V. I, pp. 281-290; Marc Bloch, *Feudal Society*(London, 1962), xvii-xxi; Carl Stephenson, ed., *Medieval History*(New York, 1967), ch. x, xi; 나종일 편, 『봉건제』, 까치, 1988; 이연규 역(M. M. 포스탄 저), 『중세의 경제와 사회』, 청년사, 1989.

이다. 이것은 소위 봉건적 상부구조의 정치적 성격을 중시하는 것으로 우리가 일반적으로 봉건제도에 관하여 이해하고 있는 해석이다. 두 번째 것은 법제사적인 것보다는 그것의 바탕이 되는 농노제에 기초한 장원제도(manorialism, 莊園制度)를 봉건제도의 골격으로 보려는 해석이다. 이것은 봉건적 하부구조를 중시하는 마르크스주의와 연결되는 것이 상례이다. 세 번째 것은 봉건제도를 하나의 동떨어진 고립적 제도로 이해하려는 입장을 배격하고 종합적 총체적으로 파악하려는 해석이다. 이것은 봉건제도를 전체성 속에서 하나의 사회형으로 파악하려는 브로크로 대표되는 사회사적 해석이다. 이러한 사회사적 방법에서 단순한 봉건제도를 복합적 봉건사회로 바라보려는 시각이 나온 것이다.

이제까지 학자들의 연구를 종합하여 볼 때 위에서 말한 것과 같이 유럽의 지역들에 따라 feudalism의 의미가 각각 다르게 나타나고 있지만 봉건사회라는 이름 아래 봉건제도와 장원제도를 포괄하고 있는 것이 일반적인 상례이다. 그러므로 봉건사회의 구조는 봉건제도와 장원제도라고 바꿔 말할 수 있다. 전자(봉건제도)는 토지를 둘러싸고 이루어지는 지배자 상호간의 인적 주종관계이며, 후자는 각 지배자의 토지에 있어서의 지배자(영주)와 농노와의 관계인 것이다. 다시 말해 전자는 봉건사회의 상부구조이며 후자는 그것의 하부구조에 해당되는 것이다.

2. 봉건제도의 기원

중세의 봉건주의가 성립하는 데에는 짧지 않은 역사적 과정이 필요하였다. 일반적으로 봉건제도의 기원에는 세 가지가 있는데, 로마에서 그 기원을 찾으려는 주장과 게르만 사회에서 찾으려는 주장, 그리고 교회제도에서 찾으려는 주장이 있다. 각 주장마다 그 나름대로의 타당성이 있으나 이것들을 각기 분리하여 바라볼 것이 아니라 이 세 가지들을 종합적으로 연결하여 바라보는 것이 가장 온당하다고 판단된다.

로마적 기원설

먼저 로마적 기원에 관하여 살펴보도록 하자. 봉건주의 성립에 영향을 준 로마시대의 것들로는 클리언티지(clientage)와 코로나제도(colnate) 및 프리카리움(precarium)이 있다. 클리언티지는 로마 초기부터 있었던 제도로 로마시민들이 혼란기에 처할 때마다 부유한 후원자들을 그들의 주인들로 모시고 보호를 요청했던 일종의 예속관계 제도였다. 코로나제도는 이미 로마문명에서 설명한 대로 라티푼디움제도의 붕괴로 농민의 이탈을 막기 위하여 3, 4세기경 그들을 농노(serfs, coloni)로 토지에 묶어 두었던 일종의 농업소작제도였다. 그리고 프리카리움은 땅이 없는 사람에게 땅을 빌려주어 농사를 짓게 하고 임대를 지불케 하던 일종의 토지용익권 임대제였다. 이들 제도들이 중세 봉건제도 성립에 적지 않은 영향을 주었다는 것이다. 이들 가운데서도 코로나제도와 프리카리움제도의 기여는 간과할 수 없다. 왜냐하면 이들 제도들에 의해 대지주들이 크게 부유하게 되어 중앙집권적 세력에 대항하여 그들 자체의 권력을 기를 수 있었기 때문이다.

게르만적 기원설

다음으로 게르만적 기원과 관계된 것들로는 이미 이야기한 바 있는 코미타투스(comitatus, 종사제도)와 콤멘데이션(commendation)이 있다. 이들에 의해 말하자면 봉건적 이론과 실제가 이루어졌다. 코미타투스는 봉사와 보호를 교환조건으로 전사들과 그 우두머리 사이에 이루지는 주종적 동맹제도였다. 이 관계로 그들의 존경, 충성, 자유의 이상이 정착되었다. 그러나 그들의 관계는 노예적 근성이 있는 로마시대의 클리언티지와는 근본적으로 달랐다. 그들은 싸움에 동참하는 동일한 임무를 수행하는 전사들이라는 정신을 가지고 있었기 때문이다. 이미 비친 바와 같이 코미타투스의 정신을 실천적으로 만들어 준 것은 다름 아닌 콤멘데이션이었다. 콤멘데이션에 의하여 봉신(vassals)은 의식을 통하여 주군(lords)에게 충성을 서약하였다. 이외에 중세 봉건주의에 영향을 끼친 것들로는 교회에서 나온 은대지제도(beneficium)와 카롤링왕조에서 실행한 불입권(immunities)이 있다. 은대지제도는 앞에서 말한 프리카리움제도를 변용한 것으로 봉사의 대가로 토지의 용익권을 부여하는 것이다. 메로빙왕조와 카롤링왕조 때 그들의 신하들과 군인들을 끌어들이기 위하여 그들에게 토지 사용권을 주는 대신 그들의 충성과 전쟁수행을 요청하였다. 그리고 불입권은 영지에 대한 면세권을 해주는 권한이다.

봉건제도의 형성과정

　그러면 이러한 제도들이 어떻게 발달하여 중세 봉건주의를 만들게 되었는가에 관하여 간단히 살펴보도록 하자. 위에서 열거한 여러 요소들이 중세 특유의 봉건주의로 결집된 것은 두 차례에 걸친 민족운동의 결과였다. 더욱이나 9-11세기에 걸친 노르만인들의 대이동은 봉건주의 결성에 결정적인 영향을 주었다. 오랜 동안의 전쟁으로 도시가 피폐하고 상업활동이 중단됨에 따라 사람들은 농촌으로 피난해야 했으며 경제뿐 아니라 정치 또한 그 구심력을 지탱할 수가 없었다. 그리하여 그들은 개인적으로 힘있는 후원자나 토지를 보유한 군인들을 찾아 보호를 구하지 않으면 안 되었다. 여기에 자연히 토지를 매개체로 보호와 봉사를 교환조건으로 하는 인적 주종관계가 이루어졌던 것이다. 이러한 주종관계가 어렵지 않게 성립될 수 있었던 것은 위에서 말한 제도들의 파급 때문이었다. 즉 교회에서 프리카리움과 코로나제도의 내용을 띤 은대지제도가 발달하다가 7세기경 메로빙왕조에 의해 널리 적용하게 되었다. 왕들은 그들의 백작과 공작들에게 토지(benefice)를 수여하여 그들의 공직과 토지보유를 결속하는 방식으로 왕권을 강화하였다. 특히 궁재 찰스 마르텔과 그 이후 카롤링왕조의 왕들도 이 방법을 계속 매우 효과적으로 사용하였다.

　이들은 한 걸음 더 나아가 은대지제도를 지방 귀족과 전쟁에 임하는 군인에게도 적용하였다. 이 가운데서도 찰스 마르텔은 봉건주의 성립에 결정적인 조타수 역할을 해냈다. 그는 앞에서 설명한 것처럼 사라센의 침입을 투르전투(8세기경)에서 물리친 장본인이었다. 그는 이 전쟁에서 보병보다는 기병이 필요하다는 것을 절감하고 전마와 기병확보에 전력을 기울였다. 그는 기병에게 은대지를 주고 절대적인 충성을 서약케 하였다. 결국 그에 의하여 종사제도와 은대지제도가 결합하게 되어 9세기경 드디어 은대지 대신 봉토(feudom)라는 말이 사용하게 되었다. 이러한 기반 위에서 서서히 봉건적 기초가 널리 퍼졌던 것이다. 봉건제도가 완성되는 것은 찰스대제의 제국이 무너지고 노르만의 침입, 사라센의 침입, 마쟈르족의 침입 등이 격심했던 9-10세기에 걸친 시기였다. 정치적, 경제적 피폐와 사회적 혼란, 무정부적 상황 속에서 지방이나 작은 영역의 지주나 군부(영주)중심으로 분권적 세력권이 나타나게 되었다. 이것이 바로 봉건적 조직화의 확산으로 이어지게 되었던 것이다.

3. 사회구성

주종제도

위에서 살핀 것처럼 봉건제도가 봉건사회의 상부구조라면 그 핵심은 피라미드형의 주종제도(vassalage)일 것이다. 왜냐하면 봉토를 중심으로 주군과 봉신관계가 연이어 계속된다면 결국에는 왕을 정점으로 그 밑에 대소의 봉신들의 주종이 성립되어 삼각형의 피라미드형 계서제(hierarchy)가 만들어지기 때문이다. 밑의 봉신들에서부터 위의 주군들은 모두가 군사적 봉사를 주업무로 하는 지배자들이며 그들 사이의 관계는 쌍무적 관계로서 비록 주군의 입장이라고 해서 의무를 지키지 않아도 괜찮은 것이 결코 아니었다. 만약 그들(지배자들) 가운데 한쪽이 임무를 지키지 않는다면 다른 한쪽이 소송을 제기할 수 있다. 그들에게도 일정한 재판권이 주어져 중형에 속하는 소송은 고급재판에서 행사하고 작은 소송은 저급재판에서 행사케 하였다. 주군으로부터 받은 봉토는 원칙상 상속이 허용되지 않았지만 점차로 허물어졌으며 쌍무적 주종관계도 처음에는 일회에 한하였으나 중복이 허용되었으며 이러한 경우 실제적 의무는 어느 한쪽에 주로 치우치게 되었다. 봉건적 주종관계는 봉신(vassal)이 봉토를 준 주군(lord)에게 충성을 서약하는 의식을 행함으로써 이루어졌다. 봉신은 주군 앞에 무릎을 꿇고 두 손을 주군의 손에 얹은 다음 성경과 봉토에 대한 의무수행을 맹세하였다. 이 의식은 의례적인 키스로 끝나는 경우도 있고 봉토의 상징으로 얼마의 흙을 봉신에게 주는 경우도 있었다.

봉건귀족의 구성

이러한 봉건적 지배자(귀족)들은 상하의 구별에 의해 신분적 계층이 형성되어 있었다. 그들의 토지와 권세의 차이에 따라 신분이 달라졌으나 그들은 원칙상 모두가 전쟁을 수행하는 기사였으며 동시에 토지를 소유하고 있는 지배자 계층이었다. 중세의 사회구성을 '기도하는 계급(the praying class: 승려계급),' '전쟁하는 계급(the fighting class: 귀족계급),' '노동하는 계급(the working class: 농노계급)'으로 나눈다면 이들은 전쟁하는 두 번째의 계급에 속한다고 말할 수 있을 것이다. 그리하여 중세의 지배계급은 왕으로부터 아래의 일반 봉신에 이르기까지 엄격한 계급적 신분제도가 형성되게 되었다. 그들은 귀족

계급으로서 영주로서 그들의 신분이 세습화하여 승려계급과 함께 중세의 특권
사회를 구성하였다. 그들이 귀족으로서 그 대소에 따라 공(duke), 후(marquis),
백(count), 자(viscount), 남(baron) 등의 칭호를 가지게 된 것은 카롤링왕조의
지방관직명을 답습한 것으로서 찰스대제 이후 중앙집권적 통치가 해이해짐에
따라 이루어진 것이다. 그들의 귀족체제는 개인적 관계로 시작되었지만 어디
까지나 신분에 바탕을 둔 것으로 특별한 경우를 제외하고는 거의 세습제였다.
예를 들면, 독일과 네덜란드에서는 행정을 맡는 관리들(ministeriales)이 그 세
력이 커져서 나중에 낮은 기사계급의 귀족을 형성하기도 하였다.

불수불입권

봉건제도의 성립과 함께 일어난 가장 중요한 정치적 상황은 아마도 지방
분권이었을 것이다. 한 가지 먼저 기억해둘 일은 지방분권적 봉건제도가 비록
개별적인 사적 관계에 불과한 것이지만 중앙집권적 질서가 붕괴되는 대혼란
속에서 오히려 그 사회의 기능을 유지하는 기본적 골격이 되었다는 점이다. 봉
건제도의 지방분권에 결정적인 영향을 준 것은 불수불입권(immunities)의 적
용이었다. 이것은 본래 로마 때에는 황제령과 같은 특별한 영지에 대한 면세권
을 의미하는 것이었으나 봉건제도의 발전과 더불어 행정, 사법을 포함하는 자
치적 통치권을 의미하는 것으로 확대되었다. 즉, 주군이라 할지라도 봉신의 영
토에 들어올 수 없으며 봉신의 생산물을 옮겨갈 수 없었다.

봉신의 의무

앞에서 말한 바와 같이 주군이 된 사람의 의무는 봉신을 보호하는 일이고
봉신이 된 사람의 의무는 주군을 위해 봉사하는 일인데 그 가운데 가장 주된
임무는 군사적 봉사였다. 이와 같은 군무는 물론 기사(knight, chevalier)로서
전쟁을 수행하는 일이었으나 주군이 성주인 경우 성을 지키는 일을 해야 하였
다. 일반적으로 봉건제후(영주)는 성을 가지고 봉신인 기사로 하여금 수비를
하게 하였다. 예를 들면 영국에서는 이들 성주들은 baron이라고 일컬어졌으며
봉건사회에서 가장 유력한 권력을 행사하는 신분계층이었다. 그러면 군사적
의무 이외에 주군에 대한 봉신들의 의무에는 어떤 것들이 있었는가. 그들은 대
체로 그들의 주군을 위해 여러 가지의 물질적 헌신을 해야 했다. 즉, 그들은

주군의 상속세 일부, 주군의 포로 경우 그의 몸값, 주군의 장자성년식과 장녀 결혼비 일부, 축성비 일부 등을 지불하여야 했으며, 이 밖에도 주군에 대한 숙박을 제공하거나 그들의 소환에 언제나 응하지 않으면 안 되었다. 그러나 주군의 의무가 이행되지 않을 경우에는 그들의 의무도 거부되었다. 위에서 잠깐 비친 바대로 봉토는 처음에는 상속이 허용되지 않았으나 10세기 경부터 점차로 세습화되어 장자에게 계승되었다. 봉토 계승시에는 상속세(relief)를 지불해야 했고 계승자가 미성년이거나 여자인 경우에는 따로 봉토관리자를 정하였으며 계승자가 없는 경우에는 봉토는 다시 주군에게로 귀속되었다.

4. 봉건귀족의 생활

중세 봉건귀족의 생활은 목가적 소설에서 나타나는 것처럼 결코 낭만적이지 않았다. 그들의 생활은 물론 역동적인 면도 없지 않았지만 오히려 어렵고 고된 생활이라고 해야 옳을 것이다. 그들의 수명은 42세였으며 그들의 경제상태도 좋지 않은 형편이었다. 11세기까지 그들의 성은 조야한 통나무집이었으며 방도 어둡고 불편하며 음식도 단순하였다. 커피와 차는 아직 알려지지 않았으며 향료와 설탕은 매우 귀하였다. 그들은 넓은 의미에서 일반 기사와 더불어 전쟁을 치르는 전사였다.

기 사 도

그리하여 그들은 소정의 귀족수련과정을 통하여 귀족집단으로서의 도덕과 예의범절을 갖추는 행동규범의 통일을 가지게 되었다. 이것을 우리는 기사도(chivalry)라 부른다. 그들의 아들들은 7-8세가 되면 주군(귀족)의 성에 들어가 같이 살면서 기사로서의 교육과 훈련 등을 습득한다. 그들은 귀족부인의 시동(page)으로 봉사하면서 노래, 악기, 예의범절을 배운다. 그러다가 14-5세가 되면 종사(squire)로서 주군을 받들면서 말 사육에서 무술에 이르기까지 기사로서의 갖추어야 할 훈련을 받고 20세가 되면 기사 서임식을 통하여 하나의 독립된 기사가 된다. 그들의 주된 임무는 싸움이었으므로 전쟁은 그들에게 일종의 경기로 받아들여져 토너먼트(tournament, 마상경기)를 발달하게 하였다. 그들에게 가장 중요한 것은 전쟁의 승리였으며 용맹과 충성이 제일의 덕목이었으며 폭력이나 잔인한 행동도 지나친 악덕이 아니었다. 12세기 이후부터 명예를 존중하는 기풍이 강화되었으며 무장하지 않은 상대를 공격하는 일은 용납되지 않았다.

싸움이 일반화되다 보니 사회적 질서를 잡는 데 문제가 적지 않았다. 그리하여 교회는 싸움을 줄이기 위하여 "신의 휴전(the truce of God)"을 정하여 일요일이나 축제 때에는 전투를 금지하고, "신의 평화(the peace of God)" 때는 여자, 상인, 농민, 성직자 등 비전투원에 대한 공격을 금하였다. 기사도에 있어서 여성존중의 기풍은 사랑을 테마로 삼은 기사문학의 영향도 없지 않았으나 교회의 영향이 컸다. 그들은 대개 주군의 부인을 이상적인 여성으로 하고 그녀를 위하여 온몸과 마음을 바치는 것을 크나큰 명예로 생각하였다. 기사도는 봉건제도의 붕괴와 더불어 서서히 쇠퇴하였으나 그들의 예의범절은 서양근대 지배층의 신사도(gentlemanship)에 적지 않은 영향을 끼쳤다.

제 2 절 봉건사회(Ⅱ): 장원제도

1. 장원의 구조

봉건제도가 지배층 상호간의 주종관계에 기초한 봉건사회의 상부구조에 해당된다면, 장원제도(manorial system)는 지배층 각자가 가지고 있는 토지 내에서의 영주와 농민(농노)으로 이루어진 봉건사회의 하부구조에 해당되는 경제조직이라고 말할 수 있다. 그러므로 원칙적으로 아래 일반귀족에서부터 위의 대귀족에 이르기까지 중세의 모든 귀족들은 대소의 차이는 있을지라도 토지를 운영하는 귀족, 즉 영주(manorial lord, 제후)가 될 수 있었다. 장원의 크기에 관해서는 잘 알려져 있지 않지만 대영주들은 수백 혹은 수천의 장원들을 소유하고 있었으며 가장 작은 장원의 크기는 3, 4백 에이커였다고 한다. 대개 장원은 촌락(villages)과 일치하고 있었으나 경우에 따라서 장원 하나가 하나나 둘 이상의 촌락들을 포함하고 있거나 촌락의 크기가 큰 경우에는 오히려 촌락 하나가 장원 둘을 가지고 있기도 하였다. 어느 경우건 중심이 되는 경제단위는 장원이었다. 장원에는 장원을 경영하는 장원청(manor house)이 있으며 여기에

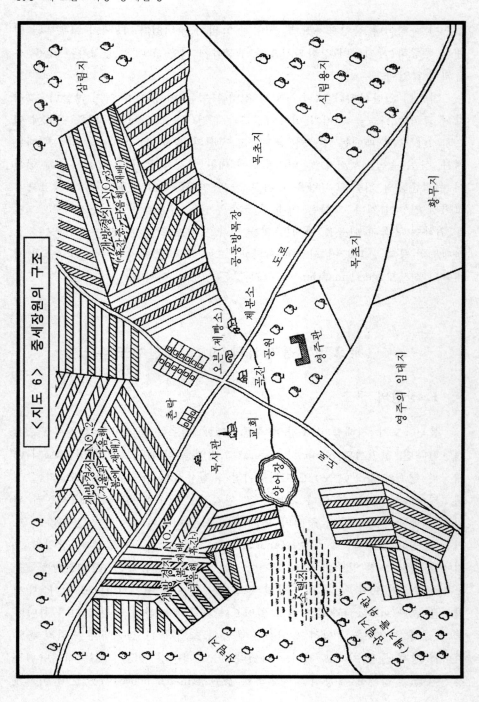

〈지도 6〉 중세장원의 구조

는 장원영주가 살았다. 영주가 일반기사일 경우는 장원청에 상주하지만 그렇지 않을 경우는 관리인(steward or baliff)을 두어 다스리게 하였다. 농민의 집들은 큰 길가에 옹기종기 모여 있었으며 교회와 창고, 제분소, 제빵소 등 각종 시설들이 장원청을 중심으로 위치해 있었다. 그리고 그 주변에는 가장 좋은 영주의 직영지(demesne)와 농민의 보유지 등의 경작지와 공동목장, 삼림지가 둘러싸여 있었다.

삼포제 · 이포제

경작지는 대체로 봄에 경작하는 땅, 가을에 경작하는 땅, 그리고 경작을 쉬게 하는 휴간지 셋으로 나뉘어 있었다. 이들이 휴간지를 번갈아 두는 것은 땅의 지력을 회복하기 위한 것으로 판단된다. 이와 같이 땅을 셋으로 구분하여 돌려가면서 경작하는 방법을 삼포제도(the three-field system)라고 하며, 경우에 따라서는 이포제도(the two-field sysrem)도 운영하였다. 이들 제도는 8세기경 서유럽에서 시작되었다. 장원의 농업은 울타리가 없는 개방제도로서 농민에게 보유된 경작지들은 모두가 좁고 긴 지조(strips)로 구성되어 있었다. 지조는 평균 1에이커 정도의 크기를 가지고 있었으며 좁은 잔디둔덕들에 의해 분리되어 있었다. 지조제의 주목적은 농민들에게 각각 다른 종류의 땅을 공평하게 분배하려는 데 있었으며, 이것들을 경작하는 과정에서 그들은 상호 협력하지 않으면 안 되었다. 이와 같은 장원의 경작방법은 그들의 여러 가지 문제점에도 불구하고 어느 정도의 대량생산을 가능하게 하는 성과를 초래케 하였다.

2. 농민들의 생활

중세 봉건사회에서 귀족과 승려, 행정관리들을 제외하면 장원의 전 인구는 거의가 농사와 노동에 몰두하는 하층계급들로 구성되어 있었다. 이들은 대개 농민(농노)에 속하는 빌레인(villeins)과 서프(serfs), 그리고 그들에게 예속된 크로프터(crofters)와 코터(cotters)의 네 가지 계층으로 나뉘어 있었다. 농민의 거의 대부분을 차지하고 있었던 계급은 말할 것도 없이 앞의 두 계급인 빌레인과 서프였다. 전자(villeins, serfs)의 두 계급은 거의 구분되어 있지 않았지만 처음에는 양자 사이에 상당한 차이가 있었다. 빌레인은 원래는 소농민이었다가 그들의 땅을 힘있는 이웃에게 넘긴 사람들로 땅에 속박되지 않은 소작인이었다.

반면에 서프는 그들이 속한 땅과 함께 매매되는 신분이었다. 그리하여 빌레인은 관례적 약정기간에 한하여 그들의 의무를 하면 되지만 서프는 지주 자의대로 착취되지 않으면 안 되었다. 또 빌레인은 관례적 규정에 따라 세금을 내면 되지만 서프는 영주 마음대로 움직이지 않으면 안 되었다. 그러나 양자 사이의 차이는 13세기에 이르러 없어지고 동일하게 되었다. 우리가 일반적으로 인식하고 있는 농노가 된 것이다. 여기에서 중요한 사실은 이 변천과정에서 빌레인은 서프의 수준까지는 떨어지지 않은 대신 서프는 빌레인의 수준까지 올랐다는 사실이다. 그리하여 소위 농노는 양자의 성격을 어느 정도 반반씩 가지게 되었다.[2] 후자(크로프트와 코터)의 두 계급은 전자의 두 계급에 비해 훨씬 적은 숫자에 불과하였다. 그들은 일정한 신분을 보장받지 못한 빈한한 사람들이었다. 그들은 최하위 서프보다도 못한 신분으로 생계를 위한 지조조차 가지지 못한 사람들이었다. 그들은 시골집이나 오두막집에서 생활했으며 주군을 위하여 여러 가지의 잡일을 하였다. 장원은 대규모의 농장이 아니라 소작들에 의해 경작되는 작은 농장들의 집합체이므로 이들이 경제를 꾸려가는 데에는 적합지 않았다. 그리하여 그들 중 소수만이 가정의 종복으로 고용되었고 나머지는 살아갈 수가 없었다.

농노의 의무

농노들은 영주의 땅을 경작해 주는 대신 적지 않은 지대와 세금을 납부해야 했다. 그 중요한 것들로는 인두세(the capitatio), 지대(the cens), 생산세(the taille), 강제사용세(the banalites), 접대비(the prestations), 그리고 부역비(the corvee)가 있었다. 인두세는 서프에게 각각 부과되는 세금이며, 지대는 빌레인과 자유인들에게 부과되는 일종의 차지료이며, 생산세는 빌레인과 서프가 생산하는 모든 생산물에 부과되는 세금이었다.

---

2) 농노는 로마시대의 대농지인 빌라(villa)에서 경작하던 콜로누스(colonus)와 비슷한 존재였다. 콜로누스는 자유농이었으나 점차 토지를 이탈하지 못하게 하였다. villeins는 빌라에서 유래한 말이다. 말하자면 중세의 농노는 로마의 콜로누스로부터 연유된 바 크다고 하겠다.

프랑스의 경우 인두세는 4 드니에(denier)였기 때문에 서프를 '4 드니에의 사람(hommede quatre deniers)'이라고도 불렀다. 강제사용세는 제분소, 포도주 제조기, 양조기, 빵제조기, 우물을 사용하는 대가로 영주에게 지불하는 세금이 며 접대비는 백작이나 남작 등이 여행중에 드는 비용을 지불하는 세금이었다. 영주들은 여행하면서 그들이 묵는 곳에서 숙박비와 음식대, 말 등 가축을 돌보 는 비용을 청구할 권리를 가지고 있었다. 그러나 일년에 세 번 이상은 허용되 지 않았다. 끝으로 부역비는 영주의 직영지를 경작하고 건물이나 다리 등을 수 리해 주는 빌레인과 서프의 강제노동을 의미했다. 이 외에 이들(농노)은 결혼 은 하되 다른 장원의 딸을 데려오는 대가에 해당되는 결혼세(formarriage)를 지불하였다. 그들의 보유지는 상속할 경우 상속세(mainmorte)를 지불하였다.

농민의 생활

그러면 장원의 농민들의 생활은 어떠했는지에 관하여 살펴보도록 하자. 그들은 농번기에는 해뜰 때부터 해질 때까지 줄곧 일했으며 그들의 집은 진흙 으로 만든 조야한 오두막집에 불과하였다. 얽어 만든 가운데 지붕 꼭대기에 있 는 구멍이 유일한 연기를 빼내는 출구였으며 바닥은 흙이어서 춥고 비가 새어 들어올 정도였다. 침대는 짚으로 채운 상자였으며 앉을 기구는 등이 없는 다리 셋달린 의자였다. 음식도 보잘 것 없었다. 기껏해야 검은 호밀빵과 앞뜰에서 심어 걷은 채소, 가까스로 건조한 고기류와 치즈 정도가 있었을 뿐이다. 그리 하여 흉년일 경우 기아로 굶어 죽는 사람들이 적지 않았다. 그들은 문맹이었으 며 미신에 젖어 있기 일쑤였다. 그들은 무미건조한 생활을 하여 유머가 없었으 며 사는 데 찌들려 있었다. 그리하여 그들은 너무나 더럽고 냄새가 심하여 지 옥의 악마도 그들을 멀리 하였을 정도라고 전해지고 있다.

그럼에도 불구하고 영주에 속한 농민들은 그들 나름대로 장점을 가지고 있었다. 즉 그들은 현대의 노동자들이 실업으로 일자리를 잃고 번민과 불확실 성으로 고통을 당하는 비참한 일은 당하지 않았다. 그들은 장원이 팔리더라도 토지에서 쫓겨나지 않았으며 그들의 일자리는 결코 없어지지 않았다. 그들은 늙거나 허약해져 일할 수 없게 된다 하더라도 걱정이 없었다. 왜냐 하면 그들 의 영주가 그들을 끝까지 돌보는 것이 그들의 관습이었기 때문이다. 그들은 농 번기에는 쉬지 않고 일하였지만 그 대신 오늘날 노동자에게 주어지는 휴가에 못지않은 혜택을 가질 수 있었다. 기록에 의하면 그들의 휴가기간은 일요일을 제외하고 일년에 60여 일에 이르렀다고 한다. 농번기 후나 종교휴일 후에는 영주로부터 후한 대접을 받았으며 적어도 군사적 의무는 주어지지 않았다. 그들은 군대에 의해 곡물과 가축을 빼앗기는 경우도 있기는 하였으나 근대의 어설픈 독재자나 탐욕스러운 자본가에 의해 생명을 희생당하는 일은 있지 않았다.

봉건사회의 붕괴원인

봉건사회는 13세기경 프랑스와 이탈리아를 시작으로 서서히 쇠퇴하였으며 좀 길게 계속된 독일과 영국에서도 1500년에 이르러 거의 소멸하게 되었다. 봉건사회의 잔해는 그 후 19세기 중엽까지도 동남부유럽에 남아 있었던 것이 사실이다. 봉건사회의 붕괴원인들은 11세기 이후의 여러 경제적 변화들과 긴밀히 연결되어 있었다. 근동과의 무역부활, 도시들의 성장, 공산물의 가격상승으로 농민들은 그들의 자리에서 벗어날 수 있었다. 더욱이 상업과 산업의 확장은 새로운 고용기회를 만들어 냈으며 수많은 서프(농노)를 도시로 이주하게 자극하였다. 그들이 일단 도망가면 다시 돌아오기는 불가능하였다. 14세기 유럽을 휩쓸었던 흑사병도 직접적인 경제적 요인은 아니라 할지라도 봉건사회의 붕괴원인이 되었다. 이러한 조건들은 봉건제도를 와해시켰을 뿐 아니라 장원제도도 무너뜨렸던 것이다.

제3절 중세 봉건왕국의 성립

1. 프랑스의 민족왕조

앞에서 잠깐 말한 바와 같이 근대 절대주의의 전신이 되는 봉건왕국은 미흡하나마 민족감정을 중심으로 하여 뭉침으로 중세봉건사회의 기틀을 벗어나기 시작하였다. 그러면 유럽의 민족적 왕국들이 어떻게 하여 이루어졌는지를 간단하게 살펴보도록 하자.

이미 설명한 대로 찰스대제가 814년 사망한 다음 그의 강력한 정치체제는 와해되었으며, 843년 베르뎅조약에 의해 카롤링제국은 셋으로 갈라졌다. 그 중 가장 큰 두 지역들은 근대 독일과 프랑스에 해당하는 동프랑크와 서프랑크 왕국들이었다. 그리고 이들 두 지역들 사이의 넓은 지역은 근대 벨기에, 홀란드, 알사스, 로렌을 포함하는 중프랑크왕국을 형성하였다. 이것은 바로 오늘날의 유럽지도에서 가장 중요한 정치적 분할을 예고하는 시작이라 할 수 있다.

위 3왕국들의 왕들은 봉건적 지배체제에 들어가긴 했으나 카롤링왕가의 왕들이 아니라 공작이나 백작으로서 지방귀족과 군대에 의존하는 지배자에 불과하였다. 그러므로 인민에 대한 실질적인 권위는 존재하지 않았다. 12세기 말에 가서야 프랑스에서 서서히 민족적 왕권이 성립되기 시작하였다.

카롤링왕조를 끝내고 새로운 프랑스의 민족적 왕국의 기초를 세운 사람은 파리백작인 위그 카페(Hugh Capet: 987-996)였다. 이것이 카페왕조의 시작이었다. 이후 300여 년 이상 동안 그의 후계자들은 프랑스의 왕위를 차지하였다. 그들이 프랑스의 강력한 지배에 성공할 수 있었던 것은 몇 가지의 원인들 때문이다. 첫째는 왕위를 이을 후사가 끊이지 않아 상속 싸움을 하지 않았다는 점이며, 둘째는 그들이 섭정을 할 필요 없도록 성장하여 왕위에 올랐다는 점, 셋째는 교역의 발달로 부르주아지와의 협력으로 귀족을 제압할 수 있었다는 점, 그리고 마지막으로는 영특한 왕들의 출현으로 교회와의 관계를 돈독하게 유지할 수 있었던 점이다.

실질적으로 프랑스의 민족왕국을 처음 세운 사람은 필립 아우구스투스(Philip Augustus: 1180-1223)로 봉건적 관례를 벗어나는 정책을 수행하여 왕권강화에 진력을 다하였다. 그는 그의 봉신들에게 땅을 분배하고 제일차적 충성을 요구하였다. 그는 세원증가의 방법으로 상속세를 화폐지불로 전환하였으며 도시에 특허장을 매매하고 유대인에게 특별세를 부과하게 하였다. 그리고 군대를 용병제로 바꾸어 전유화하였다. 그는 이러한 바탕 위에서 왕위에 오르자마자 지방분권적 조직을 그의 수중에 넣기 시작하였다. 당시 프랑스는 파리시를 중심으로 둘러싸인 조그마한 지역에 불과하였다. 나머지 지역들은 노르만디백작, 샴페인백작, 브리타니백작, 브루군디백작, 아키테인백작 등에 의해 차지하게 되었다. 이들 지배자들은 물론 프랑스왕의 봉신들이었지만 실제적으로는 왕권으로부터 멀리 벗어나 있었다. 필립은 영국군주들의 부재를 이용하여 노르만디공국과 그 주위 주들을 공격하여 영국해협까지 그의 왕권을 확장시켰으며 알비젠스파(the Albigenses)를 몰아 내려는 교황청의 십자군에 참여함으로써 남부지역과 툴루스주를 얻어 냈다. 두 번째로 프랑스 민족왕국을 건립하는 데에 크나큰 공헌을 한 사람은 루이 9세(Louis Ⅸ: 1226-1270)였다. 그는 신앙과 야망을 겸비한 지배자로 금욕적일 뿐 아니라 병원설립, 결투재판(a trial by combat) 폐지, 농노해방 등을 실시하여 소위 "중세 프랑스의 황금시대"를 이룩하였다. 그는 더 나아가 봉건법정으로부터의 공소권을 그의 법정으로까지 연장하고 그의 정책을 왕국의 모든 지역에서 받아들이도록 명령하였다. 이러한 일련의 일들은 봉건적 봉신들의 동의 없이는 이루어질 수 없는 것들로서 프랑스왕국의 권력을 강화하는 데 적지 않게 기여하였다.

삼 부 회

세 번째로 프랑스 민족왕국을 발전하는데 빼어 놓을 수 없는 사람은 필립 4세(Philip Ⅳ, Philip the Fair: 1285-1314)로 그의 정책들은 거의 대부분 세원의 필요와 국가의 절대주권을 강조하는 로마법의 영향에 의해 이루어졌다. 국고를 늘리려는 그의 욕망은 유대인들과 이탈리아 은행가들을 축출하고, 그들의 재산을 몰수할 뿐 아니라 남아 있는 모든 봉건적 의무들을 직접세로 바꾸지 않으면 안 되게 하였다. 필립은 이에서 더 나아가 상인들의 소득과 상품 및 재산에도 세금을 부과하였다. 그러나 가장 심오한 의미를 가지는 일은 교회의 재산에까지 과세하려는 그의 시도였다. 이것은 교황과의 즉각적인 충돌을 가지고 왔는데 두 가지의 매우 중요한 결과를 초래하였다. 하나는 프랑스의 가톨릭교회를 왕에게 복속케 한 일이며, 다른 하나는 프랑스역사 최초의 의회(parliament)로 간주되는 조직을 소집한 일이다. 필립은 교황과의 싸움에서 그의 신하들의 태도를 결정하기 위하여 1302년 승려, 일반귀족, 그리고 도시의 대표자들로 이루어진 의회를 소집하였다. 이것은 그의 모든 신하들의 계급들, 혹은 주요신분들이 모였기 때문에 삼부회(the Estates-General)로 알려지게 되었다. 이 회의는 필립이 새로운 종류의 세제를 통과시키기 위하여 두 번 열린 적이 있었으며 1614년까지 그의 후계자들에 의해 거의 정규적으로 소집되었다. 삼부회는 물론 독립된 입법의회가 아니라 왕을 위해 모인 고문들의 집단이다. 그것이 진정한 의미의 팔러먼트로 인정하게 된 것은 18세기 자유주의의 영향에 의해서였다. 다른 한편으로 그것은 귀족 바깥으로부터 더 많은 대표자들을 포함하게 됨에 따라 봉건적 성격에서 민족적 성격으로 변모하는 또 다른 단계를 거치게 되었다.

백년전쟁

프랑스의 민족적 왕권이 더욱 공고하게 다져진 것은 백년전쟁(the Hun-dred Years' War: 1337-1453)을 거치면서였다. 백년전쟁의 원인에는 여러 가지가 있다. 첫 번째 원인은 왕위계승을 둘러싸고 일어난 프랑스와 영국간의 적대관계일 것이다. 프랑스는 카페왕조의 필립 4세 이후 후계자가 없는 가운데 필립왕의 동생의 아들인 발로아백이 필립 6세(Philip Ⅵ : 1328-1350)로 등극하여 새로운 발로아(Valois)왕조를 열었다. 이에 대해 필립 4세의 딸 이사벨라(영국왕 에드워드 2세의 왕비)가 그녀의 아들 에드워드 3세를 정통계승자로 주장하고 나섰다. 여기에 여러 가지의 복잡한 시비가 나오게 되었다. 두 번째는 프랑스 내 지역에 대한 영국과 프랑스왕들 사이의 오래된 주도권 싸움일 것이다. 영국이(헨리 3세) 프랑스 내의 땅들을 포기하는 대신 봉신의 자격으로 프랑스 서남부의 기엔느(Guienne)와 가스코니(Gascony) 땅을 허락함으로 양국 사이의 분쟁이 끊이지 않게 되었다. 특히 프랑스군주들은 이를 매우 못마땅하게 여겨 불만을 감추지 않았다. 세 번째 원인은 플랑드르지방을 둘러싸고 일어난 이권문제일 것이다. 플랑드르의 상인지배층에 대한 노동자들의 반란이 일자 이것의 해결을 위하여 플랑드르는 프랑스에 원조를 요청하여 이에 응하였다. 이에 영국은 플랑드르 양모의 주요시장이라는 점에서 모르는 채 할 수가 없는 형편이었다. 드디어 1327년 영국왕 에드워드 3세는 그의 어머니가 프랑스왕 필립 4세의 딸인 것을 들어 프랑스의 왕위를 주장하고 나섰다. 백년전쟁은 줄곧 계속된 것은 아니지만 실제로 한 세기 이상 끌었다. 그간에는 여러 가지 싸움들의 굴곡이 있었으나 영국군이 일반적으로 우세하였다.

인구는 오히려 프랑스가 훨씬 많았고 재정면에서도 높았다. 그러나 영국군은 보다 잘 조직화되고 훈련되었으며 좋은 장비를 갖추고 있었다. 봉건사회에서의 힘은 군사력이라는 점이 여실히 나타났다. 여기에 그들은 프랑스에 있었던 내분이 없어 통일을 이루고 있었으며, 반면에 프랑스는 영국의 긴 화살을 지닌 자영농민의 보병대를 가지지 못하였으며 단지 종래의 중무장의 기사들만을 가지고 있었다. 영국의 에드워드 3세는 1346년 크레시전투에서 프랑스군을 격파하고 다음 해에는 칼레를 함락하여 기세를 잡았으며, 그의 아들 흑태자

(the Black Prince)는 프랑스 남부 일대를 점령하여 위세를 떨쳤다. 프랑스는 브레티니의 휴전(treaty of Bretiny, 1359)으로 일단 외적인 위기를 모면하였으나 국내에서는 소위 파리의 상인대표 에티엔느 마르셀(Etienne Marcel)의 반란으로 혼란을 거듭하였다.[3] 그러나 영국의 영웅 흑태자와 에드워드 3세가 각각 사망하고(1376, 1377), 프랑스도 샤를르 5세가 사망하자 백년전쟁은 20년간 휴전하기로 합의되었다(1396).

프랑스와 영국에는 계속하여 어려운 정치상황이 연이었다. 프랑스는 샤를르 6세가 어린 나이로 등극하자 오르레앙왕가와 부르고뉴왕가 사이의 치열한 싸움이 일어나게 되었으며, 영국은 에드워드 3세 이후 리처드 2세, 헨리 4세가 그 뒤를 이었으며 마침내 헨리 5세가 왕위에 오르면서 백년전쟁은 다시 문을 열게 되었다. 헨리 5세는 프랑스군을 대파하고 트로와(Troyes)조약에 의해 새로 샤를르 6세와 결혼한 다음 영국과 프랑스를 계승하기로 합의하였다. 그러나 그가 사망하자 출생한지 몇 개월 안 된 그들의 딸이 헨리 6세(1422-1461)로 등극하였다. 이를 계기로 프랑스는 영국과 손을 잡은 부르고뉴왕가의 북부프랑스와 왕태자 샤를르에 속하는 르와르강 이남으로 양분되어 싸움이 벌어졌다.

프랑스의 샤를르는 적자가 아니라는 약점으로 사리사욕을 채우려는 간신들에 의해 드디어 1428년 영국군의 침략을 이기지 못하고 오르레앙을 빼앗기고 말았다. 프랑스는 이제 영국의 침공 앞에 풍전등화의 신세가 되었다.

그러나 프랑스의 군대를 한데 뭉치게 하여 승리를 가져다 주는 놀라운 기적의 사건이 일어났다. 그것은 신앙심이 두터운 소녀 쟌 다르크(Jeanne d'Arc, Joan of Arc)의 출현이었다. 그녀는 결코 배운 적은 없지만 그녀의 애국심은 프랑스군에게 크나큰 감동을 유발하였다. 그들은 그녀를 신이 보내 주신 천사로 확신하였다. 드디어 프랑스군은 단지 몇 개월 안에 국토를 회복하였고 샤를르 7세를 렝스에서 프랑스왕관를 다시 쓰게 하였다. 그러나 쟌 다르크는 1430년 브루군디에 의해 붙잡혀 영국군에게 넘기게 되어 결국 1431년 이단으로 몰려 화형당하였다.

---

3) 에드워드 3세는 국고를 충당하기 위하여 20여 회에 걸쳐 화폐를 발행하여 경제적 혼란을 자초하였다. 이에 불안을 느낀 부르주아지는 1357년 삼부회 소집을 계기로 파리상인조합장인 마르셀과 제휴하여 반란을 시도하였다. 마르셀은 결국 보수파에 의해 살해되었다.

프랑스는 쟌 다르크의 애국적 열정에 힘입어 1453년 영국의 최후의 거점인 보르도(Bordeaux)를 점령함으로써 전쟁을 끝냈다. 다만 칼레(Calais)항구만은 영국의 기지로 그대로 남았다. 그러나 백년전쟁은 영국군을 프랑스로부터 몰아 내는 것 이상의 효과를 프랑스에 가져다 주었다. 즉 프랑스는 백년전쟁으로 프랑스 왕권강화의 기틀을 가지게 되었다. 삼부회와 귀족들의 정치적 야망은 수포로 끝나고 말았다. 전쟁으로 인한 엄청난 출혈에도 불구하고 프랑스는 절대왕조에 버금가는 중앙집권적 민족의식을 고취할 수 있었다. 이러한 과정은 결국 프랑스를 봉건주의로부터 근대국가로 옮아가는 데 중요한 견인차 역할을 하였던 것이다.

2. 영국의 민족왕조

영국은 프랑스나 유럽의 어느 나라보다 일찍이 민족적 통일을 성취하였다. 그것은 지리적으로 대륙과 떨어져 있는 유리한 점도 있지만 1066년 윌리엄 정복왕(William the Conqueror: 1066-1087)의 무력적 영국지배 때문이었다. 윌리엄과 그의 후계자들은 주로 프랑스에 머물면서 영국 자체의 효율적 관료조직에 의존하였다. 노르만왕들은 주로 그들의 힘있는 신하들이나 대주교, 귀족들과의 협의를 통하여 국사를 다스렸다. 여기에서 후술할 의회(parlays, parliament)가 나타났다. 그리고 이것이 프랑스의 절대군주와는 다른 영국의 독특한 정치형태를 가지게 된 원인이기도 하다.

윌리엄 정복왕은 지나친 변혁을 자제하고 대부분의 앵글로·색슨의 법률과 제도를 그대로 유지하려고 노력하였다. 정복왕은 대륙으로부터 봉건적 요소들을 들여왔지만 지방분권화적 요소들은 억제시켰다. 그는 샐리스뷰리서약에 의해 그의 봉신들로 하여금 주군으로서가 아니라 군주로서의 직접적인 충성을 맹세하기를 바랐다. 그는 사적 전쟁을 금하고 화폐주조권을 실시하였으며 그의 추종자들에게 땅은 주되 계약지역으로 구성된 소유지는 주지 않았다. 그는 정복자로보다는 에드워드 고백왕의 정당한 후계자로 자처하면서 그에게 반대하지 않는 사람들에게 한하여 몰수한 땅을 분배하였다. 그는 1086년 행정과 징세의 자료로 사용하기 위하여 각 지역의 자원을 조사하여 이것을 기초로 『둠즈데이(Domesday Book)』라는 일종의 토지대장을 만들기도 하였다. 주법정

도 관습법에 준하게 하고 주장관(sheriff)만은 노르만식으로 바꿨으며, 교회재
판권은 대륙식에 의해 분리하여 운영토록 하였다.

그는 위탄게모트(앵글로·색슨왕의 자문회의)를 쿠리아회(curia regis, 왕실
회의)로 변형하여 그의 가신들과 행정신하들로 구성되게 하였다. 이러한 헌법은
그의 재위 말년에 가서야 서서히 변화되기 시작하였다. 한편으로 그의 중앙집권
적 왕권강화는 영국귀족들(barons)의 긴장과 반발을 일으키는 계기를 만들었
다. 그의 사후에도 그의 정책들은 계속되었다. 특히 헨리 1세(Henry Ⅰ: 1100-
1135)와 헨리 2세(Henry Ⅱ: 1154-1189) 때는 국가통합적 왕권이 이룩되었
다. 헨리 1세 사후 왕위계승문제로 혼란을 거듭하게 되었다.

플란타지네트왕조

헨리 1세의 유일한 후계자인 딸과 그의 남편 앙주백을 제쳐놓고 헨리의
누이동생의 아들인 스테판(Stephen: 1135-1154)이 왕위에 등극하자 양자간의
싸움이 격렬하게 일어났다. 결국 스테판 다음으로 앙주백의 아들 헨리 2세가
뒤를 이으면서 플란타지네트왕조(Plantagenets)를 열었다. 그야말로 국고는 고
갈되고 귀족들이 발호하는 어려운 형편이었다. 헨리 2세는 그 해결책으로 봉
건적 군대의무를 스쿠티지(scutage, 군무대납세)로 알려진 화폐지불로 바꾸고
개인재산과 소득에 대한 세금징수를 영국 최초로 실시하였다. 다음으로 그는
귀족과의 싸움에서 허가 없이 축성한 수백의 성들을 없애고 봉건법정의 재판
을 파기하였다. 그러나 그는 귀족(barons)의 세력을 어떤 법적이며 사법적 변
화 없이는 영구적으로 억제할 수 없다는 것을 알고 그를 도와 줄 중진 법률가
들에게 자문을 구하였다.

보통법과 공판배심제

이 외에 그는 여러 가지 분야에서 재판을 운영하는 순회법관들을 임명하
는 종래의 관행을 그대로 따랐다. 이들 법관들은 이 지역 저 지역을 두루 여행
하면서 영국을 통틀어 통하는 일정한 법을 적용하였다. 그들의 결정에 의해 이
루어진 판례들은 점차적으로 지방관습들을 밀어 내고 영국의 소위 보통법(the
Common Law)으로 자리를 잡게 되었다. 보통법이란 영국의 모든 사람과 모든
지역에 적용되는 공통되는 법이라는 의미로 특정의 지방에만 해당되던 봉건법

과는 다른 것이다. 헨리 2세는 주장관(sheriff)으로 하여금 배심원들이 살인자
나 방화범, 강도 등과 같은 범죄자들을 고발하게 하는 대배심원제(grand jury)
를 처음으로 실시하였다. 종래에는 피해자나 친척만이 고발하게 하여 가해자
의 방해작업이 적지 않았다. 헨리의 개혁 중에서 또 한 가지 중요한 것은 소위
공판배심제(the trial jury)의 시초로 보여지는 재판제도의 도입이었다. 이것은
피고와 원고를 사건을 목격한 12명의 사람들과 함께 모두 법관 앞에 세우고
소송을 심리하는 제도였다.

　　헨리 2세는 한 가지 사법행정에서 하지 못한 일이 있었다. 그것은 승려들
의 재판권을 왕실에 두려는 시도였다. 사제나 교회성직자들은 만일 위법이 있
을 경우 일반적으로 교회법정에서 교회법에 의해 재판을 받는 것이 관례였으
며 살인죄라 하더라도 승려직만 박탈당하면 그만이었다. 이것을 헨리는 왕실
법정으로 끌고 오려고 하였다. 그는 1164년『클라렌던 헌장(the Constitutions
of Clarendon)』을 제정하고 신임이 두터운 토마스 베케트(Thomas a Becket)를
캔터베리 대주교에 임명하였다. 대주교를 통하여 그의 정책을 실천하자는 의
도였다. 그러나 그는 헨리가 왕권강화에 충실한 것과 같이 교회일에 충실하였
다. 베케트는 헨리의 뜻을 거슬리다가 결국 국왕기사에 의해 살해되었다. 이
사건으로 베케트는 순교자가 된 반면에 헨리는 교황의 문책을 면할 수가 없게
되었다.

마그나 카르타

　　헨리의 아들들인 리차드 1세와 존왕의 재위중에 봉건제도는 부분적으로
승기를 잡았다. 리차드는 그의 10년 재임 가운데 단지 6개월을 빼고는 영국에
있은 적이 없었다. 그는 주로 대륙의 재산을 비호하기 위한 군비에 신경을 쏟
았다. 그리하여 그의 군비충당에 부과되는 과중한 세금이 수많은 귀족들의 적
대감을 불러일으켰다. 봉건적 반란은 그의 동생 존왕 때 절정에 다다랐다. 존
은 두 가지의 불행한 강력한 적(필립과 이노센트)을 만났다. 존이 프랑스의 아
우구스투스 필립왕에게 프랑스 내의 대부분의 땅을 잃고 교황 이노센트 3세에
게 다시 수모를 당하게 되자 영국 귀족들은 그들의 세력을 잡으려는 호기를
놓칠 리가 없었다. 1215년 드디어 존은 지금까지 영국의 중요한 헌정문서로
남아 있는 소위 유명한 마그나 카르타(Magna Carta)에 조인하지 않으면 안 되

었다. 이 문서는 귀족대표들이 만든 '귀족의 조항들(the articles of barons)'로
서 어디까지나 주군인 왕이 그의 봉신들의 전통적인 권리들을 존중할 것을 서
약한 봉건적 계약문서였다. 일반인들의 자유를 보장하는 권리장전으로 바라보
려는 것은 지나친 해석이라 할 수 있다. 그러나 국왕 직속의 신하들 회의를 거
치지 않고는 특별보조세와 같은 세금을 징수할 수 없다는 조항(제3조)과 자
유인은 정당한 사법절차 없이는 구속되거나 투옥될 수 없다는 조항(제39조)은
그 당시로서는 매우 중요한 제한정치의 원칙을 나타낸 사건으로 간주된다. 즉
전자는 영국의회의 과세에 대한 통제의 기초가 되었고, 후자는 영미에서의 개
인자유의 바탕이 되었다. 요컨대, 마그나 카르타는 영국에 있어서 왕권에 제동
을 거는 중요한 제어장치가 되었던 것이다.

영국의회의 기원

귀족들의 반란은 존의 아들인 헨리 3세 때에도 여전하였다. 그들은 중산
층의 지지를 끌어모으고 레스터백 시몽 드 몽포르(Simon de Monfort: 1208-
1265)의 지지를 얻었다. 결국 내란이 터져 왕은 투옥되고 몽포르는 왕권제한
에 대한 인민의 지지를 얻기 위하여 고위 귀족들과 교회성직자들뿐 아니라 각
샤이어(shire, 주)에서 2명의 기사들, 중요한 도시에서 2명의 시민들로 구성된
의회 즉 팔러먼트(parliament)를 소집하였다. 30년 후 이러한 세 계급들로 이
루어진 팔러먼트의 구상은 에드워드 1세(Edward I: 1272-1307)가 1295년
소위 모범의회(the Model Parliament)를 소집하였을 때 정부산하의 정규기관으
로 정착되었다.[4] 모범의회의 목표는 민주적 개혁에 있다기보다는 정치구조를
다양화하여 왕을 귀족으로부터 떨어뜨림으로 왕권을 강화하려는 데 있었다.
그러나 영국의회는 출생신분이 아니라 재산에 의해, 그리고 신분계급별(승려,
귀족, 평민 등)이 아니라 개인별로 각각 그 구성원을 선출했다는 점에서 대륙의
국가들과 차이를 나타내고 있다. 에드워드는 이 외에도 행정을 전문화하였으
며 신하들이 운영하는 민사재판소(the court of common pleas)와 왕실과 관련
된 소송을 처리하는 왕실재판소(the court of King's bench)를 설치하였다.

---

4) 영국이 프랑스와의 전쟁과 프랑스·스코틀랜드의 제휴에 대비하기 위하여 소집한 회의로 바
론 이상의 귀족과 고위성직자, 각 주에서 2명의 기사, 각 자치도시에서 2명의 시민대표를 선거
제에 의해 소집하였다. 이것은 물론 예산을 얻기 위해서였다.

상하원의 형성

일반인들(the commons)의 대표자들이 왕을 자문하기 위하여 고위 두 상층계급들과 함께 언제나 만나야 된다는 판례가 이루어졌다. 에드워드 3세(Edward Ⅲ: 1327-1377) 재위 말기 의회는 실제적인 목적을 위하여 상하원으로 분리되었으며 그 권한도 강화되었다. 시초에는 신분제의회의 성격을 가졌으나 승려들의 자진 불참으로 그 숫자가 줄어들자, 대제후와 귀족은 상원(the House of Lords)을 만들고 주와 도시의 대표자들은 이에 대응하여 하원(the House of Commons)을 구성하였다. 하원은 입법권이나 법령의 최종결정권은 가지지 못하였으며 '진정'의 형태로 발의하는 일만이 주어졌다. 에드워드 3세 때 이루진 것으로는 치안판사(justice of the peace)를 들 수 있다. 치안판사는 일종의 조사관으로 잘못된 사람들을 재판하는 권리를 가졌다. 그들은 젠트리나 지방유지 가운데서 왕이 임명하였으며 보수가 없었기 때문에 독립성을 가질 수 있었으며 후에는 경찰권까지 가지게 되었다. 요컨대, 백년전쟁으로 영국에서는 왕권이 강화되었으며, 봉건제도가 사라지는 것은 왕권을 위한 분쟁인 장미전쟁(the War of the Roses: 1455-1485)을 거치면서였다. 이 전쟁으로 수많은 귀족이 몰락하여 혼란에 지친 영국인들은 새로운 강력한 왕을 바라게 되었다. 이것이 바로 튜더왕조를 시작한 헨리 7세였다.

3. 독일 · 이탈리아의 민족왕국의 실패

독일과 이탈리아는 중세는 물론 그 이후(15세기경)에도 오랜 동안 민족적 성격의 왕조는 이룩하지 못하였다. 독일의 공작(제후)세력과 교황의 권력이 너무 강해 극복될 수가 없었다. 독일의 일부 황제들은 만약 그들이 그들 자신의 나라에만 만족했었다면 아마도 중앙집권적 지배를 하는 데 성공했을지도 모른다. 그러나 그들은 이탈리아에 끈질기게 끼어들어 교황을 괴롭혔으며 본국의 반란을 초래케 했던 것이다. 911년 카롤링왕조의 동부가 없어졌을 때 독일인들은 왕을 선출하는 고대 관습을 다시 회복하였다. 그들에 의해 첫 번째로 등장한 사람이 프랑코니아의 콘라드(Conrad of Franconia)였으며 그 다음이 색슨왕조의 창시자 헨리 1세였다.

오토대제

이 왕조의 가장 유명한 왕은 936년에 왕위에 오른 헨리의 아들인 오토대제(Otto the Great: 936-973)로서 독일 유일무이의 군주가 되려는 야심찬 일들을 시도하였다. 그는 단순한 독일의 왕이 아니라 그 이상의 존재가 되려고 하였다. 오토는 찰스대제의 후계자로서 적임자라고 자처하였다. 그는 이탈리아 문제에 끼어들었으며 드디어 롬바르드의 왕을 얻어내는 데 성공하였다. 이것은 교황청에 개입하는 한 단계로서, 961년에는 적들로부터의 보호를 요청한 교황 요한 12세를 도와 줌으로써 로마황제의 제관을 받게 되었다. 오토대제의 제국은 독일과 이탈리아에 국한되었지만 그의 원래의 야심은 모든 라틴 기독교국가들을 포괄하는 것이었다. 이것은 물론 새로운 국가로서가 아니라 단지 카롤링제국과 케사르제국의 계승자로서의 꿈이었다.

오토대제의 왕가는 12세기 호엔스타우펜가(Hohenstaufen family)의 수중으로 들어가게 되었는데, 프레드릭 바르바로사(Frederick Barbarossa)와 프레드릭 2세(Frederick Ⅱ)는 이 왕가에서 나온 대표적인 지배자들이었다. 이들 두 지배자들도 제국의 위엄을 주장하였다. 특히 바르바로사는 독일과 이탈리아제국을 신성로마제국(the Holy Roman Empire)이라고 불렀는데, 이것은 교회와 함께 신에 의해 직접 세워진 제국이라는 이론에 근거한 것이다. 시칠리아 남부이탈리아뿐 아니라 신성로마제국의 왕인 프레드릭 2세는 독일에보다는 이탈리아에 더 많은 관심을 쏟았다. 프레드릭 2세는 그의 할아버지 바르바로사가 서유럽 지고의 세속군주로서 보편적 제국을 다스렸다는 사실을 굳게 믿었다. 그의 이상을 실현할 수 있는 길은 오로지 남부이탈리아와 시칠리아에 강력한 국가를 세우고 이것을 북부로 확장시키는 일이라고 확신하고 왕권신수설에 기초한 전제정치를 실시하였다. 그는 마치 영국의 윌리엄 정복왕과 마찬가지로 봉건제도를 일소하고 중앙집권적 제도들을 실시하였다. 그러나 프레드릭은 그의 전임자들과 같이 신성로마제국을 발전시키는 일에 성공하지 못하였다. 그의 결정적인 실수는 프랑스의 카페왕국에서 나타난 것과 같은 중산계급의 지지를 얻는 데 실패한 사실이었다. 그리하여 그는 교황의 벽을 뚫지 못했던 것이다. 1250년 그가 죽은 다음 교황은 호엔스타우펜가의 남은 무리들을 없애는 정책을 수립하였다. 1273년 합스부르크 루돌프(Rudolf of Habsburg)가 황제의 자리를 이어받았으나 그의 신성로마제국은 강하지 못하였다. 신성로마제국은 1806년 나폴레옹에 의해 붕괴되었다.

제 4 절 중세교회의 문명

1. 교리와 교회조직의 발달

이제까지는 서양중세의 봉건사회에 관하여 대강 살펴보았다. 그러면 서양 중세의 기독교와 지적 사상발달은 어떠했는지에 대하여 알아보자. 일반적으로 중세의 기독교와 사상은 전기(400-800)와 후기(800-1300)로 나누어 그 특성을 구별할 수 있다. 전기는 로마의 정치적 사회적 구조가 허물어지고 새로운 체제가 아직 안정을 찾지 못하는 과도기적 사정에 있었으므로 이 시기의 사상은 비관주의, 숙명주의 및 내세주의에 주로 쏠려 있었다. 그리하여 일신교나 삼위일체, 내세의 구원과 같은 교리들이 그들에게 받아들여졌으며, 여기에 어거스틴과 그레고리대제의 종교사상이 첨가되어 주종을 이루는 것이 보통이었다. 그들에게 악마와의 협상은 용납되지 않았으며, 인간은 원래 사악한 존재로 신의 은총 없이는 선업을 이룰 수 없는 존재였다. 모든 선택이나 파기는 어디까지나 신에게 달린 문제로 간주되었다.

중세 후기 신학의 특성

그러나 중세 후기에 들면서 점진적인 변화가 일어났다. 그들의 기독교적 사상에는 낙관주의와 세속적 현세주의가 자리를 잡게 되었다. 그들은 영원을 위한 준비뿐 아니라 그들 자신을 위한 준비도 중요하게 생각하였다. 그리하여 사제제도와 성사와 같은 현실적이며 구체적인 교리들이 그들에게 수용되어졌다. 그들에게 인간은 더 이상 전적으로 타락한 악한 존재가 아니라 신과 협력하여 구원을 이룩할 수 있는 존재로 비쳐져 철학자들과 신학자들의 역할이 강조되어졌다. 그들의 문제는 수도원적 교육과 보다 안정된 정치, 그리고 경제적 안정으로 기울어지게 되었다. 이러한 그들의 경향은 12, 13세기경 클라이맥스에 다다랐다.

중세 후기에 있어서 기독교신학의 가장 중요한 새로운 이론은 사제제도(the

priesthood)와 성사(the sacraments)였다. 이 이론들의 주인공들은 피터 롬바르드(Peter Lombard: 1100-1164,『the Sentences』)와 토마스 아퀴나스(Thomas Aquinas: 1225-1274,『the Summary of Theology』)였으며, 제 4 차 라테란회의(the Fourth Lateran Council of 1215)의 결정도 중요한 역할을 하였다. 위의 두 교리들은 이전에도 있었지만 그 구체적인 기능은 발휘되지 못하였다.

전자(사제제도)의 이론에 의하면, 사제(priest)는 교황이 택한 주교에 의해 서임된 승려이므로 그리스도에 의해 베드로에게 부여된 권위의 일부를 이어받은 후계자이다. 따라서 사제는 특정의 이적을 행사하며 죄인들의 악을 제거하는 일에 있어서 신과 협력할 권리를 가지고 있다. 후자(성사)의 교리에 의하면, 성사는 신의 은총이 인간과 교통하는 수단이라는 것이다. 성사의 종류가 일곱 가지의 소위 7 성사(세례, 견진례, 고해, 성체, 결혼, 신품, 종부)로 정하여진 것은 앞의 롬바르드를 통해서였다. 성사와 관련하여 이 시기에 널리 받아들여진 중요한 교리들은 다음과 같다.

첫째는 성사는 신의 은총을 부어 주는 불가피한 수단으로 어떤 사람도 성사의 의식 없이는 구원을 받을 수 없다. 둘째는 성사는 그 효험이 자동적으로 나타나는 원칙에 근거한 것으로 성사를 집례하는 사제의 성품과는 하등 관계가 없다. 사제는 무가치한 존재일 수도 있지만 그의 손으로 행사되는 성사는 성자에 의해 이루어지는 것처럼 오염되지 않는다. 셋째는 제 4 차 라테란회의에서 결정된 소위 화체설(the doctrine of transubstantiation)로 사제에 의해 실시되는 성찬의 빵과 포도주는 그리스도의 살과 피로 변한다는 교리이다. 사제는 신과 협력하여 이적을 행할 수 있는 능력을 가지고 있기 때문이다. 여기에서의 변화는 물론 실체(essence)만이 변화한 것이지 맛과 모양과 같은 "부수적인 것(accidents)"은 그대로 남아 있는 것이다. 이상과 같은 위의 두 가지 새로운 이론들이 승려의 세력을 고양시키고 교회의 제도들을 발전시키는 데에 크게 기여했다는 것은 더 이상 부언할 필요가 없는 엄연한 사실이다. 이 외에 시대의 추이에 따라 후기 중세 신학사상에 적지 않은 영향을 준 사조들이 등장하였다.

하나는 소위 스콜라철학이라 부르는 합리주의철학이며, 다른 하나는 인간주의적 사조였다. 합리주의철학에 관하여는 따로 스콜라철학에서 설명하기로 하고 인간주의적 사조에 대해서만 몇 마디 부언하기로 한다. 이와 같은 인간주의적 감성은 수사들과 은둔자들이 지나치게 금욕주의에 쏠려 있는 태도에 대한 반발과 성 프란시스의 자연주의적 삶에서 나타났으며, 특히 성자들과 성모 마리아를 흠모하려는 태도에서 크게 발달하였다. 이러한 인간주의적 감정은 일반사람들 사이에서 인기가 높았는데, 그것은 그들에게 신이나 그리스도는 너무 멀고 고귀하여 그들의 보잘 것 없는 일들로 괴롭혀져서는 안 되는 근엄한 존재로 느껴졌기 때문이다. 신과 그리스도보다는 성자들이나 마리아는 그들이 요구하거나 고백하기에 편하고 인간다운 정감이 있는 존재로 받아들여졌다. 그 가운데서도 12, 13세기에 절정을 이룬 마리아숭배는 일반인들의 인기를 독차지하였다. 어머니와 같은 모성, 그리스도의 죽음을 체험한 슬픔의 여성으로 그들에게 다가오는 마리아는 그들이 바라는 바를 무엇이나 들어 줄 것만 같았기 때문이다.

교회조직의 발달

중세교회를 다스리는 교황청(papal court)은 5세기경 형성된 이후 점차로 초국가적 조직을 가지게 되었다. 중세교회의 최고성직자는 교황이며, 그 다음이 추기경(cardinals), 그리고 실제적인 교회관리를 운영하는 성직자는 주교(bishops)였다. 주교관구(dioceses)가 여러 개 모여서 대주교관구(provinces)가 형성되었고 그 담당성직자는 대주교(archbishops)로서 교회참사회(chapters)가 선출하였다. 주교관구 아래에는 하부조직으로 사제(priests)가 다스리는 교구(parishes)가 있었으며 도시 규모에 따라 몇 개의 교구가 설립될 수 있었다. 이러한 기본조직 외에 종교회의(religious councils)와 수도원 및 교단(the orders)이 있었다.

일반적으로 중세 초기의 교황은 베드로 계승론에 기초하여 로마교구의 승려들에 의해 선출되다가 점차 권세 있는 귀족들이나 아니면 독일황제에 의해 자주 선출되었다. 1059년 추기경단(the College of Cardinals)이 교황선거인단으로 설립되면서 교황선출은 이 곳에서 전담하게 되었다. 원래 추기경단의 구성원은 로마시 특정교회들의 집사들, 사제들, 주교들로 구성되었다. 후에 서유럽 모든 국가들의 고위 성직자들도 임명되었으나 여전히 1946년까지 추기경단의 구성원은 이탈리아인들이 다수를 차지하였다. 현재 추기경단의 수는 90여 석이며 이 수의 3분의 2가 되어야 교황으로 선출될 수 있다. 교황의 유일한 선출권이 추기경단으로 넘어갔다는 것은 교회를 정치권으로부터 자유롭게 하려는 것으로 일종의 크나큰 개혁운동에 속하는 사건이었다. 이 외에 또 다른 중요한 종교조직은 교황왕국의 발달이었다. 교회의 모든 계서제도의 주도권을 장악하려고 시도한 대표적인 성직자들은 렝스의 대주교 힝크마르(Hincmar)와 교황 니콜라스 1세(Nicholas Ⅰ : 858-867)였다. 니콜라스는 주교와 대주교 사이의 분쟁들에 끼어들어 그들을 그의 권위에 매어 놓으려고 하였다. 그러나 그의 정책은 지속되지 못하였으며 그레고리 7세(Gregory Ⅶ : 1073-1085) 때 부활되었으며, 그 절정에 다다른 것은 이노센트 3세(Innocent Ⅲ : 1198-1216) 때였다.

파문제도

교회의 절대적 권위를 확립하기 위한 방법들이 중세 후기에 등장하였다. 그 가운데 가장 효과적인 것은 파문(excommunication)과 구두고백요구권(the requirement of oral confession)이었다. 파문은 어떤 개인을 교회로부터 쫓아 내고 그가 가지고 있는 기독교인의 모든 특권을 박탈하는 것으로 11세기 이전에는 실천되지 못하였다. 파문당한 사람은 다른 사람들과 관계를 가질 수 없고 죽으면 성지에 묻힐 수도 없으며 그의 영혼은 지옥에 있게 된다. 때때로 왕이나 힘있는 귀족에 대한 제재로 취해지는 파문은 성무금지령(the interdict)에 의해 공고해졌다. 성무금지령을 받은 자는 그의 종교적 권리를 빼앗기고 교회에 복종하도록 강요되었다. 파문과 성무금지령은 13세기 말까지는 위력 있는 무기로 사용되었지만 그 이후에는 차츰 약화되었다. 1215년 제4차 라테란회의의 결정에 의해 교회는 누구든지 1년에 한번씩 자기 사제에게 자기의 죄를 구두로 고백하도록 하고, 성만찬에 참여할 수 있는 자격이 주어지기까지는 이미 내려진 형벌은 받도록 하였다. 이 칙령(구두고백요구권)으로 사제는 그의 교구에 있는 교인에 대한 도덕적 후견권을 가지게 되었다.

십분의 일세

막강한 힘을 가진 교회가 초국가적 조직을 이끌어가는데 필요한 비용은 적지 않았다. 교회는 위의 정책들을 통한 벌금 이외에도 정규적인 수입원을 가지고 있었다. 주교나 수도원이 가지고 있는 장원과 토지로부터 거두어들이는 수입은 물론 모든 교구민이 납부하는 교회세(십분의 일세, tithes), 성직에 취임하는 첫해의 수입을 교황에 바치는 초입세(annates) 등의 세금과 신자들로부터 들어오는 각종 기부금 등으로 중세 교회는 실로 막대한 재정을 확보하고 있었다. 13세기 교황청의 수입은 유럽의 모든 제후들과 국왕들의 수입을 합한 것보다 훨씬 컸다고 전해진다.

2. 중세교회의 개혁운동

앞에서 말한 힝크마르와 니콜라스 등에 의하여 교회질서에 어느 정도 효과를 본 것이 사실이었다. 그러나 사회의 봉건화에 의한 교회의 봉건화를 막을 수는 없었으며 특히 10세기 오토대제 이후 황제와 제후세력의 강화로 물밀듯이 교회로 몰려오는 세속권의 침투를 억제할 수가 없었다. 그리하여 장원영주나 제후들이 교회의 수입과 재산을 장악하기가 일쑤였으며, 하는 수 없이 봉건제후 밑으로 들어가는 성직자의 수가 적지 않았다. 이러한 교회의 세속화는 결국 성직자의 결혼과 성직매매로까지 연결되었다. 그리하여 교회가 봉건귀족의 침투를 막으려는 시도가 나타났다. 근거가 희미한 교황의 서한을 위조하여 교회법전을 만들거나 이를 더욱 공고하게 하기 위하여 성 이시오도르의 이름을 빌어 위조서를 꾸미는 일들이 일어났다. 그들은 권위 있는 교회법에 의해 교회질서를 바로잡으려고 했던 것이다. 대체적으로 중세 후기의 교회의 개혁운동은 클루니교단의 개혁운동, 카르투지오·시토교단의 개혁운동, 그리고 탁발교단의 개혁운동의 세 가지로 분류될 수 있다.

클루니수도원

일반적으로 16세기 종교개혁 이전에 있어서 서양중세의 교회의 개혁운동은 교회의 순수성과 유용한 사회의 역할을 회복하려는 데에 있었다. 그 첫 번째의 개혁운동이 클루니(Cluny)수도원을 중심으로 일어났다. 클루니수도원은 910년 아퀴테느공 윌리엄의 승인으로 설립되었는데 그 목표는 수도원제도를 개혁하는 일이었다. 이미 말한 바 있는 서유럽에서 제일 먼저 세워진 베네딕트 수도원은 날이 가면서 부패해졌으며 급기야는 봉건귀족의 손 안에 들어감으로써 더 이상 수도원의 이상을 바라볼 수 없게 되었다. 이에 클루니지도자들은

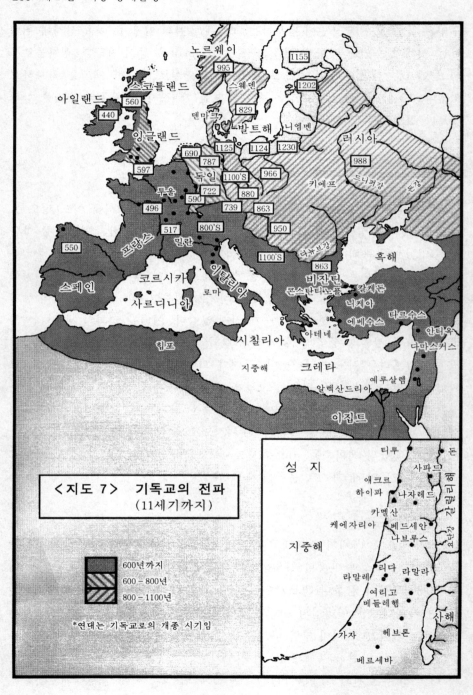

노르웨이
995
1155
스코틀랜드
560
스웨덴
829
1202
아일랜드
440
덴마크
니엠멘
잉글랜드
690
787
발트해
1124
1230
러시아
1125
1172
597
독일
1100'S
966
988
메츠
590
722
키에프
드니퍼강
돈강
496
739
880
517
863
800'S
950
550
프랑스
밀란
다뉴브강
흑해
코르시카
이탈리아
1100'S
863
스페인
로마
비잔틴
칼케돈
사르디니아
콘스탄티노플
니케아
타르수스
에베수스
안티옥
아데네
다마스커스
시칠리아
힙포
크레타
예루살렘
지중해
알렉산드리아
이집트

〈지도 7〉 기독교의 전파
(11세기까지)

600년까지
600 – 800년
800 – 1100년

*연대는 기독교로의 개종 시기임

성 지
티루
돈
사파드
애크르
하이파
나자레트
카멜산
케에자리아
베드세안
나브루스
지중해
리다
라말라
라말레
여리고
베들레헴
사해
가자
헤브론
베르세바

수사의 신앙과 사랑을 강조하면서 봉건적 지배로부터의 해방을 부르짖었다. 그들은 교회와 수사의 세속화를 제거하고 교황권의 절대적 권력을 주장하였다. 그들은 특히 성직을 사고 파는 일(simony)을 금하고 대신 교회법에 근거하여 교회직분을 임명할 것과 승려의 독신생활을 장려하였다. 그러나 그들의 개혁운동은 순조롭게 진행되지 못하였다. 왜냐 하면 그들의 개혁은 세속적 지배자들과 승려들의 야합의 끈을 무너뜨릴 수 없었기 때문이다. 그들의 운동이 비로소 이루어질 수 있었던 것은 1073년 교황이 된 힐데브란드(Hildebrand, Gregory Ⅶ: 1073-1080)의 종교적 열정을 통해서였다.

카르투지오 · 시토교단

그 두 번째의 개혁운동은 카르투지오와 시토교단(The Carthusian and Cistercian orders)을 중심으로 일어났다. 1084년에 설립된 카르투지오교단은 클루니 수도원이 점차 타락하는 데 반발하여 보다 엄격한 규율로 수도원과 교회의 기강을 바로잡으려고 하였다. 카르투지오수사들은 독방에서 살면서 매주 3일간 빵과 물로만 절식하였으며 머리수건을 썼으며 언제나 기도와 명상, 그리고 손노동으로 시간을 보내야 했다. 몇 년 후 클레르보 수도원장인 베르나르(Bernard of Clairvaux: 1090-1153)에 의해 시토교단이 세워졌다. 시토교단은 너무나 인기가 높아 12세기에는 그 수가 300여 개나 되었다. 시토교단의 수사들은 베네딕트수사들의 규율을 기초로 검소한 생활을 영위하였으며 장원이나 농토의 기증을 거부하였다. 그들은 오히려 황무지를 개간하여 수도원의 비용을 썼으며 영국의 요크셔를 개간하여 양모생산의 중심지로 만들었다. 카르투지오와 시토교단도 결국 이전의 수도원들과 마찬가지로 부의 축적으로 타락하여 13세기경 사라지고 말았다.

탁발교단들

세 번째의 개혁운동은 이단의 발생, 도시의 발달, 그리고 신앙적 복음화의 열정 등의 복합적 흐름에 힘입어 13세기에 일어난 두 가지의 탁발교단(托鉢敎團: the orders of friars)을 중심으로 일어났다. 이들은 봉건적 중세에서 가장 중요한 개혁운동으로 그들의 수사들은 종전의 수사들과 전연 다른 성격을 지니고 있었다. 그들은 승려가 아니라 일반신자들로 구성되었으며 그들의 생활도 밀폐된 수도원에서가 아니라 세상의 사회사업이나 전도, 가르치는 일에 전념하였다. 이것은 수도사들이 그들 자신의 개인적 구원에만 힘쓰는 이기적인 신앙에서 벗어나 사회에 봉사하고 더 나아가 더 많은 사람들을 무지와 죄로부터 구출하려는 중세의 시대적 변화에 부응하는 종교활동으로 간주된다.

두 가지 탁발교단 중 하나는 성 프란시스(St. Francis of Assisi: 1182-1226)에 의해 세워진 프란체스코교단(Franciscans)이었다. 프란시스는 원래 부유한 상인의 아들로 태어났지만 허영과 쾌락에 만족하지 못하고 오히려 가난한 생활을 택하였다. 그는 모든 재산을 집어던지고 걸인의 옷을 입고 길거리의 불쌍하고 병든 사람들을 돌보면서 복음을 전파하였다. 그의 철학은 다른 기독교인들과는 달리 예수의 가르침을 그대로 따르는 것이었다. 그는 이기심을 버리고 청빈을 이상으로 삼으면서 살았으며 교리에 무관심하였으며 형식과 의식을 경멸하였다. 그는 인간뿐 아니라 생물도 사랑하여 날으는 새에게도 설교하였으며, 태양과 바람, 꽃, 그외에 인간을 기쁘게 하는 모든 것들 안에서 신을 발견하였다. 예를 들면, 그는 땔나무를 하더라도 전체 나무를 베지 말 것을 일꾼들에게 당부하였다. 그 나무를 통하여 그리스도께서 십자가의 사랑을 나타낸 사실을 기억해야 한다는 것이다. 프란시스는 그 자신의 쾌락과 위안을 부인했으나 그는 결코 금욕주의자는 아니었다. 그가 세상의 소유를 버리는 것은 제일차적으로 오만을 정복하고 그 자신을 도움을 바라는 사람들의 수준과 맞추려는 것이었다. 그의 전도는 도시로부터의 도피가 아니라 그 도시를 통하여 청순한 복음을 순전하게 전달하려는 것이었다.

두 번째의 탁발교단은 1215년 성 도미니쿠스(St. Dominicus: 1170-1221)에 의해 설립된 도미니쿠스교단(Dominicans)이었다. 도미니쿠스는 에스파니아 출신이었으나 남부프랑스를 여행하는 가운데 알비즈파의 이단사상에 경악하여 이들과 같은 이단파를 물리치려는 결심을 하였다. 그는 이단의 격퇴를 도미니쿠스교단의 제 1 의 목표로 삼고, 이교들과 회의파의 주장을 파헤치기 위해서는 사상적 교육에 전념해야 된다고 생각하였다. 그리하여 그의 수사들은 주로 이단개종과 교단세력의 확장, 종교재판 등에 관여하였으며, 대학들의 교수직과 철학, 신학의 발달에 크게 기여하였다. 13, 14세기의 철학자들과 신학자들, 과학자들의 대부분이 프란체스코교단과 도미니쿠스교단에 속한 수사들이었다는 사실에서 그들의 역할을 감지할 수 있다.

제 5 절   교·속(敎·俗)의 대립

　　앞에서 간간이 비친 대로 교회세력과 세속세력 사이의 다툼은 피할 수 없
는 처지였다. 봉건제도와 교회조직이 서로 얽혀 있었기 때문이다. 영적인 것이
앞서느냐 아니면 세속적인 것이 앞서느냐 하는 단순한 자존심문제가 아니라
어느 쪽이 영지를 갖느냐, 어느 쪽이 교직 임명권을 갖느냐, 영민의 재판권이
나 징세권을 갖느냐 하는 보다 실제적인 이익이나 이권의 사활이 걸린 심각한
문제였다. 교·속 항쟁의 정점은 로마교황과 독일황제, 즉 신성로마황제와의 싸
움에서 나타났으며 그 무대는 독일과 이탈리아였다. 8세기 말 프랑크왕 피핀
의 기진에 의한 이탈리아 교황국가의 성립이 교권의 기초인 동시에 교·속항쟁
의 불씨이기도 했다. 처음에는 교황권이 그 위엄을 떨쳤으나 10세기 오토 1세의
등극 이후 그의 이탈리아에 대한 정치적 야욕의 증대로 교황도 세속군주와 같
이 그 영내에 무력을 배치하여 이에 맞서게 되었다. 그러나 삭소니아계를 이은
프랑코니아계 황제들의 정략을 통하여 황제권이 교황을 지배하기에 이르렀다.

　　이후 주요한 교·속항쟁은 두 가지로 대별되는데, 하나는 11세기 교황 그
레고리 7세와 독일황제 헨리 4세와의 대결이요, 다른 하나는 12-13세기 교황
과 독일, 프랑스, 영국왕들과의 대결이었다.

　　첫 번째 싸움은 교황 그레고리 7세가 독일황제 헨리 4세에게 세속서임(lay
investiture)을 금지할 것을 요구하면서부터 시작되었다. 그레고리는 앞에서 말
한 경건한 클루니수도원 출신으로 교직매매와 성직자의 결혼을 금하고 교직임
명의 전권을 요구하였다. 그는 1075년 밀라노의 주교선출에 관하여 간섭하지
말 것을 헨리에게 강력하게 명하였다. 이에 헨리는 독일 내의 반황제 제후들을
규합하여 교황과 대항하였다. 헨리는 드디어 다음해 보름스종교회의에서 교황
의 폐위를 결정하니, 교황은 이에 맞서 황제를 파문에 부쳐 응수하였다. 그러
나 헨리는 막상 자기를 지지하는 제후들을 찾지 못하게 되어 할 수 없이 1077
년 정월 추운 겨울 북이탈리아의 카놋사에 머물고 있던 교황을 배알하여 3일
을 구걸한 끝에 겨우 사면을 받아 냈다. 이것을 '카놋사의 굴욕'이라 일컫는다.
헨리는 귀국한 즉시 반대파를 제압하고 그 세력을 만회한 다음 이탈리아로 진
격하여 로마를 점령하니(1084), 그레고리교황은 도주중 사레르노에서 죽었다

고 한다. 싸움의 첫 번째 단계는 1122년 독일의 제후, 승려, 교황사절에 의해 결의된 협정인 보름스협약(the Concordat of Worms)으로 일단락되었다. 그 내용은 장래의 주교는 왕에게 먼저 봉신으로서의 충성을 하고 정치권을 부여받을 것을 서약하여야 하지만 대주교는 그들에게 영적 기능을 부여할 권리를 가지고 있다는 것을 담은 협상안이었다. 이러한 애매한 협상안이 오래 지속될 리가 없었다.

두 번째의 싸움은 서유럽의 거의 모든 왕들이 이 문제에 연루되어 일어났다. 독일(신성로마제국)황제들로는 프레드릭 바르바로사와 프레드릭 2세가, 프랑스왕들로는 필립 아우구스투스와 필립 4세가, 영국왕으로는 존왕이 들어 있었으며, 교황측으로는 이노센트 3세와 이노센트 4세, 보니파키우스 8세가 연루되어 있었다. 결국 이탈리아에서는 황제파(the Ghibellines)와 교황파(the Guelfs)로 갈라져 싸우는 추태를 보이기도 하였다. 이 두 번째 단계의 싸움은 첫 번째보다 훨씬 복잡하였다. 그들의 문제는 독일에서의 지방주의(localism)와 중앙집권주의(centralization)의 갈등문제, 신성로마제국의 이탈리아에 대한 지배권문제, 이탈리아 도시들의 독일지배로부터의 해방문제, 교회재산에 대한 왕의 조세권문제 등이었다. 더욱이 교황청은 그레고리 7세의 주장보다 몇 단계 뛰어넘는 것들을 주장하고 나섰다. 이노센트 3세는 로마제국의 기원과 그 궁극적인 권위는 어디까지나 교황권으로부터 나온 것이기 때문에 교황권의 임무는 로마제국의 이권을 감찰하는 일이라고 선언하였다. 이노센트 4세는 더 나아가 인간의 모든 세속사에 대한 사법권까지 주장하고 나섰다. 그러나 이들 교황들이 실제적인 절대권력(the absolute power)을 요구한 것은 아니라는 것을 기억해야 한다. 그들이 주장하는 것은 입법적인 권력이 아니라 사법적인 권력으로 지배자들의 죄를 재판하고 형벌하는 권력이었다. 근본적인 문제는 그들(지배자들)의 공무가 직접적으로 신에게 책임을 져야 하는 일인지 아니면 간접적으로 교황을 통하여 책임을 져야 하는 일인지 하는 문제였다.

두 번째 싸움은 중세유럽뿐 아니라 그 이후의 시대에도 매우 중요한 결과를 가져다 주었다. 교황들은 한동안 거의 다 성공적이었다. 그들은 롬바르드의 도시들과 독일의 반동적인 공국들의 도움으로 신성로마제국의 황제들의 야심을 저지하였으며 종국에는 제국의 세력을 전적으로 분쇄하였다. 이노센트 3세는 성무금지령의 방법으로 필립 아우구스투스의 부인을 강제로 재결합시켰으

며, 존왕의 영국과 아일랜드를 교황청의 봉토로 만들었다. 그러나 14세기 초에
는 보니파키우스 8세가 프랑스의 필립 4세에게 패배당하는 수모를 겪기도 하
였다. 보니파키우스는 필립의 교회재산에 대한 세금납부정책에 반대했다는 명
목으로 납치되어 한 달 후에 죽었다.

그의 후임으로 보르도(Bordeaux)의 대주교 클레멘트 5세(1305-1314)가
선출되었으나 교황청을 프랑스의 아비뇽으로 옮겨 그 곳에서 7년간 머물러 있
었다. 이 사건을 고대 바빌로니아의 포로에 비유하여 "교황의 바빌로니아 포
로(1309-1376)"라고 불리어진다. 그 후 교황청은 클레멘트 7세를 교황으로 선
출하여 다시 로마로 돌아왔으나, 프랑스인 클레멘트 7세(1378-1394)의 아비뇽
선호로 이른바 "교회의 대분열(Great Schism: 1378-1417)"로 알려진 기독교세
계의 양분현상이 일어나게 되었다. 이러한 과정에서 대부분의 신실한 기독교
인들은 교황들이 너무 지나치게 정치적 문제에 야심을 가지고 그들의 영적 기
능을 망각하고 있는 것이 아니냐 하는 비판의 시각을 가지게 되었다. 그 결과
교황청은 차츰 권위를 잃고 그들의 지도력에 대한 허점을 드러내지 않으면 안
되었다. 결국 그들의 정치적 문제에 대한 개입은 특히 영국과 프랑스의 민족주
의감정을 강화시켜주고 더 나아가서 그들의 지적 발달을 촉진시켜 주는 결과
를 낳았다. 그것은 그들이 각각 그들의 입장을 정당화하기 위하여 고대문헌들
과 로마법, 정치이론 등을 열정적으로 연구했기 때문이다.

제 6 절 중세의 도시생활

가장 오래된 중세의 도시들은 주로 로마시대로부터 내려온 것들이며 이탈
리아 밖에는 도시들이 거의 존재하지 않았다. 중세도시의 사람들이 귀족이나
농민들과 마찬가지로 중요한 계층으로 등장한 것은 11세기부터였다. 그들은
중세의 주교관구(bishoprics)를 중심으로 도시화의 과정을 밟았지만 무엇보다
도 도시형성에 결정적인 영향을 준 것은 11세기부터 몰아닥친 상업과 무역의
발달이었다. 중세의 도시와 관련하여 많은 학자들의 관심을 끄는 것은 중세도
시에서 발달한 부르주아지(bourgeoisie)였다. 그것은 근대의 주도적 계층인 중
산계급과 시민들이 바로 부르주아지에서 기원되었기 때문이다.

중세도시의 기원

중세도시는 농촌으로부터 이탈한 농민이 집단화하면서 본격적으로 형성되었다. 그러면 도시가 어떻게 이루어졌는지 간단하게 살펴보자.[5]

8-10세기의 중세는 자연경제에 기초한 농촌사회였으므로 로마시대의 도시들은 더 이상 그대로 버틸 수 없었으며 대개는 주교가 있는 주교관구를 중심으로 하는 주교도시(episcopal cities)로 변모하였다. 한편 영주의 성채인 'burgus'가 여러 군데 있었지만 이것들도 군사적이며 행정적인 시설일 뿐 진정한 의미의 도시는 아니었다. 그들이 도시의 형태를 갖추는 것은 소위 11-13세기의 상업의 부활을 맞이하면서부터였다. 이것은 지방적인 소규모의 상업이 아니라 원거리통상으로 알려진 해상무역의 부활이었다. 그 중심은 남쪽은 지중해, 북쪽은 발트해와 북해였다. 무역부활의 중심지는 남부의 베니스, 제노아, 피사와 같은 이탈리아 도시들로서 이들은 비잔틴제국과 바그다드, 다마스커스, 카이로 등의 모슬렘과 교역하였으며, 급기야는 독일과 영국, 프랑스에까지 손을 뻗치게 되었다. 한편 북쪽에서는 플랑드르와 네덜란드가 북해와 발트해를 중심으로 교역을 전개하였으며 12세기 이후에는 독일 북부해안지역의 도시들이 한자동맹(the Hansaetic league)을 결성하여 활발한 무역을 진행하였다.[6] 위의 두 곳의 중심지는 중앙에 위치한 샴페인을 거점으로 더욱 활발한 교역활동을 전개하였는데, 이는 북의 브루지와 남의 베니스를 연결하는 국제시장으로서의 역할을 적절하게 해 주었기 때문이다.

11세기 원거리무역을 중심으로 활동하는 상인들은 점차로 주교도시에 집단으로 모여 상업활동을 하다가 주교도시에서 조금 떨어진 교외에 처음에는 며칠 동안 임시적으로 머물곤 하였다. 그러나 시간이 경과함에 따라 그들은 붙박이로 거주하게 되었다. 앞에서 말한 대로 상인뿐 아니라 농촌을 이탈한 사람들과 이외 이곳 저곳을 떠돌아 다니던 사람들까지 합세하자 주교도시는 하나의 커다란 도시집단소가 되고 말았다. 이들은 자신들의 안전을 위하여 그들의 주거지 바깥에 성을 쌓았다. 그리고 그들은 이전의 'burgus'와 구별하여 새로

---

5) Henry Pirenne, *Medieval Cities*(New Jersey, 1956).

6) 한자동맹에 가입한 도시들은 뤼벡, 함부르크, 브레멘, 단치히 등이며 노브고로드, 스칸디나비아반도, 런던 등과 교역을 펼쳤다. 한때는 회원도시가 90을 넘었다. 그들은 목재, 해산물, 모피, 금속 등을 유럽시장에 내놓고 모직물, 포도주, 향료, 사치품 등을 사가지고 갔다. 그들은 독일의 황제권이 약화되었을 때는 자위함대와 상관을 두기도 하였다.

이루어진 거류지(colonies)를 'novus burgus(new burgus)'라 불렀다. 말하자면 중세의 도시는 부르구스와 새 부르구스의 결합, 더 정확하게 표현한다면 신부르구스에 의한 구부르구스의 통합이라고 말할 수 있다. 부르구스에 사는 사람들을 'burgenses'라 불렀는데, 이 명칭으로부터 소위 'bourgeosie(부르주아지)'라는 말이 나왔다.

중세도시의 발달

중세도시는 14세기를 전후하여 인구와 규모면에서 그 절정에 이르렀다. 도시들의 인구는 작은 곳은 5,000에서 큰 곳은 20,000 등 각양각색이었다. 가장 큰 도시들은 대체로 남부에 위치하고 있었다. 시칠리아의 팔레르모(Palermo)는 인구 30만으로 다른 곳들을 능가하였으며 북부유럽의 중심지 파리는 13세기경 인구가 24만이었다. 베니스와 플로렌스, 밀라노는 각각 10만씩이었으며, 이에 비해 영국의 런던은 45,000이었다.

중세 말기 서유럽의 도시들은 거의 다 봉건적 통제로부터 어느 정도의 자유를 얻어 냈다. 예를 들면, 시민들은 그들의 재산을 마음대로 처분할 수 있었으며 그들이 원하는 대로 결혼을 할 수 있었으며 마음대로 왕래할 수도 있었다. 모든 봉건적 의무들은 폐지되거나 아니면 화폐지불로 전환되었다. 대부분의 큰 도시들은 거의 자유로워져 정부를 만들고 관리들을 선출하였다. 그들의 정부는 일반적으로 소수의 상인들에 의해 다스려졌으며 특별한 경우에는 민주적으로 해결되기도 하였다. 이러한 일은 이탈리아, 프로방스, 북부 프랑스, 독일 등지에서는 일반적인 현상이었다. 이와같은 자치권의 획득은 매수를 통해서, 혹은 무력으로, 혹은 귀족들의 약점을 이용해서 이루어졌다. 그들은 서로 단결할 것을 서약하고 소위 코뮌(commune)이라는 자치단체를 만들어 활동하였다. 코뮌운동은 11-12세기에 걸쳐 전개되었는데, 알프스 이북에서는 귀족들이 도시에서 배제되었는가 하면, 그들의 휘하에 있던 알프스 이남에서는 자연스럽게 결합되었다.

대부분의 도시들은 12세기 중엽경에는 그들의 자치권이 특허장에 의해 문서로 보장되었다. 그들에게 보장된 것은 주로 신분적 자유와 경제적 자유로서 누구든지 1년 1일을 도시에서 살면 자유로운 신분을 가질 수 있었다. 그리하여 '도시의 공기는 자유를 만든다'는 말과 같이 시민과 자유는 거의 동의어가 되었다. 그들은 영주 재판권이나 교회법으로부터 벗어나 독자적인 재판권과

사법권을 행사하였다. 그들은 아울러 시의회(concilium)라는 행정조직과 시민
군 등을 가지는 자치단체가 되었다. 이와 같이 중세도시는 시민들의 서약에 의
해 형성된 공동체적인 자치단체로서 근대사회에 적지 않은 영향을 주었다.

상인길드와 장인길드

중세도시의 기본적인 경제조직은 길드로서 상인길드(the merchant guilds)
와 장인길드(the craft guilds)의 두 가지의 조합이 있었다. 이들 중 상인길드가
더 오래된 경제조직으로 11세기에 발달하였다. 처음에 이들은 상인(traders)과
기술자인 장인(craftsmen)을 모두 포함하고 있었으나 산업이 더욱 전문화되면
서 상인길드와 장인길드로 갈라지게 되었다.

상인길드의 주된 기능은 길드 구성원들을 위한 지방시장의 독점권을 유지
하고 안정된, 경쟁이 없는 경제조직을 확보하는 것이었다. 이를 위하여 상인길
드는 외부상인들의 상업활동을 억제하고 자기 구성원들에게 상품매매권을 보
장하며 동일한 가격의 조정과 시장독점의 규제, 광고의 금지를 실시하였다. 그
들은 상업활동 이외에도 구성원들의 교육, 구제, 장례 등의 사회적 기능도 하
였으며, 정치적으로는 도시의 행정 등의 기능도 하였다.

장인길드의 기능은 거의가 상인길드의 기능과 비슷하였다. 다른 점이 있
다면 장인길드는 품질의 수준을 유지하는 책임을 가지고 있다는 것이다. 그들
은 동일업종에 종사하는 장인을 다른 도시의 장인의 경쟁으로부터 보호하고
동업자간의 경쟁을 배제하려고 하였다. 그들은 가격과 임금의 통일을 요구하
였고 시간 이외의 노동을 금하였으며 생산방법과 자료의 질에 관한 자세한 규
정을 만들었다. 그들은 모든 사람들에게 적용되는 것이 아니면 새로운 발명이
나 발견을 규제하였다. 어떤 사람도 길드의 회원이 아니면 도시에서 상업활동
을 할 수가 없었다. 그러나 이것을 위반하는 사람들도 적지 않았다.

장인길드에는 마스터 장인(師匠: the master craftsmen), 직인(職人: the
journeymen), 도제(徒弟: the apprentices)의 세 가지 구성원 계급들이 있었다.
장인과 직인만이 길드운영의 발언권이 있었으며 중세 말기에는 직인마저도 그
대부분의 특권을 잃었다. 마스터 장인은 공장과 노동자들을 고용하는 일종의
중세의 산업귀족이었다. "주간의 일" 혹은 "주간"을 의미하는 프랑스어(jou-
rnee)에서 유래한 직인은 임금을 위해 마스터 장인의 공장에서 일하는 장인이

었다. 독일의 경우 직인은 약 1년간 전국을 배회하면서 고용경험을 쌓으면 마스터 장인이 되었으며, 다른 곳에서는 마스터 장인의 가족과 함께 살아야 했다. 부지런하고 능력 있는 직인의 경우는 직인이 공장을 설립할 수 있는 재력을 축적한 다음 대표작(masterpiece) 시험에 통과되면 마스터 장인이 될 수 있었다. 중세의 장인은 도제수업을 통해서만 가능하였는데, 짧게는 1년, 길게는 7년이 걸려야 직인이 되었다. 도제는 전적으로 마스터 장인의 지도 아래서 수업을 받았으며 의식주 이외에는 다른 보상이 없었다. 그나마 중세 말기에는 장인길드가 배타적으로 변하여 직인이 되는 기간이 길어지고 마스터 장인이 되는 길이 어려워졌다. 그 결과 노동자들의 다수가 프롤레타리아로 전락하거나 임금생활자로 떨어졌다. 그리하여 공장소유자들도 수공업을 이을 수 없게 되어 결국 배타적인 자본가나 고용자가 되고 말았다.

중세도시의 생활

중세도시는 대부분 건강과 안락에 맞는 수준에 있지 못하였다. 인구의 과잉으로 방 세 개 붙은 집에 16명이 사는 곳도 있었다. 집들이 협소한 것은 원래 도적에 대비하느라 도시에 바짝 붙여서 벽을 쌓았기 때문이다. 그리하여 성 안의 땅값은 치솟아 주요한 상인길드 구성원들로 이루어진 부유한 임대료 수입계급을 불러들였다. 땅값이 비싸 집들은 층층이 방을 들였으며 벽의 좁은 공간까지도 정원과 단칸집으로 꾸몄다. 도로는 협소하고 구부러져 있었으며 수세기간이나 포장이 안 되었다. 도로포장은 11세기 이탈리아에서 시작되어 점차 북쪽으로 퍼져 나갔으며 프랑스에는 1184년 필립 아우구스투스가 루브르 앞의 단선도로를 포장하기까지 단단한 도로를 갖지 못하였다.

중세도시의 위생도 고대 로마시대의 수준보다 뒤떨어졌으며 대부분의 시민들이 식수로 샘이나 강을 사용하여 장티푸스에 시달리기 일쑤였다. 몇몇 도시들에는 지하에 하수구가 있었지만 쓰레기수거에 관한 조항들은 없었다. 나머지 폐기물들은 이리저리 빗물에 의해, 혹은 개들이나 돼지들에 의해 치워지곤 하였다.

장인길드의 성격

중세길드는 목수, 전기공, 배관공 등과 같은 분리된 장인들로 조직된 근대의 노동조합과 유사하지만 그 차이점은 대단히 크다. 근대의 노동조합과는 달리, 장인길드는 노동계급에 엄격하게 국한되어 있지 않았다. 마스터 장인들은 자본가인 동시에 생산수단의 소유자였으며, 고용자인 동시에 노동자였기 때문이다. 그들은 말하자면 다목적을 가진 산업조직으로 근대의 주식회사와 무역협회, 노동조합의 기능을 모두 한데 결합한 조직체라고 말할 수 있다.

길드가 근거하고 있는 경제적 이론은 오늘날 자본주의사회의 이론과는 본질적으로 달랐다. 그것은 어디까지나 기독교의 금욕적 성격을 반영하는 것이었다. 기독교의 입장에 의하면 가장 중요한 생의 목표는 인간의 영혼구제였으며 그 이외의 모든 것들은 부수적인 것들이었다. 사람들이 그들의 목표를 사치에 둔다거나 안락한 일에 둔다면 이것은 정당한 일이 아니었다. 경제는 단지 인간생활에 필요한 것만 취하면 되는 것이지 그 이상의 것을 취한다면 이것은 도적과 다를 바 없다. 더욱이 기독교는 부는 영혼구원에 방해물이 된다는 이념에 기초하고 있었다. 상품가격도 그 생산비용과 일치하는 소위 공정가격(the just price)이지 않으면 안 되었다. 그 이상의 가격매김은 죄에 속하는 처사였다. 아울러 고리대금이나 이자행위도 죄에 속하는 일이었다.

요컨대, 중세 후기의 경제이론은 일차적으로는 기독교의 영향을 받았으며 그리고 다음으로 중용, 공정가격, 고리대금배격과 같은 아리스토텔레스의 이론들의 영향을 받았다고 말할 수 있다.

제 7 절 십자군전쟁(1096-1270)

십자군(the Crusades)은 앞에서 잠깐 말한 대로 서유럽의 봉건주의와 교회 이상주의가 한데 어울려져 나타난 결실로서 이를 자극한 것은 동방의 이슬람 문명권이었다. 서유럽 문명권은 이미 봉건주의와 교회제도가 갈등과 대립의 관계를 넘어 하나로 뭉쳐짐에 따라 다른 문명권까지 봉건주의화, 로마가톨릭화하려는 움직임을 보이기 시작하였다. 그리하여 이러한 현상을 "중세적 제국주의(the medieval imperialism)"라고 부르는 역사가들도 적지 않다.

전쟁의 원인

십자군전쟁(1096-1270)을 일으킨 데에는 여러 가지의 원인들이 있을 것이다. 그 가운데서도 먼저 종교적인 원인을 찾는 것이 올바른 순서일 것이다. 중세인들은 나면서 이미 기독교인들이었으며 그들의 사상 또한 기독교를 떠나서는 생각할 수 없기 때문이다. 그들은 언제나 죄에서 벗어나 영구적인 형벌에서 헤어나려는 깊은 신앙심을 가지고 있었다. 그들은 수백 년 동안 그들의 죄를 벗어나게 하는 가장 중요하고 분명한 속죄방법으로 성지를 순례하는 일이라고 생각하였다. 이에 11세기경 클루니수도원 개혁운동으로 교회가 활성화되고, 근동과의 무역이 열리게 되어 팔레스타인에 대한 순례자들의 관심은 절정에 다다랐다. 한편 전쟁의 경제적인 원인으로는 농업생산력의 발전과 인구의 증가로 더 넓은 땅이 필요하게 된 점을 들 수 있다. 그리하여 그들은 황무지 개간사업과 엘베강 동부지역의 식민운동을 전개하였다. 그들에 의하면 이 지구는 여호와가 일찍이 그의 자녀들을 위해서 젖과 꿀이 흐르는 곳으로 정한 것이므로 마땅히 그들의 소유로 회복해야 한다는 것이다. 이러한 운동을 주도한 것은 교황청이었다. 교황은 위에서 살핀 바와 같이 한동안 세속 군주에게 고전을 면치 못하던 때라 은근히 기회를 찾고 있던 터였다.

십자군전쟁의 직접적인 발발은 터키족에서 갈라져 나온 셀주크 투르크족(Seljuk Turks)의 진출에서 비롯되었다. 이들은 원래 아랍족과는 달리 종교적 편견이 강하여 이슬람으로 돌아간 다음에는 적극적으로 그들의 신앙과 다른 기독교에 대항하였다. 그들은 1050년 서아시아와 바그다드를 점령하고 이어 시리아, 팔레스타인, 이집트를 정복하였다. 그들은 드디어 기독교인들의 성지 예수살렘을 차단하고 콘스탄티노플까지 위협하기에 이르렀다. 이에 절박한 상황을 의식한 동로마의 황제 알렉시우스 1세는 로마교황에게 정식으로 도움을 요청하게 되었다. 당시 교황 우르반 2세(Ulban Ⅱ)는 그레고리 7세의 신앙을 따르면서 동서교회의 결합을 꾀하고 있던 사람으로 동로마의 요청을 기쁘게 받아들였다. 우르반은 그의 출신지 프랑스로 돌아가 1095년 클레르몽에서 종교회의를 소집하였다. 그는 전체 교직자들과 제후들 앞에서 성지회복과 동로마의 구출을 위한 기독교인들의 총궐기를 호소하였다. 클레르몽에 모인 사람들은 전쟁의 준비나 앞으로의 계획을 생각할 여유도 없이 흥분 속에서 십자군 동원을 신의 뜻으로 규정하고 만장일치로 결의하였다.

전쟁의 과정

1096년 제 1 차 십자군은 주로 프랑스인들과 노르만인들에 의해 결성되었다. 그들은 콘스탄티노플을 경유하여 여러 가지의 어려움 끝에 예루살렘을 탈환하고 돌아왔다. 그러나 얼마 안가서 사라딘의 지휘를 받은 모슬렘에 의해 재탈환되고 말았다. 최대의 십자군은 제 3 차 때(1189-1192)였다. 이 군대에는 영국, 프랑스, 독일 등의 군인들이 연합하였으나 내부알력, 특히 영국과 프랑스 사이의 다툼으로 실패로 그치고 말았다. 제 4 차 십자군(1202-1204)은 교황 이노센트 3 세의 지휘하에 셀주크 투르크의 본거지인 이집트를 공격목표로 진군하였다. 그러나 정치적, 경제적 이권 등이 개입되어 목표지가 콘스탄티노플로 전환되고 말았다. 이후 십자군전쟁은 성지회복에보다는 세속적 이익에 치우치게 되었다. 이에 격분한 이노센트 3 세에 의해 결성된 1212년의 유명한 소년십자군은 십자군 비극의 한 장면을 보여 주고 있다. 그들은 주로 독일과 프랑스를 중심으로 이루어진 신실한 소년들로서 마치 모세가 신의 도움으로 홍해를 건너간 것 같이 반드시 전쟁에 승리할 수 있다고 믿었던 것이다. 이후 7차까지 이른 십자군은 별다른 실효 없이 끝을 내었다. 단지 십자군운동의 부산물로서 종교기사단의 활동이 두드러졌다. 이것은 기사이며 승려인 교직자들이 중심이 되어 결성된 집단으로 성지탈환이 제 1 차적 목적이었다. 템플기사단(the Templ Knights), 요한기사단(the Johannes Knights), 독일기사단(the German Knights) 등이 그 대표적인 것들로서 그 가운데서도 독일기사단은 독일의 동북부를 개척하여 후의 프러시아의 기초를 세우게 하였다. 그러면 십자군전쟁의 실패원인은 무엇인가. 그것은 무엇보다도 군대조직과 통솔에 있어서의 일관성의 결여를 들어야 할 것이다. 모슬렘의 셀주크 투르크족은 처음부터 종교와 정치가 하나로 뭉친 용감한 전투조직을 확보하고 있는데 반하여 십자군은 지리멸렬한 군조직과 이산된 지휘계통, 군예산의 비생산적 소비 등, 여기에다 설상가상으로 전쟁의 진행과정에서 나타난 국가마다 다른 전쟁목표의 표출로 무너질 수밖에 없었던 것이다. 그들을 지탱하던 신앙심마저 사라지고 세속적 욕망이 등장했기 때문이다.

전쟁의 영향

십자군전쟁의 영향은 예상보다 적지 않았다. 비록 십자군전쟁은 성지탈환이라는 목적을 이루지는 못했지만 기독교를 중심으로 전체 유럽인들이 한데 뭉칠 수 있는 계기를 마련했다는 점에서 우선 십자군의 의의를 찾아야 할 것이다. 모슬렘의 지배에서 헤어나지 못했던 지난날의 악몽에서 벗어나서 비로소 유럽의 정체성을 확인한 사건이라는 해석이다. 그리고 더 나아가서 중세 유럽사회가 지닌 체제들, 봉건주의와 로마가톨릭의 문제점들을 자연스럽게 드러냄으로써 새로운 근대문명으로 가는 고리를 찾게 되었다는 것이다. 역사가들 중에는 십자군을 과소평가한 나머지 성지회복에 실패했다고 하여 보잘 것 없는 전쟁으로 보는 사람들이 있는가 하면, 이와는 반대로 십자군을 과대평가한 나머지 근대문명의 모든 발달을 십자군의 영향으로 돌리려는 사람들이 또한 적지 않다. 그러나 십자군이 본래의 의도에서 벗어났다고 해서 그 결과마저도 부정해서는 안 될 것이며 거꾸로 전쟁의 결과만을 확대하여 모든 것들을 십자군에 끌어붙이는 것도 결코 온당한 해석은 아닐 것이다.

십자군전쟁의 영향은 일반적으로 다음과 같이 대별할 수 있을 것이다. 첫 번째로는 교권과 봉건주의의 쇠퇴를 들어야 할 것이다. 십자군전쟁은 교황청이 주도되어 봉건사회가 이에 따른 사건이었으나 전쟁의 실패를 거듭하면서 시간이 지날수록 자체 내의 모순이 들어나게 되어 붕괴에 이르렀다. 교권의 쇠퇴는 바로 봉건사회의 쇠퇴를 뜻하였다. 왜냐 하면 중세사회는 이미 설명한 바와 같이 교권과 봉건주의라는 두 기둥이 지탱하는 건조물이었기 때문이다. 따라서 그들의 쇠퇴는 중세의 상층계급인 승려들과 귀족들의 몰락을 초래하게 되었다.

두 번째로는 왕권의 대두를 들어야 할 것이다. 십자군전쟁으로 중세사회의 모순이 극명하게 나타난 것은 통일적 지배를 지향하려는 가톨릭의 보편주의와 봉건적 분권주의였다. 처음에는 성지회복이라는 목표로 그들의 구조적 알력이 나타나지 않았지만 시간이 경과하면서 그들의 야합은 끝까지 지속될 수 없었다. 더욱이 이를 조장한 것은 고위성직자와 제후 주도의 십자군들이 각 지역에서 합하면서 한편으로는 민족적 동류의식을 가지는 반면에 다른 한편으로는 민족적 차별의식을 가지게 되었기 때문이다. 이것은 미흡하나마 일종의 민족주의적 감정으로 근대의 국민국가(national states)의 바탕이라고 간주된다. 말하자면 중세의 보편주의와 분권주의의 붕괴는 새로운 왕권중심의 국민국가의 시작으로 연결된 것이다. 여기에 왕권과 국민의 연결고리로 신분제의회가 나타났던 것이다. 십자군전쟁 후기의 군주의 출현은 바로 이러한 변화를 반영하는 사실이라 하겠다. 바꿔 말해 근대문명은 이러한 국민국가의 발전과정이라고 해석할 수 있다.

세 번째로는 동서 문명권의 교류로 나타난 경제적, 사회적, 지리적, 문화적 변화를 들어야 할 것이다. 십자군전쟁을 치루면서 동쪽과 서쪽이 서로 종교적 이념이 다르지만 상대방을 이해할 수 있게 되었으며 자신을 둘러보는 계기를 가지게 되었다. 십자군운동을 통하여 선박업과 운송로 개척이 발달했는가 하면 지리적 시야가 넓어졌으며 상품교환으로 상업이 발달했으며 도시의 발달을 촉진시켰다. 한 마디로 말한다면 십자군전쟁은 이제까지 발달한 모든 문명들(라틴문화, 비잔틴문화, 오리엔트문화, 모슬렘문화 등)을 한군데로 섞어 다시 하나의 커다란 새로운 근대문명권으로 가게 하는 견인차의 역할을 했다고 하겠다.

제 8 절 중세 기독교사상의 발달

고대 로마제국에서 형성된 기독교는 더 넓은 헬레니즘화한 세계와 접촉하면서 적지 않은 어려움을 겪었다. 그들은 기독교가 헤브라이즘 세계에 있을 때에는 부딪히지 않던 어려운 문제에 봉착하였다. 즉 소위 이방세계의 사상을 어느 정도로 수용해야 되느냐 하는 문제였다. 너무 지나치게 수용하면 기독교의 종교적 특성을 잃어버릴 것이요, 반대로 너무 지나치게 문을 닫아버리면 기독교의 전파가 끊어지고 말 것이기 때문이다. 더 직설적으로 표현하면 신앙(faith)과 이성(reason)의 대결이었다. 기독교에서 구원을 얻는 데 신앙만이 필요한 것이냐 아니면 이성의 도움도 필요한 것이냐 하는 문제였다. 이것은 넓게는 헤브라이즘과 헬레니즘의 관계로서 양자의 대결, 조화의 과정이 바로 서양 중세의 기독교사상의 발달과정이라고 말할 수 있는 것이다. 다음은 중세 기독교사상의 간략한 역사적 고찰이 될 것이다.

1. 기독교철학

예수의 12제자들과 사도 바울 이후 초대교회가 형성되는 시기로부터 8세기까지 유럽의 사상을 주도한 사람들은 소위 기독교철학자들(the Christian philosophers)이었다. 이들은 대체로 성직자나 저술가와 같은 교회의 지도자들로 주로 일한 사람들이었기 때문에 교부철학자들(the Patristic philosophers)로도 불리어진다. 그들은 고대문화와 기독교신앙에 젖어 있는 사람들로서 일반적으로 두 부류로 나누어진다. 하나는 신앙의 권위를 강조하는 사람들이며 다른 하나는 신앙 이외에 이성의 중요성을 들고 나오는 사람들이었다. 전자의 주장은 구원에는 신앙만이 필요하다는 입장이며 후자의 주장은 이성도 신앙에 없어서는 안 될 요소라는 입장이다. 전자에 속하는 대표적인 기독교 철학자들로는 신실한 테르툴리아누스(Tertullian: c. 160-c. 230)와 전문적으로 잘 훈련된 철학자인 성 암브로시우스(St. Ambose: c. 340-c. 397), 그와 동시대 사람인 성 히에로니무스(St. Jerome), 실제로 가장 영향력을 많이 행사한 교황 그레고리 1세(540-604) 등이 있으며, 후자에 속하는 사상가들로는 알렉산드리아의 저스틴, 클레멘트(c. 150-c. 215)와 오리게네스(Origenes: c. 185-254) 등이 있다.

오리게네스

신앙위주의 보수적 입장에서 벗어나 이성과의 결합을 주장한 사람들은 후자의 합리주의적 사상가들이었다. 그들은 주로 3세기에 살았던 사람들로서 네오 플라톤주의와 영지주의에 깊이 빠져 있었다. 그들은 모든 인간의 지식을 거부하려는 테두리에서 벗어나 기독교는 이교사상과 결코 대립적인 관계에 있는 것이 아니라고 주장하였다. 그리하여 그리스의 철학자들은 이미 예수의 가르침을 예견하였다고 생각하였다. 그들은 신의 전능성을 부인하고 신도 그의 선과 법에 의해 제한을 받는다고 보았다. 그들은 인간의 자유의지를 믿었으며, 우주나 그 안의 모든 것도 시간 안에서 창조된 것이 아니므로 그 과정은 영원하다고 생각하였으며, 더 나아가서 극단적인 금욕주의와 독신주의를 물리쳤다. 그들에 의하면, 결혼은 사회의 선과 인간의 완전을 위해 반드시 필요하다. 형벌은 어디까지나 복수가 아니라 정화에 그 목적이 있는 것이므로 지옥의 형벌도 영구적일 수 없고 구제되어야 한다. 왜냐하면 만약 그렇지 않다면 신은 선과 긍휼의 신으로서 존재할 수 없기 때문이다. 오리게네스는 플로티누스의 영향으로 영혼의 선재성, 그리스도의 양성론, 만인구제론 등과 같은 이교적 이념들을 주장하였다. 그를 통하여 신앙과 이성의 야합이 비로소 이루어졌다.

보에티우스

오리게네스보다 한 걸음 더 이성 쪽으로 기울어진 사람은 동고트의 왕 데오도릭을 보좌하던 보에티우스(Boetius: 480-524)였다. 그는 결국 동고트에 의해 반역죄로 몰려 사형을 당하였다. 보에티우스는 그의 저서(*the Consolation of Philosophy*)를 통하여 인간과 우주의 관계를 주요 테마로 잡았다. 그에 의하면, 참된 행복은 우주는 선하며 악은 단지 외형적이라는 철학적 이해를 갖는 데에 있다. 악은 반드시 형벌을 받을 것이며 선은 보상을 받을 것이다. 그의 사상은 스토아철학과 신플라톤주의의 신비주의의 영향을 받은 것으로 보인다. 그의 『철학의 위안』은 당시 가장 잘 알려진 저술이다. 그리고 한 가지 보에티우스에게서 빼놓을 수 없는 것은 소위 보편의 문제였다. 그가 역서(*Isagoge*)에서 해결하려는 문제들은 소위 유(genus)와 종(species)과 같은 보편이 존재하는 것인지 아니면 존재하지 않는 것인지, 물질적인 것인지 아닌지, 그리고 만일 그것이 비물질적인 것이라면 감각적 사물과 연결되어 있는지 아닌지 등이었다.[7] 이것은 중세후기에 나타난 스콜라철학의 보편논쟁의 기원이 되기도 하였다.

아우구스티누스 사상

신앙과 이성이 어느 정도의 체계를 갖추면서 기독교적 교리모양을 이루게 되는 것은 성 아우구스티누스(St. Augustine: 354-430)를 통해서였다. 그는 주로 기독교 신앙을 그리스철학으로 체계화하는 데 성공한 교부철학의 대부였다. 그는 초기 기독교철학자들의 사상들을 총체적으로 체계화한 사람으로 기독교사상의 기원이 되었다. 그는 사상적으로 테르툴리아누스, 그레고리와 다른 한편으로 클레멘트, 오리게네스 사이에 위치하는 중간적 입장에 있었다. 그는 계시의 진리들이 자연적 이성 위에 있다고 생각하였지만 지적 오성도 필요하다고 생각하였다. 이방인 부친과 기독교인 모친 사이에서 태어난 아우구스티

---

7) Frederick Copleston, *A History of Philosophy*(the Newman Press, 1962), ch. x; 정의채·김규영, 『중세철학사』, 지학사, 1978, pp. 92-105.

누스는 젊었을 때 심적 갈등에서 벗어나기 위하여 육체적 쾌락에 탐닉하였다. 그는 18세 때 키케로의 호르텐시우스를 읽었으며, 다른 것들도 번갈아 탐독했으나 영적 만족은 얻지 못하였다. 그는 잠깐 기독교에 머물렀으나 미신으로 간과하였으며, 9년간 마니교에 젖기도 하였다. 그러나 신앙은 한낱 퇴폐적인 것으로 간주하고 다시 신플라톤주의로 향하였다. 그가 결국 기독교로 돌아온 것은 암부로시우스의 설교를 통해서였다. 그는 33세 때 세례를 받고, 395년 아프리카 북단 히포의 주교가 된 다음 죽을 때까지 주교 직을 놓지 않았다.

아우구스티누스는 신플라톤철학자들로부터 많은 이론들을 받아들여, 절대적이며 영원한 진리와 신이 인간에게 심어준 본능적인 지식을 믿었다. 그러나 그는 가장 중요한 최고의 지식으로 신의 지식, 인류구원을 위한 그의 계획의 지식을 들었다. 이 지식은 성경 안에 있는 계시로부터 나오는 것이지만 신앙을 강화하기 위하여 그것(지식)을 이해하는 일은 어디까지나 인간의 의무라는 것이다. 이와 같은 결론 위에서 그는 신 의지의 전개과정이 인간의 역사라는 유명한 역사관을 펼쳤다. 그에 의하면, 세계의 인류는 두 가지의 종류로 나누어진다. 하나는 신의 영원한 구원으로 예정된 신의 나라(the City of God)에 들어가는 사람들이며, 다른 하나는 신의 형벌로 예정된 지상의 나라(the Earthly City)에 들어가는 사람들이다. 이 세상은 종국에는 신의 마지막 심판으로 양자의 사람들이 불멸과 멸망의 세계로 갈라져 들어감으로써 끝난다. 이것이 아우구스티누스의 세계관이었다.

아우구스티누스는 본질적으로 신의 전능성을 믿었으며 인간의지의 자유에 대해서는 제한을 두었다. 인간은 나면서부터 죄를 범한 존재이므로 악에 대하여는 거부해야 되며 선악을 선택할 힘을 가지고 있지만 그 선택의 동기와 영감을 주는 분은 신이다. 신은 어떤 사람은 신의 영감에 응하게 하고 어떤 사람은 그것을 거절하게 하는 예정적 범위(지식의)에서 세계를 창조하였으므로 인간은 어떤 경우든 신에게 감사할 수밖에 없다. 이것은 신이 어떤 사람들은 구원으로 선택하고 어떤 사람들은 그 반대로 파기했다는 것이 아니라, 신은 영원부터 어떤 사람들이 구원받기를 원하지 않는다는 것을 정확하게 알고 있다는 것이다. 아우구스티누스의 영향은 상당하였다. 그의 가르침들은 529년 오렌지 종교회의(the Council of Orange)에 의해 약간 고쳐지고 다시 중세후기 신학자들에 의해 수정되었지만 그는 지금까지 가장 중요한 기독교교부 철학자로 숭

앙을 받고 있는 실정이다. 로마 가톨릭뿐 아니라 프로테스탄트 종교개혁자들
도 그의 가르침들에 대해서는 한결같이 높은 경의를 표하고 있다. 요컨대, 그
의 사상은 기독교사상의 근간이며, 기독교 교리의 오리지날이 되었다.

2. 스콜라철학

중세를 대표하는 신학은 9세기에 시작되어 13세기경 절정을 이루다가 14
세기에 쇠미한 스콜라철학(Scholasticism)으로 나타났다. 스콜라철학을 통하여
기독교 신학은 비로소 학문의 위치에 올랐으며 신앙과 이성이 하나로 체계화
되었다. 다시 말하여 신학과 철학이 하나로 되었으며 종교와 문화가 하나로 되
었으며 그리고 헤브라이즘과 헬레니즘이 하나로 합쳤던 것이다. 스콜라철학이
란 명칭은 중세 수도원에 속한 학교(scholae)를 중심으로 학자들이 모여 연구
하였기 때문에 만들어진 말이었다. 그러면 스콜라철학의 발달과정을 살피기
전에 스콜라철학의 특성은 어떤 것인지에 관하여 알아보자.

첫 번째로 스콜라철학은 경험이나 실험이 아니라 합리주의적이며 논리적
인 원칙에 기초한 학문이라는 것이다. 스콜라철학자들은 소크라테스학파의 철
학자들과 마찬가지로 최고의 진리는 감각인식에서 비롯된다고 믿지 않았다.
그들은 물론 감각이 사람에게 사물의 외형적 지식을 주는 것은 사실이지만 우
주의 본질적 성질, 혹은 그 실재는 주로 이성에 의하여 발견된다고 믿었다.

두 번째로 스콜라철학은 권위주의적 원칙에 바탕을 두고 있다는 것이다.
그들은 이성까지도 모든 지식을 위한 충분한 도구가 되지 못한다고 생각하였
으며, 논리적 연역들이 다시 성경, 교부, 그리고 플라톤·아리스토텔레스의 권
위에 의해 뒷받침되어야 한다고 간주하였다.

세 번째로 스콜라철학은 윤리적 접근방법에 기초하고 있다는 것이다. 스
콜라철학의 주목적은 사람이 이생을 어떻게 발전시킬 수 있으며 내세의 구원
을 어떻게 보장할 수 있는가를 발견하는 것이었다. 그러므로 스콜라철학자들
은 그들의 관심이 일차적으로 인간에게 있다는 점에서 휴머니스트라고 말할
수 있다. 그들은 우주는 인류의 이익을 위해 질서 있게 창조된 하나의 조직체
라고 생각하였다.

마지막으로 스콜라철학은 근대철학과는 달리 사물의 기원이나 발전, 관계

등에 관심을 가지고 있지 않다는 것이다. 즉, 스콜라철학의 목적은 주로 사물의 속성과 성격을 알아내어 인간에게 필요한 것을 설명하는 것이지 그 이상을 건드려서는 안 된다. 이 우주와 그 안에 있는 모든 것들은 신에 의하여 만들어진 완제품(the perfect fixity)이기 때문에 피조물인 인간이 이렇다 저렇다 평가해서는 안 된다. 그러므로 이것은 근대의 진화론과는 너무나 거리가 먼 사상이라고 말할 수 있다.

보편논쟁

스콜라철학은 9세기경 보편개념에 관한 소위 보편논쟁(the universal controversy)으로부터 시작되었다. 이것은 개별적인 사물과 일반적인 보편개념 사이의 존재관계를 따지는 문제였다. 이에 대해서는 이미 보에티우스의 사상을 설명할 때 그 개요를 비쳤었다. 즉 문제의 초점은 나무나 꽃과 같은 유개념이 실제로 존재하는 것인지 아니면 소나무나 튤립과 같은 개물이 존재하는 것인지 하는 것이다. 언뜻 보면 이러한 문제는 한낱 탁상공론에 불과한 것으로 생각되지만 그렇게 과소평가할 만한 것은 아니다. 왜냐하면 이 문제는 이성과 신앙이, 철학과 신학이, 문화와 종교가, 그리고 헬레니즘과 헤브라이즘이 서로 합쳐야 되는지 아니면 각각 분리되어야 하는지 하는 사상적 성격문제와 연루되어 있었을 뿐 아니라, 더 나아가서 기독교의 삼위일체론이라든지 로마 가톨릭의 당위성 문제와도 깊은 관련을 가지고 있었기 때문이다. 보편논쟁은 대체로 세 시대로 나뉘어 진행되었다.[8]

첫째는 실재론(realism)이 지배하던 초기 스콜라철학시대로, 주로 플라톤철학의 영향이 강하였던 시대이다. 실재론의 주장은 "보편은 실재하고 사물에 앞선다"였다. 가령 사람이라는 유개념은 존재하지만 김씨나 이씨라는 개체개념은 오래 안 가서 존재할 수 없다는 논리이다. 그러므로 보편은 실재하는 개념인 반면에 사물은 명칭뿐이라는 것이다. 실재론의 전성기는 11세기이며 그 대표적인 철학자들로는 샹포의 빌헬름(Wilhelm von Champeaux: 1070-1121), 알셀무스(Anselmus of Caterbury: 1033-1109) 등이 있다.

둘째는 온건실재론(moderate realism)이 지배하던 중기 스콜라철학시대로, 주로 아리스토텔레스 철학사상의 영향이 풍미하였던 시대이다. 온건실재론의

---

8) 강영계 역(쿠르트 프리틀라인 저), 『서양철학사』, 서광사, 1985, pp. 136-139.

주장은 "보편은 실재하고 사물안에 존재한다"였다. 가령 꽃이라는 유개념은 튤립이라는 개물을 통하여 이해할 수 있다는 논리로서 꽃에 대한 이데아는 이미 튤립 안에 존재하고 있다는 것이다. 이것은 질료(matter) 안에 형상(form)이 있다는 아리스토텔레스의 일원론적인 사상에서 유래한 것이었다. 온건실재론의 전성기는 13세기이며, 그 대표적인 철학자들로는 아벨라르(Peter Abelard: 1079-1142), 알베르투스 마그누스(Albertus Magnus: 1270-1280), 토마스 아퀴나스(Thomas Aquinas: 1225-1274) 등이 있다. 이 시기에 아레스토텔레스의 사상이 풍미하게 된 것은 유럽이 아라비아인들과 교역을 하면서 그들의 말로 된 아리스토텔레스의 저술들을 들여와 읽었기 때문이다. 물론 이때 그의 철학저술들은 라틴어로 번역되었다.

셋째는 유명론(nominalism)이 지배하던 후기 스콜라철학시대로, 주정주의적 신비주의 사상이 강하게 작용하던 시대이다. 유명론의 주장은 "보편은 명칭이며 사물 다음에 존재한다"였다. 가령 꽃이나 나무와 같은 개념들은 마음으로 그려낸 추상적인 것들에 불과한 것이지 튤립이나 소나무처럼 실제로 만질 수 있는 것이 아니라는 것이다. 유명론의 전성기는 14세기경이며 그 대표적인 철학자들로는 던스 스코터스(Duns Scotus: 1274-1380), 윌리엄 오캄(William of Occam: 1300-1350) 등이 있다. 위의 세 가지 주장들의 관계를 따져 보면 겉으로는 세 가지가 각각 다르게 보이지만 첫째 것(실재론)과 두 번째 것(온건실재론)은 실제로 보편의 실재를 위한 주장이라고 말할 수 있다. 왜냐하면 보편개념이 사물 안에 존재한다는 가정도 실제로는 실재론의 약점을 보완하여 보편개념을 더욱 튼튼히 굳히기 위한 것이기 때문이다. 그러므로 위의 세 가지는 크게 실재론과 유명론으로 구별할 수 있다 하겠다.

안셀무스

그러면 위의 세 가지 입장들을 기억하면서 중요한 철학자들을 중심으로 그들의 사상들을 간단하게 둘러보도록 하자. 실재론에 속하는 안셀무스는 이탈리아 아오스타 출신으로 나중에 켄터베리의 대주교가 되었다. 그는 아우구스투스와 마찬가지로 플라톤철학에 의하여 신앙의 진리를 학문적으로 정립하려고 시도하였다. 그에 의하면, 진리를 탐구하는 데는 정당한 순서가 있다. 제일 먼저는 신앙을 하는 것이고, 다음으로는 그 신앙을 이해하려고 노력하는 것으로 만약 어떤 사람이 신앙을 선행하지 않는다면 오만이며, 그 다음으로 이해하려고(이성) 노력하지 않는다면 이것 또한 태만이다. 그는 이처럼 이성에 앞서 신앙을 내세웠다. 안셀무스에게서 빼놓을 수 없는 것은 그의 소위 존재론적 신증명이었다. 만일 신이 최고의 존재라면 인간의 표상 밖에서도 존재하지 않으면 안 된다. 일체의 존재하는 것들보다 우월한 최고의 존재가 결국 신이라는 논리이다. 실재론자로서의 안셀무스의 면모를 나타내는 주장이라 하겠다.

아벨라르, 마그누스

신학과 철학, 신앙과 지식 사이를 연결하려고 애쓴 사람은 뛰어난 재능을 가진 아벨라르였다. 그는 모든 주장들에 관하여 찬성과 반대, 긍정과 부정을 통하여 비판하였다. 그는 유명한 저서(*Sic et Non*)에서 이제까지 인정된 권위를 비판하였다. 그는 의심을 통하여 탐구에 이르고 탐구로부터 진리를 인식하게 된다고 말하였다. 그는 파리 가톨릭 성직자의 조카딸인 엘로이즈와의 사랑으로 유명해지기도 했고 몰락을 초래하기도 하였다. 아벨라르는 온건실재론자로서 중간적 입장 때문에 많은 학자들로부터 비난을 받았다.

온건실재론을 본격적으로 파고 들어간 철학자들은 알베르투스 마그누스와 그의 제자 토마스 아퀴나스였다. 알베르트 마그누스는 처음에는 신플라톤주의에 경사되었으나 아리스토텔레스의 저술들을 다루면서 자기의 독특한 사상을 전개하였다. 그는 독일에서 태어나 콜로뉴와 파리대학교에서 가르쳤다. 그는 식물학에서 시작하여 심리학, 영혼, 우주의 창조에 이르는 50여권 이상의 저서를 쓴 중세에서 가장 최초로 포괄적인 지식을 정리한 위대한 학자였다. 그에 의하면, 세계는 힘과 형태로 가득 채워진 우주이며 인간은 축소된 우주라는 것이다. 그는 아리스토텔레스의 찬양자로 모든 고대의 권위들을 회의하였으며 이성과 경험에 관한 결론을 세우려고 시도하였다.

토마스 아퀴나스

위에서 이미 밝힌 바대로 스콜라철학의 대성자는 온건실재론자인 토마스 아퀴나스였다. 그는 실재론의 허점을 보완하여 더욱 공고한 온건실재론으로 만들었다. 그에 의해 비로소 신앙과 이성, 신학과 철학, 헤브라이즘과 헬레니즘이 합쳐졌다. 그는 스승 마그누스의 바탕을 가지고 도미니쿠스교단에 들어가 학문에 정진하였다. 그는 25세에 이미 파리대학교의 교수였으며, 유명한 『신학대전(*Summary of Theology*)』 이외에도 정치, 경제를 포함하는 수많은 저술들을 썼다. 그의 근본적인 학문목표는 첫 번째로는 우주의 합리적 원리(the rationality of the universe)를 명징하는 일이며, 두 번째로는 이성의 우위성 (the primacy of reason)을 확증하는 일이었다. 그는 이 우주는 지적 목적에 의해 다스려지는 질서 있는 전체라고 믿었다. 즉, 이 세상에서는 정의와 평화를 위하고, 내세에서는 인류 구원을 위한 위대한 기독교적 계획의 실현을 가능하도록 하기 위하여 모든 일들이 창조되었다. 그리하여 인간은 이 세계를 알고 이해할 수 있는 능력을 가지고 있다. 그는 아리스토텔레스의 권위에 기울어져 있었으며 이성을 진리에 이르는 제1의 열쇠라고 간주하였다.

종교에 관한 그의 자세는 근본적으로 주정주의적이라기보다는 주지주의적이었다. 그러므로 그에게 종교적 경건은 신앙의 문제라기보다는 훨씬 더 많은 지식의 문제였다. 그는 삼위일체론이나 창조와 같은 기독교 교리들이 지성에 의해 증명될 수 없다는 것을 인정하였다. 그러나 그는 그것들이 이성에 거슬린다고고 생각지 않았다. 왜냐하면 신 자신이 합리적 존재이기 때문이다. 그는 아리스토텔레스의 제자로서 인간의 최고 선은 그(인간)의 참된 성품을 실현시키는 것이라고 가르쳤다. 이 일은 신의 지식 안에서 가능한 것으로, 신의 지식은 이생에서는 이성에 의해 대부분 얻을 수 있으나 내생에서는 이것이 온전하게 실현될 수 있다는 것이다. 토미즘(Thomism)으로 알려진 그의 사상은 중세뿐 아니라 지금까지도 적지 않은 영향을 끼치고 있는 실정이다. 요컨대, 그는 아리스토텔레스의 일원론적 사상에 의해 가톨릭 신학교리를 철학적으로 체계화하였으며, 이로 인해 교부시대로부터 내려온 신앙과 이성의 관계를 일원화하였던 것이다.

스콜라철학의 실재론을 제치고 개물을 강조하는 유명론이 등장한 것은 13세기 말부터였다. 이러한 경향은 프란체스코 교단에 속하는 철학자 던스 스코터스의 가르침 때문이었다. 그는 종교의 지적 면보다는 감성적이며 실제적인 면을 강조하였으며, 경건을 지성의 행동이라기보다는 의지의 행동이라고 간주하였다. 그에 의하면 의지가 이성을 지배하는 것이지 이성이 의지를 지배하는 것이 아니므로 신학은 신과 인간으로부터 실천을 요구한다는 것이다. 그는 토마스의 이성에서 벗어나 종교 교리들을 철학의 영역으로부터 배제하였다.

윌리엄 오캄

유명론을 더욱 철저하게 개진한 철학자는 14세기 영국의 프란체스코 교단 출신인 윌리엄 오캄이었다. 그는 보편개념으로서의 이데아는 존재하지 않고 실제로 인식될 수 있는 것은 오로지 개물이나 개체(individual)라고 주장하였다. 그에 의하면, 신학이나 철학의 배후에는 소위 '알려지지 않은 의지'가 자리잡고 있다. 이 신의 절대의지는 이 세상의 어떤 것과도 합칠 수 없다. 그리하여 국가가 교회로부터 분리되어야 하는 것처럼 철학이나 학문도 신학으로부터 떨어지지 않으면 안 된다. 이성의 영역과 신앙의 영역은 엄연히 구별되어야 한다. 오캄은 청순한 사도시대의 신앙을 추구하였다. 그는 결국 교황의 권위에 반항하다가 추방당하였다. 유명론자들은 모든 지식의 근거는 이성에 있는 것이 아니라 경험에 있다고 보았으며 대부분 종교적 회의주의와 신비주의에 몰입되었다. 그들은 개별적인 것을 중시함으로써 많은 경우 삼위일체와 가톨릭 교회, 교황의 권위를 부정하였으며 더 나아가 국가적 개별 교회의 중요성을 강조하여 근대 프로테스탄트 종교개혁의 발판이 되었다. 그들은 또 정치적으로 지방적 정치구축의 기반이 되기도 하였다. 이것은 가톨릭이 지나치게 체계화되고 귀족화함으로써 일반대중과 멀어져 경직화되는 것에 대한 일대 반발이라 하겠다. 그들은 원시 기독교의 회복과 기독교적 평등주의, 재산의 공동소유, 순수한 신앙 등을 추구하여 근대초기의 과학의 발전에도 크게 기여하는 결과를 가져왔다.

제 9 절 중세의 문화

중세문화는 대체로 종교를 중심으로하는 교회문화라고 말할 수 있다. 교회를 통하여 그들의 사상을 묘사하고 조각하고 들을 수 있게 하였기 때문이다. 오늘날의 입장에서 보면 아주 신기하고 멀리 떨어져 있는 느낌도 없지 않겠지만 그들의 위치에서 보면 아주 심각하고 절실한 느낌을 가질 수 있다. 지금의 우리의 경험도 몇 백년 지나면 동일한 케이스가 될 것이다. 그러므로 과거의 역사를 이해하지 않고 우리의 처지를 가늠하는 것은 불가능한 일일 것이다.

1. 교   육

중세의 지적 발달은 교육을 통하여 이루어졌다. 대체로 중세의 교육은 9-
14세기에 걸쳐 발달하였다. 중세의 중요한 교육기관인 수도원의 학교들과 도
서관들은 카롤링왕조 르네상스기에 이루어졌다. 그러나 이들은 11세기 종교개
혁운동으로 계속되지 못하였으며 그 대신 대성당(cathedrals)이 운영하는 학교
들이 등장하였다. 이 대성당학교들이 소위 자유과목의 커리큘럼을 만든 대학
(colleges)과 동등한 교육조직으로 발전한 것이다. 그 대표적인 것들이 캔터베
리, 샤르트르, 파리에 있는 대학들이었다. 중세에서 가장 중요한 교육발달은
대학교(universities)의 성립에서 시작되었다.

7 자유과목

5세기경 데오도릭대제 이후 옛 로마의 국립학교제도는 사라졌으며 몇몇
이탈리아도시의 시립학교들만이 남아 있었다. 그리하여 서유럽 교육의 명맥은
수도원에서 이루어졌다. 학문제도로서의 수도원 건립에 기여한 사람은 데오도
릭대제의 주무장관인 카시오도루스(Cassiodorus)였다. 그는 공직에서 떠난 다
음 아풀리아에 있는 그의 조상 땅에 수도원을 짓고 수사들로 하여금 사본복사
에 전념하도록 하였다. 그가 이룩한 선례들은 거의 대부분 베네딕트교단에서
채택되었다. 카시오도루스는 그의 수사들을 학자들로 훈련시켜야 한다고 생각
하고, 이 목적을 위하여 7자유과목(the Seven Liberal Arts)에 기초한 커리큘
럼을 만들었다. 이 과목들은 보에티우스에 의해 3과(the trivium)와 4과(the
quadrivium)로 나누어졌다. 전자는 지식의 열쇠로 간주되는 문법, 수사학, 논리
학을, 후자는 더욱 분명한 내용을 가진 산수, 기하학, 천문학, 음악을 포함하고
있었다. 수도원 학교에서는 대부분 기초적인 교과서들을 사용하였으며 곳에
따라서는 아리스토텔레스의 논리학 번역들이 사용되기도 하였다. 그러나 실험
적인 과학이나 역사에 대한 관심은 없었으며 교직 이외의 전문적 훈련을 시키
는 곳은 나타나지 않았다. 학문은 소수의 특권에 속하였으며 대중은 거의 교육
을 받지 못하였다. 세속적인 귀족까지도 거의 다 문맹이었다.

대성당학교에서 비롯된 대학교라는 말(university, universitas)은 자치단체
(corporation), 혹은 조합(guild)을 의미하는 개념이었다. 중세 대학교의 대부분

은 장인조합과 비슷하여 교사들을 훈련시켜 면허를 내주기 위하여 조직되었다. 그러던 것이 점진적으로 교양과목이나 법률, 의학, 신학의 전문학부를 가진 학교교육의 뜻을 가지게 되었다. 어떤 대학교가 가장 오래 되었는지는 따지기 쉽지 않다. 아마도 10세기 의학의 중심지였던 사렐르노(Salerno)대학교가 아니었나 싶다. 볼로냐(Bologna)와 파리대학교들도 매우 오래된 것들로 전자는 1150년에, 후자는 12세기 말 이전에 세워졌다. 그 다음으로 가장 오래된 것들로는 유명한 옥스퍼드, 캠브리지, 몽펠리에(Montpellier), 살라망가(Salamanca), 로마, 나폴리대학교들이 있었다. 독일에는 프라그, 비엔나, 하이델베르크, 콜로뉴에 대학교들이 세워지는 14세기 말까지도 대학교가 없었다.

중세 대학교의 발달

일반적으로 유럽의 대학교들은 두 가지의 유형으로 대별된다. 하나는 볼로냐대학교의 모형을 따르는 남부유럽의 대학교들이며, 다른 하나는 파리대학교의 틀을 따르는 북부유럽의 대학교들이다. 이탈리아, 스페인, 남프랑스의 남부유럽의 대학교들은 학생들이 주인이었다. 학생들이 길드를 형성하여 교사들을 고용하고 돈을 지불하며 해고까지 행하였다. 이들 대학교들은 세속적 성격을 가졌으며 특히 법률과 의학이 전문화되어 있었다. 이와는 대조적으로 파리대학교의 모형을 따르는 북부대학교들은 학생들의 조합이 아니라 가르치는 교사들의 조합이었다. 그들(대학교들)은 예술, 신학, 법률, 의학의 4학부를 가지고 있었으며, 각각은 선출된 학장(dean)에 의해 지휘되었다. 북부대학교의 대부분에는 예술과 신학이 주도적 연구분야였다. 13세기 이전까지는 분리된 대학들(colleges)은 파리대학교 안에 세워졌다. 원래의 대학(college)은 가난한 학생들을 위해 빌려 준 집에 불과하였다. 그러다가 모든 학생들로 하여금 칼리지에 살게 함으로써 가장 훌륭한 훈련이 이루어질 수 있다는 것을 알게 되었다. 결국 칼리지는 교육과 거주의 중심지가 되었던 것이다. 대륙의 칼리지 대부분은 사라진 반면에 영국 옥스퍼드와 캠브리지대학교는 파리로부터 모방한 연합조직의 패턴을 그대로 유지하였다. 그들이 구성한 칼리지들은 실제로 독립된 교육단위들이었다.[9]

---

9) Stephenson, *op. cit.*, ch. xiv; 이광주 역(그룬트만 저), 『중세대학의 기원』, 탐구신서; 이석우, 『대학의 역사』, 한길사, 1998 참조바람.

근대의 대학교는 그들 조직의 많은 부분을 중세의 원형들로부터 빌려 왔지만 그 연구과정들은 심하게 변모하였다. 중세 대학교에는 역사나 자연과학, 혹은 수학이나 고전문학과 같은 과목들이 없었다. 그러므로 수학과 고전학이 대학훈련의 근간이 되어야 한다고 믿는 오늘날의 보수적 교육자는 중세 대학에서는 지지를 얻을 수 없을 것이다. 중세시대의 학생은 무엇보다도 먼저 문법, 수사학, 논리학(혹은 변증법)의 3과를 연구하면서 4년이나 5년을 보내지 않으면 안 된다. 만약 시험에 합격하면 예비 학사학위(the preliminary degree of bachelor of arts)를 받았다. 전문적인 생활을 원한다면 석사(master of arts), 법학박사(doctor of laws), 의학박사(doctor of medicine)와 같은 높은 학위취득을 위해 몇 년을 더 바쳐야 했다. 석사학위를 위해서는 산수, 기하, 천문학, 음악의 4과를 연구하기 위하여 3, 4년을 더 소비해야 했다. 이들 과목들은 지금 우리가 생각하는 내용이 아니었다. 가령 그들은 매우 철학적이어서 산수는 주로 수리론의 연구이며 음악은 음성에 관한 연구였다. 박사학위는 더 심오하고 전문적인 훈련이 요구되었다. 중세 말기 파리의 신학박사학위 과정은 14년이 지나야 했으며 신청자의 나이가 35세가 되지 않으면 주어지지 않았다. 석사와 박사학위들은 어디까지나 교수를 위한 학위여서, 의학박사학위는 의학의 교수를 뜻하는 것이었지 실무적인 의사를 뜻하는 것은 결코 아니었다.

중세 대학교 학생의 생활은 여러 가지로 지금과 달랐다. 그들의 집단은 동질적이라기보다는 여러 국적을 가진 학생들로 구성되었다. 누구든지 법률을 연구하고 싶으면 볼로냐로 갈 수 있었으며 신학을 하고 싶으면 파리로 가서 공부할 수 있었다. 대학교는 일반적으로 독립된 집단으로 학생들은 정치적 사법권으로부터 면제되어 있었다. 이러한 성격은 독일의 일부 대학교들이 아직도 단독으로 그들의 감옥소를 유치하고 있는 유풍에서 찾을 수 있다. 학생 대부분은 책도 없었고 도서관도 드물어서 밀랍서판(wax tablet)에 강의내용을 철필로 받아 쓰는 것이 고작이었으며 토론은 자주 가졌다.

2. 문 예

앞에서 비친 바와 같이 중세의 문예는 주로 교회건축물을 중심으로 발달하였다. 교회당과 대성당의 건축이 매우 발달하였는데 말하자면 회화와 조각

등은 건축에 따른 장식적 차원에서 발달하였다. 중세 유럽의 건축양식은 대개
바실리카양식(the Basilican architecture), 로마네스크양식(the Romanesque ar-
chitecture), 고딕양식(the Gothic architecture)의 세 가지로 압축할 수 있다. 바
실리카양식은 로마건축의 영향을 받아 5세기를 전후하여 발달한 장방형의 교
회건축양식이었으며, 로마네스크양식은 9세기경 남부프랑스와 북부이탈리아
의 교회당과 궁전건축에서 발달한 것으로 이탈리아의 피사성당이 대표적인 건
물이었다. 이 양식은 로마식과 다른 양식들이 혼합되어 이루어진 것으로 장방
형이 십자형으로, 기둥과 창문위 모양이 원형으로, 그리고 벽이 두텁고 무겁게
되어 육중하고 침침한 기분을 자아내게 하였다. 로마네스크식은 말하자면 민
족이동기의 과도기적 혼란을 벗어나지 않은 분위기를 잘 나타낸 건축양식이라
풀이된다.

고딕양식은 12세기경 이후 로마네스크양식에 대립되는 양식으로 중세 유
럽의 성당건축을 가장 보편적으로 나타내는 중세 안정기의 양식이었다. 특히
고딕양식은 중세 사람들의 신앙적 이상을 잘 표현해 주는 것으로서 중세 후기
도시발달을 배경으로 그들의 부력을 과시하는 게르만적 창의의 결실이라고 하
겠다. 로마네스크식의 원형양식에 반하여 첨탑 아치와 채색유리(the stained
glass)의 활용은 지상생활에서 천국을 앙모하는 그들의 종교적 이상을 바탕으
로 하는 것이었다. 파리의 노틀담을 비롯하여 북부프랑스의 랑스, 아미앙, 영
국의 웨스트민스터, 솔즈베리, 이탈리아의 밀라노, 독일의 쾰른 등 대성당들이
고딕양식의 대표적인 건축물들이었다.

중세의 언어는 위 사람들의 라틴어와 일반사람들의 대중어(vernacular)로
구분되었다. 따라서 문학활동도 두 가지로 나누어졌다.

문학적 업적으로는 8세기경 앵글로·색슨족의 영웅 베어울프가 괴물을
물리치는 줄거리를 그린『베어울프(Beowulf)』가 가장 일찍 등장하였다. 기사
생활을 주제로 한 영웅전설이 성행하여 영국의 전설적 지배자인 아더왕을 중
심으로 한 영웅담(Arthurian Romances)과 찰스대왕기의 영웅전설로『롤랑의
노래(the Song of Roland)』, 독일의 옛 전설에 관한 대서사시인『니벨룽겐의
노래(Nieberungenlied)』(13세기) 등이 유명하다. 롤랑의 노래는 찰스대제의 전
쟁 귀국길에 일어난 롤랑의 용감한 전사 이야기를 그린 작품이었다. 한편, 니
벨룽겐의 노래는 용감한 지그프리드(Siegfried)의 죽음과 그의 부인 크림힐트

(Kriemhild)의 복수를 그린 것으로 마지막 복수의 장면은 많은 사람들의 심금을 울렸다. 11세기 말부터 약 2세기 동안 남부프랑스와 북부이탈리아에는 일군의 음유시인들(Troubadour)이 활동하여 서정문학에 크게 기여하였다. 그들을 통하여 나타난 교회음악에 대한 공헌은 근대의 일반음악 발전과도 무관하지 않은 것을 잊어서는 안 될 것이다. 일반 세속적 문학은 주로 프랑스와 이탈리아 등지에서 활발하게 발달하였다. 중세문학은 단테(Dante Allighieri: 1265-1321)에 의해 그 완성기에 다다랐다. 단테는 13세기 아퀴나스사상과 14세기 페트라르카사상을 이은 가교역할을 한 장본인이었다. 그는 플로렌스 출생으로 시정에 연루되어 추방당하기도 하였으며 끝내는 프랑스 라벤나에서 죽었다. 그의 작품『신곡(the Divine Comedy)』은 영혼의 투쟁, 시험, 구원을 그린 것으로 중세의 문화를 완벽하게 나타내고 있다. 그 중심테마는 어디까지나 이성과 신의 은혜를 통한 인류의 구원이었으며 인간은 선을 택하고 악을 버릴 수 있는 자유의지의 존재였다. 여러 가지 면에서 단테는 휴머니즘의 기풍을 보여 주었다. 그는 아리스토텔리스와 세네카, 버질을 숭배하면서 고전적인 저자들의 쾌락을 따랐다. 그는 기독교적인 교리 이외에 이교적인 이념들도 가미시킴으로써 르네상스로 가는 길목역할을 하였다. 그리고 그의 저술에서 사용된 토스카나 지방어는 이탈리아문학을 위한 언어가 되는 데 적지 않은 영향을 주었다.

역   사

중세의 역사서술을 지배한 것도 종교적인 열정이었다. 그러므로 그들의 서술은 주로 성자의 언행이나 기적을 적는 일이었으며 성경의 속뜻을 기록하는 일이었다. 그들의 서술의 특징은 다분히 은유적이며 상징적이며 비유적이며 그리고 신비주의적이었다. 그들에 의하면 성경의 내용은 겉으로는 앞뒤의 논리가 맞지 않을 때가 많지만 그것은 성경을 외형적으로만 잘못 보았기 때문이라는 것이다. 성경의 속 깊이 배어 있는 신의 뜻을 발견하는 일이 중요하다는 것이다. 비록 그들의 서술방법이 역사적이지 않았더라도 그들의 서술열정이 후세 역사서술의 발전에 기여했다는 점을 잊어서는 안 될 것이다. 중세 전기에는 아우구스티누스와 같은 사상가의 종교철학적 서술과 연대기와 같은 기록의 영향이 컸으나 후기에 이를수록 점차 그 틀에서 벗어나려는 흔적을 볼 수 있다. 중세 전반기의 서술로는 그레고리(Gregory of Tours: 538-593)의

『프랑크사』와 비드(Bede: 674-735)의 『영국민교회사』, 아인하르트(Einhard: ?-840)의 『찰스대제전』이 있으며, 중세 후반부에 들어와서는 맘즈베리(William of Malmesbury: ?-1143)의 『영국왕의 역사』, 13세기경 프랑스 조프레이(Geoffrey de Villehardouin)의 『제 4 십자군』 등이 있다.

제 5 편 ||| 서양 근대문명 (Ⅰ)

제10장

근대문명의 태동

♣ 개   관 ♣

역사의 단절과 연속

역사의 발전은 이전 것과의 단절과 아울러 현재 것과의 연속의 과정에서 이루어지는 일대 변화일 것이다. 만약 단절만이 있다면 역사는 더 이상 존속하지 못할 것이며 반대로 연속만이 있다면 변화 없는 역사도 생명이 끊어질 것이다.

중세는 13세기 말부터 서서히 쇠퇴하기 시작하였다. 중세사회의 골격이었던 기사도, 정적 경제, 보편교회와 보편제국, 집단주의사회 등의 이상들은 더 이상 존속할 수 없게 되었으며, 봉건제도, 고딕건축, 스콜라철학도 실제로 힘을 쓸 수 없게 되었다. 그러나 대학교, 로마법, 과학의 발견들, 고전주의, 휴머니즘 등의 중세적 요소들은 아직도 활기를 잃지 않고 있었다. 말하자면 전자의 것들은 역사의 단절적 요소들이요 후자의 것들은 역사의 연속적 요소들인 것이다. 이 후자의 요소들은 1300-1700년 기간의 유럽 근대문명을 형성하는 새로운 요소들과 병합하게 되었던 것이다.

대체로 이 시기에 등장한 새로운 근대적 요소들은 개인주의, 세속주의, 낙관주의, 자연주의 등이었다. 이들 문화적 요소들은 중세 때도 전혀 없었던 것은 아니지만 주로 중세 이전 고전고대에 있었던 것들로 중세를 비판하고 부정하는 가운데 다시 등장한 것이다. 단적으로 표현한다면, 이들 근대적 요소들이 문화적으로 나타난 것이 르네상스요, 종교적으로 나타난 것이 종교개혁이며, 정치적으로 표현된 것이 시민혁명, 그리고 경제적으로 등장한 것이 산업혁명이라고 할 수 있다. 근대사회는 중세사회와는 판이한 성격을 가진

사회였다. 중세가 전통, 권위, 관습위주의 집단주의적 사회
인 데 반하여 근세는 개인의 자유를 중시하는 부르주아의
시민사회였다. 정치적으로는 왕권을 중심으로 하는 국민국
가를, 경제적으로는 공장을 중심으로 하는 자본주의경제를,
그리고 문화적으로는 휴머니즘을 근간으로하는 세속적 문화
를 전개하려고 하였다.

근대문명의 발달과정

르네상스는 고전시대의 문화를 기틀로 삼아 근대문명을
새로 세우려고 하였으며, 종교개혁은 중세의 보편교회를 허
물어뜨리고 성경과 개인의 체험적 신앙을 근거로 원시 기독
교의 이상을 회복하려고 하였다. 이와 같은 중세적 기틀을
벗어나는 데 적지 않게 기여한 것은 과학의 발달이었다. 한
편, 이러한 지적 종교적 변혁 이외에 경제적 변혁이 일고 있
었다. 그것이 바로 상업혁명으로 이미 중세 말기부터 기미
를 보이던 도시의 발달과 동방과의 무역활동이 기초가 되어
초기적 자본주의가 일어났던 것이다. 이것이 바탕이 되어
근대사 후기의 계몽사상과 시민혁명, 제국주의의 시대가 등
장하게 된 것이다. 요컨대, 중세를 거부하고 부정하는 데 앞
장섰던 운동은 르네상스와 종교개혁이었으며, 그 중에서도
후자는 중세를 뒤흔드는 데 보다 격렬하고 적극적인 운동이
었다. 그 후유증으로 나타난 것이 종교전쟁이었으며 이것으
로 유럽은 신교와 구교로 크게 갈라져 혈전을 벌이지 않으
면 안 되었다. 이 와중에서 득세의 기회를 가진 것은 새로
고개를 쳐들고 있던 왕권이었다. 말하자면 왕권은 구교와
신교의 싸움에서 어부지리를 얻을 수 있었던 것이다. 그것
이 바로 절대왕권이라는 중세지향적 성격을 다분히 가진 권
력집단이었다. 그러나 절대왕권 안에는 새로운 근대문명으
로 이어질 수 있는 요소들을 가지고 있었다. 그것이 바로 전
제주의와 중상주의로 전자를 통해서는 왕권강화가, 그리고
후자를 통해서는 화폐사용이 근대적 중앙집권과 자본주의의
발달로 이어지게 되었던 것이다. 절대왕권체제가 무너지는
것은 성숙한 부르주아지에 의한 시민혁명을 기다리지 않으
면 안 되었다.

근대의 사상적 특성

일반적으로 서양 근대에 나타나는 사상들로 대부분의 학자들은 다음과 같은 몇 가지를 들고 있다.[1]

첫째는 개인주의(individualism)를 꼽고 있다. 개인주의는 간단히 말하면 집단이나 전체조직보다 개체, 개인의 자유를 우선적으로 중시하는 사상이다. 이 사상은 인간중심의 휴머니즘을 바탕으로 하고 있는 것으로 르네상스에서 시작되었지만 근대적 의미의 개인주의는 18, 19세기에 비로소 정착되었다. 그 근본적 골격은 "남(다른 개체)에게 나쁜 영향을 주지 않는 범위에서 나(한 개체)의 자유를 최대로 향유하려는 사고"로 한 개인의 욕심만을 챙기려는 이기주의와는 근본적으로 다르다.

둘째는 과학적 사고방식(scientific way of thought)을 들수 있다. 이것은 경험과 실험을 중시하는 자연과학에서 발달한 귀납적 사고방식으로 정밀성, 계산성, 객관성 등의 사유방식을 뜻한다. 과학적 정신은 이전의 권위와 전통, 관습을 무조건 따르던 봉건적 유습을 거부한다.

셋째는 민족주의(nationalism)와 국제주의(internationalism)를 들 수 있다. 중세 말기부터 시작된 민족주의는 근대의 주된 정치적 테마로 19세기 중엽에 가서야 일단락되었다. 그러나 제국주의의 등장으로 민족주의의 문제들이 노출되어 급기야는 세계대전으로 이어져 평화를 추구하는 일환으로 국제주의가 나타난 것이다. 세계화가 진행되고 있는 오늘날에도 양자의 조화와 균형의 문제는 인류가 안고 있는 크나큰 과제라 하겠다.

넷째는 자본주의(capitalism)와 사회주의(socialism)를 들수 있다. 상업과 산업의 발달, 개인주의를 바탕으로 등장한 자본주의는 사회적 모순(빈부의 격차 등)의 노정으로 집단과 국가를 우선으로 하는 사회주의를 등장시키게 되었다. 그러나 사회주의 역시 개인의 자유를 침해하며 오히려 경제적 빈곤의 일반화를 가져와 서야 될 자리를 잃게 되었다. 오늘날에는 정치적 자유뿐 아니라 경제적 평등도 도모하는 양자의 조화를 꾀하려는 추세에 있다 하겠다.

---

1) Carl Becker, *Modern History*(New York, 1940), pp. 2-12.

　　　마지막으로 민주적 사상(democratic ideas)을 들 수 있다. 주지하는 바와 같이 민주주의는 자본주의 국가뿐 아니라 사회주의국가까지도 모두 선호하고 있는 형편이다. 그것은 인민(people) 모두를 국정에 참여시키려는 것이 민주주의의 근본이념이기 때문이다. 다만 어떤 방법으로 어느 만큼 그 이념을 실현하느냐 하는 문제만이 남아 있을 뿐이다.

제 1 절 르네상스문명

1. 르네상스의 특성

르네상스는 서양중세를 거부하려는 첫 번째 운동으로 이탈리아의 도시들을 중심으로 일어났다. 르네상스(Renaissance)라는 단어는 '신생' 혹은 '재생'을 의미하는 말로 중세를 부정하고 중세 이전의 고대문명의 헬레니즘을 재생하려는 운동을 뜻한다. 이러한 고대문명의 부활 움직임은 처음에는 주로 문예분야에서 일어났기 때문에 문예부흥운동이라 일컬어지기도 하지만 합당한 명칭은 아니다. 왜냐 하면 그것은 단순히 문예만의 부흥이 아니라 정치, 경제, 문화, 종교 등 사회전반에 걸친 재생운동이었기 때문이다. 그러므로 르네상스라 하는 편이 오히려 자연스러운 명칭이라 하겠다.

고대문명의 헬레니즘을 재생하려는 르네상스는 여러 가지 면에서 중세와는 다른 특성을 나타냈다. 르네상스인들의 특성은 부르크하르트를 통하여 인간과 자연의 재발견으로 요약된 바 있지만, 고대적 전통에 그대로 머무르지 않고 근대적 요소로 이어진 것이 그 특징이라 하겠다. 따라서 그들은 점진적으로 현세와 현생을 중시하기 시작하였으며 인간 개체의 가치와 존엄성을 자각하려는 움직임을 보였다. 그들은 또 중세적 테두리에서 벗어나 그들이 성장한 지방의 특성과 전통에 대한 긍지를 가지려는 사고를 가지게 되었다. 자연에 관해서도 남다른 애착을 가졌으며 영적이며 초월적인 세계 이외에 눈에 보이는 구체적이며 개별적인 것들에 대한 관찰과 그 결과들에 관하여 특별한 애정을 느끼기 시작하였다.

르네상스는 처음에는 14세기경 이탈리아를 중심으로 전개되다가 16세기 중반부터는 알프스를 넘어 북유럽을 중심으로 발전하였다. 이탈리아의 르네상스는 주로 귀족이나 부유한 상층계급에 의해 감각적이며 탐미적인 문예방면에 치중되었으나 북유럽의 르네상스는 지적이며 비판적이며 내성적인 민족주의의 영향으로 종교분야로 기울어졌다. 그리하여 앞으로 나타날 종교개혁운동과 자연스러운 연결고리를 가지게 되었다.

학자들의 해석

일반적으로 르네상스를 연구하는 학자들은 두 부류로 나눌 수 있다. 그 하나는 르네상스를 중세문명과 단절하여 해석하려는 역사가들이며 다른 하나는 양자를 연결하여 바라보려는 역사가들이다. 이것은 역사적 사건들의 전후를 서로 끊어 보느냐 아니면 연속하여 보느냐 하는 방법론상의 문제로서 전자의 입장에서는 르네상스문명이 중세와는 다른 새로운 시대(근대)라는 주장이, 반면에 후자의 입장에서는 르네상스문명은 단지 중세의 후속문명에 불과하다는 주장이 각각 우세하게 되었다. 그 대표적인 학자들의 주장을 소개하면 다음과 같다.

첫 번째로 르네상스연구의 거장 부르크하르트(J. Burckhardt: 1818-1897)는 르네상스는 중세와는 다른 새로운 시대의 시작이라고 주장하였다. 그에 의하면 르네상스는 이탈리아인들의 자각과 국민의식을 통하여 고전고대의 문화가 부활되어 이루어진 근대적 문명이다. 그는 르네상스인들의 역할로 인간의 재발견과 자연의 재발견을 들었는데 이것은 신중심으로 치닫던 중세와는 대조적인 것이다. 이 외에 르네상스의 기간이 14-16세기라는 것도 부르크하르트에 의해 밝혀진 해석이다. 그는 특히 역사현상을 종래의 종단면에서가 아니라 횡단면에서 유형적으로 바라본 문화사가로도 유명하다. 그리하여 그는 마치 화가가 일정한 시간 동안의 풍경을 동일한 것으로 상정하고 작업을 실행하는 것과 같이 14-16세기의 사건들을 동질적인 것들로 상정하고 서술하였다.[2]

두 번째로 위 역사의 단절적인 해석과는 달리 연속적인 해석을 내린 중요한 역사가들은 크리스텔러(P. O. Kristeller)와 한스 바론(Hans Baron)이었다. 연속적인 역사해석은 주지하는 바와 같이 양차에 걸친 세계대전으로 인한 문명의 위기의식으로부터 나타난 결실이었다. 나치즘을 피해 미국으로 망명을 떠난 이들(크리스텔러와 바론)은 고대와 중세 및 근대를 각각 단절된 편린으로가 아니라 하나로 연결된 문명의 고리로 바라보려고 하였다. 전자(크리스텔러)는 휴머니즘의 수사학을 통하여 르네상스와 중세 및 고대를 연결시키려고 하였는가 하면 후자(바론)는 플로렌스의 시민적 휴머니즘을 통하여 르네상스를 그 이전의 시대들과 연결시키려고 시도하였다. 그리고 다음으로 이에서 한 걸

---

2) 랑케와 같은 종래의 역사가들이 역사현상을 종단면으로 바라본 것과는 달리 부르크하르트는 역사현상을 횡단면에서 유형적, 심미적으로 바라본 것이 특이하다(Jacob Burckhardt, *The Civilization of the Renaissance in Italy*, Torchbooks, 1959, 2 vols.; 차하순, 『르네상스의 사회와 사상』, 탐구당, 1975).

음 더 나아가 다원화되고 다양화된 사회에 부응할 수 있는 역사해석을 내린 학자는 유명한 퍼거슨(W. K. Ferguson)이었다. 퍼거슨은 사상뿐 아니라 정치, 경제 등 모든 분야를 종합적으로 다루어야 한다는 실질적인 문화사적 접근방법을 들고 나왔다.[3]

2. 르네상스의 사상: 휴머니즘

이미 위에서 밝힌 바와 같이 르네상스의 핵심은 인간과 자연의 재발견이었다. 그 가운데서도 인간문제는 르네상스인들의 주된 관심사였다. 자연에 관한 관심은 후의 과학의 발달을 좀더 기다려야 했다. 르네상스의 중요한 운동들로는 휴머니즘(Humanism), 플라톤주의(Platonism) 그리고 아리스토텔레스주의(Aristotelianism)를 들 수 있는데 그 가운데 가장 주된 운동은 휴머니즘이었다.[4] 말하자면 중세의 신중심사상으로부터 인간중심사상으로 옮기는 데 휴머니즘이 그 원동적인 구심역할을 했으며 다른 것들(플라톤주의와 아리스토텔레스주의)은 조타수역할을 했던 것이다.

원래 휴머니즘은 고전고대의 문학이나 언어, 사상을 연구하는 단순한 학문운동으로부터 출발하였다. 그러므로 인간개체와 개성의 문제와는 거리가 멀었다. 휴머니즘이 인간의 가치개념과 연결되기 시작하는 것은 르네상스인들이 고대 저술가들의 소위 '인문학'을 접촉하면서부터였다. 고대 저술가들은 일찍부터 시, 문학, 역사를 연구하는 학문분야라는 의미로 '인문학(studia human-itatis, study of humanities)'을 사용하였다. 르네상스의 휴머니즘에 인간의 가치와 존엄성을 강조하는 뜻이 들어간 것은 바로 플라톤주의와 아리스토텔레스주의에 의해서였다. 특히 플라톤주의학파에 의해서는 인간영혼의 불멸이 주장되어 인간의 중요성이 두드러지게 되었다.

인간의 영혼불멸을 주장한 중요한 학자들은 플로렌스 아카데미에 속한 마르시그리오 피치노(Marsiglio Ficino: 1433-1499)와 피코 미란돌라(Pico della Mirandola: 1463-1494)였다. 피치노는 그의 저술(*the Platonic Theology*)에서 인

---

3) 김성근·이민호 공역(퍼거슨 저), 『르네상스』, 탐구당, 1972.
4) Paul O. Kristeller, "The Philosophy of the Man in the Italian Renaissance," *Intellectual Movements in Modern European History*(London, 1969); 김영한, 『르네상스 휴머니즘과 유토피아니즘』, 탐구당, 1983.

간의 영혼은 신지향적 성향과 육체지향적 성향이 있는 특별한 존재로 우주계
서제(the universal hierarchy)에서 가장 주요한 중심부에 자리잡고 있는 존재
라고 주장하였다. 그리고 이에서 한 걸음 더 나아가 미란돌라는 인간은 명상
(contemplation)을 통하여 생의 방향을 선택할 자유, 즉 영혼의 불멸성(the im-
mortality)을 가진 존재라고 주장하였다. 이들의 인간의 영혼불멸론은 인간의
존엄성을 나타내는 극치라 해도 과언이 아닐 것이다.

　　'humanista(humanist)'의 단어도 15, 16세기 르네상스인들에 의해 사용된
것으로 고전고대의 작품들을 수집, 정리, 연구하는 사람이라는 뜻이었다. 그러
나 휴머니즘이 실제로 인간개체의 가치와 복지를 의미하는 오늘날의 의미로
된 것은 19세기경 인간의 교양을 강조하는 중등교육과정의 설정으로 이루어졌
다. 19세기경 자연과학의 거센 풍조로 이에 맞서기 위해 인간의 기본교양을
배양하려는 목적에서 고전과목과 고전어를 커리큘럼에 넣으려 했던 것이다.
다시 말하여 인간의 개성과 가치를 뜻하는 휴머니즘이 형성되기 시작한 것은
르네상스시대였으나 18, 19세기에 가서야 비로소 그 의미가 구체적으로 오늘
날과 같이 정착되었던 것이다. 일반적으로 휴머니즘은 중세적 사상들(수사학,
라틴문학 등)이 페트라르카(F. Petrarch: 1304-1374)를 통하여 르네상스에 기
원된 것으로 보고 있다.

3. 이탈리아의 르네상스

　　이탈리아에서 르네상스가 일어난 원인들로는 여러 가지를 들 수 있겠으나
그 가운데서도 이탈리아가 옛 로마의 땅으로 고대의 유산을 지니고 있었다는
점이 그 가장 중요한 원인일 것이다. 이탈리아만큼 고대의 전통을 간직한 국가
는 없기 때문이다. 그러므로 이탈리아인들은 그들 조상들의 전통을 중시하고
역사에 대한 긍지를 가지고 살았다. 그러나 다른 한편으로 그들은 그들의 지정
학적 위치로 그들 주변의 비잔틴이나 사라센과 같은 이방국가들의 문화적 영
향을 받지 않으면 안 되었다. 그리하여 그들은 신학이 아닌 의학이나 법률학
같은 세속학문을 연구하는 대학교들을 세울 수 있었으며 동방과의 무역뿐 아
니라 지중해, 더 나아가 북부유럽과의 무역을 통하여 경제적 번영을 이룰 수
있었으며 베니스, 나폴리, 제노아, 피사, 플로렌스, 볼로냐와 같은 르네상스의

보루가 되는 도시들을 발전시킬 수 있었던 것이다.

정치적 배경

르네상스는 이탈리아의 정치적 안정 속에서가 아니라 오히려 정치적 불안정 속에서 창출된 지적 운동이었다. 중세 말에서 르네상스로 옮겨 오는 과정에서 이탈리아는 수많은 작은 도시국가들로 나뉘어 서로 부딪치며 싸우는 분열상을 연출하였다. 그들은 거의 모두가 신성로마제국의 지배를 벗어나려는 와중에서 형성된 독립된 공화국의 형태를 지닌 국가들이었다. 그들은 말하자면 이탈리아를 하나의 통일된 국가가 아니라 도시마다 국가를 세우려는 분립주의 (particularism)에 입각해 있었으며 중세 이래의 전통인 황제파(the Ghibellines)와 교황파(the Guelfs)의 대립적 테두리로부터 멀리 벗어나 있었다. 그러나 그들은 그들의 자유를 얻으려는 과정에서 얼마의 민주적 요소를 채택하기도 하였다. 하지만 그들의 민주적 요소들은 르네상스기에 들면서 그들 상호간의 쟁투로 사라지고 말았다.

그들은 그들의 반목과 대립과정에서 대체로 두 가지의 양상을 나타냈다. 하나는 수단방법을 가리지 않고 자신의 권력을 확장하려는 이기주의적 양상이며 다른 하나는 돈으로 모든 것들을 해결하려는 금권주의적 양상이다. 그들은 중세의 집단주의에 대항하여 개인의 명예와 긍지, 권력을 중시하게 되었다. 그들은 이기적인 것이라면 어떤 형태의 것이든 모두 정당화시키려고 하였다. 그들은 권력과 부의 추구, 육체적 예술적 쾌락, 상대의 억압 등 어떤 것이든 자신의 이익을 위해서라면 수단방법을 가리지 않았다. 그리고 그들의 이러한 행동을 부추긴 것은 돈으로 모든 것들을 해결하려는 금권욕이었다. 그리하여 그들은 돈이 생기는 일이면 어디에나 끼어들었다. 이렇게 하여 형성된 것이 소위 전문적으로 돈받고 싸우는 용병이었으며, 그들을 지휘하는 군인이 용병대장 (condottieri)이었다. 용병대장들은 도시국가들의 경제문제나 정치싸움에 끼어들어 결국은 정권을 찬탈하기까지 이르게 되었다. 이러한 상황이 바로 이탈리아의 르네상스를 낳게 하는 정치적 배경이 되었던 것이다.

이탈리아의 국가들

그러면 이탈리아의 국가들의 발전과정을 간단히 살펴보도록 하자. 14세기경 이탈리아의 군소국가들은 서로 항쟁하였으나 점차로 강한 국가에 의해 흡수되었다. 그리하여 밀라노와 베네치아 사이의 로디조약(1454)에 의해 이탈리아의 국가들은 밀란(밀라노), 베니스(베네치아), 플로렌스(피렌치아), 나폴리 공화국들과 교황국가의 5개 국가들로 판세가 나누어졌다.

1311년 초 밀란(Milan)은 비스콘티가(the Visconti family)의 지배로 넘어갔으며 비스콘티가 1450년 죽자 유명한 용병대장인 프란체스코 스포르자(Francesco Sforza)로 다시 옮겨졌다. 플로렌스(Florence)는 1434년 계몽 금권정치가 코시모 데 메디치(Cosimo de' Medici)의 지배하에 들어갔다. 코시모는 정식으로 직위를 얻지는 못했으나 분쟁을 원하지 않는 인민의 지지에 의해 실질적인 독재자로 군림하였다. 메디치가는 약 60년간 플로렌스의 정치를 다스렸으며 코시모 이후 손자 로렌조(Lorenzo)가 정권을 이었다. 플로렌스는 오랜 동안 르네상스의 중심지가 되었다. 베니스공화국도 변용된 민주제로부터 독재로 가는 비슷한 과정을 밟았으나 독재권이 한 사람이 아니라 여러 사람의 과두제로 운영된 점이 특이하였다. 소수의 부유한 가계가 절대적으로 상원(the Senate), 대협의회(the Grand Council), 총독(the Doge) 혹은 종신 의장(a life president)에 대한 선출을 장악하였다.

이탈리아 르네상스는 이처럼 독재정치의 성장뿐 아니라 강력한 국가들의 약소국가들의 병탐을 통하여 발전하였다. 밀란은 잔 갈레아조 비스콘티(Gian Galeazo Visconti: 1378-1402)의 지배하에서 롬바르드고원 전체를 병합하게 되었으며, 이 확장으로 베니스를 자극하게 되었다. 그리하여 베니스의 상인들은 중부유럽의 무역지역을 보호하려는 내륙제국을 정복하기로 결의하였다. 베니스는 1545년경 다시 파두아 도시와 밀란에 의해 정복된 중요한 지역을 포함하는 동북부이탈리아 대부분을 병합하는 데 성공하였다. 플로렌스공화국도 이들 확장주의자들에 뒤지지 않았다. 14세기 말 투스카니 전 지역이 점령되었으며 1406년에는 피사까지 플로렌스로 넘어갔다. 교황청도 이들의 영토확장에 가담하였다. 알렉산더 6세(1492-1503)와 율리우스 2세(1503-1513)와 같은 세속적이며 진취적인 교황들 아래서 교황국가들의 지배력은 중앙이탈리아의 작은 영주들에 거의 모두 미치게 되었다. 알렉산더의 아들 보르지아(Cesare Borgia)는 전 이탈리아의 통일을 꿈꾸었으나 그의 비행과 더 나아가서 이탈리아 민족주의의 결여로 뜻을 이루지 못하였다. 결국 1500년경 초까지 이탈리아는 위의 5

개의 강력한 국가들의 관세를 뛰어넘지 못하였다.

문 예

르네상스인들은 그들의 문예활동을 통하여 점차로 중세 때는 가져 보지 못했던 태도와 사고를 가지게 되었다. 그들은 작품을 형성하는 과정에서 그들 개체의 특성과 퍼스낼리티를 표출시키면서 개인주의적이며 인간중심적 사고방식을 가지게 되었다. 즉 그들은 서서히 자기비판이나 현실에 대한 불만, 형식을 벗어나려는 내실화, 그리고 외적 압박에 대한 반발 등의 감정을 가지게 되었다. 이탈리아 르네상스문학의 첫 번째 인물은 프란체스코 페트라르카(Francesco Petrarca: 1304-1374)였다. 페트라르카는 르네상스의 대표적인 문인이면서 중세적 기풍을 잃지 않은 사상가였다. 그는 단테가 이탈리아어의 기초로 택한 토스카나방언을 구사하였다. 그는 기독교를 인류구원의 종교로 믿었으며 수도원의 금욕주의에 밀착되어 있었다. 잘 알려진 그의 소네트(the sonnets: 14행 단시)는 13세기 투르바두르(서정시)의 시풍을 그대로 나타냈다. 그럼에도 불구하고 그가 이룩한 휴머니즘은 중세적 시와는 달랐다. 그의 장점은 그의 퍼스낼리티에 깊은 집착력을 가지고 있었다는 점과 그리스어와 라틴어와 같은 고전분야에 남다른 정열을 쏟았다는 사실이다.

이탈리아 르네상스문학의 두 번째 인물은 조반니 복카치오(Giovanni Boccaccio: 1313-1375)로 페트라르카와 마찬가지로 플로렌스에서 태어났다. 그는 한 나폴리시민의 부인에 대한 사랑에 빠져 시를 썼다. 그의 첫 번째 작품인『피아메타(Fiammetta)』도 이러한 사랑을 구가한 것으로 심리학적 소설의 선구로 손꼽히고 있다. 그의 대표적인 작품은 1348년경 나폴리로부터 플로렌스로 돌아온 다음 저술한『데카메론(Decameron)』이었다. 이 작품은 7명의 젊은 여성과 3명의 젊은 남성들의 입을 통하여 나타난 100편의 이야기들로 이루어져 있다. 이 소설은 어떤 뚜렷한 테마를 가지고 있지는 않지만 흑사병을 피해 플로렌스 교외에 피신한 한 집단의 사람들에 의해 대화한 것들을 중심으로, 어떤 것들은 복카치오에 의해 만들어졌지만 대부분의 것들은『천일야화』등으로부터 추출되어진 것들이었다. 이것은 세속적이고 이기적이며 반승려적인 성격을 지니고 있다는 점에서는 중세로부터 벗어나고 있다고 말할 수는 있으나 그렇다고 해서 중세의 금욕주의적인 이상에 항거하려는 첫 번째 작품으로 보기는 힘들다.

그러나 이 저술은 이탈리아산문의 모형이 되었다는 점과 후기 작가들 특히 초
서(Chaucer)에게 거의 직접적인 영향을 주었다는 점에서 간과할 수 없는 작품
이라 하겠다.

　일반적으로 이탈리아 르네상스는 14세기(Trecento), 15세기(Quattrocen-
to), 16세기(Cinquecento)로 구분되는데 14세기 때는 라틴과 그리스어의 연구
가, 15세기 때는 좀더 본격적으로 라틴학과 그리스학의 연구가, 그리고 16세
기 때는 이들 고전학과 근대학의 제휴연구가 각각 이루어진 것으로 나타나 있
다. 그리하여 후자 때는 르네상스의 중심지도 플로렌스에서 로마로 옮겨졌다.
특히 14세기 말 복카치오의 죽음(1375)과 콘스탄티노플의 유명한 학자 크리살
로라스(Manuel Chrysaloras)의 베니스도착으로 고전에 대한 연구가 활발하게
진행되었다.

　16세기의 대표적인 작품들은 서사시나, 목가시, 연극, 역사 등의 문학형태
로 나타났다. 사사시의 가장 뛰어난 작가는 장편의 시(Orlando Furioso)를 쓴
루도비코 아리오스토(Ludovico Ariosto: 1474-1533)였다. 그의 작품은 주로 모
험적인 로망스나 아서왕 스타일의 전설에서 따온 것들이었지만 중세적인 서사
시와는 근본적으로 달랐다. 그것은 고전적인 것들을 모방한 것으로 중세적인
로망스나 이상주의의 테두리를 벗어나 자연과 사랑을 구가한 세속적인 색채를
띠고 있었다. 그것은 믿음이나 소망보다는 심미적 쾌락에서 위안을 찾으려는
후기 르네상스의 도시적 기질을 잘 표현하고 있었는데 이를 대표하는 작가로
는 야코포 사나자로(Jacopo Sanazaro: 1458-1530)를 들 수 있다.

　이탈리아인들의 연극은 일반적으로 비극에보다는 희극에 쏠려 있었는데,
그것은 그들의 자연주의적이며 개인주의적인 낙천주의의 성향 때문이었다. 이
탈리아 최초의 위대한 희극작가는 우리들에게 역사가로 잘 알려진 니콜로 마
키아벨리(Niccolo Machiavelli: 1469-1527)였다. 그의 작품(Mandragola)은 이탈
리어로 쓰어진 가장 성숙하고 힘있는 연극으로 평가되고 있다. 이 작품은 플로
렌스의 생활을 풍자적으로 그린 것으로 특히 인간본성의 사악성을 잘 반영하
고 있다.

역 사 학

이탈리아 르네상스의 대표적인 역사가는 위에서 논술한 마키아벨리와 프

란체스코 구치아르디니(Francesco Guicciardini: 1483-1540)를 들 수 있을 것이다. 그 가운데서도 마키아벨리는 근대적 정치철학의 기초를 이룩한 인물로 유명하다. 그는 그의 저술들에서 종전의 모든 종교적 신학적 해석으로부터 벗어나 인간의 생활을 지배하는 자연법을 발견하려고 애썼다. 그에 의하면 인간성은 예나 지금이나 동일하여 그것을 다스리는 정치철학을 역사를 통하여 세우지 않으면 안 된다. 즉 그것을 해내는 것은 인간의 의지와 이성이라고 생각한 점에서 그의 역사학의 근대성이 있다 하겠다. 그의 소위 마키아벨리즘은 17세기 영국의 정치철학자 홉스에 의해 『리바이던』속에 흡수되기도 하였다. 그의 후배인 구치아르디니는 마키아벨리에 비해 보다 과학적인 분석을 시도한 역사가로 평가받고 있다. 그는 플로렌스의 외교관으로서, 교황청의 관리로 일하면서 그 시대의 비정한 정치현실을 뼈저리게 체험한 인물이었다. 그리하여 그는 인간행동의 적나라하고 현실주의적인 감각을 역사에 접목시켰다. 그는 그의 저술(*History of Italy*)에서 1492-1534년의 역사를 자세하지만 냉철을 잃지 않은 자세로 설명하려고 시도하였다. 더구나 이탈리아를 넘어서서 유럽과의 관계를 모색하려 한 시도는 그의 넓은 역사적 안목을 나타내는 것이라 하겠다. 한편 고전작가들을 모방하는 수준에서 벗어나 그들의 작품을 역사적으로 비판하는 사람들이 나타났다. 그 대표적인 인물이 로렌조 발라(Lorenzo Valla: 1406-1457)로서 이미 인정된 문서들의 신빙성에 대하여 의문을 제기하였다. 그는 『콘스탄티누스대제의 기증(the Donation of Constantine)』이 위조되었음을 밝혀 교황의 권위를 실추시켰다. 그는 더 나아가 소위 사도신경이 사도들에 의해 쓰여진 것이 아니라고 주장하였으며 신약성경의 불가테판에 대해서도 많은 오류가 있음을 지적하였다. 발라의 이러한 비판방법은 후에 북유럽의 휴머니스트들에게 적지 않은 영향을 주기도 하였다.

미   술

문학의 업적 못지않게 이탈리아 르네상스를 대표할 수 있는 분야는 미술분야였다. 이 시대의 미술가들은 중세의 기독교적인 세계에 있으면서도 자연과 인간의 아름다움에 매료되어 있었다. 그들은 어떻게 보면 단순한 화가들이 아니었다. 그들은 화가이면서 해부학자요, 과학자였다. 그들은 인간에 관한 관심으로 경우에 따라서는 무덤에서 시체를 꺼내 해부하여 그 구조를 알아 내려

고 하였으며 자연을 탐색하기 위하여 스스로 알피니스트가 되기도 하였다. 그
들은 빛의 강약에 의해 대상의 색깔과 모양이 달라진다는 사실을 알아 내고
이로부터 원근법을 발견하였으며 그림을 그리는 물감과 유화도구들도 만들어
냈다. 문학분야의 페트라르카와 복카치오에 대비될 만한 미술분야의 화가는
지오토(Giotto: 1276-1337)였다. 그는 자연주의화가로 독립적인 미술분야를 개
척하였다. 그의 작품(Saint Francis Preaching to the Birds, The Massacre of the
Innocents)은 프레스코화법으로 유명하며 그의 스승 치마부에(Giovanni Cima-
bue: 1240-1302)는 그가 그린 파리가 실제로 살아 있는 것으로 착각할 정도였
다고 한다. 이탈리아 르네상스의 미술은 15세기에 이르러 획기적인 발전을 가
지게 되었다. 이 시기의 부와 세속적인 정신의 발달로 미술분야는 더 이상 종
교의 시녀로 머물 수 없었으며 소재는 성경에서 끌어 냈지만 그 내용은 비종
교적인 것과 더 많이 연결되어 있었다. 더욱이 플랑드르지방의 유화의 도입으
로 앞에서 말한 눈부신 발전이 이루어졌다.

　　15세기의 화가들은 대부분 플로렌스 출신들이었는데 그 첫 번째 인물이
유명한 마사치오(Masaccio: 1401-1429)였다. 마사치오는 비록 일찍 죽었지만
르네상스미술의 첫 번째 사실주의자로 간주되는 그의 영향은 백년 이상 갔다.
그는 특히 작품 속에 보편의 요소를 나타낸 것으로 유명하다. 『아담과 이브의
에덴동산 추방』등(The Tribute Money)이 그 대표적인 작품이다. 마사치오의
뒤를 따른 화가들로는 프라 립포 립피와 보티첼리를 들 수 있다. 립피(Fra
Lippo Lippi)는 성자들과 마돈나의 초상화를 그리기 위하여 플로렌스의 남자들
과 여자들을 모델로 삼았으며 아기 예수를 인간다운 풍치를 살려 그리는 등
미술에 있어서 심리학적 분석의 전통을 만들었다. 그의 제자 산드로 보티첼리
(Sandro Botticelli: 1444-1510)는 신플라톤주의의 영향을 받아 립피의 심리학
적 방법을 더욱 살려 기독교사상과 헬레니즘사상을 잘 조화시키려고 애썼다.
『비너스의 탄생』은 그 대표적인 작품이다.

　　이탈리아 르네상스회화의 절정은 15세기 말로부터 16세기 초에 걸쳐 이
루어졌다. 이 시기에 레오나르도다빈치, 미켈란젤로, 라파엘로와 같은 거장들
이 등장했기 때문이다. 그 가운데서도 레오나르도다빈치(Leonardo da Vinci:
1452-1519)는 가장 뛰어난 인물일 것이다. 레오나르도는 빼어난 미술가일 뿐
아니라 조각가이며 음악가이며 과학자이며 그리고 철학자이기도 하였다. 그는

플로렌스의 메디치가와 밀란의 스포르자가의 후원으로 르네상스 자연주의 혹은 사실주의를 완성시켰다. 그는 단순히 고전적 모형을 모방하는 데서 벗어나 예술의 과학적 기초를 중시하였다. 그러면서도 사물의 외형에만 매달리지 않고 숨겨져 있는 내면을 나타내려고 하였다. 그의 대표적 작품들로는 『최후의 만찬(the Last Supper)』, 『모나리자(Mona Lisa)』 등(the Virgin of the Rocks)을 들 수 있다. 산타 마리아 델레 그라치 성당벽에 그려진 『최후의 만찬』은 그리스도의 운명에 대한 제자들의 경악, 공포, 죄의식 등 인간의 심리적 상태를 묘사한 작품으로 평가받고 있으며, 『모나리자』(my Lady Lisa라는 뜻, 지오콘다라는 나폴리여인의 초상화)는 한 여인의 사실적 외모뿐 아니라 그 뒤에 깔려 있는 미를 나타내고 있는 걸작으로 평가받고 있다. 그는 빛의 명암, 색채의 조화 및 원근의 효과를 적절히 그림에 응용한 천재작가였다.

레오나르도 다음으로 손꼽히는 16세기 최대의 화가는 미켈란젤로(Michelangelo: 1475-1564)였다. 미켈란젤로는 가난과 욕심 많은 친척들에게 시달리고 그리고 그 자신의 내성적 갈등에 의해 가장 비관주의적 예술가가 되었다. 그러나 예술에 새겨진 그의 비극적 감정은 개인적인 것에 그치지 않고 보편적이며 휴머니즘으로 연결되었다. 그의 걸작들로는 4년 이상 높은 사닥다리 위에 머물면서 로마 시스틴성당에 그려진 『천지창조』, 『최후의 심판』 등이 있다. 미켈란젤로는 위대한 미술가이면서 다른 한편으로는 뛰어난 조각가이기도 하였다. 그는 조각에서 단순한 자연주의적 입장을 뛰어넘어 그의 철학적 이념과 더 나아가 조형예술의 극치를 나타내기도 하였다. 『다비드상』, 『모세상』 등이 그 대표적인 작품들이다. 르네상스기를 대표하는 16세기의 빼어난 화가는 우르비노 출신의 라파엘로(Raphael: 1483-1520)였다. 라파엘로의 특성은 내면적인 사상이나 열정보다는 대상의 단순한 아름다움이나 매력을 화폭에 담는 것이었다. 그는 레오나르도다빈치의 기술이나 방법을 찬미하고 모방했지만 그것에 머물지 않고 그 자신의 형태와 색채를 표현하려고 하였다. 그는 오히려 지적 의미를 경멸하였다. 그의 걸작들로는 『아테네학원』, 『시스틴의 마돈나』 등이 있다.

건 축

르네상스의 건축은 다른 분야보다 훨씬 중세와 고대에 그 뿌리를 둔 절충적 스타일을 띠고 있었다. 이탈리아의 건축양식은 그리스양식이나 고딕양식보다는 로마양식이나 로마네스크양식에 기초하였다. 그리하여 그들의 건축은 주로 로마네스크교회와 수도원 등의 양식을 모방하여 기둥이나 아치, 돔 등에 십자가형태를 띠고 있었으며 수평선의 모양이 지배적이었다. 건물들은 대부분 교회였으나 그들이 표현하려는 이상은 세속적이며 인간적인 아름다움이었다. 그 가장 훌륭한 것이 교황 율리우스 2세와 레오 10세의 후원으로 당대의 유명한 건축가인 브라만테(Bramante: 1444-1514), 라파엘로, 미켈란젤로 등에 의해 꾸며진 로마의 성 베드로성당이었다. 이 외에도 브루넬레스키(Brunelleschi: 1377-1446)의 플로렌스대성당의 돔건축도 빼놓을 수 없는 걸작품이었다.

4. 북유럽의 르네상스

16세기 중엽 이탈리아의 르네상스가 알프스를 넘어 북부유럽으로 전파되면서 이탈리아 르네상스와는 다른 북유럽의 르네상스가 이루어지게 되었다. 이탈리아는 고전고대의 땅이었다는 점과 그 발달배경이 도시적이며 시민적이었다는 점 등으로 순수한 고전문화를 부활하고 모방하는 예술적이며 탐미적인 열정를 나타냈지만, 알프스 이북의 북부유럽은 중세적 전통이 깊고 도시와 농촌의 차별이 적지 않아 르네상스에 사회개혁이나 종교적 갈등 및 민족주의적 욕망 등이 가미되어 보다 냉철하고 비판적이며 사색적 의미의 르네상스가 발달하게 되었다. 그 가운데서도 북부유럽의 르네상스를 대표하는 특성은 종교에서 등장하였다. 그것이 바로 '기독교적 휴머니즘(Christian Humanism)' 혹은 '성경적 휴머니즘(Biblical Humanism)'이라는 것으로 르네상스가 종교개혁으로 이어지는 고리가 되었던 것이다. 그러면 먼저 기독교적 휴머니즘이란 무엇인가를 간단히 살펴보도록 하자.

기독교적 휴머니즘

이 개념은 독일 종교개혁의 정신적 원류는 북부유럽의 르네상스에서 비롯되었다는 하이마교수의 저술로부터 비롯되었다. 그의 저술[5]에 의하면, 이탈리아의 휴머니즘이 북부유럽 특히 독일에 흘러 들어와 기독교적 신비주의, 민족주의, 개혁적 비판정신 등과 연결되어 독일적 휴머니즘을 창출하게 되었으며,

---

5) Hyma, *The Christian Renaissance: A History of the Devotio Moderna*, 1924.

이 토착화과정에서 기독교적 휴머니즘을 이룩하게 되었다는 것이다. 그리고 기독교적 휴머니즘, 즉 이성과 신앙, 헤브라이즘과 헬레니즘을 결합시킨 장본인은 다름 아닌 저 유명한 에라스무스(Erasmus of Rotterdam : 1466-1536)였다는 것이다. 그리하여 에라스무스의 사상을 추적하는 과정에서 소위 'Devotio Moderna(오늘의 헌신)'운동과 그것이 속해 있던 14세기의 '공동생활의 형제단(the Brothren of the Common Life)', 그리고 그 창단자인 게라르드 그루테(Gerard Groote : 1340-1384) 등 기독교적 신비주의자들의 연구까지 수행하기에 이르렀다.[6] 그리하여 앞에서 잠깐 비친 것처럼 하이마교수의 주장으로 이제까지 르네상스와 종교개혁을 양분적으로 분리해석하는 입장으로부터 전자(르네상스)에서 점진적으로 후자(종교개혁)로 발전했다는 역사의 연속적 해석이 가능하게 되었다.

저지대국가 : 에라스무스

에라스무스는 르네상스기 최대의 개혁적 휴머니스트로 저지대국가의 르네상스사상은 실제로 에라스무스를 통해서였다. 그는 일찍이 '공동형제단'에서 수련을 받은 성직자로 유럽의 여러 지역을 두루 여행하면서 성경에 따른 청순한 신앙과 꾸밈없는 인간생활을 갈파하였다. 그는 어거스틴수도원에서 수련을 받았으나 30세가 되자 파리대학교에 들어가 인문주의적 교육을 받았다. 그는 인간의 내재적 선성(善性)을 신봉하여 모든 불행과 불의는 인간의 이성을 통하여 해결할 수 있다고 믿었다. 그는 소위 '그리스도의 철학'이라는 명제에 기초하여 외형적 형식보다는 내면에 입각한 그리스도의 모방을 강조하였다. 그리하여 권위와 예식을 중시하는 가톨릭을 비판하였다. 그는 종래의 라틴역 성경(불가테판)을 못마땅하게 여겨 1516년 새로 그리스어 원본을 근거로 하는 신약성경을 최초로 내놓았다. 그의 저술들 가운데 가장 유명한 것은 『우신예찬(the Praise of Folly)』이었다. 이 저술은 에라스무스가 1508-1511년간 유럽여행을 행한 경험을 기초로 쓰여진 것으로 당시 교회와 성직자들의 이중적 생활과 타락상을 비판하였다. 이 책은 세상에 알려져 여러 나라 말로 번역되었다. 이와 같은 그의 종교적 개혁사상은 루터의 프로테스탄트 개혁운동에 적지 않은 영향을 주게 되었다.

---

6) 홍치모, 『북구 르네상스와 종교개혁』, 성광사, 1984.

저지대국가의 미술은 아이크(Van Eyck:1390-1441), 로저 바이덴(Roger van der Weyden: 1400-1464), 한스 멤링(Hans Memling: 1430-1494), 브뢰겔 (Pieter Brueghel: 1525-1569) 등에 의해 발전하였다. 아이크에 의해서는 유화적 기법이 발달하였으며, 브뢰겔에 의해서는 '장르화'가 발달하여 16세기 미술의 절정을 이루었다.

독   일

독일의 가장 대표적인 휴머니스트는 고전학을 연구한 로이힐린(Johann Reuchilin: 1455-1522), 멜란히톤(Philip Melanchton: 1497-1560), 세바스찬 브란트(Sebastian Brant: 1457-1521) 등이었다. 그 중에서도 로이힐린은 구약성경과 헤브라이어연구에 획기적으로 기여하였다. 그는 1506년 헤브라이어문법을 펴냈으며 이로 인해 수 년간 종교재판을 받음으로써 보수적 신학과 자유주의적 휴머니즘 사이의 논쟁을 일으켰다.

독일미술의 거장으로는 뒤러(Albrecht Durer: 1471-1528)와 홀바인(Hans Holbein: 1497-1543)을 들 수 있는데, 이들 중 뒤러는 이탈리아미술을 독일미술에 접목시킨 사람으로 유명하다. 그는 목판화에 주로 전념하면서 종교에도 관심을 두어 루터의 추종자가 되기도 하였다.

영   국

영국에서는 일찍이 초서(Geoffrey Chaucer: 1340-1400)가『캔터베리 이야기』를 써서 르네상스의 길을 열었다. 영국의 대표적인 휴머니스트는 존 콜레트(John Colet: 1467-1519)와 토마스 모어(Thomas More: 1478-1535)였다. 존 콜레트는 성 바울교회를 세운 사람으로 일찍이 이탈리아에서 배운 휴머니스트 교육을 옥스퍼드에 소개하였다. 그는 앞에서 설명한 피치노와 미란돌라의 신플라톤주의를 신봉하였다. 콜레트는 고전어를 통한 교회의 개혁을 추구하여 에라스무스, 모어와 함께 옥스퍼드개혁자로 알려져 있다. 콜레트의 제자인 토마스 모어는 16세기 이상적 사회주의자의 선구자로 당시 급변하는 영국사회의 비리를 날카롭게 비판하였다. 모어는 그의 저술『유토피아(Utopia), 1516』를 통하여 자연의 덕으로 살아가는 공산제의 이상사회를 그려 사회주의의 선구로 꼽히기도 한다. 그러나 그의 사회는 현실성이 없고 이성과 신앙의 균형을 갖고 있지 않아 수용되기 어려웠다. 그는 가톨릭을 믿는 정치가로 헨리 8세의 이혼문제에 연루되어 사형을 당하였다. 초서에 의해 싹이 튼 영국의 국민문학은 셰익스피어(William Shakespeare: 1564-1616) 때 그 절정을 이루었다. 셰익스피어는 문학의 천재로 『햄릿(Hamlet)』, 『오델로(Othelo)』, 『맥베드(Macbeth)』, 『로미오와 줄리엣(Romeo and Juliett)』과 같은 작품들을 남겼다. 한편으로 사상분야에서는 베이컨(Francis Bacon: 1561-1626)이 귀납법에 의한 경험철학을 열어 근대학문의 기초를 공고히 하였다. 그의 저술 『신아틀란티스(New Atlantis)』는 과학자들을 위한 이상국을 그린 것으로 알려져 있다.

프 랑 스

로이힐린이 독일에서 구약성경연구에 기여한 것처럼 프랑스에서 신약성경을 위해 연구한 사람은 데타블(Jacques d'Etaples: 1455-1536)이었다. 그는 그리스원전을 기준으로 신약성경을 연구함으로써 그리스도와 사도들의 가르침을 밝혀 독일 종교개혁자들에게 영향을 주었다. 기독교적 인문주의에 속하지는 않으나 프랑스의 르네상스에 공헌한 사람들은 뷔데(G. Bude: 1467), 프랑수아 라블레(François Rabelais: 1495-1553), 몽테뉴(Michel de Montaigne: 1533-1592) 등이었다. 뷔데는 법학도로서 플루타르쿠스의 영웅전을 번역하였으며 이탈리아에 머무는 동안 로마법과 고대주화를 연구하여 이름을 떨쳤다. 프랑스대학과 국립도서관은 그가 프란시스 1세의 도움을 받아 건립한 것이다. 라블레는 의학전공의 성직자로서 고전연구에 공이 컸으며 그의 저술 『가르강뛰아(Gargantua)와 판타그뤼엘(Pantagruel)』을 통하여 자연과 기쁨의 정신을 고취하였고 풍부한 경험과 익살을 섞어 근대 리얼리즘 소설의 길을 열었다. 몽테뉴는 『수상록(Essays)』을 통해 근대인의 내면적 성찰의식을 표현하여 인간의 공허와 모순을 파헤쳤다. 한편으로 프란시스 1세에서 루이 14세에 이르는 귀족적 궁중문화와 루브르박물관은 프랑스 르네상스문화의 정수였다.

스 페 인

스페인에서는 교육사상분야의 비베스(Juan Luis Vives: ?-1540)와 『돈키호테』를 쓴 세르반테스(Miguel de Cervantes: 1547-1616) 등이 유명하며 미술분야에서는 디에고 벨라스케스(Diego Velasquez: 1599-1660), 엘 그레코(El Greco: 1547-1614), 무리요(Bartolome Murillo: 1617-1682) 등이 이름을 떨쳤다. 이들 가운데 엘 그레코는 그리스 출신으로 스페인 톨레도에 이주한 종교화가 로서『오르가스백작의 장례』등 경건하고 신실한 그림을 많이 그렸다.

제 2 절　유럽의 팽창: 과학과 지리상의 발견

유럽의 세계로의 확대는 지리상의 발견이라는 대항해작업을 거쳐 이루어 진 결실이었다. 이러한 토대는 르네상스에서부터 이루지고 있었다. 신과 내세 중심의 중세로부터 인간과 자연중심의 근대로 옮겨 오면서 유럽 이외의 지역 에 대한 관심이 커졌으며 이와 같은 지식은 이미 십자군전쟁 말기부터 온축되 고 있었다. 지리상의 발견들은 단지 유럽대륙의 지리적 확대를 통한 식민지 개 척이나 자본주의의 발달뿐 아니라 더 나아가서 인간의식의 심화라는 차원에서 중요한 의의가 있다 하겠다. 유럽의 팽창은 과학의 발달과 이를 기반으로 하는 대항해를 통하여 이루어진 것임은 더 이상 말할 나위가 없다.

1. 근대과학의 발달

근대과학의 발단은 중세 말기로 거슬러 올라간다. 아리스토텔레스와 아라 비아인들의 자연과학에 관한 이론들이 크게 작용하였다. 그 대표적인 사람들 이 독일의 알베르투스(Albertus Magnus: 1193-1280)와 영국의 로저 베이컨 (Roger Bacon: 1214-1294)이었다. 알베르투스는 스콜라철학에 정통한 학자였 으며 베이컨은 아라비아과학을 연구한 실험과학에 정통한 인사였다. 이탈리아 의 휴머니스트로서는 쿠자누스(Nicolaus Cusanus: 1401-1464)와 토스카넬리 (Tosca-nelli: 1397-1482)가 있었다. 쿠자누스는 신플라톤주의자로 천문학과 수 학 등에 조예가 깊었으며 지구중심설을 의심하였으며 토스카넬리는 지구구형 설에 의해 자오선을 측정하기도 하였다. 이 외에 이미 설명한 레오나르도다빈 치는 인체생리학과 과학에 기여한 바 적지 않았다.

이와 같은 바탕 위에서 근대과학을 부추긴 것은 소위 르네상스의 3대 발 명(화약, 나침반, 인쇄술)이었다. 화약은 중국에서 발명되어 아라비아를 거쳐 유럽에 들어온 것으로 실전에 사용된 것은 15세기 초엽이었다. 총기와 대포의 활용으로 이제까지 성벽과 기병에 의한 중세적 전법은 더 이상 버틸 수 없게 되었으며 급기야는 봉건제도의 붕괴와 군주권의 대두를 초래하는 결과를 가지고 왔다. 나침반 역시 중국에서 만들어져 유럽에 들어온 것으로 십자군 말기에 이미 사용되어 항해발달에 크게 공헌하였다. 무엇보다도 이 시기에 사람들에게 지식을 보급하는 일에 획기적인 역할을 한 것은 인쇄술의 발명이었다. 인쇄술은 1450년대 독일의 구텐베르크(Johannes Gutenberg: 1397-1468)에 의해 발명된 후 제지술과 잉크 등의 발명과 함께 급속히 발달하였다. 이 결과 이전의 사본과 스콜라철학자들에 독점되었던 길드적 학문세계가 널리 개방되어 지식과 정보의 신속한 보급이 이루어졌다.

그러나 더욱 혁명적으로 근대과학발달에 기여한 것은 폴란드인 코페르니쿠스(Copernicus: 1473-1547)의 지동설의 발표였다. 그는 교회의 성직자로 30여 년을 봉직하였으나 그의 관심은 천문학이었다. 그는 1520년대 이미 지동설을 확신하고 있었으나 임종시에 이르러 발표하였다. 그것은 중세 이래 공인되던 프톨레미의 천동설을 감히 밀어 낼 수 없었기 때문이다. 코페르니쿠스에 의해 비로소 중세의 기독교적 지구중심의 우주관으로부터 벗어나 근대과학에 맞는 새로운 우주관을 가지게 되었으며 대항해의 가능성을 가지게 되었다.

2. 지리상의 발견

르네상스를 통하여 인간의 자아의식과 과학적 지식으로 무장된 근대인들은 그들이 거주하는 유럽만으로 만족할 수가 없었다. 그들은 그들 이외의 미지의 땅에 대한 열망을 버릴 수가 없었다. 이러한 열정에서 그들이 거둔 최초의 결실은 신항로와 신대륙의 발견이라는 소위 지리상의 발견시대를 장식한 사실이다. 그러면 그들로 하여금 이와 같은 대항해의 모험을 시도하게 만든 모티브는 무엇인가.

지리상 발견의 동기

일반적으로 그들이 새로운 항로와 새로운 땅을 찾게 된 동기는 다음 두 가지로 해석되어 왔다. 먼저 중세 말기 십자군전쟁과 몽고군침입을 계기로 동서문명의 교류가 이루어져 동방에 대한 유럽인들의 관심이 커졌다는 사실을 들 수 있다. 그리고 보다 직접적인 원인으로는 오스만 투르크족의 서침(1453)으로 동방무역로의 차단 등 근동의 정세가 크게 변화했다는 사실을 거론할 수 있다.

십자군운동 이래로 유럽의 귀족사회와 부유한 시민들은 동방의 물산, 특히 그들의 사치품들에 대하여 대단한 관심을 가져왔다. 그들의 욕구를 불러일으킨 품목들로는 동방의 견직물, 향료(후추 등), 보석, 귀금속 등이었다. 이들 동방의 상품들은 대개가 아라비아인들에 의해 지중해에 전달되고 다시 이탈리아인들에 의해 지중해를 거쳐 유럽에 수입되는 것이 상례였다. 유럽인들의 호기심을 가일층 자극한 것은 마르코 폴로(Marco Polo: 1254-1323)의 『동방견문록(the Book of Various Experiences)』이었다. 이 저술은 폴로가 제노아와의 전쟁중 포로생활을 하면서 기록한 것으로 중국 원의 쿠빌라이 아래서 경험한 것들을 소개한 내용이었다. 유럽인들은 중국의 비단이나 금, 은, 향료 등을 더욱 요구하게 되었다. 이러한 상황에서 오스만 투르크족의 레반트진출과 콘스탄티노플점령(1453)은 유럽인들에게 적지 않은 타격을 주었다. 왜냐 하면 시리아와 이집트 등이 투르크족에게 점령되어 아라비아인들의 상업활동이 중지됨으로써 중국물산의 교역이 전면적으로 두절되었기 때문이다. 따라서 중국상품의 가격은 뛰어올랐고 그들의 수요는 더 많아졌다. 그들은 어떤 다른 방법, 즉 동방과의 교역을 가능하게 하는 신항로와 같은 길을 모색하지 않으면 안 되었던 것이다.

그러나 이와는 달리 포르투갈과 스페인이 위치한 이베리아반도에서 지리상 발견의 동기를 찾으려는 사람들도 있다. 이들의 주장에 의하면, 일찍부터 포르투갈인들과 스페인인들은 새로운 항로발견에 앞장서고 있었다. 영국이나 프랑스, 기타 나라들은 지중해무역과 북해무역의 혜택을 받고 있었으므로 새로운 무역로를 모색할 필요가 없었다. 그렇지만 포르투갈과 스페인은 지중해로부터 소외되어 있었기 때문에 사정이 달랐다. 그들은 그들의 활로를 신항로에서 찾지 않으면 안 되었다. 또 이들의 신항로개척에 부채질을 한 것은 중세부터 내려오는 소위 프레스터 존(Prester John)의 전설이었다. 즉 프레스터 존이 세운 기독교국가가 아프리카나 아시아 어느 곳에 있을 것이라는 전설에 의해 스페인은 이 기독교국과 손을 잡으면 중국물산도 얻고 그들이 적대시하는 이슬람을 물리칠 수도 있다고 믿었다. 그것은 주지하는 바와 같이 스페인인들이 이슬람과의 끊임없는 싸움을 해왔으므로 기독교를 통해 그들의 문제를 해결하기를 갈망했기 때문이다. 학자들의 주장이야 어떻든 이 모든 것들이 경제적(중국물산의 수입), 종교적(프레스터 존의 전설), 정치적(오스만 투르크의 침입) 동기들이 되어 지리상 발견을 촉진시킨 것이라 간주된다.

인도항로의 발견

새로운 항로의 선구적 역할을 수행한 나라들은 이베리아반도의 포르투갈과 스페인이었다. 이것은 마치 이탈리아의 도시집권자들이 르네상스의 후원자역할을 한 것과 마찬가지로 이베리아반도 국가들의 왕들이 항해활동의 중요한 매니저가 되었다.

새로운 항해의 문을 연 사람은 포르투갈의 헨리 항해왕자(Henry the Navigator: 1394-1460)였다. 헨리는 15세기부터 탐험을 시도하여 보야도르에 도달하는 성과를 거두었다. 그가 죽은 다음에도 그의 탐험대는 시에라 레오네와 적도까지 이르렀다. 저 유명한 아프리가 남단의 희망봉(Cape of Good Hope)에 다다른 것은 1487년 바르톨로뮤 디아스(Bartholomeu Dias: 1450-1500)에 의해서였다. 격심한 폭풍을 이기고 도달하였다 하여 '폭풍봉'이라고도 부른다. 그러나 인도로 가는 길은 그리 쉽게 이루어지지 않았다. 포르투갈의 정치가 복잡한 데다가 스페인의 후원으로 콜럼버스가 이미 아시아의 동쪽에 다다랐다는 소식이 전하여져 허탈하기 그지없었다. 드디어 잠시 중단되었던 항로개척의 모험은 다시 계속되었다. 1497년 바스코 다 가마(Vasco da Gama: 1469-1524)는 4척의 배를 가지고 인도로 향하였다. 다 가마는 토스카넬리의 지구구형설에 의해 적도를 거쳐 희망봉을 돌아 가게되면 반드시 인도나 중국에 도달할 수 있다고 믿었다. 그의 일행은 결국 1498년 인도의 칼리컷(Calicut)에 도달하는데 성공하였다. 그들은 원하던 향료를 가지고 돌아왔으나 희생이 너무 컸다. 그들은 2년 정도의 긴 항해중에 3분의 1의 선원을 잃는 등 고난의 기간이었다. 그러나 포르투갈의 인도항로의 발견으로 유럽의 여러 나라들이 아시아로 뻗어가게 되는 서세동점이 이루어졌다는 사실을 간과해서는 안 될 것이다.

바스코 다 가마의 인도항로발견 이후 포르투갈의 동방진출은 눈에 띄게 활발하였다. 1502년 14여 척의 무장한 상선들이 다 가마를 지휘자로 인도 근해로 출정하였다. 그들은 유럽의 육류를 저장하는데 없어서는 안 될 향료(후추, 계피, 생강 등)와 비단, 면직물, 귀금속들을 사들여 서인도를 거쳐 홍해와 페르시아만, 지중해 등지로 운반해야 했다. 그 과정에서 이 지역 무역을 점령하고 있던 이슬람들과 피나는 싸움을 하지 않으면 안 되었다. 전하는 바에 의하면 6척의 배 가운데 1척만 건져도 이익을 남겼다고 한다. 포르투갈이 명실상부한 동방무역의 주인이 된 것은 총독 알부케르케(Affonso d'Albuquerque: 1453-1515)의 눈부신 활동을 통해서였다. 그는 동방물산의 집산지인 호르무즈(Hormuz)를 비롯하여 고아(Goa), 말라카(Malacca)를 점령하였으며 마카오(Mcao)까지 수중에 집어 넣음으로써 인도항로를 차지하였으며 미약하기는 하였지만 기독교 전도사업도 시작되었다.

신대륙의 발견

아메리카대륙은 이탈리아 제노아 출신의 콜럼버스(Christopher Columbus: 1446-1506)에 의해 발견되었다. 콜럼버스는 지구는 둥글기 때문에 아프리카 남단을 돌아가지 않고도 대서양 서쪽으로 가면 인도로 직행하게 될 것이라고 확신하였다. 그는 유럽과 아시아 사이에 신대륙이 있다는 것을 알지 못하였던 것이다. 그는 처음에는 포르투갈에 항해지원을 요구했으나 여의치 못하여 스페인의 후원을 받게 되었다. 그는 이사벨라의 도움으로 1492년 8월 3일 배로 팔로스항을 떠나 한 달만에 카나리아제도(Canaries)에 도착하고 다시 그 곳으로부터 40여 일 후에 바하마제도의 한 섬에 도착하여 이 섬을 산 살바도르(San Salvador, Saint Saviour)라고 칭하였다. 그는 이 곳을 인도로 알고 그 후에도 세 번이나 다시 찾았으나 별다른 성과를 거두지 못한 채 세상을 떠나고 말았다. 그러나 콜럼버스의 항해과정에서 포르투갈과 스페인의 항해분쟁을 막기 위한 조정이 만들어졌다. 처음에는 교황 알렉산더 2세에 의해 베르데제도의 서방 500km를 경계선으로 이서를 스페인령, 이동을 포르투갈령으로 정했으나 다시 1494년 토르데실라스조약(Treaty of Tordesillas)에 의해 경계선을 1300km 서방으로 옮겨 재조정하게 되었다. 이 뜻하지 않은 우연한 조약으로 후에 브라질이 포르투갈의 영토가 되었다.

콜럼버스의 항해 이후 베니스 출신 존 카보트(John Cabot)가 1496년 헨리 7세의 도움으로 캐나다 동부에 이르렀고 플로렌스 출신 아메리고 베스푸치

(Amerigo Vespucci: 1451-1512)가 신대륙에 도착하였다. 특히 아메리고 베스푸치는 이 대륙을 '신대륙(the New World)'이라고 불렀으며 그의 이름을 따라 아메리카라는 명칭도 새로 붙여졌다.

지리상의 발견을 마무리하면서 지구의 구형설을 몸소 실천에 옮긴 사람은 포르투갈 출신 마젤란(Ferdinand Magellan: 1480-1521)이었다. 마젤란은 1519년 스페인의 후원으로 5척의 배를 가지고 세비야를 떠났다. 그의 일행은 대서양을 횡단하여 남아메리카 남쪽의 마젤란해협을 통과하게 되었다. 그러나 마젤란해협은 너무나 어려운 항해였다. 간신히 해협을 빠져 나와 대양으로 향했을 때에는 뜻밖에 바다가 평온하여 이름을 태평양(Pacific Ocean)이라고 부르기도 하였다. 그는 필리핀에 도착하여 정신을 차리려고 하였으나 토인들의 공격으로 피살되고 그의 일행도 40여 명이나 죽음을 면치 못하였다. 마젤란이 죽은 후에도 그 남은 사람들은 가까스로 희망봉을 거쳐 스페인으로 귀환하였다. 마젤란의 최초의 세계일주는 스페인과 포르투갈 사이의 몰루카제도를 둘러싼 분쟁을 야기시켰으나 1529년 사라고사조약(Treaty of Saragossa)에 의해 해결을 보았다. 이 조약으로 스페인은 몰루카의 권리를 포르투갈에 양도하고 대신 양국의 경계선을 몰루카제도 동쪽 17도선으로 정하였다. 대항해의 서장은 이것으로 그치고 유럽 다른 나라들의 길이 트이게 되었다.

신대륙의 식민지화

콜럼버스가 아메리카대륙을 발견하기 훨씬 전에 이곳에는 원주민들이 건설한 문명들이 존재하였다. 아메리카대륙의 원주민들은 아마도 베링해협이 대륙으로 이어져 있었을 때 몽고인들이 건너와 퍼진 후손인 것으로 추정된다. 그 대표적인 것로는 6세기경 중앙아메리가 유카탄반도에 자리잡은 마야문명(Mayan civilization), 8세기경 멕시코계곡에서 일어난 톨테크문명(Toltecan civilization), 13세기경 이 두 문명들을 합하여 이루어진 아즈텍문명(Aztecan civilization), 그리고 13세기경 남미 페루에서 일어난 잉카문명(Incan civilization)이 있었다. 6-10세기에 발달한 마야문명은 화려한 궁전, 신전, 상형문자 등을 만들었으며, 톨테크와 마야를 이어받은 아즈텍은 13세기에 시작되어 1521년 스페인에 멸망당할 때까지 신전, 상형문자, 달력 등을 만들면서 번영하였다. 인구는 약 500만에 달했다고 한다. 잉가는 왕이 제정을 다스리는 제국으로 대부분의 사람들은 옥수수를 주로 재배하였다. 최고의 신은 태양신이며 석재가 많아 신전, 궁전이 화려하게 건조되었으며 직물, 채문토기, 금은도구, 관개농업 등이 발달하였다. 1532년 스페인에 의해 망할 때 인구는 700만에 달했다고 한다.

이베리아반도 국가들의 대외활동의 관심은 각기 달랐다. 포르투갈이 상업과 무역에 주력한 반면에 스페인은 식민에 그들의 힘을 기울였다. 16세기 초엽 약 20여 년간이 해상탐험의 기간이었다면 그 이후 30여 년간(1520-1550)은 전문적인 정복의 기간이었다. 포르투갈인과는 달리 스페인인은 정복과 기독교 선교에 기울어져 원주민문명과의 마찰을 피할 수가 없었다. 아메리카 원주민의 문명을 정복한 사람들은 주로 스페인인들이었다. 1521년 코르테즈(Hernando Cortez: 1485-1541)는 아즈텍을 섬멸하였으며 마야문명도 그의 부하들에 의해 점령되었다. 잉카문명도 피사로(Francisco Pizarro: 1478-1541)에 의해 정복되어 1550년경에는 중남미의 광대한 땅이 스페인의 수중에 들어갔다.

스페인은 처음에는 원주민에 대하여 되도록 관대한 정책을 베풀려고 애썼다. 식민지는 스페인 국왕에 속하게 하고 식민지통치를 위한 왕실회의를 따로 두어 국왕임명의 총독과 장관에 의해 다스리도록 하였다. 그러나 시간이 경과함에 따라 식민지 공로자들을 우대하지 않을 수 없어 이들에게 일정한 영지를 주고 영지 내의 원주민들로부터 납세할 수 있는 권리, 엔코미엔다(encomienda)를 허용하였으며 강제부역도 할 수 있게 하였다. 이로부터 점차로 원주민에 대한 착취가 강화되기 시작하였다. 더욱이 강제재배와 광산개발에 투입되면서 그들은 열대의 평지에서 한랭한 고지로 쫓겨가지 않으면 안 되었다. 스페인인들은 농장경영보다는 단번에 이익을 끌어들일 수 있는 광산에 더 신경을 썼다. 그리하여 그들의 인구도 급격하게 줄어들었으며 무력하기 그지없게 되어 버리고 말았다. 그들의 수는 1574년 150여 만이던 것이 1796년에는 60여 만으로 줄어들었다고 한다. 왕은 선교사들의 말에 따라 그들을 개종시키는 한편 부역에 적합한 흑인들을 새로 들여와 이로 인해 노예무역이 성행하게 되었다. 시간이 지남에 따라 정복자의 수가 늘고 원주민과의 결혼으로 혼열아인 메스티조(mestizo)가 생겨 그들의 식민정책에는 어려움이 더 많아졌다. 오늘날의 라틴아메리카 주민의 다수를 차지하고 있는 이들 메스티조의 증가로 복잡한 사회문제들을 불러일으켰기 때문이다.

지리상 발견의 영향

과학의 발달과 지리상 발견에 의해 유럽의 지중해시대는 끝나고 대양의 세계화시대가 시작되었다. 유럽은 대서양, 태평양, 인도양을 하나로 연결하여 아메리카대륙에 식민하고 아시아무역을 활발하게 전개하였다. 그리하여 유럽, 아메리카, 아시아의 3개 대륙을 하나로 잇는 진정한 의미의 세계사를 장식하는 시발점을 이루었다. 다시 한번 지리상 발견으로 유럽의 해외팽창도를 요약한다면 15-16세기에 포르투갈은 아프리카, 인도, 동인도로, 스페인은 16세기에 주로 라틴아메리카에, 그리고 좀 늦게 프랑스, 네덜란드, 영국은 17-18세기에 북아메리카, 동서 인도로 각각 뻗어 나갔던 것이다.

첫 번째로 지리상 발견은 소위 상업혁명(the Commercial Revolution)의 발단이 되었다. 16세기의 상업혁명은 유럽의 해외진출과 가격혁명(the Price Revolution)을 통하여 나타난 결실이었다. 그러면 어떻게 하여 상업혁명이 일어났는지에 관하여 간단하게 설명해 보자. 지리상의 발견으로 유럽의 경제생활은 더없이 윤택하여졌다. 이탈리아 도시들에 의해 주도되던 종래의 동방물산이 스페인과 포르투갈을 통해 직접 대량으로 절반의 가격으로 들어올 수 있었으며 신대륙과 아프리카 등지에서도 신종품들이 다투어 수입되었다. 후추, 생강뿐 아니라 과일, 염료, 설탕, 더 나아가서 신종품으로 면직물(calicoes), 차(tea, 17세기경)까지 소개되었다. 아프리카에서는 금과 보석, 상아 그리고 앞에서 말한 흑인노예('흑상아')가 들어왔다. 특히 아메리카대륙에서는 원료와 금, 은, 옥수수, 감자, 코코아, 담배 등이 유럽을 휩쓸었다.

그 가운데 대량의 금과 은은 유럽경제에 크나큰 영향을 주었다. 특히 신대륙(멕시코와 페루)의 은은 남독일의 은보다 양도 많고 가격도 싸서 독일광업은 더 이상 버틸 수가 없게 되었다. 왜냐 하면 신대륙의 은은 약탈과 강제부역을 통하여 헐값으로 획득된 것이기 때문이다. 16세기를 중심으로 금, 은의 유입으로 그 가치가 떨어져 물가가 2-3배로 상승하여 물가의 일대변동을 가져왔다. 이것을 소위 가격혁명이라 부르는 것이다. 가격혁명을 부채질한 것은 인구의 급증이었다. 급증하는 사람들을 위하여 농업생산을 확장하려 했으나 이에 미치기는 커녕 오히려 곡물과 양털과 같은 일차 생산물의 값만 폭등시켰다. 가격혁명은 상인, 생산업자, 신흥 자본가들의 진출을 자극하였으며 대신 고정수입에 의존하는 지주와 임금노동자들의 입지를 떨어뜨렸다. 더욱이 시장의 등장으로 부와 자본이 축적되고 급기야는 근대적인 기업형태인 주식회사와 금융업을 발달시켜 중산계급의 활동을 크게 하였다. 그리하여 중세적인 길드적 수공업생산에서 자본주의적 공장제도에 이르는 매뉴팩처(공장제수공업)를 등장하게 하였다. 이와같은 16세기 이후의 경제적 발전을 상업혁명이라 하는 것이다. 요컨대, 상업혁명은 근대 자본주의의 발달에 결정적인 발판을 마련한 것이다. 상업혁명에 관해서는 다시 후술할 것이다.

한가지 스페인과 포르투갈이 식민활동으로부터 떨어져 나간 것은 16세기 이후 모직물산업에서 뒤졌기 때문이다. 동인도무역에서 후추 등 향료를 수입하려면 은을 많이 가지고 있어야 하며, 은의 수입을 위해서는 신대륙에서 다량의 은을 수입하여야 하며, 신대륙의 은을 위해서는 결국 모직물을 많이 생산해야 한다는 무역공식에서 그들이 영국이나 네덜란드에게 밀려났다는 결론이다. 여기에 그들의 비능률적인 착취적 경영방법, 절대왕조 궁정의 사치와 향락, 식민지관리들의 부정, 잦은 전쟁, 물가앙등 등이 겹쳐 더욱 난항을 헤매게 하였다.

두 번째로 지리상 발견은 동서문화의 교류를 이룩하는 데 기여하였다. 특히 서양 선교사들의 활약으로 기독교의 가르침뿐 아니라 서양의 과학과 기술, 학문이 아시아 각국에 소개되는 결과를 가져왔다. 마테오 리치(Matteo Ricci: 1552-1610), 아담 샬(Adam Schall) 등이 그 대표적인 사람들로 이들 예수회 선교사들을 통하여 중국 등지에 서양의 화기, 철학, 논리학, 심리학 등이 전달되었다. 이들의 가톨릭선교는 매우 활발하여 프란시스 사비에르(Francis Xavier: 1506-1552)가 16세기 중엽 일본에 포교하여 신자수가 20여 만에 이르렀는가 하면 중국에도 전도를 통하여 17세기 중엽에는 신자가 15여 만에 이르렀다. 이들은 교리와 함께 서양의 기술과 학문도 소개하였다.

세 번째로 지리상 발견은 지중해중심의 유럽문명을 대양중심으로 이동해 줌으로써 명실상부한 세계사를 이루는 교두보를 마련하는 데 기여하였다. 동서양의 사상뿐 아니라 지리, 외교, 종교적으로도 세계화하는데 중요한 첫발을 내딛게 되었다. 더 나아가서 지리상 발견은 중세의 내부적 갈등이나 충돌과 같은 소규모의 전쟁에서 한 걸음 더 나아가 상업과 식민지를 위한 대규모의 국제전쟁으로 변모시켜 줌으로써 세기 말의 제국주의의 시발이 되기도 한 점을 잊어서는 안 될 것이다.

제 3 절 종교개혁운동

1. 종교개혁의 분류

일반적으로 종교개혁(Reformation)은 중세 가톨릭으로부터 벗어나려 했던 독일 루터의 신교개혁운동을 일컫는 말로 간주되었으나 오늘날에는 기독교의 전반적 개혁운동이라는 차원에서 좀더 넓은 의미로 분류되고 있는 것이 상례이다. 즉, 프로테스탄티즘(Protestantism, 신교)의 개혁운동과 가톨리시즘(Catholicism, 구교)의 개혁운동으로 나눈다. 따라서 종교개혁은 프로테스탄티즘의 루터주의(Lutheranism, 루터주의, 루터교), 칼빈주의(Calvinism, 칼빈교), 재세례주의(Anabaptism, 재세례파), 그리고 가톨리시즘의 가톨릭 개혁운동(Catholic Reformation)으로 분류된다.[7] 말하자면 기독교(Christianity)는 프로테스탄티즘과 가톨리시즘을 모두 합하여 일컫는 말이라 할 수 있다.

루터라니즘은 16세기 전기 독일의 마르틴 루터(Martin Luther: 1483-1546)를 중심으로 일어난 개혁운동으로 그의 주된 관심사는 개인의 영혼이 어떻게 죄로부터 풀려날 수 있는가 하는 구원문제였다. 그러므로 그의 중심교리는 믿음으로 의(righteousness, 죄 없음)에 이르는, 내면적 신앙체험을 강조하는 의인설(sola fide)로서 의식에 의해 자동적으로 구원을 강조하는 가톨릭과는 정면으로 충돌하는 주장이었다. 이것은 경직화된 지나친 형식주의에 대한 반발로 나타난 종교적 개혁운동이라 하겠다. 루터의 개혁운동이 성공한 것은 새로 일어나는 부르주아지 윤리의식에 맞아 떨어졌기 때문이다.[8]

칼비니즘은 16세기 후반 제네바의 존 칼빈(John Calvin: 1509-1564)을 중심으로 나타난 개혁운동으로 그의 주된 관심사는 가톨릭으로부터 떨어져 나온 프로테스탄트들을 한데 모아 집단화하는 데 있었다. 그리하여 칼빈은 신자들의 교육, 윤리, 집단의식 등의 강화에 힘썼다. 부르주아의 새로운 근대적 사회강령들이 정하여진 것도 이즈음이었다. 그가 예정론(the doctrine of predestina-

---

7) Alister E. McGrath, *Reformation; An Introduction*(New York, 1988).
8) Roland H. Bainton, *Studies on the Reformation*(Boston, 1966); 홍치모, 『종교개혁사』, 성광사, 1977.

tion)을 그의 중심교리로 택한 것도 우연은 결코 아니었다. 베버의 주장을 인용하지 않더라도 그의 가르침이 근대 자본주의의 발달에 적지 않게 기여했다는 것은 부인할 수 없는 사실이다.

재세례파운동은 16세기 루터라니즘으로부터 이탈하여 점차 생겨진 지하운동의 소수분파운동으로서 그들의 지도자들은 한결같이 급진적 원리주의를 부르짖었다. 그 가장 대표적인 사람은 토마스 뮌처(Thomas Münzer: 1488-1525)로 외적 권위배격, 유아세례반대, 재산의 공동소유, 무저항주의, 원시 기독교로의 복귀 등을 외쳤다. 그들의 주장은 현실과 유리된 점이 적지 않아 외면당하기는 했으나 기존세력의 안일무사에 경종을 울렸다는 점에서 중시되었다.

가톨릭 종교개혁운동은 1545년 트리엔트종교회의를 중심으로 가톨리시즘 자체 내의 정풍운동을 부르짖은 운동으로 많은 사람들의 공감을 얻었다. 가톨릭 개혁운동자들은 그들의 교리를 재확인했으나 잘못된 것들, 예컨대 성직매매, 세속적 의식 등은 과감하게 척결하였다.

요컨대, 중세 로마가톨릭에 반기를 치켜든 프로테스탄티즘은 개인의 구원은 어디까지나 신의 긍휼(mercy, 矜恤)에 달린 것이므로 외형적인 예배의식이 아니라 내면적인 신앙에 달린 문제라는 것과 기독교의 기준은 승려나 교회가 아니라 성경(the Bible)이라는 것을 천명하였던 것이다. 이것은 가톨릭교회의 형식주의적 타성과 세속적 타락 및 계서적 차위 등을 질타하는 목소리이기도 하다. 종교개혁에 대한 평가는 가톨릭과 프로테스탄트에 따라 다르겠으나 일반적으로 종교의 개혁이 다른 분야 즉 정치, 경제, 문화, 사회 각 분야의 개혁운동으로 번져 결과적으로 서양의 근대적 발전에 적지 않게 기여하게 되었다는 점에는 어느 쪽도 부인하지 못할 것이다.

역사가들의 해석

종교개혁에 대한 역사가들의 해석은 일반적으로 두 가지로 집중되고 있는 것 같다. 한 가지는 종교개혁과 르네상스와의 관계이고, 다른 한 가지는 종교개혁과 자본주의와의 관계이다. 전자는 르네상스와의 단절이 바로 종교개혁이었다는 주장(역사의 단절적 해석)과 르네상스와의 무리 없는 연결이 종교개혁으로 이어졌다는 연속적 해석으로 나누어져 있으며, 후자는 프로테스탄티즘의 노동 평등사상이 근대자본주의를 형성시켰다는 주장과 이에 반대하는 주장으로 나누어져 있다. 칼빈주의와 연결하여 자본주의를 설명한 사람이 유명한 막스 베버였다. 특히 근자에는 북유럽의 르네상스와 독일 종교개혁을 연결시켜 해석하려는 역사가가 등장하여 주의를 모으고 있다. 현재로는 역사의 연속적 해석이 우세한 입장에 있는 것 같다.

2. 종교개혁운동의 배경

르네상스가 문화적으로 중세를 거부하고 고대시대로 복귀하려는 운동이었다면 종교개혁은 종교적으로 중세를 거부하고 고대 원시 기독교로 다시 돌아가려는 운동이었다. 양자 모두 중세를 물리치려는 데에는 공통적이었지만 그 방법과 과정에 있어서는 상당한 차이를 보였다. 전자가 소극적이며 온건한 운동이었다면 후자는 보다 적극적이며 철저한 급진운동이었다 할 것이다. 왜냐하면 중세에 뿌리 내려 있던 종교를 바꾸는 일은 그만큼 중세사회의 전반을 뒤흔드는 일이었기 때문이다.

종교개혁이 일어난 배경은 여러 가지가 측면에서 바라볼 수 있겠으나 무엇보다도 먼저 교회와 성직자의 타락과 부패에서 찾아야 할 것이다. 로마교황권의 권위가 바빌론 유수(1309-1377)와 교회의 대분열(1378-1417) 이후 하락한 데다 교회의 타락으로 그 위신이 급격히 추락하였기 때문이다. 고위성직자의 성직매매, 겸직에 의한 부재성직자 속출, 유년성직서임을 통한 재산소유, 성직자의 부도덕행위 등이 남발하여 세인의 빈축을 크게 샀다. 체자레 보르지아(Cesare Borgia), 레오 10세(Leo X : 1513-1521) 등이 그 좋은 사례들이었다. 이와 같은 상황에서 교회는 더욱 형식적이고 권위주의적으로 변모하였으며 종교의 경직화현상을 자아내어 일반대중으로부터 외면당하지 않으면 안 되었다. 여기에 정치적, 경제적, 사상적 배경이 복합적으로 작용하게 되었던 것이다.

우선적으로 국가들을 자극한 것은 지역별, 국민별 교회주의였다. 이것은 로마가톨릭의 보편적 지배에 반대하는 것으로 중세 말의 유명론(nominalism)으로 소급된다. 이미 설명한 바대로, 유명론은 보편보다 개별을 중시하는 사상으로 신앙과 이성의 분리, 신학과 철학의 분리를 주장하여 중세적 봉건사회를 구조적으로 무너뜨리는 데 일조한 바 있었다. 이것이 더 나아가 정치적으로는

보편적인 황제권보다는 지방적 제후권을, 종교적으로는 로마교회보다는 지방
별, 국가별 종파와 개교회를, 그리고 경제적으로는 국가별 독립경제를 선호하
는 데에 적지 않은 영향을 주게 되는 것은 너무나 당연한 일이었다.

다음으로 종교개혁에 적지 않은 영향을 끼친 것은 르네상스의 고전연구와
휴머니즘이었다. 종교개혁자들이 성경의 원전연구와 원시 기독교를 강조하려
는 태도는 르네상스의 복고적 경향과 일맥상통하는 흐름이었다. 종교개혁에
연결고리를 이어 준 것은 이미 살핀대로 북유럽의 기독교적 휴머니즘으로 그
가운데서도 이단사상과 함께 체험적 종교를 강조하는 신비주의의 대두는 신앙
의 심층적 변화를 가져다 주었다.

성경주의와 체험적 신앙을 강조하는 개혁의 선구자들로는 14세기 영국의
위클리프(John Wycliff: 1320-1380)와 그의 추종자들인 롤라드파(the Lollards),
그리고 15세기 보헤미아의 후스(John Huss: 1370-1415)와 그의 무리인 후스파
가 있었다. 더욱이 알렉산더 6세에서 레오 10세에 이르는 역대 교황들의 세속
화와 타락으로 이탈리아에서는 도미니쿠스파 수도사인 사보나롤라(Savona-
rola: 1452-1489)에 의한 격렬한 종교적 개혁운동이 시도되었으나 실패하고 말
았다. 마르틴 루터도 말하자면 이들의 개혁정신을 이어받은 후계자였다. 신비
주의는 개개인이 기도와 명상을 통하여 직접 신과의 영적 합일을 꾀하려는 종
교적 개인주의로 중세적 가톨릭과는 정면으로 대치되는 종교사상이었다. 요컨
대, 종교개혁은 중세교권의 통일지배에 대한 국민적 교회의 분리운동이었으며,
로마교권의 경제적 착취에 대한 시민들의 반발이었으며, 크리스찬 휴머니즘을
바탕으로 교회와 성직자의 지배에 대한 신앙적 해방운동이었으며, 그리고 이
것이 독일에서 발단되어 유럽으로 퍼져 나간 개혁운동이었던 것이다.

3. 루터의 종교개혁

독일의 상황

그러면 종교개혁이 독일에서 제일 먼저 일어난 원인은 무엇인가. 독일은
신성로마제국으로서 교황과 독일황제, 그리고 각 영방제후의 지배를 받아야
하는 처지에 놓여 있었다. 이미 밝힌 바대로 신성로마제국(962-1806)은 그리
스도를 믿는 국가들이 뭉친 제국으로 원래는 유럽전체가 대상이었으나 실제로

는 독일과 이탈리아만이 주축이 되었다. 그리하여 독일황제는 주로 이탈리아에 상주하면서 주도권을 잡으려고 하였다. 이때 독일은 300여의 독립된 영방(territorial states)으로 구성되어 있었으며 독일황제는 7명의 선제후(選帝侯)들에 의해 선출되었다(금인칙서: Golden Bull, 1356). 이 7명의 선제후들 중 3명이 종교제후였다. 교황청이 독일을 그들의 가장 좋은 착취의 대상('젖소')으로 삼으려 한 것도 이와 같은 독일의 3분적 권력구조 때문이었다. 때마침 교황청에 유리하게 돌아간 것은 친교황적 인물인 카알 5세(Karl V: 1519-1556)가 독일황제로 선출되었다는 사실이다. 그는 오스트리아 합스부르크왕가와 스페인왕가의 결혼을 통하여 스페인왕(카를로스 1세)으로 있다가 카알 5세로 제위에 오른 사람으로 그의 영토와 권력은 막강하기 그지없었다. 그리고 이 카알 5세를 독일황제로 후원한 사람은 남부독일의 광산을 움직이고 있던 아우구스부르크출신의 후거(Jacob Hugger: 1459-1525)였다. 후거가는 교황청과도 밀접한 관계를 가져 막대한 금융대부업무를 맡았을 뿐 아니라 이후 문제의 면죄부 판매까지 전담하기에 이르렀다.

전반적으로 경제적 후진성을 면치 못하는 형편에 있었던 독일로서는 황제와 교황, 그리고 후거와 같은 대자본가와의 연결은 엄청난 위기감을 불러일으키기에 충분하였다. 왜냐 하면 대부분의 독일의 제후나 봉건귀족, 일반인들은 그렇지 않아도 어려운 재정이 교황청의 착취로 더 나빠지지 않을까 염려하고 있었을 뿐 아니라 교회와 수도원의 토지재산을 탐내고 있던 제후들과 산업자본가들을 불안하게 하였기 때문이다. 물론 도시의 소생산자들이나 소상인, 농민들, 일반인들의 이해관계는 위의 사람들과 일치할 수 없었다. 그러나 대부분의 독일사람들은 로마가톨릭과 교황청에 대하여 강한 반감을 가지고 있었던 것이 사실이다.

개혁의 발단

종교적 개혁운동의 발단은 위대한 개혁자 마르틴 루터를 통하여 이루어졌다. 루터는 삭소니아지방의 농민출신으로 부친의 권유에 따라 에어푸르트(Erfurt)대학에서 법률을 공부했으나 심한 회의를 느껴 아우구스티누스파 수도사가 되었다. 전기에 의하면 그가 수도사가 된 것은 친구와 함께 길을 가다가 낙뢰로 그의 친구의 죽음을 보고 결심했다고 한다. 그의 고민은 "인간의 영혼은 어떻게 하여 구원에 이를 수 있는가"하는 것이었다. 그는 가톨릭 성직자이며 신학박사였지만 그의 구원에 관하여는 확신할 수가 없었다. 그는 서서히 가톨릭교회의 성사에 대하여 의구심을 가지게 되었다. 그는 1508년 작센 선제후가 세운 비텐베르크(Wittenberg)대학에서 신학강의를 맡게 되었다. 그는 드디어 신약성경 로마서(ⅰ, 17)에 근거하여 그의 문제를 해결하였다. 즉 인간의 구원은 전적으로 신의 긍휼을 통하여 이루어지는 것이므로 성사와 같은 기계적인 외적 의식에 의해서가 아니라 신의 긍휼을 받을 수 있는 인간내면의 체험적 믿음으로써만 가능하다는 것이다. 이것이 바로 유명한 "믿음으로 오직 의롭게 된다"는 의인설(이신득의, sola fide, Justification only by faith)인 것이다.

　　이러한 가운데 등장한 것이 소위 면죄부 판매문제였다. 면죄부(indulgence)는 중세 때부터 내려오던 것으로 고행과 같은 속죄행위를 통하여 가벼운 죄를 면제해 주는 관례였다. 문제는 면죄부가 유가증권의 역할로 바뀐 데 있었다. 즉 그것이 점차로 교황의 재정과 연관되더니 급기야는 그 효력이 연옥의 면제까지 확대된 것이다. 이것을 최대로 활용하려던 사람이 다름 아닌 메디치가의 교황 레오 10세였다. 그는 성 베드로성당의 수축비용을 마련하기 위하여 면죄부를 발행하고 이 매상고의 대부분을 국가적 통일을 이루지 못하고 있던 독일에 의존하였다.

　　때마침 비텐베르크 근처 마인츠의 대주교로 임명된 호엔촐레른가의 알브레히트(Albrecht)는 임명의 대가로 지불해야 하는 적지 않은 대금을 후거가에게 우선 차용하고 이를 면죄부매상을 통하여 갚으려고 하였다. 이 지역 판매책인 도미니쿠스파 테첼(Tetzel)은 "떨어지는 돈 소리와 함께 너의 영혼도 연옥으로부터 천국으로"라는 합창으로 청중을 매도하였다. 가뜩이나 가난에 시달리고 고리대금에 허덕이던 독일인들의 심기는 극에 달할 수밖에 없었다. 이에 마르틴 루터는 1517년 10월 면죄부판매의 부당성을 힐난하는 『95개조(the Ninety-five Theses)』를 라틴어로 써서 비텐베르크대학 교회문에 붙였다. 그 주된 내용은 성경이 교황이나 교회보다 우위에 있으며 구원은 신의 긍휼에 달린 문제라는 주장이었다. 이것은 신앙상의 이견이 있을 때 게시하던 관례로 어떤 특별한 개혁운동을 시위한 것은 아니었다. 그러나 이것은 그 후 독일어로 번역되어 전국에 파급되었다. 이 일로 면죄부판매에 차질이 생기게 된 것은 물론 로마가톨릭에 대한 전면적인 싸움이 시작되었다.

개혁의 과정

루터의 사상은 가톨릭을 대변하는 유명한 에크(Johann Eck)와의 라이프 치히 토론(1519)을 가지면서 분명하게 나타났다. 처음에 루터는 자기의 견해가 가톨릭과 다르다는 것만을 밝히려고 했으나 시간이 가면서 더 이상 가톨릭에 머물 수 없다는 것을 인식하게 되었으며 이론적으로도 무장해야겠다는 생각을 가지게 되었다. 그는 여러 가지로 고민하고 그의 신앙을 정리한 끝에 1520년 3개의 팜플렛을 발표하기에 이르렀다. 『독일국민의 귀족에게 보내는 글(Address to the Nobility of the German Nation)』에서는 독일민족을 로마의 속박으로부터 해방해 줄 것을 귀족에게 호소하였으며, 『교회의 바빌론 유수(On the Babylonian Captivity of the Church)』에서는 교황과 성사의 부당성을 공격하였으며, 『기독교인의 자유(On the Freedom of a Christian Man)』에서는 체험적 신앙에 의한 구원론을 전개하였다.

루터의 사상이 점점 퍼져 나가자 당황한 교황은 루터의 주장을 이단설로 규정하고 철회할 것을 명하는 칙서를 보냈다. 그러나 루터는 이를 사람들 앞에서 불살라 버리고 교황에 대항함으로써 파문되었다. 이를 지켜 본 황제 카알 5세는 제국을 지켜야 한다는 구실 아래 1521년 보름스(Worms)국회를 소집하여 루터로 하여금 그의 주장을 철회할 것을 다시 한번 강요하였다. 루터는 군대의 살벌한 분위기 속에서도 "나는 성경과 신앙, 양심을 어기면서 나의 주장을 변경할 수 없다. 신이 나를 도우실 것이다"라는 말을 남기고 황제의 요구를 단호하게 거절하였다. 루터는 보름스칙령에 의해 결국 법의 보호를 박탈당하고 말았다. 루터는 작센 선제후의 도움으로 발트부르크성으로 몸을 피하여 거기서 약 1년간 머물렀는데, 그 유명한 독일어성경은 이 때 번역된 것으로 근대독일어 발전에 크게 기여하였다.

기사반란과 농민전쟁

루터는 발트부르크 은신 이후 1522년 베텐베르크로 돌아와 교회를 세움으로써 그의 지지파를 중심으로 루터주의(Lutheranism)를 다지게 되었다. 그의 기반은 주로 북부와 중부독일을 중심으로 파급되었으며 대부분의 농민이나 제후들도 그를 추종하였다. 그러나 점차로 그의 개혁에 반대하는 사람들이 나타났다. 한편으로는 그의 개혁이 지나치게 과격하다고 보는 쪽이며, 다른 한편으로는 지나치게 보수적이라고 보는 쪽이었다. 전자에 속한 사람들은 북유럽의 에라스무스를 중심으로하는 휴머니스트들이었으며, 후자에 속한 사람들은 유아세례를 반대하는 소위 재세례파이었다. 루터의 발트부르크 은신은 독일사회에 적지 않은 파문을 일으켰다. 루터의 개혁과정에서 일어난 가장 중요한 사건들은 기사의 반란과 농민전쟁이었다.

기사의 반란은 1522년 몰락한 기사들을 중심으로 일어났다. 휴머니스트로 알려진 후텐(Ulrich von Hutten: 1488-1523)과 지킹겐(Franz von Sickingen: 1481-1523)이 그 주모자들이었다. 이들 제국기사들은 황제직속의 소영주들이었으나 화폐와 화포의 등장에 의해 봉건사회의 붕괴와 함께 몰락일로에 있었다. 그들은 살아남기 위하여 처음에는 휴머니즘에 추파를 던지다가 루터의 개혁운동으로 넘어갔다. 그러나 그들의 목적은 어디까지나 그들의 지위를 회복하려는 데 있었으므로 성공을 거두지 못하였다. 그들은 트리어대주교의 교회령을 공격하다가 영방제후들에 의해 진압되었다.

농민전쟁(1524-25)은 기사반란이 있은 지 2년 후 일어났다. 1524년 남부독일의 슈바르쯔발트를 중심으로 농민들의 폭동이 발생하였다. 이 지역은 마직물생산을 주로 하는 곳으로 농민들은 루터의 신교를 이데올로기로 삼고 그들의 불만을 해결하려고 하였다. 그들은 특히 슈바벤의 대표자들을 내세워 『12개조(Twelve Articles)』를 다수로 가결하였다. 그 내용은 목회자의 자유선택, 십일세의 개정, 농노제의 폐지, 봉건적 부담의 경감 등이었다. 『12개조』는 남부독일 전역에 배포되어 농민들을 휘어 잡았다. 그들은 루터에게 자문을 구했으며 루터뿐 아니라 멜란히톤, 츠빙글리도 만족하였다. 그러나 결국 제후들의 억압으로 그들의 폭동은 진압되었다.

그런데, 문제는 북부의 튀링겐에서 터졌다. 이 곳의 농민들은 슈바벤에 비해 훨씬 가난하고 지적 수준도 낮아 폭동이 격렬하였다. 더욱이 그들의 지도자 중에는 앞에서 말한 재세례파로 알려진 토마스 뮌처(Thomas Münzer)가 끼여 있었다. 그는 유아세례에 반대하였으며 원시 기독교의 이념들을 바탕으로 하는 공산적 이상국가건설을 부르짖었다. 그는 실제로 학자들에 따라 농민전쟁의 선구자로, 공산주의의 선구자로, 그리고 성령주의의 선구자로 평가받기도 한다.[9] 재세례파는 종교적 급진파로서 기존의 질서와 도덕을 무시하는 경향이

---

9) Steven E. Ozment, *Mysticism and Dissent: Religious Ideology and Social Protest in the*

다분하여 사회로부터 인정을 받지 못하였다. 그들은 경우에 따라서는 사회계급과 사유재산을 부정하고 공동노동과 이익의 공동분배를 주장하여 물의를 빚기도 하였다. 재세례파는 후에 라이덴의 존(John of Leiden)을 중심으로 하는 뮌스터폭동을 계기로 유럽에서는 이단과 폭거의 심볼로 남게 되었다.

뮌처의 폭동에는 약탈과 파괴가 자행되고 지나친 광신주의적 광란이 작용되어 세인의 눈살을 찌푸리게 하였다. 루터는 이제까지의 후원적 자세에서 후퇴하여 그들의 행동을 악마의 소행이라고 질책하고 나섰다. 무정부적 혼란을 두려워한 루터는 더 나아가 기존권위와 권력에 대한 순종이 기독교인의 아름다운 미덕이라고 주장하였다. 루터의 이러한 태도변화로 제후들은 용기를 얻어 농민군을 진압시킬 수 있었다. 실제로 농민군에는 무기와 조직이 열악하였으며 전쟁에 참여한 사람들도 튀링겐 뮐하우젠의 시민과 농민들뿐이었다. 루터의 태도변화에 대해서는 지금까지도 학자들의 주장이 분분한 실정이며, 루터주의의 성격을 형성하는데 적지 않은 영향을 주게 되었다.

아우구스부르크종교화의

루터의 개혁운동의 향방은 카알 5세의 태도와 긴밀한 연계를 가지고 있었다. 때마침 1526년 코냑동맹으로 가알과 적대관계에 있던 프랑스의 프란시스 1세(프랑수아)가 교황과 동맹을 맺자 카알대제는 대외관계가 매우 불리하게 돌아갔다. 이에 카알은 스파이에르(Speyer)국회에서 보름스의 금령을 해제하여 루터파는 다시 기세를 잡게 되었다. 그러나 그 후 카알은 로마공략의 성공으로 1529년 스파이에르국회에서 루터파를 다시 억압하게 되자 루터파는 이에 강력히 항의(protestation)하면서 슈말칼덴(Schmalkalden)동맹을 결성하였다 (1530). 이후 이들의 항의에서 이들을 'protestant(항의자들)'라 부르게 되었다. 마침 이탈리아전쟁이 끝나고 루터의 죽음으로(1546) 자신을 얻은 카알은 무력으로 루터파를 억압코자 하여 소위 신구교파간의 슈말칼덴전쟁(1546-1547)을 야기시켰다. 전쟁 시초에는 구교파가 유리하였으나 신교파가 프랑스의 지원을 받아 전세를 잘 이끌어 갔으므로 전세가 역전되었다. 이에 카알은 독일을 떠나고 말았다. 그리하여 새로 황제로 들어선 페르디난드는 1555년 신교파 제후들

Sixteenth Century(New Haven, 1973), ch. 3; 홍치모 외 공저, 『급진종교개혁사론』, 느티나무, 1993.

과 아우구스부르크종교화의(the Religious Peace of Augsburg)를 맺게 되었다. 그 주된 내용은 독일의 각 제후는 각기 그에게 속한 인민의 신앙을 위하여 루터교나 가톨릭교 가운데서 하나를 선택할 자유를 가진다는 것이었다. 이것은 각 주(state)의 종교권을 그 지배자의 종교에 맡기는 것으로 그 시대의 전제적 전통과의 야합으로 이루어진 전형적인 협상의 결실이라 하겠다. 이것이 비록 루터파와 가톨릭파에 한정된 것이기는 하지만 교황의 지배를 받지 않는 새로운 교회가 공식적으로 이루어졌다는 점에서 그 중요성이 있는 조약이었다. 농민전쟁의 결과 가톨릭은 남부독일에, 루터교는 북부독일과 그리고 덴마크, 스웨덴, 노르웨이 등지로 정착하게 되었다.

4. 칼빈의 종교개혁

스위스의 상황

칼빈의 개혁활동이 있기 전 스위스에는 이미 츠빙글리(Zwingli: 1484-1531)의 개혁이 진행되고 있었다. 그는 부유한 관리의 아들로 태어나 비엔나와 바젤대학교에서 수학한 사람으로 무엇보다도 문학과 철학에 조예가 깊었다. 그가 가톨릭에 반대하여 종교개혁자로 전환한 것은 주로 루터의 사상에 힘입은 바가 컸다. 그는 루터의 공체설(consubstantiation)을 제외하고는 루터의 가르침을 거의 받아 들였다.[10] 그는 성사의 빵과 포도주는 그리스도의 몸과 피를 상징하는 것이라고 주장하였다. 츠빙글리는 보수적인 삼림지대 주(cantons)의 가톨릭들과 싸우다가 전사하였다. 그가 죽은 다음 카펠화의(the Peace of Kappel, 1531)에 의해 삼림지대 주정부의 종교선택이 어느 정도 인정되었다.

그러면 칼빈의 주무대였던 스위스의 제네바의 정치형편은 어떠 했는지 알아보도록 하자. 제네바는 프랑스와 접경되어 있던 도시로 이중적 정치체제를 유지하고 있었다. 제네바인들은 지방주교(the local bishop)와 사보이백작(the Count of Savoy)의 지배를 받았다. 그런데 이들 두 지배자들이 공모하여 절대권을 행사하려고 하자 시민들이 반란을 일으켜 결국 그들로부터 떨어져 나와

---

10) 그리스도의 살과 피의 본질이 성만찬의 빵과 포도주의 본질과 공존한다는 교리이다. 이것은 앞에서 설명한 바와 같이 성만찬의 빵과 포도주가 그리스도의 살과 피의 본질로 변한다는 화체설과는 다르다.

1530년경 자유공화국(a Free Republic)을 세우게 되었다. 물론 이 운동에는 북부 주들의 개혁운동의 영향이 적지 않았다. 더욱이 정치적 혁명운동자들이 주교들에 의해 파문되자 그들 도시(제네바)에 새로운 종교를 두어야 한다는 요구가 팽배하였다. 이러한 상황에서 존 칼빈이 도착한 것이다.

칼빈의 개혁운동

칼빈은 중산계층 출신의 법률학도로서 휴머니즘에 관심을 가지다가 루터파의 영향으로 가톨릭과 결별하게 되었다. 칼빈은 루터의 성경주의를 더욱 심화시켜 성경의 내용은 신의 영감에 의하여 하나하나 이루어졌다는 성경영감설을 주장하였다. 칼빈은 1534년 프랑스정부의 공격으로 스위스 바젤로 이주하였고 이어 정치혁명의 소용돌이 속에 있었던 제네바로 자리를 옮기게 되었다. 그는 주로 한편으로는 전도에 힘썼으며 다른 한편으로는 집단조직화에 힘을 모아 1541년경에는 정치와 종교가 완전히 그의 손에 들어오게 되었다. 그는 1564년 죽을 때까지 제네바도시를 엄격하게 다스렸다. 그의 지배는 일종의 종교과두제의 신정정치였다. 최고권력을 가진 성직자회의(the Congregation of the clergy)가 모든 입법을 준비하여 종교법원(the Consistory)에 넘기면 그 곳에서 비준을 하였다. 종교법원은 인민을 대표하는 12명의 장로들로 구성되었으며 공사의 도덕문제를 감독하였다. 그들의 감독기능은 엄격하여 개인의 반사회적 행동에서 사생활까지 두루 포함되었다. 시는 여러 구역(districts)으로 나뉘어 있어 종교법원 위원회에 의하여 가정방문을 통하여 감시를 받았다. 춤이나 카드놀이, 극장출입, 주일에 일하거나 노는 일 등이 범죄에 속하였다. 그러나 이러한 지나친 규제들이 오히려 그의 약점이기도 하였다.

존 칼빈의 중심사상은 그의 유명한 저서인 『기독교강요(*Institute of the Christian Religion*, 1536)』에 잘 나타나 있다. 그의 사상은 주로 성 어거스틴의 사상과 비슷한 것으로, 이 우주는 전능한 신 의지에 달린 것이며 그에 의해 만들어진 모든 것들은 전적으로 신의 영광을 위한 것으로 인간도 아담의 죄로 인하여 더 이상 그 구렁에서 벗어날 수 없다는 주장이다. 즉, 신은 그의 의지에 의해 어떤 인간은 영생에 이르게 하고 어떤 인간은 영벌에 이르게 정하였다. 그러므로 어느 누구도 그의 운명을 변경시킬 수 없다. 이것이 소위 예정론(the doctrine of predestination)으로 그의 중심사상이라 하겠다. 그러나 이것은 인간에게 세상일에 대한 무관심이나 포기를 의미하는 것은 결코 아니다. 왜냐하면 만약 어떤 사람이 선택된 사람이라면 그의 마음 속에 올바른 일을 할 수 있는 욕구를 신은 주입하였기 때문이다. 따라서 사람은 누구나 신이 무엇을 자기에게 부여하였으며 무엇을 하도록 불렀는가 하는 소명의식을 조용히 가질 필요가 있다. 예정론은 어떤 면에서는 불합리한 이념으로 공격을 받을 만한 소지도 없지 않으나 한편으로는 인간에게 용감한 확신을 주는 적극적인 낙관주의를 일으켜 주기도 하였다. 인간의 운명은 이미 정하여진 것이므로 열심히 주어진 곳에서 최선을 다하면 되는 것이지 더 이상 머뭇거릴 필요가 없기 때문이다. 여기에 칼빈주의가 가톨릭에서 떨어져 나온 프로테스탄트들을 한데 불러모아 집단화하는 데 성공을 거두는 이유가 있는 것이다.

칼빈주의와 자본주의정신

칼빈의 예정론을 근대 자본주의와 연결시킨 사람이 바로 막스 베버(Max Weber: 1864-1920)였다. 그는 그의 논술(『프로테스탄트의 윤리와 자본주의 정신』)에서 서양 근대의 자본주의정신은 칼빈주의의 윤리관에서 비롯되었다고 주장하였다. 칼빈의 예정론적 선민사상이 소명의식을 불러일으켰으며 이어 신성한 직업의식을 심어 주어 자본주의정신과 연결되었다는 것이다. 즉 사람은 누구나 신으로부터 가장 적절한 일(직업)을 부여받았으며 이 일에 최선을 다하다 보면 신의 의지를 발견한다. 자기의 일이 잘 번영되면 이것은 신이 자기를 선택한 징표가 된다고 믿을 수 있다. 신이 택한 사람이 아니라면 일을 잘 되게 하지 않을 것이기 때문이다. 그리하여 칼빈파교인들은 열심히 일에 충실하였으며 그리고 그 벌어들인 돈을 절제와 검소로 신의 영광을 위해서만 쓰려고 노력하였다. 그 결과 금욕적인 소비억제로 은행에 투자되어 결국 재생산에 활용되었으며 이것이 자본주의정신으로 이어졌다는 주장이다. 이와같은 베버의 주장은 아직까지도 많은 사람들의 지지를 얻고 있는 실정이다.[11]

칼빈의 주장은 여러 가지 점에서 루터의 주장과 대조되었다. 그것은 루터가 중세적 가톨릭에서 근대적 프로테스탄티즘으로 넘어가는 과도기적인 인물인 반면에 칼빈은 근대적 자본주의체제로 넘어가는 본격적인 시점에 서 있었기 때문이다. 우선 칼빈이 신이 만든 성경의 법 주권을 강조하는 율법주의적인

---

11) 임희완 역(시드니 버렐 편), 『서양근대사에서 종교의 역할』, 민음사, 1990, 제3-5장.

반면 루터는 개인의 양심을 중시하였다는 점이다. 그리하여 예컨대, 칼빈이 안식일의 준수를 구약식으로 강조한 반면 루터는 주일에 일까지 금하지는 않았다.

다음으로 칼빈이 사업과 무역을 권장하고 그 윤리성을 중시하는 새로운 자본주의에 기울어져 있는 반면에 루터는 귀족에 매우 동정적이며 그들의 탐욕을 경계하였다. 끝으로 칼빈이 매우 개혁적인 반면 루터는 보수적이었다는 점이다. 그리하여 칼빈은 교황적인 색채의 의식이나 감독제적인 것을 배제하였다. 교회에서 회중이 장로와 설교자를 뽑게 하였으며 기악이나 채색유리, 그림, 성상 등이 제거되었으며 단순한 벽과 설교만이 허용되었고 성탄과 부활절마저도 엄격히 금지되었다.

칼비니즘은 스위스에뿐 아니라 무역과 산업으로 이윤을 추구하는 대부분의 서유럽국가들에 파급되어 갔다. 프랑스의 위그노(the Huguenots), 영국의 퓨리턴(the Puritans), 스코틀랜드의 장로파(the Presbyterians), 홀란드의 개혁교회파(the members of the Reformed church) 등이 모두 칼빈주의자들이었다. 칼빈주의는 점차로 서양의 자본주의를 발전시키는 부르주아지의 이데올로기로서의 역할과 그리고 근대의 시민윤리와 중산계층의 혁명정신을 형성하는 데 크나큰 견인차역할을 수행하였다.

5. 다른 나라의 종교개혁

프 랑 스

가톨릭의 전통이 강한 프랑스는 프랑수아 1세의 가톨릭 옹호정책으로 처음부터 신교파가 발붙일 틈이 없었다. 칼빈주의의 영향을 받아 개종한 소수의 지식계층과 시민층은 위그노(Huguenots, 동맹의 뜻)로 불리어 멸시되었다. 그러나 프랑수아 1세 다음 프랑수아 2세 때 위그노의 처지는 다소 활발해졌다. 그것은 가톨릭의 거두인 귀즈공(Duke of Guise)이 프랑수아 2세의 외척으로 정권을 휘두르자 이에 모후 캐더린이 위그노파를 후원했기 때문이다. 캐더린은 계속하여 찰스 9세(프랑수아 2세의 동생)를 섭정하게 되어 위그노파의 세력은 더욱 유리하였다. 하지만 1562년 귀즈공의 신교파 학살사건을 계기로 사태는 악화되어 결국 40년에 걸친 위그노전쟁(1562-1598)이 일어났다.

신구교파가 대립한 위그노전쟁은 국제전으로 번져 저 악명 높은 1572년

성 바르돌로메의 대학살사건을 야기시키고 말았다. 수만명의 위그노파 희생자를 낸 학살사태 이후 캐더린이 죽고 귀즈공과 앙리 3 세가 암살되는 바람에 발로아왕조가 끊어지고 부르봉왕조가 새로 들어서게 되었다.

부르봉왕조에 새로 들어선 앙리 4 세는 원래는 위그노파의 거두였으나 사태수습을 위해 가톨릭으로 개종하고(1589) 양파를 회유한 끝에 1598년 낭트칙령(the Edict of Nantes)을 발포하기에 이르렀다. 이로서 프랑스는 신앙의 자유가 허용됨으로 신구교의 싸움이 끝나게 되었다.

영 국

영국의 종교개혁은 다른 나라와는 달리 국가주도로 이루어진 것이 특징이다. 소위 영국의 국교주의(anglicanism)는 넓게는 중세교황권으로부의 해방을, 좁게는 영국 근대화의 전환에 일대 계기를 가져다 주는 종교적 혁명이었다. 영국의 국교주의는 세 가지의 과정, 즉 헨리 8 세의 로마교회와의 절연, 에드워드 6 세의 프로테스탄트 개혁운동, 그리고 엘리자베스 1 세의 교회화해의 단계들을 거치면서 성립되었다.

영국의 종교개혁은 교회정치의 혁신뿐 아니라 왕조정치의 혁신과도 밀접한 관계를 가진 운동이었다. 그리고 그것은 왕권의 걸림돌이 되는 교황권을 물리치는 동시에 의회의 권력을 고양시키는 운동이었다. 그러면 그 과정을 살펴보도록 하자.

개혁운동은 헨리 8 세(1509-1547)의 이혼문제에서 일단 야기되었다. 그의 부인은 죽은 그의 형의 부인 캐더린(스페인왕 페르디난드와 이사벨라의 딸)이었는데 궁녀 앤 볼린(Anne Boleyn)과 눈이 맞아 캐더린과 이혼하고 궁녀와 새로 결혼하려고 하였다. 그의 재혼에는 그를 이을 후사가 없었다는 이유도 끼여 있었다. 헨리 8 세는 교황에게 이혼신청을 했으나 거절당하였다. 한때 신앙의 옹호자로 교황의 신임을 받던 터라 헨리의 신청을 고려치 않은 것은 아니었지만 캐더린이 카알 5 세와도 친척관계였기 때문에 입장이 난처하였던 것이다. 이에 헨리는 1534년 수장령(Act of Supremacy) 등을 의회에서 통과시키고 영국교회를 로마교황으로부터 분리시켜 국교회(Anglican Church)의 수장임을 선포하였다. 헨리는 이어 전국의 수도원을 해산하고 그 막대한 재산을 몰수하여 왕실의 수입으로 하고 그를 따르는 자들에게 나누어 줌으로 새로운 귀족층을 형성케 하였다. 말하자면 그의 종교적 개혁이 성공할 수 있었던 것은 교황에 대한 영국민들의 국민주의감정과 르네상스를 통한 계몽정신, 그리고 이들 새로운 귀족층(젠트리)의 영향 때문이라 하겠다. 헨리는 이 외에도 루터의 아우구스부르크신앙고백을 따르는 『10개조(Ten Articles)』를 만들었으며 모든 교회를 위한 대성경(the Great Bible)을 발행하기도 하였다. 그러나 그의 종교개혁운동은 종교적 교리에 의한 것이 아니라 주로 정치적이며 개인적인 성격이 개입된 것이기 때문에 이후 적지 않은 문제를 안게 되었다. 즉 영국교회는 왜 가톨릭교회와 분리되어야 하는가 하는 근본적인 문제를 일으킨 것이다.

헨리 8세의 뒤를 이은 에드워드 6세(1547-1553)는 한 걸음 더 프로테스탄트 쪽으로 기우는 종교정책을 폈다. 그는 『42개조(Forty-two Articles)』를 기초로 교회에서 사용되는 『일반기도서(the Book of Common Prayer, 1549년 제정, 1552년 개정)』를 만들었으며 성직자의 결혼을 허락하였으며 화체설 대신 공체설을 채택하는 등 강경노선을 나타냈다. 그러나 그의 뒤를 계승한 매리(1553-1558)는 이와는 반대로 가톨릭 쪽으로 선회하였다. 그녀는 죽은 캐더린의 딸이라는 점 이외에도 스페인의 필립 2세와의 결혼으로 자연히 가톨릭적 정책을 쓰게 되었다. 매리의 종교박해로 수많은 신교도들이 희생되었으며 박해를 피하여 대륙으로 망명간 사람들도 적지 않았다. 이들 가운데 적지 않은 사람들이 다시 돌아와 엘리자베스 때 청교도운동을 벌이게 되었다.

매리 다음으로 등장한 엘리자베스 1세(1558-1603)는 우선 통일령(Act of Uniformity, 1559)으로 국교주의를 다시 확립하고 이어 『39개조(Thirty-nine Articles), 1563』를 만들어 성경의 중요성을 선포하였다. 그녀는 아버지 헨리 8세의 기질을 물려받은 인물로 국교주의가 안고 있는 문제점들을 교묘하게 해결하였다. 그녀는 어느 한쪽에 지나치게 편향하지 않는 소위 중용정책(via media)의 기지를 마음껏 발휘하였다. 그러나 가톨릭이나 프로테스탄트나 다같이 그녀의 종교정책에 반기를 들고 나오는 결과를 가져왔다.

요컨대, 영국의 종교개혁은 국가의 주도로 다른 국가와는 달리 철저한 국교주의를 이룰 수 있었으나, 대륙의 종교개혁에서 보이는 종교적 영적 심각성이 결여되어 있어 청교도혁명과 같은 분수령을 넘지 않으면 안 되었다. 그러나 영국은 국교주의를 바탕으로 국민적 단결을 이루어 근대적 발전의 계기를 이룰 수 있었다.

6. 가톨릭의 종교개혁

반동 종교개혁(the Counter-Reformation) 혹은 가톨릭 종교개혁은 프로테스탄티즘의 발달을 저지하고 가톨릭교회를 정화하기 위한 것이었다. 그러나 이와는 별도로 훨씬 이전부터 가톨릭의 개혁운동은 있었던 것으로 보인다.

스페인에서는 15세기 말부터, 그리고 이탈리아에서는 16세기 초부터 각각 진행되었다. 스페인에서는 히메네스 추기경(Cardinal Ximenes)에 의하여 학교가 설립되었고 수도원과 성직자들의 비리가 제거되어 영적 활력이 살아났다. 이탈리아에서는 주로 종교교단 활동을 통하여 신앙의 재생을 꾀하였다. 두드러진 교단으로는 티아티노교단(the Theatine Order)과 캐퓨신교단(the Capuchin Order)이 있었다. 전자는 청빈, 사랑, 순종을 서약하는 승려조직인 반면, 후자는 성 프란시스의 뒤를 쫓는 탁발승려집단이었다.

루터의 개혁 이후 본격적으로 가톨릭교회의 개혁을 단행하려는 교황들은 유트레히트의 아드리안 6세를 비롯하여 클레멘트 7세, 파울 3세(1534-1549), 파울 4세(1555-1559), 피우스 5세(1566-1572), 식스투스 5세(1585-1590) 등이었다. 이들은 교황청의 재정을 재정비하는가 하면 승려의 기강을 엄격하게 다스리려고 했으며 르네상스 이래 남용되던 종교재판소를 다시 부활시키기도 하였다.

그 중에서도 교회사에 남을 만한 가장 중요한 개혁은 1545년 파울 3세에 의해 열린 트렌트종교회의(the Council of Trent: 1545-83)였다. 이 회의의 목적은 가톨릭 신앙교리를 재규정하려는 것이었다. 예컨대, 신교에 의해 도전된 교리들, 선업(good works), 성사(sacraments), 화체설, 성직의 사도계승, 연옥신앙, 성자신앙, 승려의 독신 등이 재인정되었다. 이 외에도 교황지상권, 성경과 사도의 가르침의 동등성이 재확인되었으며, 14, 15세기의 일반공회의(the general council)의 지상권 움직임은 무효화되었다.

트리엔트회의는 교리문제 이외에 대해서도 손질을 하였다. 교회의 지나친 권리남용이나 면죄부판매를 금지시키고 성직자의 축재를 단속하였으며 1564년에는 금서목록을 만들어 대대적으로 이단을 근절시켰다.

가톨릭의 종교개혁은 아마도 예수회(the Society of Jesus)와 같은 경건한 수도회집단의 활동이 없었다면 성공하지 못하였을 것이다. 예수회 이 외에도 프란체스코파, 도미니쿠스파, 카르멜수도회 등의 활동이 두드러졌다. 예수회는 스페인의 군인출신인 이그나티우스 로욜라(Ignatius Loyola: 1491-1556)에 의해 창단되었으며 1540년 교황의 정식인가를 얻었다. 예수회에 들어간 수도사들은 2년간의 견습기간을 거쳐 10년간의 수학기간을 가져야만 하였다. 그들은 상관에 대한 복종과 특히 교황에 대해서는 절대순종이 요청되었다. 그리하여 교황을 정점으로하는 집단적 단결이 이루어졌다. 그들의 전도사업 이외에도 그들의 교육활동은 매우 활발하여 그들이 세운 학교는 당대 지배층의 교육의 중심이 되었다. 종교재판소와 예수회의 활약으로 이탈리아와 스페인에는 프로테스탄트가 발을 들여 놓지 못하였다. 그들은 오스트리아와 남부독일, 폴란드 등지에 그들의 발판을 구축하였으며 특히 아시아와 신대륙에 그들의 전도사업을 활발히 전개하였다.

제 4 절   종교전쟁

루터를 중심으로 시작된 프로테스탄트 개혁운동과 가톨릭 종교개혁은 점차로 전 유럽에 퍼져 나가 각 지역과 국가의 이해관계에 따라 받아들여지게 되었다. 어떤 곳에서는 루터교를 받아들이는가 하면 어떤 곳에서는 칼빈교, 아니면 가톨릭을 받아들여 그들의 세력을 구축하려고 하였다. 이와 같은 종교적 신앙의 수용은 국가의 구별이 아직 확연하지 않고 더욱이 왕조의 이해관계로 복잡하게 얽혀 있던 당시로서는 좌충우돌의 상황을 피하기가 힘들었다. 그리하여 어느 한 곳에서 신구교파의 충돌이 일어나면 그것은 곧바로 지역이나 국가를 뛰어넘는 국제전의 양상을 띠는 것이 상례였다. 즉, 유럽전체가 신교파와 구교파, 더 나아가서는 가톨릭파와 루터파, 칼빈파로 각각 갈라져 싸우지 않으면 안 되었던 것이다. 여기에 십자군전쟁 말기부터 서서히 모습을 드러낸 왕권의 개입으로 상황은 더없이 복잡하게 바뀌었다. 왜냐 하면 각 종파가 왕을 자파로 만들기 위하여 수단방법을 가리지 않았기 때문이다. 말하자면 종교전쟁은 종교개혁의 후유증으로 야기된 신교와 구교, 그리고 왕과의 삼파전이라고 요약할 수 있을 것이다. 즉, 종교전쟁은 한편으로는 최후의 중세적 십자군전쟁이며, 다른 한편으로는 최초의 국민국가 전쟁이라고 말할 수 있다.[12]

---

12) 임희완 역(리차드 던 저), 『근대유럽의 종교전쟁시대(1559-1689)』, 예문사, 1986, pp. 12-13.

구체적으로 종교전쟁을 야기한 것은 가톨릭교의 부활로 종파적 분열로 치닫고 있던 프로테스탄트파를 자극했기 때문이다. 극도로 자극된 신교파는 자파의 단결을 공고하게 하는 과정에서 구교파와의 충돌을 피할 수 없었으며 여기에 근대적 국가운동을 둘러싼 각 국가들의 정치적 이해와 위에서 말한 왕들의 욕망이 결합하여 1세기 정도에 걸친 종교전쟁(the Religious Wars: 1556-1648)이 일어나게 된 것이다. 특히 가톨릭 종교개혁으로 세력을 정비한 스페인의 필립 2세는 가톨릭을 국교로 삼아 이를 바탕으로 국내는 물론 국외까지 그의 권력을 확장하려고 진력하였다. 필립 2세의 가톨릭 확대정책으로 치명적인 타격을 입은 나라들은 네덜란드, 영국 등이었다.

홀란드의 독립전쟁

네덜란드는 유럽의 내륙과 북해, 발트해를 연결하는 요충지로서 중세 이래로 상공업이 발달한 곳이었다. 특히 13세기경부터는 모직업의 발달로 부유한 자치도시가 늘어났으며 시민계층도 다른 지역에 비해 일찍부터 성장하였다. 네덜란드는 원래 프랑스의 부르군드령이었으나 그 가계의 단절로 합스부르크가에 속하였다가 다시 그 분열로 스페인에 병합된 곳이었다.

그러나 종교개혁 이후 칼빈주의의 영향으로 상업이 발달한 홀란드를 중심으로 하는 북부와 가톨릭을 보존하려는 벨기에 중심의 남부플랑드르지방이 대립하게 되었다. 이러한 상황에서 스페인의 필립 2세가 가톨릭 획일주의를 이 지역에 강압하고 나선 것이다. 필립은 특히 종교재판과 절대주의정책으로 남부의 가톨릭파를 보호하는 반면에 북부의 신교파를 누르고 도시의 특권을 박탈하려고 하였다. 이에 북부지방은 귀족과 시민이 합세하여 스페인에 반기를 들게 되었으니 이것이 바로 홀란드의 독립전쟁이었다. 이들은 오렌지공 윌리엄(William of Orange: 1533-1584)의 영도하에 홀란드를 비롯한 북부 7주를 중심으로 1579년 유트레히트(Utrecht)동맹을 결성하였다. 가톨릭이 많은 남부 10주는 이에서 떨어져 나갔다. 그들은 드디어 윌리엄을 통령으로 추대하고 1581년 네덜란드합중국으로서의 독립을 선언하였다. 그들의 정치체제는 연방제공화국으로 위로는 총독이 있고 입법권을 행사하는 연방의회가 있으며 각 주에는 주의회가 있어 자치권을 행사할 수 있었다. 스페인과의 싸움은 그 후에도 지속되었으나 무적함대의 패배와 필립의 죽음으로 1609년 그들은 사실상 독립을 달성하였다. 그들의 독립이 국제적으로 승인된 것은 1648년 베스트팔렌(베스트파리아)조약을 통해서였다.

영국 · 스페인전쟁

홀란드의 독립은 유럽에 적지 않은 파문을 가져다 주었다. 홀란드의 독립운동에 도움을 아끼지 않은 영국은 이번에는 스페인과의 일전을 피할 수가 없게 되었다. 엘리자베스 1세는 통일령의 선포로 국교의 자리가 일단 굳혀졌으나 내면적으로는 어려운 일들이 적지 않았다. 분리파의 끊이지 아니하는 준동과 가톨릭의 반발 등이 상존하였다. 더욱이 가톨릭들이 필립 2세의 영향을 믿고 스코틀랜드의 매리 스튜어트(Mary Styart)여왕을 옹립하려는 움직임이 사전에 탄로되어 엘리자베스여왕의 처지는 여간 견디기 어려운 것이 아니었다. 필립도 홀란드 독립전쟁 때 영국의 원조를 잊을 수 없어 언젠가는 한번 싸워야겠다는 각오를 가지고 있던 터였다. 그리하여 필립 2세는 드디어 모든 함대를 동원하여 이루어진 저 유명한 무적함대(Invincible Armada)로서 영국을 침략하게 되었다. 그러나 명제독 드레이크(Drake)의 눈부신 활약과 악천후 등으로 1588년 스페인의 무적함대는 결국 무너지고 말았다. 이 전쟁의 패배로 스페인은 서서히 국제무대로부터 사라지게 된 반면에 영국은 국민의식이 고조되어 해상활동의 주도권을 잡게 되었다.

30년전쟁

신구교가 대립한 종교전쟁의 최후의 결판은 보헤미아에서 일어난 30년전쟁(Thirty Years War: 1618-1648)이었다. 아우구스부르크종교화의로 일단락된 종교문제는 겉으로는 소강상태를 유지하였으나 언제고 불길이 일어날 소지를 가지고 있었다. 그것은 바로 예수회를 중심으로 한 가톨릭의 회복과 더불어 국제공인에서 제외된 칼빈파의 실질적인 세력확대였다. 후자는 팔츠(Phalz) 선제후(프레데릭)를 중심으로 '복음주의 연합(Evangelical Union)'을, 그리고 전자는 바바리아공 막스밀리안을 중심으로 '가톨릭 동맹(League)'을 각각 결성하여 대항하였다. 여기에 유럽의 유서깊은 2대 왕가, 합스부르크가와 부르봉가의 적대관계가 적지 않게 작용하였다. 말하자면 30년전쟁은 아우구스부르크종교화의 이래 유지되던 소강상태의 세력균형이 깨지면서 야기된 사건이었던 것이다.

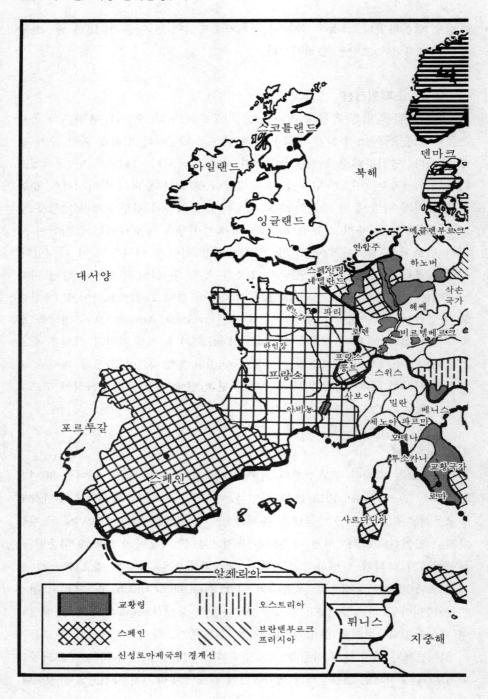

스코틀랜드

아일랜드

잉글랜드

덴마크

북해

메클렌부르크

연합주

하노버

스페인령
네델란드

삭손
국가

대서양

파리

로렌

헤쎄

비르템베르크

라인강

프랑스
콩트

스위스

밀란

베니스

프랑스

사보이

제노아 파르마

모데나

아비뇽

포르투갈

투스카니

교황국가

로마

스페인

사르디니아

	교황령		오스트리아
	스페인		브란덴부르크 프러시아
	신성로마제국의 경계선		

알제리아

튀니스

지중해

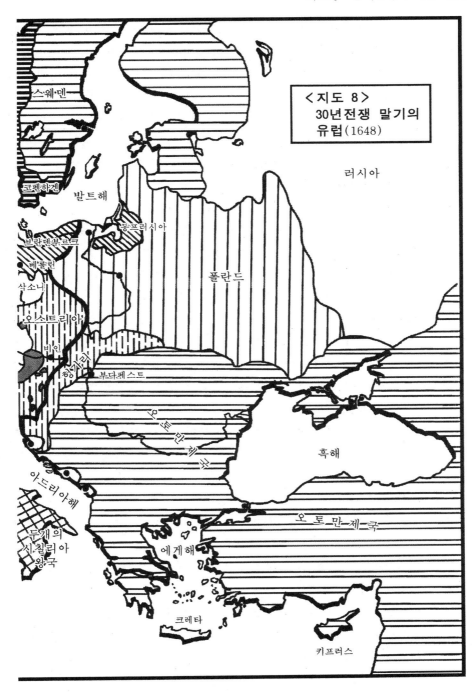

〈지도 8〉
30년전쟁 말기의
유럽(1648)

스·웨·덴

러시아

코펜하겐   발트해

동프러시아

브란덴부르크

베를린

작소니

폴란드

오스트리아

비인

헝가리

부다페스트

흑해

아드리아해

오토만제국

두개의
시칠리아
왕국

에게해

오토만제국

크레타

키프러스

전쟁은 보헤미아에서 야기되었다. 1618년 보헤미아의 왕위가 공석이 되자 신성로마제국의 황제 마티아스(Mattias: 1612-1619)는 오스트리아 합스부르크 가의 세력을 구축하기 위하여 그의 인척인 페르디난드공을 그 자리에 앉히려 고 하였다. 이에 후스의 개혁정신과 오스트리아에 대한 민족감정이 강한 체코 인들의 반발이 거세게 일어났다. 그러나 마티아스의 뒤를 이은 페르디난드 (Ferdinand Ⅱ)는 보헤미아의 신교파를 축출하는 탄압정책을 전개하였다. 보헤 미아 신교파 귀족들은 이를 물리치기 위하여 팔츠 선제후 프레드릭을 왕으로 추대하여 그들에 맞섰다.

30년전쟁은 몇 가지의 단계들을 거치면서 진행되었다. 첫 번째는 보헤미 아 시기(1618-1623)로, 페르디난드가 가톨릭동맹과 스페인의 원조를 얻어 승 리를 거둔 단계였다. 이 싸움으로 팔츠는 도망가고 반란귀족의 땅은 몰수당하 였으며 보헤미아는 합스부르크가에 예속되었다. 두 번째는 덴마크 시기(1625-29)로, 덴마크의 크리스찬 4세(Christian Ⅳ: 1588-1648)의 활동이 두드러진 단계였다. 루터파인 크리스찬 4세는 전쟁에 개입함으로써 북부독일로의 확대 를 시도하였다. 그러나 덴마크군은 가톨릭으로 개종한 발렌스타인(A. W. Wall-enstein: 1583-1634)에 의해 격퇴되었다. 그 결과 황제파의 가톨릭은 그 기세가 올라간 반면 프로테스탄트 쪽은 위기에 봉착하게 되었다. 세 번째는 스웨덴 시 기(1630-35)로, 발틱해의 장악을 노리는 스웨덴 구스타프 아돌프(Gustav Adolf: 1611-1632)가 가톨릭을 물리친 단계였다. 스웨덴군은 루첸(Lutzen)의 전투에서 승리하여 대세를 잡았으나 아돌프의 전사로 움츠러들지 않으면 안 되 었다. 이 싸움으로 1635년 양자의 화해가 일시 성립되는 결과를 가져왔다. 마 지막은 프랑스 시기(1635-1648)로, 프랑스와 스웨덴이 합세하여 황제군을 물 리침으로써 전쟁을 마무리진 단계였다. 프랑스는 합스부르크가의 우세를 염려 하여 신교 쪽에 가담하기로 결심하고 리쉴리외(Cardinal Richelieu)로 하여금 라인강을 넘어 남부독일로 쳐들어가게 하였다. 스웨덴도 이에 호응하여 협공 하니 고립무원하게 된 황제군은 더 이상 싸움을 지속할 수 없게 되었다. 결국 합스부르크·부르봉의 대결에서 부르봉의 승리로 끝난 것이다. 30년전쟁의 마 무리는 프랑스와 스웨덴이 승자의 입장에서 이루어진 유명한 베스트팔렌조약 (the Treaty of Westphalen, 1648)으로 일단락되었다.

베스트팔렌조약

베스트팔렌조약의 주요내용은 프랑스는 알사스, 메츠, 투울 지역 등을, 스웨덴은 포메라니아(Pomerania)를 각각 가질 것, 독일제후는 각 영방의 자주권을 가질 것, 아우구스부르크화의의 조건을 칼빈파에도 적용하여 가톨릭파, 루터파, 칼빈파에 동등한 권리를 줄 것, 스위스와 홀란드의 독립을 국제적으로 인정할 것, 교회재산은 1624년을 기준으로 현상유지할 것 등이었다. 이 조약은 종교개혁으로 야기된 정치적 종교적 혼란을 수습함과 동시에 이후 프랑스혁명이 일어나기까지의 약 1세기 동안의 국제질서의 기초를 마련했다는 점에서 그 중요성이 적지 않다 하겠다. 이 조약으로 프랑스는 위세가 올라간 반면에 스페인과 합스부르크가는 떨어졌으며 더욱이 300여 개 이상의 영방의 독립이 인정된 독일은 통일의 전망이 무망하게 되었다. 여기에 각 교파들의 난립상도 만만치 않은 문제로 등장하게 되었다. 그러나 30년전쟁으로 새로운 근대적 국제외교관계가 수립되는 계기를 가지게 되었다. 즉 근대적인 국가체제, 국가들 사이의 세력균형, 그들 사이의 외교관계 등이 그간 신성로마제국의 압력으로 주춤한 것이 사실이었으나 그 사정이 달라진 것이었다. 또 한 가지 기억할 것은 전쟁에서 나타난 약탈, 살육, 강간, 기아 등의 문제들을 해결하기 위한 인도주의적 정신과 국제법의 필요성이 대두되었다는 사실이다.

제11장

근대문명의 성립과 발달

제 1 절 절대주의의 성격

1. 절대주의의 의미

16-18세기에 존재했던 서양의 소위 절대주의(Absolutism) 혹은 절대왕조(Absolute Monarchy)는 이미 간간이 비친 바와 같이 르네상스와 종교개혁을 통하여 중세가 붕괴하는 과정에서 형성된 일종의 과도기적 정치형태였다. 즉 종교개혁에서 나타난 가톨릭 획일주의에 대한 종파적 신앙의 승리가 정치로 연결된 것이 바로 절대왕조로서 근대적 국가이념의 기초가 되었던 것이다.

왕권은 이미 설명한 바와 같이 중세봉건적 민족왕국으로부터 내려온 유산이었다. 힘있는 왕들이 민족적 감정을 배경으로 그들의 귀족을 억누르면서 봉건적 지배로부터 벗어나기 시작하였다. 그러므로 왕권은 아직은 지배체제로서는 여러 가지로 미흡하였다. 그러나 왕권이 그들의 권력을 신장할 수 있는 호기를 맞게 되었으니 그것이 바로 절대왕조시대였다. 말하자면 왕권은 종교개혁의 후유증으로 나타난 구교와 신교들과의 싸움인 종교전쟁의 와중에서 그들(왕들)의 권력을 집권화하는 어부지리를 얻은 셈이었다. 절대주의의 왕들은 그들의 절대권력을 확보하려는 과정에서 민족주의적 감정을 호소하였는가 하면 왕조적 국가(dynastic states)를 중시하기도 하였으며 강력한 군대와 이기적 경제활동을 그들의 정책골격으로 삼기도 하였다. 그러나 그들에게 진정한 의미의 국민(nation)이나 민족주의는 아직 형성되지 않았으며, 그들의 지배도 국가구성원 전체에보다는 국왕 개인에 치우친 것이었으며 그들의 관심도 국민적 이해관계에보다는 왕조적 이해관계에 경사된 과도기적 형태였던 것이다. 그들은 봉건제후나 귀족계급을 끌어는 들였으나 그들의 도전을 결코 용납하지 않았으며 오히려 새로운 시민계급을 옹호하고 등용하였다.

이러한 절대왕조의 과도기적 특성 때문에 소위 마르크스주의적 해석이 등장하여 역사가들의 주의를 환기시키기도 하였다. 마르크스적 역사가들에 의하면 절대주의는 어디까지나 중세봉건국가의 최종단계에 속한다는 것이다. 그러나 이와 같은 주장은 올바른 역사해석이라고 판단되지 않는다. 왜냐 하면 그들은 절대주의를 부르주아지, 시민계급을 중심으로 하는 근대적 국민국가로 이어지는 정치형태로가 아니라 마르크스주의의 도식 안에서만 바라보려고 시도하였기 때문이다. 요컨대, 절대주의란 하락하는 봉건제와 신흥하는 시민계급 사이의 긴장된 세력균형 위에 세워진 일종의 과도기적 정치형태라고 말할 수 있다. 즉 왕은 한편으로는 봉건세력과 야합하고 다른 한편으로는 부르주아지의 도움을 받으면서 왕권의 강화를 시도하였던 것이다.

절대왕조가 등장한 배경으로는 봉건제후의 약화나 장원의 붕괴, 십자군전쟁·흑사병·100년전쟁의 결과 등을 들 수 있으나 그 가장 중요한 실제적인 원인으로는 이미 설명한 바와 같이 상업혁명과 종교개혁을 들어야 할 것이다. 전자에 의해서 해외활동을 통하여 이윤을 추구하려는 부르주아지와 강력한 왕권을 세우려는 왕이 결속되었으며, 후자에 의해서 왕권에 걸림돌이 되는 가톨릭이 제거되고 왕권에 도움이 되는 민족주의와 부르주아지를 위한 새로운 윤리강령이 만들어졌기 때문이다.

2. 절대주의의 특성들

절대주의를 나타내는 특성들 가운데 가장 두드러진 것은 정치적 특성과 경제적 특성일 것이다. 그 특성들은 배타적이며 전근대적인 면모를 가지고 있는 것은 사실이지만 그들의 왕중심의 전제주의적 이념(autocratic ideas)은 근대국가의 왕권적 중앙집권화에 도움이 되었으며 그들의 화폐중심의 중상주의적 이념(mercantilistic ideas)은 근대의 자본주의발달에 크게 기여하였다. 특히 후자를 통해서는 종래의 토지가 부의 원천이던 것이 화폐가 대신 자리를 차지하게 되었다. 물론 이 두 가지는 모두 일반인들의 이념들이 아니라 소위 부유하고 가문 좋은 사람들의 욕구를 반영한 것들이었다.

왕권신수설

절대주의적 왕권을 주장한 첫 번째 사상가는 프랑스의 장 보댕(Jean Bodin: 1530-1596)이었다. 근대국가발달에 있어서 정치적 과제는 국가의 주권을 어떻게 강화할 수 있느냐 하는 문제였다. 그리하여 등장한 것이 소위 국가이성이었다. 이것과 관련하여 마키아벨리는 벌써부터 이것을 주장한 바 있었다. 보댕은 지배자는 신법에 묶여 있어야 하며 군주(princes)는 그가 조인한 조약들을 따라야 하는 도덕적 의무를 가져야 한다고 주장하였다. 그러나 그는 입법부의 왕권제한을 단호히 거부하였다. 신법이나 자연법을 어긴 군주는 독재자라는 것을 인정은 했지만 그렇다고 신하들이 군주에게 반란을 일으킬 수 있는 권리는 받아들이지 않았다. 왜냐 하면 군주의 권위는 신으로부터 온 것이며 인민의 최고의무는 거역 없는 순종이며 그리고 안정을 파괴하는 혁명은 어느 경우에나 허용될 수 없다고 믿었기 때문이다. 그리하여 보댕은 "신민에 대한 최고권력은 법에 의해 제한받지 않는다"는 군주의 주권론(the doctrine of sovereignty)을 내놓게 된 것이다. 이것은 신에 의해 정해진 도덕법이나 자연법을 제외하고 인간이 만든 법은 어떤 법도 주권자인 군주를 제한할 수 없다는 것이다. 그는 주권론 이외에도 봉건적 테두리에서 벗어난 국가기원론을 펴낸 것으로 유명하다. 그에 의하면 국가는 가장제(patriarchal family)에서 유래한 제도로, 국가의 군주는 마치 가정의 아버지가 그의 자식들과의 관계처럼 그의 신민들과의 강제적 관계에 있다. 따라서 주권자로서의 군주는 법을 만들고 그것을 그의 신민들에게 부여할 수 있는 영구적이며 무제한적인 권력을 가지고 있다는 것이다.

17세기경 절대주의의 확립은 소위 왕권신수설(theory of Divine Right of Kings)에 의해서였다. 이것은 왕의 권한은 신으로부터 받은 것이므로 왕은 신에게만 책임이 있고 다른 사람들에게는 하등의 책임이 없을 뿐 아니라 모든 신하들은 왕에게 복종할 의무만이 있다는 주장이다. 이것은 물론 중세의 왕권신정론(theory of theocracy)과 관련 있는 것으로 위의 보댕과 같은 정치철학자들의 영향으로 이루어진 것이었다. 왕권신수설은 프랑스의 부르봉왕조와 영국의 스튜어트왕조 때 널리 수용되어졌으며 그 대표적인 주창자는 가톨릭 역사서술가인 보쉬에(Jacques Bossuet: 1627-1704)와 제임스 1세(James I)였다.

홉스와 그로티우스의 절대주의사상

장 보댕과는 대조적으로 세속적인 입장에서 절대왕조를 주장한 대표적인 사상가들은 토마스 홉스와 그로티우스였다.

영국혁명기에 성장한 토마스 홉스(Thomas Hobbes: 1588-1679)는 그의 저서(Leviathan, 1651)에서 보다 합리적이고 세속적인 근거에 기초한 왕권의 절대성을 주장하였다. 홉스는 구약성경에 나오는 전능한 힘을 가진 바다의 짐승 리바이던을 근대국가로 비유하여 절대왕권을 주창하였다. 그의 정치철학의 핵심은 정부기원론에 있었다. 그에 의하면, 맨 처음에 모든 인간은 아무런 법도 없는 자연의 상태(a state of nature)에 놓여 있었기 때문에 서로 물고 뜯는 만인 대 만인의 투쟁으로 공포와 죽음의 위험만이 있었다. 사람들은 이 위험을 면하기 위하여 상호 계약을 맺고 하나의 시민사회(a civil society)를 형성하였으며 절대주권을 가진 왕이 나오게 되었다. 이때 왕의 주권은 한쪽 편의 계약자로서가 아니라 무력으로부터 인민을 보호하는 절대권을 행사할 수 있는 주권자를 의미하였다. 왜냐 하면 인민은 이미 그들의 안전을 위하여 모든 것들을 왕에게 양도하였기 때문이다. 사람들은 단지 리바이던 내장의 벌레에 불과하며 왕의 전제에 따라갈 수밖에 없는 존재다. 홉스는 보댕과는 대조적으로 군주의 권력을 제한하는 어떤 법도(그것이 신법이든 자연법이든) 인정하지 않았으며 군주의 절대권은 어디까지나 인민에 의해 주어진다는 것을 강조하였다. 이것이 바로 홉스의 근대적이며 세속적 정치철학을 나타내는 강점인 동시에 이러한 그의 세속적 정부기원론과 유물론적 이론이 스튜어트왕조의 따가운 눈총을 받아야 하는 원인이 되기도 하였다.

한편, 네덜란드의 위대한 사상가 그로티우스(Hugo Grotius: 1583-1645)는 홉스와는 조금 다른 각도에서 절대주의를 옹호하였다. 그로티우스는 프랑스의 종교전쟁, 네덜란드의 독립전쟁, 30년전쟁 등을 경험하면서 정부들이 상호 이성과 질서를 지킬 수 있는 지배체제의 필요성을 절감하게 되었다. 그리하여 그는 그의 유명한 저서(the Law of War and Peace, 1625)를 통하여 국가들 사이에 준수되어야 할 기본적인 정의와 도덕의 원칙을 강조하였다. 그는 로마의 만민법과 중세의 자연법으로부터 소위 국제법(international laws)을 만들어 유수한 국제법 창시자의 한 사람이 되었다. 그에 의하면 모든 독립된 국가들은 각각 그 규모와 상관 없이 온전한 주권국가로서 인정받아야 하며 동등한 권리를 누려야 한다. 국가의 주권은 어떤 다른 세력에 의해서도 침해받을 수 없다. 그러나 그의 이론은 그의 핵심주장과는 다른 각도로 전용되었다. 즉 국가들 상호간의 평화보다는 국가의 자존심과 명예를 성스럽게 숭배하는 방향으로 흘러간 것이다. 그리하여 국기모독이나 외교관체포 등도 전쟁의 구실이 될 수 있다는 쪽으로 가닥이 잡히게 되었다.

이에 국가들 사이의 분쟁이나 소요를 혐오하는 그로티우스는 전제적인 정부를 옹호하지 않으면 안 되었다. 그는 만약 지배자가 무제한적인 권력을 가지지 않는다면 국가의 질서는 유지될 수 없다고 생각하였다. 인민은 처음부터 지배자에게 자진하여 그들 자신을 지배자에게 양도하였거나 아니면 강력한 힘에 맡기지 않으면 안 되었기 때문에 일단 정부가 세워지면 의문의 여지없이 그 정부에 순복하지 않으면 안 된다. 이것이 바로 그로티우스의 절대주의 옹호론이었다.

요컨대, 왕권신수설을 기초로 나타난 절대주의시대의 전제주의적 지배체제는 사회의 안전과 질서를 제 1 덕목으로 간주하던 시대의 산물이었다. 이러한 이념은 광대한 국가조직을 지배하려는 왕과 이윤을 추구하려는 상인계층에게 모두 맞아 떨어지게 된 셈이다.

관료조직과 상비군

절대왕조의 군주는 중앙집권적 전제주의를 유지하기 위하여 그를 따르는 관리들이 필요하였다. 군주는 그를 중심으로 하는 새로운 세력을 구축하려는 견지에서 봉건적 귀족보다는 시민계급을 뽑았으며 귀족을 고를 경우에는 고위층의 귀족보다는 오히려 하위층의 귀족을 선호하여 채용하였다. 새로 구성된 관료 가운데 상위의 관료는 신귀족, 관복귀족, 법복귀족이라 불렀다. 그들은 봉토를 가진 봉건적 귀족과는 달리 각 분야의 전문인들로서 소정의 봉급을 받고 일하는 사람들이었다. 절대주의 체제 아래에서는 국가권력이 절대적이었으므로 관료계층도 만만치 않은 권력계층이 될 수밖에 없었다. 근대의 본격적인 관료제(bureaucracy)는 말하자면 이 시대의 관료조직에서 유래된 것이라 볼 수 있다. 관료조직은 일반인들의 실력이 여러 전문적인 영역에 미치지 못하였을 때 적지 않게 기여한 체제라 하겠다. 다른 한편으로 절대군주는 국내의 질서를 유지하고 대외적으로는 외적의 침입과 해외원정을 위해 새로운 정규적인 상비군(standing armies)을 두어야 했다. 더욱이 절대군주는 화포와 화약의 사용으로 보병이 절대적으로 필요하였다. 봉토에 의해 기사의 숫자가 제한되었던 이전의 상황과는 너무나 달랐다. 군주는 상비군의 장비, 식량, 무기 등을 모두 돈으로 해결하지 않으면 안 되었다. 상비군의 발달로 점차 용병과 민병의 제도도 나타나게 되었다.

상업혁명

상업혁명에 관해서는 이미 앞에서 잠깐 설명한 바 있거니와, 르네상스와 종교개혁이 근대의 지적 종교적 변혁운동이라 한다면 상업혁명은 근대의 경제 구조적 변혁운동이라 말할 수 있다. 15-18세기에 걸쳐 발전한 상업혁명은 그 후반기(17-18세기)에 중상주의라는 새로운 교리에 의해 절대왕조를 뒷받침하게 되었다. 그러면 먼저 상업혁명으로 야기된 영향들에 관하여 알아보자. 이들은 아마도 절대주의시대의 경제적 특성을 이해하는 데 도움이 될 것이다.[1]

첫째로는 자본주의의 흥기를 들 수 있다. 자본주의가 생산과 분배, 교환수단을 통하여 사유재산의 이윤을 추구하는 제도라고 한다면 이에 바탕이 되는 중요한 기초들이 상업혁명을 통하여 이미 이루어졌던 것이다. 특히 지불방식이 종래대로 생산된 부의 양에 기초하는 것이 아니라 일을 위한 서로간의 경쟁능력에 기초하려 한다든지, 생산과 무역이 주어진 용역과 사회이익에 걸맞게 행사되던 종래 중세길드의 정체적 제도와는 달리 무제한적 이윤을 추구하려는 역동적 제도(dynamic system)로 나가려는 것 등이 모두 새로운 경제적 추구방법이라 할 수 있다. 자본주의가 온전하게 성숙되기까지는 물론 19세기를 기다려야만 하였다.

둘째로는 은행업(banking)의 발달을 들 수 있다. 중세 때는 고리대금이 금지되었기 때문에 은행업이 인기 있는 사업이 아니었다. 단지 일부 모슬렘이나 유대인에 의해 독점되거나, 아니면 출정비용 때문에 기사단이 제한적으로 대금업을 행사할 정도였다. 그러나 그것마저도 종교적이어서 은행업으로서의 대금업무는 14세기에 가서야 실천되었다. 은행업을 행사하는 사람들은 거의가 이탈리아 도시들의 커다란 상업가문에 속하였다. 그 대표적인 것이 1,500만 달러의 자본을 가진 플로렌스의 메디치상사(the Medici firm)와 4,000만 달러의

---

1) Burns, *op. cit.*, pp. 612-617.

자본을 가진 아우구스부르크의 푸거상사(the Fuggers)였다. 그 뒤를 따라 이루어진 것이 스웨덴은행(1656)과 영국은행(1694)이었다. 셋째로는 신용제도의 확장을 들 수 있다. 어음거래, 국가간 청산거래, 금·은 대신 수표사용 등이 이탈리아인들에 의해 도입되었으며 점차 북유럽에도 파급되었다. 넷째로는 생산 방법의 근본적인 변화와 가내공업의 발달을 들 수 있다. 중세 사장(마스터 장인)에 의해 배타적이며 이기적으로 독점되던 수공업자 길드가 무너지고 새로운 산업이 길드 밖에서 서서히 일어나고 있었다. 주로 모직물업과 광업, 제련업에서 먼저 시작되었다. 물레(the spinning wheel)와 직조기(the stocking frame), 절반의 연료로 놋쇠 만드는 기술 등이 개발되었다. 무엇보다도 크나큰 변혁은 가내공업제도(domestic system)의 발달이었다. 이것도 모직물업에서 시작되었는데, 종전의 사장 공장에서가 아니라 기술자 각 개인집에서 이루어졌다. 상품의 생산과정에서 필요한 일들이 소위 '착취공장(sweat-shop)' 스타일로 계약청부를 통해 내보내졌기 때문에 이러한 가내공업을 '푸팅아우트 시스템(the putting-out system, 청부제도, 도급제도, 객주제도)'으로 불리어진다. 규모는 적지만 그 조직은 기본적으로 자본주의적이었다. 이에 대해서는 다음에서 다시 설명될 것이다.

   마지막으로는 통제회사(the regulated company)와 합자회사(the joint-stock company)의 발달을 들 수 있다. 전자는 종래의 무한책임을 져야 하던 사업구조에서 벗어나 상호 협력체제에 의해 무역을 독점하기 위하여 형성된 상인회사로서 그 대표적인 조직은 영국의 '상인모험자들(the Merchant Adventurers)'이었다. 후자는 자본의 합자에 의해 제한된 책임을 지며 투자자는 사업에 직접 참여하지 않아도 지분의 이익을 얻을 수 있는 회사조직이었다. 요컨대 상업혁명은 전근대적인 경제조직을 근대적인 경제체제로 이끌어 준 견인차로서 절대왕조에서 그 진가가 발휘되었으며 그 가장 핵심역할을 담당한 것이 바로 중상주의라 말할 수 있다.

중상주의

   넓은 의미에서 중상주의(mercantilism)란 정부의 간섭으로 국가의 번영을 도모하고 국력을 증진시키기 위한 제도라고 정의할 수 있다. 중상주의는 전적으로 경제정책과 관련된 프로그램으로 간주되지만 그 목표는 매우 정치적인 것이 상례이다. 국가의 간섭은 경제적으로 산업과 무역을 발전시키려는 것뿐 아니라 더 나아가서 군주에게 많은 재정을 원조함으로 군함을 건조하고 군대를 결성하여 국위를 세계에 떨치려는 것이기 때문이다. 이러한 국가의 권력과의 긴밀한 유대로 인하여 중상주의는 때때로 국가주의(statism)로도 일컬어진다. 중상주의는 만약 지방분권적인 봉건주의 대신 절대왕조가 들어서지 않았더라면 결코 존재하지 않았을 것이다. 중상주의는 17-18세기에 걸쳐 발달하였다. 위에서 잠깐 비쳤지만 절대주의국가를 효율적으로 이끌어 가기 위해서는 막대한 재정이 필요하였다. 새로운 관료조직과 상비군, 절대군주의 권위 등을 위한 비용은 결코 적지 않았다. 그리하여 그들의 경제정책도 절대주의에 걸맞는 것이지 않으면 안 되었다. 그것이 바로 중상주의라는 것이다.

절대주의시대의 중상주의는 몇 가지의 단계들을 거치면서 발달하였다. 첫 번째는 중금주의(bullionism)라는 것으로 국가의 번영은 귀금속(precious metals)의 양에 의하여 결정된다는 이론이었다. 그리하여 국가가 금과 은의 양을 많이 가지면 가질수록 정부는 세금으로 더 많은 화폐를 거두어 들일 수 있으며 결국 더 부유하고 강력한 국가가 될 수 있다는 것이다. 더욱이 12세기경부터 시장경제로 전환되는 과정에서 유럽의 여러 나라들은 막대한 화폐가 요청되었다. 금이 화폐인 만큼 금에 대한 욕구는 대단하였다. 이것이 각국이 다투어 식민지의 금은광채굴에 열중한 원인이었다. 그러나 광대한 신대륙의 식민지를 가진 스페인을 빼놓고는 지속적으로 지금을 구하기는 용이하지 않았다. 그렇다면 금과 은을 직접 생산하는 스페인과 같은 나라가 아닌 다른 나라들은 어떻게 부유하고 강력하게 될 수 있는가. 그리하여 등장한 두 번째의 정책이 무역차액제도(the theory of balance of trade system)라는 것이었다. 이것은 세계 여러 나라들과의 무역을 통하여 가능할 수 있다는 것이다. 즉, 정부가 수출의 가치를 수입의 가치보다 넘어서게 조정하면 더 많은 금과 은이 국가로 들어오게 되어 "무역의 흑자(a favorable balance of trade)"를 이루게 된다는 것이다. 이와 같은 상태를 계속 유지하려면, 수입품에 높은 세금을 부과하고 수출을 장려하며 생산을 북돋워야 한다고 생각하였다.

중상주의는 일반적으로 경제적 민족주의(economic nationalism), 온정적 간섭주의(paternalism) 그리고 제국주의(imperialism)의 요소들을 포괄하고 있는 것으로 이해된다. 경제적 민족주의란 일종의 자급자족적 국가이상을 의미하는 것으로 새로운 산업의 촉진정책이 수출을 장려하려는 의도뿐 아니라 외국수입에서 독립하려는 수단도 가지고 있다는 것이다. 두 번째 온정적 간섭주의란 국가는 시민들의 생활에 대하여 감독적인 안내자의 기능을 행사해야 한다는 것이다. 그리하여 결혼을 장려, 조절하여 인구를 증가하게 하고 임금, 노동시간, 가격, 생품의 질을 관장해야 하며 빈민구제와 의료사업을 효능적으로 실시하여야 한다는 것이다. 이것은 물론 사랑과 정의의 차원이 아니라 안정된 경제기초를 중심으로 전쟁시 풍부한 인적 자원을 얻기 위한 것이었다. 세 번째 제국주의란 국가는 식민지획득을 꾀해야 한다는 것이다. 이것도 자국 시민들의 이익을 위해서가 아니라 어디까지나 국가의 부강을 위해서였다. 한 마디로 말하여 중상주의정책들은 그것이 어떤 것이던 국가이기주의에 입각한 불합리한 경제정책의 테두리에서 벗어나지 못한 것이었다. 왜냐 하면 어느 국가든 모두 이와 같은 배타적 경제정책에 기울어진다면 국가들 사이의 무역관계는 결코 이루어질 수 없기 때문이다. 그러므로 이와 같은 제도는 국민국가를 형성하는 과정에서 나타났던 국가위주의 과도기적 경제정책이라 풀이된다. 앞에서 이미 지적한 대로 절대군주들의 이념과 정책들은 그들의 불합리하고 전근대적인 특성에도 불구하고 근대 사회발전(중앙집권적 국민국가, 자본주의 등)에 적지 않게 기여했다는 것도 잊어서는 안 될 것이다.

매뉴팩처

절대주의체제에서 경제적 주도권을 잡을 수 있었던 시민계층은 상인들이었다. 왜냐 하면 그들은 이미 언급한 상업혁명의 영향을 힘입어 상업자본과 고리대자본을 충분히 축적할 수 있었기 때문이다. 그들은 아직도 중세적인 열악한 경제환경에서 벗어나지 못한 여건들을 십분 발휘하였다. 그들은 지역간의 가격차이, 부등가교환을 활용하여 거대한 이익을 얻고 불안정한 시장, 신용제도의 미비, 부정한 현금·이자율 거래 등을 이용하여 비합법적인 이권을 얻었다. 그들은 이러한 축적된 자본을 군주들에게 바치고 그 대가로 여러 가지 특권과 상권, 무역권을 독점하였던 것이다.

이렇게 하여 그들의 상업자본의 생산지배는 위에서 말한 푸팅아웃 시스템(putting-out system, 객주제도, 계약청부제, 도급제도)으로 나타났다. 이것은 일종의 가내공업제도로서 상인이 제품의 원료와 공장도구, 임금, 판매 등 일체를 부담하고 대신 생산자(수공업자)를 지배함으로써 이득을 거두어들이는 말하자면 생산자를 일종의 임금노동자로 삼는 자본주의적 색채를 가진 제도를 말한다. 이 객주제도가 바뀌는 것은 상업자본이 산업자본으로 전환되는 매뉴팩처의 등장을 거쳐야 했다. 온전한 산업자본의 활용은 물론 자본주의적 공장제도를 통해서였다.

매뉴팩처(manufacture, 공장제 수공업제도)의 경영은 자유농과 독립자영농(yeomanry)에 의해 시작되었다. 그들은 한편으로는 농업을 하며 다른 한편으로는 공업에 종사하면서 가내공업의 수준을 벗어나면서 상품생산자의 역할을 행하였다. 이와 같은 매뉴팩처의 경영자가 된 사람들은 요먼뿐 아니라 객주제도하의 부유한 소수공업자(small master)도 포함되었다. 그들의 변신은 상품경제가 화폐와 더불어 농촌에 들어왔기 때문이다. 매뉴팩처는 객주상인의 지배와 도시길드의 틀에서 벗어나 농촌공업으로 성장하였다. 이것은 협업과 분업에 의한 공장제도를 닮은 것이었으나 아직도 기술과 기계가 열악하여 종래의 수공업과 다를 바가 없었다. 그리하여 상인에게 주도권을 빼앗기는 경우가 적지 않았다.

엔클로저운동

한편, 농촌의 해체과정에서 견디지 못한 일부 지주들은 토지를 고액단위의 지대로 넘기거나 아니면 모직물공업을 위해 곡물 대신 양을 길러 팔기도 하였다. 이렇게 하여 양목지를 확보하기 위하여 토지 둘레를 울타리로 쌓는 것을 소위 종획운동(enclosure movement)이라 하는 것이다. 요먼으로부터 발전한 부유한 농민과 젠트리(gentry)로 일컬어지는 독립지주들이 중심이 되어 모직물공업을 국민적 산업으로 발전시켜 농촌의 공동체적 특성을 와해시켰다. 이 엔클로저운동은 농민을 토지로부터 이탈하게 하여 사회적인 비판의 대상이 되기도 했지만 한편으로는 자유로운 임금노동자를 만들어 자본주의의 발판이 되기도 하였다. 일반적으로 위와 같은 봉건체제의 해체과정을 가장 전형적으로 밟은 것은 영국이었고, 프랑스와 독일 그리고 동부유럽은 사정이 달랐다. 프랑스는 처음에는 노동지대와 생산물지대, 화폐지대 등이 잘 진행되어 자본자와 자영농민 등이 자생하였지만 16세기 이후 부르봉절대왕정의 정책으로 봉건지대가 다시 등장하여 영국보다 자본주의의 성립이 늦어지게 되었다. 엘베

동편 특히 프로이센과 폴란드 등지에서는 급격한 경제변화를 감지한 봉건영주들에 의해 농민들이 농노화되었다. 영주들은 그들의 직영지를 확대하고 종래의 농민들을 농노로 만들어 부역을 강화하였다. 그리하여 영주들이 직접경영자가 되어 운영하는 영주농장제(Gutswirtschaft, 구츠비르트샤프트)가 형성되었다. 그들은 곡물생산으로 시장을 완전 독점하여 거대한 이익을 챙기게 되었다. 말하자면 프로이센의 융커(Junker)는 이와 같은 영주들로부터 형성된 계층이었다.

제 2 절   절대주의문명의 성립과 발달

1. 영국의 절대주의

튜더왕조

영국의 절대왕조는 실제적으로 튜더왕조(the Tudors)에서 시작되었다. 튜더왕조의 첫 번째 왕 헨리 7세는 장미전쟁이 끝나는 1485년에 왕위에 올랐다. 그는 장미전쟁으로 귀족들이 몰락한 혼미 속에서 시민들의 절대적인 환영을 한몸에 받았다. 그는 귀족들이 물러간 정부부서에 일반시민들(commoners)을 채움으로써 중산계급의 지지기반을 공고하게 하였다. 이것이 바로 튜더왕조의 성공적인 정치기초를 설명하는 원인이 된다. 여기에 헨리 8세(Henry Ⅷ: 1509-1547)와 엘리자베스 1세(Elizabeth Ⅰ: 1558-1603)와 같은 걸출한 왕들의 통치도 그 몫을 단단히 하였다. 그들은 어느 정도 여론을 의식하려는 방도를 채택하였다. 이미 설명한 대로 의회의 실질적인 대두는 헨리 8세의 종교개혁 때였다. 그들은 의아스러운 눈총을 받는 조처를 제정하기를 원할 때 의회의 찬동을 얻는 형식을 취하였다. 혹은 그들이 더 많은 돈이 필요할 때는 국민의 대표자들의 자발적인 동의로 예산이 이루어지는 방식을 밟았다. 그러나 근본적으로 이들 왕들 아래서의 입법기관은 비판 없이 고무도장을 찍는 것에 불과하였다. 그들은 아무 때나 마음대로 의회를 소집하였으며 그 개회기간은 아주 짧았다. 그들은 선거에 간섭하였으며 양원에도 그들의 심복들로 채웠다.

한가지 엘리자베스 때 야기된 일 가운데 이야기해 둘 것은 1580-1640년 영국 북부 더럼 지역(the Durham region)에서의 자본주의적, 사회적, 경제적 변화였다. 이 지역을 중심으로 두 가지의 산업, 탄광업과 모직물업이 발달하였는데 이 일로 이제까지 보지 못하던 사회적 대립현상이 일어났다. 즉, 1600년경 산업으로 부유해진 상인, 젠트리계층과 런던법정을 중심으로 활동하던 주교, 귀족 등의 전통적인 지배층 사이에 사회적, 정치적 일대 긴장이 야기되었다. 이러한 법정(court)세력과 지방(country)세력 사이의 분열은 급기야 영국의 다른 지역으로 확산되어 동일한 긴장을 가지게 하였다. 이것이 바로 17세기 영국혁명의 사회적, 경제적 배경이 되었다. 다른 한 가지 기억할 것은 영국의 봉건적 귀족은 대륙의 귀족과는 매우 다른 면모를 보여 주고 있다는 사실이다. 전자는 섬이라는 지역적 고립으로 그들의 성격을 후자보다 덜 군사적으로, 반면에 더욱 상업적으로 만들어 주었다는 것이다. 그리고 상업으로 부유해진 젠트리나 낮은 정도의 귀족들은 경제적 이권에 민감한 대귀족들과는 달리 의회나 주정치의 참여로 그들의 정치적 요구들을 나타내게 되었다는 것이다.

스튜어트왕조

엘리자베스여왕이 1603년 후사 없이 죽음으로써 튜더왕가는 끝나고 그녀의 가장 가까운 친척인 스코틀랜드왕 제임스 6세가 새로운 왕으로 올랐다. 이 사람이 스튜어트왕조(the Stuarts)를 시작한 제임스 1세(James I : 1603-1625)로서 스코틀랜드와 영국을 통치하는 왕으로 군림하였다. 고집과 허영, 그리고 박학을 다 갖춘 제임스는 프랑스왕 앙리 4세에 의해 "기독교국가의 가장 현명한 어릿광대"로 불리어졌다. 그는 그의 신하들에 의해 영국의 솔로몬으로 우대되었지만 절대왕조를 잘 이끈 튜더의 왕들에 미치지 못하였다. 그는 프랑스의 왕권신수설을 본받아 "신이 무엇을 할 수 있는지를 논하는 것이 참람되고 무신론적인 것처럼 왕이 무엇을 할 수 있는지를 논하는 것 역시 심히 경멸적이고 모독적인 일"이라고 주장하였다.

제임스는 1609년 의회연설에서 왕은 이 땅에서 신과 같은 일을 행사하므로 신과 같은 존재라고 선언한 바 있다. 이러한 어리석은 왕권의 신성을 부르짖는 제임스에 대하여 영국민이 반기를 든다는 것은 너무나 뻔한 처사였다. 튜더왕조 때 왕들의 현명한 정책들과 중산계층의 정치적 안정을 원하는 갈망을 통하여 영국에는 일찍부터 자유는 결코 무시될 수 없다는 전통이 유지되고 있었다. 마그나 카르타에 나타난 제한정부에 대한 봉건적 이상은 사라지지 않았다. 그러므로 제임스의 정책들은 그의 보수적인 신하들과 함께 비판의 대상에서 제외될 수 없었다. 그럼에도 그는 의회의 규정을 거치지 않고 조세를 통하여 그의 수입을 보충할 것을 주장하였다. 그는 의회의 지도자들이 항의하자 이를 묵살하고 양원을 해체하였다. 그는 마음대로 특정의 회사들에게 독점권과 특권을 허용함으로써 사업의 자유를 방해하였으며 시민들의 경제적 이익을 외면하면서 외교관계를 자행하였다. 영국상인들은 호킨스와 드레이크시대 이래로 스페인 상업제국을 넘어뜨리기 위하여 전쟁까지 불사하면서 힘을 쏟아 부었다. 그러나 제임스는 이에 아랑곳하지 않고 그의 아들을 스페인왕의 딸과 결혼시키기 위하여 스페인과 화의를 맺었다. 왕자가 가톨릭으로의 개종을 꺼려하자 왕자비는 결국 결혼을 거절하였다. 얼마 후 왕자는 그의 아버지의 뜻에 따라 이번에는 프랑스왕의 여동생과 결혼하였다.

제임스왕을 종교적 분쟁으로 몰아간 것은 결혼동맹 때문만은 아니었다. 설명한 대로 영국의 종교개혁을 끝나게 한 엘리자베스의 협상은 더욱 급진적인 프로테스탄트들에게는 만족스러운 처사가 아니었다. 그들은 영국교회가 로마교회의 교리와 의식으로부터 온전히 떨어져 나온 것이 아니라고 믿었다. 매리여왕 치세중 그들의 대부분은 프랑스로 도망하여 칼빈주의의 영향을 받았다. 그리하여 엘리자베스의 중용정책이 실시되자 그들은 일제히 영국교회가 가톨릭에 너무 기울어졌다고 비난하였다. 그들은 '교황적' 종교의식과 교리들을 따르는 앵그리칸교회를 '정화하려는(to purify)' 무리들이라 하여 청교도(the puritans)라 일컬어졌다. 그들은 더 나아가 금욕적 도덕성을 전도하였으며 감독제적 교회정치를 탄핵하였다.

그러나 그들은 하나로 연합된 집단은 형성하지 못하였다. 한 쪽에서는 영국교회 안에 있으면서 개혁하자고 주장하는가 하면, 다른 쪽에서는 영국교회로부터 떨어져 나와서 따로 교회를 만들어야 한다고 주장하였다. 후자의 사람들이 소위 분리파(the separatists)라는 집단으로 프리마우드식민지를 만든 순례자(the Pilgrims)가 되어 미국사의 한 페이지를 장식하였다. 제임스에게 청교도는 눈속의 가시였다. 제임스는 신학에 많은 관심은 없었으나 교회와 국가 관계에 대한 그의 사상에 맞지 않는 종교는 어느 것이나 불신하였다. 그는 감독제적 교회정치를 배격하는 청교도들은 왕조에 위협이 되는 존재라고 판단하였다. 그들이 왕이 임명한 주교의 권위를 인정치 않는다는 것은 왕을 거역하는 것과 같은 것이기 때문에 대역죄에 해당된다는 것이다. 제임스는 가톨릭에 대해서 매우 관대한 태도를 취하였다. 1605년 로마 가톨릭의 광신집단이 의회를 폭파하려는 소위 화약음모사건이 사전에 발각되어 처벌될 때에 왕은 오히려 이들을 변호하였다. 이 사건으로 프로테스탄트들은 더욱 멀어졌고 그의 인기는 이전보다 훨씬 떨어졌다.

사법부의 반발

제임스왕은 1611-1621년간 실질상 의회 없는 나라를 다스렸다. 그러나 이것은 그를 둘러싼 문제가 해결된 것을 의미하는 것은 아니었다. 에드워드 코크(Sir Edward Coke)가 1613년 대법관으로 임명되자 이번에는 사법에 관한 더 큰 문제가 일어났다. 코크는 민주주의자는 아니었지만 마그나 카르타로부터 부여된 보통법(the common law)과 기본적 자유들을 매우 존중하였다. 더욱이 그는 법률가들과 법관들의 권리를 지지하는 강력한 변호자였다. 왕은 이성의 기능을 가진 존재로 법관들과 마찬가지로 법을 해석할 수 있다고 주장했을 때 그는 단호히 이를 배격하였다. 그는 왕은 법을 연구한 전문적인 사람도 아닐 뿐 아니라, 신민의 생활과 재산과 관련된 것들은 자연적 이성(natural reason)이 아니라 오랜 연구와 경험의 기초에 의해서만 결정될 수 있는 것이라고 응답하였다. 코크는 소위 사법심사에 관한 기초개념을 발전시킨 사람으로도 유명하다. 그는 유명한 본함박사사건(the Dr. Bonham's case)에서 의회법령이 일반권과 이성에 어긋날 때에는 보통법이 그것을 조정하여 무효화시킬 수 있다고 주장하였다. 이러한 그의 사상은 식민지 아메리카에 전달되어 미국의 대법원이 헌법에 어긋나는 의회법을 무효화시킬 수 있는 권위를 가지게 하는데 중요한 조타수역할을 하였다.

2. 프랑스의 절대주의

앙리 4세

프랑스의 절대왕조는 16세기 스페인전쟁과 신구교(위그노와 가톨릭)의 갈등으로 주춤했으나 앙리 4세의 낭트칙령을 통하여 다시 회복되었다. 앙리는 쉴리(the Duke of Sully: 1559-1641)와 같은 유능한 인재를 재상으로 임명하여 그의 왕조재건에 힘을 쏟았다. 쉴리는 17세기 콜베르의 선구자였다. 쉴리는 먼저 재정개혁을 단행하여 부패와 부정을 없애고 더 많은 세입이 국고에 들어가게 하였다. 그는 또한 습지를 배수하고, 황야를 개간하고, 축산을 장려하며, 생산물시장을 개방함으로써 농업을 증진시켰다. 왕도산업과 상업에 눈을 돌려 프랑스에 실크산업을 도입하고, 다른 여러 산업을 장려하였으며 그리고 영국과 스페인과의 경제조약을 촉진하였다. 이 외에 왕은 아메리카의 식민정책에도 게을리하지 않았다. 그리하여 그는 캐나다에 기지를 구축하였으며 미국의 5대호와 미시시피계곡을 탐험하였다. 앙리 4세는 1610년 정신이상의 한 광신자에 의해 암살당하였다.

루이 13세와 리쉴리외

그의 뒤를 이은 사람은 9살의 루이 13세(1610-1643)로 모후 마리 드 메디치(Marie de Medicis)의 섭정을 받아야 했다. 국정이 흔들리는 가운데 귀족의 요청으로 1614년 3부회를 소집하였다. 그러나 귀족과 제 3 신분의 대립으로 왕은 3부회를 해산하였다. 1624년 섭정으로부터 풀려난 루이는 왕권을 공고하게 하기 위하여 추기경인 리쉴리외(Rechelieu: 1585-1542)를 재상에 임명하였다. 리쉴리외는 프랑스 절대주의를 건설한 사람으로 그가 추구하려는 도덕적 명제는 "국가이성(raison d'etat)"이었다. 그는 국가의 필요성과 왕의 절대권을 동의어로 간주하였다. 그의 정치목표는 크게 두 가지로서 하나는 왕권을 제한하는 모든 것들을 제거하는 일이며 다른 하나는 프랑스를 유럽에서 최고의 국가로 만드는 일이었다. 그리하여 그는 대귀족과 위그노를 억압하는 등 왕권에 대항하는 모든 세력들을 눌렀으며 반면 왕권에 도움이 되는 사람들에게는 여러 가지의 특권을 부여하였다. 그는 교육과 학문을 장려하였으나 돈을 너무 많이 낭비하였다. 그의 업적 가운데 가장 두드러진 것은 우편제도의 창설과 지방정부를 다스리는 왕의 대리인인 주지사(intendants)의 임명이었다. 이 두 제도들은 프랑스국가를 중앙집권적 왕권 밑에 하나로 견고하게 묶고 봉건적 잔재들을 일소하는 데 크게 기여하였다.

리쉴리외의 욕망은 국내에만 머물 수 없었다. 그는 프랑스를 일등 국가로 만들기 위해서 보다 진취적인 외교와 전쟁을 수행하지 않으면 안 되었다. 프랑스는 소위 "합스부르크가 고리(the Habsburg ring)"로부터 벗어나지 않으면 안 되었다. 프랑스 남부에는 1516년부터 합스부르크의 지배를 받아온 스페인이 있었으며, 파리에서 불과 100마일도 안 되는 북부에는 스페인령 네덜란드가, 그리고 좀 멀리 동부에는 거대한 오스트리아가 도사리고 있었다. 이미 살핀 바와 같이 리쉴리외는 이 고리를 끊기 위하여 30년전쟁에 끼어들었던 것이다. 그리고 그는 국내에서는 신교도들을 억눌렀지만 외교적 목적을 위해서는 신교국연합의 거두이며 스웨덴왕인 구스타부스 아돌푸스와 동맹하는 데 주저하지 않았다. 그리하여 그는 1642년 죽기 오래 전부터 유럽에서 가장 강력한 지도자로 군림할 수 있었다.

루이 14세

프랑스혁명 이전에 있어서 절대주의의 절정은 세 사람의 부르봉왕들(루이 14세, 루이 15세, 루이 16세)에 의해 이루어졌다. 그 첫 번째 왕이 루이 14세(1643-1715)로 절대주의의 이상을 그 어느 누구보다도 완전하게 이끌어 냈다. 그러나 루이 14세는 어렸을 때는 추기경 마자랭(Mazarin: 1602-1661)의 보살핌을 받았다. 마자랭은 국가이성의 신봉자로 리쉴리외의 정책들을 충실히 따랐다. 그는 강력한 절대왕조를 이루는 과정에서 왕권에 대항하는 대귀족의 반항을 받지 않으면 안 되었으니 그것이 바로 프롱드(the Fronde)의 난(1648-1653)이었다. 대귀족들은 부르주아 출신의 고등법원의 귀족들과 뜻이 맞지 않아 실패하고 말았다. 이로 인하여 오히려 마자랭의 절대왕정만 강화하는 결과를 가져왔다.

마자랭이 죽은 후(1661) 루이는 직접통치를 실시하였다. 그의 절대주의를 보좌한 사람은 재무를 담당하여 중상주의를 펼친 유명한 콜베르(Jean B. Colbert: 1619-1683)였다. 콜베르는 중상주의의 이론가라기보다는 실천적 정치가로서 콜베르주의(Colbertism)라는 전형적인 정책을 실시하였다. 그는 주로 중산계층의 이익을 위한 정책에 힘을 쏟았으며 국가의 부와 힘을 위해 온갖 노력을 다하였다. 그는 이를 위해서는 프랑스는 귀금속을 획득하고 화폐의 유출을 막으며 외국상사에 대한 세금을 높게 매겨야 된다고 믿었다. 그는 농업진흥과 특히 뒤떨어진 공업육성에 힘을 다하였다. 그는 중상주의정책의 일환으로 적극적인 해외진출을 위해 해군강화를 도모하여 동인도회사를 설립하고 국제무역의 증진과 식민지획득에도 힘을 기울였다.

낭비벽이 심하고 교만한 루이는 그 자신이 신에 의해 선택된 왕일뿐 아니라 그 자신의 인격이 잘되는 것이 바로 국가의 복지라고 생각하였다. 그의 유명한 모토 "나는 국가다(l'etat c'est moi)"는 그의 절대주의사상을 잘 나타내고 있다. 그는 그의 공식적인 상징으로 태양을 들었다. 그에 의하면, 마치 천체가 그 광휘를 태양으로부터 이끌어 내는 것처럼 국가는 그 영광과 생명을 자신으로부터 창출한다는 것이다. 그는 일반적으로 리쉴리외와 앙리 4세의 정책들을 따르면서 지방관리들을 억누르고 귀족들을 단순한 조정의 기식자로 전락시켰다. 그는 어리석은 전쟁과 반동적 종교정책에 휘말려 좋은 정치를 성공시키지 못하였다. 그는 1685년 위그노파에게 양심의 자유를 허용한 낭트칙령을 폐지하였다. 그 결과 그의 수많은 유능한 신하들이 프랑스를 떠났다.

루이 14세의 뒤를 이은 왕들은 루이 15세(1715-1774)와 루이 16세(1774-1792)였다. 이들도 왕권신수설을 따랐으나 마음대로 되지는 않았다. 루이 15세는 매우 나태한 왕으로 그의 시간을 도박이나 사냥, 조정 여자들과의 희롱 등으로 보냈다. 그의 뒤를 계승한 손자 루이 16세도 성격적으로 취약하고 정신적으로도 모자랐다. 그는 정치에는 관심이 없었으며 사슴잡기와 여자놀이에만 신경을 쏟았다. 이들은 모두 죄 없는 신하들을 감옥에 가두는가 하면 기존의 칙령들을 폐기하고 국고를 탕진하였다.

3. 스페인의 절대주의

스페인의 절대왕조는 프랑스보다 훨씬 수월하게 이루어졌다. 13세기 후엽 스페인은 다섯 군데로 갈라져 있었다. 남부의 반은 무어인들에 의해 점령되어 있었던 반면에 북부를 중심으로 하는 크리스챤 4왕국(즉 Aragon, Castile, Leon, Navarre)은 불안하지만 그런대로 존립하여 있었다. 1250년경 이미 레온은 카스틸에 의해 흡수되었으며 그 후 200년이 지난 다음 아라곤의 페르디난드(Ferdinand)와 카스틸의 이사벨라(Isabella)의 결혼에 의해 스페인의 통일이 이루어졌다. 스페인은 이베리아반도의 모슬렘 거점인 그라나다(Granada)를 정복하면서 유대인과 함께 무어인들을 반도로부터 몰아 냈다.

이사벨라(d. 1504)와 페르다난드(d. 1516)가 죽자 그들의 왕국은 합스부르크가에 출가한 그들의 딸 요안나(Joanna)에게 넘어갔다. 1516년 요안나의 뒤를 이은 왕이 유명한 찰스 1세로서 3년 후에 신성로마제국의 황제에 오른 찰스 5세(Charles Ⅴ: 1519-1556)였다. 찰스 5세는 스페인을 중앙유럽, 남부이탈리아와 병합하면서 스페인에뿐 아니라 교회와 유럽의 정치에도 지대한 관심을 보였다. 그는 자신이 프로테스탄트에 의해 무너진 기독교세계를 회복하고 옛 로마제국을 다시 다스리는 지배자라고 자처하였다. 그는 실제로 이탈리아의 주도권을 잡으려는 프랑스와 유럽을 뒤흔들려는 터키를 억누름으로써 어느 정도의 성공은 이루었으나 주변의 반발로 오랜 동안 버틸 수는 없었다. 그리하여 그는 결국 수도원으로 들어가고 그의 동생 페르디난드 1세가 그 뒤를 잇게 되었으며 다시 그 아들 필립 2세(Philip Ⅱ: 1556-1598)가 그 광대한 스페인과 이탈리아를 넘겨받게 되었다. 필립 2세는 절대주의 전성기에 등극하였으나 그의 전임자들과 같이 생각이 좁고 전제적이며 그리고 무모하였다. 그는 종교적 통일을 목적으로 종교재판을 강행하고 네덜란드와의 전쟁을 불사하여 국력을 소모하였으며 이미 말한 바와 같이 식민정책에도 실패하였다. 그는 금과 은을 들여오기만 하면 국가의 부강을 가져올 수 있다고 확신한 나머지 많은 양의 귀금속을 탈취하였으나 그의 군사적, 정치적 욕망을 채우는 데 그치고 말았다. 그는 본국과 식민지의 산업에는 거의 관심을 가지지 않아 지속적인 경제발전에는 미치지 못하였다. 결국 앞에서 말한 바대로 그는 1588년 영국의 해군을 괴멸하려는 무적함대의 대패로 왕권의 종지부를 찍었다.

4. 중동부유럽의 절대주의

프러시아

프러시아의 절대왕조를 시작한 왕은 루이 14세와 같은 시대 사람인 선제후 프레드릭 윌리엄(Frederick William)이었다. 그는 호엔촐레른가(the Hohenzollern family)의 창단멤버로 프러시아뿐 아니라 브란덴부르크와 크레브스를 그의 휘하에 넣었다. 그의 권한은 그의 손자에게로 넘어갔는데, 그가 프러시아 왕인 프레드릭 윌리엄 1세(Frederick William Ⅰ: 1713-1740)였다. 윌리엄은 히브리의 족장과 같이 그의 인민을 마음대로 다스렸으며 무리할 정도로 군대양성에 온갖 힘을 기울였다.

프러시아 전제군주 중 가장 유명한 사람은 프레드릭대제로 알려진 프레드릭 2세(Frederick Ⅱ: 1740-1786)로 18세기의 '계몽군주'를 대표하는 합리주의 철학의 대변자이기도 하였다. 그는 자신을 "국가의 주인이 아닌 국가의 제일의 종복"이라고 부르면서 마키아벨리를 배격하였다. 그는 범죄자의 고문을 폐지하고 초등학교를 세우며 산업과 농업을 장려하는 등 프러시아를 당대 제일의 국가로 만들었다. 그는 볼테르를 궁정에 초청하여 그의 사상을 흠모하였으며 종교적 신앙의 자유를 허용하였다. 그러나 그는 국내문제와는 달리 주변 국가들과의 문제에 대해서는 매우 냉혹하고 정략적이었다. 프레드릭은 오스트리아의 실레지아를 강탈하고 러시아의 캐더린과 공모하여 폴란드를 분할하였다.

오스트리아

오스트리아의 절대왕조는 마리아 테레사(Maria Thresa: 1740-1780)와 조셉 2세(Joseph: 1780-1790) 때 그 전성기를 맞이하였다. 미인이면서 신경질적인 테레사는 거국적인 군대를 만들고 초, 고등학교를 확장하였으며, 지나친 국력강화정책으로 교회의 세력은 약화되었지만 가톨릭의 도덕은 존중되었다. 여왕은 잃어버린 실레지아를 보충하기 위하여 흔쾌하지 않은 폴란드분할에 가담하기도 하였다. 마리아 테레사의 개혁정책은 그녀의 아들인 조셉 2세에 의해 연계되었다. 그는 프랑스 철학자들의 사상에 감동되어 정의와 이성의 이상에 따라 그의 제국을 재건하려고 하였다. 그는 교회토지와 수도원을 몰수하여 교회세력을 줄이려고 하였으며 유대인들과 이교도들에게도 가톨릭과 동등한 특권을 부여하려고 시도하였다. 그리고 그는 더 나아가서 귀족을 누르고 일반인들을 높여 주었다. 그는 특히 농노들로 하여금 봉건적 속박에서 벗어나 자유인이 될 수 있는 칙령을 공포하였다. 그는 이 외에도 교육을 보편화하고 귀족들에게도 세금을 물리려고 하였다. 그러나 그의 광대한 계획들은 거의 대부분 실패로 끝나고 말았다. 조셉은 외국과의 전쟁에서도 패하여 귀족과 승려의 신임을 잃었으며 특별히 자치권을 찾으려는 헝가리인의 거센 반발을 받지 않으면 안 되었다. 그리고 그는 무리한 군무강압으로 농민들로부터도 지지를 받지 못하였다. 결국 그는 루이 14세나 프레드릭대제의 경우와 마찬가지로 자신의 명예를 위한 지나친 과욕을 자제하지 못한 나머지 넘어지고 만 군주가 되었다.

러 시 아

러시아의 절대왕조는 다른 나라에 비하여 그 역사가 길다. 러시아는 15세기에서 20세기에 이르기까지 절대주의 이외의 다른 형태의 정치체제를 가져본 적이 없다. 러시아의 첫 번째 짜르(Tsar, Czar, Caesar)는 이반대제(Ivan the Great: 1462-1505)로서 그 자신이 1453년 콘스탄티노플의 함락으로 멸망한 비잔틴제국의 계승자라고 선포하였다. 이반대제는 몽골의 지배를 벗어버리고 여러 인근 지역들을 병합하여 북빙해와 우랄산맥까지 영역을 넓혔다. 그 후 이반 공포왕(Ivan the Terrible: 1533-1584)은 귀족(the boyars)과 토지관리(the landed magnates)를 억누르고 남동부의 영토를 더 확장하였다. 그러나 러시아는 후에 이루어진 거대한 영토에 비하면 한 개의 편린에 불과하였다. 17세기에 이르러 모스코 근역들로부터의 이주민들이 돈강, 드니퍼강, 볼가강 계곡의 비옥한 땅을 차지하여 영토를 늘렸으며 코사크족(the Cossacks)으로 알려진 반군대집단이 결성되어 적대적인 원주민들을 밖으로 몰아 냈다. 그리고 17세기 말경에는 광대한 시베리아황야에 정착한 식민인들이 국경선을 태평양까지 나가게 하였다. 그러나 러시아는 아직도 동방적인 국가의 테두리를 벗어나지 못하였다. 러시아인들의 핏줄은 대부분 타르타르혈통과 섞였으나 그들의 알파벳, 캘린더는 비잔티움으로부터 빌려 온 것들이었다.

러시아를 부분적으로나마 최초로 유럽적 특성으로 바꾼 사람은 유명한 피터대제(표트르대제, Peter the Great: 1682-1725)였다. 그는 러시아인들의 생활방식을 근본적으로 뜯어고치려고 하였다. 그는 여성들의 동양적 은둔습성을 금하고 옷도 남녀 모두 유럽식으로 바꾸도록 명령하였다. 그는 궁정에서의 흡연을 강요하고 많은 귀족들이 보는 앞에서 그의 수염을 깎았다. 그는 절대왕권을 강화하기 위하여 모든 지방의 자치제의 흔적들을 없애고 국가경찰제도를 만들었으며, 그리스정교의 수장권을 폐지하여 그 자신의 종교회의(Holy Synod) 아래에 두었다. 그는 서유럽의 과학과 기술에 관심이 깊었으며 조선업과 산업을 배우기 위하여 홀란드와 영국에 자주 갔다. 피터는 서유럽국가들의 중상주의정책을 모방하여 농업, 제조업, 상업 등을 장려하였다. 그는 "서유럽의 창문"이 되기 위하여 발트해연안 지역을 정복하였으며 수도를 모스코에서 네바(Neva)어구에 있는 새로운 도시인 성 피터스부르크로 옮겼다. 그러나 그의 개혁정책들은 그의 지나친 외정과 잔인한 전제적 억압 때문에 빛을 내지 못하였다.

피터대제 다음으로 유명한 러시아 절대왕조의 군주는 독일황녀로 있다가 결혼에 의해 러시아군주가 된 캐더린여제(Catherine the Great: 1762-1796)였다. "계몽군주"로 알려진 캐더린은 프랑스의 철학자들과 친했으며 병원, 고아원 건립에 힘을 기울였으며 특히 러시아 농노의 해방을 주장하였다. 하지만 그녀도 예외 없이 잔인하고 전횡적인 행동을 자제하지 못하였다. 캐더린은 그의 정신이상적인 남편(Peter Ⅲ)을 몰아 내려는 집단을 만들어 그의 암살을 묵인하였다. 그녀는 이 외에도 적지 않은 실정을 자행하였으나 피터대제와 함께 러시아를 서구화하는 데에는 힘을 아끼지 않았다.

그러나 러시아는 19세기 초에도 농노제에 기초한 후진적인 전제국가의 틀을 벗어버리지 못하였다. 앞에서 말한 알렉산더 1세는 러시아의 개혁을 위하여 새로운 관료조직을 시도했으나 토지귀족이 독점하는 결과를 가져오고 말았다. 그 후 유럽의 자유주의의 물결로 지식층을 중심으로 농노제와 전제정치를 탄핵하려는 비밀결사가 조직되었다. 이들은 알렉산더의 죽음을 계기로 '데카브리스트(Dekabrist, 12월당)'의 난을 일으켰으나 새로 즉위한 니콜라스 1세(Nicholas Ⅰ: 1825-1855)에 의해 진압되었다. 니콜라스는 철저한 반동정치가로 비밀경찰을 통하여 출판물의 검열과 대학의 감독 등을 엄격히 실시하였다. 그리하여 언더그라운드에서 활동하는 러시아 특유의 지식층인 '인텔리젠차(intelligentsia)'가 등장하였다. 이들은 유럽식을 따르는 서유럽주의자(the westers)와 러시아식을 따르는 슬라브주의자(the slavophiles)로 갈라져 활동하였다. 그들은 순수문학이나 학문을 통하여 개혁의 의지를 나타낼 수밖에 없었다.

5. 절대군주들의 전쟁

유럽은 1485년에서 1789년 사이에 수많은 전쟁들을 겪었는데, 그 전반부의 전쟁들은 주로 종교문제 때문에 야기되었으며 그 후반부(1600년 이후)의 전쟁들은 절대군주들간의 우위권 다툼으로 야기되었다. 그러나 그들 전쟁의 공통된 주요요인은 종교와 상업이었다. 인민과 영토도 왕조확장의 간과할 수 없는 담보였다. 일반적으로 그들의 민족주의적 동기는 20세기에 비해서는 덜 중요시되었다.

이미 설명한 바와 같이 17세기의 유럽전쟁은 합스부르크가와 부르봉가와의 반목으로 일어난 사건이었다. 그 대표적인 전쟁이 앞장에서 서술한 30년전쟁이었다. 그러나 30년전쟁을 마무리한 베스트팔렌조약은 합스부르크가와 부르봉가의 반목을 사라지게 한 것은 결코 아니었다. 그리하여 제2단계로 등장한 것이 아우구스부르크동맹의 전쟁이었다.

아우구스부르크동맹의 전쟁

프랑스는 베스트팔렌조약으로 상당한 이득을 챙겼으나 적들의 반발로 안전하지만은 않았다. 남으로 스페인과 북으로 벨기에, 동으로 프랑쉐-콩트, 그리고 시칠리아의 두 왕국이 오스트리아의 후원을 믿고 계속 프랑스에 반발하였다. 루이 14세는 1661년 마자랭이 죽자 이 문제의 경계 지역들을 해결하려고 하였다.

첫째로 그는 벨기에를 정복하려고 하였다. 그리하여 그는 스페인뿐 아니라 홀란드와 오스트리아, 브란데부르크 선제후와도 일전을 피할 수 없게 되었다. 그는 오스트리아의 레오폴드황제가 이끄는 동맹군과 부딪히게 되었다. 이것이 바로 합스부르크가와 부르봉가의 싸움인 아우구스부르크동맹의 전쟁(the war of the League of Augsburg: 1688-1697)이었다. 그러나 루이를 불리하게 한 것은 영국이 새로운 적으로 등장한 사실이다. 영국은 홀란드와의 오랜 적대관계로 프랑스에 대하여는 중립을 지켜 주었다. 하지만 명예혁명으로 새로 영국왕으로 들어온 윌리엄 3세는 홀란드총독(stadholder)을 지낸 사람으로 프랑스와는 풀 수 없는 적이었다. 루이는 할 수 없이 평화 쪽으로 기울었다. 1700년 다시 프랑스에게 절호의 기회가 왔다. 그것이 둘째 단계인 스페인 왕위계승전쟁이었다.

스페인의 왕위계승전쟁

1700년 스페인의 찰스 2세가 후사 없이 죽자 그의 제위가 루이 14세의 손자에게 넘어가게 되었다. 이에 오스트리아를 비롯하여 영국과 홀란드가 반발하였다. 프랑스는 프러시아 편에서 그들과 대결하였다. 스페인 왕위계승전쟁(the War of the Spanish Succssion: 1713-1714)은 부르봉가와 합스부르크가 사이의 마지막 싸움으로 유트레히트조약(the Peace of Utrecht: 1713-1714)에

의해 해결되었다. 이 결과 프랑스는 스페인과 절대로 연합하지 않는다는 조건
하에 루이 14세의 손자가 스페인왕위를 물려받게 되었다. 영국은 전쟁의 대가
로 프랑스로부터는 노바 스코티아(Nova Scotia)와 뉴파운드랜드를, 스페인으
로부터는 지부랄타르를 각각 얻었다. 그리고 오스트리아의 합스부르크가는 벨
기에와 나폴리, 밀란을 얻었다.

7년전쟁

18세기 군주들 사이의 가장 중요한 전쟁은 아메리카에서 프랑스 · 인도전
쟁(the French and Indian War)으로 알려진 7년전쟁(the Seven Year's War:
1756-1763)이었다. 이 전쟁의 원인들은 이미 설명한 이전의 싸움들과 긴밀하
게 연관되어 있었다. 아우구스부르크동맹의 전쟁과 스페인 왕위계승전쟁에서
두드러지게 나타난 것은 영국과 프랑스 사이의 상업적 적대관계였다. 그들은
각각 대외무역과 식민지정책의 발달과정에서 심한 우위다툼을 전개하였다. 7
년전쟁은 말하자면 거의 한 세기간 벌여온 양자 사이의 싸움이 절정에 달해
나타난 결과였다. 싸움은 미국 오하이오계곡의 소유권문제로 발단되었다. 이것
은 북부아메리카대륙을 누가 지배하느냐와 직접 연루된 문제였다. 이 싸움은
위에서 말한 바와 같이 1740년 실레지아 소유문제로 프레드릭대제(프러시아)
와 마리아 테레사(오스트리아)간에 야기된 싸움에서 이미 시작되었던 것이다.
프랑스는 친척인 스페인의 부르봉왕과 프레드릭의 팽창에 위협을 느낀 오스트
리아, 러시아의 엘리자베스여제를 끌어 들였다. 영국은 이에 대처하기 위하여
은근히 접근하는 고립된 프레드릭과 손을 잡았다.

7년전쟁은 단순히 아메리카에뿐 아니라 인도에서도 대립된 영국과 프랑
스 양국간의 전쟁이었다. 7년전쟁은 유럽역사에 적지 않은 영향을 주었다. 프
레드릭대제는 오스트리아에 대하여 결정적인 승리를 거두어 마리아 테레사로
하여금 실레지아에 관한 모든 주장들을 포기하게 하였다. 그리하여 프러시아
는 호엔촐레른왕국을 제1급으로 상승시켰다. 영국은 식민지싸움에서 완승하
여 프랑스의 땅을 거의 대부분 차지하였다. 프랑스는 단지 뉴파운드랜드해안
의 두 개의 작은 섬들과 과들루프(Guadeloupe), 서인도의 몇 개의 땅들, 그리
고 남부아메리카의 기아나(Guiana)만을 유지하였다. 프랑스는 인도에서의 무
역특권은 인정되었지만 요새나 군대유지는 금지되었다. 이와 같은 프랑스의

거의 전면적인 파탄이 1789년의 혁명을 나오게 하였다. 이와는 대조적으로 영국은 문자 그대로 상승세의 물결을 타고 해상에서의 기반을 가지게 되었다. 그것은 식민지 전쟁의 승리로 경제적 번영뿐 아니라 정치적 사회적 안정을 영국에 안겨다 주었기 때문이다. 이것이 바로 앞으로 나타날 산업혁명의 밑거름이 되었던 것이다. 7년전쟁을 마무리한 것은 후베르투스부르크조약(the treaty of Hubertusburg)이었다.

6. 절대주의의 역사적 의의

절대주의의 중요성은 그것이 유럽의 절대왕조를 형성시켰을 뿐 아니라 그들의 새로운 국제관계를 이룩하는 데 적지 않은 영향을 끼쳤다는 사실이다. 그것은 이 기간중에 근대적 국가조직이 이루어졌기 때문이다. 서양에서는 적어도 중세 말까지는 근대국가의 형태가 나타나지 않았다. 영국과 프랑스의 왕들도 상당한 권력을 가지고 있었지만 그것은 어디까지나 봉신들과의 주군관계로서의 봉건적 소유권(dominium)이었지 최고의 정치권을 행사하는 주권(sovereignty)은 아니었다. 앞에서 살펴본 바와 같이 필립 아우구스투스(프랑스), 헨리 2세(영국), 프레드릭 2세(신성로마제국) 등은 그들의 조세권과 재판권, 군사권을 동원하여 근대적 의미의 주권을 어느 정도 이룬 것은 사실이다. 그러나 그들의 지배는 본질적으로 봉건적 테두리에서 벗어난 것이 아니었으며 서유럽의 기독교국가들을 다스리고 있던 신성로마제국 황제의 권력에서 해방된 것이 결코 아니었다. 그리하여 그들은 그들의 사적 행동이나 교회와의 관계에 대하여 책임을 져야 하는 신세였다. 필립 아우구스투스와 영국의 존왕의 경우들이 그 좋은 실례들이었다.[2] 그렇지만 앞에서 설명한 바와 같이 절대왕조는 정치적으로 중앙집권적 왕권강화에, 그리고 경제적으로 화폐사용을 통한 자본주의 발달에 조타수역할을 단단히 했다는 점을 간과해서는 안 될 것이다.

근대국가의 기원과 특성

서양에서 근대국가가 언제부터 시작되었는 지에 대해서는 역사가들마다

---

2) 존왕은 이노센트 3세와 캔터베리대주교 임명문제로 대립하다가 굴복하였다. 교황은 스테픈 랭턴(Stephen Langton)을 임명하고 영국을 봉토로 하였다.

그 주장이 다르다. 첫 번째로는 프랑스의 샤를르 8세가 1494년 이탈리아를 침공한 시기를 근대국가의 시작으로 보려는 주장이다. 이러한 프랑스의 외국침략전쟁은 종교적, 사상적 전쟁이 아닌 권력과 영토팽창을 위한 전쟁으로 왕조의 특권, 세력균형, 정교한 외교, 동맹, 반동맹 등과 같은 근대에서 보이는 노력들이 등장했다는 것이다. 두 번째로는 종교개혁을 근대국가조직의 원인으로 보려는 주장이다. 즉 프로테스탄트혁명으로 중세적 기독교국가의 결속이 끊어져 왕들과 군주들이 비로소 그들 자신의 권력을 형성할 수 있게 되었다는 것이다. 1555년의 아우구스부르크화의를 통하여 독일 군주들은 각기 루터교나 가톨릭교를 선택할 권리를 가지게 되었으며, 1648년 베스트팔렌조약을 통하여 근대국가조직의 형성을 더욱 현실적으로 만들어 주었다는 것이다. 즉 이 조약은 주민들의 국적과 관계 없이 영토를 군주에게 옮길 수 있도록 정하고 있기 때문이다. 그리하여 홀란드와 스위스의 독립이 인정되었으며 신성로마제국은 하나의 가상국으로 떨어지고 말았다. 반면에 독일의 각 군주들은 전쟁과 평화를 주재할 수 있으며 그들의 땅을 다스릴 수 있는 주권적 지배자로 인정되었다. 그리고 모든 국가들은 크기와 힘에 관계 없이 국제법상 동등하며 그들의 영방과 주민들을 다스릴 수 있도록 인정되었다.

일반적으로 근대적 국가조직의 특성들로는 다음과 같은 것들을 들고 있다. 첫째는 국가의 평등성과 독립성, 둘째는 외교정책, 동맹·반동맹, 전쟁의 자결권, 셋째는 전쟁의 대안으로서의 외교관계 수행능력, 그리고 넷째는 전쟁을 막고 동맹의 지지를 얻는 방법으로서의 세력균형의 능력 등이다. 오늘날의 유엔은 이러한 특성들을 기초로 하고 있는 것이다. 그러나 학자들 가운데는 세계평화를 위해서는 주권적 독립국가조직보다는 연방적 바탕에 기초한 세계국가공동체(a world community of nations)의 필요성을 주장하는 사람들도 적지 않다.

제 3 절 17 · 18세기의 문화

1. 사상과 문예

절대군주들이 유럽의 국가들을 휘둘렀던 시대는 아이러니컬하게도 지적 업적이 활발하게 발달한 시대였다. 이것은 아마도 중세 이래로 온축된 경제적, 문화적 업적들이 르네상스와 종교개혁운동들을 통하여 나타난 것으로 간주된 다. 서양에서는 이 시기의 지적 발달을 '지적 혁명(the Intellectual Revolution)' 이라 부르기도 한다.[3] 이 지적 혁명의 시기를 대표하는 사상가들로는 데카르 트와 후에 설명할 뉴턴, 그리고 로크를 들 수 있을 것이다.

데카르트

르네 데카르트(Rene Descartes: 1596-1650)는 수학자인 동시에 물리학자 로서 합리주의(rationalism) 철학의 대변자였다. 그는 최초로 이성을 옹호한 사 람은 아니었지만 그의 합리주의는 권위를 철저하게 배제했다는 점에서 중세의 스콜라철학과는 달랐다. 데카르트는 책의 사용까지 꺼려했으며, 전통적이며 일 상적인 의견과 체험은 믿을 만한 것이 못 된다고 생각하였다. 그는 편견에 치 우치지 않는 합리적 학문으로 수학을 들었다. 수학은 순수한 연역도구로서 기 하학에서와 마찬가지로 단순하고 자명한 진리로 시작하여 특정의 결론들을 끄 집어내는 사고력을 제공한다고 생각하였다. 그리하여 그는 "나는 생각한다. 그 런고로 나는 존재한다"는 유명한 명구를 내놓았다. 이 명제로부터 그는 보편 지식의 체계를 추론하는 일이 가능하다고 주장하였다. 즉, 신은 존재한다든지, 인간은 생각하는 동물이라든지, 더 나아가서 정신은 물질과 다르다든지 하는 사실을 증명할 수 있다는 것이다. 이 '진리들'은 기하학의 진리들과 마찬가지 로 무오류의 방법을 통하여 나타난 결과들이기 때문에 잘못된 것들이 결코 아 니라는 주장이다.

데카르트는 신합리주의의 대변자일 뿐 아니라 기계론적인 우주개념을 소 개한 사람으로도 알려져 있다. 그에 의하면, 이 세계(물질이거나 유기체 혹은 비

---

3) Perry, *op. cit.*, ch. 18 ; Burns, *op. cit.*, pp. 38-45.

유기체이거나 간에)는 모두 연장(extension)과 운동(motion)의 개념으로 정의될 수 있다. 그는 "나에게 연장과 운동을 달라, 그러면 우주를 만들 것이다"라고 외쳤다. 이 우주의 모든 것들은 일련의 소용돌이 속에서 태양 주변을 운행하고 있다. 모든 개별적인 것들은 신이 우주에 부여한 원동력(the original motion)으로부터 나온 힘에 의해 추진되는 자동기계(a self-operating machine)이다. 데카르트는 동물과 사람까지도 이러한 일반적인 기계론적 범주에서 배제하지 않았다. 자연의 모든 세계는 하나이다. 동물의 행동과 인간의 감성적 반응도 그 내적 혹은 외적인 자극에 의해 자동적으로 나타나는 흐름이다. 그러나 그는 인간이 합리적 능력을 가지고 있다는 점에서 다른 창조물들과 구별하였다. 마음(정신)은 물질의 형태는 아니지만 신이 인간의 육체에 심어준 전적으로 분리된 실체(substance)이다. 그 위치는 아마도 두개골 상부의 송과선(the pineal)에 있을 것이다. 그는 정신과 물질의 이원론과 함께 본유관념(innate ideas)을 믿었다. 감각적 경험과 관계없는 자명한 진리들은 마음 자체에 내재해 있지 않으면 안 된다고 그는 가르쳤다. 그에 의하면, 인간은 감각을 통하여 그것들(진리들)을 배우는 것이 아니라 본능적으로 인식하게 된다. 왜냐하면 그것들은 날 때부터 정신적 기능에 속한 것이기 때문이다.

스피노자

위에서 설명한 데카르트의 가르침들 가운데 신합리주의와 기계론은 종래의 모든 신학에 기울어진 편견을 과감하게 거부했다는 점에서 혁명적이었다. 철학자는 더 이상 계시를 진리의 근거로 삼으려 하지 않았다. 이성이 지식의 샘이 된 반면에 우주의 영적 의미는 다 닳아빠진 옷처럼 버려졌다. 데카르트의 사상들은 17세기 사상가들에 의해 대부분 받아들여졌다. 그 가운데서도 가장 대표적인 철학자들은 베네딕트 스피노자와 토마스 홉스였다.

스피노자(Benedict Spinoza: 1632-1677)는 암스텔담 출신으로 그의 부모는 포르투갈과 스페인의 핍박을 피해 네덜란드로 이민 온 유태인이다. 스피노자는 데카르트의 영향을 받아 히브리신앙의 교리를 벗어나게 되었다. 그 결과 그는 시나고그에서 쫓겨났으며 1656년부터 죽을 때까지 홀랜드의 여러 도시들을 전전하면서 안경렌즈 만드는 일로 연명하였다. 이 기간에 그는 데카르트의 이원론을 일원론으로 전환하는 그의 철학으로 발전시켰다. 즉 그는 데카르트의 합리주의와 기계론을 하나로 합쳐버린 것이다. 스피노자는 이 우주에는 단지 하나의 핵심적인 실체(one essential substance)만이 존재하며, 마음과 물질은 각각 다른 양상을 나타낼 뿐이라고 주장하였다. 그는 이 하나의 실체가 바로 자연 자체와 동등한 신이라고 생각하였다. 여기에 그의 순수한 범신론이 나타나게 되었다. 그러나 이것은 신앙보다는 이성에 근거한 것으로, 자연의 통일성과 인과적 지속성에 관한 과학적 개념들에 더 가까웠다. 근대의 위대한 과학자의 한 사람인 알버트 아인슈타인이 그의 신개념이 스피노자의 것과 같다고 선언한 것은 매우 의미 있는 일이다.

　데카르트와는 달리 스피노자에게서 발견되는 한 가지 중요한 일은 윤리문제에 대한 관심이었다. 그는 인간들이 중시하는 부와 쾌락, 권력 등은 공허하고 헛되다고 생각하고 정말 인간에게 영원한 행복을 줄 수 있는 완전한 선이 무엇인가를 알아내려고 하였다. 그는 기하학의 합리적 추리에 의해 완전한 선은 "신의 사랑(the Love of God)"에 있다는 것을 명징하려고 하였다. 신을 사랑하는 것은 말하자면 자연의 질서와 조화를 숭배하는 것이라고 보았기 때문이다. 그에 의하면, 만약 인간이 특정의 사람들에 의해 방해받지 않는 아름다운 기계가 바로 이 우주라는 것을 인식한다면 철학자들이 여러 시대를 통하여 갈구하던 마음의 평정은 얻어질 수 있다. 즉, 인간은 자연의 질서가 불변적으로 고정되어 있는 것이며 인간의 운명도 달리 바꿀 수 없는 존재라는 사실을 인식한다면 저절로 쓸데없는 허망과 무서운 공포로부터 구제될 수 있다는 것이다.

홉　스

　홉스의 정치철학에 대해서는 이미 앞 장에서 설명한 바 있거니와 여기에서는 그의 합리주의에 관하여 잠깐 살피려고 한다. 홉스는 데카르트와 스피노자 다음으로 17세기 최대의 합리주의 철학자였다. 홉스는 기하학이 철학적 진리를 발견하는 온당한 유일한 방법이라는 점에서는 두 사람들과 일치하였지만 본유관념에 대해서는 다른 생각을 가졌다. 그는 모든 지식의 기원은 감각인식(the sense perception)에 있다고 믿었으며 데카르트의 이원론과 스피노자의 범신론을 모두 거부하였다. 홉스에 의하면, 물질(matter) 이외의 어떤 것도 존재하지 않으며, 마음(mind)은 단지 두뇌의 어떤 운동이거나 묘한 물질의 한 형

태에 지나지 않으며 구체적인 실체일 수 없다. 신도 존재한다면 육체를 지녀야
한다. 그를 루크레티우스(Lucretius) 이래 철저한 유물론자로 대부분의 사람들
이 못박고 있는 것은 이러한 이유에서이다. 홉스는 우주뿐 아니라 인간 자신도
기계론적으로 설명될 수 있다고 주장하였다. 인간이 하는 모든 것들은 욕망
(appetites)과 반감(aversion)에 의하여 결정되며, 그리고 이것들(욕망과 반감)
은 경험에 의해 유전되거나 획득된다. 따라서 선과 악의 절대적 기준은 있을
수 없으며, 선은 단지 인간에게 쾌락을 주며 악은 고통을 줄 뿐이다. 요컨대,
홉스는 유물론(materialism)과 기계론(mechanism)을 철저한 쾌락주의(hedon-
ism)와 결합시킨 철학자였다고 말할 수 있다.

라이프니츠

뉴턴과 함께 미적분학을 발전시켜 수학에 적지 않은 공로를 세운 독일의
고트프리드 라이프니츠(Gottfried Wilhelm von Leibnitz: 1646-1716)는 데카르
트나 스피노자와는 다른 측면에서 그의 철학을 전개하였다. 데카르트가 정신
과 물질을, 스피노자가 그 둘의 합일을 실체로 바라본 데 대하여 라이프니츠는
모나드(monad)라는 단자들이 실체들로 존재한다고 생각하였다. 그의 모나드
는 물리학의 원자와 유사한 불가분의 것으로 운동이며 힘이며 상호 독립적인
관계를 가진 것이다. 단자는 다 각각 다른 모양을 가진 우주의 거울이며 우주
를 나타내는 정도에 따라 저급에서 고급에 이르는 계서제를 형성한다. 가령 인
간도 여러 가지의 모나드들로 구성되어 있지만 그 가운데 가장 주도적인 역할
을 하는 것은 인간의 영혼에 해당하는 단자라는 주장이다. 그러면 이 무수한
단자들을 콘트롤하는 것은 무엇인가. 그것은 신이며 신에 의해 조화되며 예정
되며, 그리하여 이 세계는 악들에도 불구하고 결국은 선을 이룬다. 다시 말해
영국의 경험론과 대륙의 합리론은 겉으로는 서로 대립되어 있는 것처럼 보이
지만 실제로는 상호 보완적 관계를 가진 것들로서 계몽사상의 발달에 적지 않
은 영향을 주었던 것이다.

파 스 칼

파스칼(Blaise Pascal: 1623-1662)은 원래 수학과 물리학에 조예가 깊은
사상가였다. 그는 네덜란드의 신학자 코르네리스 얀센(Cornelis Jansen: 1585-

1638)의 사상인 얀센주의(Jansenism)를 옹호하였다. 얀센파는 신앙적 체험을 강조하고 외형적 의식보다 내면적 사랑을 중시하였다. 얀센파는 특히 프랑스에 전파되어 시토교단을 중심으로 하나의 종파(Port Royal)를 만들었다. 파스칼은 예수회의 만류에도 불구하고 이단으로 낙인이 찍힌 얀센파를 옹호하여 그들의 금욕주의와 도덕적 완전주의 사상을 전파하였다. 파스칼은 그의 유명한 『팡세』를 통하여 인간의 무능을 자복하고 신비적인 신앙의 중요성을 갈파하였으며 더 나아가 기독교의 제도적인 무력함을 폭로하였다.

미 술

이 시대의 미술은 건축양식의 발달과 병행하여 소위 바로크양식과 로코코양식이 발달하였다. 바로크양식(the baroque style)이라는 말은 17세기의 건축양식을 일컫는 말로 장대하고 웅장한 힘을 바탕으로 복잡한 장식과 풍요, 빼어난 기교를 나타내는 예술양식을 뜻한다. 이것은 근대국가의 힘을 과시하려는 의지와 밀접한 관련을 가지고 있는 것으로 런던의 성 바울대성당(st. Paul Cathedral)과 프랑스의 베르사이유궁전이 그 대표적인 건축물이다. 바로크회화는 색이나 선보다는 빛과 그림자를 통한 색조의 결합을 중시하려는 것으로 플랑드르의 루벤스(Peter Rubens: 1557-1640), 반 다이크(Anthony Van Dyck: 1599-1641)와 스페인의 벨라스케즈의 작품들이 그 대표적인 것들이다. 이들 작품의 대상은 주로 왕가의 얼굴들이었다. 한편, 18세기의 로코코양식(the rococo style)은 바로크와는 대조적으로 우아하고 섬세한 기교와 화려한 장식이 특징이었으며, 프랑스를 중심으로 발달하였다. 와토(Antoine Watteau: 1684-1721), 부셰(Francois Boucher: 1703-1770), 레이놀즈(Joshua Reynolds: 1723-1792), 게인즈버러(Thomas Gainsborough: 1727-1788) 등이 그 대표적인 화가들이었다. 이들 양파의 화가들은 대부분 고전적 전통을 그대로 따랐지만, 이들 가운데 네덜란드의 렘브란트(Rembrandt van Rijn: 1606-1669)와 같은 사람들은 점진적으로 고전적 관례에 묶이는 것을 거부하였다.

음 악

17세기에 들어와서 음악은 이전과는 다른 획기적인 면모를 갖추게 되었다. 그 첫 번째는 기악(instrumental music)의 발달이었다. 특히 17세기 말 현재의 형태를 가지게 된 건반악기는 오르간을 통하여 발달되었으며, 18세기 초 피아노의 발명으로 절정에 이르렀다. 모짜르트는 처음으로 피아노음악을 작곡한 사람이었다. 그리고 바이올린은 18세기 중순경에 나타났다. 17세기에 나타난 두 번째의 획기적인 혁신은 오페라의 등장이었다. 1600년경 이탈리아에서 시작된 오페라는 음악을 극적인 표현수단으로 이끄는 데 매우 효과적이었다.

18세기 초 기악에 공헌한 뛰어난 음악가는 바하(Johann Sebastian Bach: 1685-1750)와 헨델(Georg Handel: 1685-1759)이었으며, 그리고 18세기 후기 소나타, 콘체르토, 무엇보다도 심포니를 위한 기악작곡으로 유명한 음악가는 하이든(Joseph Hayden: 1732-1809)과 모짜르트(Wolfgang Amadeus Mozart: 1756-1791)였다. 바하는 독일 투링기아 출신으로 무한한 상상력과 너그러운 지성을 음악에 담았다. 그는 오페라를 제외하고는 거의 모든 음악에 적지 않은 영향을 주었으며, 근대적 '평균율 음계(tempered scale)'를 적용하는 등 근대 오르겐의 실질적인 창시자였다. 그는 특히 루터 종교개혁의 정신과 중세의 신비주의와 구원을 음악에 구현한 음악가로 유명하였다. 헨델도 바하와 마찬가지로 뛰어난 오르겐 음악가로 유명하였으며, 특히 그의 종교적 오페라와 오라토리오(oratorio)는 타의 추종을 불허하였다. 한편으로 하이든은 10여 곡 이상의 심포니를 작곡하였으며 그의 스타일은 고전적이었으며 구조에서는 선명하고 논리적이지만 부드럽고 진실하며 유쾌한 맛도 없지 않다. 모짜르트는 5세에 작곡한 신동으로 짧은 인생을 살았지만 그의 영향은 어느 누구보다도 컸다. 이 외에 이탈리아의 프레스코발디(Frescobaldi: 1583-1643), 비발디(Antonio Vivaldi: 1675-1743) 등은 아름다운 기악곡을 만들었으며 정서와 합리주의, 자연주의, 형식주의를 적당하게 배합함으로써 바로크음악을 절정으로 끌어 올렸다.

문   학

고전문화를 모방하려던 르네상스인은 17세기에 이르러 그 모방의 범주를 벗어나려는 움직임을 보여주었으며 18세기에 이르러 확고한 입지를 차지하게 되었다. 17세기 프랑스문학의 특성은 고전주의(clasicism)로 코르네이유(Corneille: 1606-1684)와 라신(Racine: 1639-1699) 그리고 몰리에르(Moliere: 1622-1673) 등이 그 대표적인 사람들이다. 특히 몰리에르는 『수전노』에서 인색한 인간형을, 『타르튀프』에서 위선자형을, 그리고 『부르주아 장티롬』에서 벼락부자를 각각 그려 고전의 틀을 따르면서도 벗어나려는 모양을 나타냈다. 영국의 대표적인 것들로는 유명한 밀턴(Milton: 1608-1674)의 『실락원』, 세련된 영어를 구사한 드라이든(John Dryden: 1631-1700)의 시작들, 버니언(John Bunyan: 1628-1688)의 『천로역정』, 그리고 데포(Daniel Defoe: 1660-1731)의 『로빈슨 크루소』등이 있다. 이 가운데 밀턴과 버니언의 작품들은 청교도혁명의 성격을 구사한 작품으로 잘 알려져 있다. 독일의 문학가들로는 18세기 말의 유명한 괴테(Goethe: 1749-1832)와 실러(Schiller: 1759-1805)를 들 수 있다. 괴테는 『젊은 베르테르의 슬픔』, 『파우스트』 등 그리고 실러는 『군도』, 『빌헬름 텔』 등을 내놓아 세상을 놀라게 하였으며 고전주의의 형식과 합리주의의 틀을 벗어나서 강한 개성을 구가하려는 소위 '질풍과 노도(Strum und Drang)' 운동을 일으키기도 하였다.

2. 계몽사상

1680년경 영국에서 시작되어 북유럽과 아메리카에 퍼진 계몽사상(the Enlightenment)은 그 중심지는 프랑스였으며 그 절정시기는 18세기였다. 서양의 지적 운동 가운데 르네상스를 이어받은 계몽사상만큼 심오한 영향을 준 운동은 아마도 찾아 보기 힘들 것이다. 그러면 계몽주의철학에서 주장하는 가장 두드러진 내용은 무엇인가. 학자들의 의견을 종합해 보면 다음과 같다.[4]

첫째로 지혜에 이르는 확실한 유일한 안내자는 이성(reason)이다. 모든 지식은 감각인식(sense perception)에 그 뿌리를 두고 있으며, 우리 감각의 인상(impression)은 진리의 원료(the raw meterial)로서 세계를 설명하거나 생의 발전을 인도할 가치를 가지기 전에 이성의 용광로 안에서 정제되어 이루어진다. 둘째로 이 우주는 인간이 고칠 수 없는 불변적 법칙에 의해 지배되는 기계(a machine)이다. 그러므로 자연의 질서는 절대적으로 통일성을 지니고 있으며,

---

4) 백커는 계몽시대를 사물과 사물들 사이의 관계(사물의 응용성, 만유인력), 인간과 인간정신의 능력(인간의 이성적 존재), 인권과 정부의 성격(사회계약설), 그리고 국가의 권리와 국가들 사이의 관계(국제법, 국제기구)에 대한 새로운 이념(new ideas)이 나타난 시대로 보고 있다. 그리고 이들 새로운 사상을 주도한 사상가들로 뉴턴, 루소, 로크, 홉스 등을 들고 있다(Becker, *op. cit.*, pp. 175-208; Burns, *op. cit.*, pp. 42-45; Perr, *op. cit.*, ch. 18).

신의 간섭이나 다른 어떤 기적에 의해서도 변경될 수 없다. 셋째로 가장 단순하고 자연스러운 구조를 가진 사회가 최상의 사회이다. "고귀한 야만인(the noble savage)"의 생활이 승려와 지배자와 같은 전제적인 문명인의 생활보다 낫다. 종교, 정부, 그리고 경제제도들은 인위적인 모든 것으로부터 정화되어야 하며 이성과 자연적 자유의 형태로 돌아가야 한다. 넷째로 세상에는 죄와 같은 개념은 없다. 사람들은 원래 타락되어진 존재가 아니라 모략적인 승려나 전쟁을 일삼는 전제자들에 의해 잔인하고 광란적인 행동에 던져진 존재이다. 만약 사람들이 이성과 본능의 안내대로만 따른다면 인성과 사회의 완전성은 쉽게 이루어질 것이다. 요컨대, 이 우주와 인간을 지배하는 잣대는 우주의 법칙과 이성이라는 것이다.

계몽사상은 부분적으로는 앞에서 말한 데카르트, 스피노자, 홉스의 영향을 받은 것이지만 그 실제적인 창단 멤버는 뉴턴(Sir Isaac Newton: 1642-1727)과 존 로크(John Locke: 1632-1704)였다.

뉴턴과 로크

뉴턴은 전문적인 철학자는 아니었지만 그가 서양사상사에 끼친 영향은 적지 않았다. 그의 크나큰 업적은 전자연세계를 기계론적으로 해석했다는 점이다. 그는 소위 "우주의 각 물질입자는 입자들 사이의 거리의 제곱에 반비례하여 다른 입자를 이끌며, 그리고 그들 질량에는 비례하는 힘으로 다른 입자를 이끈다"는 원칙을 이 지구뿐 아니라 태양계에도 적용하였다. 이것은 자연의 모든 사건은 수학법칙과 같은 정확하게 만들어진 우주법칙에 의해 지배되는 것을 의미하는 것이다. 그리하여 뉴턴에 의하면 과학의 주임무는 이들 법칙들을 발견하는 일이며 인간의 의무는 그들 법칙들을 방해받지 않고 그대로 운영되도록 보호하는 것이다. 더 이상 중세적인 은혜로운 신의 인도는 존재하지 않으며 인간은 단지 똑딱소리나는 시계와 같은 기계적인 세계에 살고 있는 것이다. 이와 같은 뉴턴의 철학은 전능한 신의 개념을 약화시키는데 적지 않게 작용하였다.

존 로크는 뉴턴과는 다른 차원에서 계몽사상을 이끌었다. 그는 계몽철학의 근간이 되는 지식의 새 이론을 만들었다. 그는 데카르트의 본유관념론을 거부하고, 모든 사람의 지식은 감각인식에서 기인된다고 주장하였다. 소위 감각론(sensationalism)으로 알려진 이 이론은 이미 홉스에 의해 주장되었으나 로크를 통하여 비로소 처음으로 체계적인 형태를 가지게 되었다. 로크에 의하면, 인간의 마음은 날 때에는 아무 것도 입력되지 않은 "하얀 백지"인 빈 서판(a blank tablet)이다. 인간의 마음에는 신의 개념도 다른 어떤 옳고 그른 것에 대한 사고도 있지 않다. 그의 설명에 귀를 더 기울여 보자. 신생아가 경험을 갖게 되어 감각으로 외부세계를 인지하게 될 때 비로소 그의 마음에 어떤 것이 입력되어지게 된다. 그러나 감각인식을 통하여 직접 가지게 된 단순한 관념들(the simple ideas)은 지식의 기초가 될 뿐 인간이 이해할 수 있는 차원은 아니다. 이들 단순 관념들은 "복합관념들(the complex ideas)"로 결합되어 융합되지지 않으면 안 된다. 이것은 바로 이성이나 오성(understanding)의 기능으로, 이것을 통하여 감각으로부터 받은 인상들이 결합되고 조직되며, 그리고 결국에는 유용한 일반진리체계로 형성된다. 말하자면 감각과 이성은 상호 불가분적인 관계를 가진 것들로서, 전자는 지식의 원료를 가지고 마음을 채워 주며, 후자는 그것들을 의미 있는 형태로 작용하게 만든다. 결론적으로 말하여 계몽철학의 기초가 된 것은 감각주의(sensationalism)와 합리주의(rationalism)의 결합이라는 것이다. 로크는 후에 다시 논의될 종교적 관용정신과 자유주의적 정치이론의 변호자로서도 유명하다.

볼 테 르

계몽사상의 절정은 18세기 프랑스에서 이루어졌는데 그 대표적인 사상가가 바로 볼테르였다. 볼테르(Francois Marie Voltaire: 1694-1778)는 계몽사상의 챔피언으로서 귀족과 관리들을 조소하는 풍자서술로 바스티유감옥으로 들어가게 되었으며 나중에는 영국으로 몰려나게 되었다. 그는 영국에 수 년 동안 머물면서 영국의 사회제도와 사상의 영향을 적지 않게 받았다. 그는 첫 번째 철학저술(*Letters on the English*)에서 뉴턴과 로크를 가장 위대한 천재들이라고 찬양하였으며, 그의 후기저술(*Philosophical Dictionary, Candid*)에서는 세계는 자연법칙에 의해 지배되며, 인간이 따라야 하는 유일한 안내자는 이성과 구체적인 경험이라고 선포하였다. 그는 이신론의 입장에서 종교적 관용을 부르짖었으며 미신과 광신적 신앙타파에 힘썼다. 그는 정치적으로는 영국의 입헌정치를 옹호하였으며 『루이 14세시대』와 『여러 국민의 풍속과 정신에 관한 시론』

에서는 정치사중심으로부터 문화사중심의 역사서술을 역설하였다.

몽테스키외 등

몽테스키외(Montesquieu: 1689-1755)는 귀족출신의 법률가로 그의 걸작
(『법의 정신: the Spirit of the Laus』, 1748)을 통하여 입법, 행정, 사법의 삼권
분립에 의한 견제만이 정치적 자유를 향유하는 최상의 길이라고 주장하였다.
그러나 그의 자유는 어디까지나 귀족위주의 자유였으며 일반인들을 위한 자유
는 결코 아니었다. 이 이외에도 무신론자로 유명한 돌바하(Baron d'Holbach:
1723-1789)와 소위 백과전서파로 알려진 디드로(Diderot: 1713-1784), 달랑베
르(D'Alembert: 1717-1783) 등이 계몽사상을 널리 전파하였다. 특히 백과전서
파는 사상가 160여명을 동원하여 총 33권에 이르는 『백과전서』를 편찬하여
새로운 과학지식과 계몽사상을 보급하였다. 이들은 이성과 과학의 진리들이
결국은 전세계를 암흑과 전제로부터 해방시켜 줄 것이라고 확신하였다. 한편,
이탈리아의 베카리아(Cesare Beccaria: 1738-1794)는 그의 저서(『범죄와 형벌
론』, 1764)를 통하여 근대적인 형벌론을 제시하였다. 그는 자연법을 사법에
연계시켜 형벌의 목적은 재범을 방지하고, 재판은 신속해야 하며, 범죄의 예방
이 가장 중요하다고 역설하였으며 고문과 사형과 같은 가혹한 처벌을 배격하
였다.

흄과 루소

계몽사상기 후엽의 가장 대표적인 사상가로는 스코틀랜드인인 데이비드
흄(David Hume: 1711-1776)과 프랑스인인 루소(Rousseau: 1712-1778)를 들
수 있다. 전자는 회의철학, 그리고 후자는 반합리주의를 통하여 계몽사상을 비
판함으로써 19세기 낭만주의의 길을 예비하는 결과를 가지고 왔다.

데이비드 흄은 특별히 회의주의(skepticism)로 유명한 철학자로서 마음은
단순한 인상들의 묶음에 불과하며, 이 인상들은 감각으로부터 만들어져 연합
의 관습(habits of association)에 의해 결합되는 것이라고 주장하였다. 그것은
마치 우리가 따뜻함을 불과 연결시키고 영양을 빵과 연결시키는 것과 같다. 만
약 우리가 따뜻함의 감각을 절대로 경험하지 못한다면 우리 마음 안의 어떤
추리력도 불은 열을 만든다는 결론을 끄집어 내지 못할 것이다. 그러나 우리가

따뜻함을 경험하게 되는 불꽃을 반복하여 보게 되면 우리 마음에는 이 두가지를 연결하는 관습으로 인도된다. 그러므로 인상(impressions)과 연합(associations)은 인식으로 가는 유일한 방법이다. 마음의 모든 관념들은 단지 감각인상들의 복사에 불과하기 때문에 최종원인이나 실체의 성격, 혹은 우주의 기원에 대해서 알 수 있는 길이 없다. 다시 말해 수학의 원리들과 같이 실제적인 경험에 의해 명징될 수 있는 것들을 제외하고는 어떤 이성의 결론들에 대해서도 확신할 수 없다. 모든 것들은 감정과 욕망, 동물적 충동과 공포의 산물이다. 이와 같이 흄은 이성의 능력을 부인함으로써 그 자신을 계몽사상의 주요한 지적 영역의 밖에 있게 하였으며, 그리하여 계몽사상의 붕괴를 돕는 결과를 낳았다.

흄과 마찬가지로 장 자크 루소도 뉴턴과 로크로부터 나온 많은 기본적인 가설들을 거부하였다. 감성의 깊은 늪에 빠진 불행한 인물 루소는 아마도 계몽사상의 합리주의를 따랐다면 놀랄 만한 챔피언이 되었을 것이다. 그는 교육개혁의 높은 이상을 전파하였지만 그의 아이들은 고아원에 버려지지 않으면 안 되었다. 그는 만나는 사람들과 언쟁을 하였으며 병적일 정도로 폭로를 즐겼다. 그는 이성을 행동과 진리에 이르는 확실한 안내자로 숭배하는 것은 마치 부러진 갈대에 의지하는 것과 같다고 주장하였다. 이성도 물론 그 유용성을 가지고 있지만 완전한 답은 아니다. 생의 진지한 문제에 있어서 감정에 의지하고 우리의 본능과 감성에 따르는 것이 더 안전한 길이다. 그는 생각하는 사람은 타락한 동물과 같다고 말하였다.

루소는 이성을 경멸하면서도 계몽사상의 입장과 일치하는 면도 없지 않았다. 그것은 소위 "고귀한 야만인"의 생활을 그 어느 누구 보다도 격찬하고 있었기 때문이다. 그는 그의 수상작(the Discourse on the Arts and Sciences)에서 원시인의 자유와 청순을 문명사회의 전제와 사악과를 대비하면서 학문의 진보는 결국은 인간의 행복을 파괴할 것이라고 주장하였다. 계몽사상에는 개인의 자유를 억누르는 한계성이 있다. 사유재산은 인류사회의 불행을 초래하는 근원이다. 결론적으로 장 자크 루소의 영향은 여러 가지로 말할 수 있겠으나 가장 중요한 것은 낭만주의(romanticism)의 기초를 만들었다는 점과 자연으로 돌아가자는 모토에 의해 자연의 가치를 고양시킨 점이다. 이 외에 평등과 인민의 주권을 강조한 그의 정치철학에 관해서는 프랑스혁명에서 다루어질 것이다.

경제사상

계몽사상가들은 국가중심의 이기주의적인 경제정책을 비판하고 계몽사상에 맞는 새로운 경제이론을 주창하였다. 그들 비판의 목표는 중상주의정책이었다. 그들의 새로운 경제학은 계몽사상의 기본이념인 불변적인 법칙에 의하여 움직이는 기계적 우주론에 바탕을 두었다. 부의 생산과 분배도 물리학이나 천문학과 같은 불가항력적 자연법칙에 의해 운영되어야 한다는 것이 그들의 한결같은 주장이었다. 그러므로 그들의 새로운 경제이념은 정치적 자유주의를 반영한 이념이기도 하였다. 양자(경제이념과 자유주의)의 주목표는 아주 유사하였다. 후자(자유주의 이념)가 정부의 권력들을 안전을 위주로 최소수준으로 끌어 내리려고 했다면 전자(경제이념)는 개인의 이윤을 위주로 최대의 자유를 보전하려고 하였다.

중농학파

경제문제를 새롭게 풀어 보려는 첫 번째 사람들은 소위 중농학파(the Physiocrats)였다. 그 가장 대표적인 사람들은 중농주의 경전(the Tableau Econom-ique)의 저자인 케네(Francois Quesnay: 1694-1774), 미국 듀퐁가의 듀퐁 드 네무르(Dupont de Nemours: 1739-1817), 그리고 루이 16세 때 재무장관을 지낸 로베르 튀르고(Robert Jacques Turgot: 1727-1781)였다. 그들은 처음부터 중상주의정책을 배격하였다. 그들의 주요목표는 농업, 광업, 어업의 '자연적' 경영이 상업보다 국민번영에 더 중요하다는 것을 밝히는 일이었다. 그들에 의하면, 자연은 부의 실질적인 생산자이다. 무역은 단지 물품을 한 사람에서 다른 사람으로 옮기는 것이므로 본질적으로는 헛된 것이다. 그들의 주장은 시간이 감에 따라 국가에 의해 부과된 억제들로부터 경제적 행동들을 해방시켜 주는 것으로 인식되었다. 중농주의자들은 정부는 국민의 생명과 재산을 보호하는 일 이외에는 사업을 간섭하는 일은 어떤 일도 일체 중지해야 한다고 주장하였다. 즉 자연적 경제법칙의 운영을 방해하는 일은 절대 해서는 안 된다는 것이다. 그들의 교리는 소위 "자유방임주의(Laissez faire et laissez passer, le monde va de lui-meme: Let do and let alone, the world goes of itself)"로 나타났다. 이 무간섭(laissez faire)의 이상으로 사유재산권과 계약의 자유권, 자유경쟁권과 같은 개념들이 형성되었다. 말하자면 중농주의는 중상주의정책의 안티테제로 등장한 경제이념이었다. 그러나 중농학파는 신 중심의 자연법의 테두리에서 크게 벗어나지는 못하였다.

자유방임주의 경제학: 아담 스미스

중농학파 경제학이 자본주의적 경제학으로 한 걸음 다가간 것은 소위 고전경제학파를 통해서였다. 이들(고전경제학파)은 계몽사상에 근거하여 근대화되고 합리화된 경험론적 경제질서를 찾아내려고 하였다. 그 가장 대표적인 위대한 경제학자가 소위 자유방임의 고전적 경제이론의 기초를 만든 아담 스미스(Adam Smi-th: 1727-1790)였다. 스코틀랜드 태생인 스미스는 처음에는 정치경제학에 관심을 두었다. 그러나 그는 중농학파와 사귀면서 그들의 이론들에 귀를 기울이게 되었으며, 급기야는 부의 근원을 농업에 두어야 한다는 그들의 주장을 다시 뛰어넘게 되었다.

그는 가장 영향력 있는 경제학논술로 알려진 『국부론(*the Inquiry into the Nature and Causes of the Wealth of Nations*), 1776』에서 모든 국민들이 매년 생산하고 소비하는 생활품목들이 국민의 부가 되고 농업이나 자연의 혜택보다 오히려 노동(labor)이 부의 실질적인 근원이 된다고 주장하였다. 그것은 생산품을 만들어 수익을 들어오게 하는 것은 노동이며, 이 노동을 통한 개인의 이윤추구는 사회전체의 이익을 증진시키기 때문이다. 국부에 대한 이러한 해석은 화폐의 유통과정을 중시한 중상주의자들이나 부의 근원을 농업노동으로만 바라본 중농학파 모두에 대한 비판을 뜻하였다.

그는 자연적 자유제도(the system of natural liberty)의 수립과 노동분업(the division of labor)에 의한 생산성을 강조하고 노동가치설을 정립시킴으로써 고전경제학 발전에 크게 기여하였다. 그에 의하면, 개인의 경제적 자유와 국가간의 경제무역은 모두 자연법칙에 따라 움직이는 경제활동과정이다. 시장이 겉으로 보기에는 제멋대로 움직이는 것처럼 보여도 그 밑에는 자연현상에서와 마찬가지로 질서가 엄연히 존재한다. 즉, "보이지 않는 손(the invisible hand)"에 의해 개인적 이익과 공적 이익이 조절된다. 그것은 만물이 신의 예정조화에 의해 법칙적으로 창조되었기 때문이다. 요컨대, 자유방임적 자본주의사회는 아무런 방해 없이 발전해 나간다는 것이다.

그러나 그는 모든 사람들의 번영은 개인들에게 이익추구를 허용하는 자유방임에 있다고 주장하면서도 어느 정도의 정부차원의 간섭은 바람직하다고 인정하였다. 어쨌든 그의 경제사상의 골격은 계몽사상에 바탕을 둔 낙관적인 세계관에서 연유된 것으로 풀이된다. 그런고로 경제적 생산에만 치중한 나머지 시장경제에서 나타나는 여러 가지의 문제점들(예컨대, 분배, 노동과 노동력 등)은 리카르도 시대를 다시 기다리지 않으면 안 되었다. 그의 경제사상은 직접적인 것은 아니더라도 프랑스혁명의 간과할 수 없는 원인이 되었다는 사실을 잊어서는 안 될 것이다.

종   교

계몽사상의 가장 전형적인 종교철학은 이신론(deism)이었다. 이신론을 처음 시작한 사람은 영국의 헐버트 경(Lord Herbert of Cherbury: 1583-1648)이며, 18세기에 이것을 전파한 사람들은 프랑스에서는 이미 말한 볼테르, 디드로, 루소였으며, 영국에서는 교황 알렉산더, 보링브로크, 새프츠뷰리, 그리고 미국에서는 토마스 페인, 벤자민 프랭크린, 토마스 제퍼슨이었다. 이신론자들은 종교의 불합리한 요소들을 단지 탄핵하는 데에 만족하지 않고 모든 조직화된 신앙의 형태들을 거부하였다. 기독교도 다른 종교나 마찬가지로 인정될 수 없다는 것이다. 제도화된 종교는 사악한 악당들이 무지한 사람들을 먹이로 하기 위해 고안된 착취의 도구에 불과하다는 것이다. 그러나 이신론자들의 목표는 전적으로 파괴적인 것에 있는 것은 아니었다. 그들은 기독교를 무너뜨리는 데에 뿐 아니라 그것 대신 더욱 단순하고 자연적인 종교를 만드는 데에 관심을 가졌다. 이 새로운 종교의 근본적인 교리들은 다음과 같다.

첫째는 우주를 만들고 그 우주를 관장하는 자연법을 정한 분은 신이라는 것이다. 둘째는 이 신은 이 세계의 인간사에 간섭하지 않는다는 것이다. 신은 기독교인과 유대인들의 신과 같이 한 그릇에는 영광을 집어 넣고 다른 그릇에는 불명예를 집어 넣는 변덕스러운 신이 결코 아니라는 것이다. 셋째는 기도, 성사 및 의식은 소용 없는 귀신에 불과하다는 것이다. 신은 특정의 사람들의 이익을 위하여 자연법을 무시하는 데에 속아 넘어갈 수 없다는 것이다. 넷째는 인간에게는 선을 선택하고 악을 버릴 수 있는 의지의 자유가 주어졌다는 것이다. 어떤 사람은 구원받고 어떤 사람은 버림받게 예정된 것이 아니라는 것이다. 그리고 사후의 보상과 형벌은 오직 이 세상에 있어서 개인의 행동에 의해서만 결정된다는 것이다.

　이제까지 밝힌 대로 휴머니즘 이래로 계몽사상의 영향은 적지 않았다. 무엇보다도 계몽사상은 서양세계에서 유행하던 미신이나 각종 비논리적인 규제를 제거하는 데 가장 선도적인 역할을 하였다. 계몽사상가들은 정치적인 전제를 무너뜨렸을 뿐 아니라 비양심적인 승려들의 권력을 약화시켰으며 교회와 국가의 분리, 봉건적 비리척결, 독점권과 불로특권의 폐지, 형법개혁, 노예제폐지 등 이루 말할 수 없는 일들을 촉진하였다. 그러나 한편으로는 개인의 자유를 강조한 나머지 지나친 개인주의 위주의 경향성을 가지고 온 사실도 잊어서는 안 될 것이다.

제 6 편 ‖‖ 서양 근대문명 (Ⅱ)

제 12 장

시민혁명과 산업혁명

♣ 개   관 ♣

혁명의 뜻

시민혁명과 산업혁명을 말하기에 앞서 혁명이란 과연 무엇인가에 관하여 알아보는 것이 올바른 순서일 것이다. '혁명(revolutio)'이란 라틴어의 뜻은 원래 '맨처음으로 돌아가려는 운동'이었다. 즉 고대의 순환론적 입장에서 황금시대인 처음으로 되돌아가려는 회복을 가리키는 보수주의적 의미였다. 이러한 안전을 모토로 하는 혁명의 의미는 프랑스혁명 때까지 지속되었다. 혁명이 폭력적인 변화를 추구하는 전향적인 의미를 가지게 된 것은 프랑스혁명, 특히 바스티유감옥습격(1789. 7. 14)을 계기로 비롯되었다. 그러나 폭력을 정당화하려는 혁명개념은 그대로 지속된 것은 아니었다. 19세기의 반동복고주의적인 시대에는 혁명자체가 공포와 파괴로 간주되었는가 하면 20세기의 마르크스주의적인 시대에는 혁명이 가장 유용한 변화개념으로 받아들여지기도 하였다. 다시 20세기 중반의 소련체제붕괴 때는 사회주의적 혁명이 과소평가되는 과정을 거치지 않으면 안 되었던 것이다. 이와 같이 혁명의 뜻이 달라지는 것은 혁명이라는 개념이 시대적 요청에 따라 사람들에게 각각 다르게 수용되어지기 때문이었다. 그리고 한가지 우리가 간과해서는 안 될 것은 혁명이 과연 문자 그대로 가능한가 하는 사실이다. 다시 말해 혁명을 거치면 기존의 것들이 전연 새로운 것들로 탈바꿈하게 되느냐 하는 것이다. 이 문제는 아직도 학자들 사이에 의견이 분분하다.

시민혁명의 분류

현대적 의미에서 혁명의 뜻을 가장 적절하게 표현한 사람은 크래인 브린톤(Crane Brinton)이었다. 브린톤은 그의 저서에서 시민혁명들을 비교, 조사하면서 혁명의 법칙을 찾아 내려고 하였다.[1] 그에 의하면, 혁명이란 사회질서, 특히 정치조직에서의 급격한 폭력적인 변혁이라는 것이다. 그러니까 시민혁명은 무력을 통하여 중세봉건적 체제를 무너뜨리고 부르주아지에 의하여 새로운 정치질서를 형성하려는 변혁이라고 정의할 수 있겠다. 부르주아지가 잠정적인 봉건 세력과의 제휴를 깨고 혁명의 깃발을 들게 된 것은 앞에서 설명한 자본주의, 과학과 근대철학사상, 그리고 계몽사상에 힘입어 정신적으로나 물질적으로 성숙되었기 때문이다. 그들은 더 이상 구세력과의 야합에 머물 필요가 없게 되었던 것이다. 무엇보다도 부르주아지를 이끈 정신적 원동력은 르네상스로부터 끈질기게 발전하여 온 '인간의 존엄성'과 '자유주의정신'이었다.

브린톤은 서양에서 가장 전형적인 시민혁명으로 영국혁명, 미국혁명, 프랑스혁명, 러시아혁명을 들고 영국혁명에 의해서는 입헌적 군주제가, 미국혁명에 의해서는 삼권분립의 공화제가, 프랑스혁명에 의해서는 자유, 평등, 박애의 민주적 자유주의가, 그리고 러시아혁명에 의해서는 마르크스적 사회주의가 이루어졌다고 해석하였다(러시아혁명은 현대사 부분에서 다루어질 것이다). 계몽사상이 정치에 나타난 것이 시민혁명이라면 계몽사상이 경제에 나타난 것이 바로 산업혁명이라고 말할 수 있다. 시민혁명과 산업혁명을 통하여 서양은 비로소 참다운 의미의 근대화과정이 이루어졌으며 이 과정에서 주도적 입지를 차지한 것이 중산계급인 부르주아지라 하겠다.

부르주아지의 역할

부르주아지(bourgeoisie)는 중세 말 장원의 성벽을 중심으로 살던 거주인들(burgenses)에서 유래한 말이었다. 그 거

---

1) Heinz Lubasz, ed., *Revolutions in Modern European History* (New York, 1966), pp. 1-7; Crane Brinton, *The Anatomy of Revolution*(Prentice-Hall, 1960).

주인들은 그들의 주거지(novus burgus)를 정하고 상업활동을 주로 하였다. 그들은 도시를 형성하면서 이전의 중세의 상층이나 농민층과는 다른 계층을 이루었다. 이들이 바로 근대의 주도적인 역할을 담당하게 되는 중산시민계층인 것이다.

부르주아지가 근대의 중산계급으로 자리를 잡게 된 것은 19세기 프랑스의 기조(Guizot)가 'bourgeoisie'를 중산계급(시민계급)으로 번역하면서부터였다. 그러므로 부르주아지, 중산계급, 시민 등의 용어들은 거의 동일하게 사용되는 것이 상례이다. 그러면 부르주아지에 속하는 사람들은 어떤 사람들인가. 가령 그 상층부에는 대상인, 금융업자, 산업자본가 등이, 그 중간부에는 상인, 관리, 교수 등이, 그리고 그 하층부에는 소생산자, 소매상인, 대차지농 등이 자리잡고 있다고 보지만 그 분화는 국가마다 상당한 차이를 보이고 있다. 그러므로 한 가지로 모두어 세분하기는 어렵다.

다음으로 우리가 한 가지 짚고 넘어갈 것은 부르주아지의 역할에 대한 문제이다. 홉스봄은 그의 저서에서 소위 이중혁명기(the period of dual revolution: 1780-1840)를 통하여 나타나는 부르주아지의 역할을 강조하였다. 즉 시민혁명과 산업혁명 이전에 있어서의 부르주아지는 중세적 신분과 위계로부터 벗어나려는 투쟁을 벌였으나, 그 이후에 그들은 혁명을 성공적으로 수행하고 정치권력에 참여함으로써 레벨업하여 주도계급으로서 상승하였으며 그 실질적인 헤게모니를 비로소 장악하게 되었다는 것이다. 이러한 홉스봄의 주장은 부르주아지를 이해하는 데 적지 않게 도움을 주는 것으로 평가된다.

제 1 절 영국혁명(1642-1649)

1. 역사가들의 해석

영국혁명은 프랑스혁명이나 러시아혁명과 같은 철저한 혁명성을 가지지는 못하였으나 절대주의적 왕의 전제주의는 더 이상 지탱할 수 없다는 사실을 보여 준 최초의 거국적 봉기라는 점에서 시민혁명의 범주에 들어가는 것이 상례이다.

일반적으로 영국혁명에 대한 학자들의 해석은 19-20세기에 걸쳐 휘그적 해석, 마르크스주의적 해석, 트래버로퍼의 해석, 핵스터의 해석 등 시대에 따라 각각 다르게 나타났다.[2] 휘그적 해석자들은 종교적 자유와 정치적 자유를 위한 투쟁이 영국혁명이었으며 그 주체가 되는 사람들이 바로 청교도(the puritans)였다는 것이다. 그리하여 그들은 영국혁명을 청교도혁명이라고 부르기도 하였다. 토니(Tawney)를 중심으로 하는 마르크스주의적 해석자들은 영국혁명은 러시아혁명과 같은 계급적 대립에서 나타난 사회주의혁명이라는 것이다. 그들은 이 혁명을 부르주아지혁명으로 명명하였다. 트래버로퍼는 위의 청교주의적 해석이나 사회주의적 해석과 같은 이데올로기적 주장을 모두 거부하고 영국혁명은 단지 중앙에 대한 지방의 불만과 갈등에서 비롯된 것이며 크롬웰의 독립파가 그들의 지지를 얻었다는 것이다. 트래버로퍼의 해석은 어떤 특별한 것은 아니지만 영국혁명을 새로운 각도에서 바라볼 수 있는 시야를 넓히는데 기여하였다. 다음 20세기 중엽에 등장한 핵스터교수의 해석은 영국혁명을 새로운 면모로 바라보게 하였다. 즉 영국혁명은 영국에서 부유하고 가장 상식 있고 건전한 사람들인 '제3의 젠트리'에 의해 일어난 사건이라는 것이다. 이 주장은 휘그적 해석과 마찬가지로 영국사람들에게 긍정적으로 받아들여지는 해석이기도 하다.

---

2) J. S. Morrill, *Seventeenth-Century Britain 1603-1614*(Cambridge, 1980); 민석홍,『서양근 대사연구』, 일조각, 1978), ch. Ⅱ.

2. 혁명의 배경

의회의 특성

영국혁명의 가장 중요한 배경으로는 영국의회의 특성을 들어야 할 것이다. 그것은 영국이 다른 대륙의 국가들과 같이 절대주의체제를 유지하고 있으면서도 의회를 통하여 제일 먼저 혁명의 깃발을 들었기 때문이다. 그러면 영국의회의 어떤 특성 때문에 혁명이 일어난 것인가. 앞에서 살핀 바와 같이 영국의회는 전통적으로 왕의 자문을 맡는 협력기관이었다. 즉 의회는 전쟁이나 재정문제로 왕의 요청이 있을 때마다 왕실을 돕는 역할을 충실하게 수행함으로써 왕권에 종속되는 경우가 적지 않았다. 그리하여 왕은 의회 안에 군림하면서 중앙집권적 권위를 누릴 수 있었다. 한편 의회도 왕과의 원만한 관계를 유지하면서 오히려 그들의 의회조직을 공고히 하는 데 도움을 받았다.

의회가 점차로 그들의 독자적 주장을 내세우게 된 것은 튜더왕조의 헨리 8세 때부터였다. 그것은 헨리가 구귀족의 공백을 채우기 위하여 하원에 새로운 귀족들을 늘렸기 때문이다. 헨리 때는 의원수가 300여명이던 것이 엘리자베스 때는 470석으로 증가되었다. 이들 하원의원들 가운데는 부유한 부르주아적인 젠트리가 많았다.[3] 그들은 보수를 받지 않는 지방유지나 귀족자제들로 대륙의 관리들에 비해 운신의 폭이 넓고 자유로웠다. 그리하여 그들의 주된 관심은 영국의 경제발전과 부흥, 민의, 입헌적 전통, 대의제, 국내질서 등에 쏠려 있었다. 그들은 의회의 동의 없는 일방적인 왕의 절대주의나 왕권신수설을 용납하려 하지 않았다. 하원은 이제 더 이상 왕권에 종속된 자문기관이 아니었다. 여기에 힘을 더한 것은 보통법 지지자들의 협력이었다. 왜냐하면 왕을 중세적 제후로 바라보려는 이들(보통법 지지자들)에게 왕권절대주의의 이데올로기는 맞지 않았기 때문이다. 다시 말해 왕권이 보통법의 지배를 받아야 한다는 논리는 절대왕정 이전의 상황이었으나 절대왕정에 들어와서는 오히려 왕권이 보통법을 지배하려는 입장으로 역전된 것이다. 그리하여 절대왕정을 배격해야

---

3) 'gentry'는 'gentlemen,' 혹은 'country-gentlemen'의 군집명사로 세리프, 치안판사 등과 같은 지방유지를 가리킨다. 젠트리는 원래 15세기경 귀족 본가에서 분가한 귀족 차남 이하의 자제들로 작위를 얻은 귀족 장남과 차별화되어 있었다. 이들 불만에 가득 찬 사람들은 15세기 후반과 16세기경에 이르러 강력한 사회계층으로 부상되었다. 이들은 봉건적 토지소유의 붕괴과정에서 형성된 귀족과 요맨의 중간에 위치한 사람들로 그들의 과도기적 특성(지주적, 부르주아적, 중산층적) 때문에 많은 학자들의 관심의 표적이 되었다.

한다는 차원에서 의회와 보통법 지지자들은 굳게 손을 잡았던 것이다.

왕권과 의회의 갈등

이와 같은 상황에서 등장한 왕이 바로 새로 문을 연 스튜아트왕조의 제임스 1세(James Ⅰ : 1603-25)였으며 그 뒤를 이은 사람이 아들 찰스 1세(Charles Ⅰ : 1625-49)였다. 제임스는 튜더왕조의 마지막 여왕 엘리자베스가 후사가 없이 죽자 그 뒤를 이은 사람으로, 여왕의 구적이자 사촌누이인 스코틀랜드의 여왕 매리 스튜아트의 아들이었다. 그러므로 그는 스코틀랜드와 잉글랜드의 통치자로서 출발했지만 처음부터 영국(잉글랜드)인들에게는 생소하였다. 더욱이나 영국인들을 건드린 것은 왕권신수설에 기초한 그의 강력한 절대주의 정책이었다. 그의 뒤를 이은 찰스도 부왕과 거의 마찬가지로 절대군주의 위엄을 버리지 않았다. 여기에서 왕권은 의회와 심한 갈등관계를 가지지 않으면 안 되었다. 왜냐하면 왕권이 대륙의 절대군주제를 철저하게 따르려고 한 반면에 의회는 법과 정책수립에 의한 입법기관의 권위를 지키려고 맞섰기 때문이다.

이들의 대립을 첨예하게 만든 것은 국사 운영에 필요한 비용(돈) 때문이었다. 실제로 스튜아트왕조 때는 중세와는 비교가 안 될 만큼 국가조직의 규모가 크게 증가된 것이 사실이었다. 그러므로 영국의 왕실을 부르봉이나 합스부르크와 견주어 단순히 사치와 낭비를 일삼는 장소로만 간주해서는 안 될 것이다. 그런데 문제는 영국의 왕들(제임스와 찰스)이 그들의 국사운영비를 거두어들이는 데 실패한 것이다. 그것은 위에서 말한 바와 같이 돈을 내야 하는 지배계급들이 의회에서 돈의 징수와 소비의 통제권을 장악하고 있었기 때문이다(이들 지배계급들은 아직은 민주주의적인 입법기관은 물론 아니었다). 더군다나 이러한 왕권과 의회의 싸움에 불을 지핀 것은 종교적 분열이었다. 그것은 정권쟁탈전이 기독교적 신앙 강요와 긴밀하게 밀착되어 있었기 때문이다. 즉 누가 정권을 장악하느냐에 따라 신앙의 획일화가 결정되기 때문이다. 그리하여 왕당파가 영국교회와 연결되고, 의회파가 주로 청교주의에 기초를 둔 장로파, 독립파, 회중교회파와 연결되어 갈등을 가지게 되었던 것이다.

제임스 1세와 찰스 1세

제임스 1세와 찰스 1세는 주로 돈 문제와 외교정책, 종교문제로 의회와 충돌하게 되었다. 먼저 제임스 1세에 대하여 살펴보도록 하자. 제임스는 우선 돈이 필요하므로 의회의 승인이 없어도 되는 항목들을 찾아내어 징수하려고 하였다. 그 가장 대표적인 것이 건포도에 대한 세금을 거두려는 1605년의 베이트사건과 기부금강납이었다. 전자는 수입업자 베이트의 거절로 재판에 회부되었으나 패소되었으며, 후자 또한 기부자의 거부와 이를 옹호한 코크 대법관의 파면으로 일단락되었다. 그러나 이 사건들로 왕권에 대한 일반인들의 신뢰는 땅에 떨어졌다. 그는 다시 예배의 개혁과 성경번역을 요구하는 천년왕국청원서의 거부로 의회의 반발을 샀다.[4] 그는 다음 해(1604) 햄프톤 궁정회의에서 "주교 없으면 왕도 없다"는 구호로 청교도들을 포함하는 비국교파를 공격하여 민심으로부터 멀어졌다. 다만 성경영역은 허락하였다. 이것이 바로 유명한 흠정영어성경(King James Version, 1611)으로 지금도 영어권 국민들이 애용하고 있다. 이것은 47명의 성직자들에 의해 이루어진 것으로 최고의 문학적 걸작품으로 평가받고 있다. 제임스는 연이어 왕자의 결혼문제로 의회의 불만을 자아냈다. 그것은 그가 가톨릭인 스페인 공주를 맞이하려 했기 때문이다. 의회는 왕의 결혼정책에 반대하는 청원서를 제출했으나 각하되어 결국 대항의서(the Great Protestation, 1621)를 작성하였다. 이것은 영국혁명과 관련된 외교관계에 대한 의회의 통제권을 규정한 최초의 문서이다. 이 사건으로 왕은 의회를 해산하고 주모자 4명을 투옥하여 국민을 실망시켰다.

1625년 즉위한 찰스 1세도 부왕의 정책을 그대로 따랐다. 찰스는 왕비의 지나친 가톨릭 선호정책에다가 설상가상으로 프랑스와의 전쟁에 휘말리게 되었다. 그리하여 그는 제일 먼저 돈 문제로 의회와 부딪히게 되었는데 이것은 외교와도 관련된 문제이다. 그는 의회에 구원을 요청했으나 거절당하자 개인들에게 강제징수를 실시하였다. 그리고 전쟁비용을 절감하기 위하여 군대숙박을 강요하였다. 이를 거절하는 사람들은 투옥시켰다. 이에 의회는 1628년 왕권을 제한하는 유명한 권리청원(the Petition of Right)을 통과시켰다. 이것은

---

4) 1603년 800여명에 달하는 청교도들이 제임스 1세에게 제출한 청원서(the millenary petition)로, 그 요구내용은 제모, 예복, 결혼반지 등의 사용금지와 간결한 예배의식, 설교의 강조 및 새로운 성경의 영역 등이다.

마그나 카르타와 함께 영국의 두 번째로 손꼽히는 문서로 근대입헌정치의 가장 기본적인 내용이 들어 있다. 즉, 의회에 의해 통과되지 않은 과세는 어떤 것도 불법이다, 개인집에 군인숙박은 금한다, 평시의 계엄령은 선포할 수 없다, 특별한 경우를 제외하고는 전횡적인 감금은 금한다 등이다. 다급해진 왕은 일단 이를 수락했으나 오래가지는 못하였다. 그는 다음 해 의회를 해산하고 권리청원을 주도한 존 엘리오트와 다른 8명을 체포하여 런던탑에 투옥시켰다. 엘리오트는 의회파 최초의 순교자가 되었다. 이후 찰스는 11년간(1629-40) 의회 없는 통치자가 되었다.

선 박 세

그의 징세방법은 새로 꾸며낸 것은 아니었지만 악랄하기 그지없었다. 그 가장 대표적인 것이 소위 선박세(the ship money)였다. 선박세는 원래 해안가 도시들이 왕실해군을 위하여 선박을 마련하던 고대관례에 따른 것으로 찰스는 이를 일괄하여 돈으로 지불토록 하였다. 그는 이에서 더 나아가 이 세금을 해안가 도시들뿐 아니라 내륙지방에까지 확대하여 지불하도록 명령하였다. 이것이 바로 중산층의 분노와 전제왕조에 대한 반발을 야기시키는 원인이 되었다. 적지 않은 사람들이 찰스의 강납을 거절하였는데 이 가운데는 왕의 법무장관도 끼여 있었다. 부유한 귀족출신 존 햄프든(John Hampden) 장관은 결국 법정에 끌려가 7 대 5 의 표차로 순교자가 되고 말았다. 이로 인해 그는 많은 사람들로부터 왕실독재에 항거한 영웅으로 숭앙을 받게 되었다. 찰스는 종교문제에서도 의회와 부딪혔다. 그는 완고한 고교파인 윌리엄 로드(William Laud)를 켄터베리 대주교로 임명하여 국교회의 획일주의를 강행하였으며, 일요일에도 전국적인 경기시합을 실시하여 청교파의 안식일주의에 정면으로 도전하였다. 그는 또 의회파를 이탈한 기회주의적 보수주의자 스트래포드와 토마스 웬트워스를 기용하여 국민의 빈축을 샀다.

3. 혁명의 과정

영국혁명의 불은 실제로 찰스의 고향인 스코틀랜드에서부터 댕겨졌다. 찰스의 심복 로드가 영국교회의 국교주의를 실시하려다가 스코틀랜드인들의 저항에 부딪히게 되었다. 거의 3세대의 긴 역사를 가진 스코틀랜드의 장로파는 신앙을 끝까지 고수하기 위한 '엄숙한 동맹과 계약(1638)'을 결성하고 찰스에 대항하였다. 이후 이들은 계약파(the covenants)라고 불리어졌다. 이에 찰스는 스코틀랜드인들을 격파하기 위하여 북진하였으나 여의치 않아 일단 중단하고 전비를 마련하기 위하여 1640년 영국의회를 소집하였다. 그러나 11년간이나 문을 닫아야 했던 의회의 불만들이 쏟아져 나오는 바람에 4주만에 문을 닫고 말았다. 이것이 소위 단기의회(the Short Parliament)라는 것으로 스코틀랜드 인들의 남침의 빌미만 만들어주었다. 이 소전투에서까지 패한 찰스는 매일 850파운드를 그들에게 지불할 것을 약속하고 강화를 이루었다. 그러나 앞 길 이 막막한 찰스는 할 수 없이 의회를 다시 소집하게 되었는데 이것이 유명한 장기의회(the Long Parliament: 1640-60)라는 것이다.

전쟁발발

왕은 자기도 모르는 사이에 그의 반대파의 호구에 들어가게 되었다. 의회 (하원) 지도자들은 돈이 없으면 왕은 아무런 힘도 없다는 것을 너무도 잘 알고 있었으므로 이번이야말로 정부의 권력을 잡을 기회라고 생각하였다. 그들은 선박세뿐 아니라 전제의 도구로 사용되었던 성실청과 같은 특별법정들을 폐지 하였다. 그들은 왕의 의회해산을 금지하는 법령과 적어도 매 3년마다 의회개 정을 요구할 수 있는 법령(3년법)을 제정하였다. 그들은 찰스의 최고 심복인 윌리엄 로드와 스트래포드백작을 탄핵하여 런던탑으로 보냈다. 그들은 마지막 으로 찰스에 대한 모든 불만들을 종합한 대간언서(the Grand Remonstrance, 1641)를 작성하였다. 이에 찰스는 최후의 수단으로 왕의 대권을 행사하였다. 그는 하원에 그의 수비대를 진입시켜 의회지도자 5명을 채포하려고 시도하였 다. 의회지도자들은 간신히 그들의 몸을 피했으며 이로 인해 문제는 더욱 심각 하게 악화되었다. 의회는 드디어 찰스를 현재의 영국여왕의 입헌군주 정도로 떨어트리려는 소위 "19개조(the 19 Propositions, 1642.6)"를 제출했으나 왕의 거부로 좌절되었다. 결국 찰스는 북부로 떠나 1642년 8월 노팅검에서 그의 왕 당파 군대를 소집하였다. 이것이 왕과 의회가 무력충돌로 치닫게 된 청교도혁 명으로도 불리어지는 내란의 시작이었다.

기사당과 원두당

싸움은 점차 정치적, 사회경제적, 종교적 이해관계에 따라 찰스 쪽(왕당파)과 의회 쪽(의회파)으로 갈라지게 되었는데, 대체로 왕당파는 영국의 서북부지역에서 강하고 의회파는 동남부지역에서 강하였다. 양편의 구성원들을 살펴보면 왕당파에는 대귀족과 대지주, 가톨릭, 앵그리칸 등이 참가하였으며, 의회파에는 소지주, 상인, 제조업자 등이 참가하였다. 왕당파의 사람들은 일반적으로 기사당(the Cavaliers)으로 불리어졌고 의회파 사람들은 짧게 깎은 머리와 곱슬머리를 가졌다 하여 조소적인 의미로 원두당(the Roundheads)으로 불리어졌다. 전쟁 시초에는 왕당파가 경험의 이점을 살려 유리했으나 1644년 의회파는 크롬웰(Oliver Cromwell: 1569-1658)의 철기군(the Ironsides)으로 재정비하여 전황을 역전시켰다. 철기군은 주로 동부출신의 열렬한 청교도로 구성되었다. 크롬웰은 마르스톤 무어전투(the battle of Marston Moor, 1644)에서 귀중한 승리를 거두고, 1645년 철기군을 기초로 소위 신군(the New Model Army)을 창설하여 다시 네이스비전투(the battle of Naseby)에서 대승하였다. 1646년 왕은 드디어 스코틀랜드군과 의회군에 굴복하고 말았다. 그러나 스코틀랜드는 40만 파운드의 대금을 받고 찰스를 영국의회에 양도하여 일단 수습되었다.

의회파의 분열

여기에서 만약 의회 내의 분쟁만 없었다면 싸움은 종결되었을 것이다. 의회의 다수를 차지하고 있는 온건적인 장로파(the presbyterians)는 찰스를 제한군주로서 왕위에 다시 올려놓기를 바랐으며 장로주의를 영국의 국교로서 정하기를 바랐다. 반면 소수파인 강경적인 독립파(the independents)는 찰스를 불신하였을 뿐 아니라 종교적 관용을 부르짖었다. 이외에도 지주귀족과 대상인으로 구성된 장로파는 입헌왕정을 주장하였고, 산업인과 상인, 근대 지주로 구성된 독립파는 제한선거제의 공화정을 내세웠으며, 그리고 소작인과 수공업자로 구성된 급진적인 수평파(the levellers)는 일원제와 보통선거제의 공화정을 각각 주장하였다.

찰스의 처형

이후 이들의 협상은 우여곡절의 어려운 과정을 거치지 않으면 안 되었다. 찰스는 이 틈을 교묘히 이용하여 스코틀랜드인들과 손을 잡는 데 성공하였다. 그리하여 스코틀랜드인들은 제2차로 영국에 쳐들어왔다. 이에 크롬웰은 1648년 왕당파와 합세한 스코틀랜드군의 침입을 프레스톤에서 격파하고 찰스를 생포하였다. 찰스의 두 번째 패배는 독립파에게 결정적인 주도권을 안겨다 주었다. 독립파와 크롬웰은 찰스를 '피의 사람'으로 못박고 그 자신의 스타일대로 정치를 이끌어 나아갔다. 1648년 12월 드디어 그들은 왕의 폐위를 꺼리는 143명의 장로파의원들을 무력으로 하원에서 축출하는 "프라드 숙청"을 단행하였다. 그들은 의회에 남아 있는 60여명의 의원들로 구성된 소위 잔여의회(the Rump Parliament: 1649. 1.-1653. 4.)를 통하여 왕정과 상원을 폐지하는 일을 진행하였다. 왕의 대역죄에 적용되는 법령이 만들어졌고 특별고등법원이 창설되었다. 드디어 찰스가 그 법정에서 재판을 받았으며 1649년 1월 30일 화이트홀궁정 앞에서 처형되었다. 의회는 드디어 공화국의 성립을 선포하였다. 이렇게 하여 소위 청교도혁명(the Puritan Revolution)의 첫 번째 단계가 끝났다.

4. 혁명 이후

크롬웰의 공위시대

영국혁명 이후 '코먼웰스(Commonwealth)'로 알려진 영국 공화국의 주인공은 크롬웰이라 해야 옳을 것이다. 그는 그야말로 신군의 실질적 권력자로서 혁명을 성공적으로 이끄는 데 견인차 역할을 했기 때문이다. 그는 하나님의 섭리를 굳게 확신했던 건전하고 열정적인 청교도였으며 광신자는 결코 아니었다. 그는 애국적인 독립파로 강한 의지의 소유자였으며 완고하기는 했으나 병적인 권력욕의 소유자는 아니었다. 그는 무정부와 전제정치의 어두움으로부터 영국을 구제하고 국제적으로나 경제적으로 영국을 치켜올리는 데 성공한 반면에 결과적으로 군주정을 대신할 만한 대안을 찾지 못한 결과 왕정복귀를 허용하지 않으면 안 되었다. 그는 독재자가 되었지만 아마도 어쩔 수 없는 상황과 지위의 포로 때문이라는 분석도 있다. 그리하여 그에 대한 역사적 평가도 분분한 실정이다. 그는 잔부의회와 군부의 지도인물로 4년 동안(1649-53) 양자의 관계를 화해하려고 애를 썼다. 그는 왕 대신 41명으로 구성된 국가회의(the Council of State)를 구성하고 이 기구를 관장하였다.

호국경의 정치

그러나 시간이 지나면서 그는 의회의원들이 세력을 잡으려고 하고 반대파의 재산을 몰수하여 그들의 이득을 챙기려는 데 실망하게 되었다. 결국 크롬웰은 1653년 군대를 잔여의회로 몰고 들어가 의원들의 해산을 명하고 성자의회(the Parliament of Saints, the Nominated Parliament, 1653. 4-12)를 결성하였다. 이것은 독립파교회가 추천한 성직자들로 이루어진 지명의회로 군부의 반대에 부딪히자 얼마 안 가서 해산되었다. 결국 공화국은 이렇게 하여 그 끝을 맺게 되었다. 이 조처 이후 소위 군대장교들에 의해 초안된 헌법 아래 실질적인 독재체제가 만들어지게 되었으니 이 헌법이 바로 브리태인이 이때까지 가졌던 성문헌법에 가장 근접한 '통치헌장(the Instrument of Government)'이었다. 크롬웰에게는 호국경(the Lord Protector)의 직이 종신으로 주어졌고, 그의 직위는 세습적으로 정하여졌다. 처음에 의회는 법제정과 세금부과에 있어서 어느 정도의 제한된 권력을 행사할 수 있었으나 1655년 의원들은 호국경에 의해 해산되지 않으면 안 되었다. 그 후 그의 정부는 전제체제로서 어느 스튜아트의 왕들보다 더욱 막강한 독재권을 행사할 수 있었다. 그의 권력은 가히 왕권신수설의 그것과 다를 바가 없을 정도였다. 그는 소위 철저한 청교주의적 '엄법(the blue laws)'에 의해 풍기단속을 엄하게 하고, 주일의 극장출입과 음주·닭투기놀이·도박 등을 엄금하였다. 그러면 그가 공위시대에 이룬 일들은 어떤 것들인지 알아보자.

크롬웰의 치적들

첫 번째로 그는 아일랜드와 스코틀랜드문제들을 해결하였다. 아일랜드와 스코틀랜드는 이 당시 그에게는 눈 속의 가시였다. 먼저 아일랜드에서 처형된 찰스 1세의 아들(찰스 2세)을 지지하는 왕당파와 가톨릭교인들이 올몬드후작의 지휘하에 전아일랜드를 장악하려는 움직임이 일어났다. 1641년경의 문제가 다시 폭발한 것이다. 크롬웰 군대는 1649년 8월 아일랜드에 들어가 더블린을 구원하고 이어 항전하는 드로게다를 진압하는 데 성공하였다. 그러나 이 과정에서 나타난 드로게다 학살은 그를 악명으로 남게 하였다. 그는 얼스터 남부의 3분의 1의 땅을 몰수하여 영국의 신교도들에게 분배하였다. 그의 아일랜드 평정은 이루어졌으나 영국신교도 지주와 아일랜드소작인 사이의 적대감정은 이후 두 세기 반 동안 풀리지 않는 어려운 문제로 남게 되었다. 다음으로 스코틀랜드에서도 찰스 2세를 옹호하려는 움직임이 스코틀랜드 계약자들을 중심으로 일어나고 있었다. 크롬웰은 급거 방향을 돌려 스코틀랜드로 달려가 무력으로 진압하였다. 그는 일만여명의 포로를 사로잡았다. 여러 가지 어려운 고비가 있었으나 결국 우스터(Worcester) 전투의 승리로 아일랜드와 스코틀랜드는 그의 수중에 들어왔다.

두 번째로 그는 국제전쟁(홀란드와 스페인)의 승리로 영국을 해상의 여왕으로 군림하게 만들었다. 그는 영국의 상업과 해군의 주요 경쟁국인 홀란드와 부딪히게 되었다. 그는 드디어 1651년 영국 상인들에게 유리한 항해조례(the Navigation Act)를 통과시켰다. 이 조례는 영국과 그 식민지에서의 무역은 오로지 영국선박이나 수입품의 생산국 선박에 의해서만 가능하며 식민지에서 영국으로 들어오는 모든 물품은 영국선박으로만 수송될 수 있다고 규정하였다. 결국 1654년 홀란드와의 평화체결로 영국은 경제적 번영을 크게 누리게 되었다. 크롬웰은 또한 1652년 스페인에 침략전을 감행하여 카리브해의 풍부한 사탕생산지인 쟈마이카도를 획득하는 쾌거를 얻어 식민지제국의 기초를 다지게 되었다.

급진적 청교파의 반발

크롬웰의 정치는 소수집단의 지지를 기초로 하고 있었으므로 어려움이 뒤따를 것은 정한 이치였다. 크롬웰은 왕당파와 앵그리칸파뿐 아니라 그보다 급진적인 분리파들에 의해서도 심한 반발을 샀다. 모든 폭동들과 마찬가지로 청교도혁명은 시간이 갈수록 더욱 극단적인 성격을 띠게 되었다. 그 대표적인 급진파가 이미 설명한 바 있는 수평파와 그 좌익 집단인 디거파(the diggers), 그리고 열광파인 퀘이커파(the quakers)였다. 수평파는 그 대부분이 청교도들로 계급에 관계없이 동등한 정치권과 특권을 주장한 데서부터 그 이름이 유래하였다. 그들의 탁월한 지도자 릴번(John Lilburne: 1614-1657) 등은 인민의 주권과 성문헌법, 보통남자선거권, 의회주권 등을 주장하였으며 군대 내에 많은 지지자들을 가졌다. 한편 "진정한 수평파"로 자처한 디거파는 토지의 공동개간과 공동분배를 주장하고 나섰다. 그들의 숨은 지도자 윈스탄리(Gerrard Winstanley: 1609-1660)에 의하면 이 지구는 신이 모든 사람들을 위해 주신 '공동의 보배로운 땅(the common treasure of land for all the people on the earth)'이라는 것이다. 그는 '나의 땅,' '너의 땅'의 구분은 있을 수 없으며 모두가 평등하게 먹고살아야 한다는 경제적 평등을 부르짖었다. 영국의 급진적 청교주의는 17세기 중엽 퀘이커파에 의해 그 절정에 다다랐다. 그 지도자 조지 폭스(George Fox: 1624-1691)는 일체의 종교적 의식과 형식, 권위주의를 배격하고 인간내면에 비추어지는 신의 빛인 내광(inner Light)을 강조하였다. 그는 남을 호칭할 때도 '당신(you)' 대신 '너·그대(thou, thee)'로 불렀으며, 목사 없는 예배와 '말없는 모임(silent meeting)'을 주창하였다. 이러한 그들의 사상은 서양의 평등주의와 사회정의사상에 적지 않은 영향을 끼친 것으로 나타나 있다. 결과적으로 영국이 이와 같은 획일적인 장로주의와 극단적인 급진주의에 오래 머물지 않은 것은 크롬웰의 종교적 다원화 정책에서 적지 않은 영향을 받았던 것으로 보인다.5)

왕정복고

완고한 호국경 크롬웰은 1658년 9월 세상을 떠났다. 그를 이은 사람은 착하지만 결단력이 부족한 아들인 리차드 크롬웰(Richard Cromwell)로 다음해 5월까지 그 자리를 지켰다. 아무리 유능한 사람이라도 마찬가지였을 것이다. 왜냐하면 사람들은 엄격한 청교도적이며 칼빈주의적 통치에 진력이 났기 때문이다. 공화국도 호국경도 영국민 절대다수의 지지를 받지 못하였다. 왕당파는 독립파를 권력찬탈자들로 간주하고 나섰는가 하면, 공화국파도 올리버 크롬웰이 세운 위장된 왕국을 혐오하였다. 가톨릭과 앵그리칸은 그들의 예배행위를 범죄로 낙인을 찍으려는 크롬웰의 처사에 불만이 컸다. 중산계급의 상당수는 스페인과의 전쟁을 불사하려는 크롬웰의 결단에 회의를 가지기 시작하였다. 왜냐하면 스페인과의 전쟁은 결국 영국과 서인도제도와의 상업활동을 위태롭게 만들 것이라고 간주했기 때문이다. 이러한 여러 가지의 이유들로 새로 선출된 의회가 1660년 찰스 1세의 왕자를 영국의 왕위에 회복시켰을 때 영국인들은

---

5) 졸저, 『청교도: 삶·운동·사상』, 아가페, 1999 참고 바람.

오히려 좋아하는 분위기였다. 사람들은 새로운 왕이 그들의 생활을 즐겁게 하고 도덕의 기강을 풀어주며, 그리고 군인들과 열성당의 무서운 지배로부터 구해줄 것으로 기대하였다. 더군다나 그는 더 이상 독재자가 아니라 의회를 존경하며 마그나 카르타와 권리청원을 준수하는 통치자가 될 것이라고 선서하였다.

영국은 이제 명실공히 찰스 2세(Charles Ⅱ: 1660-1685)와 그의 동생 제임스 2세(James Ⅱ: 1685-1688)의 치세로 이어지는 소위 왕정복고(the Restoration)로 알려진 시대로 접어들게 되었다. 1660년의 왕정복고는 일반적으로 혁명과업의 일부를 다시 환원시키려는 일에 착수한 것은 사실이다. 그러나 본질적으로 의회의 기능까지 바꾸지는 못하였다. 청교도적 생활에 대한 반발로서 도덕적인 이완과 세속적인 쾌락, 복고적인 연극 등이 일반에게 널리 전파되었다. 왕정복고는 영국과 스코틀랜드, 아일랜드에 주교제도를 다시 부활시켰지만 영국교회로서의 확고한 지위는 얻지 못하였다. 제임스 2세 때는 가톨릭을 위시하여 비국교파에 신앙의 자유를 허용했지만 워낙 탄탄하게 깔려 있는 프로테스탄트파를 포용하기에는 역부족이었다.

명예혁명

청교도혁명은 실패로 끝났지만 영국은 17세기 말 두 번째의 정치적 변혁인 소위 명예혁명(the Glorious Revolution: 1688-1689)으로 치닫고 있었다. 새로 들어선 찰스 2세는 적지 않은 실책들을 범하고 있었다. 그는 처음 10년간은 신중하게 처신했지만 점차로 친앵그리칸, 친가톨릭(프랑스 루이 14세와의 친교로) 쪽으로 선회하였다. 그리하여 찰스 2세는 크라렌던법(Clarendon Code: 1661-1665)으로 알려진 법으로 비국교도(the non-conformists)를 탄압하고, 심사령(Test Act, 1673)으로 비국교도의 공직취임을 금하였다. 의회가 심사령을 제정한 것은 가톨릭의 부활을 막기 위한 것이었다.

토리당과 휘그당

이즈음부터 의회 안에는 왕에 편드는 여당적인 '토리당(the Tories)'과 왕의 독재와 프랑스의 가톨릭에 반대하는 야당적인 '휘그당(the Whigs)'이 성립되었다. Tory라는 말은 범법자나 도둑을 의미하는 아일랜드어에서 유래하였으며, Whig라는 말은 왕에 대항한 스코틀랜드의 장로교도를 뜻하는 말에서 유래하였다. 이 말들은 이후 왕당파와 휘그당으로 되면서 보수주의와 자유주의를 나타내는 대명사로 대립되었다. 1670년대 말 휘그파는 의회를 장악하고 찰스 2세의 동생 제임스를 옹립하려 했으나 실패하였다. 그러나 그들은 인신보호령(Habeas Corpus Act, 1679)을 만들어 피고의 구금을 제한하고 소정의 재판기간을 정하였다. 이에 대하여 찰스 2세는 의회를 소집하지 않고 전횡적인 정치를 강요했으나 얼마 안 가서 적자 없이 세상을 떠났다.

제임스 2세의 실정

찰스 2세의 뒤를 이은 사람은 동생인 제임스 2세였다. 제임스는 1685년 취임하자 찰스 2세의 서자 몬마우스공(the duke of Monmouth)의 반란 가담자들을 처형(the Bloody Assizes)하였다. 제임스는 열렬한 가톨릭으로 가톨릭을 영국의 종교로 삼으려고 하였다. 그는 모든 공직은 앵그리칸교도(국교도)에게만 주어진다는 의회법령을 어겼으며 군대나 행정에도 로마 가톨릭교도를 앉히려고 하였다. 그러나 의회와 국민은 청교도혁명의 쓰라린 체험을 생각하여 그의 전횡을 인내하였다. 그런데 마침 제임스 2세의 둘째 부인에게서 아들이 생기자 정말 이대로 있다가는 모두 로마 가톨릭과 독재의 족쇄에 묶일 것이라고 두려워하였다. 왜냐하면 그 아들도 그 아버지의 교리를 그대로 따를 것이기 때문이었다.

윌리엄과 매리의 등극

"명예혁명"은 실제로 피 없는 사건이었다. 상층계급과 중산계급의 정치인들은(토리, 휘그 할 것 없이) 비밀리에 제임스 2세의 딸인 매리와 그녀의 남편인 네덜란드 총독 오렌지공 윌리엄(Prince William of Orange and his wife Mary)을 영국의 통치자로 초빙하였다. 윌리엄은 이를 수락하고 1688년 11월 약 14,000명의 군대를 몰고 영국으로 들어왔다. 제임스 2세는 외롭게 프랑스로 도주하였다. 의회는 1689년 1월 제임스의 도주로 영국왕위는 공위상태라고 선언하였으며 윌리엄 부부를 윌리엄 3세(1689-1702)와 매리 2세(1689-1697)로 공동왕으로 추대하였다. 그러나 왕위추대로 혁명이 완료된 것은 아니었다.

1689년 의회는 영국민의 권리와 국권을 보호하기 위한 몇 가지의 법령들을 제정하였다. 첫째로 의회에 제출하는 예산은 1년 내에 만들어야 한다는 법령, 둘째로 가톨릭과 유니테리안파(the unitarians: 삼위일체를 부정하는 기독교인들)를 제외한 모든 기독교인들에게 종교적 자유를 허용하는 관용법(Toleration Act), 그리고 마지막으로 12월 16일 저 유명한 권리장전(the Bill of Rights)이 만들어졌다. 특히 권리장전은 앞에서 말한 권리청원이 더욱 심화된 것으로, 그 내용은 의회의 승인 없이 법을 제정할 수도 과세할 수도 없다는 것, 상비군을 가질 수 없다는 것, 영국인은 누구나 불만을 제거하기 위한 청원권을 가질 수 있다는 것, 그리고 법은 공정하게 운영되어야 한다는 것 등이었다. 이외에도 의회는 폭동진압법(Mutiny Act, 1689)과 3년 회기법(Triennal Act, 1694)을 제정하였으며 군대를 장악하고 언론과 출판의 자유를 보장하였다. 매리를 계승한 누이동생 앤여왕(Anne: 1702-14)은 1707년 영국과 스코틀랜드를 합병하여 대브리튼왕국(the Kingdom of Great Britain)으로 국명을 고쳤다. 켈트인이 많은 아일랜드는 오랜 동안 버티다가 19세기 초 합병되었다. 앤여왕도 후사 없이 돌아갔으므로 의회는 영국왕은 영국교회에 속해야 된다는 왕위계승법(Act of Settlement, 1701)에 의해 제임스 2세 후손의 왕위요구를 봉쇄하고 신교도인 하노버(Hanover)왕실에서 왕을 옹립하였다. 그가 바로 조지 1세(George Ⅰ: 1714-1727)였다. 그는 독일인으로 영어를 알지 못하였으므로 정치를 장관들에게 맡기고 의회에서 다수를 차지한 정당으로 하여금 내각을 조직하게 하여 책임내각제의 기원이 되게 하였다.

명예혁명의 의의

영국인들 가운데는 영국혁명을 과소평가하려는 사람들이 적지 않은 것 같다. 그러나 1640-1660년의 사건들은 영국사에뿐 아니라 서양사상 가장 빛나는 업적이었다. 그것은 청교도혁명으로 비로소 절대군주제에 철퇴가 내려지고 입헌적 대의제가 수립되었기 때문이다. 이 혁명은 왕정복고로 다시 스튜아트왕실로 돌아와야 했지만 그 기간은 잠깐 동안의 휴식기간일 뿐이었다. 만약 청교도혁명이 없었다면 명예혁명도 나타나지 못했을 것이다.

1688년 명예혁명의 중요성은 아무리 강조해도 지나치지는 않을 것이다. 첫째로 명예혁명은 왕에 대한 의회의 궁극적인 승리를 장식함으로써 영국 절대왕조의 운명을 종식하게 하였다. 이후 브리테인의 어떤 왕(비록 아메리카식민지 때 이름을 날리던 조지 3세라 할지라도)에 의해서도 스튜아트 왕들이 입법부를 마음대로 무시했던 일은 다시는 일어날 수 없게 되었다. 두 번째로 그것은 왕권신수설에 최후의 일격을 가하여 의회를 통하지 않고는 어떤 사람도 영국의 왕이 될 수 없게 하였다. 그 좋은 예가 위에서 말한 앤여왕의 등극이었다. 당시 왕 후보로 올라온 사람들은 40여명에 이르렀었다. 결국 다 떨어지고 의회에 의해 앤이 영국왕으로 정해진 것이다. 마지막으로 그것은 18세기 말 미국혁명과 프랑스혁명에 지대한 영향을 끼쳤다는 사실이다. 즉 세계 곳곳에 절대왕권의 붕괴를 알린 것이다. 실제로 유명한 볼테르, 제퍼슨, 페인의 정치이론의 기초를 제공한 것은 바로 명예혁명의 이상적인 제한정부론이었다. 그것은 영국의 권리장전의 상당한 부분이 프랑스의 인권선언(1789)과 아메리카헌법의 첫 번째 수정안에 반영되었기 때문이다.[6]

제 2 절 미국혁명(1775-1783)

1. 역사가들의 해석

미국혁명은 역사상 최초로 주권재민과 민족자결의 원칙을 바탕으로 하는 민주주의적 공화제를 이룩했다는 점에서 그 의의를 찾을 수 있다. 그러면 미국혁명을 말하기에 앞서 그것의 더 깊은 이해를 위하여 역사가들의 해석을 살펴보도록 하자. 미국혁명에 대한 역사가들의 해석은 대체로 18-19세기의 낭만주의 역사학파와 20세기 전반의 수정주의 역사학파, 그리고 제 2 차 세계대전 이후의 신보수주의 역사학파의 세 부류로 나누어진다.[7]

낭만주의 역사학파(the romantist school of historians)에 속한 사람들은 주로 영국으로부터 신앙의 자유를 찾아 건너온 청교도들로 18세기에 성취한 미국독립은 전적으로 신의 은총과 섭리에 의해 이루어진 사건이라는 것이다. 이 학파에 속한 역사가들로는 죤 윈드롭, 윌리엄 브래드포드, 죠지 뱅크로프트 등이 있다. 20세기 전반의 수정주의 역사학파(the revisionist school of historians)

---

6) G. M. Trevelyan, *The English Revolution, 1688-1689* (London, 1965) 참고 바람.
7) Gerald N. Grob and George A. Billias, ed., *Interpretations of American History: Patterns and Perspectives* (New York, 1967), V. I, pp. 1-17.

는 정치적·입헌적 원인을 중시하려는 역사가들과 사회적·경제적 원인을 중시하려는 역사가들로 나누어지는 것이 상례이다. 전자의 학자들은 종래의 미국식민지 중심의 해석에서 벗어나 영국의 정치상황과 연결시켜 폭넓게 미국혁명을 바라보려고 시도하였으며, 후자의 학자들은 영국과 미국식민지의 경제사회적 문제들을 중심으로 미국혁명을 새로운 각도에서 바라보려고 시도하였다. 특히 후자의 역사가들은 미국역사학회의 출범(1884) 이후 과학적 방법을 바탕으로 훈련된 전문적 역사가들로 미국인의 특성을 잘 나타내는 개인주의, 평등주의, 자립주의, 유물주의 등의 소위 아메리카니즘(Americanism)을 대변하기도 하였다.[8]

그러나 제 2 차 세계대전을 계기로 미국혁명에 대한 해석은 크게 달라지게 되었다. 이들이 바로 신보수주의 역사학파(the neo-conservatist school of historians)에 속한 사람들로 전쟁이나 혁명에 대해 부정적인 입장을 가지게 되었다. '신보수주의'라는 말은 그들이 혁신주의 학파 이전으로 더욱 보수적으로 돌아가려 했기 때문이다. 그들은 미국혁명을 갈등과 변화, 혹은 계급차별과 지역별 분화로 바라보려던 시각에서 벗어나 합의와 연속, 통합과 안정의 시각으로 해석하려고 하였다.

2. 혁명의 배경

우리가 오늘날 미국(USA)이라고 부르는 나라의 역사는 유럽의 종속으로부터 시작되었다. 아메리칸 인디안과 아프리카에서 들어온 노예들을 제외하면 아메리카의 원래 주민들은 유럽인들이었다. 그들은 유럽어를 말하고 유럽의 관습과 사상에 베어 있었다. 오랜 동안 그들은 아메리카를 단지 금·은을 캐어 내고, 재배한 담배나 인디고 작물을 유럽으로 가져가 부유하게 해 주는 장소로 간주하였다. 신대륙에 대한 영국의 본격적인 식민활동은 17세기에 시작되었다. 스튜어트왕조 때 청교도들이 신앙의 자유를 찾아 신대륙으로 이주하였고 그 이후 경제적 부를 얻으려는 모험자들이나 국왕의 특허장을 받아 식민지경영에 진출하는 사람들이 나타났다. 아메리카인들이 그들의 땅을 자신의 국가로 간주하기 시작한 것은 18세기경이었다. 그리고 그들이 민주적 역량과 국력에서 대부분의 유럽국가들을 뛰어넘게 된 것은 1914년경이었다.

---

8) 『미국사의 성찰』, 이보형교수정년퇴임기념논총, 소나무, 1989.

1607년에서 1682년 사이에 이루어진 13개의 영국식민지들은 영국에서 보낸 지사(governor)에 의해 다스려졌으나 실제로는 식민지의회의 영향이 적지 않았다. 식민지의회는 토지를 소유한 상층계급이 주도하였으며 그들의 공동체의식과 자치의식은 처음부터 어느 정도 싹트고 있었다. 그들은 유럽대륙과는 달리 빈부의 격차나 사회적 불평등이 크지 않았으며 단지 생업적으로 볼때 남부는 노예를 중심으로하는 농업(plantation)이 성행하였으며 이에 반해 북부는 상공업이 성행하였다. 그러나 그들이 이러한 소극적인 식민지의 굴레에서 벗어나게 된 것은 18세기 중엽에 이르러서였다. 그들은 더 이상 그러한 자리에 머물 수 없을 정도로 성숙되었다. 그들의 관심이나 이상, 사고방식은 물론 경제적 욕구도 모국인 영국에 종속되어 있을 수 없었다. 식민지에 대한 영국의 소위 "유익한 방임(salutary neglect)"정책도 오히려 그들의 자립정신을 자극하는 결과를 초래하였다. 영국은 일반적으로 7년전쟁이 끝나는 1763년까지는 식민지에 대하여 본국의 법률을 엄격하게 실시하려고 하지 않았다.

혁명의 원인들

그러면 미국독립전쟁 혹은 미국혁명의 원인들은 무엇인가. 아마도 다음의 다섯 가지의 사건들을 들 수 있을 것이다.[9] 첫 번째는 영국의 중상주의정책이었다. 영국은 영국제 혹은 영국소유의 배에 의하지 않은 식민지의 무역은 어떤 것이라도 금하며, 담배, 설탕, 면화와 같은 품목들을 영국 이외의 어떤 다른 나라들에도 수출을 금하는 무역·항해조례(the Acts of Trade and Navigation: 1651, 1660-1672)를 실시하여 세입을 올렸다. 그러나 이들 오래된 조례들이 느슨해지자 다시 설탕법(the Sugar Act, 1764)을 만들어 식민지를 압박하였다. 이 법령으로 프랑스와 서인도제도로부터 들여오는 설탕뿐 아니라 포도주, 커피, 실크, 린넨 등에 부가세가 첨가되어 식민지무역에 막대한 지장을 가져다 주었다. 특히 무역에 능한 뉴잉글랜드 상인들에게 치명적인 타격을 주었다. 두 번째는 인지법(the Stamp Act, 1765)의 실시였다. 프렌치 인디언전쟁(the French and Indian War)으로도 불리어지는 7년전쟁(1754-1763)으로 재정이 궁핍해진 영국은 재무장관(George Grenville)으로 하여금 새로운 방법을 강구케 하였다. 그것이 바로 인지법이라는 것으로 모든 신문과 팜플렛, 상업어음,

---

9) Burns, *op. cit.*, pp. 768-771; 이보형, 『미국사개설』, 일조각, 1976.

법률문서 등에 인지를 첨부할 것을 규정한 것이었다. 인지법은 식민지의 거의 모든 계급들의 강렬한 반발을 일으켰으며 영국상품의 불매운동을 야기시켰다. 보스턴에서는 폭동이 일어나 부총독(Hutchinson)의 집이 점령되었다. 뉴햄프셔에서 조지아에 이르는 9개 식민지대표자들이 인지법의 무효를 주장하여 결국 폐지되고 말았다.

세 번째는 식민지의 토지소유욕망의 저지였다. 영국왕실은 1763년 영국이 7년전쟁에서 획득한 모든 영토를 그레나다(Grenada: 몇 개의 서인도제도 포함), 동플로리다(East Florida), 서플로리다(West Florida), 퀘벡(Quebec)의 네 지역으로 나눈다고 선언하였다. 그리고 앨리게이니산맥(아파라치산맥의 일부)과 미시시피강 사이, 플로리다와 퀘벡 사이의 서부지역에 대하여 인디언 이외의 식민지의 사용을 금하였다. 1774년 퀘벡령에 의해 이 문제를 해결하려고 했으나 오하이오강 북쪽 지역을 퀘벡주에 병합시킴으로 오히려 사태를 악화시키는 결과를 가져오고 말았다. 네 번째는 철학자들의 자연권사상이었다. 이 때의 중요한 사상가들로는 유명한 로크, 시드니, 해링턴, 밀턴, 에드워드 코크를 들 수 있는데, 이들은 사무엘 애덤스, 토마스 페인, 토마스 제퍼슨의 사상에 적지 않은 영향을 주었다. 이 계몽철학의 영감을 받은 사상가들은 영국인이면 그가 어디에 살든지 상관 없이 영국정부가 침해할 수 없는 기본권(fundamental rights)을 가져야 된다고 생각하였다. 이 외에 그들로부터 이어받은 것들은 사회계약, 자연법, '대표 없는 곳에 과세 없다', 혁명권 등의 이념들이었다.

다섯 번째는 대표제(representation)와 의회주권(the sovereignty of Parliament)에 대한 학자들의 상충적 주장들이었다. 먼저 대표제에 관하여 식민지 지도자들은 참된 대표자는 실제적인 대표자(an actual representative)이어야 한다고 주장하였다. 즉, 참된 대표자는 그의 이해가 걸려 있는 지역에 살아야 된다는 것이다. 이에 대하여 영국측은 지역보다는 계급을 나타내는 "본질적인 대표자(virtual representative)"를 들고 나왔다. 그들에 의하면, 제국의 귀족은 영국의 귀족층을 대표하는 것이었으며, 하원의원은 그들을 선출하는 지역의 위치에 상관 없이 하원의 구성원을 대표하는 것이었다.

다음으로 의회주권론에 대해서도 의견이 상충하였다. 식민지철학자들은 의회나 왕, 기타 어떤 것에 대한 것이라도 절대주권론을 거부하였다. 이에 대하여 영국의 헌법주의자들은 의회지상권을 들고 나왔다. 그들에 의하면, 의회

의 권한은 어떤 범위에 국한될 수 없을 정도로 초월적이고 절대적이라는 것이
다. 이 개념은 1766년 영국이 식민지를 통제할 법을 만들 권리를 가진다는 선
언법(the Declaratory Act) 제정에 영향을 주었다.

전쟁의 발발

선언법을 강화하기 위하여 영국의회는 1767년 차, 종이, 유리, 납 등에 과
세하는 타운센드법(Townshend Acts)을 공포하였다. 이에 강렬한 반대가 일자
영국은 차 이외의 것들에 대한 과세를 폐지하였다. 그러나 식민지의 반발이 그
치지 않았다. 이러한 상황 속에서 1770년 3월 영국관리들을 위해 보스턴에 머
물던 영국군인들이 식민지 데모대에 발포를 개시하였다. 이것이 유명한 보스
턴학살사건으로 4명의 식민지인들이 눈 속에서 죽었다. 그리고 몇 년 후 1773
년 12월 값비싸게 치루어진 소위 '보스턴 티파티(the Boston Tea Party)' 사건
이 일어났다. 즉 보스턴항구에 정박중이던 영국의 동인도회사 선박에 인디안
으로 변장한 소위 '자유의 아들들(the sons of liberty)'이 쳐들어와 차상자들
(342상자, 9만달러)을 바다에 던지는 사건이 일어났던 것이다. 이 사건에 대하
여 영국정부는 1774년 오히려 보스턴항구를 봉쇄하고 매사추세츠의 선거를
중지하는 등 강압조처를 취하였다.

보스턴에 대한 강압정책이 취해지자 식민지인들은 1773년에 설립된 연락
위원회(committee of correspondence)를 활용하여 상호간의 의견발표와 정보교
환을 통하여 혁명조직의 기반을 만들었다. 그들은 드디어 1774년 9월 필라델
피아에서 조지아를 제외한 모든 식민지대표자들로 구성된 제1차 대륙회의
(Continental Congress)를 열고 영국의회의 식민지 입법권부정, 영국과의 통상
단절, 영국상품의 보이코트 등 강경한 조처를 결의하였다. 결국 사태는 최악으
로 치달아 1775년 4월 보스턴 근교의 렉싱턴(Lexington)에서, 그리고 다음 콩
코드(Concord)에서 영국군과 식민지가 부딪침으로 독립전쟁이 야기되었다.

3. 혁명과정

앞에서 밝힌 바와 같이 미국혁명은 처음에는 영국정부의 전제정치에 대한
격렬한 항거로 시작되었다. 식민지인들은 여러 지역들의 자치를 허용하는 제

국의 재조직을 바라기는 했지만 식민지의 독립을 생각하지는 못하였다. 식민지 대표자들은 1775년 5월 제2차 대륙회의를 개최하고 민병대를 정식군대로 출범시키는 한편 조지 워싱턴(George Washington: 1732-1799)을 식민지 총사령관으로 임명하였다. 대륙회의는 또한 1776년 7월 4일 "연합된 식민지들은 자유롭고 독립된 국가들"이라는 사실을 선포하는 '독립선언(the Declaration of Independence)'을 조인하였다. 주로 토마스 제퍼슨(Thomas Jefferson: 1743-1826)에 의해 만들어진 이 독립선언은 인간은 평등하게 태어났으며 생명, 자유 및 행복추구라는 양도할 수 없는 천부의 권리를 가지며 정부는 피치자의 동의를 통하여 이러한 권리를 보호해야 하며, 만일 여의치 못할 경우 정부를 폐지할 수 있다는 인간의 자연적 평등, 자연권, 사회계약설, 혁명권, 민주주의 등의 내용을 밝히고 있다. 이것은 말할 것도 없이 존 로크의 정치사상을 바탕으로 한 것이었다.

전쟁이 진행되는 과정에서 식민지인들은 독립을 바라는 애국파(the patriots)와 영국을 지지하는 충성파(the loyalists)로 갈라져 처음에는 식민지의 민병대가 불리하였다. 그러나 애국파를 따르는 식민지군이 사라토가전투(1777)에서 승리하면서 전세가 역전되었다. 이 사라토가전투에서 뉴욕을 향하던 약 6000명의 영국군이 식민지군에 항복하였다. 국제적으로도 7년전쟁에서 영국에게 고배를 마셨던 프랑스가 식민지 쪽에 가담하였으며(1778), 이어 스페인(1779), 네덜란드(1780)가 참전함으로써 식민지군에게 유리하게 되었다. 러시아 등의 유럽국가들은 무장중립을 선언하여 실제로는 영국에 불리하게 되었다. 드디어 식민지군은 요크타운(Yorktown)에서 영국군을 격퇴하여(1781), 더이상 덤벼들지 못하게 하였다. 이에 영국도 전세를 파악하고 파리조약(1783)으로 식민지의 독립을 인정하였다. 이 조약으로 식민지는 북쪽은 오대호, 서쪽은 미시시피강, 남쪽은 조지아 남부 지역을 영토로 인정받게 되었다.

4. 아메리카합중국의 탄생

독립선언으로 식민지들은 각기 헌법을 가진 독립국가들이 되었다. 그러나 그들의 헌법은 영국의 지배를 식민지의 지배로 대체한 것은 아니었다. 그들은 단지 지사로부터 비토권을 빼앗거나 지사의 기간을 1년으로 단축하거나 지사를 의회에 예속시키는 일 정도였다. 그리고 식민지국가들에 따라 귀족제도나 장자상속법, 십분의 일세, 면역지대(quit-rent), 국교 등을 폐지하기도 하였다. 대륙회의에 의해 이들 국가들간의 영구적인 동맹을 약속한 연합헌장(the Articles of Confederation)이 발효된 것은 1781년이었다. 그러나 이 연합헌장에 따르면 미국은 13개의 독립국가들의 연합에 불과하고 연합의회는 과세권이 없고 각 연방에 대한 통제력도 가지지 못하였다. 더욱이 연합의회는 전쟁중 남발된 지폐로 화폐가치가 떨어지고 물가앙등, 투기 등으로 재정난에 빠지지 않으면 안 되었다. 이에 이러한 난국을 풀기 위한 강력한 중앙정부의 성립이 요청되었다. 그리하여 1787년 필라델피아에서 연합헌장을 바꿀 헌법제정회의가 개최되었다. 각 주(식민지국가)에 자치권을 주되 중앙에 연합의회보다 더욱 강력한 연방정부(the federal government)를 설립하기로 합의하였다.

연방정부에는 입법, 행정, 사법이 각각 독립하여 상호 견제하는 삼권분립의 원칙이 채택되었으며 입법권을 가지는 연방의회는 상하원으로 구성되며 과세와 군인징집을 맡게 하였다. 행정부는 간접선거로 선출되는 4년 임기의 대통령에게 주어지며 그에게 속한 연방정부는 국방, 외교, 우편, 통화 등의 지휘권을 발휘토록 하였다. 사법부는 연방과 주의 이중구조로 독립적인 존재로 되었으며 최고법정으로서 대법원이 설립되었다. 이 연방헌법은 비준을 받는 과정에서 각주의 격렬한 찬반의 대립을 보였다. 연방정부의 수립을 찬성하는 사람들을 연방주의자(federalists)라 불렸으며 그 대표적인 인사들은 뉴욕 출신의 알렉산더 해밀턴(Alexander Hamilton: 1757-1804)과 존 제이(John Jay: 1745-1829), 버지니아 출신의 제임스 매디슨(James Madison: 1751-1836)이었다. 이들 연방파는 동북부와 중부해안지대에 기반을 둔 보수적인 세력으로 상공업을 주도하였다.

한편 연방헌법을 반대하는 사람들을 반연방주의자들(anti-federalists)이라고 불렸는데, 이들은 연방정부는 주의 자치권과 개인의 자유를 억압할 위험이 있다고 공격하였다. 이들은 위의 연방주의자 존 제이의 운동에 반대한다 하여 공화파(the Republicans)라고도 불리었다. 반연방파(공화파)로는 버지니아의 패트릭 헨리(Patrick Henry: 1736-1799)와 뉴욕주지사 조지 클린턴(George Clinton: 1739-1812)이 유명하였다. 이들 반연방파는 남부와 서부의 급진적이며 주권주의적인 농업세력을 업고 있었다. 이 헌법이 발효하게 된 것은 1788

년의 일이며, 다음 해 조지 워싱턴이 초대대통령에 선출되었다. 결국 역사적인 아메리카합중국(the United States of America)이라는 공화국이 탄생한 것이다. 그 후 1791년 기본인권을 보장하는 10개조의 헌법수정이 부가되었다.

제퍼슨의 민주주의

　　미국공화국 출범 초기에 정치적 주도권을 잡은 사람들은 위의 연방주의자들이었다. 그들은 대지주와 재력가 및 보수주의자들을 휘어잡았다. 그러나 1800년 토마스 제퍼슨의 대통령선출로 반연방파인 민주공화파(the Democratic-Republicans)가 주도권을 잡게 되었다. 이것은 제퍼슨이 대중과 비특권층의 챔피언으로 등장하는 소위 제퍼슨혁명이라는 것이었다. 그러나 그의 사상에는 민주주의와는 거리가 먼 면도 없지 않았다. 그는 루소 대신 로크의 대변자가 되었기 때문이다. 그는 가장 적게 다스리는 정부가 가장 좋은 정부라고 믿었으며, 더 나아가 다수의 무제한적인 주권을 반대하였다. 그가 이상적으로 구상하는 정치제도는 개인의 자유를 주원칙으로 하는 ‘덕과 재능(virtue and talent)’의 귀족주의였다. 그러나 그의 운동에는 또한 민주지향적인 요소들이 많은 것도 부인해서는 안 된다. 그의 지도자들은 부와 신분의 특권을 반대했을 뿐 아니라 장자상속법을 거부했으며, 인민의 대표자들의 우위성을 강조하였다. 제퍼슨이 가장 역점을 둔 이념들은 지방분권화된 정부(주정부)와 헌법의 주기적 개정, 그리고 공립교육에 관한 계획들이었다.

잭슨의 민주주의

　　제퍼슨의 민주주의시대는 1812년으로 그 막을 내렸다. 도시의 일반시민들의 정치의식이 고조되었을 뿐 아니라 그들의 특권에 대한 욕구도 간과할 수 없게 성숙되었기 때문이다. 미국은 미영전쟁(1812-1814)으로 영국을 물리치고 국민적 단결을 도모하였으며 이미 설명한 먼로주의(1823)에 의해 국력을 대외에 과시하게 되었다. 더욱 중요한 것은 제퍼슨 민주주의의 보루인 올드 사우스(the Old South)의 주도권이 사라지고 나폴레옹으로부터 루이지애나의 매입(1803), 스페인으로부터 플로리다의 매입(1819), 멕시코로부터 텍사스의 정복(1845), 그리고 서북부지역의 정착으로 새로운 변방(the frontier)이 존재하게 되었다는 사실이다. 그리고 간과할 수 없는 것은 이민 등의 증가로 미국의 인구가 격증했다는 사실이다. 그리하여 미국인들의 생활과 사고방식도 다른 면모를 가지게 되었다. 그들의 생활은 이제 종전의 소유적 거드름이나 계급차별과는 다른 소박한 자유와 독립정신에 의해 특징지우게 되었다. 생존경쟁에서 가장 중요한 일은 열심히 일하고 예리한 기지를 찾아 내는 일뿐이었다. 말하자면 출생과 교육은 그다지 중요한 일이 아니었다. 그리하여 앤드루 잭슨(Andrew Jackson: 1767-1845)으로 대표되는 평등의 원칙을 모토로 하는 새로운 민주주의가 나타나게 되었던 것이다.

잭슨 민주주의자들은 모든 사람들을 정치적으로 평등하다고 생각하였다. 그리하여 그들은 보통남자선거권과 선거를 통한 모든 공직자선출, 그리고 공직의 원활한 순환을 주장하고 나섰다. 그들은 모든 사람들은 누구나 좋은 사람들이기 때문에 정부 일을 위해 특별한 지식이나 능력이 필요하지 않다고 간주하였다. 그들은 학교책임자와 주정부감사원과 같은 직책들도 일반시민들에게 모두 공개하였다. 그럼에 불구하고 그들은 느슨한 정부를 원하지 않았다. 그들은 오히려 강력한 행정부를 선호하였으며 주지사의 비토권을 회복시켰으며 그 재임기간도 연장하였다. 그리고 그들은 미국대통령을 국민의 의지를 나타내는 참된 대표자라고 선언하였다. 요컨대, 제퍼슨은 귀족적 민주주의를 펼친 반면에 잭슨은 서민적 민주주의를 전개함으로 자유경쟁에 기초한 미국의 자본주의 발전에 적지 않게 기여했던 것이다.

제 3 절 프랑스혁명(1789-1799)

1. 역사가들의 해석

프랑스혁명(the French Revolution)은 계몽사상에서 표출된 인간의 자유와 평등, 박애의 이념을 바탕으로 하는 진정한 의미의 근대적 정치변혁을 장식했다는 점에서 많은 사람들의 관심을 모으고 있다. 왜냐하면 프랑스혁명을 통하여 봉건적이며 전근대적인 앙시앙 레짐의 요소가 단절되는 기미가 보였기 때문이다. 즉, 미신과 전통으로부터 인간의 개성이 해방되었으며, 전제로부터 자유가 승리하였으며, 그리고 이성, 정의, 평등, 자연권 등의 이념들이 비로소 빛을 보게 되었다.

프랑스혁명에 대한 역사가들의 해석은 그것이 부르주아혁명이냐 아니냐 하는 크게 두 가지로 분류된다. 프랑스혁명이 반봉건적이며 반귀족적인 부르주아혁명이라는 해석은 19세기 이래 정통적인 해석으로 자리를 잡고 있었다. 그 대표적인 역사가들이 유명한 죠레스, 마티에즈, 르페브르 등이었다. 그러나 1950년대에 들어서면서 이러한 정통적인 학자들의 해석은 그대로 자리를 유지할 수 없었다. 주로 영미역사가들로 이루어진 수정주의 역사가들은 프랑스혁명은 부르주아에 의한 혁명이 아니라 지주, 귀족 등 상층에 의해 일어난 정치혁명에 불과하다는 것이다. 그러므로 프랑스혁명은 자본주의를 위한 혁명이 아니라 오히려 반자본주의 성격을 가진 혁명이라는 것이다. 그 대표적인 사람이 알프레드 코반이었다. 코반 이후에도 많은 역사가들의 찬반논쟁이 계속되었다. 근자에는 특별히 1793-1794년의 시민들의 운동을 중시하여 민주적인 사회적 공화국을 건설하려는 '민중혁명'으로 규정하려는 해석이 나와 역사가들의 주목을 끌고 있다.[10]

2. 혁명의 원인들

일반적으로 프랑스혁명의 원인은 편의상 정치적, 사회경제적, 그리고 사상적으로 나누어 설명할 수 있다. 그러나 이들 원인들이 따로 떨어진 것이 아니라 서로 연루되어 일어난 사실을 간과해서는 안 될 것이다.

정치적 원인

첫 번째로 정치적 원인들로는 부르봉왕조의 전제정치, 정부의 불합리한 운영, 그리고 무모한 전쟁감행을 들 수 있다. 프랑스는 거의 200년 동안 왕 한 사람을 중심으로 지배되었다. 14세기 필립 4세에 의해 승려, 귀족, 일반인들로 구성되어 만들어진 삼부회로 알려진 프랑스의회(파르망)는 1614년 폐회한 후 다시는 열리지 않았다. 왕은 실제에 있어서 국가나 다름이 없었다. 왕은 왕명에 의해 사람들을 재판 없이 감옥에 집어넣었으며, 왕을 비판하는 언론을 탄압하는 등 왕의 절대주권을 자의대로 자행하였다. 왕들은 이러한 상황에서 일정

---

10) Francois Furet, *Interpreting the French Revolution* (New York, 1981).

한 정부규정이나 정책 없이 그때그때 새로운 정부기관과 제도를 임의로 만들어 마음에 드는 사람들을 관직에 앉히고 세금을 거두어들였다. 그리하여 각 지역에 대한 정책의 통일성이 결여되었다. 이에 관해서는 경제적 원인을 다룰 때 상술할 것이다. 무엇보다도 프랑스를 정치적으로 어렵게 만든 것은 무모한 전쟁들에 뛰어든 일이었다. 프랑스혁명의 원인을 제공한 국제전쟁은 루이 15세 때 일어난 7년 전쟁(1756-1763)이었다. 이 싸움으로 프랑스는 오스트리아와 러시아의 도움에도 불구하고 영국과 프러시아에 등을 돌리게 됨으로써 치명적인 타격을 받지 않으면 안 되었다. 결국 프랑스는 모든 식민지들을 빼앗기게 되었다. 사태를 더욱 악화시킨 것은 루이 15세를 이어받은 루이 16세가 1778년 아메리카 독립전쟁에 끼어들었기 때문이다. 비록 프랑스는 승전 측에 있긴 했지만 3년 이상 쏟은 전비의 양을 더 이상 메울 방법이 없었다. 이것이 바로 왕과 중산계급과의 재정문제 싸움에서 그를 곤경에 빠지게 만든 덫이었다.

사회경제적 원인

프랑스혁명의 두 번째 사회경제적인 원인은 무엇인지에 관하여 알아보도록 하자. 그것은 제 3 신분인 중산계급(the middle class)의 성장을 들어야 할 것이다. 일반적으로 프랑스의 제 3 신분은 승려와 귀족 이외의 모든 사람들을 지칭하는 계층으로 부르주아지, 농민, 도시노동자 등이 포함되었다. 우선 명심해 둘 일은 이들 중산계급이 미신과 기아에 허덕이는 사람들로 구성된 밑바닥 계층이 결코 아니라는 사실이다. 혁명은 그들이나 빈한한 프로레타리아의 빈곤에 의해 야기된 것이 아니다. 혁명은 오히려 그들의 경제적 성공과 번영을 바탕으로 하는 그들의 자신감과 미래지향적인 이익추구에서 초래되었다. 부르주아지는 실제로 혁명당시 주된 경제계급으로 성장해 있었던 것이 사실이다. 그들은 왕권을 축소하기 위하여 여러 가지의 중상주의정책들에 반발하였다. 토지를 제외한 모든 생산적인 부, 즉 무역, 제조, 재정은 그들의 손 안에 있었다. 예를 들면 1789년 프랑스의 외국상업 거래량은 거의 11억 5,300만 프랑에 달하였다고 한다. 그러나 그들의 불만은 사라질 수가 없었다. 왜냐하면 그들은 정치적 특권에서 거의 배제되어 있었기 때문이다. 그들은 법정에서도 영향력이 없었으며 자그마한 지방관리직 이외에는 투표권이 없었다. 단지 결혼 등에 의해 하찮은 관직에 오를 뿐이었다. 그러면 중산계급 이외의 사회구성에 관하

여 살펴보도록 하자.[11]

혁명 이전 프랑스의 사회계급은 승려층인 제 1 신분(the First Estate), 귀족층인 제 2 신분(the Second Estate), 그리고 일반층인 제 3 신분(the Third Estate)으로 구성되어 있었다. 제 1 신분은 실제로 두 계층으로 나누어져 있었는데, 하나는 추기경, 대주교, 주교, 수도원장으로 이루어진 고위 승려층이며 다른 하나는 승려나 교구 목사로 이루어진 하위 승려층이었다. 이들은 모두가 교회를 위해 일하는 종복들이지만 실질적으로 양자를 가르는 강은 매우 깊고 넓었다. 하위승려들은 그들이 속한 교구 구성원들처럼 가난하였으며 일반인들의 편에 있었다. 이와는 대조적으로 고위승려들은 부유한 삶을 누렸으며, 왕과 함께 궁정생활을 즐겼다: 그들은 전체인구의 1 퍼센트에 해당되지만 그들의 땅은 전체 토지의 20퍼센트를 능가하였다. 그들 가운데 어떤 주교나 대주교들은 수십만 프랑의 수입을 잡았으며 잡다한 종교문제에는 거의 신경을 쓰지 않았다. 따라서 그들은 왕의 절대권을 거들거나 아니면 도박이나 스캔달 등 사악한 일을 저지르는 것이 상례였다.

세속적인 귀족으로 구성된 제 2 신분도 두 개의 캐스트로 나뉘어 있었다. 귀족 꼭대기에는 중세의 봉건적 영주에서 연유되는 대검귀족(the nobles of the sword)이 있었으며, 그 아래에는 조상들의 관직매입으로 이루어진 법복귀족(the nobles of the robe)이 있었다. 후자의 "법복(robe)"은 관리나 법관의 가운에서 나온 명칭이었다. 법복귀족은 때때로 혈통이 좋은 귀족에 의해 무시되기도 했지만 매우 진취적이며 지적인 상층계급이었다. 그들 가운데는 몽테스키외, 미라보, 라파이에트와 같은 열렬한 개혁가들이나 혁명에서 중요한 역할을 해낸 사람들도 있었다. 제 2 계급에서 실질적으로 특권층을 이룬 것은 대검귀족이었으며 그들은 고위 승려층과 함께 정부의 중요한 지위를 대부분 차지하였다. 그들은 주로 베르사이유에 거주하였으며, 농민들로부터 필요한 것들을 강탈하였다.

다음으로 사회경제적인 문제들 가운데 으뜸이 되는 것은 불공평한 조세제도였다. 1789년 이전의 프랑스의 조세는 주로 직접세와 간접세의 두 가지였다. 직접세에는 대물과 대인에 부과되는 타이유(taille), 머리 수에 따라 부과되는 인두세(capitation), 소득의 20분의 1(나중에 10분의 1, 11분의 1로 바뀜)이

---

11) Perry, *op. cit.*, ch. 19; 노명식,『프랑스혁명에서 빠리 꼼뮨까지, 1789-1871』, 까치글방, 1980.

부과되는 소득세(vingtieme)가 있었다. 간접세는 상품가격에 부과되거나 최종
소비자에 의해 지불되는 것으로 주로 수입품목에 부과되었는데, 포도주와 알
콜 등에 매긴 음료세(aides)와 소금세(gabelle)가 있었다. 특히 소금세는 소금
이 국가 독점품목이 되면서 부르주아지에게 무거운 짐이 되었다. 직접세는 물
론 간접세도 특권계층에게는 면제되었고 제 3 신분에게만 물게 하여 그 불만은
이루 말할 수가 없었다.

봉건제도 자체가 혁명당시 사라진 것은 사실이지만 그 잔재는 아직도 남
아서 왕권과 상층계급의 특권을 누리는 데 적지 않게 기여하였다. 지방에는 농
노가 상당수 있었던 것으로 보인다. 조사에 의하면 적어도 전체 인구 1,500만
중에서 농노로 있던 농민의 수가 150만인 것으로 나타나 있다. 인구의 대부분
인 농민들은 귀족소유의 여러 가지 시설들을 사용하기 위하여 내는 강제사용
료(banalite)를 물지 않으면 안 되었다. 이것은 중세 때는 주군의 제분기나 포
도주틀, 빵 오븐을 사용했을 때 지불되는 세금이었다. 18세기에 그들은 더 이
상 필요하지 않을 정도로 그것들을 소유하고 있었다. 그럼에도 불구하고 그들
은 원래의 액수대로 징수하지 않으면 안 되었다.

다음으로 골치 아픈 봉건적 유제는 부역세(corvee)와 귀족의 사냥특권이
었다. 부역세는 중세 때 주군의 직영지와 도로, 다리에 대하여 노동을 제공하
던 것인데, 정부에 대한 의무규정으로 바뀌었다. 매년 수주 동안 농민은 그 자
신의 일을 제쳐놓고 공공 고속도로 유지를 위해 노동을 제공해야 했다. 그리고
농촌에 사는 사람들은 귀족의 사냥 뒤치다꺼리를 해야 했다. 농민은 토끼나 까
마귀, 여우 등을 잡을 수 없었으며 풀을 베어서도 안 되었다. 귀족들로 인하여
당하는 그들의 불편과 고통은 이만저만이 아니었다.

사상적 원인

마지막으로 프랑스혁명의 사상적 원인들에 관하여 알아보도록 하자. 프랑
스혁명의 사상적 뿌리는 계몽사상이었다. 계몽사상은 두 가지의 정치적 이론
들을 제공하였다. 하나는 로크와 몽테스키외와 같은 저술가들의 자유주의 사
상이며, 다른 하나는 루소의 민주주의 사상이었다. 이 양자의 사상들은 근본적
으로 반대되는 요소들을 가지고 있지만 다른 한편 공통적 요소들도 가지고 있
다. 양자는 국가는 필요악이며 정부는 계약적 기초 위에 서 있다는 가설 위에

서 있다. 양자는 서로 해석의 차이는 있지만 인민 주권과 어느 정도 개인의 기본권을 중시하였다. 위의 사상가들에 대해서는 일차적으로 설명한 바 있거니와 여기에서는 그들의 정치사상이 다루어질 것이다.

자유주의 정치이념: 로크와 몽테스키외

자유주의 정치이념에 대해서는 이미 존 밀턴(John Milton: 1608-1674)이나 제임스 해링턴(James Harrington: 1611-1677), 시드니(Algernon Sydney: 1622-1683)의 저술들을 통해 전달되었으나 17, 18세기의 자유주의 정치사상의 대표적인 기수는 존 로크였다. 로크의 정치철학은 앞에서 말한 그의 저술(*the Second Treatise of Civil Government,* 1690)을 통하여 나타나 있다. 그는 명예혁명의 결과로 영국에 등장한 새로운 의회정치제도를 옹호하기 위하여 입헌정치와 같은 소위 제한정부론(the theory of limited government)을 내세웠다. 그에 의하면, 원래 모든 사람들은 절대적 자유와 평등이 존재하는 자연의 상태(a state of nature)에 살았기 때문에 어떤 종류의 정부도 필요 없었다. 그 곳에는 개인의 생명과 자유, 재산에 대한 자연권을 보호하는 자연법만이 존재했었다. 그러나 사람들은 오래지 않아 자연상태에서 불편을 느끼게 되고 그 자신의 권리를 더 많이 가지려고 하여 결국 혼란과 불안전이 초래되었다.

그리하여 그들은 시민사회(a civil society)와 정부를 수립하여 소정의 권력을 양도하는 데에 합의하지 않으면 안 되었다. 그럼에도 불구하고 그들이 만든 정부는 절대적 정부가 결코 아니었다. 왜냐하면 그들이 정부에 부여한 유일한 권력은 자연법의 행정권(the executive power)이기 때문이다. 다시 말하여 국가는 사회의 모든 구성원들의 합력에 불과한 것이기 때문에 국가의 권력은 그들이 사회로 들어가기 전 자연의 상태에서 가졌던 것 이상일 수 없다. 양도되지 않은 모든 권력들은 인민(the people)에게 그대로 남아 있으며, 만약 정부가 정치적 계약으로 주어진 것을 뛰어넘거나 남용한다면 그것은 전제적 행위일 수밖에 없다. 그러므로 인민은 그러한 정부를 해체하거나 저항, 혹은 전복할 권리를 가질 수 있다. 이에 따라서 그는 어떤 형태든 권력의 절대주의를 배척하였다. 그는 왕권뿐 아니라 입법기관인 의회에 대해서도 무제한적 권력의 부여를 반대하였다. 그는 철저하게 개인의 자연권 침해를 배격하였다. 자연권, 제한정부, 전제에 대한 저항권 등과 같은 그의 주장들은 이미 설명한 미국혁명

과 프랑스혁명 사상의 중요한 기반으로 작용하였다.[12] 로크의 사상을 흠모한
사상가 볼테르에 대해서는 이미 서술한 바 있으므로 생략한다.

한편으로 로크와는 조금 다른 각도에서 자유주의 정치이념을 다룬 사람은
이미 말한 바 있는 몽테스키외였다. 몽테스키외는 그의 저서 『법의 정신(*the
Spirit of Laws*)』에서 새로운 방법과 개념의 국가론을 펼쳤다. 그는 순수 연역
에 의해 정부론을 세우는 대신 실질적인 정치제도를 강조하는 아리스토텔레스
적 방법을 좇았다. 그는 로크의 자연권사상과 국가계약 기원론을 거부하고, 자
연법의 의미는 역사적 사실 안에서도 찾을 수 있다고 주장하였다. 그는 더 나
아가 어디에서나 모든 인민에게 적합한 하나의 완전한 정부형태는 있을 수 없
으며, 오히려 성공적인 정치제도는 자연환경과 사람들의 사회적 진보수준에
맞추어질 때 가능하다고 주장하였다. 그러므로 그에 의하면, 전제주의는 광대
한 지역에 가장 적합한 정치제도이며, 제한된 왕정은 중간규모의 나라에, 그리
고 공화국 정부는 작은 규모의 나라에 가장 적합한 정치제도이다. 그는 프랑스
에는 제한된 왕정이 가장 어울릴 것이라고 덧붙였다. 다음으로 그의 유명한 정
치이념은 서로의 권력들을 견제하려는 삼권분립론이었다. 그에 의하면, 인간에
게는 주어진 권력을 남용하려는 자연적 성향이 있으며, 정부도 전제로 빠질 성
향이 다분히 있으므로 이를 막을 장치가 있어야 된다. 그리하여 정부를 입법,
사법, 행정으로 나누고 이들 권력들이 서로 다른 부서들을 견제하게 해야 독재
를 방지할 수 있다. 끝으로 그는 사법부의 독립권을 강조함으로써 개인의 권리
를 다른 두 권력들로부터 보호할 것을 덧붙였다. 몽테스키외의 삼권분립론은
미국과 프랑스혁명의 정치발달에 크게 작용하였다.

민주주의 정치이념 : 루소

두 번째로 프랑스혁명에 영향을 끼친 정치사상은 민주주의 정치이념이었
다. 민주주의는 자유주의와는 대조적으로 인민의 통치에보다는 개인의 권리수
호에 관심을 훨씬 덜 가졌다. 실제로 민주주의는 그 기원이나 역사적 의미에서
볼 때 대중의 주권과는 떨어질 수 없는 이념이었다. 시민 다수의 의지(the ma-
jority of the citizens wills)가 무엇인가 하는 것이 국가 최상의 법이었다. 왜냐
하면 인민의 목소리는 신의 목소리이기 때문이다. 민주주의하에서 소수(minor-

---

12) 노명식, 『자유주의의 원리와 역사』, 민음사, 1991.

ity)는 계속하여 표현의 자유를 누리려고 힘쓰겠지만 이 가설은 필연적인 것은 아니다. 그것은 단지 소수가 다수가 되려는 주권에 불과한 것이다. 물론 오늘날의 민주주의 신봉자들 가운데에는 이러한 논리에 반대하는 사람들도 적지 않다. 그러나 이와 같은 이상은 일반적으로 자유주의의 영향으로부터 나온 것이었다. 실제로 민주주의와 자유주의는 동등한 의미를 가진 것으로 사용되는 경우가 많다. 그러나 위에서 밝혔듯이 원래 그들의 이상은 전혀 다른 것이었다. 역사적으로 민주주의는 모든 사람들의 자연적 평등과, 세습적 특권에 반대하는 이념, 그리고 다수의 지혜와 덕에 대한 믿음을 가지고 있는 사상이었다.

민주주의 정치이념의 창시자는 쟝 자크 루소였다. 쟝 자크 루소는 낭만주의의 아버지로 그의 정치판단들은 감성으로부터 적지 않은 영향을 받은 것으로 보인다. 그는 유명한 대표작들(the Social Contract; the Discourse on the Origin of Inequality)을 통하여 그의 정치이론을 전개하였다. 그는 사람들은 원래 자연의 상태에 살았다는 주장을 따랐다. 그러나 그는 이 자연의 상태를 진정한 낙원(a veritable paradise)으로 간주하였다. 그의 의하면, 어떤 사람도 자연의 상태에서 다른 사람에 반대하여 그 자신의 권리를 주장함으로써 불편을 당하지 않았다. 참으로 이러한 자연의 상태에서 상호 갈등의 기회는 극히 적을 수밖에 없었다. 왜냐하면 이 곳에서는 오랜 동안 사유재산이 존재하지 않았을 뿐 아니라 모두가 동등한 이웃들이었기 때문이다. 그러나 결과적으로 일부 사람들이 땅의 구획을 정하고 '이것은 나의 것'이라고 말하는 일 때문에 악이 생겨났다. 그리하여 여러 가지 종류의 불평등들이 지배하게 되었으며 '속이는 사기행각,' '무례한 사치,' '한없는 야심' 등이 판치게 되었다. 그들은 안전을 찾기 위하여 시민사회를 만들어 그 사회에 그들의 모든 권리들을 양도했다. 그들은 사회계약의 수단을 통하여 그들 각 개인의 권리를 다수의 의지에 맡길 것을 동의하였다. 이렇게 하여 이루어진 것이 소위 국가이다.

그러면 루소의 정치이념과 자유주의자들의 이념과는 어떻게 다른가. 그들은 주권론에서 서로 달랐다. 로크와 그의 추종자들은 주권의 일부만이 국가에 양도되고 나머지 권력은 인민 자신들에 의해 가지게 된다고 가르친 반면에 루소는 이와 다르게 주장하였다. 즉 주권은 불가분한 것이며 주권의 모든 것은 시민사회가 형성될 때 그 사회에 주어졌다는 주장이다. 더 나아가서 개인 각자는 사회계약의 한쪽 편으로서 인민에게 집단적으로(to the people collectively)

그의 권리를 양도하였으며 절대적으로 일반의지에(to the general will abso-lutely) 넘길 것을 합의하였으므로 국가의 주권은 무엇이든 무제한적이라는 것이다.

다수의 투표를 통하여 나타나는 이러한 루소의 일반의지는 최종적인 심판의 법정임을 의미하였다. 즉, 다수의 결정은 무엇이든 반드시 정치적인 의미에서 올바른 것이며, 절대적으로 모든 시민에 묶여 있다. 실질적으로 다수를 의미하는 국가는 법적으로 절대적인 힘을 가진 실체이다. 그러나 이것은 개인의 자유가 훼손되는 것을 의미하는 것은 아니다. 반대로 국가에의 복종은 오히려 순수한 자유를 고양시키는 효과를 가진다. 개인들이 그들의 권리를 사회에 양도함으로써 자연상태의 육체적 자유를 참된 자유로 레벨 업 시킨다. 그러므로 개인으로 하여금 일반의지를 준수토록 강요하는 것은 그를 자유하게 만들기 위하여 강요하는 것과 같다. 다시 말하여 루소의 국가는 단순한 정부가 아니라 일반의지를 나타내는 주권의 기능을 가진 정치적으로 조직된 사회를 의미하였다. 즉, 국가의 권위는 단지 대표될 수 있는 것이 아니라 직접적으로 인민자신에 의한 기본법의 제정을 통하여 나타나는 것이다. 반면에 정부는 국가의 행정기관에 불과한 것으로 그 기능은 일반의지를 형성하는 것이 아니라 단지 그것을 수행하는 데 지나지 않는다. 그리하여 루소의 평등과 다수우위의 교리들은 프랑스혁명의 로베스피에르에 지대한 영향을 주었으며, 미국에서는 소위 잭슨의 민주주의에, 그리고 국가를 '역사 안의 신(God in history)'으로 숭배하던, 그리고 사회계약철학을 발전시킨 독일의 낭만주의 관념론자들에게 적지 않은 영향을 끼쳤다. 후에 루소는 도덕적 규제에 의해 다수가 조절될 수 있다는 뜻을 비치기도 했지만 그의 절대주권에는 영향을 미치지 못하였다.

3. 혁명과정

혁명의 시작

프랑스혁명의 직접적인 원인은 잦은 전쟁과 왕실낭비로 인한 국고고갈이었다. 프랑스혁명의 보다 깊은 요인은 앙시앙 레짐의 모순에 있었다는 것은 주지의 사실이다. 그리고 왕실재정은 루이 14세부터 곤경에 빠지기 시작하여 루이 15세로 이어졌다. 루이 16세(1774-1792)는 재정문제를 해결하기 위하여 앞

에서 말한 중농학파인 튜르고라든지 네케르(Necker: 1732-1804), 칼로느
(Calonne: 1734-1802) 등을 통하여 힘썼으나 실패로 끝나고 말았다. 1786년경
의 공채는 10억 달러를 넘어선 것으로 나타나 있다. 한 가지 해결책이 있다면
그것은 새로운 과세를 부과하는 일뿐이었다. 그리하여 루이 16세는 1787년 이
를 위하여 소위 고위층의 귀족과 주교들로 구성된 명사회(the Assembly of
Notables)를 소집하여 원조를 요청하였다. 그러나 명사들은 면세특권을 양보하
지 않았다. 그리하여 차선책으로 생각해낸 것이 유명한 삼부회의 소집이었던
것이다. 이것은 앞에서 설명한 대로 14세기 필립 4세에 의해 설립된 것으로
당시에는 승려, 귀족, 제3신분이 각각 분리되어 신분단위별로 투표를 실시하
였었다. 1789년 5월 삼부회가 모였을 때 투표를 어떤 방법으로 하느냐 하는
것 때문에 싸움이 벌어졌다. 왕은 계급별(신분별) 투표방식을 바랐고 제3신분
은 개인별 투표방식을 선호하였다. 왜냐하면 계급별 투표방식을 따르면 제3
신분이 2 대 1로 왕에게 승리하게 되는 것이 너무나 분명했기 때문이다.

그리하여 부르주아지는 한 방에 다 같이 모여 머리숫자로 결정할 것을 주
장하였다. 실제로 모든 신분(제1신분이 약 300명, 제2신분이 약 270명, 제3신
분이 약 600명)이 한 방에 모여도 특권층(제1, 2신분)의 불만자들의 합세로 그
들에게 유리할 것이 분명하였다. 이 주장을 가장 강렬하게 주장한 사상가는 아
베 시이에스(Abbe Sieyes)였다. 그는 그의 소책자(제3신분이란 무엇인가)를 통
하여 1개인의 의사가 100명의 의사보다 귀하다는 것을 부르짖었다. 결국 왕의
반대로 제3신분은 따로 모여 6월 17일 국민의회(the National Assembly)를
선포하고 특권층의 불만자들을 영합하였다. 그들은 미라보(Mirabeau)와 시이
에스의 지도 아래 프랑스의 헌법을 제정하기까지 이탈하지 않을 것을 약속하
였다. 이것이 유명한 프랑스혁명의 시작을 알리는 테니스코트 선서(the Oath
of the Tennis Court, 1789년 6월 20일)였다. 그들은 국민의 이름으로 루이 16
세의 전제를 고발하고 국민의 주권을 주장하였다. 6월 27일 드디어 왕은 특권
층의 대표자들에게 국민의회의 구성원으로 만날 것을 명령하였다. 일반적으로
프랑스혁명은 국민의회, 입법의회, 국민공회를 거치면서 그들의 역할을 수행하
였다.

국민의회(the National Assembly : 1789-1791)

국민의회는 주로 온건한 중산계급의 역할이 두드러진 기간이었다. 국민의회는 제 3 신분의 지도자들에 의해 주도되었다. 국민의회가 중심이 되어 일을 착수하자 제 3 신분 대표들을 따르는 대중의 폭동은 커지기 시작하였다. 더욱이나 불경기와 실업자의 증가로 폭동은 그칠 줄을 몰랐다. 7 월 초에는 왕이 국민의회와 사회질서를 보호한다는 명목으로 대병력을 파리에 불러모았다. 그러나 대부분의 사람들은 왕을 믿지 않았다. 왕이 재정고문으로 있던 네케르마저 해임하자 폭동은 더욱 혁명적으로 변모하였다. 이에 7 월 12-13일 국민의회는 파리 시정부와 민병대를 조직하고 본격적으로 특권층과 왕실의 반응에 대비하였다. 분노한 파리시민들은 공공건물을 부수고 7 월 14일에는 드디어 바스티유를 함락하고 그 속에 있던 죄수들을 풀어주었다. 실제로 감옥에는 7 명의 죄수들만이 있었으나 왕 폭정의 상징인 바스티유를 제거했다는 점에서 그 의의는 자못 컸다. 7 월 말경에는 폭동이 전국적으로 파급되었다. 이 기간에 국민의회가 수행한 중요한 일들은 다음의 네 가지였다.

봉건적 특권의 폐지

첫 번째로 국민의회는 봉건주의 유제를 붕괴시켰다. 1789년 8 월 초 농민을 중심으로 하는 폭동이 그러한 조짐을 보였다. 8 월 4 일 한 귀족의 장엄한 연설에서 봉건적 특권의 중지가 선포되었다. 이에 자극을 받은 귀족, 성직자, 시민들이 저마다 개혁에 관하여 논쟁을 벌였으며, 급기야는 국민의회가 여러 가지의 봉건적 특권들을 버리지 않으면 안 되게 되었다. 십분의 일세와 농민의 봉건적 의무들이 공식적으로 폐지되었으며 농노제와 귀족의 사냥특권, 면세권, 그리고 모든 종류의 독점권들이 종지부를 찍었다. 그들은 모든 프랑스인들은 누구나 법 앞에서 평등한 시민임을 선포하였다.

인권선언

두 번째로 국민의회는 자유헌장으로 간주되는 인권선언(the Declaration of the Rights of Man and the Citizen)을 1789년 9 월 제정하였다. 부분적으로 영국의 권리장전과 자유주의 정치철학자들의 가르침을 따라 만들어진 프랑스의 인권선언은 프랑스 앙시앙 레짐의 사망증서인 동시에 전형적인 중산계급의 문서였다. 자유, 안전, 압제에 대한 저항뿐 아니라 재산이 자연권으로 선언되었다. 어떤 사람도 공공의 필연적 경우를 제외하고는 그가 가지고 있는 소유를 빼앗길 수 없게 규정되었으며, 그것(필연적 경우)도 전의 것은 형평에 맞게 보상된다는 조건에서였다. 정당한 사려가 개인의 권리에 배려되어야 한다, 언론의 자유, 종교적 관용 및 출판의 자유가 신성시되어야 한다, 모든 시민은 법정에서 평등한 재판을 받을 권리가 있다, 어떤 사람도 정당한 법 절차 없이 투옥되거나 벌을 받을 수 없다, 주권은 당연히 인민 안에 있어야 하며 정부의 관리가 권력을 남용하면 의당 파직되어야 마땅하다, 그리고 시민은 누구나 그가 생산한 부를 적당하게 가질 권리가 있으며 생계의 능력이 없는 사람은 국가의 보호를 받아야 한다 등이 규정되었다. 한 가지 흥미로운 것은 인권선언을 만든 사람들은 사회주의자들도 아니었으며 그렇다고 대중의 경제복지에 특별한 관심을 가진 사람들도 아니었다는 사실이다.

교회의 세속화

세 번째로 국민의회는 교회의 세속화를 감행하였다. 고래로 고위승려는 왕의 절대통치를 뒷받침해주는 대가로 특권적 캐스트로 행세해 왔다. 그 결과 교회는 왕국과 함께 탐욕과 압제의 도구로 간주되었다. 더욱이나 교회조직들은 어디에서나 방대한 토지의 소유자로 자처하게 되었다. 새로운 혁명정부는 심각한 재정의 필요성에서 교회에 손을 대지 않을 수 없었다. 국민의회는 1789년 11월 교회토지를 몰수하여 이것을 담보로 지폐인 아시냐(assignats)를 발행하였다. 다음해 1790년 7월 의회는 다시 모든 주교와 교구신부도 인민에 의해 선출되어야 하며, 국권에 따라야 한다는 내용의 승려시민헌법(the Civil Constitution of the Clergy)을 제정하였다. 그들의 봉급도 국고에서 지불되며 새 입법에 따르도록 하였다. 교회의 세속화로 어느 정도의 로마교황으로부터의 분리도 이루어졌다. 국민의회의 주목표는 프랑스의 가톨릭교회를 참다운 국민적 집단으로 독립시키는 것이었다. 교황은 이를 받아들이지 않아 결국 승려를 두 집단으로 가르게 하였다. 승려시민헌법에 선서한 성직자는 7명의 주교와 절반 정도의 교구신부에 불과하였다. 이들 선서한 성직자들을 "선서승려(the juring clergy)"라 부르고 반대한 성직자들을 "비선서승려(the non-jurors)"라고 불렀다. 이것은 국민의회의 현명치 못한 처사로 평가되기도 한다. 왜냐하면 이 조치로 프랑스인들의 민심이 양쪽으로 갈라졌을 뿐 아니라, 비선서자들이 후에 귀족편에 가담하여 반혁명의 요인이 되었기 때문이다.

1791년의 헌법

네 번째로 국민의회는 프랑스 국민을 위한 새로운 헌법을 만들었다. 그것이 소위 1791년의 헌법(the Constitution of 1791)으로 국민의회의 주된 사업이었다. 1791년의 헌법은 단원제의 제한적 입헌왕권제를 채택하였다. 왕은 행정부의 수장으로 있으면서 어떤 일을 할 때는 장관의 동의가 필요하게 되었다. 군대와 교회, 지방정부에 대한 이전의 왕의 절대권한은 폐지되었다. 왕의 입법에 관한 모든 권력도 상실되었다. 시민은 능동적 시민(the active citizen)과 수동적 시민(the passive citizen)으로 구분되어 능동적 시민만이 참정권을 가졌다. 투표권은 3일간의 임금에 해당되는 직접세를 내는 사람들(약 400만 정도)에게 주어졌으며 관직은 부유한 사람들게만 제한되었다. 정부구조는 몽테스키외의 삼권분립에 의하여 입법부, 사법부, 행정부로 나누어졌으며, 법을 만드는 의회의원은 미국대통령 선출방법과 같은 국민에 의해 간접적으로 선출되었다. 국민의회는 전국을 지방분권적 행정단위로 나누고 그 곳에 상당한 정도의 자치권을 부여하였으며, 재판은 선거로 뽑은 재판관으로 운영되게 하였다. 이 외에 국민의회는 프랑스의 새로운 법전과 무상의 교육제도를 약속하였으며, 결혼도 신성한 서약에서 시민적 계약관계로 바꾸었다. 한마디로 말하여 새 헌법은 절대왕국으로부터는 벗어났지만 국민다수를 위한 정부는 결코 아니었다. 그것은 위로나 아래로부터 만족할 만한 공감을 얻어낼 수 없었기 때문이다.

왕의 도주

부르주아지 지배체제에 대한 회의가 떠도는 가운데 루이 16세의 해외도주사건이 일어났다. 승려시민헌법으로 충격을 크게 받은 왕은 프랑스와 독일 국경에 있는 망명귀족과 합류하려는 결심을 하였다. 이 당시 왕실을 놀라게 한 것은 소위 자코방파(the Jacobins)라는 과격파였다. 이 말은 그들의 파리본부가 자코방 수도원에 있었기 때문에 붙여진 명칭이다. 그들은 실제로 승려시민헌법을 강행하였으며, 1791년의 헌법보다 더 과격한 것들을 바랐던 정치압력집단의 사람들이었다. 그들은 프랑스 전국에 그들의 정치적 조직망을 장악하고 있었다. 1791년 6월 루이 16세는 왕비와 함께 가정교사로 가장하여 튜일루이궁을 떠나서 도피하려 했으나 국경선 바렌느에서 체포되어 파리로 연행되었다. 이 사건으로 국왕의 체면은 땅에 떨어지고 시민의 분노는 하늘을 찔렀다. 수천명의 데모대가 왕의 퇴위를 요구하였다. 국민방위 사령관이었던 라파이에트는 사태의 심각성을 감안하여 데모대를 해산하는 과정에서 발포하는 바람에 프랑스의 워싱턴을 바라던 꿈이 무산되었다. 이것이 200여명의 희생자를 낸 샹 드 마르스 학살사건(1791.7.12)으로 왕실을 더 이상 버티지 못하게 하였다.

입법의회(the Legislative Assembly: 1791-1792)

제헌국민의회가 해산한(1791.9.30) 다음 새로 열린(10.1) 의회가 바로 새 헌법에 의해 선출된 의원들로 구성된 입법의회였다. 국민의회 의원들은 공정을 기하기 위하여 입법의회에서 모두 빠지기로 하였다. 입법의회 의원들은 대부분 30대 미만의 정치적 경험이 없는 사람들이었으며, 그 구성은 입헌군주제를 바라는 우익의 프이앙파(the Feuillants)가 264명, 좌익의 자코방파가 136명, 그리고 중립적인 중간파가 345명으로 도합 745명이었다. 그 가운데 소수파인 자코방파는 온건파와 과격파로 나뉘어 있었는데, 과격파(로베스피에르, 쿠통)보다 온건파(브리소, 콩도르세)의 목소리가 훨씬 컸다. 이들 온건파는 주로 지롱드 지방의 보르도 출신들이 많았기 때문에 지롱드파(the Gironins)라고 불리워졌다. 이들은 프랑스의 혁명에 반대하는 주변국가들에 대한 대처문제로 의견이 엇갈렸다. 대체로 로베스피에르를 제외하고는 대부분이 대외전쟁에 찬성하였다. 대외전쟁은 자칫하면 프랑스혁명을 실패로 몰고 갈 수 있다는 것이 로베스피에르의 주장이었다.

이즈음 프랑스와 이웃하고 있는 오스트리아와 프러시아는 프랑스혁명의 바람이 불어오지나 않을까 하는 두려움에서 프랑스왕권의 회복을 지지하는 필니츠선언(the Declaration of Phillnitz: 1791.8)을 선포하였다. 이에 주도권을 잡고 있는 지롱드파는 1792년 4월 20일 대 오스트리아전쟁을 표결하였다. 더욱이나 프랑스인들의 자존심을 건드린 것은 프러시아의 사령관 브룬스비크의 선언문이었다. 그는 7월 25일 프랑스왕권의 회복을 강력히 주장하고 이에 불응할 경우는 응분의 조치가 있을 것이라고 위협하였다. 예상한 대로 8월경 오스트리아와 프러시아 연맹군이 국경을 넘어 파리를 위협하였다. 처음에는 혁

명군이 불리하였다. 그러나 각 지방마다 의용군이 결성되어 파리로 모여들었
다. 마르세이유 의용병들이 루제 드 리일(Rouget de Lisle)의 "라인강 수비대
의 노래"를 불렀는데, 이 군가가 "라 마르세에즈"로 불리워지다가 프랑스의
국가가 되었다. 프랑스군은 9월 20일 발미의 승리로 프러시아군을 격퇴하였
다. 그러나 전세는 만만치 않았다. 여전히 외세의 위협이 도사리고 있었다. 절
망감이 온 나라를 뒤덮었고 반혁명자들에 대한 비난이 들끓었다. 혁명은 더 이
상 보수적인 부르주아지에 의해 움직이지 않았으며 대신 파리의 프로레타리아
를 대표하는 과격파에 의해 진행되었다. 볼테르와 몽테스키외의 자유주의철학
은 이제 루소의 급진적인 평등주의교리들로 대체되었다. 그러면 먼저 온건주
의(중산계급)에서 급진주의(하층계급)로 바뀌게 된 요인들은 무엇인가. 그것은
무엇보다도 혁명에 대한 프로레타리아의 좌절감과 전쟁으로 인한 공포 때문이
었다. 프랑스인들은 혁명과정에서 인권선언과 1791년의 헌법이 제정되면서 기
대와 희망으로 부풀어 있었다. 비록 부르주아지의 사유재산이 그대로 인정되
었지만 보다 안정된 사회가 오리라고 믿었다. 그러나 계속되는 폭동으로 산업
이 붕괴되고 생계가 점점 어려워지자 생각이 달라지기 시작하였다. 더구나 헌법
제정 이후에도 그들의 투표권이 허용되지 않자 그들의 실망은 이루 말할 수 없
이 컸다. 그리하여 그들은 자연히 풍요와 안락으로 가득 찬 약속의 땅을 부르짖
는 급진주의자들의 가르침을 통하여 프로레타리아와 합세하게 되었던 것이다.

상퀼로트

자코방파는 국가의 위기를 맞아 당내의 분열을 일단 멈추지 않으면 안 되
었다. 브리소(온건파)와 로베스피에르(과격파)도 자코방파의 단결을 호소하면
서 프이앙파(입헌군주파)의 처벌을 요구하고 나섰다. 그들에 의해 드디어 8월
10일(1792) 입법의회는 왕권을 일시 정지시키고 새로운 국민공회 소집을 가결
하였다. 그리하여 입법의회는 정지되었고, 파리 시의회(city council), 즉 파리
코뮌(paris commune)은 자코방의 새로운 실권자로 등장하게 되었다. 파리 코
뮌은 혁명기간 중 약 60구역의 능동적 시민에서 선출된 1,800명의 대표자들에
의해 반혁명세력에 대항하였으며, 8월 10일 이후부터는 수동적 시민의 대표자
들도 참석케 하였다. 이것은 합법적인 일은 아니지만 국민공회의 정신에 따른
처사였다. 점차 수동적 시민이 압도하면서 혁명세력도 점차 격렬해졌다. 이들

을 주도한 사람들은 파리의 노동자와 빈민, 영세상인이었다. 그들은 귀족이 입는 좁고 짧은 바지(culotte)를 입지 않는다 하여 상 퀼로트(sans-culottes)라 불렀다. 그들은 오스트리아, 프러시아와의 전쟁을 벌인 1792년 4월을 전후하여 형성되어 8월 10일의 주동세력으로 등장한 정치적 의식이 강한 민중이었다.

그들은 처음에는 주로 소상점주나 수공업자, 임금노동자의 소시민들로서 경제적으로 정부가 임금을 올려주고 식품가격을 조정하여 식품조달을 원활하게 해주기를 바랐으며 특히 식품투기꾼들을 근절해 주기를 바랐다. 그들은 정치적으로 일반인도 투표권을 가진 민주공화국을 바랐으며, 사회적으로 비록 사유재산의 원칙에는 따랐으나 빈부의 격차가 없는 사회를 바랐다. 그들은 처음에는 반혁명적 보수주의나 지나친 급진주의를 받아들이지 않았다. 그러나 1789년 부르주아지가 귀족과의 평등권을 주장한 것과 같이, 1792년 그들(상퀼로트)이 부르주아지와의 평등권을 주장하고 나서면서부터 그들의 태도는 변모되었다. 즉, 미온적인 혁명정부에 의해 그들의 요구가 받아들여지지 않는 가운데 오스트리아, 프러시아와의 전쟁은 더 이상 그들을 같은 자리에 머물게 할 수는 없었다. 그들은 이제 파리 코뮌의 주도자들로서, 그리고 경제적 평등을 부르짖는 로베스피에르의 추종자들로서 점차 탈바꿈하게 되었던 것이다.

9월 학살

프랑스는 8월 10일(1792)부터 국민공회가 열리는 9월 22일까지 약 6주 동안은 극도의 위기와 긴장이 팽배한 공백의 기간이 되었다. 이 기간은 의회와 파리 코뮌이 대립하고, 합법적인 힘과 혁명적인 힘이, 부르주아지와 민중(프로레타리아트)이 각각 대립하지 않으면 안 되는 위기의 기간이었다. 파리 코뮌은 대외적 절대위기와 정치적 공백을 들어 소위 '9월 학살'을 자행하였다. 9월 초 자코방의 사주를 받은 폭도들은 전국 감옥소들을 찾으면서 반동적인 승려와 반혁명자들을 약식 재판에 의해 학살하였다. 이들 가운데는 일반죄수들도 끼여 있었으며, 이 때 희생된 사람들은 거의 1,400여명에 달하였다. 이 가운데는 무고하게 죽은 사람들도 있었다. 9월의 학살은 앞으로 있을 공포정치를 예고하는 신호이기도 하였다.

9월 학살 이후 지롱드파는 과격파에 정면으로 대항하기 시작하였다. 그리하여 자코방파는 브리소, 콩도르세의 지롱드파와 당통, 마라, 로베스피에르의 산악파(the Montagnards, 의회의 높은 곳에 좌석이 있다 하여 붙여진 명칭)로 갈라지게 되었다. 양자는 단순한 권력다툼이라는 차원을 넘어서 혁명의 이념과 목표에서 상당한 차이를 보였다. 지롱드파가 경제적 자유와 사유권의 자유를 주장한 반면에 산악파는 프로레타리아트를 위한 경제적, 정치적 평등을 우선으로 내세웠다. 지롱드파는 정치적으로 지방분권을 의미하는 연방주의를 채택하였으며 주로 파리지역을 포섭하였다. 그들은 프로레타리아트를 불신하였다. 이와는 반대로 산악파는 모든 사람들이 소토지 생산자로 살 수 있는 국가건설을 우선 목표로 하였다. 그들은 혁명의 급진파로서 그들 대부분은 중산계급 출신이었지만 루소의 열렬한 지지자들이었으며 전투적인 도시노동자들이었다. 그들은 지롱드파의 "귀족적 공화국"과 프랑스의 통일을 파괴하는 도(departments, provinces)를 중심으로 하는 지방분권적 연방계획을 배격하였다.

지롱드파의 대표자들(페인, 콩도르세)과 산악파의 대표자들(로베스피에르)을 소개하면 다음과 같다. 토마스 페인(Thomas Paine: 1737-1809)은 미국혁명의 저술가로도 유명하지만 프랑스혁명에 영향을 준 사상가(Rights of Man, 1791)로도 유명하다. 그는 국민공회 의원으로 왕정의 폐지를 주장하였으나 왕의 처형에 대해서는 반대하였다. 콩도르세(the Marquis de Condorcet: 1743-1794)는 볼테르와 튀르고의 제자로 출발하여 후에는 이들의 자유주의를 뛰어넘었다. 콩도르세는 절대주의와 중상주의, 노예제, 장자상속법, 전쟁을 배격하였으며 특히 빈곤퇴치에 온 힘을 기울였다. 그는 공포정치 때 산악파의 폭력을 비난했다 하여 곤욕을 치르기도 하였다. 한편, 산악파의 지도자들 가운데 가장 유명한 사람은 아마도 로베스피에르(Maximilien Robespierre: 1758-94)일 것이다. 로베스피에르는 아일랜드계 태생으로 법을 전공하였다. 그는 1782년 형법판관이 되었으나 사형심판이 마음에 내키지 않아 사직하였다. 그는 루소의 '사회계약론'의 이상이 프랑스에서 실현될 수 있다고 믿었다. 그는 루소와 마찬가지로 인간은 본래 선하여 평등한 국가를 갈구한다고 믿었다. 만약 그렇게 되지 않는다면 루소의 권고대로 어떤 무리를 해서라도 자유롭게 만들어야 하며 정의의 법칙을 이룩해야 한다고 확신하였다. 그는 프랑스민중을 위한 참피언으로서 1791년 급진적 요소들만을 받아들이는 자코방 클럽의 사제(the oracle of Jacobin Club)로 인정되었으며, 후에 공안위원회의 의장이 되어 공포정치의 주도자가 되었다.

국민공회(the National Convention : 1792-1795)

국민공회는 프랑스군이 발미에서 프러시아군을 격퇴한 1792년 9월 20일 첫 모임을 가졌다. 국민공회는 100만명의 선거인 가운데 겨우 10퍼센트만이 투표하여 구성되었으나 명실공히 프랑스의 진정한 민주주의의 시작이었다. 그것은 위에서 말한 것 같이 이 때 비로소 능동적 시민과 수동적 시민의 대표자들이 다 같이 선거에 참가하였기 때문이다. 비록 자유로운 분위기에서 이루어진 것은 아니지만 선거의 결과는 공화주의자들의 대승이었다. 그 구성은 도합 750명으로 우파인 지롱드파가 165명, 좌파인 산악파가 150명, 그리고 중립적인 중간파가 435명이었다. 지롱드파와 산악파는 그 주장하는 바는 각각 달랐지만 그 근본사상(계몽사상)과 출신(중산계급)에서는 공통점이 많았다.

프랑스 제1공화국

그리하여 그들은 합세하여 1792년 9월 21일 드디어 프랑스의 공화국을 선포하였다. 그러나 산악파는 호시탐탐 권력을 잡을 수 있는 기회를 노리고 있었다. 드디어 로베스피에르는 1793년 초 국민공회의 중간파를 회유하여 지롱드파를 몰아내는 데 성공하였다. 이어 국민공회는 1월 15일 시작된 100시간이 넘는 투표결과 근소한 차이로 루이 16세를 반역죄로 표결하였다. 왕은 결국 1793년 1월 21일 단두대의 이슬로 사라졌다. 국민공회는 다시 다음 달 지롱드파 콩도르세의 헌법초안(행정과 입법의 분리, 비례대표제 선거, 국민투표, 무능관리의 소환 등)을 기각하였다. 산악파는 국내문제를 어느 정도 마무리한 다음 이번에는 영국, 스페인, 네덜란드에 전쟁을 선포하였다. 그들은 이러한 여러 가지 어려운 상황 속에서 8월경 권력을 대부분 거머쥐고 다음 공포정치의 일정을 밟을 차비에 들어갔다.

공포정치(1793. 6-1794. 7)

그러면 루소의 민주주의를 주창한 산악파가 어떻게 독재의 공포정치를 프랑스에 강요하게 되었는가. 로베스피에르의 설명에 귀를 기울여보자. 그에 의하면, 민주주의를 공고히 하고 헌법의 준수를 위해서는 우선 폭정의 자유가 확립되어야 한다. 국내외의 공화국의 적을 섬멸해야 한다. 도덕이 평화시 민주정부의 기둥이라 한다면, 혁명시 민주정부의 기둥은 도덕과 공포이다. 공포는 신속하고 준엄한 정의이다. 공포는 도덕의 방사물이며 전제정치의 기둥이다. 혁명의 정치는 폭정의 자유를 위한 전제정치이다. 요컨대, 공포정치는 혁명수행에 없어서는 안 될 필요악이라는 것이다. 국민공회는 바로 이러한 로베스피에르의 정치철학에 의해 새로운 민주적 헌법을 통과시켰다. 산악파가 기초한 이 헌법(1793년의 헌법, 자코방헌법)에는 성인보통선거권이 부여되었으며, 단일입법부의 최고권력이 부여되었다. 이 법안은 국민투표에 넘겨져 700만명의 유권자중 200만이 채 안 되는 프랑스인들의 투표에 의해 가결되었다. 그러나 이 헌법의 운용은 무기한으로 연기되었다. 왜냐하면 민주주의의 확실한 실천을 위하여 우선 폭정의 자유의 투쟁이 선행되어야 했기 때문이다.[13]

국가비상이라는 명목으로 국민공회의 기간은 연장되었으며, 9명(후에 12명)에게 행정권을 일임하는 공안위원회(the Committee of Public Safety)가 설립되었다. 이것은 외교관계와 군대를 지휘했으며 공포정치를 실시하는 독재적 핵심기관이 되었다. 구성원들은 대부분 산악파의 핵심분자들이었다. 공안위원회 아래에는 경찰행동을 감시하는 치안위원회와 공화국의 적으로 지목되는 사람들을 다루는 혁명재판소를 두었다. 치안위원회는 16명의 판사와 60명의 배심원으로 구성되었으며, 그 아래 다시 법정을 몇 개 설치하였다. 지방에서는 지롱드당의 반발이 일어나고 국경지대에서는 외국군들의 준동이 일어났다. 파리에서는 화폐가치의 하락과 반정부의 반동이 거셌다. 그들이 색출하려는 대상자들은 거의 대부분 산악파의 혁명에 반대하는 지롱드파, 성지자, 귀족들이었다. 그들 가운데는 범죄자들도 끼여 있었으나 거의가 군사적이고 정치적으로 연루된 사람들이었다. 특히 공안위원회는 10월 10일 혁명분자와 지롱드파에 대한 대대적인 처형을 감행하였다. 공포정치 기간 중 희생된 사람들은 거의 20,000명에 달하였다.

이와 같은 국내외의 위기에 대처하기 위하여 국민공회는 18-25세의 독신남자(홀아비 포함)의 징집을 명하는 국민총동원령을 내렸다(1793. 8. 23). 이것은 일반 징병제도의 근대적 원리를 적용한 것으로 프랑스의 애국정신과 민주적 국가주의를 바탕에 깔고 있었다. 그들은 물가와 임금의 통제를 위하여 최고가격제를 실시하여(1793. 9. 26) 1790년의 물가보다 33퍼센트를 넘지 못하게

---

13) C. Brinton, J. Christopher, & R. Wolff, *Civilization in the West*(New Jersey, 1985), pp. 434-54.

규정하였으며, 모든 사람들에게 밀로 만든 '균등한 빵'을 공급하였다. 그들은 1794년 초 다시 공화국의 적들에게서 빼앗은 재산을 가난한 애국자들에게 분배해 주려는 방토오즈(Ventose)법을 통과시켰다. 일부 사회주의자들은 이들의 최고가격제와 방토오즈법을 사회주의 혁명으로의 이행이라고 해석하고 있다. 그러나 그들의 정책은 공포정치의 기간 중에 나타난 프랑스인들의 빈곤을 해결하려는 일시적 조치였을 뿐 진정한 의미의 사회주의 정책이 결코 아님이 분명하다. 왜냐하면 최고가격제는 제2차 세계대전 중 미국의 가격통제와 거의 비슷하였으며, 방토오즈법도 실제로는 재산의 재분배를 실시하지 않았기 때문이다.

산악파의 공포정치는 사회적, 문화적 분야에서 더욱 혁명적인 양상을 드러냈다. 로베스피에르는 군주정의 모든 악덕과 관습을 공화국의 도덕으로 바꿀 것이라고 선언하였다. 여기에서 말하는 그의 '모든 것'은 문자 그대로 의복, 오락, 예술, 역법, 종교의 모든 것을 의미하였다. 그들은 실제로 자주 쓰는 말도 평범한 뜻의 말로 바꾸었으며 부인들의 의복도 로마공화정의 간편한 복장으로 변경하였다. 그들은 자유를 품위 있게 미화하지 않는 것들은 어떤 것들도 받아들이지 않았다. 그들은 또 역법을 개혁하여(1793. 10) 공화국의 제1일, 즉 1792년 9월 22일을 제1년의 제1일로 하였으며, 모든 연(年)을 로마숫자로 표기하였다. 이 외에도 국민공회는 이성의 시대에 어울리는 미터법을 만들어 다른 나라들에게 영향을 주었다.

로베스피에르의 정치와 데르미도르반동

로베스피에르는 철저한 민주주의자로 모든 시민이 능력에 따라 일하고 재산에 관계없이 참정권을 행사할 것을 주장하였다. 그는 원칙적으로 경제적 평등을 강조하였으며 빈부의 격차가 없는 "덕의 공화국"을 이상으로 하였다. 그는 인간사회의 다양성을 거부하였다. 그러나 그의 이상은 너무나 추상적이고, 그의 요구는 너무나 강압적이고 비인도적이어서 일반대중이 실천하기에는 너무나 벅찼다. 그는 자코방파와 상 퀼로트의 제휴로 혁명을 이룰 것을 부르짖었다. 그는 반혁명을 타도한다는 명목으로 반대파를 귀요틴(단두대)으로 보내고, 냉혹한 공포정치를 밀고 나가려고 하였다. 그러나 모든 것이 마음대로 되지 않아 결과적으로 자코방파의 약화만을 초래하였다. 한편, 그는 종교적으로 이성을 숭배하는 이신론으로 기울어져 인간영혼의 불멸신앙과 최고존재(the Supreme Being) 신앙을 가졌다. 그는 1792년 9월 22일을 새 달력의 원년으로 삼고 기독교 주일을 없앴으며, 비기독교화 운동을 전개하여 전국의 성당을 폐쇄하였다(혁명력 2년). 그는 교회와 국가를 분리하였으며 정부에 반대되지 않는 신앙은 어떤 것이든 관용하였다. 그는 프레리알법(1794.6.10)에 의해 공포정치를 더욱 강화하려 했으나 국민공회와 국민이 모두 공포정치에 염증을 느끼고 있던 터라 그의 정치를 더 이상 계속할 수가 없었다.

1794년 7월 27일(데르미도르 9일) 그는 드디어 체포되었고 다음 날 단두대로 갔다. 막을 내리게 한 사건은 데르미도르의 달(the month of Thermidor: 7월 19-8월 18일까지의 더운 달)이라는 말에서 나온 소위 데르미도르반동(the Thermidorian Reaction)이었다. 급진파가 하나씩 사라졌다. 처음에는 마라가, 다음에는 에베르와 당통이, 그리고 마지막에는 생 쥐스트(Saint-Just)가 단두대로 갔다(1794.7.28). 이제 국민공회에 남은 지도자들은 지롱드파의 온건파뿐이었다. 시간이 감에 따라 추세는 보수주의로 흘러갔으며 혁명은 결국 다시한번 부르주아지를 대변하는 쪽으로 선회하였다. 최고가격제는 폐지되었다. 정치수감자들은 풀려나고 쟈코방의 과격파는 어두운 그늘로 사라졌으며 공안위원회는 서서히 빛을 잃었다. 보수주의적인 성직자, 왕당파, 다른 외국의 망명자들이 다시 등장하기 시작하였다.

4. 혁명의 결과

제 3 년의 헌법

프랑스혁명은 국민공회가 1795년 보수적인 소위 '제 3 년의 헌법(the Constitution of the Year Ⅲ)'을 제정하면서 새로운 국면을 맞게 되었다. 이 헌법은 부유한 유산계급(부르주아지)의 승리를 공식적으로 인정하는 문서로 글을 읽고 쓸 수 있는 모든 남자성인들에게 선거권(제한선거권)을 주는 내용이 담겨져 있다. 그러나 그들의 선거권은 입법부(the Legislative Body) 의원을 선출하는 선거인들을 위해서 하는 투표만이 허락되었다. 입법부의원 선거인의 자격은 한 농장이나 100일의 임금에 해당되는 연수입을 가진 사람에게만 주어졌다. 입법부는 양원으로 구성되었는데, 하나는 하원 혹은 500인회였고 다른 하나는 상원 혹은 원로원이었다. 귀족제의 부활을 막기 위하여 행정권은 집정관정부

(the Directory)로 알려진 5인의 집정관위원회(a board of five men)에 일임되었다. 물론 이 집정관정부는 하원이 지명하고 상원이 선출하였다. 제3년의 헌법은 권리장전과 시민의 의무선언(a declaration of the duties of the citizen)을 포함하고 있었다. 후자에서 두드러진 것은 전체 사회질서가 근거하고 있는 것은 재산의 유지라는 사실이다. 그러나 집정관정부(95.10-99.11)는 대외전쟁으로 정치적, 경제적 어려움을 겪었다. 최고가격제의 폐지로 물가는 치솟았으며 정적들(과격파와 왕당파)의 공격도 만만치 않았다.

바뵈프의 반란

대중의 권리를 무시하려는 제도는 언제까지 갈 수 없었다. 제3헌법이 실행되자 이를 무너뜨리려는 움직임이 적지 않았다. 그 대표적인 사람이 자코뱅당의 바뵈프(Gracchus Babeuf: 1760-1797)였다. 『인민트리뷴(the Tribune of the People)』의 편집자이며 평등자협회(the Society of Equals)의 창설자인 바뵈프는 최초의 근대사회주의자로 불리어진다. 그러나 그의 목표는 진정한 사회주의와는 거리가 멀다. 그의 참된 목적은 다른 자코뱅당의 것과 다르지 않았다. 그는 모든 사람들이 본질적으로 동등한 양의 재산소유자로 사는 사회를 동경하였다. 그는 이 목적을 위하여 부자의 잉여부를 몰수하여 재분배할 것을 구상하였다. 바뵈프는 1796년 9월 17,000명에 이르는 추종자들을 몰고 그레넬의 한 군사기지를 공격하였다. 그 주둔군이 투항하여 파리에 있는 그의 편에 들어올 것으로 기대했기 때문이다. 그의 노력은 허사였다. 곧 그와 그의 주요 동료들이 대역죄로 죽음을 면치 못하였다. 이것으로 하층계급의 경제적 개선을 위한 운동으로 프랑스혁명을 만들려는 기회는 마지막이 되고 말았다.

나폴레옹의 쿠데타

프랑스혁명의 제3단계는 한 마디로 말해 침체와 타락, 그리고 냉소의 시기였다. 제1, 2단계에서 나타났던 개혁에 대한 열정은 보기 힘들었다. 새로운 정부의 구성원들은 세상을 개조하려는 철학자들의 빛나는 이상에보다는 개인적 이익을 챙기려는 기회포착에 더 많은 관심을 보였다. 그 결과는 세금을 거두고 공금을 착복하는 일이었다. 집정관정부의 구성원들까지도 뇌물을 노력의 정당한 대가로 요구하는 일이 빈번하였다. 이와 같은 고위층의 냉소적인 탐욕의 버릇은 사회 전체로 흘러 들어갔다. 투기와 도박은 합법적인 사업을 뒷전으로 몰아 냈다. 기아와 파리의 슬럼이 스며드는 반면에 투기꾼들은 배를 두드렸다. 이러한 상황에서 부유해진 부르주아지와 시민들은 집정관정부의 무력과 정국의 불안정에 실망한 나머지 그들의 재산과 권리를 지켜 줄 강력한 지도자를 기대하게 되었다.

프랑스혁명을 끝나게 한 것은 1799년 11월 9일(브뤼메르 18일) 보나파르트 나폴레옹(Napoleon Bonaparte: 1769-1821)의 쿠데타였다. 집정관정부를 궁지로 몰아간 것은 1798-1799년 프랑스가 영국, 오스트리아, 러시아 등과의 싸움을 시작한 것이었다. 프랑스의 위성국들이 하나 둘 떨어져 나가고 급기야는 공화국의 군대까지 이집트로부터 쫓겨나게 되었다. 정치적, 경제적, 사회적으로 파국을 치닫던 때에 나폴레옹은 프랑스의 구세주로서 등장하게 된 것이다. 나폴레옹은 근대의 독일이나 이탈리아의 독재자의 경우처럼 등장했지만 그렇다고 히틀러나 무솔리니와는 같지 않았다. 그는 군대영웅으로서 법과 질서를 사랑하는 사람들에게 사랑을 받았다. 그는 1795년 국민공회를 파리폭도들로부터 방어함으로써 절대적인 환영을 받았다.

프랑스혁명의 결실

프랑스혁명 말미에 나폴레옹이 등장했다고 해서 혁명의 이념과 영향이 지워지는 것은 결코 아니었다. 오히려 나폴레옹이 아니었다면 프랑스혁명의 영향이 세계에 전달되지 않았을지도 모르는 일이었다. 그의 말발굽을 따라 프랑스혁명의 결실이 보급되었던 것이다.

그러면 프랑스혁명의 결실은 무엇인가. 첫째는 프랑스혁명은 절대왕조의 끝을 보게 했다는 사실이다. 왕에게 신성한 권력이나 무제한적인 권위를 주는 일은 더 이상 용납되지 않았다. 둘째는 프랑스혁명은 모든 봉건주의적 잔재를 일소하는 데 결정적인 역할을 했다는 것이다. 따라서 농노제, 길드, 중상주의, 노예제 등이 폐지되었으며 더 나아가 채무자구속이나 장자상속 등의 관례도 없어졌다. 그리고 정치와 종교의 분리도 더욱 분명해졌다. 셋째는 프랑스혁명은 교육개혁과 법률편찬의 길을 실제로 예비했다는 사실이다.

넷째는 프랑스혁명은 과도한 민족주의(the jingoistic nationalism)를 주된 이상으로 만들었다는 것이다. 이것은 프랑스혁명이 끼친 영향 중에서 부정적

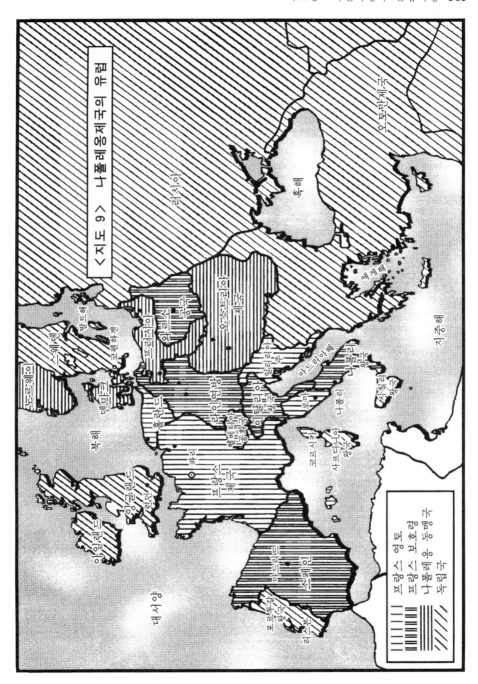

〈지도 9〉 나폴레옹제국의 유럽

인 측면일 것 같다. 내셔널리즘은 멀리는 히브리족의 선민사상이나 그리스인
의 인종배타주의, 중세 말 십자군전쟁의 민족적 차별의식과 동류의식으로까지
소급되지만 프랑스혁명을 통하여 비로소 하나로 응집된 강한 이데올로기로 변
신되었다. 민족주의는 민족의 단결과 결단을 위해 중요한 역할을 한 것도 사실
이지만 반면 과도하게 나갈 때에는 국가이기주의로 빠지게 하는 쇼비니즘이
된 것도 사실이었다.

다시 정리한다면 프랑스혁명은 전형적인 시민혁명으로서 정치적으로는 전
제적인 절대왕조를 넘어뜨리고 부르주아지가 권력을 장악하게 하였으며 경제
적으로는 봉건적인 경제질서를 소탕함으로써 자본주의의 발전을 순탄케 하였
으며 사회적으로는 앙시앵 레짐의 신분제적이고 법적인 불평등과 지배계급의
특권을 타파하고 인간의 자유롭고 평등한 시민사회의 발전을 가능케 하였다.
그리고 사상적으로는 자유와 평등, 박애의 정신을 신장시켜 줌으로써 진정한
의미의 개인주의의 기초를 다져 주었다.

5. 나폴레옹시대(1799-1814)

보나파르트 나폴레옹의 쿠데타로 이루어진 나폴레옹시대는 프랑스혁명을
가능하게 했던 자유주의적 이상에 반대하는 19세기 반동의 초기단계로 간주된
다. 나폴레옹은 어느 정도 이러한 자유주의적 이념에 동조한 것도 사실이지만
그가 이룩한 정부는 이 이념과 일치하는 것은 결코 아니었다. 그의 진정한 목
표는 어디까지나 민족주의적 팽창과 군대영광을 위한 그 자신의 야망과 일치
하는 것들을 보존하는 것이었다. 다시 말해 그는 혁명적 애국심을 고취시켰으
며 그의 선임자들의 업적 가운데 중앙집권적 목적에 적합된 것들을 주로 배양
하고 강화하였다. 개인의 신성한 권리를 의미하는 자유는 그에게는 아무런 가
치도 없었다. 그는 프랑스인들이 필요로 하는 것은 자유가 아니라 평등이라고
선언하였다. 그는 출생과 관계 없이 모든 사람들을 위하여 공평한 기회를 주는
것보다 조금 더 중요한 것으로 평등을 해석하였다. 즉 그는 농노제를 회복하거
나 토지를 구귀족에게 돌려 주는 것을 목표로 하지는 않았으나 그렇다고 부유
한 사람들의 경제적 활동에 어떤 제한을 두려고 계획하지도 않았다.

통령정부

나폴레옹은 코르시카에서 태어났다. 그는 사관학교를 졸업한 후 1793년 대령이 되었으며 곧 이어 준장으로 승진하였다. 그는 1795년 국민공회 때 반란을 진압한 적이 있었으며 다시 파리의 왕당파를 진압하여 그의 능력을 발휘하였다. 프랑스혁명군에 위협을 느껴 결성된 제1회 대불동맹(1793)은 1796년 27세로 이탈리아 원정군사령관이 된 나폴레옹이 이탈리아로부터 오스트리아군을 격퇴시킴으로 와해되었다. 그 결과 캄포 포르미오(Campo Formio)조약(1797)에서 오스트리아는 벨기에와 롬바르디아를 프랑스에 넘겨 주었다. 그는 1798년 다시 이집트원정에 나섰으나 성공을 거두지 못하였다. 그러나 나폴레옹은 앞에서 밝힌 바와 같이 수행한 학자들에 의해 유명한 로제타비석(Rosetta Stone)을 발견함으로써 이집트학의 기초를 닦았다. 지중해지역에 대한 위협을 가진 러시아는 오스트리아와 영국을 끌어들여 제2회 대불동맹을 결성하였다(1798.12). 이에 국내외로 정국이 불안해지자 나폴레옹은 이집트에서 귀국하여 집정관정부를 쿠데타로 무너뜨리고(1799) 통령정부를 세웠다.

나폴레옹이 수립한 통령정부(the Consulate)의 행정권은 3명의 통령들에게 주어졌으며, 이 통령들은 원로원(the Senate)을 지휘하였다. 원로원은 국민의 선거로 뽑힌 후보자들 가운데 호민원(the Tribunate)과 입법원(the Legislative Body)의 구성원들을 임명하였다. 보나파르트 자신인 제1통령은 전체 행정권과 군대지휘권, 외교권은 물론 모든 법률의 제안권을 가졌다. 호민원은 투표권은 없이 그 법률을 심의하였으며, 입법원은 그 법률의 가부를 결정하였다. 대부분의 경우 입법조처들의 최종결정은 원로원에게 맡겨졌다. 그러므로 전체 제도들은 결국 제1통령의 의지에 달려 있는 것이나 다름이 없었다.

그러나 헌법기초자들은 남자보통선거 원칙에 의거 국민의 뜻에 따른다는 구실을 만들지 않으면 안 되었다. 그리하여 1799년 12월 국민투표에 붙여 엄청난 다수로 통과되었다. 부표는 단지 300만 표 이상 가운데 1562표가 나왔을 뿐이다. 헌법은 1800년 1월 1일 실효되었으며 혁명력의 성격상 '제8년의 헌법(the Constitution of the Year Ⅷ)'이라고 불리었다.

제1제정

나폴레옹은 실질적인 절대군주가 되었지만 아직도 만족하지 않았다. 1802

년 그는 제1통령직을 10년에서 종신으로 연장하는 국민의 동의를 얻었다. 이제 남은 것은 그의 지위를 세습적으로 하는 일뿐이었다. 드디어 그는 또 다른 국민투표에 의해 통령정부를 제정(an empire)으로 바꿀 수 있는 허락을 얻어냈다. 그는 1804년 노틀담사원에서 그 스스로 왕관을 쓰고 프랑스황제인 나폴레옹 1세가 되었다. 그러나 이러한 변칙적 행위에 반대하는 사람들도 일부이긴 하지만 있었다. 나폴레옹은 이에 대해 강력한 조치를 단행하여 20여 명이 체포되었고 그 중 몇몇 인사들(Duc d'Enghien, General Pichegru 등)이 희생되었다. 그는 이와 같은 일들이 장래에 다시는 일어나지 않게 하기 위해서는 그 자신의 강력한 왕조를 이룩하고 모든 부르봉 인사들을 근절하는 일이라고 생각하였다. 그리고 반대자들의 구실을 없애기 위하여 교황(Pius Ⅶ)을 불러다가 신성한 집전을 치렀다.

나폴레옹은 러시아의 후퇴를 틈타 영국을 회유하여 1802년 아미앙(Amiens)조약을 이끌어 냈다. 이 조약으로 제2회 대불동맹은 해체되었으며 영국은 프랑스의 식민지를 거의 다 내놓게 되어 프랑스의 패권이 인정되었다. 나폴레옹은 10년만에 찾아온 평화를 맞아 프랑스 내치에 힘을 기울였다. 그는 군인으로뿐 아니라 정치가로도 문명에 기여하였다. 우선 지방관리를 능력과 공적 위주로 임명하는 제도로 바꾸고 중앙집권을 강화하였다. 제정과 더불어 귀족의 작위를 부활시키고 원수제를 만들었다. 나폴레옹은 도움을 준 자본가들을 위하여 반관반민의 프랑스은행을 설립하고(1800), 조세제를 개혁하여 재정과 통화문제를 해결하려고 하였다. 그는 화해적 차원에서 피우스 7세와 화약을 맺어 가톨릭을 부활시켰다. 그러나 교회령과 봉건적 특권은 다시 살아나지 않았으며 시민과 농민의 권리는 보장되었다. 그는 혁명중에 추진된 교육개혁을 이어받아 각 마을에 초등학교를 세우고 중요한 도시에는 고등학교(lycees)를 세웠으며 파리에는 교사를 위한 사범학교를 설립하였다. 이 외에도 그는 국가 관리하의 군사, 기술학교를 만들었으며 국립대학교도 설립하여 국민교육에 크게 기여하였다.

나폴레옹의 업적 중 가장 특이할 만한 것은 1804년에 편찬된 '나폴레옹법전(the Code Napoleon)'일 것이다. 이것은 2881조로 구성되어 있는 것으로 1810년 국민공회 때 이루어진 것들을 기초로 민법과 형법이 개정되었다. 나폴레옹법전은 도적에게 사형을 적용하거나 부모 살해범에게 처형 전 손을 절단하는 등의 가혹한 조항을 포함하고 있기는 하지만 제2의 유스티니아누스법전으로 평가되고 있다. 이것은 법적 평등, 직업의 자유, 신앙의 자유, 사유재산의 자유, 계약의 자유 등을 인정하고 있으나 개인의 권리보다는 국가이익을 앞세우고 있는 것도 있다. 이 법전은 세계각국의 법전에 적지 않은 영향을 주었다. 독일, 이탈리아, 스위스, 루이지애나, 일본에서는 이 법전의 상당 부분이 그대로 유지되었으며, 벨기에와 프랑스에서는 한 세기 이상 동안 약간의 수정을 거친 내용으로 유지되었다.

나폴레옹의 유럽제패

전열을 다시 가다듬은 윌리엄 소피트의 영국은 오스트리아, 러시아, 스웨덴과 더불어 1805년 제3회 대불동맹을 결성하였다. 이에 프랑스는 스페인과 함께 영국을 치려고 했으나 트라팔가해전(the Battle of Trafalgar)에서 넬슨(Horatio Nelson: 1758-1805)에게 패하고 말았다. 그러나 유럽대륙에서는 프랑스의 전세가 매우 좋았다. 나폴레옹은 울므에서 오스트리아를 쳐부수고 아우스테릿츠에서 다시 러시아와 오스트리아 연합군을 몰아 냈다. 그리하여 1806년 프레스부르크(Pressburg)조약이 맺어져 제3회 대불동맹이 와해되었다.

나폴레옹은 이를 계기로 독일을 신성로마제국에서 빼내 라인동맹(the Confederation of the Rhein, 1806)을 결성케 하고 오스트리아로 하여금 신성로마제국의 제위를 포기케 함으로써 중세 이래 내려오던 신성로마제국은 그 막을 내리고 말았다(1806). 한편으로 프랑스와 원만한 관계를 유지하던 프러시아는 나폴레옹군에 위협을 느껴 대항했으나 예나와 아우에르쉬타트에서 대패하여 1807년 굴욕적인 틸지트(Tilsit)조약을 맺었다. 이 조약으로 프러시아는 엘베서쪽 땅과 폴란드 분할령을 잃었다. 프랑스의 나폴레옹은 드디어 유럽대륙의 실질적인 지배자가 되었다. 프랑스의 영역은 크게 셋으로 분류되었다. 국경지대를 포함한 프랑스제국, 나폴레옹일가를 중심으로 이루어진 위성국가들 그리고 패전으로 프랑스에 합쳐진 동맹국들(프러시아, 오스트리아, 러시아 등)이었다.

대륙봉쇄체제와 나폴레옹의 몰락

앞에서 잠깐 비친 대로 나폴레옹이 손을 못된 곳은 영국이었다. 그는 트라팔가해전의 패배를 회상하면서 이번에는 상업제재를 통한 간접적인 방법을 강구하였다. 이것은 베를린칙령으로 불리우는 대륙봉쇄체제(the Continental System, 1806)로서 프랑스와 그 위성국들이 영국과의 통상을 금하게 함으로써 영국에 경제적 타격을 주려는 것이었다. 그러나 결과는 뜻대로 되지 않았다. 오히려 밀무역의 성행으로 이들 국가들을 막느라 힘만 소모하고 말았다. 나폴레옹은 후사가 없다 하여 왕후 조세핀과 이혼하고 메테르니히의 주선으로 1810년 오스트리아의 왕녀 마리 루이즈와 결혼하였다.

나폴레옹을 몰락으로 몰고 간 것은 그의 그칠 줄 모르는 정복욕, 이기주의적 자만심 및 앞에서 말한 대륙봉쇄령에 의한 적지 않은 타격 때문이었다. 그리고 여기에 그의 침략으로 각 나라들에서 자생한 민족주의정신이 크게 작용하였다. 나폴레옹 아성 몰락의 첫 번째 단계는 스페인에서 일어났다. 이것은 프랑스에 대한 민족주의적 반항운동이었다. 1808년 그가 스페인의 왕을 퇴위시키고 그 형을 앉히자 반나폴레옹투쟁이 일어난 것이다.

그 두 번째 단계는 러시아와의 동맹관계가 와해되면서 일어났다. 러시아는 전통적인 농업국으로 농산물을 영국에 수출하고 대신 생필품을 들여오는 처지라 대륙봉쇄령을 한없이 지킬 수가 없었다. 러시아의 짜르는 결국 영국의 손짓을 받아들이게 되었다. 이에 나폴레옹은 스페인원정으로 출혈이 적지 않았지만 가만히 있자니 스스로 무덤을 파는 격이 되고 말았다. 그리하여 나폴레옹은 1812년 봄 60만 명의 군대를 몰고 러시아로 진군하였다. 러시아군은 프랑스군을 서서히 모스크바까지 유인하여 보로디노(Borodino)에서 격파하였다. 불타는 크렘린성벽에서 나폴레옹군은 강화소식을 기다리고 있었다. 한 달 이상 기다리던 프랑스군은 드디어 10월 22일 후퇴하기로 결심하였다. 프랑스의 '대군대(the Grande Armee)'는 국경에 도달하기 전에 이미 혹독한 러시아 추위와 질병, 기아로 지칠대로 지친데다 러시아 코사크의 공격으로 30만여 명이 희생되었다. 이 소식은 전 유럽에 퍼져 정복당한 모든 나라들을 자극하였다.

드디어 1813년 50만 명의 유럽연합군이 라이프치히에서 결성되어 나폴레옹에 대항하였다. 나폴레옹은 10월 16-19일 유명한 '국제전쟁(the Battle of the Nations)'에서 항복하고 말았다. 유럽연합군은 1814년 파리에 들어가고 나폴레옹은 지중해의 엘바섬으로 유배되었다. 비인회의에 의해 프랑스에는 루이 16세의 동생이 루이 18세로 등극하고 입헌군주제를 선포하였다. 그러나 망명

귀족들의 반동으로 정국이 불안한 틈을 이용하여 나폴레옹은 1815년 3월 파리로 탈출하여 세상을 다시 한번 경악케 하였다. 결국 6월 영국의 웰링톤 (Arthue Wellington: 1769-1852)과 프러시아군에 의해 나폴레옹은 워터루(Waterloo)에서 패하고 말았다. 그는 '백일천하'로 그의 정치생활을 마치고 남대서양의 세인트 헬레나(Saint Helena)로 귀양가 그 곳에서 생을 마쳤다(1821).

나폴레옹의 평가

끝으로 나폴레옹의 업적에 대해서 말할 때 그가 과연 정치가로서, 경세가로서 아니면 군인으로서 성공한 인물인지는 아직도 해석이 분분하다. 그에게는 잘 한 일들도 있고 잘못한 일들도 물론 적지 않다. 그는 그의 정치적 야망을 달성키 위하여 수없는 젊은 생명들을 희생시켰으며 반면에 독재자이면서도 부르봉왕조의 특권을 회복하는 것을 용납하지 않았다.

다만 역사적 견지에서 한 가지 분명한 것은 그는 프랑스혁명의 정통적인 계승자가 아니면서도 프랑스혁명의 이념을 전세계에 전파하여 자유주의와 민족주의를 깊이 심어 주는 데 일조했다는 사실이다. 그는 전제적 군국주의자이지만 앙시앵 레짐을 일소하는 계기를 마련했으며 부르주아지의 입지를 상승시켰으며 프랑스인의 자존심과 애국심을 고조시켜 주었을 뿐 아니라 영토의 영역을 자의대로 뒤흔들어 독일과 이탈리아 등 여러 국가들의 정치적 통일을 이루는 기초까지 마련했던 것이다.

제 4 절 산업혁명(1760-1860)

1. 역사가들의 해석

산업혁명은 프랑스혁명과 더불어 중세와 근대를 실질적으로 가르는 잣대가 될 만큼 중요한 역사적 사건으로 평가되어 왔다. 역사가들은 일반적으로 산업혁명을 기준으로 이후시대를 근대적 산업사회로 해석하는 데 인색하지 않은 것 같다. 그것은 그만큼 산업혁명으로 인해 서양이 경제적 분야에뿐 아니라 정치, 사회, 종교, 문화에도 지대한 영향을 끼쳤기 때문이다. 말하자면 서양은 이 시기를 거침으로써 비로소 근대사회의 면모를 갖추었다는 뜻이다.

산업혁명이라는 말은 18세기 말부터 사용되다가 19세기 후엽 토인비의 저서의 발간을 계기로 일반적으로 통용되어 왔는데, 대체로 산업혁명에 대한 학자들의 해석은 크게 두 가지로 나타나고 있다. 첫 번째는 위의 기간(1760-1860) 중에 일어난 영국의 경제적 변화는 진정한 의미에서 과연 '산업혁명'이라 할 수 있는가 하는 것이고, 두 번째는 산업혁명의 결과는 무엇인가 하는 것이다. 첫 번째로 산업혁명의 소위 '혁명성'에 관한 해석은 다시 두 가지로 갈라지고 있다. 하나는 영국혁명은 꾸준한 영국의 경제적, 정치적 발달의 결과로 이루어졌다는 역사의 연속적 해석으로 혁명성을 부정하려는 입장이다. 다른 하나는 영국혁명은 눈부신 기술혁신과 역동적 경제발전으로 획기적 자본주의 사회로 상승되었다는 역사의 단절적 해석으로 혁명성을 정당화하려는 입장이다. 이 논쟁은 20세기 후반까지 지속되고 있는 형편이다.

다음 두 번째 산업혁명의 결과에 대한 해석은 주지하는 바와 같이 대체로 마르크스의 부정적 입장의 해석과 자본주의자의 긍정적 입장의 해석으로 갈라져 논쟁이 벌어지고 있다. 그러나 사회주의 국가들의 붕괴 이후 전자의 해석(마르크스주의)은 수그러들고 있는 추세이다. 그러므로 여러 가지의 의견들이 있지만 대체로 두 가지 모두에 관해 긍정적인 해석(산업혁명은 실제로 존재했고 그 결과는 인간생활에 유익했다 등)이 지배적이라 하겠다. 이 외에도 노동자운동, 노사문제, 노동시간문제, 노동계급의 역할 등에 관한 학자들의 연구가 끊이지 않고 있다.[14]

2. 혁명의 배경

일반적 원인들

산업혁명의 일반적인 원인들은 주로 유럽적 배경과 관련된 것이다. 유럽적 배경으로는 세 가지를 들 수 있다. 첫째로는 18세기 중엽까지 유럽의 기술이 꾸준하게 발전해 왔다는 사실이다. 예를 들면, 진자(추)시계라든지 온도계,

---

14) Philip A. Taylor, *The Industrial Revolution in Britain*(Boston, 1958); Crafts, "Exogenous or Endogenous Growth? The Industrial Revolution Reconsidered," *Journal of Economic History*, December 1995.

에어펌프, 물레, 양말짜는 기계, 유리제조술, 조선술 등 기초적인 기계들이 발명되어 다음 단계의 기술향상을 준비해 주었던 것이다.

둘째로는 상업혁명의 영향으로 자본주의적 경제체제의 기초를 이룩해 주었다는 사실이다. 자본가계급이 등장하여 그들의 잉여부를 무역이나 광업, 은행업, 조선제조 등에 투자하게 되었다. 그러나 아무래도 아직 시기상조라 그들의 투자기회는 제한되어 있었다. 그들로 하여금 더욱 많은 자본을 투자할 수 있게 만든 것은 전문적으로 제조하는 매뉴팩처(manufacture)의 발달이었다. 이것은 인구증가로 인한 산업생산물의 수요증가에 의해 나타난 것으로 신대륙의 식민지활동을 부추기는 결과를 초래하였다. 1658년 한 해 동안 24,000의 구두가 영국으로부터 버지니아로 선적되었다. 인구도 부쩍 늘어 영국의 경우 1600년의 400만 명이던 것이 1700년에는 600만 명, 그리고 18세기 말에는 900만 명으로 늘었다. 프랑스의 경우 1700년의 1,700만 명이던 것이 한 세기 후에는 2,600만 명으로 증가하였다. 이처럼 유럽의 인구가 획기적으로 증가한 것은 18세기의 의학의 발달과 식량의 증가에 있는 것이 아닌가 사료된다. 상업혁명으로 발전한 매뉴팩처가 더욱 제자리를 찾은 것은 이미 설명한 바 있는 중상주의의 발달이었다.

셋째로는 유럽의 생산분야에서 기본적인 기계의 필요성이 절실하게 요청되었다는 사실이다. 1700년경 철을 녹이기 위한 목탄의 소모가 너무 커서 목재가 고갈되었으며 그 결과 서유럽의 국가들은 삼림이 벌채되는 위기를 맞게 되었다. 그리하여 아브라함 달비(A. Darby)가 1709년 코크스(cokes)를 발명하여 어느 정도 부분적인 해결을 본 적이 있었다. 그러나 충분한 코크스를 얻기 위해서는 이전보다 더 많은 양의 석탄을 캐내야 하기 때문에 탄광 안에 물을 비축하지 않으면 안 되었다. 여기에 펌프를 끌어올릴 동력의 필요가 있게 되었던 것이다. 그 결과 발명된 것이 증기기관(the steam engine)이었다.

기계화가 절실하게 필요했던 분야는 섬유산업(the textile industry)이었다. 17, 18세기 면직의류의 인기가 높아지자 재래의 원시적인 물레로 실을 짜는 방식은 더 이상 버틸 수 없게 되었다. 그리하여 각 국가마다 갖가지 수단방법을 동원하여 직조의 양을 늘리려고 하였다. 결국 수 년 후 이러한 요구를 충족키 위하여 등장한 것이 소위 방적기(the spinning jenny)였다.

영국적 배경

여러 가지 자료에 의하면 영국은 18세기까지 서유럽에서 그렇게 부유한 나라가 아니었다. 오히려 프랑스나 독일이 영국보다 훨씬 여유가 있었다. 영국의 농업자원도 부족하였다. 영국은 풍부한 석탄과 철을 가지고 있었지만 산업의 중요성을 인식하지 못하였다. 반면에 영국은 다른 나라들에 비해 몇 가지 유리한 장점들을 가지고 있었던 것으로 나타나 있다.

첫째로는 영국은 앞에서 말한 상업혁명으로부터 가장 많은 이점을 취한 국가라는 점이다. 1750년경 프랑스는 해외무역에서 영국보다 25퍼센트나 더 많은 양을 거래했지만 인구에 있어서 프랑스는 영국의 거의 세 배였다는 것을 감안해야 할 것이다. 더욱이 프랑스는 세계무역이득의 대부분을 엄청난 전비와 과도한 궁정비에 돌려 국고의 한계에 달하고 있었다. 이에 비해 영국의 국력과 번영은 오히려 황금기에 이르고 있었다. 영국은 세계도처에 많은 식민지를 확보하고 있었으며 특히 7년전쟁에서 프랑스를 제침으로써 생산투자에 훨씬 우월한 입장에 있었다. 그리고 영국의 정부는 비교적 오염되지 않았으며 과도한 낭비로부터 벗어나 있었다. 그 결과 영국의 상인들과 조선업주들은 잉여자본이 축적되어 있었으므로 사업투자의 기회를 많이 가질 수 있었다.

둘째로는 영국은 위의 상업혁명의 덕분으로 18세기 초기 유럽 최대의 자본주의국가로 부상할 수 있었다는 사실이다. 예를 들면 영국만큼 주식회사가 그렇게 고도로 발달한 국가는 없었다. 1698년 영국증권거래소(the London Stock Exchange)의 설립으로 무역이 합법적 사업체로 조직되었다. 1700년경 런던은 세계의 금융중심도시로서 암스테르담과 경쟁할 수 있었다. 더구나 영국은 유럽에서 가장 훌륭한 은행제도를 가진 나라로서 영국은행(the Bank of England)을 1694년 설립한 바 있다. 이 은행은 처음에는 정부기금을 위한 것이었으나 점차 개인회사로 조직되었으며 그 주식도 개인소유로 되었다. 그리하여 사업지도자들은 정부의 금융적 안정과 함께 어떤 기관의 방해 없이 경영에 전념할 수 있었다.

셋째로는 영국은 다른 국가들에 비해 비교적 정치적으로나 사회적으로 매우 안정된 상황을 유지하고 있었다는 사실이다. 18세기의 영국정부는 민주적이지는 못했지만 유럽의 다른 나라들보다 훨씬 자유로웠던 것은 분명하다. 명예혁명은 이미 설명한 바와 같이 정부의 제한된 주권개념을 확립하는 데 적지 않게 기여하였다. 즉 국가권력은 인간의 자유와 재산을 보호하려는 자연권을 건드려서는 안 된다는 것이다. 이러한 이념의 깃발 아래 의회는 독점권과 자유 경쟁을 방해하는 옛 법률조항들을 폐지하였다. 중상주의의 원칙도 식민지와의 무역에 적용은 되었으나 국내사업분야와 관련된 규제조항들은 서서히 없어졌다. 그리하여 영국은 점차로 다른 국가들로부터 피난해 오는 사람들의 은신처가 되었다. 낭트칙령이 폐지된 후 1685년 프랑스로부터 쫓겨나 영국의 각 지역에 정착한 위그노들이 약 40,000명이 훨씬 넘었다고 한다. 검소하고 탄력적이며 야망찬 이들 프랑스인들이 영국인들에게 끼친 활력 또한 적지 않았다. 그들의 영향은 산업분야에도 미쳤다. 영국의 칼제조와 유리제조분야에서 발견되는 프랑스 이름들이 그것을 증명해 주고 있다. 영국의 사회적 상황도 산업혁명에 매우 유리하였다. 영국의 귀족은 다른 나라들과는 달리 그들의 세습적인 캐스트를 버리고 급속히 부의 귀족으로 변신하였다. 재산을 많이 가지면 누구나 사회적으로 높은 지위를 가질 수 있었다. 윌리엄 소피트는 연간 10,000파운드의 소득을 가진 사람이면 누구나 신분에 관계 없이 귀족(peerage)이 될 권리가 있다고 선언한 바 있다. 이와 같은 사회적 분위기가 사업적으로 성공에 이르도록 도움을 주었다.

이 외에 영국의 산업혁명에 유리하게 작용한 것들로는 섬유산업에 유리한 영국의 기후를 들 수 있을 것이다. 영국의 습기찬 기후가 목면의 실을 부드럽게 만들어 줌으로써 기계로 짜여질 때 크게 도움을 주었다. 다음으로는 엄격한 규제를 가진 중세적 길드제도가 영국에는 깊이 배어들지 못했다는 사실이다. 특히 17세기 말경 영국 북부에는 이러한 규제들이 거의 없어져 산업혁명을 제일 먼저 시작한 지역이 되었다. 끝으로 영국은 다른 국가들과는 아주 다르게 부의 분배가 골고루 이루어질 수 있었다는 사실이다. 즉 이와 같은 바탕에서 제조업자들은 귀족과 같은 특수계층의 사치품 대신 값싸고 일반적인 물품들을 대량으로 생산할 수 있었다. 이것은 물론 후의 공장제 도입에 크게 영향을 주게 되었다.

3. 기계발명과 산업발달

기계발명과 공장제도

산업혁명의 첫 단계는 근대문명의 기초를 놓아 준 기계의 발명으로 시작되었다. 이미 밝힌 바와 같이 기계를 산업에 적용하는 일은 면의류 제조업에서 시작되었다. 산업이 획기적인 발전을 도모하려면 다량생산을 하여 이윤을 많이 챙겨야 되며, 그러기 위해서는 다량의 면사생산이 이루어져야 하였다. 이 요구에 따라 등장한 첫 번째 발명품이 1767년 제임스 하아그리브스(James Hargreaves)의 소위 제니 방적기(the spinning jenny: 다추방적기)였다. '제니'라는 말은 하아그리브스 부인의 이름에서 유래하였다. 이것은 존 케이(John Kay)의 기계(the flying shuttle, 1730's)를 응용한 것으로 한번에 16개의 실을 짤 수 있게 만들어졌다. 그러나 이 실(면사)은 날줄의 섬유로 사용되기에는 너무 약하였다. 이 결함은 2년 후 아아크라이트(Richard Arkwright)의 수력방적기(the water frame)에 의해 어느 정도 수정되었다. 즉 두 종류의 실(씨줄과 날줄)의 다량생산이 가능하였다. 그 후 (1779년) 다시 크롬프턴(Samuel Crompton)이 양자의 장점을 살린 뮬방적기(the mule)를 만들었다.

그렇지만 이것들은 모두 많은 직공들을 필요로 하여 수공 대신 자동기계의 등장이 절실하게 요구되었다. 1784년 카트라이트(Edmund Cartwright)의 역직기(the power loom)는 이러한 자동기계의 대용품이었다. 한편으로 1793년에는 미국의 휘트니(E. Whiteney)가 면섬유를 씨로부터 분리시키는 기계(the cotton gin)를 만들어 한 사람이 50여 명의 일의 양을 하게 되었다.

섬유산업의 새로운 발명들은 공장제도의 발달로 이어졌다. 위의 제니방적기, 수력방적기, 뮬방적기, 자동베틀기 등은 개인적으로 노동자들의 집에서는 할 수 없는 규모가 크고 무거운 기계들이었다. 모든 것이 동력으로 움직여야 되었으며, 설비들이 너무 비싸서 부유한 자본가가 아니면 살 수 없는 것들이었다. 그러므로 기계와 설비는 커다란 빌딩에 설치되어야 하며 그 곳에서 일하는 노동자들은 주인이나 매니저에 의해 감독을 받지 않으면 안 되었다. 이러한 것이 바로 원래 공장형태의 본질이었다. 따라서 이 조직의 진정한 창단자는 수력방적기의 발명가인 아아크라이트였다. 아아크라이트는 불굴의 인내와 철저한 경영에 의해 알려지지 않은 이발사와 가발직공으로부터 산업의 주인으로 올라갔다. 그는 보통 아침 5시부터 밤 11시까지 일하면서 수 년 동안 여러 가지의 악조건들과 싸웠다. 그는 기계로 일자리를 잃을지도 모른다는 두려움을 가진 노동자들의 반란을 받기도 하였으며 그의 수력방적기의 아이디어가 다른 사람의 것이었다는 무고한 비난을 받기도 하였다. 그는 무려 60만 달러를 썼다고 전해진다. 그는 실로 1771년 수력에 의해 움직이는 공장을 처음 설립한 사람이었다.

증기기관과 제철산업

증기기관(the steam engine)의 발명이 공장제도의 발전에 없어서는 안 될 중요한 역할을 했다는 것을 아는 사람은 아마 드물 것이다. 수레바퀴는 느렸으며 그것을 돌리는 물발도 항상 가능한 것은 아니었다. 다른 방법들도 별다르지 않았다. 카트라이트에 의해 만들어진 역직기도 소가 움직이는 것이었으며 그 후의 것들도 말이나 뉴펀드랜드 개가 움직이는 것에 불과하였다. 증기동력에 대해서는 수 세기 동안 알려진 것이지만 처음 증기동력을 산업에 적용시킨 사람은 토마스 뉴커먼(Thomas Newcomen)이었다. 그는 1712년 영국탄광으로부터 물을 퍼내는 조야하지만 효과적인 엔진을 고안해 냈다. 18세기 중엽에는 약 100여 개의 엔진이 사용되었으며 큰 것은 말 50여 마리 이상의 일을 해냈다. 뉴커먼의 증기기관은 1760년대 제임스 와트(James Watt)에 의해 다시 개량되어 기계의 동력으로 사용되었다. 뉴커먼의 엔진은 한번 피스톤이 작동된 다음 다시 증기가 생길 때까지 기다려야 했기 때문에 속도가 느리고, 피스톤의 교환적 작동이 불가능하여 펌핑의 어려움을 겪지 않으면 안 되었다. 와트는 이러한 결함들을 수정하고 다시 밸브를 이용하여 공장에서 널리 사용하게 하였다. 요컨대, 와트의 증기기관의 발명은 진정한 의미의 동력시대의 시작을 예고하는 것으로 상품의 대량생산을 가능하게 하고 이들을 운반하는 교통수단에도 일대 혁명을 불러일으켜 산업화에 급속한 박차를 가하였다.

증기기관의 발명으로 등장한 산업의 하나는 제철업이었다. 이전의 방적기들은 나무로 만들어졌지만 증기기관은 동력소모를 최소한으로 줄여야 하기 때문에 철로 만들어져야 했다. 더군다나 피스톤, 실린더 등은 더욱 철이 필요하였다. 철제련에 대한 기술은 18세기 후반 윌킨슨(John Wilkinson), 19세기 후반 베세머(Henry Bessermer), 지멘스(E. von Siemens) 등의 연구에 의해 철의 대량생산이 가능하게 되었다. 1750년 영국은 국내생산의 2배의 선철을 수입하였으나 1814년에는 국내소비의 5배를 수출하게 되었다. 영국이 풍부하게 매장하고 있는 석탄의 소비량도 연간 약 1,100만 톤이었으며 19세기 후반에는 1억 톤이 넘었다.

교통과 통신의 발달

생산양식의 근본적인 변화들은 교통과 통신의 발달을 가져왔다. 첫 번째로 1780년경 영국은 처음으로 유료도로와 운하를 만들어 교통의 혁신을 도모하였다. 영국은 1830년경 거의 모든 고속도로를 돌을 부셔 깔았으며 주요 한강들을 2,500마일 길이의 운하들과 연결시켰다. 도로의 개수는 역마차운행을 빠르게 하였으며 1784년에는 체신장관이 주야간 우편물을 취급하는 혁신적인 작업을 실시하였다. 두 번째로 영국은 역마차운행을 증기기관으로 바꾸었다. 철도는 이전에도 있었으나 주로 석탄운반에 사용되었으며 차들은 여전히 말이 끌었다. 최초로 증기기관차를 발명한 사람은 1830년 영국의 스티븐슨(George Stephenson)이었다. 그의 증기기관차 '로케트호'는 리버풀과 맨체스터 사이를 이전의 두 배나 빠른 시속 12마일로 달리는 데 성공하였다. 1848년 그가 죽기 전에 영국에 건설된 철로길이는 거의 6,000마일이나 되었다.

세 번째로 영국은 증기를 기선에 적용한 배를 이용하여 상품들을 빠른 속도로 수송하였다. 과연 증기기선을 처음 만든 사람이 누구인가 하는 것은 아직까지도 의견이 분분하다. 그러나 증기기선을 상업적으로 성공하게 만든 사람은 미국의 풀턴(Robert Fulton)이었다. 그의 기선은 럼지(James Rumsey), 피치(John Fitch)의 것들을 토대로 하여 만들어진 것으로 'the Clermont', 'the Sirius', 'the Great Western'의 이름으로 미국 지역과 대서양을 횡단하는 데 성공하였다. 증기기선으로 대형화물의 수송과 세계문화교류가 크게 발달하게 되었다. 끝으로 산업혁명이 통신에 기여한 것은 전신기의 발명이었다. 1820년 초엽 프랑스의 한 물리학자(Ampere)는 전자기가 두 지역 사이를 유선에 의해 메시지를 전달할 수 있다는 것을 알아 냈다. 남아 있는 문제는 여하히 메시지의 송수신을 위한 기구를 효과적으로 고안해 내느냐 하는 것이었다. 이것을 만들어 낸 사람들이 바로 독일인 칼 슈타인하일(Karl Steinheil)과 영국인 찰스 휘트스톤(Charles Wheatstone) 그리고 유명한 미국인 사무엘 모스(Samuel

Morse)였다. 1844년 모스의 전신은 볼티모어와 워싱턴 사이를 타전하는 데 성공하였다. 1851년에는 영국해협에, 1866년에는 대서양에 해저전신이 가설되었으며 그리고 1876년에는 미국의 벨(Alexander Bell)이 전화를 발명하였다.

산업혁명으로 영국은 가위 세계시장을 장악하고 있었다. 1851년 런던(Crystal Palace)에서 열린 전시회에서 영국이 세계의 공장임이 증명되었다. 런던의 수정궁이 철과 유리로 만들어진 거대한 건축물일 뿐 아니라 그 곳에 진열된 기계들은 각국의 사람들을 경악시키기에 충분하였다. 영국은 전 세계 석탄의 3분의 2, 철과 면직물의 2분의 1 이상을 생산하는 유일의 국가였다. 다른 나라들의 산업혁명은 상당히 뒤늦었다. 프랑스와 벨기에는 1830년대부터 시작되었으며, 독일은 1850년대부터, 스웨덴은 1890년대부터 그리고 러시아는 이들보다 훨씬 늦게 1890년대부터 발달하였다. 미국은 사정이 좀 달라 19세기 초부터 일찍 시작되어 1840년대에는 본격화되었으며 20세기에는 영국의 산업을 따라잡기에까지 이르렀다.

4. 산업혁명의 영향

앞에서 말한 바와 같이 산업혁명은 프랑스혁명과 함께 서양 근대사회를 이룩하는 데 가장 획기적인 계기가 되었다. 후자(프랑스혁명)에 의해서는 정치적 혁신이, 전자에 의해서는 경제적 혁신이 이루어졌다. 이것은 이전의 농업을 위주로 한 정체적 사회와는 근본적으로 다른 변화였다. 근대사회는 과학과 기술을 바탕으로 이루어진 산업화(industrialization)와 도시화(urbanization)가 그 특징이다. 산업화와 도시화로 등장한 근대적 시민사회는 공장제도를 바탕으로 하는 자본주의사회로 경제적으로 획기적인 발전을 가져왔다. 그러나 한편으로 오늘날의 산업사회가 안고 있는 문제들, 즉 노동자계급·프롤레타리아·산업 부르주아지의 형성, 노동시간문제, 노동운동, 노사문제, 계급간 갈등, 도농간 갈등 등 부정적 측면의 문제들도 야기되었다. 산업혁명의 영향들을 다시 정리해보면 다음과 같다.

첫째로 산업화는 사회의 세속화를 수반했다는 사실이다. 그리하여 종교적 신앙과 관례적 전통에 의해 살던 권위적 사회로부터 점진적으로 벗어나게 되었다. 승려, 촌락, 가족의 사회적 단위는 민족, 정부, 정당, 전문적 집단 등으로 바뀌게 되었다. 둘째는 산업혁명은 인간생활 민주화에 디딤돌이 되었다는 사실이다. 산업사회에서 사회적 권력은 더 이상 토지소유자들에게만 국한되지 않았다. 노동자들도 정치적, 사회적 권력들을 가지게 되었으며 교육을 받게 되었다. 그리고 그들은 부유층에게만 허용되던 상품들의 소비자가 되었다. 그들은 19세기 중엽에는 투표권을 얻었다. 그러나 나머지 대중(the masses)은 제외되어 앞으로의 과제로 남았다. 셋째는 산업혁명은 대부분의 사람들을 농촌에서 도시로 옮겨 그들의 생활패턴을 변혁시켰다는 사실이다. 그리하여 민족들 사이의 관계, 계급들, 성(性)들, 부모들, 그리고 자녀들 사이의 관계까지 변화시켰다. 그들은 점차로 국가간이나 민족간의 벽에서 벗어나 세계를 하나의 시장으로 활동하게 되었다. 그러다 보니 국가들과 민족들간의 심한 갈등문제도 일어나게 되었다. 넷째는 산업화로 인구증가와 함께 부유한 생활을 영위하는 새로운 계급들을 일으킨 반면에 산업화의 희생물이 된 빈곤한 사람들의 다양한 계급들을 등장시켰다는 사실이다.

산업부르주아지와 프롤레타리아

산업혁명은 결과적으로 두 가지의 계급을 만들어 냈다. 하나는 산업부르주아지(the industrial bougeoisie)이며 다른 하나는 프롤레타리아(the proletariat)이다. 산업부르주아지는 공장, 탄광, 철도소유자들과 상인, 은행가, 법률가 등 구중산층으로 구성된 계층으로, 이중 일부는 지배계층이나 구귀족, 혹은 자본자들과 연합하여 상층부르주아지(the upper bourgeoisie)를 이루어 소상인, 소산업인, 전문직업인으로 이루진 하층부르주아지(the lower bourgeoisie)와 구분되었다. 전자는 주로 금융자본과 주식투자, 사업의 독점에 끼어들었으며 정부간섭을 증오하였다. 그들에게 최대의 관심사는 자유기업을 통한 경제적 성장이었다. 한편 후자(하층부르주아지)는 안정과 안전을 중시하면서 투기, 체인스토아와 독점을 막고 국가를 위한 공공의 시설을 장려하였다. 후에 무솔리니와 히틀러의 국가권력에 가장 강력한 지지자가 되어 준 것은 바로 후자의 집단이었다.

이러한 부르주아지의 독주와 우위에 반기를 들고 나온 것은 프롤레타리아였다. 역사적으로 살펴볼 때 프롤레타리아는 문명의 시작부터 존재한 사람들이었다. 왜냐 하면 그 말(proletariat)의 뜻은 임금에 의존하여 사는 재산이 없거나 재산이 적은 모든 사람들을 포괄하고 있기 때문이다. 말하자면 고대 그리스와 로마의 자유노동자들, 그리고 중세의 직인과 소작인들은 모두 프롤레타리아였다. 엄밀한 의미에서 산업혁명 이전의 임금생계자들은 소노동계급에 속한다고 볼 수 있다. 왜냐 하면 생계를 위해 일하던 대다수의 사람들은 농노와 소작인과 마찬가지로 원래 농업에 종사했기 때문이다. 프롤레타리아는 시간이 지나면서 임금노동자, 농부, 고용된 사람, 서비스맨을 포함하게 되었다.

그러나 엄밀한 의미에서 프롤레타리아는 산업생산과 관계된 노동자를 의미하는 것이다. 한 계급으로서의 주체성을 의식하게 된 것은 산업혁명을 거치면서였다. 왜냐 하면 산업혁명은 다수의 노동자들을 도시에 집중시키고 그들을 곤경에 접하게 함으로써 비로소 결속의식을 그들에게 주입시켰으며 그들에게 공동의 영감을 접목시켰기 때문이다. 경제적 계급으로서의 그들의 권력은 수 년 동안 엄격한 입법에 의해 제한되어 있었다. 서유럽에서 그들에게 파업의 권리가 허용된 것은 1850년 이후의 일이었다. 그리고 그들이 정부정책에 많은 영향을 발휘할 수 있는 노동집단으로서 조직된 것은 19세기 후반의 일이었다. 그들은 제1차 세계대전을 전후하여 마르크스주의와 연결되면서 부르주아지와 대치된 무산계급(the have-nots)으로서 그들의 근로조건, 임금인상, 노동자운동, 정당 등과 같은 본격적인 집단활동을 전개하였다.

1860년부터 시작되는 제2단계의 산업혁명은 여러 가지 면에서 제1차와는 달랐다. 이 시기에는 베세머에 의한 강철제조방법이 소개되었고(1856), 발전기가 완료되었으며(1873), 그리고 내연엔진이 발명되었다(1876). 일반적으로 제2단계 산업혁명이 제1단계 산업혁명과 구별되는 양상들로는 기본적인 산업물질로 철대신 강철이 등장한 점, 주동력원으로서 석탄 대신 가스와 유류가 사용되고, 산업 에너지원으로서 전기가 사용된 점, 자동기계와 고도의 노동 특수화가 발달한 점, 합금과 경금속 및 산업화학물질이 사용된 점, 교통과 통신이 급속하게 변동한 점, 새로운 형태의 자본주의조직이 성장한 점, 중동부 유럽과 극동에 산업화가 전파된 점 등을 들 수 있다.

제13장

자유주의와 민족주의의 발달

♣ 개　　관 ♣

'전근대'와 '근대'

프랑스혁명을 치른 유럽은 산업혁명을 거치면서 비로소 근대적 사회의 면모를 제대로 갖추게 되었다. 그리하여 산업혁명을 기준으로 이전사회를 "전근대(the premodern)," 그 이후사회를 "근대(the modern)"로 구분하는 역사가들이 적지 않다. 이것은 19세기의 유럽이 정치적으로뿐 아니라 사회적, 경제적으로도 근대적 성격을 가지게 되었다는 의미이다. 더 구체적으로는 시민혁명(프랑스혁명)과 산업혁명이 제기한 자유주의와 민족주의, 민주주의 그리고 사회주의의 이념들이 서로 부딪히면서 유럽의 역사가 진행되었다.

나폴레옹의 붕괴 이후 유럽에는 보수복고적인 비인체제가 성립되어 자유주의와 민족주의가 억압되는 듯 하였다. 그러나 그리스의 독립(1829)을 계기로 유럽은 비인체제가 자극제가 되어 자유주의와 민족주의가 다시 본격적으로 부흥하게 되었다. 프랑스의 7월혁명(1830)과 2월혁명(1848)은 바로 자유주의의 승리를 장식하는 일대 사건이었다.

자유주의와 민족주의

자유주의는 1830-1914년의 기간에 일반적으로 두 가지의 방향으로 진행되었으니 하나는 국가에 있어서 개인의 자유와 평등을 요구하는 민주주의와 다른 하나는 각 국가들간에 있어서 민족의 자유와 독립을 요구하는 민족주의였다. 민주주의와 민족주의는 자유주의가 낳은 적자들로서 19세기의 크나큰 흐름이었다. 민주주의가 국가에 있어 국민주권과 참정권을 목표로 하는 공화주의운동, 입헌운동, 선거권운동으로 발전하는 한편, 민족주의는 예속된 민족에 있어서는 민족독립운동으로, 분리된 민족에 있어서는 민족자주운동으로 발전하여 나갔다. 그리고 민주주의는 처음에는 정치적 민주주의로, 그 다음에는 사회적, 경제적 민주주의로 발전하여 나갔다. 후자의 경우 기존의 기득권층에 적지 않은 위협을 안겨 주게 되었다.

그러나 실질적으로 민족주의와 민주주의운동들이 현저하게 나타나는 것은 2월혁명 이후부터 1870년대에 이르는 기간이었다. 이탈리아와 독일이 통일을 이룬 것도 이즈음이었음을 잊어서는 안 될 것이다.

제 1 절 자유주의의 발달

1. 비인체제

나폴레옹 몰락 이후 유럽 보수주의자들의 마음을 사로잡은 것은 평화와 질서에 대한 열망이었다. 그들은 혁명이나 격렬한 폭력에 대하여 염증을 가지게 되었다. 처음에 승전국들은 프랑스와 나폴레옹에 대하여 매우 관용적이었으나 나폴레옹의 엘바 탈출 이후부터는 그들의 경계심을 늦추지 않았다. 그러나 얼마의 보상금요구 이외에는 프랑스를 적대국으로 냉대하지는 않았다.

유럽의 질서를 다시 결정하는 일을 맡은 것은 소위 비인회의(the Congress of Vienna)로 주축이 되는 비인체제였다. 이 체제를 '회의(Congress)'라고 부르는 것은 잘못된 것이다. 왜냐 하면 모든 대표자들이 전체적으로 모인 적이 없었기 때문이다. 이 회의의 주요한 결정들은 100여 년 후의 베르사이유조약에서처럼 소위원회들을 통하여 만들어졌다. 이 회의는 오스트리아가 주최국으로서 1,500만 달러를 쓸 만큼 화려하였다. 비인회의에 참석한 왕들은 러시아의 짜르, 오스트리아의 황제, 프러시아 · 덴마크 · 바바리아 · 비르템베르크왕들의 6명이었으며, 영국에서는 카슬리(Lord Castlereagh: 1769-1822)와 웰링턴공작이, 그리고 프랑스에서는 루이 16세 때 주교로 있었으며 나폴레옹 때 외무장관을 지낸 탈레이랑(Talleyrand: 1754-1838)이 각각 참석하였다.[1]

알렉산더 1세와 메테르니히

비인회의의 주역은 러시아의 알렉산더 1세(Alexandre Ⅰ: 1801-1825)와 오스트리아의 메테르니히(Metternich: 1773-1859)였다. 알렉산더는 1801년 암살된 아버지의 뒤를 이은 짜르로서 루소 찬양자였다. 그는 러시아를 유럽에서 가장 자유로운 국가로 만들어 그의 이름을 날리려고 하였다. 그는 모든 지배자들을 정의와 평화의 기독교적 이상 아래 묶으려고 하였다. 한편 주독대사를 아버지로 둔 메테르니히는 스트라스부르크대학교를 다녔다. 그는 학생 때 프랑

---

1) Rene Albrecht-Carrie, *A Diplomatic History of Europe Since the Congress of Vienna*(New York, 1973), ch. Ⅰ.

스혁명과 연루된 폭도들의 무력시위를 보면서 정치적 혁신을 증오하게 되었
다. 그는 외무장관으로 거의 40여 년을 보냈으며, 알렉산더와 나폴레옹이 1807
년 동맹을 맺은 다음 양자 사이를 떼어 놓으려고 안간힘을 다하였다. 비인회의
를 주재하면서 그를 사로잡았던 것은 정치, 사회적 변화에 대한 증오와 러시아
에 대한 공포였다. 이 두 가지는 서로 연관된 사건들로 알렉산더가 유럽에서
주도권을 잡기 위하여 일으키는 소위 '자코뱅 짜르'에 의한 혁명을 두려워하였
다. 그리하여 그는 나폴레옹과 프랑스에 대한 온건한 정책을 좋아하였다.

정통복고주의

비인회의를 주도한 기본원리는 정통성의 원리(the principle of legitimacy)
였다. 이 원리는 탈레이랑에 의해 고안된 것으로 프랑스를 그 정복국들로부터
보호하기 위한 것이었다. 그러나 메테르니히에 의해 다시 반동정책(the gener-
al policy of reaction)의 내용이 가미되었다. 즉 프랑스혁명 이전에 존재했던 유
럽의 왕조들은 다시 그대로 복귀되어야 하며, 각 국가는 근본적으로 1789년에
가졌던 영토를 그대로 다시 소유해야 한다는 정통복고주의의 원칙이었다. 이
원리에 의해 프랑스, 스페인, 나폴리에는 부르봉왕조가 다시 들어서고 포르투
갈에도 왕실이 복귀되었다. 특히 폴란드에 대한 러시아의 요구와 작센에 대한
프러시아의 요구가 맞물려 어려움을 겪었다. 영토문제는 강대국중심의 세력균
형의 원리(the principle of balance of power)와 보상원칙에 의해 다음과 같이
타결되었다.

첫째로 홀란드는 오스트리아령 네덜란드(벨기에)를 합병하여 중립국 네덜
란드왕국을 창설하였다. 이것은 영·독의 프랑스에 대한 견제를 목적으로 이루
어진 것이나 벨기에의 민족적 요구는 무시되었다. 둘째로 프러시아는 라인강
아래 쪽과 왈소대공국의 보젠과 삭소니아의 일부를 얻고 스웨덴으로부터 보메
라니아를 얻었다. 이것은 프러시아의 확대로 약소민족들의 희생을 가져왔다.
셋째로 오스트리아는 폴란드의 옛 영토를 다시 얻었으며 네덜란드 포기 대가로
롬바르디아와 베네치아를 얻었다. 이것으로 오스트리아는 이탈리아로의 진출
이 가능하였다. 넷째로 독일은 프러시아, 오스트리아를 포함하는 35영방국가
와 4자유도시를 가지고 독일연방(the German Confederation)을 조직하였다.
이것으로 독일통일을 바라던 독일지식층의 불만을 일으켰다. 다섯째로 이탈리

아, 나폴리, 교황령, 사르디니아에는 왕실이 복귀되었다. 여섯째로 러시아는 스웨덴으로부터 핀란드를, 터키로부터 베싸라비아를 얻었으며 폴란드왕국을 부활하여 러시아황제가 겸하여 다스리게 되었다. 일곱째로 영국은 대륙의 영토를 포기하는 대신 헤리고란드(Heligoland), 말타(Malta), 케이프(Cape), 시론(Ceylon) 등을 얻어 해상의 발판을 굳혔다.

신성동맹과 4국동맹

위의 결정과 함께 유럽 장래의 평화를 위하여 두 개의 동맹이 결성되었다. 하나는 1815년 9월 러시아의 알렉산더 1세에 의해 만들어진 신성동맹(the Holy Alliance)이며, 다른 하나는 11월 오스트리아의 메테르니히에 의해 결성된 4국동맹(the Qadruple Alliance)이었다. 전자는 유럽의 국가들이 그리스도의 사랑과 정의, 평화의 정신 아래 하나로 뭉치자는 집단으로 실질적인 영향은 크지 않았다. 종교적 이념을 달리하는 교황청과 터키의 개입을 꺼리는 영국은 이에 참석치 않았다. 후자는 오스트리아, 영국, 러시아, 프러시아 4국 사이에 이루어진 것으로 비인체제를 유지하기 위한 실질적인 동맹이었다. 이 동맹은 1818년 프랑스의 가입으로 5국동맹이 되었다. 이것은 그들(5국)의 '정통적인' 지배를 흔들거나 국제적인 국경을 변화하려는 사람들의 시도를 막기 위하여 상호 협력하자는 국제연맹과 같은 소위 유럽의 협조(the Concert of Europe)체제였다. 그러나 그들 사이의 내부적 갈등은 만만치 않았다. 메테르니히의 지나친 욕심과 각국 사이에 벌어진 영토분점의 경쟁은 날이 갈수록 커졌다. 더군다나 프랑스혁명에서 일어난 자유주의와 민족주의를 누르려는 억압은 각국의 반기를 일으키기에 충분하였으며 역사의 방향을 거꾸로 돌리려는 복고주의적 반동은 언제까지나 계속될 수 없는 걸림돌이었다.

2. 비인체제에 대한 반발

메테르니히를 중심으로 하는 반동체제는 각국의 심한 민족주의의 감정을 야기시켰다. 처음에는 혁명전쟁에 지쳐 4국동맹과 신성동맹의 의도가 어느 정도 먹혀들어갔으나 시간이 지남에 따라 그들이 맛본 자유와 평등, 박애의 이념들을 그리워하게 되었다. 비인체제에 대한 반발로 나타난 자유주의와 민족주의는 서로 얽혀서 각 나라에 작용되는 것이 상례였다.

유럽과 라틴아메리카

제일 먼저 비인체제에 대한 반발은 독일대학생에 의해 일어났다. 1815년 이후 독일대학생들은 학생조합(burschenschaft)을 중심으로 민족주의와 자유주의운동을 일으켰다. 그들은 1817년 10월 라이프치히 전승 4주년과 루터의 종교개혁 300주년을 기념하는 행사를 통하여 불온문서와 프러시아군복을 불살랐다. 1819년에는 예나대학생이 러시아의 스파이(Kotzebue)를 암살한 일이 벌어졌다. 이에 메테르니히는 칼스바트법령을 공포하여 독일의 자유주의운동을 탄압하였다. 메테르니히는 다른 국가에서의 자유주의운동들에도 손을 뻗쳤다. 그는 4국동맹을 이용하여 스페인과 포르투갈이 민주적 헌법을 만들려는 정치적 자유주의운동을 억눌렀으며 이탈리아의 민족주의운동을 탄압하였다. 1820년 이탈리아의 나폴리와 피에몽트 등지에서 일어난 '카르보나리(Carbonari, 목탄의 뜻)'라는 비밀결사를 억압하였다. 이러한 운동은 가장 민주적이었던 영국의 맨체스터에서도 일어났다(1819).

18세기경 포르투갈과 스페인에 의해 거의 점령당한 중남아메리카는 본국의 중상주의적 식민지정책으로 희생되어 왔다. 그러나 그들은 미국의 독립과 프랑스의 혁명으로 개명되기 시작하였으며 특히 나폴레옹전쟁기간 동안에는 본국의 간섭을 피할 수 있었기 때문에 민족적 자유주의운동을 전개할 수 있었다. 1810년 아르헨티나, 우르과이, 파라과이 등을 선두로, 비인회의 후에는 콜롬비아, 페루, 볼리비아, 에콰도르, 칠리, 그리고 중남미 여러 국가들이 독립을 쟁취하였으며 1820년에는 브라질이 독립을 선언하였다.

영·미의 비간섭주의와 그리스의 독립

메테르니히의 남아메리카 탄압에 대하여 영국은 의견을 달리하고 있었다. 왜냐 하면 영국은 중남미 식민지들이 독립을 얻음으로써 오히려 새로운 시장이 확대된다고 믿었기 때문이다. 한편 미국의 먼로대통령(Monroe: 1817-1825)도 1823년 의회에 보낸 교서에서 이른바 먼로주의(the Monroe Doctrine)을 선언하였다. 즉 미국은 유럽의 아메리카 간섭과 식민지건설을 반대한다는 것이었다. 다시 말해 메테르니히의 영토확장에 대한 영국과 미국의 두려움이

일치되었던 것이다. 그리하여 영국의 외무장관 캐닝(Canning)과 미국의 먼로
는 비간섭주의와 비식민주의정책을 선언하였다. 치명적인 타격을 입은 사람은
물론 메테르니히였다.

비인체제를 더욱 곤경으로 몰고 간 것은 그리스의 독립운동이었다. 그리
스는 동로마멸망 후 16세기 이래로 터키의 지배를 받아 오게 되었으나 인종과
종교가 다를 뿐 아니라 고전문화의 창달자로 자처하는 민족이었다. 프랑스혁
명의 기운은 그리스를 그냥 넘어갈 수가 없었다. 그리스에는 두 개의 민족주의
집단이 있었다. 하나는 콘스탄티노플을 중심으로 그리스정교에 속한 파나리오
트파(the Phanariots)이며, 다른 하나는 에게해의 항구와 섬을 중심으로 상인
층에 속한 도서파(the Island Greeks)였다. 후자는 베네치아상인들의 뒤를 물려
받은 사람들로 순수한 고전적 그리스로 돌아가려는 문화적 민족주의를 부르짖
었다. 한편 전자는 애국자 입실란티(Ypsilanti: 1793-1832)의 비밀결사를 중심
으로 터키의 회교를 공격목표로 삼았다. 그리스의 항거는 1821년 입실란티의
터키반란으로부터 시작되었다.

양편에서 수많은 희생자가 속출하는 가운데 이집트의 마호메트 알리의 간
섭으로 그리스의 독립군은 한때 패배의 기운이 진하였다. 그러나 그리스의 고
전문화를 흠모하는 국가들과 사람들의 원조로 전세는 달라졌다. 셸리, 바이런,
드라크로아 등이 모두 그리스를 도운 문예인들이었다. 결국 러시아와 러시아
의 진출을 거리끼는 영국 그리고 프랑스의 3국이 터키를 공동의 적으로 하여
출전하였다. 1827년 3국의 연합함대는 드디어 나바리노해전에서 터키함대를
격파한 후 오스트리아와 프러시아의 반대를 무릅쓰고 그리스의 독립을 보장하
였다. 1829년 그리스의 독립이 아드리아노플조약에서 정식으로 승인되어 바이
에른 왕실의 오토(Otto Ⅰ: 1833-1862)가 새로운 왕으로 등극하였다. 그리스의
독립은 말하자면 19세기에 이루어진 민족해방운동의 첫 승리였다.

3. 7월혁명

비인체제의 복고주의적 반동정책은 혁명의 근원지이며 패전국인 프랑스에
서 더욱 심하게 나타났다. 부르봉왕조가 복귀한 이래 프랑스는 겉으로는 입헌
군주제를 표방하였으나 가톨릭의 부흥과 망명귀족의 귀국으로 구왕당파세력이

다시 일어났으며 이에 따라 루이 18세도 점차 보수주의 쪽으로 방향을 틀게 되었다. 이러한 경향은 1824년 그의 뒤를 이은 동생 샤를르 10세(Charles Ⅹ : 1824-1830)에 의해 더욱 짙어졌다. 샤를르는 교육에 대한 승려의 권한을 늘리고 1825년에는 상실한 망명귀족의 재산에 대한 보상금을 지급하였다. 그리고 그 재원을 국채에서 빼내려고 하였다. 이에 금융부르주아지와 국채소유자인 시민들의 반감과 아울러 자유주의자들의 반발을 일으키게 되었다.

샤를르의 반동정치에 의회가 반발하자 왕은 오히려 극단적 보수파인 폴리냐공(Prince of Polignac)을 중용하여 맞섰다. 1830년 7월 25일 왕과 폴리냐은 언론의 탄압, 의회의 해산, 시민의 선거권제한 등을 내용으로 하는 법령을 발표하였다. 이튿날 티에르(Adolphe Thiers: 1797-1877)와 기조(Francois Guizot: 1787-1874) 등 자유주의 역사가와 언론인들이 한결같이 반기를 들고 일어섰다.

7월 27일 드디어 파리시민들이 궐기하여 시청을 점거하고 노트르담대성당에 삼색기를 날렸다. 데모대들은 치열한 시가전 끝에 3일 후에 파리를 수중에 넣었으니 이것이 7월혁명(the July Revolution)이었다. 혁명 이후 혁명세력은 둘로 갈라져서 버텼다. 하나는 제한선거에 의한 입헌군주제를 바라는 온건파이며 다른 하나는 보통선거에 의한 공화제를 바라는 과격파였다. 정세는 온건파로 기울어져 샤를르는 영국으로 도망하고 부르봉의 먼 가계에 속하는 '평등주의자 필립'의 별호를 얻은 루이 필립(Louis Philippe)이 7월왕정의 왕위에 오르게 되었다.

7월혁명의 영향

7월혁명의 성공은 비인체제의 반동세력에 대한 자유주의의 또 하나의 승리였다. 7월혁명의 영향은 프랑스의 인접국가인 벨기에의 독립운동으로부터 시작되었다. 비인회의의 결정으로 벨기에는 홀란드에 병합되어 네덜란드왕국을 창설하였으나 이것은 영국과 프랑스의 상호 견제를 위한 것일 뿐 두 민족의 사정을 전혀 고려한 처사가 아니었다. 두 민족들은 언어와 전통이 다르고 생업과 종교가 각각 달랐다. 가톨릭이 우세한 벨기에로서는 네덜란드의 정치적 지배는 참을 수 없는 치욕으로 받아들여져 독립을 위한 민주주의의 운동이 일어나게 되었다. 벨기에는 결국 총궐기하여 홀란드군을 몰아 내고 입헌왕국

을 선언하였다. 1831년 런던회의에서 벨기에의 독립은 국제적으로 승인되었고
아울러 영세중립국으로 보장받았다.

벨기에의 독립에 뒤이어 폴란드에서도 독립운동이 일어났다. 폴란드는 비
인회의에서 명목상 왕국이 허용되었으나 실제로는 러시아황제에게 넘어간 것
이나 다름없었다. 러시아의 전제적 압박에 시달려 오다가 폴란드는 7월혁명과
벨기에의 독립에 자극되어 짜르의 지배에 반기를 들었다. 그러나 러시아의 진
압으로 폴란드에 대한 학정은 더욱 심해졌고 헌법도 빼앗겼다. 이 외에 독일과
이탈리아 등지에서도 산발적인 독립운동들이 야기되었으나 별다른 성과를 얻
지 못하고 말았다. 이처럼 동유럽 지역에서의 독립운동이 결실을 얻지 못한 것
은 자유주의의 이념이 민중 속에 깊이 뿌리 내리지 못하고 단지 지식인이나
소수 엘리트의 소유물이 되었기 때문이다.

4. 2월혁명

7월혁명으로 들어선 루이 필립은 그의 전임자 샤를르 10세보다는 여러
가지로 좋았지만 부르주아지만을 대변할 뿐 나머지 하층계급의 이익과는 관계
가 멀었다. 선거에 대한 조건들도 많이 줄어들었으나 선거권을 가진 사람들은
20만 명에 불과하였다. 2월혁명(the February Revolution, 1848)의 원인들로는
다음과 같은 사항들을 들 수 있다.

첫째로는 민주주의에 대한 다수국민의 열망을 외면했다는 사실이며, 둘째
로는 루이 필립과 그의 집단의 타락이 프랑스인들의 비위를 건드렸다는 사실
이다. 더욱이 1847-1848년의 흉작은 수많은 실업자를 속출케 하여 프랑스정
국을 불안하게 하였다. 셋째로는 시민왕으로 자처한 루이 필립의 반승려주의
정책이 가톨릭의 불만을 크게 샀다는 사실이다. 루이는 프로테스탄트인 기조
를 1840년 주무장관으로 임명하여 가톨릭학교를 학대하였다. 그리고 기조의
보수주의적 정책은 자본가와 관료 이외의 사람들을 억눌렀다. 넷째로는 산업
프롤레타리아에 사회주의의 이념이 널리 침투했다는 사실이다. 특히 1847년의
공황기에 루이 블랑(Louis Blanc: 1811-1882)은 실업자에게 일자리를 주고 모
든 사람들을 번영하게 한다는 사회주의사상을 전파하였다. 그러나 2월혁명은
어디까지나 7월혁명과 마찬가지로 자유주의를 바탕으로 한 민족주의의 산물

이었다. 루이 필립은 사업을 모든 것 위에 올려 놓았다. 그의 지지자들은 무역과 투자가 위험에 빠지지 않도록 하기 위하여 전쟁에 연루되어서는 안 된다고 주장하였다. 그리하여 그들은 러시아에 대항하여 폴란드를 위하여 전쟁에 나가지도 않았으며 오스트리아에 대항하여 이탈리아를 위하여 전쟁에 참가하지도 않았다. 이것이 바로 애국적인 프랑스인들을 건드린 것이다. 프랑스인들은 국제적으로 세력이 커져 프랑스의 명성과 영광을 다시 한번 날리기를 바랐던 것이다.

7월혁명의 근본적인 병폐가 의회기구와 선거법의 모순에 있었던 것처럼 2월혁명의 병폐도 거의 마찬가지였다. 의회는 소수의 자본가에 독점되고 관료들이 의원을 겸하여 정부가 의회를 달리 조절할 필요가 없을 정도였다. 1847년경 루이 필립은 부유한 소수계층을 제외하고는 거의 모든 사람들로부터 소외되어 있었다. 그러나 실질적인 반대운동은 애국적 왕당파와 공화파 및 사회주의자들로부터 일어났다. 이들 집단들은 여러 가지의 방법으로 개혁의 필요성을 강조하면서 왕을 억눌렀다. 드디어 왕은 1848년 2월 22일 데모금지를 발표하고 바리케이트를 거리에 둘러쳤다. 이틀 후 루이 필립은 그 자리에서 물러나 영국으로 도망가고 기조정부는 와해되었다.

공화파와 사회주의파가 주도권을 잡고 임시정부를 세웠다. 4월 입법의회의 선거가 치뤄졌는데 그 결과는 사회주의파에게 실망을 안겨 주었다. 왜냐하면 반동주의자들과 중산계급의 진영이 다수를 차지했기 때문이다. 실망한 파리의 격렬한 노동자들은 다시 거리로 뛰쳐나왔다. 6월의 공포의 3일 동안 파리는 피비린내 나는 싸움판이 되었다. 데모대는 캬베냑(Cavaignac: 1802-1857)장군에 의해 진압되었다. 6월폭동은 끝났지만 그 지도자들은 사살되었으며 4,000명의 추종자들은 식민지로 유배되었다.

입법의회의 다수를 차지한 부르주아지는 제 2 공화정의 헌법을 제정하였는데 부분적으로는 미국의 것을 따랐다. 그 내용은 인권과 남자보통선거권, 삼권분립을 규정하고 있으며, 대통령은 4년에 한번씩 국민이 선출하며 의회는 단원제로 되어 있으며, 노동권은 삭제되었다. 그리고 첫 대통령의 선출일자는 1848년 12월 10일로 명시되었다. 이 헌법에 의거하여 12월 대통령선거가 실시되었다. 입후보자는 온건공화파, 사회주의파, 가톨릭에서 각 1명씩과 루이 나폴레옹 보나파르트(Louis Napoleon Bonaparte: 1808-1873) 모두 4명이었다.

투표자수는 700만 명이며 이들 중 온건공화파가 150만 명, 사회주의파가 37만 명, 가톨릭이 17,000명, 그리고 나머지 550만 명은 거의 루이 나폴레옹에게로 갔다. 그러면 압도적인 표수차로 이긴 루이 나폴레옹은 과연 누구인가. 그는 바로 나폴레옹 1세의 조가로서 그의 아버지는 잠깐 동안 홀란드의 왕으로 지낸 사람이었다. 루이 나폴레옹은 사촌형이 물러난 후 유배되어 독일, 스위스 등지에서 시간을 보냈으며 7월혁명 때 프랑스로 돌아왔다. 그는 거의 모든 계층으로부터 폭넓은 지지를 얻었다. 보수주의자들은 재산을 보호해 줄 것이라는 기대에서, 프롤레타리아는 그의 이름난 저서(*the Extinction of Pauperism*)를 통하여, 그리고 그가 무정부의자인 루이 블랑과 피에르 프루동(Pierre Proudhon: 1809-1865)과 교신했다는 사실에 의해 그를 지지했다. 그리고 이 두 계층 사이에 나폴레옹의 이름과 그의 영광을 다시 찾으려는 희망을 가진 애국자들과 영웅숭배자들이 루이 나폴레옹을 환영하였다.

2월혁명의 영향

2월혁명의 영향은 7월혁명에 비할 바가 아니었다. 유럽 각 국가에 자유주의와 민족주의의 운동을 파급시켰을 뿐 아니라 비인체제의 붕괴를 몰고 왔다. 독일과 오스트리아에서 3월혁명이 일어나 프리드리히 4세(1840-1861)는 자유주의자의 요구를 받아들였으며, 메테르니히는 영국으로 도주하였다. 오스트리아는 사실상 수많은 소수민족들을 정복하고 있었기 때문에 오스트리아의 변화는 다른 나라들에 적지 않은 영향을 주었다.

소독일주의와 대독일주의

혁명의 기운은 독일연방에도 파급되었다. 독일연방은 앞에서 말한 바와 같이 독일이 오스트리아와 함께 1815년 비인회의에서 결성된 것이었다. 일부 연방군주들은 그들의 반(半)독립을 지지하였지만 대부분의 사람들은 하나의 국민국가로 통일되기를 갈망하였다. 사업자들은 무역이 잘 되기를 바라는 차원에서 통일을 추진했으며 민족주의자들은 문화적이며 인종적 통일의 바탕에서 요구하였다. 따라서 1848년의 혁명은 보다 자유로운 정부와 민족적 통일을 바라는 이중적 성격을 가지고 있었다. 5월 자유주의자들과 민족주의자들(독일연방대표자들)은 바울대성당에 모여 독일헌법을 만들기 위하여 프랑크푸르트

국민의회(the Frankfurt Assembly)를 열었다. 국민의회는 권리법안을 채택하는 데에는 성공하였지만 다른 헌법문제들에 관해서는 의견이 맞섰다.

즉 새 독일은 제한된 왕국이어야 하는지 아닌지에 대하여 다수파와 소수파가 대립하였으며, 통일 독일에 오스트리아가 포함되어야 하는지 아닌지, 그리고 누가 과연 왕이 되어야 하는가 하는 것들로 대립되었다. 가장 크나큰 문제는 프러시아 주도 아래 오스트리아를 제외한 연방을 만들자고 하는 소독일주의와 오스트리아를 주도국가로 하여 통일을 이루자고 하는 대독일주의의 대립이었다. 이 문제로 의회는 난항을 거듭하다가 결국 소독일주의와 군주제가 승리를 거두었다. 그러나 프리드리히 4세는 이를 받아들이기를 거부하였다. 이러는 동안 융커(토지귀족)를 중심으로 하는 보수반동주의자들과 프롤레타리아의 준동을 두려워하는 시민들이 합세하여 혁명운동은 좌절되고 국민의회는 해산되었다. 독일의 통일은 비스마르크를 기다지지 않으면 안 되었다.

5. 영국의 개혁

영국의 민주주의는 대체로 3가지, 보통선거권의 확장, 내각제의 발달, 하원의 우위권확보 등으로 발전하여 나갔다. 1832년 이전의 영국의 선거제도와 대표제도는 매우 비민주적이었다. 극소수의 도시에서만 다수의 시민이 투표할 수 있었으며 농촌에서는 대지주들만이 투표할 수 있었다. 하원의 총 650명의 구성원 가운데 3분의 1정도만이 정상적인 방법으로 선출되었다. 그 나머지는 지방관리나 부유한 대지주 혹은 길드에 의해 임명되었다. 어떤 경우에는 그 직위들이 공개적으로 매매되거나 일정기간 동안 임대되었다. 더 심한 경우에는 인구변동의 균형을 맞추기 위하여 자리수가 북부의 산업중심지에 넘어가기도 하였다. 버밍엄과 맨체스터와 같은 새로운 도시들은 인구가 10만 명이 넘는 데도 대표를 뽑지 않는 반면에 남부의 촌락들은 인구가 계속 줄어드는 데도 각각 2, 3명의 의원들을 파견하였다. 이들 촌락들 가운데는 황폐한 산이나 바다로 밀려들어간 소위 '부패 선거구(the rotten borough)'도 있었으나 의회의 당을 유지하기 위하여 계속 대표를 뽑았다. 이에 불만을 가진 사람들은 일반인들과 부르주아지였다. 1830년 프랑스혁명에 힘을 얻은 존 러셀경과 그레이백작하의 영국의 휘그파는 선거개혁운동을 시작하였다. 이들은 프란시스 프레이스(Francis Place)가 이끄는 급진파의 도움을 받았다. 프레이스는 독학으로 자수성가한 양복공으로 모은 재산을 진보운동에 바쳤다. 수상이 된 웰링턴공작이 개혁에 반대하자 프레이스는 납세납부를 거절하고 모든 그의 돈을 은행으로부터 거두어들였다. 결국 영국은행이 심각한 지경에 이르러 웰링턴은 사임했다.

선거개혁법(1832)

그레이백작은 새로운 내각을 구성하여 유명한 1832년의 선거개혁법안(the Reform Bill of 1832)을 의회에 제출하였다. 이 법안은 여러 가지의 우여곡절 끝에 6월 통과되었다. 그 내용은 급진파가 원하는 것보다는 훨씬 온건하였지만 영국의 자유주의와 민주주의 발전에 일보 전진한 것이었다. 선거권은 대부분의 중산계급 남자와 소지주, 소작인들의 거의 모두에게 주어졌으나 농촌노동자와 도시의 산업노동자들에게는 주어지지 않았다. 선거비율은 주민 100명 중 1명에서 32명 중 1명 꼴로 늘어났다. 이 법안은 또한 2,000명 이하의 인구를 가진 촌락들에게는 하원의원을 뽑을 권리를 주지 않았으며 이보다 좀 규모가 큰 도시들에게는 그 대표수를 절반으로 줄였다. 그리고 여기에서 떨어진 숫자는 북부의 더 큰 산업도시들에게로 돌아갔다.

1832년의 선거개혁법은 몇 가지의 결과들을 가져다 주었다. 첫째는 중산계급의 우위권을 확립하였다. 하원에서도 자유당(the Liberals)으로 불리우게 된 휘그파가 다수를 차지했으며, 보수당(the Conservatives)으로 개명된 토리파도 자본주의의 지지를 위하여 달렸다. 결국 의회는 부르주아지의 이익을 대변하는 기관이 되었으며 지방에서도 중산계급이 보러정부(the borough government)를 장악하게 되었다. 둘째는 학교유지를 위하는 개인단체에게 기금이 돌아가 빈민의 자제들도 공부할 수 있게 하였다. 셋째는 1834년 빈민법(the Poor Law of 1834)으로 어려운 빈민에게 일자리를 제공하였다. 나이가 많거나 병든 사람들을 제외하고는 일체의 문 밖 구제는 금하였으며 몸을 움직일 수 있는 빈민들은 구빈원(the workhouse)에서 일하게 하였다. 이 법은 빈곤은 인간 스스로의 과오이기 때문에 빈민은 태만의 응징으로서 일하지 않으면 안 된다는 이론에 근거하고 있었다.

곡물법의 폐지

부르주아지 입법기간에 이루어진 업적의 하나는 1846년 소위 곡물법(the Corn Law)의 폐지였다. 이것은 지주들의 이익을 옹호하기 위하여 외국으로부터 들여오는 곡물에 보호관세를 부과하는 법이었다. 국내 밀의 값이 쿼터당 70실링이 유지되지 않았을 때는 외국곡물을 금지시켰다. 이 가격 이상이 되었을때만 허용하되 무거운 관세를 부가하였다. 그 결과 곡가와 빵값이 급상승하여 지주들에게 유리하게 되었다. 거의 20년 이상 동안 산업자본가들은 이 법의 폐지를 위하여 애썼다. 그들은 이 법 아래에서는 노동자들에게 더 높은 임금을 지불해야 하며 외국시장에서도 영국상품의 판매가 줄어든다고 주장하였다. 이 운동에 앞장선 사람들은 맨체스터 출신의 콥덴(R. Cobden), 브라이트(J. Bright) 등으로 이들은 반곡물법동맹을 결성하였다. 이 법의 폐지로 영국은 제 1 차 세계대전까지 소위 자유무역정책을 밀고 나갈 수 있게 되었다.

차티스트운동

중산계급의 지위상승에도 불구하고 아무런 이익을 얻지 못한 것은 프롤레타리아였다. 공장에서의 노동시간은 여전히 길었으며 급속한 산업의 팽창에도 아랑곳 없이 그들의 고통은 그칠 줄 몰랐다. 더욱이 의회는 하층계급의 선거권 요구에는 귀를 막고 있었다. 위대한 자유주의 정치가인 존 러셀경도 1832년의 개혁들이 마지막이었다고 선언하였다. 이에 수많은 도시노동자들은 구제의 유일한 방법은 영국정부의 온전한 민주화를 이루는 것이라고 궐기하였다. 그들은 빅토리아여왕(1837-1901)이 들어서자 1838년 피어구스 오코너(Feargus O'Connor)와 윌리엄 로베트(William Lovett)의 지휘 아래 조직된 운동인 차티스트주의(Chartism)를 전개하였다. 차티스트(Chartist)란 명칭은 유명한 인민헌장(the People's Charter)에서 유래한 이름이었다. 그 내용은 6개 항목으로 되어 있다. 즉 성년남자보통 선거, 평등한 선거구설정, 비밀투표, 의회의 매년선거, 하원의원의 재산자격폐지, 의원을 위한 봉급지불의 내용이었다. 그들의 일부는 폭력을 옹호하기도 하였지만 그들 대부분은 대중시위와 의회에 청원서를 제출하는 식으로 그들의 행동을 국한시켰다. 차티스트지도자들은 1848년 2월 혁명의 자극을 받아 거대한 일을 꾸몄다. 50만 명의 노동자들이 그들의 청원서를 제출하기 위하여 의회로 진출하였다. 지배계급은 매우 겁에 질렸다. 호전적인 웰링턴공작은 군대를 동원하였다. 그는 정규군 이외에도 17만 명의 보안 관들(constables)을 배치하였다. 그러나 바로 데모하기로 정한 날(1848. 4. 10) 심한 폭우가 쏟아져 전체의 10분의 1만이 나타났다. 의회에 제출될 청원서에 는 600만 명의 서명이 있을 것이라고 허풍떤 것과는 달리 단지 그 절반의 수 에도 못미쳤으며 그 서명 가운데는 '웰링턴', '여왕', '수상'과 같은 거짓 이름들 도 끼여 있었다.

　　비록 차티스트운동은 실패로 끝났지만 그 정신은 살아 남았다. 이 운동은 유럽에서는 처음 보는 노동자계급에 의한 대규모의 민주주의운동이었다. 6개 항목 중 하나만(매년 의회선거) 빼놓고는 거의 모든 것들이 영국헌법에 적용되 었다. 민주주의의 세력들은 그 후에도 계속 이어져 내려갔다. 1858년 그들은 더비경(Lord Derby)의 보수주의정부로부터 하원의원의 재산자격폐지를 얻어 냈다. 1866년에는 양당이 각각 국민의 지지를 위해 싸울 것을 다짐하였다. 그 결과 1867년 디즈레일리(Disraeli: 1804-1881)가 이끄는 보수당은 제2차 선거 법개정을 통하여 도시의 대부분의 노동자들에게 선거권을 부여하였으며 자유 당의 글래드스톤(Gladstone: 1809-1898)은 1884년 선거법을 다시 개정하여(제 3차) 선거권을 대부분의 농촌노동자들에게도 주었다. 이렇게 하여 19세기에 영 국은 세 가지 주요시민계급이 선거권을 획득하였다. 즉, 1832년에 중산계급이, 1867년에 산업 노동자계급이, 그리고 1884년에는 농촌 노동자계급이 각각 투표 할 수 있게 되었다. 그러나 영국 선거제도의 온전한 민주화는 1918년의 선거법 개정(the Representaton of the people Act of 1918)을 기다리지 않으면 안 되었다.

내각제도의 발달

　　이제까지 설명한 것은 영국 민주주의의 발전에 첫 번째 요인인 보통선거 권의 확장에 대한 것이었다. 그 두 번째 요인은 내각제도(the cabinet system) 였다. 내각제도의 발달이 없었다면 아마도 영국은 입헌왕국 그대로 남아 있었 을 것이다. 영국의 내각은 장관들의 회의일 뿐 아니라 정부최고기관이라는 사 실을 알아야 한다. 내각은 일반정책의 모든 문제들을 결정하며 거의 모든 입법 을 만든다. 그리고 어떤 법안이 통과될 것인가를 결정한다. 만약 내각이 기본 적인 문제에 대하여 하원에서 패배하면 내각은 즉시 사임해야 하거나 아니면 출신 지역으로 돌아가지 않으면 안 된다. 이것은 의회을 해산하고 유권자의 의견을 알아보기 위하여 새로운 선거를 명하는 것을 의미한다. 다시 말해 내각은 국사에 대하여 전적인 책임을 지며 인민과 하원 대표자들의 의지에만 복종하는 것이다. 영국인들이 "우리의 왕폐하의 정부"라고 말할 때 이것은 그들의 내각을 말하는 것이다. 권력을 잡은 당이 선거에서 패하여 하원의 주도권을 잃으면 즉시 반대당의 지도자는 새로운 내각을 구성하지 않으면 안 되며, 수상이 되는 것을 기다리는 동안 그는 왕폐하의 충성스러운 반대파의 지도자로서 봉급을 받게 되는 것이다.

내각제의 역사는 명예혁명까지 소급된다. 찰스 2세 때 소위 내각이 있었지만 고문관들의 회의에 불과하였다. 왕의 지위가 의회에 의해 그 우위권이 무너졌을 때 비로소 왕의 주무장관들이 의회에 책임을 져야 한다는 원칙이 세워졌다. 1689년 윌리엄과 매리가 왕위에 오르자 그들이 고문관들을 선택할 때 반드시 입법부를 만족시켜야 한다는 요청에 동의하였다. 그들은 한동안 다수를 차지한 당들로부터 그들의 장관들을 선정했으나 의회와의 원만한 관계가 필요하다는 강력한 요구에 따라 점진적으로 선정의 범위를 최대의 다수당에 국한시켰다. 이러한 방법으로 모든 주무장관들은 의회의 집권집단의 신임을 가져야 한다는 관례가 이루어지게 되었다. 그러나 내각은 아직은 강력한 집단이 아니었다. 조지 1세(George Ⅰ: 1714-1727)의 치세 때에 이르러서야 비로소 제모습을 갖추게 되었다. 조지는 독일 하노버(the German Hanover) 출신의 우둔한 군주로 영어를 말하지도 이해하지도 못하였다. 그리하여 그는 모든 국사를 그의 장관들에게 맡겼다. 왕은 일체 내각의 회의에 참견하지 않았으며 로버트 월폴경(Sir Robert Walpole)의 주도하에 움직이게 하였다. 월폴은 집요하게 반대하였지만 그는 근대적 의미의 최초의 수상(the first Prime Minister)이 되었다. 그는 최초로 내각의 수반과 의회 다수당의 당수로서의 이중적 기능을 수행한 사람이었다. 그는 그의 본부를 다우닝가(No. 10 Downing Street)에 두었는데 지금까지 영국 수상들의 관저로 되고 있다. 1742년 하원에서 패배하자 그는 왕의 전적인 신임에도 불구하고 즉시 사임하였다.

18세기 이후 내각제는 여러 가지의 어려운 고비들을 겪어야 했다. 일부 의회의원들은 의회의 우위권이 부분적으로 손상을 가진다는 이유로 내각제를 반대하였다. 조지 3세의 불안한 치세중에 내각을 폐지하고 다시 장관들이 왕에게 책임을 지는 시대로 돌아가자는 시도가 있었다. 조지는 왕권시대가 이미 지나갔다는 사실을 이해하지 못하였다. 19세기 중반에 가서야 내각제는 영국헌법의 구성요소로서 온전하게 보편적으로 인정받게 되었다. 그 기능은 유명한 월터 배저트(Walter Bagehot)의 저서(*the English Constitution*, 1867)를 통하여 처음으로 기술되었다. 최근에는 새로운 관례들이 더 첨부되었는데, 그 가운데 가장 중요한 것은 내각이 의회에서 패배하게 될 때 수상과 그의 동료들이 즉시 사임하거나 아니면 의회를 해산하고 국민투표에 붙이거나 한다는 내용이었다.

하원의 발달

영국 민주주의발달의 세 번째 요인은 하원(the House of Commons)의 발달이었다. 18세기 이전에는 세습적인 귀족들과 교회제후들로 구성된 상원(the House of Lords)이 훨씬 크나큰 권위와 영향력을 행사하였다. 입법부의 우위가 이루어지는 첫 번째 단계는 위에서 설명한 바와 같이 월폴의 치세중에 내각이 하원에 전적으로 책임을 져야 한다는 원칙이 세워지면서부터였다. 19세기 초에는 하원이 재정문제에 대한 최종적인 권력을 가져야 된다는 관례가 확정되었다. 그러나 아직도 상원은 막대한 권력을 가졌다. 이러한 토리당의 기반으로 되어 있던 상원의 세력이 꺾이는 것은 1911년(the Parliament Act)을 기다려야 했다.

제 2 절 민족주의의 발달

1. 프랑스의 민족주의

루이 나폴레옹은 그의 아저씨 나폴레옹 1세와 겨루려는 웅대한 꿈에 부풀어 프랑스의 대통령으로는 만족할 수 없었다. 그에게 절실한 것은 그를 위한 지지세력들이었다. 그리하여 그는 먼저 학교의 관할권을 가톨릭에게 다시 허락함으로써 그들의 지지를 얻었으며, 노동자와 부르주아지에게도 노년연금과 사업진흥법을 통하여 그들을 회유하였다. 1851년 공화국을 강타할 첫 번째 기회가 그에게 다가왔다. 부르주아지지배의 의회가 3분의 1의 수로 간신히 선거를 제한하는 법을 통과시켰다. 이에 루이 나폴레옹은 일반대중의 권리를 위한 수호자로 나설 것을 결심하였다. 그는 보통선거를 거절하고 나선 의회를 해산하고 자신의 임시독재권을 선포하였다. 그는 1851년 12월 21일 새 헌법제정을 위한 국민투표실시에서 절대지지(750만 대 64만)를 얻었다. 1852년 1월 그는 실질적인 독재자가 되었으며 임기는 10년으로 늘어났다.

제 2 제정

루이 나폴레옹은 이에 만족하지 않고 1년 후 또 다른 국민투표를 실시하였다. 그는 전체 유권자의 95% 이상의 찬성으로 드디어 프랑스의 황제인 나폴레옹 3세가 되었다. 프랑스 제 2 제정(1852. 12.-1870. 9.)의 나폴레옹 3세 (Napoleon Ⅲ: 1852-1870)는 철저한 독재를 실시하는 대신 도로와 항만을 개수하고 철도와 파리의 길을 넓혔으며, 혁명적인 언동과 유사사회주의, 보험 등의 프로그램으로 하층계급을 회유하였다. 그는 지나친 급진파의 소요를 금지하고 출판을 엄격한 감독하에 두었다. 그는 은행을 설립하고 중공업을 진흥시키며 노동자들의 생활을 향상시키려고 애썼다. 그러나 부르주아지가 오히려 더 많은 혜택을 입었다.

나폴레옹 3세는 적극적인 외교정책에 의해 그의 정권을 빛나게 하는 일에 게을리하지 않았다. 그는 북부아프리가의 알제리아를 병합하였으며 인도-차이나에 대한 보호권을 확보하였다. 1854년 그는 터키의 가톨릭수사들을 보호한다는 구실 아래 러시아와의 크리미아전쟁(1854-1856)에 끼여들었다. 나폴레옹은 영국과 터키, 그리고 한동안 사르디니아의 도움으로 유리한 입장에 있었다.

나폴레옹 3세의 보나파르티즘(Bonapartism)은 처음에는 어느 정도 성공하는 듯이 보였다. 그러나 1860년경부터 서서히 약화되기 시작하였다. 첫 번째로 그의 위엄에 금이 간 것은 그의 이탈리아 모험의 결과였다. 1858년 그는 이탈리아 민족주의자들과 동맹을 맺고 오스트리아를 이탈리아에서 축출하려고 하였다. 그러나 사르디니아가 이탈리아를 하나의 국가로 통일하려 하고 로마교황령마저 무너뜨리려 하자 나폴레옹은 이를 무산시키려고 하였다. 왜냐 하면 그는 이탈리아의 진정한 통일을 원하지 않았을 뿐 아니라 프랑스가톨릭의 반발이 거세기 때문이었다. 결국 그는 수많은 자유주의자들로부터 강한 비난을 받았다.

1862년 그는 멕시코에 군대를 보내 오스트리아의 막시밀리안대공을 황제로 앉혔다. 그러나 미국의 남북전쟁을 끝낸 미국정부의 강압으로 프랑스는 물러나고 막시밀리안은 체포되어 사살되었다. 나폴레옹의 인기는 다시 한번 떨어지지 않으면 안 되었다. 그는 할 수 없이 1869년 선거 후 몇 가지 사안들에 대하여 양보하였다. 즉 그는 입법의 책임을 장관들에게 물려주고 신문의 공적 판매를 허용하고 선거에서의 후보자 매수정책을 중지하였다. 나폴레옹제국이 붕괴된 다음 임시정부가 조직되어 새 헌법이 기초될 때까지 지속되었다.

1870년 그는 다시 그의 운명을 회복하려는 시도를 감행하였다. 즉 스페인의 왕위계승에 개입하였다. 스페인 혁명세력은 왕위를 프러시아왕의 사촌인 호엔촐레른가의 레오폴드군주에게 넘겨 주려고 하였다. 이에 나폴레옹은 프랑스의 안보를 위협한다는 구실로 반대하였다. 레오폴드는 왕위를 거절하였다. 그러나 나폴레옹은 이에 만족하지 않고 그의 위엄을 더욱 높이기 위하여 윌리엄 1세에게 앞으로 그의 친척을 절대로 스페인왕위에 오르게 하지 말 것을 요구하였다. 과연 윌리엄 1세의 거절이 어떻게 하여 비스마르크로 하여금 프러시아와 프랑스의 전쟁을 야기시키게 되었는지에 대해서는 아직도 확실치 않다. 그러나 한 가지 분명한 것은 프랑스가 수 주만에 프러시아에 패배했다는 사실이다. 세당전투(1870. 9. 2) 이후 나폴레옹은 포로가 되었으며 이틀 후 그의 정부는 파리의 공화파에 의해 무너졌다.

제 3 공화국의 성립

1871년 2월 국민입법의회를 위한 선거가 치뤄졌는데, 그 결과는 왕당파가 500명, 공화파는 단지 200명이 당선되는 데 그쳤다. 그것은 선거운동중에 공화파가 새로운 전쟁을 강조한 반면에 왕당파는 적대국들과의 협상을 강조했기 때문이다. 프랑스인들은 왕국을 원한 것이 아니라 평화를 바랐던 것이다. 불행인지 다행인지 왕당파가 갈라졌다. 국민의회가 열리자 돌이킬 수 없는 파당이 생겼다. 가장 적은 수를 차지하고 있던 집단은 나폴레옹 3세의 회생을 믿고 있는 제국주의파(the Imperialists)였다. 이들에 반대편에 선 집단들이 정통주의파(the Legitimists)와 오를레앙파(the Orleanists)였다. 전자가 샤를르 10세의 손자를 왕위에 계승할 것을 바라는 반면 후자는 루이 필립의 손자를 원하였다. 이와 같은 왕당파 내의 분열로 프랑스는 거의 4년간 혼란에 빠졌다. 결국 오를레앙파는 정통주의파에보다는 공화파와 손을 잡을 것을 결심하였다.

1875년 1월 국민의회는 공화국형태를 취하려는 정부헌법을 채택하였다. 이것이 바로 실질적인 프랑스 제3공화국(the Third Republic)의 시작이었다.[2]

제3공화국의 헌법

제3공화국의 헌법은 세 가지의 유기적 법들로 구성되었다. 약간의 개정과 관례들의 변화가 있었지만 그 본질적인 형태는 1940년 7월 9일 제3공화국해체까지 지속되었다. 이 헌법에 나타난 정부는 매우 민주적이었다. 정부에는 남자보통선거에 의해 선출되는 하원과 의회에 의해 선출되는 대통령이 있었다. 그리고 일부 영국의 것을 모방한 내각제도가 있었다. 가장 중요한 정부권력은 의회에 책임을 지는 내각에 의해 행사되었다. 대통령은 유명무실한 존재에 불과하였다. 한편 프랑스의 내각과 영국의 내각은 몇 가지의 다른 점들이 있었다. 영국의 내각은 수상이 지정하는 주무장관들과 각료들만을 포함하고 있었지만 프랑스의 것은 장관과 내각이 하나이며 동일하였다. 프랑스의 내각은 하원(the lower house, Chamber of Deputies)뿐 아니라 간접선거로 선출되는 상원에도 책임이 있었다. 영국내각은 전적으로 하원에만 책임이 있었다. 가장 중요한 양자의 차이점은 프랑스의 수상은 장관들 회의의 의장(the President of the Council of Ministers)으로서 의회해산의 권력이 없었다는 사실이다. 이것은 의회의원들이 재선의 위험 없이 마음대로 내각을 넘어뜨릴 수 있음을 의미하는 것이었다. 만약 의회에서 패배하면 수상과 각료들은 사임하는 길밖에는 없는 것이다. 이것은 아마도 이전의 독재정권들에 대한 프랑스국민의 자연적 반발에서 나온 산물이라 생각된다.

부랑제사건

제3공화국의 헌법에도 불구하고 프랑스의 민주주의는 이루어지기가 어려웠다. 공화국은 수 년 동안 전제주의를 되살리려는 반동적 요소들과 싸우지 않으면 안 되었다. 그 첫 번째 위기가 1887-1889년에 일어난 소위 부랑제사건(the Boulanger episode)이었다. 부랑제는 육군장관으로 나폴레옹의 영광을 꿈꾸던 사람이었다. 그는 상처입은 프랑스인들의 애국주의에 호소하여 독일에

---

2) 제3공화정 초기의 대통령은 티에르(L. A. Thiers: 1797-1877)였으며, 다음의 정식 대통령은 마크마옹(Mac-Mahon: 1808-1893)이었다.

대한 복수를 부르짖었다. 그는 국민투표로 그의 야심을 이루려고 하였다. 그러나 쿠테타 직전에 발각되어 그는 벨기에로 도망갔다. 그는 결국 그의 옛 애인 무덤에서 자살하고 말았다.

드레퓌스사건

공화국을 궁지로 몰아넣은 두 번째 위기는 드레퓌스사건(the Dreyfus affair)이었다. 1890년도 반동주의자들은 그들의 목적을 위하여 반유태주의(the anti-Smitism)를 이용하였다. 그들은 유태인 은행가들이 정치인들과 스캔들을 벌인 사실을 이용하여 정부의 부정부패를 비난하고 돈을 수회한 유대인처벌을 주장하는 왕당파를 부추겼다. 한편 그들은 유태인 정치인들이 반승려주의 법을 지시했다는 루머를 퍼뜨려 가톨릭을 회유하였다. 이러한 가운데 1894년 유태인 육군대위인 드레퓌스(Alfred Dreyfus)가 독일에 군사기밀을 팔아 넘겼다는 왕당파의 고발이 들어온 것이다. 국내가 온통 반유태주의 감정으로 넘치는 것은 당연한 일이었다. 드레퓌스는 곧 군법회의에 회부되어 종신형을 받고 악마의 섬(the Devil's Island)으로 유배되었다. 처음에 사람들은 이 판결이 정당한 것으로 받아들였다. 그러나 1897년 정보과의 우두머리인 피카르대령(Colonel Picquart)이 드레퓌스 고발문서가 날조였다는 사실을 발표하였다. 곧 전국이 불행한 대위를 동정하는 사람들과 반대하는 사람들로 갈라졌다. 드레퓌스 편에는 급진공화파, 사회주의파, 자유주의파, 평등주의적 동정파 그리고 에밀 졸라, 아나톨 프랑스 같은 문학인들이 끼어 있었으며, 그 반대편에는 왕당파, 승려들, 유태인 박해자들, 군국주의파, 보수주의적 노동자들 그리고 애국파 등이 있었다. 드레퓌스는 결국 1899년 사법부에 의해 석방되었으며 6년 후에는 대법원에 의해 무죄가 판명되어 군대에 복귀하였다. 드레퓌스사건은 공화국의 운명을 건 일대 위기였으나 프랑스의 왕당파와 이를 지지하는 군부 및 가톨릭을 약화시키는 결과를 낳았다.

반승려주의의 결과

드레퓌스사건은 말하자면 교회와 국가 싸움으로 나타난 한 산물이었다. 그리하여 처음부터 제3공화국은 반승려주의로 물들어 있었다. 공화국의 창단자들은 반드시 무신론자들은 아니었으나 정치적, 사회적 영향력을 넓히려는

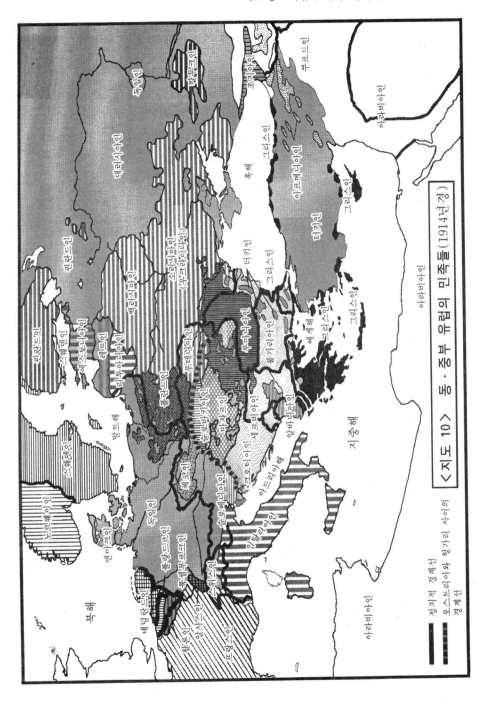

〈지도 10〉 동·중부 유럽의 민족들(1914년경)

야심을 가진 강력한 교회는 공화국정부에 위협이 된다고 믿었다. 반승려주의
자들의 목표는 이러한 영향력을 억제하고 가톨릭교회의 경제적 특권을 줄이며
그리고 교육에 대한 승려의 발판을 무너뜨리려는 것이었다.

　　부분적으로 반승려주의는 산업혁명의 결과였다. 왜냐 하면 산업혁명으로
유물론이 고개를 들었고, 부르주아지와 교회의 도움을 받는 구정권이 서로 부
딪쳤기 때문이다. 그것은 또한 과학과 회의주의철학 그리고 자유주의철학의
산물이었다. 특히 자유주의철학은 종교적 보수주의를 넘어뜨리는 데 결정적인
역할을 해냈다. 그리고 반승려주의의 감정을 일으키는 데 중요한 영향을 끼친
것은 전투적 민족주의(the military nationalism)의 발달이었다. 가톨릭교회는
국제주의적 전망에 민감했을 뿐 아니라 1860년도 후엽까지 교황은 세속권에
대한 권리를 강력히 주장하고 나섰다. 교황은 실제로 세속적 국가를 세우려는
지배자들에 대하여는 파문으로 제재하였다. 민족주의가 기승을 부리는 곳마다
승려주의는 거의 제 1 차적 적으로 간주되는 것이 상례였다. 프랑스의 반승려
주의는 1875년과 1914년 사이에 그 절정을 이루었다. 그러나 1901년의 결사
법(the Association Act), 1905년의 정교분리법(the Separation Law)에 의해 어
느 정도 정리되었다.

2. 오스트리아와 헝가리의 민족주의

　　앞에서 잠시 살핀 바와 같이 2월혁명의 바람은 오스트리아에도 불어와 메
테르니히를 물러나게 하였다. 반란군에 대한 발포명령을 거부한 그의 군대에
놀라 할 수 없이 헝가리와 이탈리아를 제외한 오스트리아에 새로운 헌법을 약
속하였다. 그리하여 오스트리아에는 의회에 책임을 지는 내각과 자유선거가
허용되었으며 농민의 봉건적 유제가 폐지되었다. 이러한 틈을 이용하여 헝가
리도 1849년 4월 마자르족의 지도자인 코수트(Louis Kossuth: 1802-1894)의
지도하에 헝가리공화국을 선포하였다. 그러나 이들 혁명들은 민족주의의 불일
치로 성공적인 거사가 되지 못하였다.

오스트리아 · 헝가리제국

헝가리의 자유주의자들과 오스트리아인들은 다같이 그들 스스로 선포한

자주민족을 특권 아래 예속시키는 것을 달갑게 생각하지 않았다. 그리하여 메테르니히는 슬라브족의 감정을 움직여 그들 민족의 야망을 저지하려고 하였다. 1849년 여름 메테르니히는 드디어 헝가리공화국을 무너뜨리고 오스트리아 헌법을 철회하는 데 성공하였다. 한 가지 다행한 것은 귀족에 대한 농민들의 봉건적 의무들이 면제된 일이었다. 그러나 메테르니히의 붕괴로 양국(오스트리아와 헝가리)의 협정(Ausgleich)이 1867년에 발효될 때까지 그들의 불만은 끊이지 않았다. 이 협정은 오스트리아의 황제와 헝가리의 왕이 공동으로 합스부르크가의 우두머리가 되어 다스리는 이중적 왕국을 탄생시켰다. 제국의 두 지역은 내각과 의회를 가진 자율적인 국가였다. 전쟁, 재정, 외교의 세 가지 합동장관들이 제국을 다스렸다. 이 이중제국(the Dual Empire)은 헝가리의 마자르족과 오스트리아의 게르만족이 주무인종으로 지배하면서 1918년까지 지속되었다.

3. 독일의 민족주의

독일의 민족주의는 비스마르크에 의해 비로소 빛을 보게 되었다. 비스마르크(Otto von Bismarck: 1815-1898)는 지주귀족인 융커계급의 집안에서 태어났다. 괴팅겐과 베를린대학을 잠시 다닌 그는 정부공무원 생활을 하다가 불규칙적인 방탕한 습관 때문에 해고되었다. 그는 이웃에 있던 독실한 귀족의 딸과 결혼한 다음 생활이 일신되었다. 그는 건전한 종교의 변호자로서 그리고 정치적인 반동주의자로서 그의 생애를 새로 출발하였다. 그는 2월혁명중에는 신성한 왕권의 지지자로서 의회에서 봉사하였다. 그는 후에 보수당을 만들었으며 융커계급과 확립된 교회, 군대 그리고 강력한 프러시아형성의 대변자로서의 역할을 다하였다. 1862년 프랑스대사로 있던 그는 왕 윌리엄 1세(William Ⅰ: 1861-1888)에 의해 프러시아의 수상(Minister-President)이 되었다. 그리고 참모총장에는 몰트케(Moltke: 1815-1891)가, 육군대장에는 로온(Roon: 1803-1879)이 각각 임명되었다.

비스마르크의 독일통일정책

비스마르크는 의회에서 군제개혁을 통한 소위 철혈정책을 역설하였다. 그는 독일을 하나의 통일된 국가로 만들기 위하여 일련의 철저한 단계를 밟았다.

첫째로 그는 독일연방에서 오스트리아를 배제하려고 하였다. 이 예비적 수단으로 그는 슐레스비히와 홀스타인(Schleswich and Holstein)의 소유문제에 대하여 덴마크와 논쟁을 벌였다. 이 두 주들은 독일인이 주로 거주하는 지역들로 변칙적인 관계로 얽혀 있었다. 1815년 이래 홀스타인은 독일연방에 포함되어 있었으나 양자는 덴마크왕의 개인적인 지배하에 속해 있었다. 1864년 드디어 덴마크왕이 이들을 병합하려 하자 비스마르크는 오스트리아를 회유하여 덴마크와의 일전을 이끌어 냈다. 결국 얼마간의 전쟁 끝에 덴마크왕은 오스트리아와 프러시아의 뜻대로 슐레스비히와 홀스타인을 포기하였다. 그 다음 대목은 비스마르크가 강렬히 바라던 대로 승자들간의 싸움이었다. 1866년 프러시아와 오스트리아는 드디어 전쟁을 시작하였다.

비스마르크는 전쟁시 합스부르크가가 남부독일국가들을 도와 줄 것으로 판단하여 이탈리아와 동맹을 맺었다. 승리할 경우 이탈리아에게는 그 대가로 베네치아를 양도하기로 약속하였다. 전쟁은 소위 7주전쟁으로 알려진 싸움으로 쉽게 프러시아가 승리하였다. 그 결과 프라하조약에서 오스트리아는 슐레스비히와 홀스타인을 프러시아에게, 베네치아를 이탈리아에게 각각 내주었으며 독일연방의 해체도 엄묵적으로 인정하였다. 그는 즉시 프러시아를 중심으로 북부독일연방을 결성하는 한편 남부독일 여러 나라들과도 비밀리에 동맹을 맺었다. 프러시아의 왕은 통일헌법에 의해 연방의 세습적 대통령이 되었으며 의회는 몇 개 나라들을 대표하는 상원과 남자보통선거에 의해 선출되는 하원을 가지게 되었다.

프랑스 · 프러시아전쟁

독일 통일과업의 두 번째 단계는 프랑스 · 프러시아전쟁(the Franco-Prussian War)이었다. 이미 양국의 전쟁에 대해서는 밝힌 바 있거니와 이에 대한 비스마르크의 태도는 나폴레옹 3세 못지않게 매우 자극적이었다. 비스마르크는 프랑스와의 전쟁이 바바리아와 비르템베르크 그리고 매인강 남단의 나라들에게 독일민족주의의 불을 붙이는 데 가장 효과적이라는 사실을 알았다.

그는 엠스(Ems)에서 휴양중인 윌리엄 1세로부터 호엔촐레른가의 세력을 스페인왕위에서 영구히 배제하라는 프랑스의 요구가 거절되었다는 정보를 듣고 행동을 개시할 때가 왔다고 결심하였다. 그는 프랑스대사가 윌리엄에게 보낸 '엠스전보'의 내용을 독일국민에게는 프랑스대사가 프러시아왕에게 무례한 짓을 범하고, 프랑스국민에게는 프랑스대사가 모욕을 당한 것처럼 각각 달리 발표하였다. 그가 기대한 대로 반응이 나타났다. 프랑스는 1870년 7월 19일 프러시아에 선전포고를 하고, 전 독일국민도 프러시아를 지지하고 나섰다. 비스마르크는 이전에 먼저 군대에 프랑스와의 전쟁을 알린 바 있었다. 오스트리아와의 싸움에서 경험을 쌓은 프러시아군은 프랑스와의 전쟁을 오래 끌지 않았다. 메츠에서 포위된 프랑스군을 구출하러 나온 나폴레옹 3세가 오히려 세당에서 잡혀 항복하지 않으면 안 되었다(1870. 9. 2). 싸움한 지 채 두 달도 안 되는 기간이었다. 1871년 1월 18일 프러시아의 왕 윌리엄 1세는 베르사이유궁전에서 독일의 전 군주들이 헌납하는 제관을 받고 독일제국의 황제로 즉위하였다.

독일제국의 발달

이미 살핀 바와 같이 프랑스 · 프러시아전쟁은 한 제국을 붕괴시킨 반면 다른 한 제국을 탄생케 하였다. 나폴레옹 3세가 무너진 다음 프랑스에는 임시 공화국이 성립되었다. 한편 비스마르크는 독일인들의 애국심을 자극하여 남부 독일국가들을 북독일연방(the North German Confederation)으로 흡수하였다. 전 독일은 하나의 호엔촐레른제국으로 통일한다는 협정안이 1871년 1월 18일 루이 14세의 베르사이유궁전에서 확인되었다. 이 자리에서 프러시아왕 윌리엄 1세는 독일의 황제로, 그리고 비스마르크는 독일의 제1대 재상(the first Imperial Chancellor)으로 올랐다. 그리고 북독일연방의 헌법이 새 제국의 헌법으로 인정되었다. 말하자면 신생 독일제국은 프러시아를 중심으로 형성된 북독일연방에 남부독일국가들이 들어가서 이루어진 25개 지방국가들의 연방국가(Bundesstaat)였다.

독일제국의 정부는 두 가지의 민주적인 요소들을 지니고 있었다. 하나는 남자보통선거를 치른다는 점이며, 다른 하나는 국민의 선거로 선출되는 하원에 해당되는 제국의회(Reichstag)를 구성하고 있다는 점이었다. 나머지 면은 매우 보수주의적이었다. 상원에 해당되는 연방의회(Bundesrat)는 주로 구성국가의 대표와 황제가 임명하는 사람들로 구성되었다. 그러니까 상원은 토지귀족이, 하원은 신흥부르주아지가 주로 차지하였다. 내각제 대신에 재상과 다른 장관들만이 황제에게 책임을 졌으며 황제는 군대, 외교, 법률제정에 대한 폭넓

은 권력을 행사하였다. 이 외에도 황제는 외국의 침략이 있을시 선전포고의 권
한을 가졌으며 프러시아의 왕으로서 상원(Bunderat) 투표수의 3분의 1을 관
장할 수 있었다. 그리고 황제는 의회해산권을 가졌다. 그렇다고 정부는 완전한
전제체제는 아니었다. 가이저가 입법제정에 영향을 줄 수 있지만 비토권은 가
지지 못하였다. 그가 협상한 모든 조약들은 상원의 지지를 받아야 했으며 그는
하원의 동의 없이 돈을 만질 수 없었다.

독일의 통일을 이룩한 비스마르크는 온건한 부르주아지 정당인 자유당과
협조하여 화폐와 도량형을 통일하고 독일은행을 설립하고(1870), 금본위제도
를 실시하였다(1873). 이 외에도 그는 우편과 철도를 통일하는 등 독일의 통일
화에 주력하였으며 전쟁에서 얻은 배상금을 산업에 투자하여 급속한 산업발전
을 도모하였다. 비스마르크는 독일통일 후 약 20년 동안은 평화정책에 의한
보장정책을 고수하였다. 그는 독일제국을 보호하기 위하여 먼저 프랑스를 국
제적으로 고립시키는 데에 전력을 기울였다. 이렇게 그에 의해 주도되던 시대
를 소위 비스마르크시대라 부르기도 한다. 그러나 그의 끈질긴 노력에도 불구
하고 어려운 문제들이 사라질 수는 없었다. 즉 국내에서는 가톨릭의 반발, 사
회주의 세력의 준동 등이, 그리고 국외적으로는 독일의 강대화에 위협을 느낀
프랑스 등의 반발이 만만치 않게 일어났다.

문화투쟁

프랑스공화국의 경우와 마찬가지로 독일제국도 교회와의 충돌을 면치 못
하였다. 19세기 독일의 반승려주의정책은 소위 "문화투쟁(the struggle for civ-
ilization)"을 야기하였다. 문화투쟁은 1872년 지적 자유주의자들의 도움을 받
은 비스마르크에 의해 시작되었다. 그의 동기는 전적으로 민족주의에 의한 것
이었다. 그는 회의주의자도 유물론자도 아닌 강렬한 루터주의자였다. 그는 가
톨릭을 새로 탄생된 제국의 권력과 안정의 위협으로 생각하였다. 그는 무엇보
다도 가톨릭의 승려들이 남부독일국가들의 권리를 옹호하고 알사스와 폴란드
의 불만에 동조하는 것을 매우 못마땅하게 여겼다. 더욱 그를 화나게 만든 것
은 교황 9세의 반격이었다. 교황은 1864년 '근대사회와 사상의 오류'를 발표
하고 교회에 대한 세속국가의 우월을 공격하였다. 교황은 1869년 다시 교황무
오류를 선언하였다.

이에 비스마르크는 여당인 국민자유당(the National Liberals)의 힘을 빌어 독일에서의 가톨릭의 세력을 강타하려고 하였다. 국민자유당과는 달리 융커의 보수당(the Conservatives)과 제국 직후에 성립된 중앙당(the Center Party)은 가톨릭세력을 무시할 수가 없었다. 비스마르크의 무기는 1872-1875년에 발표된 일련의 칙령들이었다. 첫째로 그는 제국의회로 하여금 모든 예수회교도들을 독일에서 추방하도록 유도하였다. 둘째로 그는 프러시아 주의회(Landtag)를 통하여 소위 5월조례(the May Laws)를 만들게 하였다. 그리하여 신학적 세미나를 국가의 관장 아래 두게 하고 주교와 목회자의 임명도 정부에게 맡겼다. 교회의 직위를 원하는 사람은 누구나 독일시민이어야 하며 국가시험에 합격되어야 했다. 동시에 민사결혼이 의무규정으로 되어 이미 종교적 결혼을 치른 사람도 다시 치러야 했다. 다시 말하여 교육도, 결혼의식도, 재판도, 그리고 과세도 모두 교회로부터 국가의 관리로 이전한 것이다. 이러한 조처로 프러시아의 주교 중 10분의 6은 감옥에 들어갔으며 수백명의 목회자들이 국외로 추방되었다. 문화투쟁이라는 말은 피르호(Virchow)라는 사람이 프러시아의회에서 "싸움은 문화투쟁의 성격을 가졌다"는 말에서 유래하였다.

비스마르크는 문화투쟁의 과정에서 얼마의 승리를 거둔 것은 사실이지만 실제로는 전쟁에서 패배한거나 다름없었다. 그의 실패에는 몇 가지의 원인들이 있었다. 첫째로 그는 관리들의 요구를 백안시함으로 진보적인 그의 추종자들을 잃었다는 사실이다. 둘째로 가톨릭인 중앙당이 박해받는 승려들을 위해 너무나 애썼을 뿐 아니라 효율적인 경제계획을 수립해 줌으로써 독일의 다수당으로 부상했다는 사실이다. 중앙당은 실제로 1874년 선거에서 제국의회의석의 4분의 1을 차지하였다. 셋째로 그는 사회주의의 대두로 정치적 힘을 잃었다는 사실이다. 사회민주당(the Social Democrats)이 중앙당과 제휴하여 의회의 다수당이 됨으로써 비스마르크의 세력은 약화될 수밖에 없었다. 그리하여 그는 가톨릭의 박해를 늦추지 않으면 안 되었으며 가톨릭에 대한 악법들도 하나 하나 폐지되었다. 결국 가톨릭은 독일에서 다시 고개를 들게 되었다.

사회적 입법운동

첫 번째의 사회적 입법운동은 독일에서 비스마르크의 주도하에 이루어졌다. 독일이 사회적 입법(the social legislation)을 주도한 원인을 아는 일은 어렵지 않다. 독일은 영국이나 프랑스와는 달리 18세기 자유주의사상에 의해 깊이 영향을 받은 적이 없었다. 따라서 개인주의나 자유방임의 이념이 전통적으로 뿌리를 내리지 못하였다. 대부분의 독일 정치철학자들도 개인은 국가에 예속되어야 한다고 생각하였으며, 경제학자들도 국가의 자급자족과 온정주의의 교리들을 가르쳤다. 이것은 유럽의 여러 나라들이 19세기 초 점진적으로 정치적 민주주의로부터 경제적 민주주의로 선회하려는 경향성과 무관하지 않았다. 유럽의 여러 나라들이 경제적 민주주의를 선호하게 된 것은 자유방임주의의 결함에도 그 원인이 있었지만 무엇보다도 영국과의 경쟁을 피하려는 의도에서 보호주의(the protectionism)를 채택했기 때문이다. 사회적 입법운동의 근본적인 원인은 민족주의, 군국주의 및 온정주의의 영향 때문이었다.

비스마르크의 사회적 입법운동의 주목적은 사회주의의 세력을 다른 데로 따돌리려는 것이었다. 당시 독일산업의 급속한 발전은 한편으로는 부르주아지의 힘을 강화시켰으나 다른 한편으로는 노동자의 수를 증가시키고 그들의 계급적 각성을 촉구하여 사회주의와 노동운동이 급격하게 고조되었다. 이즈음 독일에는 두 파의 사회주의정당이 있었다. 하나는 마르크스직계의 리프크네히트(Liebknecht), 베벨(Bebel) 등에 의하여 1869년에 결성된 사회민주노동당이고, 다른 하나는 라살레(Lassale)에 의하여 1863년 결성된 전독일노동자협회였다. 이 두 정당은 비스마르크에 대항하기 위하여 1875년 고타에서 합동대회를 열고 독일사회주의노동당을 만들고 유명한 고타강령을 작성하였다. 후에 이 당은 1890년 사회민주당(the Social Democratic Party: SDP)으로 개칭되었다.

그리하여 비스마르크는 사회주의자들에 앞서 기선을 잡으려고 하였다. 그는 제국의회에서 국가의 의무는 사회의 모든 기능을 국가적 이익 편에서 관장하는 것이며 약한 시민들, 병약자와 노약자를 돌보고 노동자의 권익을 변호하는 일이라고 역설하였다. 그는 독일의 프롤레타리아를 독일의 충선된 군인으로 만들려는 군국주의적 목적도 가지고 있었다. 그의 사회적 입법계획들은 1883-1884년에 만들어졌는데 그 내용에는 엄격한 공장검사, 여자와 어린이의 고용제한, 최고 노동시간제, 공공직업소개소, 노약자에 대한 보험계약 등이 규정되었다. 이에 사회민주당은 폭력을 배제하고 혁명보다는 노동조건의 개선을 우선적으로 달성하려고 하였다. 그러나 비스마르크는 그들의 증대를 두려워하여 여러 가지 방법으로 그들을 압박하였다. 결국 그는 현실을 간과할 수 없어 사회주의의 탄압정책에서 노동자의 사회복지정책으로 전환하였다. 그리하여 그는 질병보호법(1882), 재해보험법(1884), 양로 및 상해자보호법(1889) 등을 제정하였다. 1890년 그가 은퇴할 때 독일은 이러한 사회적 입법의 요소들을 거의 다 적용하였다.

4. 이탈리아의 민족주의

이탈리아의 민족주의운동은 독일의 경우와 매우 유사하였다. 1848년 이전의 이탈리아는 작은 국가들의 모음에 불과하였다. 이들 중 가장 중요한 국가들은 북부의 사르디니아(Sardinia), 중부의 교황국들, 그리고 남부의 두 시칠리아 섬들의 왕국이었다. 2월혁명의 바람이 불어오자 민주적 개혁들이 허용되었다. 사르디니아의 찰스 알버트(Charles Albert: 1831-1849)는 시민의 자유와 의회정부를 보장하는 유명한 헌법(the Fundamental Statute)을 가지고 모든 다른 국가들을 앞질렀다. 그러나 이탈리아인들은 민주주의보다는 민족주의를 더욱 선호한다는 사실이 밝혀졌다. 이탈리아의 낭만적인 애국주의자들은 오랜 동안 이탈리아가 고대와 르네상스 때 누렸던 영광을 다시 회복하려는 이탈리아 정신의 부활을 상징하는 '리소르지멘토(Risorgimento)'를 꿈꾸고 있었다. 이것을 이루기 위해서는 이탈리아가 하나의 국가로 통일되어야 한다는 것이었다.

그러나 어떤 형태의 국가가 되어야 하는가에 대해서는 의견의 차이가 적지 않았다. 제노바의 이상주의적 민족주의자이며 카르보나리당의 맛치니(Mazzini: 1805-1872)는 '청년 이탈리아당(the Young Italy)'을 만들어 이탈리아를 공화국으로 만들려고 노력하였다. 한편 종교적인 애국주의자들은 이탈리아의 국가들을 교황의 주재하의 연방으로 통일할 것을 원하였다. 그리고 다수의 온건한 민족주의자들은 사르디니아왕국에 기초한 헌정왕국을 옹호하였다. 이 가운데 세 번째 집단의 목표가 점진적으로 사르디니아의 귀족인 카부르(Camillo di Cavour: 1810-1861)의 지휘 아래서 구체화되었다. 그는 1852년 수상이 되었다.

이탈리아의 통일운동

이탈리아의 통일운동은 오스트리아를 몰아 내는 운동으로부터 시작되었다. 카부르는 사르디니아의 왕 비토리오 에마누엘레(Vittorio Emanuel Ⅱ: 1846-1861)와 함께 구체적으로 이 일을 착수하였다. 그는 단독으로는 불가능하다고 판단하여 영국과 프랑스의 도움을 얻기 위하여 크리미아전쟁에 가담하였다. 1858년 나폴레옹 3세는 이탈리아의 해방전쟁에 참전할 뜻을 비치고 그 대가로 사보이와 니스를 프랑스에 양도하기로 합의하였다. 그러나 롬바르디를 정복한 후 나폴레옹은 사르디니아의 통일을 꺼린 나머지, 그리고 반교황적인 행동에 대한 프랑스가톨릭을 의식한 나머지 돌연 오스트리아와 단독으로 휴전하고 말았다. 이것으로 영토를 빼앗겼으나 사르디니아는 이탈리아의 애국자들을 끌어모아 북부와 중부의 이탈리아를 통합하는 결과를 얻었다.

이탈리아통일의 두 번째 단계는 두 시칠리아왕국의 정복이었다. 시칠리아 왕국은 부르봉왕가의 프란시스 2세에 의해 다스려졌는데 국민의 증오가 심한 처지였다. 1860년 5월 맛치니와 같이 공화주의적 민족주의자이며 낭만적인 풍운아인 가리발디(Giuseppe Garibaldi: 1807-1882)가 '적색 셔츠당(the red shirts)' 1,000명을 거느리고 이탈리아 민족을 구출하기 위하여 출동하였다. 3개월도 안 되서 그는 시칠리아를 정복하고 나폴리로 진군하였다. 11월 프란시스왕국은 무너졌다. 처음에 가리발디는 그 영토를 독립공화국으로 만들려고 의도했지만 사르디니아왕국에 넘기기로 양보하였다. 그것은 이탈리아의 통일이라는 대의명분에 그의 공화주의를 포기한 용단이었다. 1861년 3월 17일 사르디니아의 왕이 비토리오 에마누엘레 2세로 이탈리아의 왕이 되었다.

베네치아만이 오스트리아의 수중에 남아 있었으나 그것도 7주전쟁의 결과로 프러시아의 도움으로 넘겨받았다. 이제 이탈리아의 통일을 완성하기 위하여 남은 것은 로마의 병합이었다. 영원한 도시 로마는 나폴레옹 3세의 보호로 끈질기게 지탱하였다. 그러나 1870년 프랑스·프러시아전쟁으로 이탈리아는 로마를 넘겨받음으로써 명실상부한 통일국이 되었다(1870. 9). 그러나 교황의 동의를 받지 않은 데서 오는 이른바 '로마문제'가 남아 있게 되었고 아직도 오스트리아의 수중에 있는 북부지역(트리에스트, 트렌티노 등)이 '미회복의 이탈리아'로 남게 되었다. 그리고 한 가지 말할 것은 이탈리아의 남부와 북부의 차별화문제이다. 북부는 산업화가 급속하게 진행된 반면에 남부는 후진적인 농업으로 남아 있게 되어 양분화현상을 면치 못하게 되었다. 그러나 그 후 이탈리아인들의 꾸준한 노력으로 이를 극복하게 되었다.

5. 러시아의 민족주의와 보수주의

크리미아전쟁

러시아는 일찍부터 흑해로 진출하려는 남진정책을 주목표로 삼았으나 뜻을 이루지 못하였다. 니콜라스 1세 말기에 팔레스타인의 성지관할권이 프랑스로 넘어간 것을 계기로 남진정책을 다시 재개하였다. 러시아는 특히 터키에 관심을 가졌다. 러시아는 러시아정교회의 보호와 해협에서의 러시아특권을 터키에 정식으로 요구하였다. 이에 터키가 거절하자 전쟁이 야기되었으니 이것이 크리미아전쟁(the Crimean War: 1853-1856)이었다.

전쟁이 일어나자 러시아가 유리한 고지를 차지하는 것처럼 보였으나 이 지역에 깊은 이해관계를 가지고 있던 영국과 프랑스가 터키와 동맹을 맺음으로써 상황이 역전되었다. 결국 세바스토폴(Sebastopol)에서의 공방전을 고비로 러시아는 손을 들고 말았다. 러시아는 파리조약(1856)에 의해 몰타비아(Moltavia)와 왈라키아(Walachia)를 포기하고 흑해의 중립을 약속하였다. 전쟁 중에 즉위한 알렉산더 2세는 패전에서 크나큰 충격을 받고 내정개혁의 필요성을 절감하게 되었다.

알렉산더 2세의 개혁

러시아 민주주의의 발전은 서유럽과 비교할 때 보잘 것이 없었다. 그러나 1850년 이후부터 사회적 경제적으로 일반인들의 생활이 향상되었다. 러시아의 첫 번째 개혁운동은 알렉산더 2세(Alexander Ⅱ: 1855-1881)에 의해 진행되었다. 그는 그의 신하들의 복지를 위하여 헌신한 훌륭한 짜르의 한 사람이었다. 그는 독재를 걷어칠 의사는 없었지만 그 권력을 자비롭게 행사하려고 하였다. 그의 개혁은 주로 경제적, 정치적, 그리고 교육적 분야에서 진행되었다. 우선 그는 1861년 3월 귀족에 속한 농민들을 풀어 주는 농노해방령을 공포하였다. 그 수는 무려 4,000만에 이르렀다. 정부는 수 년에 걸쳐 농민들에게 넘겨 주기 위하여 귀족의 토지를 매수하였다. 이 토지는 개인이 아니라 촌락공동체인 '미르(mirs)'에 할당되어 그 구성원들이 사용하게 하였다. '미르'는 49년에 걸쳐 상환금을 내기 위하여 농민들로부터 돈을 거두지 않으면 안 되었다. 그리하여 알렉산더는 귀족으로부터 농민을 해방시켜 국가의 농노로 만들었다는 비난을 면치 못하였다. 형식적이긴 하지만 풀려난 농민은 생산공장의 노동력으로 전환되어 러시아 자본주의발전에 기여하게 되었다.

다음으로 알렉산더는 정치적 교육적 개혁들을 단행하였다. 1862년 그는 지주가 행하던 사법권을 폐지하고 서유럽의 전문적인 법관과 배심에 의한 법정제도를 도입하였다. 그는 1864년 각 주에 주의회인 '젬스트보(Zemstvo)'를 선출하는 권리를 주어 대지주들과 농민들이 뽑은 대표자들로 구성되게 하였다. 젬스트보는 도로, 교육, 위생, 빈민구제 등과 같은 문제들에 대한 입법권을 가졌다. 그러나 이 의회는 이론적으로는 훌륭하지만 정치적 미숙과 농민, 지주와의 갈등으로 제대로 운행되지 못하였다. 알렉산더는 검열제도를 완화하고 초등학교와 기술학교설립을 위하여 기금을 마련하였다. 그리고 과학을 대학교의 커리큘럼에 도입하였다.

그러나 알렉산더 2세는 1865년 이후 반동주의자들에게 굴복되어 이전의 모든 개혁정책들을 포기하였다. 그리하여 모든 것들이 개혁 이전의 상태로 되돌아가고 말았다. '해방 짜르'로 이름난 그가 어째서 개혁을 포기했는지 그 원인에 대해서는 아직도 분명하지 않다. 아마도 그의 개혁에 대하여 대다수 인민이 무관심한 태도를 가졌다는 점, 농민들이 그들의 자유에 대하여 고마움을 가지지 않았다는 점, 여기에 급진적 지식인들과 하층지도자들의 냉소적인 조소가 작용했다는 점, 그리고 1863년의 폴란드의 폭동이 야기했다는 점 등이 그 주된 원인들로 추정된다. 그는 후반부에 다시 그의 개혁의 열정을 나타내려 했으나 결국 1881년 테러리스트의 폭탄에 의해 암살되고 말았다.

알렉산더 3세의 러시아화 정책

새로 등장한 알렉산더 3세(Alexander Ⅲ: 1881-1894)는 반동적이며 보수주의적인 철학의 소유자였다. 그에 의하면 러시아는 서유럽과 동일시될 수 없으며 수 세기 동안 전제와 신비적인 신앙 안에서 지내온 특별한 국가라는 것이다. 그러므로 합리주의나 개인주의와 같은 서유럽적 이상들은 오히려 러시아인들을 해롭게 할 것이며 러시아국가를 무정부와 범죄의 어두운 늪으로 빠뜨릴 것이라는 것이다. 이러한 원칙에 준하여 그는 젬스트보를 차단하고 비밀경찰력을 강화하고 미르를 국가가 선정한 귀족에게 예속시켰다. 그의 정책들은 그의 아들인 니콜라스 2세(Nicholas Ⅱ: 1894-1917)에 의해 계승되었다. 이 두 짜르는 철저한 러시아화(Russification)를 통하여 민족주의를 실천하였다. 러시아화의 목적은 위대한 러시아의 언어와 문화, 종교를 짜르의 모든 신하들에게 전파하는 것이었다. 우선 이 정책은 폴란드인과 핀란드인 그리고 유대인에게 실천되었다. 왜냐 하면 그들은 가장 위험한 민족으로 간주되었기 때문이다. 그 결과는 잔인한 압제였다. 폴란드인에게는 러시아어가 강요되었으며 핀란드인에게는 헌법이 강탈되었으며 유대인에게는 학살이 자행되었다. 러시아의 유대인 학살은 1903년에 절정에 다다랐다.

6. 발칸반도의 민족주의

19세기에 일어난 대부분의 발칸반도의 사건들은 민주주의보다는 민족주의와 관련된 사건들이었다. 민주주의적 요소들은 오히려 민족주의적 사건들과 연루되어 야기된 부수적인 것에 불과하였다. 에게해와 흑해, 아드리아해로 둘러싸인 발칸반도는 1829년 이전까지는 터키에 의해 지배되었다. 그러나 그 후 85년간 발칸의 터키제국은 점진적으로 분할되기 시작하였다. 터키는 유럽의 강대국, 특히 라이벌관계에 있던 러시아와 오스트리아에 의해 분점되는 경우도 있었으나, 일반적으로는 술탄의 기독교인들에 의한 민족주의적 폭동으로 쪼개지는 경우가 더 많았다.

제1, 2차 러시아 · 터키전쟁

1829년 제 1 차 러시아 · 터키전쟁으로 오토만제국(the Ottoman Empire)은 그리스의 독립을 인정하고, 세르비아(Serbia)의 자치를 허용하며, 그리고 왈라키아, 몰다비아를 러시아의 보호령으로 인정하지 않으면 안 되었다. 그러나 러시아는 크리미아전쟁으로 이들 두 지역을 포기해야 했으며, 그 결과 1862년 이 두 지역들은 독립된 루마니아(Rumania)로 연합되었다. 시간이 지남에 따라 오토만지배에 대한 불만은 다른 발칸 지역으로 퍼져 나갔다. 1875-1876년 술탄의 탄압이 심한 보스니아(Bosnia), 헬체고비나(Herzegovina), 불가리아(Bulgaria)에서 폭동이 일어났다. 그리스정교에 대한 학살소식이 전해지자 러시아는 이를 구실로 발칸의 지배를 위한 오랜 싸움을 다시 전개하기로 결의하였다. 제 2 차 러시아 · 터키전쟁(1877-1878)에서 짜르군대는 일방적인 승리를 거두었다. 산 스테파노조약에 의해 술탄은 콘스탄티노플 근역만을 남기고 거의 모든 영토를 빼앗겼다. 그러나 이즈음 오스트리아와 영국이 여기에 끼여들었다. 그들은 러시아가 방대한 근동 지역을 다스리는 것을 원하지 않았다.

러시아는 할 수 없이 베를린회의(1878)의 수정안을 받아들이기로 하였다. 정복한 영토 대부분을 터키에 돌려주고 러시아는 베사라비아(Bessarabia)만을 가졌다. 데살리(Thessaly)는 그리스에게 양도되었고, 보스니아와 헤르체고비나는 오스트리아의 관할에 속하게 하였다. 그리고 몇 년 후 베를린조약에 의해 자치가 주어졌던 불가리아는 터키로부터 동부루메리아(Rumelia)를 얻었으며, 1908년에는 독립된 불가리아왕국을 이룩하였다.

청년 터키혁명

이 마지막 분할시에 터키에서는 민족주의의 물결이 넘쳐 흐르고 있었다. 터키의 계몽된 시민들은 술탄정부의 무능과 허약함에 더 이상 견딜 수 없었다. 특히 영국과 프랑스 대학교에서 교육을 받은 사람들은 서유럽의 과학과 민주주의를 그들의 나라에 도입할 것을 갈망하였다. 소위 '청년 터키당(the Young Turks)'으로 알려진 집단을 조직하면서 그들은 술탄이 1908년 입헌정부를 수립하도록 강요하였다. 다음 해 그들은 술탄 압둘 하미드 2세(Abdul Hamid Ⅱ)를 사임시키고 대신 그의 동생을 모하메드 5세(Mohammed Ⅴ)로 즉위시켰다. 정부의 실질적인 권력은 대신(Grand Vizier)과 선출된 의회에 책임을 지는 장관들에게 위임되었다. 불행하게도 이 혁명은 제국의 비터키인들의 자유와는 크게 관련이 없었다. 청년 터키당은 술탄의 모든 기독교인들을 오토만화하는 활력적인 운동을 전개하였다. 동시에 혁명에 수반되는 장애물도 적지 않았다. 1908년 오스트리아는 보스니아와 헤르체고비나를 완전히 병합하였으며, 1911-1912년에는 이탈리아가 트리폴리(Tripoli)를 정복하기 위하여 터키와 전쟁을 벌였다.

7. 미국의 발전

앞에서 살펴본 1775-1781년의 미국혁명은 주로 독립을 위한 전쟁으로 그 과정에서 나타난 새로운 주헌법이나 귀족, 충성파(the loyalists)와 관련된 싸움이었지 프랑스혁명과 러시아혁명에서와 같은 사회적 계급들의 근본적인 변화는 보이지 않았다. 미국사회의 계급들은 독립 이후에도 여전히 동일하였다. 진정한 의미의 미국혁명은 남북전쟁(the Civil War, the War of Secession, the War between the States: 1861-1865)으로 야기된 변혁이었다. 남북전쟁 이전에 있어서 미국의 가장 강력한 계급은 남부의 대농장귀족이었다. 미국의 대통령과 국무장관, 대법관 등의 수도 남부출신이 단연 우세하였다. 그러나 남북전쟁은 이러한 상황을 근본적으로 바꿔 놓았다. 야심 있고 자수성가한 사람들의 새로운 계급이 주도권을 잡았다. 이들은 서부의 자유농민들과 동부의 산업자본주의자들로 구성된 사람들이었다. 남부의 귀족들은 무기력하게 되었고 경제적으로도 절름발이가 되어 더 이상 정치적 권력을 유지할 수가 없게 되었다. 북부의 용감한 기업가들은 전쟁의 와중에서도 철도건설, 광산채굴, 토지투기 등에 뛰어들어 많은 이익을 얻었다. 그들은 또한 정치적 기반을 강화하였을 뿐아니라 그것으로 그들의 경제적 이윤을 올리는 데도 성공하였다.

남북전쟁의 원인

남북전쟁을 일으킨 원인으로는 무엇보다도 노예제도를 들어야 할 것이다. 처음 흑인이 아프리카에서 버지니아로 들어온 것은 1619년이었다. 그 후 거의 2세기 동안 그 수의 증가는 매우 완만하여 노예제도는 심각한 문제가 아니었다. 그러나 18세기 말에 이르러 많은 남부사람들은 노예제도를 바람직하지 못한 것으로 바라보게 되었으며 급기야는 그 초기 진압을 원하게 되었다. 그들은 흑인들의 수가 불어나기 전에 그들을 해방시켜 아프리카로 돌려 보내기를 갈망하였다. 그리하여 그들은 아프리카로 그들을 송환하려는 여러 가지 사업에 돈을 기부하였다. 드디어 상황이 바뀌는 사건이 벌어졌다. 그것은 1793년 면화의 씨를 빼는 씨아(the cotton gin)의 발명이었다. 씨아로 면화의 생산이 늘어나자 이제까지 불투명했던 목면업이 각광을 받게 되었으며 동시에 노예제도의 중요성이 남부를 중심으로 정착되어졌다.

남북의 불평등요소들

그러나 단순하게 북부의 노예제 반대로 전쟁이 야기되었다고 설명하는 것은 문제가 있다. 전쟁의 근본적인 원인을 보다 합리적으로 이해하기 위해서는 노예제도와 관련하여 남부와 북부간의 불평등적 요소들(the increasing inequality of North and South), 지역간의 적대주의(the sectional antagonism), 드레드 스코트사건(the Dred Scott decision) 그리고 링컨의 대통령선출 등을 밝혀 내야 할 것이다. 북부인들은 노예제폐지를 전적으로 찬동한 것은 아니었다. 그들은 남부의 노예제에 대해서는 인정했지만 새로 사들인 루이지애나와 멕시코로부터 정복한 서남부지역에 노예제를 새로 도입하는 것에는 반대하였다. 그들은 이 지역들을 자유주(free states)로 남겨 뉴 잉글랜드와 중부대서양 지역 사람들의 정착지로 만들 것을 제안하였다. 아마도 남부와 북부가 여러 가지 면에서 근본적으로 평등했다면 남부는 북부의 제안에 동의했을지도 모른다. 그러나 사정은 정반대였다. 1840년경 남북의 주의 수는 같았지만 인구에서는 상당한 차이를 보였다. 북부의 주민수는 972만 8천 명인 반면에 남부의 주민수는 734만 4천 명이었다. 이에 따라 하원의원의 수도 북부가 135석인 반면에 남부는 87석에 불과하였다.

지역적 적대주의

다음으로 남북전쟁의 원인으로 등장되는 것은 지역적 적대주의감정이었다. 남부의 생업은 주로 농업인데 반하여 북부는 산업이었다. 전자(남부)는 원료의 생산자로서 보호관세를 반대한 반면에 후자는 외국과의 경쟁을 위하여 철저한 보호관세를 찬성하였다. 후자(북부)는 국내의 질서와 안정, 번영을 위하여 중앙정부를 선호하였다. 그들은 연방정부의 권위는 전체인민으로부터 나온 주보다 더 오래된 집단이므로 주의 분리는 불법적이라고 생각하였다. 이에 대해 전자는 중앙정부의 권리를 최소한으로 줄일 것을 희망하였다. 그들에 의하면 주권은 주에 있으며 주에 의해 연방이 만들어졌으므로 연방정부는 단지 주의 대행자에 불과하다는 것이다. 그리고 주가 연방에 가입한 것은 자기의지대로 한 것이므로 그 탈퇴나 연방법령의 파기도 주의 자유라는 것이다. 시간이 지남에 따라 이와 같은 지역적 적대주의와 주의 권리문제가 결국은 노예문제와 긴밀하게 연결되었던 것이다.

남부인들은 그들 지역의 이익을 지킬 수 있는 유일한 방법은 새 지역에 노예제를 도입하여 북부와의 세력균형을 맞추는 일이라고 생각하였다. 말하자면 1848년 북부에 의해 조직된 자유토지당(the Free Soil party)이나, 1854-

1856년 뉴 잉글랜드에서 건너온 이민자들의 반노예파와 미주리에서 건너온 사람들의 친노예파 사이의 캔사스 유혈싸움은 모두가 이러한 맥락에서 야기된 사건들이었다. 스토우부인(Mrs. Stowe)의 작품(*Uncle Tom's Cabin*, 1852)이 널리 읽혀진 것도 이즈음이었다.

드레드 스코트판결

미국의 노예문제를 노골적으로 표면화시킨 것은 1857년 3월 대법원장 태니(Roger Taney)를 통해 발표한 소위 드레드 스코트판결이었다. 드레드 스코트는 미주리에 사는 미군의사의 한 노예였다. 그는 주인을 따라 미주리에서 일리노이, 미네소타로 갔다가 다시 미주리로 돌아왔다. 그는 미주리에 오자 노예신분으로 다시 떨어졌다. 그는 자유의 땅에서 두 번이나 주민이 된 사실을 들어 자유를 얻기 위해 고소하였다. 이 문제는 결국 대법원까지 올라가 4대 2의 표차로 패소하고 말았다. 대법원에 따르면 스코트는 노예의 신분으로 태어났으므로 미국시민이 될 자격이 없으며 동시에 미주리타협(1820)도 헌법에 어긋난다는 것이었다. 대법원은 또 의회는 새로운 영토에서 노예제를 금지할 권한이 없다고 선언함으로써 남북간의 타협의 여지를 완전히 무산시켰다. 그 결과 노예제를 중심으로 찬반의 극단적인 대립을 피할 수 없게 하였으며, 남북전쟁으로 몰아간 원인이 되었다.

링컨의 대통령선출

남북의 무력충돌을 일으킨 직접적인 원인은 1860년 아브라함 링컨(Abraham Lincoln: 1809-1865)의 대통령선출이었다. 공화당후보로 나선 링컨은 이미 6년 전 노예제의 확장을 반대한 적이 있었다. 1856년 대통령입후보자로 지명된 프레몬트(John C. Fremont)의 슬로건 "자유의 땅, 자유의 언론, 그리고 프레몬트"에 의하여 노예제에 대한 이해가 어느 정도 사람들의 마음에 깔려 있었다. 공화당의 강령은 국내적 발전, 산업을 위한 높은 관세 그리고 서부이민을 위한 자유로운 땅 설정에 관한 약속이었다. 그리고 남부의 노예제에 대해서는 될 수 있는 한 간섭하지 않을 뜻을 분명히 했다. 이러한 온건한 강령에도 불구하고 공화당의 승리는 남부인들에게는 선전포고와 같이 간주되었다. 링컨은 실제로 노예제를 반대하지 않는 보수주의자로서 노예제의 확대와 그로 인한 연방의 붕괴에 대해서만 반대하였다.

아메리카연합의 결성

그러나 링컨의 당선은 오히려 남북의 위기를 야기시켰다. 남부인들은 링컨 지지표의 거의 모두가 자유주에서 나왔다는 사실을 알고 이에 대응할 방도를 찾아 내려고 하였다. 제일 먼저 사우스캘로리나가 연방을 탈퇴하였으며, 곧이어 미시시피, 플로리다, 앨라배마, 조지아, 루이지애나, 택사스가 연방을 벗어났다. 그들의 대표자들은 드디어 1861년 2월 8일 앨라배마의 몽고메리에서 회의를 갖고 아메리카연합(the Confederate States of America)을 결성하였다. 제퍼슨 데이비스(Jefferson Davis)가 대통령으로 그리고 알렉산더 스티븐스 (Alexander H. Stephens)가 부통령으로 선출되었다. 한 달 후 미국헌법과 거의 유사한 새로운 헌법이 채택되었다. 연합헌법에 따라 대통령의 임기는 단기 6년으로 되었으며, 흑인노예제가 인정되었다. 의회(Congress)는 대통령의 특별예산을 책정할 권리를 가졌다. 대통령은 예산안의 비토권을 가졌으며, 내각은 의회의석을 차지할 수 있었다.

남부정치인들은 그들의 연방탈퇴와 새로운 남부연합설립에 대하여 입헌적 정당성을 내세웠다. 즉, 그들은 어디까지나 '생명, 자유, 행복의 추구'가 파괴될 때 정부형태를 변경하거나 파기할 수 있다는 독립선언에 기초하여 연합을 만들었다는 것이다. 여기에 대해 북부는 링컨대통령을 통하여 독립선언에 나타난 혁명권은 전제정부에만 해당되는 것이라고 응수하였다. 이 지구상에서 가장 자유롭고 민주적인 정부를 파괴한다는 것은 도저히 받아들일 수 없는 야만행위라고 반박하였다.

남북전쟁의 과정

남북전쟁은 4년에 걸친 무서운 비극의 막을 올렸다. 싸움은 1861년 4월 12일 삼터요새(Fort Sumter)의 공격으로 시작하여 1865년 4월 9일 아포마톡스법원(Appomattox Court House)에서 로버트 리(Robert Lee)장군의 항복으로 끝났다. 처음부터 북부는 유리한 고지를 차지하였다. 인구도, 재정도 북부가 월등 우세하였다. 북부는 또한 남부에 없는 해군을 보유하고 있었으며 남부보다 훨씬 다양하고 높은 경제구조를 가지고 있었다. 거의 모든 제조업체들이 북부에 집중되어 있었으며 남부는 식량에서도 자급자족이 안 되었다. 한 가지 남부는 군사적인 전통이 강하여 그들의 지역을 지키는 데 유리하였다. 처음 2년 간은 남부가 전망이 밝았다. 그들의 군대는 싸움도 잘했고 전쟁에서 위험을 잘 넘겼다. 그리고 외국의 원조도 그런대로 고무적이었다. 그러나 전세는 1862년 역전되었다. 그 해 9월 리장군이 해리스버그의 철로를 점령하려는 생각에서 포토맥강을 건너 진군한 것이었다. 거의 두 배의 전력을 가진 연방의 맥클랜장 군(General George McClellan)이 그를 맞았다. 두 진영은 매리랜드의 안티탬 크리크(Antietam Creek)에서 교전하였다. 리장군의 군대는 결정적인 패배는 아니었지만 포토맥을 건너 돌아갈 정도로 지쳤다. 만약 이들의 목적이 성공했 다면 그들은 아마도 필라델피아와 뉴욕으로 진군했을 것이다. 그 후 리장군은 1863년 7월 북부를 더 쳐들어 가려고 시도했으나 게티스버그(Gettysburg)에 서 미드장군(General Mead)에 의해 차단되어 후퇴하였다. 1865년 4월 북부의 그란트장군(Grant)은 남부의 수도 리치먼드를 함락하였다. 안티탬 이후 남부 연합의 힘은 점점 쇠약해졌으며, 외국원조도 사라졌다. 링컨은 드디어 노예해 방을 선포할 만반의 태세를 갖추게 되었다. 결국 노예해방령은 전쟁을 십자군 으로 만들어 링컨의 승리로 이끌었다.

남북전쟁의 결과

20만명 이상의 생명이 전쟁으로 죽었으며, 41만 3천명 이상의 생명이 질 병이나 사고 등으로 죽었다. 노예폐지론자들은 의심 없이 이 많은 생명의 죽음 을 정당한 것으로 간주하였다. 왜냐 하면 노예제도는 전쟁이 끝나기 바로 전에 헌법에 제13차 수정안첨가에 의해 영구히 파괴되었기 때문이다. 후에 제14차 수정안은 해방된 흑인의 시민권을 인정하였으며, 제15차 수정안은 인종, 색깔 등으로 선거를 주지 않던 법을 폐기하였다. 전쟁의 수습은 결코 쉬운 일이 아 니었다. 남부 항복 직후 링컨의 암살(1865. 4. 14)과 남부에 대한 10년에 걸친 군정실시 등은 그 어려움을 말해 준다. 그러나 남북전쟁은 미국의 앞날을 밝게 해주는 디딤돌이 되었다. 전쟁에서의 북부의 승리는 아메리카 자본주의의 승 리이며 동시에 민주주의의 승리이기도 하였다. 위대한 민주주의자이며 인도주 의자였던 링컨의 노예해방과 미국의 남북통일은 미국의 민주주의와 국민주의 발전을 위한 튼튼한 초석이 되었다.

미국의 재건과 산업주의시대

남북전쟁을 거친 미국은 남부의 재건(1865-1877)과 1900년까지의 산업주의시대를 거치면서 세계적인 국가로 부상하였다. 남부에서는 노예제에 기초를 가진 대농장제도가 사라지고 새로운 공업이 발전하여 중산계급이 형성되는 등 사회구조적인 변화가 이루어졌다. 정당도 남부를 업고 있는 민주당이 발전하여 북부를 기반으로 하는 공화당과 대결하게 되었다. 북부는 남부에 비해 산업이 월등하게 발달하여 재건시대에 배로 증가하였으며 농업과 교통도 크게 발전하였다. 특히 북부는 소위 홈스테드법(the Homestead Act, 1862)에 의해 누구나 일정한 곳에 5년간 살면서 개간한 사람에게 160에이커의 땅을 무상으로 주게하였다. 이 법으로 이민이 급증하게 되었으며 서부개척이 크게 진전을 보았다. 미개척지의 풍부한 천연자원과 인력, 자유로운 국내시장을 바탕으로 미국은 거대한 산업사회로 발전하였다.

제1차 세계대전중에는 미국은 연합군에 참전함으로써 세계열강에 끼게 되었으며 금융의 중심도 런던에서 뉴욕으로 옮기게 되었다. 그러나 미국은 자본주의의 급격한 발달로 유럽의 나라들과 마찬가지로 노동문제에 직면하게 되었다. 그리하여 최저임금법, 위생법, 시간규정법, 노동자보상법 등이 만들어졌으며, 전국적 규모의 노동자연합조직이 결성되었다. 1886년의 미국노동총연맹(American Federation of Labor, AFL)은 숙련공중심의 직업별조합의 연합단체였다. 한편 1890년에는 기업의 합동과 독점을 금지하는 셔만 반트러스트법(the Sherman ant-Trust Law)이 제정되었으며, 루스벨트(Theodore Roosebelt: 1901-1909) 때는 더욱 강화되었다. 미국은 세계의 주도적 국가인 반면에 흑백문제와 같은 풀기 어려운 난제를 갖게 되었다.

제 3 절   19세기의 문화

1. 철학사상

19세기의 사상분야는 일반적으로 1800-1830년의 시기와 1830-1914년의 두 시기로 분류된다. 전자의 시기에는 낭만주의와 보수주의가 우세한 시대였으며, 후자의 시기에는 과학과 진보주의가 우세한 시기였다(이 부분은 20세기 전기 문화에서 다룰 것이다). 그러면 전자의 시기의 철학과 사상을 살펴보도록 하자. 이 시기에는 합리주의적 계몽사상에 대한 반동의 물결이 그 어느 때보다도 격심하였다. 그리하여 정치적으로 자유주의와 보수주의가 한판 승부를 벌인 것처럼 사상적으로도 매우 유사한 면모를 보였다. 경우에 따라서는 양자가 팽팽하게 맞선 때도 있었다. 그러나 대체적으로 보수주의적인 특성이 강하였다. 질서가 자유보다 중시되었으며 집단과 사회, 국가의 이익이 개인의 이익보다 우선하였다. 신앙, 권위, 전통이 18세기의 이성과 과학을 넘어트렸다. 프랑스 철학자들은 조셉 메스트르(Joseph de Maistre: 1754-1821)의 지도하에서 가톨릭의 부흥을 통하여 신비적 신앙과 초자연주의 및 무오류적 교회신앙이 인간을 회의주의와 무질서로부터 인도하는 등불임을 가르쳤다. 메스트르는 순종이 제1의 정치적 덕목이며, 실천이 사회질서의 보루라고 주장하였다.

　　그러면 이러한 보수주의적 사상이 나타난 원인은 무엇인가. 그것은 무엇보다도 이성을 거부하고 감성의 중요성을 강조한 루소의 낭만주의의 영향 때문이었다. 여기에 보수주의적 정치성향으로 주도되는 저술가와 사상가들의 역할이 작용하였던 것이다. 그러나 가장 주요한 원인은 아마도 프랑스혁명에 대한 공포에서 벗어나려는 사람들의 강렬한 욕망 때문이었을 것이다. 혁명의 폭력에 질린 사람들은 누구나 계몽시대의 합리주의, 물질주의, 개인주의를 혐오하게 되었다.

에드먼드 버어크

　　그 대표적인 사상가가 유명한 영국의 휘그파인 에드먼드 버어크(Edmund Burke: 1729-1797)였다. 그는 비록 프랑스혁명의 종말을 보지 못하고 죽었지만, 그의 저서(*Reflections on the Revolution in France*, 1790)를 통하여 프랑스혁명을 격렬하게 비난하였다. 그에게 혁명은 모든 시대의 온축된 지혜를 파기하는 것으로 간주되었다. 그에 의하면, 이 세계는 결코 하룻밤에 이루질 수 있는 것이 아니다. 어떤 세대도 간단히 한 사회의 미래의 필요성을 속단할 권리는 없다. 과거로부터 내려온 사회제도와 전통은 지속적인 가치를 가지고 있는 것이므로 이것에 손상을 준다는 것은 바로 문명자체를 위협하는 일이라는 주장이다.

낭만주의 관념론

반동시대를 가장 완벽하게 나타내고 있는 사상체계는 독일의 낭만주의 관념론철학(the German philosophy of Romantic Idealism)이었다. 이 철학의 이름도 진리에 대한 낭만주의적 이론과 우주에 대한 관념론적 개념이 결합한 데서 유래하였다. 이 철학은 엄밀한 의미에서 합리주의적인 것도 아니며 물질주의적인 것도 아니었다. 그것은 오히려 이성적인 것 이외에 직관적이며 본능적인 지식의 정당성을 인정하였으며, 적어도 부분적으로는 우주를 영적으로(spiritual) 설명하려고 추구하였다. 낭만주의 관념론자들은 또한 18세기철학의 개인주의와 휴머니즘으로부터 단호하게 벗어났다. 그들은 사회적 구성원에서 이탈한 개인은 전체적으로 중요성이 결여된 것으로 간주하였다. 그들에 의하면, 집단의 복지가 먼저이고 개인의 복지는 그 다음이다. 사회와 국가는 사회적 유기체이며 자연적 발전의 산물이지 인간의 편의를 위해 만들어진 가공물이 결코 아니다. 평온한 자연의 상태와 같은 것도 존재하지 않으며 사회계약에 의한 정치사회와 같은 것도 존재할 수 없다. 그러므로 개인들은 사회적 영역을 벗어나서 그들의 신성불가침적 권리를 주장할 수 없다. 요컨대, 그들이 해야 할 의무는 그들 자신의 이익을 집단 속에 가라앉히고, 오히려 법과 전통을 순종하며 존중함으로써 참된 자유를 얻는 일이라는 것이다.

칸 트

낭만주의 관념론의 영감을 처음 제공한 사람은 독일의 임마누엘 칸트(Immanuel Kant: 1724-1804)였다. 칸트는 쾨니히스베르크에서 태어나서 한 번도 고향을 떠나지 않은 채 그 곳에서 죽었다. 그는 그의 생애 대부분을 가르치는 일에 바치면서 그의 사상을 발전시켰다. 그는 중년 때 형이상학자들을 이해하기 어려운 명상의 높은 탑 속에 사는 사람들이라고 조롱하였다. 그는 57세 되던 해에 유명한 첫 번째 저서(the Critique of Pure Reason)를 냈다. 그는 그의 추종자들과는 달리 인간의 자연권을 믿었으며, 권력의 분리를 시민의 자유를 위해 필요한 것으로 변호하였다. 그는 계몽주의 사상가들의 영향을 많이 받았다. 그러나 그는 일반철학의 분야에서는 18세기의 합리주의와 결별하였다. 그는 전우주를 두 세계로 나누어 생각하였다. 즉, 하나는 물리적 자연, 혹은 현상(phenomena)의 세계와 다른 하나는 궁극적인 실재의 영역(the realm of ultimate reality), 혹은 누우메나(noumena)의 세계였다. 그에 의하면, 이들 세계들에 적용하는 인식의 방법들은 전혀 다르다. 감각인식과 이성은 우리에게 현상의 세계, 물리적 세계에 대한 지식만을 주며, 궁극적인 실재세계인 영적 세계의 더 높은 단계에서는 불가능하다. 모든 일반적인 지식은 결국 감각인식에 속하는 것이므로 우리는 이성이나 과학에 의하여 신의 존재나 인간의지의 자유, 혹은 영혼의 불멸 같은 것을 증명할 수 없다. 그럼에도 불구하고 이들 사실들은 참되고 확실하다. 우리는 이 우주가 도덕법칙에 의해 운행되며, 신은 인간의 운명을 주재하고 있다는 것을 확신한다. 이러한 결론은 과학의 영역에 속하는 것이 아니라, 너무 강렬하여 단순한 환상으로 간과될 수 없는 감성의 영역에 속하는 것이다. 현상세계에서 논리, 과학이 정당한 지식의 도구인 것처럼, 누우메나 영역에서의 정당한 지식의 도구는 신앙, 직관 및 깊은 확신이다. 요컨대, 계몽사상과 이에 대립되는 사상들이 칸트를 통하여 비로소 소화되고 종합되었던 것이다.

피 히 테

임마누엘 칸트의 직계 제자들은 스승보다 더욱 추상적이며 형이상학적으로 한 쪽 방향으로 기울어졌다. 그 대표적인 철학자가 요한 피히테(Johann Gottlieb Fichte: 1762-1814)였다. 피히테는 자아를 중심으로 진리의 기초를 탐구하려 한 주관적 관념론자였다. 그에 의하면, 자아는 상대적 자아에서 절대적 초자아가 된다. 절대적 자아는 전체를 포괄한다. 실재적 세계는 마음의 세계, 혹은 정신의 세계이다. 그러므로 개인은 그 자신을 우주의 목적과 조화시킴으로써 그의 참된 본성을 인식하게 된다. 인간의 정신은 초자아나 보편적 지성(the universal intelligence)에 의해 인도되지 않는 한 실재세계를 알 수 없다. 따라서 인간개인의 의무는 각자가 직관으로 하여금 초자아의 요구를 발견하게 하고 그 자신의 생을 그 요구에 적응시켜 감각의 노예로부터 그 자신을 자유롭게 하는 일이다. 인간 내면에 바탕을 둔 내적 필연성은 자아가 목표로 하는 최고의 이상이다. 그리하여 피히테의 철학은 모든 생과 행동을 숭고한 완전성의 최종목표로 이끄는 세계정신을 가진 영적 범신론으로 발전하였다. 그는 정치철학자로도 유명하였다. 그는 독일의 집단주의적 민족주의를 주창한 사람으로 나폴레옹의 침입 때는 강력한 지도력을 가진 정치적으로 통일된 독일을 부르짖었다. 즉, 국가는 자급자족의 경제적 단위를 가져야 하며 독일인들의 정의와 번영 및 국가의 부를 위한 통치를 실천하지 않으면 안 되며, 외국의 무역은 최소화되어야 한다는 것이다. 한편, 자아가 전체라고 하여, 자아의 직관을 강조한 피히테와는 대조적으로 프리드리히 쉘링(Friedrich Joseph von Schelling: 1775-1854)은 전체가 자아라는 객관적 관념론을 내세웠다. 그리하여 그는 자기직관으로부터 벗어나 절대자의 직관을 강조함으로써 피히테의 범신론에서 초월적인 신비주의로 넘어가게 되었다.

헤   겔

낭만주의 관념론의 영향을 가장 많이 받은 철학자는 헤겔(Georg Wilhelm Hegel: 1770-1831)이었다. 베를린 대학교 교수인 헤겔은 수많은 지지자들을 얻었다. 그의 철학의 중심교리는 유목적적 발전이념이었다. 그에 의하면, 우주는 모든 것이 서로 반대쪽으로 지나가는 크나큰 흐름(a flux)과 같다. 특별히 각 사회제도나 사회적, 정치적 유기체는 성숙하게 자라서 그 목적을 채우면 어떤 다른 것에 양도된다. 그러나 오래된 것 자체는 완전하게 없어지는 것이 아니라 반대되는 것들의 충돌로 하나의 융합이 만들어지는데, 이 융합은 두 가지 반대되는 것들로부터 얻어진 요소들로 구성된 새로운 유기체의 창조이다. 그러한 과정은 새로운 단계(a new stage)로 계속 반복되는데, 이 새로운 단계는 이전에 지나가 버린 것들이 발전하여 이루어진 것이다. 그러나 이러한 헤겔의 정·반·합의 변증법적 발전개념은 단순히 기계적인 것은 아니다. 그 전체과정은 보편이성 혹은 신에 의해 인도되는 것이다. 즉, 발전은 역사 안에서 나타나는 신의 전개이다. 그러므로 서로 반대되는 것들의 전쟁은 궁극적으로는 자비로운 목표로 인도된다. 이 자비로운 목표는 바로 완전한 국가(the perfect state)를 의미하는 것으로, 이 국가에서는 각 시민의 이익이 사회의 이익과 완전하게 융합된다. 실제로 헤겔은 다른 낭만주의 관념론자들보다 훨씬 깊은 황홀 속에서 국가를 숭배하였다. 그에 의하면, 참된 자유는 정치적 사회에 순복하는 데에 있으며, 개인은 국가가 가지는 권리를 소유할 수 없다. 왜냐하면 국가 없는 개인은 단지 동물에 지나지 않기 때문이다. 말하자면 국가는 지구에 존재하는 신의 이념(the Divine Idea)이라는 것이다.

낭만주의 관념론의 영향

낭만주의 관념철학은 여러 방면에 영향을 주었다. 특히 보수주의적 입장에 있는 진영에 유리하게 작용하였다. 우선 이신주의자들과 회의주의자들에 의해 어려움을 당한 교회지도자들에게 새로운 활력소를 제공하였다. 그리고 질서를 중시하려는 재벌들에게 기쁜 소식이 아닐 수 없었다. 한마디로 말한다면 낭만주의 관념론은 기존의 지배체제를 고수하려는 사람들에게 중요한 교리가 되었다. 그리하여 헤겔과 피히테의 가르침은 독일의 민족주의 발전에 적지 않게 기여하였다. 당시 헤겔은 그의 적들에 의해 '관제 철학자'로 불리워졌다. 낭만주의 관념론은 민족주의를 고무시키는 데로만 가지 않았다. 그것은 오히려 파괴적인 파시즘을 옹호하는 쪽으로도 영향을 주었다. 그것은 또 다른 철학사상을 일으키는 데 영향을 주었는데, 그 대표적인 사람들이 쇼펜하우어와 칼 마르크스였다.

쇼펜하우어 · 마르크스

쇼펜하우어(Arthur Schopenhauer: 1788-1860)는 모든 성장과 운동을 주재하는 보편적 힘의 개념(the notion of a universal force)을 완고한 염세주의 철학(the philosophy of stark pessimism)으로 발전시켰다. 즉 이 보편적 힘은 인간이 생존하려는 맹목적이며 무의식적 갈망인 '의지(will)'라는 것이다. 살려는 의지는 모든 생물 안에 존재하고 있으며, 그리고 그것이 강자로 하여금 약자를 집어삼키게 하기 때문에 이 세계는 최악으로 될 수밖에 없다는 것이다. 그는 이기심, 고통, 불행은 생과 떨어질 수 없으므로 인간이 행복으로 가는 유일한 길은 오리엔트의 금욕주의자와 같이 생을 부정하는 것이라고 가르쳤다.

낭만주의 관념론의 다른 이상한 가지는 칼 마르크스(Karl Marx: 1818-1883)의 역사철학이었다. 마르크스의 경제사상에 대해서는 다시 설명하겠거니와, 그의 유명한 변증법적 유물론은 헤겔의 영향을 크게 받은 것이었다. 헤겔과 마르크스는 모두 반대되는 제도들의 충돌을 통하여 궁극적으로 완전한 사회가 이루어진다는 진보주의적 발전을 믿었다. 단지 헤겔이 궁극적인 목표를 완전한 국가로 간주한 반면 마르크스는 공산주의로 설정한 것이 달랐다. 두 사람은 또한 반대되는 것들의 갈등과정, 즉 변증법적 과정의 개념에서도 의견을 달리하였다. 헤겔은 역사적 발전을 세계정신 혹은 보편이성의 전개로 해석한 반면 마르크스는 역사적 변화는 경제적 요인들의 결과라고 주장하였다.

벤담의 공리주의

낭만주의 관념론이 독일에서는 강세를 보인 반면에 영국과 프랑스에서는 그렇지 못하였다. 영국과 프랑스에는 계몽사상의 뿌리가 깊어 보다 자유주의적인 철학이 발달하였다. 그 대표적인 사상이 영국의 제레미 벤담(Jeremy Bentham: 1748-1832)에 의해 만들어진 공리주의(Utilitarianism)였다. 벤담은 15세에 옥스포드를 졸업할 정도로 뛰어난 사상가였다. 그는 70세에 파나마와 스에즈해협의 운하설립 계획을 제안하기도 하였다. 그의 주요 저서는 1789년에 나온 『도덕과 입법의 원리들(the Principles of Morals and Legislation)』이었다. 공리주의 명칭은 그의 가르침에서 유래하였다. 그는 모든 신념과 제도가 따라야 하는 최고의 시험(the supreme test)은 그것의 유용성을 알아보는 것이라고 가르쳤다. 그에 의하면, 이 시험이 최대 다수의 최대 행복(the greatest happiness of the greatest number)에 기여하는 것이다. 만약 이러한 요구에 부합되지 않는다면 어떤 교리나 가르침도 아무리 그 배후에 고색 창연한 전통이 도사리고 있다 하더라도 즉시 거부되어야 한다. 벤담은 그의 짙은 사회적 가르침에도 불구하고 그의 사상의 핵심은 어디까지나 개인주의였다. 그는 사회의 이익은 그 구성원들의 이익의 총화라고 간주하였지만 개인들의 이기적 속성을 부인하지는 않았다. 그에 의하면, 인간행동의 본질은 쾌락을 찾고 고통을 피하려는 욕망이다. 그런고로 사회는 그 구성원들에게 각자의 계발된 자기이익을 찾을 수 있는 완전한 자유를 주어야 한다. 각 개인은 그 자신의 선이 무엇인가를 어느 누구보다도 더 잘 알고 있기 때문에 그 구성원들에게 최대한의 행동의 자유를 허락함으로써 사회의 복지를 증진시킬 수 있다. 이것은 무자비한 정글의 방법으로 되돌아가는 것은 결코 아니다. 각 개인은 그 이웃의 권리를 존중할 의무가 있다. 왜냐하면 만약 그렇게 하지 않으면 가공할 만한 보복이 도사리고 있기 때문이다. 각 개인은 궁극적으로 법을 따라야 한다. 왜냐하면 불순종으로 나타나는 불행보다 순종으로 나타나는 불행이 좀 덜하기 때문이다.

스튜아트 밀

벤담의 가장 충실한 제자는 존 스튜아트 밀(John Stuart Mill: 1806-1873)

이었다. 그는 유명한 그의 아버지 제임스 밀(James Mill: 1773-1836)에 의해 교육을 받은 수재로서 공리주의의 대가인 벤담을 뛰어넘었다. 그는 그의 탁월한 저서들(*the Logic, the Principles of Political Economy, On Liberty, the Representative Government*)을 통하여 철학자로서의 면모를 갖추었다. 그는 궁극적으로 감각론자이자 회의주의자였으며, 자유주의적이며 실제적인 견해의 참피언이었다. 그는 로크, 흄, 벤담에 의해 이루어진 영국사상의 주요 경향성들을 모두 합쳤다. 그러나 그는 그 자신의 것들을 개척한 독창적인 사상가였다. 그는 경험에 기초한 새로운 논리체계를 모든 지식의 근거로 삼았다. 그에 의하면, 소위 자명한 진리나 수학의 공리까지도 모두 자연은 통일적이며 모든 결과는 원인을 가지고 있다는 관찰된 사실들로부터 나온 추론에 불과하다. 지식은 결코 선천적인 것도 아니며 신비적 직관에서 나온 것도 아니다. 밀은 일반적으로 벤담의 가르침에 동의하였지만 쾌락의 추구와 고통의 회피가 인간행동의 유일한 결정자라는 교리에는 수긍하지 않았다. 밀에 의하면, 인간 개개인의 행동은 단순한 습관에 의해 영향을 받거나 그들 동료들과의 결합을 위한 욕망에 의해 영향을 받는 것이다. 더 나아가서 그는 불만에 찬 소크라테스가 만족스러운 바보보다 더 낫다는 점에서 쾌락들은 질적으로 다른 것들이라고 보았다. 후에 그는 벤담의 개인주의를 상당부분 끌어들였다. 그는 개인의 자유를 파괴한다는 근거에서 사회주의를 거부하였지만 덜 행복한 사람들의 이익을 위한 국가의 간섭을 배제하지는 않았다. 그는 앞으로 더 이상 게으른 사람들과 부지런한 사람들을 가르지 않는 좋은 사회가 올 것이며, 더 나아가 일하지 않는 사람은 먹지 못한다는 규칙이 가난한 자들에 뿐 아니라 다른 모든 사람들에게 공평하게 적용되는 올바른 사회가 올 것이라고 낙관하였다.

콩 트

자유주의적이며 실천적인 철학에 가장 근접한 것은 오규스트 콩트(Auguste Comte: 1798-1857)의 실증주의철학이었다. 실증주의의 명칭은 가치있는 유일한 지식은 '실증적 지식,' 혹은 '과학에서 온 지식'이라는 콩트의 주장에서 유래하였다. 그러므로 콩트의 철학은 공리주의와 함께 경험철학의 부류에 들어간다. 경험철학은 물리세계의 관찰이나 경험으로부터 모든 진리를 추론하는 학문분야를 의미한다. 콩트는 형이상학을 전혀 쓸모없는 것으로 거부하였다. 그에 의하면, 인간은 사물의 숨은 핵심을 발견할 수 없다. 사건들이 왜 일어나는지, 그 궁극적인 의미나 목표는 무엇인지 전혀 알 수가 없다. 우리가 알 수 있는 것은 단지 사물이 어떻게 일어나는지, 그들 사건들을 관장하는 법칙과 그들 사이의 관계들은 무엇인지 등이다. 그러한 지식은 만족스럽지 못하지만 그것이 우리 인간의 한계임을 알아야 한다. 즉, 인간의 향상을 위하여 적용될 수 있는 것은 유용하고 실제적인 지식뿐이라는 것이다.

콩트철학에서 탁월한 한 가지 목적이 있다면 그것은 인간들 사이의 관계를 증진시키는 방법을 고안해내는 일이다. 그는 개인의 행동이 전적으로 자기이익에 의해 유발된다는 벤담의 주장에 따라가지 않았다. 그에 의하면, 인간은 이기주의와 마찬가지로 남을 위한 감정인 애타주의(altruism)의 고귀한 충동에 의해 움직인다. 모든 사회적 가르침의 크나큰 목적은 이기주의를 누르고 애타주의를 내세우는 것이지 않으면 안 된다. 그리하여 이러한 그의 사상을 종합하여 고안해낸 것이 소위 인간종교(the Religion of Humanity)라는 것으로, 모든 사람들을 정의와 사랑, 자비로 한데 불러모아 사랑과 자기희생으로 재생시키려는 것을 그 주요 목표로 삼았다. 이 종교는 초자연적인 성격은 없었지만 삼위일체나 사제제도와 같은 광범위한 의식을 갖추고 있었다. 그의 인간종교는 많은 사람들에 의해 '기독교가 빠진 가톨릭'이라는 비난을 받았지만 사회적 진보를 목표로 하는 종교였다는 사실을 잊어서는 안 될 것이다.

2. 역 사 학

낭만주의의 바람은 역사학에도 불어닥쳐 19세기를 소위 '역사의 세기'로 장식하였다. 낭만주의 역사학은 주로 세 가지 방향에서 계몽시대와는 다른 새 바람을 일으켰다. 첫 번째는 역사적 사실의 연속적 해석을 중시하여 과거탐구에 대한 열정을 일으켰다. 과거가 없이 어떻게 현재가 있으며 다시 미래로 이어지겠는가 하는 것이다. 그리하여 역사가들은 고대와 중세를 동경하여 이들에 대한 연구업적을 내놓게 되었다. 두 번째는 각 민족과 언어에 대한 역사연구를 중시하여 민족주의적 역사의식을 고양시켰다. 이것은 보편에 기울어 있던 합리주의에서 벗어나 개별의 가치를 중시하려는 낭만주의에서 연유되었다. 세 번째는 사료수집과 비판을 중시하여 근대적 역사학의 기초를 정립하였다.

이것은 역사학과 역사철학을 동일시하던 계몽주의에서 벗어나 비실증적인 역사연구를 배격하려는 낭만주의적 방법에서 비롯된 것이다. 이 시대를 통하여 비로소 역사의 과학적 연구가 이루어졌다.

랑 케

이 시대의 최대의 역사가는 실증주의적 역사방법을 수립한 랑케(Leopold von Ranke: 1795-1886)였다. 그는 『프로이센사』, 『로마적, 게르만적 여러 민족의 역사』, 『세계사』 등을 통하여 그의 주장을 전개하였다. 그의 역사사상은 루터, 피히테, 니부어, 헤겔 등의 사상을 통하여 이루어졌다. 그는 역사는 개별적인 것을 추구하고 철학은 보편적인 것을 추구하는 학문이라고 구별하고, 역사연구에 있어서 다음과 같은 새로운 근본적인 방법들을 제시하였다. 첫 번째는 역사가는 그 자신의 편견에서 온전히 벗어나서 과거를 바라보지 않으면 안 되며, 과거의 사건들을 '그것들이 실제로 일어난 대로(as they actually happened)' 말해야 한다는 것이다. 그에 의하면, 역사가는 시간과 장소에서 일어난 개별적인 사건들을 조사하는 사람이므로 그 사건만을 편견 없이 다루어야 한다. 그것은 '일어난 사실'이 어느 누구도 건드릴 수 없는 성스러운 영역이기 때문이다. 만약 역사가가 사실 자체를 마음대로 움직여 개작한다면 그것은 인간을 나쁘게 꾸부리게 만드는 것일 뿐 아니라 신을 모독하는 일이 된다. 역사의 창조는 이미 신에 의해 이루어진 것이므로 인간은 다만 그것을 찾아내면 족한 것이지 그것을 고치거나 어떤 해석을 첨가해서는 안 된다.

두 번째는 각 시대와 국가는 소위 '시대정신(zeitgeist)'에 의하여 지배된다는 것이다. 그에 의하면, 역사현상에는 개별적인 것들과 보편적인 것들로 구성되어 있지만 전자 없이 후자가 존재하는 것도 아니며 후자 없이 전자만 존재하는 것도 아니다. 이 양자의 상호작용이 자유와 필연에 의해 세계질서가 이루어져 나아간다. 모든 시대가 신과 연결되어 있고 모든 시대에는 신성이 존재한다. 그러나 중요한 것은 역사형성과정에서 나타나는 필연성은 신성이 아니라는 사실이다. 역사의 필연은 역사현상에 내재하는 조건들인 '시대정신'에 의해 결정된다. 그러므로 시대정신은 일종의 어떤 특정의 기간을 지배하는 일련의 이념들이므로 시공에 따라 달라질 수 있는 것이다. 세 번째는 위의 주장과 관련된 것으로 각 시대는 각기 그 나름대로의 가치와 의미를 가지고 있다는 것이다. 그에 의하면, 모든 시대는 신으로부터 동일한 거리에 위치해 있다. 그런 고로 어느 시대는 가치가 많고 어느 시대는 가치가 적을 수 없다. 만약 그렇다 면 이것은 신의 공의에 어긋나는 일이다. 이와 같은 랑케사학의 실증적 연구방 법은 위에서 지적한 바와 같이 역사학의 학문적 위상을 높여주고 그것의 독자 성을 확립해 주는 데에 공헌했지만 사실 자체를 지나치게 중시한 나머지 인간 을 로보트로 화석화시킴으로써 인간이 정신적 위기를 맞게 하기도 하였다.

이외에 이 시대의 중요한 역사가들로는 독일의 드로이젠(Droysen: 1808- 1884), 지벨(Sybel: 1817-1895), 트라이츠케(Treitschke: 1834-1896), 몸젠(Mom- msen: 1817-1903) 등이 있다. 드로이젠은 그의 저서들(『헬레니즘사』·『프로이 센 정치사』)을 통하여 헬레니즘시대와 독일의 역사적 중요성을 갈파하였으며, 트라이츠케(『19세기 독일사』)는 독일국민의 생활과 사상을 폭넓게 다루었으며, 그의 국가권력 찬양으로 다른 나라사람들로부터 독일제국주의의 원흉으로 비 난받기도 하였다. 몸젠은 『로마사』를 통하여 근대인들에게 고대사의 관심을 고취시켰다. 프랑스에서는 텐(Tain: 1828-1893), 쿠우랑쥬(Coulanges: 1830- 1880) 등이 유명했으며, 영국에서는 그로트(Grote: 1794-1871), 매콜리(Ma- caulay: 1800-1859), 버클(Buckle: 1821-1962) 등이 유명했다. 그로트는 그의 저서(『그리스사』)를 통해 고대사의 중요성을 부각시켰다. 스위스에서는 부르크 하르트(Burckhardt: 1818-1897)가 『이탈리아 르네상스사』를 펴내 문화사에 대한 새로운 이정표를 세웠다.

3. 경제사상

아담 스미스의 저술은 산업자본주의가 절정에 이르기 전에 쓰여진 것이지 만 근대 자본주의 이상의 예언서로서 큰 손색이 없다. 고전적 경제학자(classi- cal economists), 혹은 경제적 자유주의자(economic liberals)라고 일컬어지는 그 의 후계자들은 맬더스, 리카르도, 밀, 시니어 등으로 연결되었다. 일반적으로 이들의 경제사상의 중요한 내용은 경제적 개인주의(the economic individual- ism), 자유방임주의(laissez faire), 자연법 준수, 계약의 자유, 자유경쟁과 자유 무역 등이었다.[3] 그러나 이들은 산업혁명으로 나타나는 빈부의 격차에 관하여

---

3) Perry, *op. cit.*, ch. 24.

고심하지 않으면 안 되었다. 그리하여 그들은 스미스보다는 매우 비관적인 입장에서 그들의 경제이론을 펼치게 되었다.

맬 더 스

앵그리칸 교회의 성직자인 토마스 맬더스(Thomas Malthus: 1766-1834)는 자유방임주의에 대한 비관론을 개진하였다. 그는 1798년 유명한 『인구론(*the Essays on Population*)』을 통하여 소위 맬더스이론을 전개하였다. 그에 의하면, 자연에서 생명의 씨앗들이 일정한 한계 안에서만 살아남듯이 인류의 경우도 마찬가지이다. 그것은 각종 질병과 악조건들 때문이다. 인류사회의 빈곤과 사악은 자연의 법칙이며 동시에 그 훈계이다. 자연은 행복과 부에 있어서 인간의 진보를 제한하고 있다. 인간의 성적 욕망으로 인구의 자연적 증가가 생존의 수단보다 더 앞선다. 즉 인구는 억제되지 않는다면 기하급수적으로 증가하고 식량은 산술급수적으로 증가할 뿐이다. 물론 전쟁, 기아, 질병, 악덕과 같은 강력한 억제물들이 있기는 하지만 인간의 불행의 짐을 덜 수는 없다. 그러므로 인구가 증가하면 가족이 늘고 임금이 줄어들어 가난과 악이 성행하게 될 수밖에 없다. 그리하여 그는 인구억제의 방법으로 도덕적 억제, 결혼의 연기, 결혼억제 등을 권장하였다.

리카르도

맬더스의 비관적인 가르침은 유태계 영국인 리카르도(David Ricardo: 1772-1823)에 의해 승계되어 발전되었다. 그는 21세 때 퀘이커교인과 결혼하였으며 주식으로 부자가 되기도 하였다. 그는 노동의 분화가 증대하면 임금도 자연히 올라간다고 낙관한 스미스의 주장에 반대하였다. 그는 근본적으로 인간을 착취자, 소모자, 낭비자로 바라보았다. 그는 그의 『경제학원리』(1817)를 통하여 경제활동의 3대 기둥인 지대(지주), 이윤(자본가), 임금(노동자)의 특성을 논하고 이것들의 분배원리를 설명하려고 하였다. 그는 엄밀한 의미의 사회적 대립은 자본가와 노동자와의 대립이 아니라 〈지주〉 대 〈자본가·노동자〉와의 대립이라고 주장하여 지주의 입장을 부정적으로 바라보았다. 그는 맬더스와는 반대로 이윤과 자본이 증대하면 국민의 이익을 가지고 온다고 생각하여 자유방임주의를 적극적으로 지지하였다.

리카르도의 경제이론은 세 가지로 나눌 수 있다. 첫째는 그의 최저임금론 (the subsistence theory of wages)이다. 그에 의하면, 임금은 그 증감에 관계없이 노동자가 살아갈 수 있는 최저수준으로 따라간다. 이것은 일종의 철의 법칙으로 임금이 최저수준을 넘어 높아지고 인구가 늘면 직업경쟁과 공급과다 현상을 빚어 임금은 다시 이전의 수준으로 떨어진다. 그러므로 낮은 임금은 필연적이다. 그러나 이것은 맬더스와 마찬가지로 생활수준이 높아지면 자식의 수를 제한하려는 가족의 성격을 간과한 주장이라 풀이된다. 두 번째는 그의 지대론(the theory of rent)이다. 그에 의하면, 지대는 가장 나쁜 조건을 가진 땅에 들어간 생산비용에 의하여 결정되므로 나중에 조건이 좋아져서 생기는 사회적 소득은 지주에게 돌아간다. 그리하여 그는 자신이 대지주임에도 불구하고 지대취득자를 자본가와 노동자의 적으로 탄핵하였다. 세 번째는 그의 노동가치론이다. 그는 상품의 가치는 그것을 만드는 데 들어간 노동량에 의해 결정되므로 노동이 교환가치의 진정한 근원이다. 그리하여 그는 이것(교환가치)과 사용가치를 구분한 스미스와 갈라섰다. 이것은 후에 마르크스주의 사회주의자들에게 영향을 주었으나, 리카르도는 마르크스가 혐오한 가치결정에 작용하는 자본의 역할을 부정하지는 않았다.

제임스 밀

리카르도는 후년에 영국의 철학적 급진파로 알려진 개혁집단과 합세하였다. 그 대표자들은 제레미 벤담, 제임스 밀, 역사가 게오르그 그로테, 정치학자 존 오스틴 등이었다. 그 가운데 가장 유명한 경제학자는 공리주의자로 알려진 제임스 밀(James Mill: 1773-1836)이었다. 그의 저서(*the Elements of Political Economy*)에 나타난 교리는 다음과 같다.

첫째로 실제적 개혁가들의 주목표는 인구가 너무 급증하는 것을 막아야 한다. 왜냐하면 생산에 필요한 부는 자연적으로 인구의 수보다 빨리 늘지 않기 때문이다. 둘째는 상품의 가치는 전적으로 그것을 생산하는 데 필요한 노동의 수량에 달려 있다. 세 번째는 불로소득의 토지 혹은 전적으로 공장건물과 같은 사회적 원인들로부터 오는 토지가치의 증가에 대해서는 국가가 무거운 세금을 부과해야 한다. 이 중 세 번째는 리카르도의 지대론에 기초한 것으로 영국에서 인기가 높았다. 그것은 1900년 초기 약간 수정되어 자유당의 강령이 되었으며, 1909년에는 로이드 조지의 예산에 반영되기도 하였다.

나소 시니어

리카르도 이후 가장 유능한 고전경제학자는 나소 윌리엄 시니어(Nassau William Senior: 1790-1864)였다. 옥스퍼드의 정치경제학교수였던 시니어는 뛰어난 법률가이기도 하였다. 대부분의 사람들과 같이 그는 경제학을 연역적 과학이라고 생각하였다. 그는 경제학의 진리들은 모두가 한정된 수의 추상적인 원리들로부터 추론될 수 있다고 주장하였다. 그러나 그는 반드시 이러한 방법에 매달리지는 않았다. 그는 자유방임주의의 원리를 지지하고 나섰지만 건강, 주택, 교육과 같은 문제에 대해서는 정부차원의 간섭을 변호하였다.

그가 이룩한 주요공헌은 소위 절제(abstinence)는 부를 만들어낸다는 주장이다. 그에 의하면, 노동과 자연자원은 제1차적 도구이지만 절제는 제2의 도구이다. 그러므로 투자를 위한 잉여금을 축적하기 위하여 부를 즐기는 것을 자제하는 자본가는 생산이윤을 주장할 수 있다. 자본가의 절제는 노동자의 노동과 마찬가지로 희생과 고통을 수반한다. 그런고로 후자(노동자)에게 전체 보수를 주는 것은 공평치 못하다. 시니어는 노동일의 단축을 요구하는 노동조합의 요구를 탄핵한 일로 심한 비난을 받았다. 그에 의하면, 산업기업의 전체 이익은 작업 마지막 시간으로부터 온다. 왜냐하면 노동일을 단축하면 이익이 줄게 되고 결국은 공장 문을 닫게 되기 때문이다. 그러나 이러한 단순한 교리 때문에 그는 그의 비판자들에 의해 "마지막 시간(Last Hour)"으로 낙인이 찍혔다.

고전경제학의 비판

위에서 본 바와 같이 고전경제학자의 대부분은 영국인들이었다. 이것은 다른 나라들에서보다 영국에서 경제적 자유주의와 정치적 자유주의와의 조화가 훨씬 잘 이루어졌기 때문이다. 그리하여 영국의 산업가들은 다른 국가들과 자유무역정책을 원만하게 수행할 수 있었다. 그러나 대륙의 국가들의 경우는 이와는 매우 달랐다. 이들 국가들은 아직도 옛 전통을 버리지 못하고 있었다. 대륙의 제조업자들은 영국과 경쟁할 수 있는 산업시설을 세우는 일에 전념하지 않으면 안 되었다. 그러기 위해서는 국가의 보호와 다스림이 바람직하였다. 이것이 바로 대륙의 국가들이 경제적 자유주의에 반기를 들고 나온 원인이었다.

존 스튜아트 밀

밀은 영국인으로는 유일하게 이 부류에 속하는 공리주의 철학자였다. 존 스튜아트 밀(John Stuart Mill: 1806-1873)은 제임스 밀의 아들로 고전경제학파이면서 그것을 비판하였다. 첫째로 그는 자연법의 보편성을 거부하였다. 그는 생산분야를 지배하는 불변적 법칙은 인정하였다. 그러나 부의 분배는 대다수 사회구성원들의 이익을 위하여 사회에 의해 관장되어야 한다고 주장하였다. 두 번째로 그는 자유방임주의로부터의 탈퇴를 주장하였다. 그는 물론 노동일의 단축을 위한 입법에 대해서 반대하지는 않았지만 상속세와 불로소득에 과세하는 국가의 예비적 조치의 필요성을 강조하였다. 밀은 그의 네 번째 저술(the Principles of Political Economy)에서 임금제도의 폐지를 권장하고, 노동자들이 공장의 경영인들을 선출하여 공장을 운영하는 생산자 협동조합(a society of producers' cooperatives)을 제안하였다. 한편 그는 사회주의 방향으로 멀리 갈 수 없을 정도로 개인주의적인 성향을 지닌 사람이라는 것을 잊어서는 안 된다. 그는 국가를 불신하였다. 그가 생산자 협동조합을 변호하는 실제 이유는 프로레타리아의 힘을 고양하려는 것이 아니라 개인 노동자에게 그 노동의 대가를 제대로 주려는 것이었다.

프리드리히 리스트

고전경제학이론에 정면으로 도전한 사람은 미국에 머물면서 그것으로부터 적지 않은 영향을 받은 프리드리히 리스트(Friedrich List: 1789-1846)였다. 리스트는 자유방임주의와 국제무역의 자유를 탄핵하였다. 국가의 부를 결정하는 데 더욱 중요한 것은 자연자원이 아니라 국가 시민들의 생산력이라고 주장하면서, 그는 예술과 과학을 장려하고 각 개인이 일반선을 위한 협력에서 각자의 자질을 최선으로 발휘하는지를 조사하는 것은 정부의 의무라고 주장하였다. 그는 어떤 특수층의 부의 영향과 관계 없이 모든 국민들의 부의 증진을 강조하였다. 그는 그러기 위해서는 제조업이 가장 핵심적인 분야라고 강조하고, 새로운 경쟁적인 산업이 나타날 때까지는 국가의 보호관세가 절대로 필요하다고 주장하였다. 리스트는 국가를 부의 생산과 분배의 관리자로 만들어야 한다고 주장한 독일경제학자들의 선구자였다. 이들의 목적은 개인이 아니라 국가의 힘을 증진시키고 통일을 공고히 하는 것이었다. 그들에 의하면, 정부는 보호관세를 부과해야 할 뿐 아니라 생산과 소비의 균형을 위하여 산업을 발전시키고 조절해야 한다. 요컨대, 이들(고전경제학의 비판자들)의 주장은 경제적 민족주의와 집산주의가 합친 것으로, 후의 독일을 발전시키는 중요한 발판이 되었다.

공상적 사회주의

우리는 이제 경제적 법칙을 발견하거나 국가번영의 기초를 알아 내려는 일에보다는 사회정의에 더 많은 관심을 가진 경제이론가들을 만날 차례가 되었다. 이들 급진적 태도를 가진 초기 집단을 우리는 공상적 사회주의자들(the utopian socialists)이라고 부른다. 그들의 명칭도 노동자 모두가 함께 일하고 그들 공동의 노력의 결과를 공유하는 협동조합의 이상에서 유래하였다. 공상적 사회주의자들은 계몽사상의 영향이 컸다. 그들은 계몽사상가들과 마찬가지로 모든 범죄와 탐욕은 악한 환경의 결과라고 믿었다. 만약 사람들이 강자에 의해 약자가 노예화되는 사회구조와 악덕한 관습으로부터 벗어난다면 모든 사람들은 다 함께 조화와 평화속에서 살 수 있을 것이라고 확신하였다. 그리하여 그들은 생산도구들이 집단적으로 소유되고 자원적 기초 위에서 일하는 독자적인 모형집단사회의 설립을 제안하였다. 그 대표적인 사회주의자가 프랑스인 생시몽(Saint-Simon: 1760-1825)과 샤를르 푸리에(Charles Fourier: 1772-1837)였다. 전자는 생산하는 사람들, 산업계급에 의한 평등사회를 주창하였으며, 후자는 노동자와 자본가 모두를 위한 공동체사회를 제창하였다. 일반적으로 최초의 공상적 사회주의자로 푸리에를 들고 있으나 생시몽을 들고 있는 학자들도 있다.

오   웬

그러나 가장 실제적인 유토피안 소셜리스트는 웨일스 출신인 로버트 오웬(Robert Owen: 1771-1858)이었다. 그는 스코틀랜드 뉴 라나르크에서 도제로부터 출발하여 대목면공장의 매니저가 되었다. 오웬은 이 곳에서 그의 노동자들을 위한 새로운 집들을 짓고 그들의 노동시간을 14시간에서 10시간으로 줄였다. 그리고 그들 자녀들을 위한 무료학교들도 지었다. 그는 나폴레옹 말기에 몰아닥친 공황을 체험하고 경제적 질서의 개혁을 절감하였다. 그는 결국 모든 문제의 원인은 이윤제도라고 결론지었다. 그에 의하면 이윤 때문에 노동자가 그 자신이 생산한 것들을 살 수 없게 된다. 결과는 과잉 인구증가와 주기적 위기유발 및 실업자의 속출이다. 그러면 그 해결책은 무엇인가. 그 해결방안으로 그는 협동조합의 조직을 들고 나왔다. 협동조합을 통하여 각 구성원은 그 실질적인 노동시간에 비례하여 보수를 지불받는다는 것이다. 그는 실제로 스코틀랜드의 오르비스톤(Orbiston)과 인디아나의 뉴 하모니(New Harmoy)에 유명한 협동조합을 건립하였다. 물론 얼마 안가서 여러 가지의 이유 때문에 이들은 실패로 끝나고 말았다.

마르크스 사회주의

가장 영향력 있는 사회주의 형태는 칼 마르크스(Karl Marx: 1818-1883)의 소위 과학적 사회주의(the scientific socialism)였다. 유대 법률가의 아들인 마르크스는 라인란트의 콜브렌츠 근교에서 태어났다. 그의 아버지는 법률가로 만들기 위하여 그를 본대학교에 보냈으나 마음에 들지 않아 법학공부를 포기하고 역사와 철학을 택하였다. 그는 베를린대학교에서 헤겔의 영향을 받았다. 1841년 그는 예나대학교에서 철학박사학위를 받고 교수직을 택하려고 했으나 다시 집어치우고 저널리즘으로 방향을 돌렸다.

마르크스는 1848년 프러시아의 혁명운동에 연루되었다는 죄목으로 체포되었다. 그는 풀려는 났지만 곧 국외로 추방되었다. 그는 프리드리히 엥겔스(Friedrich Engels: 1820-1895)와 돈독한 친교를 맺고 일생 그를 제 2 의 '나'로 생각하였다. 1848년 두 사람은 근대 사회주의의 맹아인 '공산당선언(the Communist Manifesto)'을 발표하였다. 마르크스는 거의 남은 여생을 런던에서 가난과 싸우면서 저술활동을 하였다. 칼 마르크스의 가르침은 전적으로 독창적인 것은 아니었다. 그 상당 부분은 헤겔로부터, 그 일부는 프랑스의 사회주의자 루이 프랑으로부터, 그리고 다른 일부는 리카르도로부터 영향을 받았다. 그러나 마르크스는 이들 이념들을 한군데로 묶어 정치경제학의 체계로 처음 만들었다. 그의 사상은 근대에 가장 영향력을 가진 사상들 중의 하나로서 그 기본 교리는 다음과 같다.[4]

첫 번째는 그의 경제적 역사해석(the economic interpretation of history)이다. 역사의 모든 정치적, 경제적, 지적운동들은 그것들이 일어난 경제적 환경

---

4) Perry, *op. cit.*, pp. 555-558; Burns, *op. cit.*, pp. 224-227.

에 의해 결정되어 왔다는 것이다. 마르크스는 경제적 동기만이 인간행동을 설명하는 유일한 방법이라고는 주장하지 않았다. 그러나 모든 기본적인 역사발달은 그 표면적 성격과는 관계 없이 생산과 물품교환의 방법에서 나타난 변화의 결과였다고 믿었다. 즉 프로테스탄트혁명도 근본적으로는 경제와 관련된 운동이다. 종교적 신앙에 대한 불일치들도 그 실제적 원인들을 은폐한 단순한 "이데올로기의 베일"에 불과한 것이다. 두 번째는 그의 변증법적 유물론(the dialectical materialism)이다. 일정한 생산과 교환의 패턴에 기초한 모든 경제조직은 최고효율점에 이르고, 그 다음에는 그 내부의 모순이나 취약점을 가지게 되어 급속히 쇠퇴하게 된다. 그리하여 반대되는 조직의 기초가 점차 만들어져 결국 새로운 조직이 되면 옛 조직을 대체하게 되고 동시에 그 가장 가치 있는 요소들을 흡수하게 된다. 이러한 역동적인 역사발전의 과정은 공산주의의 완전한 목표가 성취될 때까지 옛 것에 대한 새 것의 일련의 승리들에 의해 지속된다. 이 후에도 물론 변화는 계속되지만 그것은 어디까지나 공산주의 자체 범위 내에서의 변화이다.

　세 번째는 그의 계급투쟁론(the theory of class struggle)이다. 모든 역사는 계급들 사이의 투쟁들로 이루어져 있다. 고대에는 주인과 노예, 귀족과 평민 사이의 투쟁이었으며, 중세에는 주군과 농노, 길드 마스터와 직인 사이, 그리고 근대에는 자본가와 프롤레타리아 사이의 투쟁으로 좁혀졌다. 전자는 생산수단의 '소유'로부터 그리고 다른 사람들의 노동착취로부터 그들의 주 소득을 차지하는 사람들을 포함하며, 후자는 그들의 생계를 임금노동에 의존하는 사람들을 포함한다. 네 번째는 그의 잉여가치론(the doctrine of surplus value)이다. 모든 부는 노동자에 의해 만들어진다. 자본은 아무 것도 만들지 않으며, 자본 자체는 노동에 의해 만들어진다. 모든 상품의 가치는 그것을 생산하는 데 필요한 노동력의 양에 의해 결정된다. 그러나 노동자는 그의 노동력이 만드는 온전한 가치를 받지 못한다. 그는 단지 생계를 유지할 수 있는 임금을 받는 데 그친다. 잉여가치란 바로 노동자가 생산하는 가치와 그가 받는 가치 사이의 차이를 의미하는 것으로 자본가에게 돌아간다. 일반적으로 잉여가치는 세 가지의 다른 요소들, 이자, 지대 그리고 이윤으로 구성되어 있다. 자본가는 이들의 어떤 것도 만들어 내지 못하므로 노동자의 수고의 결실을 착취하는 자본가는 도적이라는 주장이다.

다섯 번째는 그의 사회주의 발전론(the theory of socialist evolution)이다. 자본주의가 노동자의 수중에서 치명타를 받게 되면 그 다음에는 사회주의의 단계가 온다. 그것은 세 가지의 특성들, 프롤레타리아의 독재, 투하된 노동과 일치하는 지불, 그리고 생산·분배·교환의 모든 수단상태에 의한 소유와 운영을 가지게 된다. 그러나 사회주의는 보다 높은 단계의 추이과정을 갖는다. 시간이 지나면 역사발전의 완전한 목표인 공산주의로 승계된다. 공산주의는 무엇보다도 계급 없는 사회이다. 여기에는 어느 누구도 소유에 의해 살아가지 않고 노동에 의해서만 살아간다. 국가는 사라질 것이며 국가는 박물관으로 가고만다. 그러나 공산주의의 핵심은 무엇보다도 필요(needs)에 따라 지급되는 지불이다. 그리하여 임금제도는 완전히 폐지될 것이며 모든 시민은 능력에 따라 일하고 생산된 부의 총액으로부터 필요에 따른 양을 받을 것이다. 이것이 바로 마르크스개념에 의한 정의이다.

수정주의자들과 정통마르크스주의자들

19세기 말경 마르크스의 추종자들은 두 파로 갈라졌다. 하나는 수정주의자들(revisionists)로 알려진 마르크스주의자들로서 그 이름이 뜻하는 바와 같이 그들은 마르크스이론은 변화하는 환경에 따라 수정되어야 한다고 믿었다. 다른 하나는 엄격한 마르크스주의자들(strict marxists)로서 그 이름대로 그들은 마르크스의 가르침들은 조금도 변용되어서는 안 된다고 주장하였다. 이 외에 전자(수정주의자들)는 평화적이며 점진적인 방법에 의한 사회주의를 선호한 반면에 후자(정통마르크스주의자들)는 과격한 혁명노선을 택하였다. 전자는 "더 좋은 미래를 위해서는 더 조금, 더 좋은 현재를 위해서는 더 많이"라는 슬로건을 가지고 개혁을 선호한 반면에 후자는 프롤레타리아의 독재만을 주창하였다. 수정주의자들은 분리된 민족들의 이익을 편들어 모국의 의무를 강조하였으며 그들의 요구를 대변하였다.

반면에 비타협적인 국제주의자들인 엄격한 마르크스주의자들은 세계 프롤레타리아의 형제애를 부르짖었다. 그들은 또한 애국주의와 민족주의를 노동자들을 속이는 자본주의의 도구라고 비난하였다. 대체로 대부분의 서유럽 국가들에서 사회주의 정당들을 지배한 것은 수정주의자들이었다. 예컨대, 독일의 사회민주당, 프랑스의 통일사회당 그리고 미국의 사회당은 모두가 온건한 수정주의자들에 의해 장악되었다. 그리고 영국의 노동당은 대부분 페이비언 사회주의자들(the Fabian socialists)에 의해 리드되었는데, 그들의 명칭은 고대 카르타고와 싸운 로마의 장군 페이비우스(Fabius)의 소위 지구전법(持久戰法)으로부터 유래하였다. 이들 중에 유명한 사람들로는 베아트리체와 시드니 웨브, 소설가 웰즈, 그리고 극작가 조지 버나드 쇼가 있다.

대부분의 엄격한 마르크스주의자들은 1918년경을 중심으로 사회주의 정당으로부터 탈퇴하여 공산주의자들(Communists)로 알려지게 되었다. 그들은 마르크스의 국제주의를 포기하고 애국주의와 모국의 방위를 지향하려는 경향성을 보였다. 이와 같은 경향은 특히 러시아와 제 2 차 세계대전 이후의 위성국들에서 나타났다.

무정부주의

19세기와 20세기초 대부분의 사회관념론자들은 집단주의 방법에 의해 사회복지를 발전시키려는 욕망과 개인의 자유를 최대로 얻으려는 희망 사이에서 갈등을 겪었다. 마르크스주의자들까지도 국가를 폐지하려고 하였다. 그러나 집단주의와 개인주의의 딜레마는 무정부주의자들의 적지 않은 관심을 끌었다. 엄격하게 정의한다면 무정부주의(anarchism)는 힘에 기초한 정부를 일체 반대하는 것이다. 무정부주의 철학을 따르는 사람들은 일반적으로 사회조직형태의 필요성을 어느 정도는 인정하지만, 강력한 국가에 대해서는 인류의 자유에 어긋나는 것으로 탄핵하였다. 그들은 경제조직의 문제에 대해서는 첨예하게 갈라졌다. 일부 순수한 개인주의적 입장에 있는 사람들은 인간의 재산권은 자연법에 따라야 한다고 보았다. 무정부주의의 아버지 윌리엄 가드윈(William God-win: 1756-1836)은 땅이 공기와 마찬가지로 거저(무료로) 만들어졌다면 경제구조의 변화도 더 이상 필요 없다고 믿었다. 프랑스의 무정부주의자 피에르 프루동(Pierre Proudhon: 1809-1865)은 사회가 각 사람에게 무료로 무제한적 신용으로 제공하는 계획들은 경제정의를 보증하는 충분한 수단이라고 판단하였다. 그는 그러한 편의들은 지구의 자원을 어떤 사람이 독점하는 것을 막아 줄 것이며, 주리고 근면한 시민에게 그 노동의 온전한 대가를 보증해 줄 것이라고 생각하였다.

집단주의적 무정부주의자들: 바쿠닌과 크로포트킨

그러나 열렬한 무정부주의자들 중에는 국가에 대한 증오를 집단주의철학과 결합시키려는 사람들이 나타났다. 그 가운데 가장 뛰어난 사람들은 세 사람의 러시아 사상가들로 미카일 바쿠닌(Mikhail Bakunin: 1814-1876), 피터 크로포트킨(Peter Kropotkin: 1842-1921), 레오 톨스토이(Leo Tolstoi: 1828-1910)가 있다.

바쿠닌은 흔히 공산주의적 무정부주의자로 분류되지만 실제로는 사회주의에 더 가까운 사람이다. 그는 한동안 1864년 런던에서 조직된 국제노동자연합(the International Workmen's Association)의 마르크스추종자들과 결합하였다. 새로운 사회를 위한 그의 계획에는 생산수단의 집단소유, 잉여가치의 폐지 및 투하노동에 따른 지불이 포함되었다. 이것은 국가보유문제를 제외하고는 거의 마르크스주의자들의 사회주의 단계와 비슷하였다. 바쿠닌은 테러리스트 무정부주의의 아버지로도 유명하였다. 그는 폭력에 의한 국가와 자본주의의 전복을 변호하였으며, 몇 명의 탁월한 공무관리와 증오의 착취자들을 암살함으로써 주의를 끄는 소위 "행동에 의한 선동"을 일으켰다. 맥킨리대통령과 프랑스의 카르노대통령 그리고 이탈리아의 홈베르트 왕을 암살한 혐의를 받고 있는 사람들도 바쿠닌의 무리들이었다. 그러나 더욱 지적인 집단주의 무정부주의학파는 이와 같은 전략들을 탄핵하였다. 예를 들면 위에서 말한 크로포트킨 제후는 어떤 상황에서도 이러한 개인의 폭력행사를 저주하였다. 그는 궁극적인 혁명적 노력의 필요성은 인정했지만, 전쟁을 일으키거나 다른 사람들을 착취하게 하는 일은 불필요한 악이라는 사실을 여러 사람들에게 확신시켜 줌으로써 평화적 방법에 의해 국가가 약화되어야 한다고 생각하였다. 크로포트킨은 경제개혁의 견지에서는 공산주의자였다. 그는 개인이 사용하는 물건 이외의 모든 재산은 사회적 소유이어야 하며 지불도 필요에 따라야 한다고 주장하였다.

집단주의 무정부주의자들 가운데 가장 유명한 사람이 레오 톨스토이였다. 소설로 더 알려진 그는 러시아의 위대한 철학자의 한 사람이었다. 그의 사상은 강렬한 감성적 갈등과 그의 그칠 줄 모르는 지성을 만족시킬 삶의 길을 위한 절망적 추구에서 형성되었다. 톨스토이는 한동안 심한 방탕생활에 빠졌다가 박애주의행동으로 그의 고통스러운 마음을 구제하려고 하였으며, 끝에는 모든 것들을 포기하고 소박한 한 농민으로 돌아갔다. 그는 상층계급이 그들의 특권을 단념하고 가난한 생계를 겨우 유지하는 사람들을 돌보지 않으면 사회의 병폐를 고치려는 이 세상의 발전은 이룩될 수 없다고 결론지었다. 모든 이기적인 개인주의는 사라져야 하며 모든 부는 공동기금으로 넘어가야 하며, 그리고 모든 힘의 조직들은 폐지되어야 한다. 톨스토이의 철학의 대부분은 신약성경, 특히 산상교훈에 기초를 두고 있었다. 무엇보다도 그는 이유를 불문하고 폭력의 행사를 저주하였다. 폭력은 인간을 끊임없이 잔인하게 만든다는 것이다.

신디칼리즘

산업혁명으로 만들어진 급진철학의 하나는 신디칼리즘(syndicalism, 노동조합주의)으로 그 대표적 변호자는 소렐(Georges Sorel: 1847-1922)이었다. 신디칼리즘은 자본주의와 국가의 폐지를 요구하였으며, 사회를 생산자조합으로 재조직할 것을 요구하였다. 그것은 국가에 반대한다는 점에서는 무정부주의와 유사하지만 국가가 멸망한 다음에도 그것(폭력)을 유지하려는 점에서는 다르다. 무정부주의는 폭력의 폐지를 주장하였기 때문이다. 그것은 또 생산수단의 집단적 소유를 원하고 있다는 점에서는 무정부주의와 같지만 생산수단의 소유기능을 국가가 아니라 생산자조합에게 위임하고 있다는 점에서는 무정부주의와 다르다. 신디칼리즘은 다른 문제에 대해서도 자유로웠으며 종교나 도덕의 규제로부터도 간섭을 받지 않았다. 왜냐 하면 그것은 철저한 유물론적 철학위에 기초했기 때문이다. 소렐은 일반 사람을 한 마리의 양에 비유하였다. 양이 양치기를 따라가기만 하면 되는 것처럼, 신디칼리즘의 지배권은 단지 소수의 지성인들에 의해 행사된다는 것이다. 신디칼리즘의 또 다른 중요한 이론은 직접행동의 이론(the doctrine of direct action)이다. 이것은 정치적 행동과는 반대되는 것으로 자본주의경영인에게 타격적 손해를 주는 총파업과 사보타지의 행사를 의미한다. 신디칼리즘의 영향은 주로 유럽의 라틴국가들과 미국에 한정되었다. 프랑스에서는 한동안 노동총연합(G.C.T.)에게 신디칼리즘이 인기가 있었으며, 이탈리아에서는 그것의 소수지배(minority rule), 직접행동(direct action), 사회의 조합조직화(organization of society into syndicates)의 이론들이 파시스트들에 의해 조금 변용되어 적용되었다. 아메리카에서는 그것의 철학요소들이 1905에서 1920년까지 번영한 조직인 세계산업노동자회(I.W.W.)에 의해 적용되었다.

기독교 사회주의

마지막으로 기독교 사회주의(christian socialism)를 살펴볼 때가 되었다. 이들은 자본주의의 경제학을 비판한 급진파 가운데 가장 온건한 사람들이었다. 기독교 사회주의의 창단자는 프랑스의 가톨릭승려인 로베르 라메네(Robert de Lamennais: 1782-1854)였다. 라메네는 개혁과 사회정의의 방법으로 기독교의 부흥을 추구하였다. 이와 유사한 이념이 생시몽의 저술(*the New Christianity*)에서 나타났다. 이 운동은 프랑스로부터 영국으로 퍼져 나갔으며 다시 수많은 프로테스탄트 지성인들, 특히 소설가 찰스 킹스리(Charles Kingsley: 1819-1875)에 의해 수용되었다. 기독교 사회주의는 초기에는 주로 예수의 가르침을 산업으로 야기된 문제들에 적용시키려고 하였으나 그 후기에는 보다 구체적인 형태를 가지게 되었다. 1891년 '노동자의 교황'으로 알려진 레오 13세는 그의 유명한 칙서(*Rerum Novarum*)에서 토마스 아퀴나스의 자유주의적인 경제태도를 근대적인 감각으로 부흥시킬 것을 천명하였다. 그것은 사유재산을 자연권으로 인정하고 마르크스의 계급론을 분명하게 거부하였지만 동시에 무제한적인 이윤을 또한 강력하게 탄핵하였다. 그것은 노동자들을 사람으로, 기독교인으로 우대할 것을 고용주들에게 호소하였으며 그들을 돈을 버는 노예나 도구로 취급하지 않을 것을 호소하였다. 그것은 산업정권의 잔학한 정책을 누그러뜨리는 방법들로 공장입법, 노동조합의 결성, 소지주의 장려, 고용시간의 제한 등을 제시하였다. 이러한 교황의 칙서는 자유주의 가톨릭들에게 기독교 사회주의이념을 심는 데 크게 기여하였다. 제 1 차 세계대전 이전의 유럽에서 가톨릭정당들은 때로는 온건한 마르크스주의자들과 결합하여, 때로는 사회입법운동들과 연합하여 적극적인 역할을 수행하였다. 예컨대, 독일의 중앙당, 오스트리아의 기독교사회당, 프랑스의 자유주의행동당이 그 대표적인 정당들이었다.

4. 문   예

18세기 말경 고전주의에 반발하여 등장한 낭만주의의 핵심은 본능과 감성을 중시하는 것으로 여기에는 자연을 숭앙하고 서민을 사랑하며 형식주의를 경멸하며 그리고 세계를 재건하려는 열정도 포함되어 있다. 앞에서 말한 사상분야와 같이 문예분야도 19세기 초에는 낭만주의가, 그리고 그 후반과 20세기 초반에는 자연주의와 리얼리즘(realism, 사실주의)이 주류를 이루었다. 19세기에 시작된 낭만주의는 1830년경 그 절정을 이루었다.

문 학

영국의 문학은 낭만주의에 깊은 뿌리를 박고 있었다. 19세기초 시의 두 거장은 윌리엄 워즈워드(William Wordsworth: 1770-1850)와 사무엘 태일러 콜러리지(Samuel Taylor Coleridge: 1772-1834)였다. 워즈워드는 자연에 대한 신비적 찬양자로 유명하였다. 그는 자연의 단순한 표면뿐 아니라 신의 품 안에 모든 것들을 품고 있는 그것의 보편정신을 나타냈다. 그에 의하면, 감각적 자연숭배는 사람으로 하여금 생의 고귀한 특성을 더욱 깊게 알게 하며 인류의 고요하고 슬픈 음악을 들을 수 있게 하며 그리고 그의 동료들에 대한 사랑과 연민을 더욱 많이 가지게 한다. 한편 콜러리지의 특별한 스타일은 엉뚱하고 환상적인 것을 믿을 수 있게 만드는 재능이었다. 그는 그의 시(the Ancient Mariner)를 통하여 상상력을 마음껏 발휘하였다. 이 외에도 바이런(Byron: 1788-1824), 테니슨(Tennyson: 1809-1892), 중세의 기사를 중심으로 쓴 소설(Ivanhoe)의 저자 월터 스코트(Walter Scott: 1771-1832)가 있다.

독일에서는 괴테와 실러의 '질풍과 노도운동'을 통하여 낭만주의가 자랐으며 시인 하이네(Heine: 1797-1856), 소설가 노발리스(Novalis: 1772-1801) 등이 유명하였다. 프랑스에서는 『파리의 노틀담』을 서술한 빅토르 위고(Victor Hugo: 1788-1824), 『적과 흑』의 스탕달(Stendahl: 1783-1842) 등이 유명하였으며, 러시아에서는 국민문학가 푸시킨(Pushkin: 1799-1837)이 이름을 날렸다.

19세기 중반으로부터 낭만주의는 쇠퇴하고 점차 리얼리즘(사실주의)시대가 열렸다. 그들은 나중에 자연주의로 연결되기도 하였다. 제1차 세계대전이 일어나기 전 문예의 리얼리즘은 다음 몇 가지의 특성을 나타냈다. 첫째로 낭만주의와 감성에 대한 반발이 나타났다. 그리하여 리얼리스트들은 인생을 감성적 이상으로가 아니라 과학과 철학에 의해 밝혀진 견고한 사실(the hard facts)에 준하여 그렸다. 둘째로 심리적이며 사회적인 문제에 대한 열정적인 관심이 나타났다. 그리하여 인간행동의 갈등적 경향성을 자세하게 묘사하려 하였으며 그들의 환경적 난관들을 극복하려는 사람들의 투쟁을 나타내려 했다. 셋째로 대중적 과학이나 철학의 영향이 두드러지게 나타났다. 그리하여 인간은 유전과 환경의 어쩔 수 없는 희생자라고 생각하거나 아니면 진화론에 의해 발전하는 존재라고 생각하는 결정론자들이 등장하였다. 이와는 달리 사회개혁운동을 통하여 인간의 문제를 해결하려는 적극적인 낙관론자들도 등장하였다. 요컨대, 리얼리즘은 낭만주의가 감정, 이상, 주관을 강조한데 반하여, 이성, 현실, 객관을 강조하였다. 그리하여 후자(낭만주의)가 전원, 회고적 중세, 귀족농민, 기교, 시에 치중하여 그리는 반면, 전자는 도시, 현대사회, 시민과 노동자, 무기교, 소설, 산문극에 더 중시하여 묘사하였다.

리얼리즘을 대표하는 작가는 영국의 디킨즈(Dickens: 1811-1870)와 프랑스의 발자크(Balzac: 1799-1850)였다. 그들의 작품은 낭만주의의 흔적을 남겼으나 당시의 사회상을 매우 예리하게 그렸다. 전자는 영국사회를, 후자는 90권이나 되는 『인간희극』을 펴내 2월혁명까지의 프랑스사회와 풍속을 냉혹하게 사실적으로 다루었다. 프랑스의 플로베르(Flaubert: 1821-1880)는 그의 작품 『보바리 부인』을 통하여 평범한 의사부인의 생활을 상세하게 묘사하였다. 한편 이러한 단순히 인간과 사회의 리얼한 면만을 나타내는 데 만족하지 않고 자연과학의 특성를 적용시켜 그 내면의 문제까지 터치하려는 자연주의적이며 사회개혁주의적인 작가들이 등장하게 되었다. 그 대표적인 자연주의 작가가 프랑스의 에밀 졸라(Emil Zola: 1840-1902)와 독일의 하우프트만(Hauptman: 1858-1921)이었다. 졸라는 『제르미날』, 『목로주점』에서, 하우프트만은 『철조공』, 『해뜨기 전』에서 인간의 운명과 처절한 생활을 묘사하였다.

이에서 한 걸음 더나아가 프랑스의 보들레르(Charles Baudelaire: 1821-1867)는 그의 시(『악의 꽃』)를 통하여 세상의 모든 제도와 전통에 대하여 반항하였다. 영국의 하디(Thomas Hardy: 1840-1928), 프랑스의 모파상(Maupassant: 1850-1893), 러시아의 체호프(Chekov: 1840-1904)는 저항문학을 발표하여 반지성적이며 비관적인 특성을 나타냈다. 노르웨이의 입센(Ibsen: 1828-1906)은 권위와 전통, 관습을 벗어나려는 여성의 해방을 『인형의 집』을 통하여 묘사하였고, 안데르센(Andersen: 1805-1875)은 동화작가로 이름을 떨쳤다. 그리고 영국의 버나드 쇼(Bernard Shaw: 1856-1950)도 연극을 통하여 사회를 비판하였다. 한편 러시아의 투르게네프(Turgenev: 1818-1883)는 신세대와 구세대의 갈등과 대립을 『아버지와 아들』을 통하여 그렸고 도스토에프스키

(Dostoevsky: 1821-1881)는 러시아의 사회상과 인간의 내면의 실상을 그의 작품(『죄와 벌』, 『카라마조프가의 형제들』)에서 나타냈다. 톨스토이(Tolstoy: 1828-1910)는 주옥 같은 작품들(『전쟁과 평화』, 『안나 카레니나』, 『부활』)을 써서 그의 인도주의적인 면모를 유감 없이 발휘하였다.

미 술

19세기 후기 낭만주의 미술에 영향을 준 사람들은 데이비드(David: 1748-1825), 들라크루와(Delacroix: 1798-1863), 영국의 컨스터블(Constable: 1776-1837), 프랑스의 코로(Corot: 1796-1875) 등이었으며, 이 시기의 가장 특출한 낭만주의 미술가는 밀레(Millet: 1814-1875), 가부리엘 로세티(Dante Gabriel Rossetti: 1828-1882)였다. 로세티는 사물의 단순성과 솔직성, 자연주의를 미술에 담으려고 노력하였으며, 밀레는 소위 라파엘 이전집단(the Pre-Raphaelite)의 대표자로 바비종파(the Barbizons)와 연결되어 있었지만 바비종식 풍경화를 반드시 고집하지는 않았다. 그의 주된 관심은 그의 작품(the Man with the Hoe and the Sower: the Angelus: the Path through the Wheat)에서 나타나 있는 것처럼 가난, 자연과 싸우는 불쌍한 농부를 그리는 것이었다.

19세기 사실주의의 발달은 쿠르베(Courbet: 1819-1877)와 도미에(Daumier: 1808-1879)에 의해서였다. 이들은 생의 사실을 본대로 그리거나 아니면 풍자적으로 그렸다. 그들은 고전주의적이며 낭만주의적인 전통을 거부하고 예술의 사회적 중요성을 강조하여 하층계급이나 도시의 가난한 사람들의 모습을 캔버스에 그리려고 애썼다. 19세기 회화의 첫 번째 독창적인 운동은 인상주의(impressionism)였다. 어떤 의미에서 인상주의화가는 그가 본대로 그리려고 하고 과학적 자연관에 입각해 있기 때문에 사실주의자라고 말할 수 있다. 그러나 그는 주변의 세계를 단순히 묘사하는 것이 아니라 그의 감정의 직접적인 인상을 나타내려는 것이므로 야외에 나가서 구조나 디자인이 없이 빛(light)을 주로 하여 나무와 산, 들을 그리는 것이 특징이었다. 인상주의는 벨라스케즈의 영향을 받은 프랑스 마네(Manet: 1832-1883)에 의해 1870년경 시작되었으며, 모네(Monet: 1840-1926)와 르노아르(Renoir: 1841-1919)를 통하여 크게 발달하였다. 이들은 빛을 회화에 가장 중요한 유일한 교사라고 믿었다. 이러한 인상주의 화풍이 후기 인상주의(the post-impressionism)로 넘어간 것은 1890년

도였다. 후기 인상파화가들은 자연의 인과적, 순간적 양상에 치중한 인상주의
와는 달리 회화의 형식과 의미의 표현을 중시하려고 하였다. 그들은 인상주의
에 반대했을 뿐 아니라 과거의 모든 형식에도 거부하려는 태도를 보였다. 그들
은 19세기 말 새 시대를 예고하는 불안과 기계시대의 복합성을 나타냈다. 그
대표적 화가들이 프랑스의 세잔느(Cezanne: 1839-1906), 고갱(Gauguin: 1848-
1903), 네덜란드의 반 고호(Van Gogh: 1853-1890) 등이었다. 이들은 조각의
깊이와 두께, 둥금을 나타내기 위하여 색깔(color)를 중시하였다. 조각에서는
『생각하는 사람』으로 유명한 프랑스의 로댕(Rodin: 1840-1917)이 등장하여 낭
만주의, 리얼리즘, 인상주의를 모두 종합하여 그의 조형에 나타냈다.

　　1900-1915년 근대미술은 후기 인상주의를 통하여 혁신적 변화를 맞았다.
첫 번째는 파블로 피카소(Pablo Picasso: 1881-1973)에 의한 입체주의(cubism)
의 등장이었다. 이것은 세잔느의 기법을 받아들인 마티스(Henri Matisse: 1869-
1954)에 의해 발달된 것이었다. 입체주의 이름은 인물이나 사물을 기초적인
기하학요소들로 풀려는 피카소의 시도로부터 유래하였다. 입체주의는 형태의
기본이념은 입방체, 원뿔, 원형과 같은 모양들을 통하여 가장 잘 표현될 수 있
다는 세잔느의 교리에 바탕을 두고 있다. 피카소는 이 원리를 문자대로 수용한
것이었다. 그러나 큐비즘은 이러한 원리에 그치고 말지는 않았다. 그것은 왜곡
해서 그릴 뿐 아니라 경우에 따라서는 해체까지 감행하였다. 그에 의하면, 예
술가는 인물의 여러 가지 부분들을 분리하여 그것들을 원래의 패턴과 다른 형
태로 재조정할 수 있다. 그 목적은 근대생활의 혼란을 상징할 뿐 아니라 전통
적인 형태개념에 도전하는, 다시 말해 미술을 단지 장식으로 간주하려는 일체
의 관례를 거부하려는 것이다. 극단적인 입체파 화가들이 색깔의 사용을 피하
는 것은 이러한 이유에서이다. 두 번째로 후기 인상주의로 나타난 근대미술의
혁신은 미래주의(futurism)의 등장이었다. 미래주의의 정신적 아버지는 시인이
면서 이탈리아 파시즘형성에 크게 공헌한 마리네티(F. T. Marinetti)였다. 마리
네티와 그를 따르는 사람들은 1910년 과거의 심미적 이념들에 대한 일대 전쟁
을 선언하였다. 그들은 옛 화가들의 숭배나 로마와 르네상스예술에 대한 맹종,
호색적 강박관념, 순수주의, 감성, 정적주의, 자연숭배 등을 저주하였다. 그들
은 미술가로서 근대과학의 기계와 업적을 찬양하였다. 그들은 근대과학에 둘
러싸여 있는 예술가가 전원을 서성대며 과거의 신화를 쫓는 것은 있을 수 없

는 이러석은 짓이라고 탄핵하였다. 그들에 의하면, 미술가가 그려야 되는 목표는 자연의 에너지, 운동이어야 한다는 것이다. 그리하여 그들은 뛰는 동물, 달리는 자동차, 움직이는 공장의 기계 등을 묘사하는 것을 즐거워하였다. 그들은 더 나아가서 근대식 마천루, 철도정거장, 정부청사 등의 내장에 심혈을 기울였다. 말하자면 미래주의는 20세기에 발달한 기계문명사회를 반영하는 미술의 한 집단이라 하겠다.

음   악

19세기 음악은 미술이나 문학과 마찬지로 낭만주의의 지배시대였다. 낭만주의자들은 18세기 고전주의의 엄격성을 거부하고 인간의 내적 감정을 중시하였다. 그들에 의하면 음악이란 객관적인 미가 아니라 듣는 사람의 마음을 움직이고 동요시키는 것이어야 한다는 것이다. 그러므로 자연의 여러 가지 양상들과 인간의 감정이 음조로 잡혀야 된다는 것이다. 이와 같은 그들의 특성은 독일 민족주의와 연결되어 오페라로 나타나기도 하였다. 이 낭만주의의 정신이 고전주의의 형태와 성공적으로 결합되어 근대음악으로 확립된 것은 이 시대의 두 거장 베토벤(Ludwig van Beethoven: 1770-1827)과 슈베르트(Schubert: 1797-1828)에 의해서였다.

비인은 음악의 중심지로서 근대음악 이전에 있어서 획기적인 역할을 하였다. 19세기에 발달한 낭만주의음악은 이제까지의 전통적인 형식과 틀에서 벗어나 자유로운 음악적 표현을 구사하려고 하였다. 슈만(Schuman: 1810-1856), 브람스(Brahms: 1833-1897) 등이 그 대표적인 음악가들이었으며, 이 외에 프랑스의 베를리오즈(Berlioz: 1803-1869), 폴란드의 쇼팽(Chopin: 1810-1849), 프랑스의 인상파 음악가 드뷔시(Debussy: 1862-1918), 러시아의 무소르그스키(Maussorgsky: 1835-1881), 차이코프스키(Tchaikovsky: 1840-1893) 등이 활약하였다. 한편 오페라는 이탈리아의 베르디(Verdi: 1813-1901)와 풋치니(Puccini: 1858-1924), 프랑스의 비제(Bizet: 1838-1875), 독일의 바그너(Wagner: 1813-1883) 등에 의해 발전되었다.

제 7 편 | 서양 현대문명 (Ⅰ)

제14장

제국주의와 제 1 차 세계대전

♣ 개   관 ♣

유럽은 대체로 1870년대를 중심으로 독립된 국민국가 (national states)가 이루어졌다. 이탈리아(1870)와 독일 (1871)이 그 마지막 국민국가의 깃발을 들었다. 말하자면 중세의 보편교회와 보편국가로부터 주권이 미치는 일정한 영토의 민족국가로 전환하는 데에 그렇게 장구한 시간이 걸린 것이다. 그러나 독립된 국가들은 그들이 이룩한 자유에 자족하지 못하였다. 그들은 그들 나름대로 다른 국가보다 더 넓고 풍요한 땅을 소유해야 한다고 생각하게 되었다. 그것이 바로 국가적 이기주의와 민족적 우월주의라는 덫이었다. 그들은 그들의 국가범위를 마음껏 넓히고 그들의 민족을 최대로 확장시키려는 정책을 전개하였다. 그들의 국가주의(statism)를 자극한 것은 다름 아닌 자본주의였다. 산업혁명 이후 급격하게 성장한 자본주의는 국가를 지배하여 국가로 하여금 원료산지와 상품시장, 그리고 자본의 출구를 해외발전으로 눈을 돌리게 하였다. 그리하여 각국은 다투어 아프리카와 인도, 아시아 등지로 식민지확보에 나섰으며 이를 뒷받침하기 위하여 군국주의와 경제적 이기주의 정책으로 치닫게 되었다. 다시 말해 제국주의는 과도한 민족주의와 자본주의의 합작으로 이루어진 산물이라 할 수 있다. 이후 제국주의는 19세기 후반 20여년간 격화되어 약소 후진국과 민족을 희생양으로 삼는 한편 제국주의국가들 상호간의 이해관계에 따라 협상과 동맹을 맺어 두 집단으로 대립하게 되어 결국은 제 1 차 세계대전이라는 사상 유례 없는 대참극을 일으키게 되었다.

제 1 절 제국주의와 세계분할

1. 제국주의

상업혁명으로 야기된 초기의 제국주의적 야욕은 19세기 초에 이르러 사라지게 되었다. 그것은 중상주의가 쇠퇴하고 산업혁명의 영향이 작용했기 때문이다. 그리하여 1870년대를 중심으로 새로운 제국주의(the new imperialism)가 본격적으로 등장하게 되었다. 전자가 주로 서유럽과 적도지대에 국한되었다면 후자의 새로운 제국주의는 주로 아프리카와 아시아에 발판을 두었다. 전자가 중상주의를 바탕으로 국가의 부와 권력을 강화하고 지금(地金)을 들여옴으로써 국가의 군대를 증가시켰다면 후자는 모국의 주요시민들의 이익을 위하여 시장을 개척하고 잉여자본의 투자를 끌어들이는 일에 몰두하였다. 전자가 들여온 원료들이 금, 은, 열대산물 및 해군군수품인 반면에 후자가 신경을 집중한 것은 동, 석유, 망간, 밀이 풍부한 땅이었다. 끝으로 전자는 식민지에 대한 대규모의 이민을 장려하지 않았지만 후자는 모국의 넘치는 인구를 위한 식민지 개척을 제일차적 목표로 삼았다.

제국주의 부흥의 원인

1870년 이후 제국주의가 발흥한 것은 제 2 차 산업혁명에서 그 요인을 찾을 수 있다. 영국의 산업혁명이 다른 나라들로 퍼져감에 따라 시장과 원료자원에 대한 경쟁이 치열하게 되었다. 잉여생산물을 위한 출구를 찾아 내야 하는 어려움에도 불구하고 각 국가들은 보호관세를 고집하였다. 그 결과 생산은 더 많아지고 생산한 것들을 판매할 식민지에 대한 요구는 더 높아졌다. 이러한 상황에서 세계의 평화와 번영을 약속하는 국제적 자유무역은 불가능하였다. 1880년도에 이미 일부 대륙국가들은 보호관세를 채택한 형편이었다. 미국도 외국생산물을 억제하기 위하여 문을 굳게 걸어 잠갔다. 그리하여 유럽의 제국주의 국가들은 그들의 시장이 아메리카와 이웃국가들에서 곧 사라질 것이라는 두려움을 가지게 되었다. 더군다나 산업국가들의 인구증가는 가공할 만하여 남아 도는 사람들을 내보낼 땅이 시급하였다. 여기에 민족주의의 확산열정과 기독교의 선교열정이 새로운 제국주의를 자극하였던 것이다.

2. 세계분할

벨기에, 영국, 프랑스

새로운 제국주의의 아버지는 아마도 벨기에의 왕인 레오폴드 2세일 것이다. 1876년 레오폴드는 벨기에의 10배나 되는 중앙아프리카의 부유한 콩고강 영역을 소유하였다. 그는 1908년까지 그것을 개인소유로 하다가 배상으로 벨기에정부에 팔았다. 레오폴드가 이러한 본보기를 보여준 다음 영국과 프랑스는 아프리카분할에 더 깊은 관심을 가지게 되었다. 영국은 1882년 이집트를 보호령으로 하고 이집트의 수단과 로데시아, 우간다, 동아프리카 영국령을 식민지로 소유하였다. 영국은 1902년 3년간의 전쟁 후 보어공화국(the Boer republics, the Orange Free State and the Transvaal)을 정복하는 데 성공하였다. 보어공화국은 1909년 케이프식민지와 나탈과 연합하여 남아프리카의 자치령을 형성하였다. 프랑스의 아프리카계획은 1830년 초 알제리아의 수많은 항만들을 거점으로 시작되었다. 프랑스는 1857년 알제리아의 남은 땅을 점령하는 데 성공하였다. 그러나 검은 대륙에 프랑스의 제국을 개척하려는 노력은 1881년까지 실질적으로 이루어지지 못하였다. 1881년 프랑스는 튀니지아를 점령하였으며 그 후 사하라와 프랑스령 콩고, 기니아, 세네갈, 다호메이를 소유하였다. 1905년경까지 아프리카의 점령된 영토는 벨기에와 영국, 프랑스에 의해 독점되었다.

독일과 이탈리아

독일과 이탈리아의 아프리카진출은 복잡한 국내문제로 늦어졌다. 두 나라들은 민족통일을 위해 오랜 동안 싸웠으며 교황청과의 불편한 관계에 깊이 연루되었다. 그리하여 국외에 관심을 쏟을 겨를이 없었다. 예컨대, 비스마르크는 독일이 유럽에서 얻은 지도력의 위치를 지키는 데 여념이 없었다. 그는 영국과의 우정이 아프리카에 있는 20여개의 늪의 식민지를 얻는 것보다 더 가치 있다고 선언한 바 있었다. 그러나 그도 상인, 산업인, 조선업자 등에 의해 아프리카의 진출을 유혹받았다. 1884년 비스마르크는 서남아프리카에 대한 보호령을 선포하고 이어 독일령 동아프리카와 카메룬, 토고랜드를 점령하였다. 이탈리아도 1888년경 남은 아프리카 땅을 차지할 것을 결심하였다. 이탈리아는 동부해안의 소말리랜드에 기지를 만들고 다시 인접한 압비시니아국가를 보호령으로 삼으려고 시도하였다. 그 결과는 근대국가가 치루어야 하는 패배를 맛보고 말았다. 이탈리아군대는 1896년 아도와에서 압비시나아의 저항으로 1935년까지 그들의 정복은 무산되었다. 1896-1914년 그들의 유일한 중요한 아프리카 점령지는 1914년 터키로부터 탈취한 트리폴리와 키레나이카(Cyrenaica)로, 리비아라는 새로운 이름으로 통합되었다.

아시아의 분할

유럽국가들은 드디어 아시아에 그들의 손을 뻗히기 시작하였다. 1870년 훨씬 전부터 유럽의 국가들은 오리엔트의 영토착취에 관여하고 있었다. 러시아인들은 1582년초 우랄산맥을 넘어 한 세기도 안 되어 태평양에 이르렀다. 영국은 1763년 인도의 식민지경쟁에서 프랑스를 제치고 정복을 시작하여 1858년경에는 인도의 대부분을 손아귀에 넣었다. 영국은 1842년 아편전쟁으로 중국의 홍콩을 얻었으며, 몇 년 후 프랑스는 인도차이나를 보호령으로 만들었다. 러시아는 1858년 아무르강 북쪽을 소유하였으며 곧 이어 블라디보스톡시를 건설하였다. 그러나 최대의 군대를 보유하고 산업화한 국가들이 전 아시아로 몰려와서 식민지로 만들기 시작한 것은 1880년경이었다. 물론 그 최고의 목표지는 4억 인구를 가지고 있으며 유럽의 면적과 비슷한 중국제국이었다. 영국은 1885년 버마를 병합하였으며, 10년 후 청일전쟁(1894-1895)을 일으킨 일본은 포르모사(타이완)와 조선을 얻었다. 19세기 말엽 유럽의 일부 국가들은 일본의 침략에 항거한 대가로 중국의 땅을 주장하였다. 1897년 독일은 선교사 두 명을 살해한 중국에게 키아오조우만을 요구하고 산둥반도의 철도부설권을 요청하였다. 다음 해 러시아는 만주에서 블라디보스톡에 이르는 철도부설권을 얻었으며, 영국과 프랑스는 중국해안의 중요한 항구들의 관할권을 얻어 냈다. 1898년 중국의 독립으로 초기에 영토분쟁이 수습되는 것같이 보였다. 그러나 프랑스는 중국의 동남부를 요구하였으며, 영국과 독일은 그 중부의 분할을, 그리고 러시아와 일본은 북부의 나머지 땅을 각각 요구하고 나섰다.

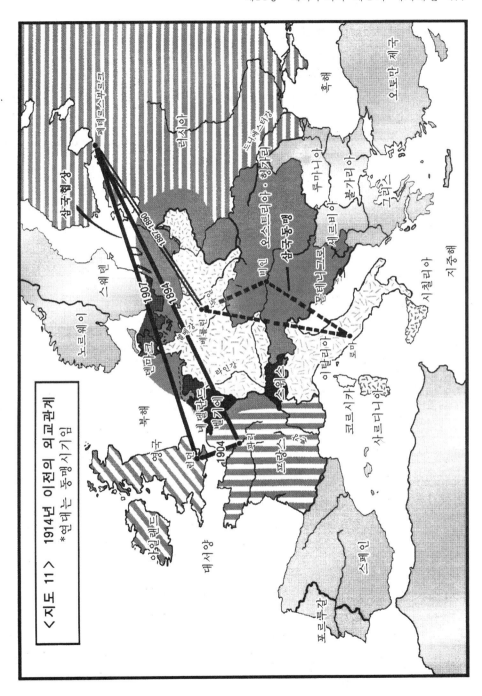

〈지도 11〉 1914년 이전의 외교관계
*연대는 동맹시기임

제국주의의 쇠퇴와 부활

세기가 바뀌면서 중국에 대한 제국주의는 다음의 세 가지 사건들에 의해 잠정적으로 중지되었다. 첫째는 1899년 미국에 의한 문호개방정책의 선포였다. 이 정책은 그렇게 실속 있는 구호 같지는 않지만 중국으로 하여금 미국이 여러 국가들의 제국주의적 침략을 견제할 것이라는 희망을 가지게 하였다. 둘째는 더욱 영향을 준 것으로 중국인들 스스로가 폭력적 저항을 행사한 일이었다. 1900년 권투파(the Boxers)로 불리우는 의화단(the Society of Harmonious Fists)이 '외국의 악마들'을 추방하기 위하여 조직되었다. 많은 재산이 파괴되었으며 페킹의 공사들이 포위되었으며 그리고 독일선교사를 포함하는 수백의 외국인들이 살해되었다. 중국정부도 애를 썼지만 반란은 결국 영국, 러시아, 일본, 독일, 프랑스, 미국의 군대에 의해 저지되었다. 참혹한 응징이 중국정부에 내려졌다.

셋째로 중국에서의 제국주의의 쇠퇴원인은 약탈자들 내부의 반목이었다. 제국주의국가들은 전리품을 가운데 두고 각기 더 많이 가지려고 경쟁을 벌였다. 특히 영국, 러시아, 독일, 일본 사이의 불신이 첨예하였다. 1902년 영국과 일본은 러시아와 독일의 침략에 대비하여 동맹을 맺을 것을 약속하였다. 1904년 러시아가 만주를 점령하려고 하자 일본은 즉각 군대를 동원하였다. 전쟁은 1905년 일본의 승리로 끝났다. 러시아는 할 수 없이 포트 아더(Port Arthur, 여순)를 일본에게 양도하고 조선에서의 일본의 우위권을 인정하였다. 그러나 이들 사건들은 중국에서의 약탈을 지연시키는 데 불과하였다. 영국이 1912년 티베트의 주권을 주장하자 제국주의적 행동들은 다시 고개를 쳐들었다. 다음 해 러시아는 외몽고의 광대한 지역을 보호령으로 설정하였다. 제 1 차 세계대전 전야에 있어서 중국의 독립은 불확실하기만 하였다.

제 2 절　권력정치와 무장평화

권력정치의 기원

제국을 위한 국가들의 갈등과 싸움은 소위 권력정치(the power politics)라는 방법으로 나타났다. 이 말은 주권국가들에 의한 권력추구를 뜻한다. 이에 적용되는 방법들은 인간의 기지에 의해 만들어진 사기와 속임수 형태가 관례였다. 형식적인 평화관계에서 국가들은 각각 스파이 짓을 자행하고 위협과 반위협을 행하며 동맹과 반동맹을 만들며 그리고 각각 허세를 부리며 사기극을 꾸몄다. 결국은 공포와 탐욕으로 고지를 차지한 자가 전쟁을 일으켰다. 물론 영사거래와 같은 수법도 있지만 힘의 정치의 근본규칙은 약육강식이라는 정글의 법칙이었다.

권력외교는 새로운 것이 아니었다. 그 기원은 16, 17세기 근대국가조직의 시작으로 소급된다. 그 방법들은 (두 사람만 든다면) 리쉴리외와 프레드릭대제에 의해 수행되었다. 무력외교의 절정은 1830년에 가서야 이루어졌다. 이 때 메테르니히의 국제조직이 와해되었다. 국가가 제일 앞으로 나섰으며 뒤진 자는 죽게 되었다. 그리하여 권력, 특권, 안전, 제국을 위한 국제적 싸움들이 제1차 세계대전까지 서유럽을 장식하였다.

국제법과 국제조직의 발달

유럽인들이 전적으로 국가강화를 위한 권력투쟁에만 몰두했다고 생각하는 것은 잘못이다. 좀 이상하지만 1830년에서 1914년의 기간 동안 유럽에서는 국제법과 국제조직이 발달하였다. 제1, 2차 헤이그회의가 1899년과 1907년에 열려 수많은 국제법의 원칙들을 만들었다. 폭탄과 가스의 사용금지법, 국제부채회수를 위한 무력금지법 등이 그 중요한 것이다. 1885년에는 노예무역의 금지를 위해 14개국이 모여 조인하였다. 그리고 1909년에는 해상전쟁하에서의 중립국의 권리와 의무를 규정하는 런던선언이 채택되었다. 국제조직도 발달하여 1874년에는 세계우편연합(UPU)이 성립되었으며 다음 해에는 국제전신연합(ITU)이 결성되었다. 위에서 말한 제1차 헤이그회의에서는 국제중재법정이 만들어졌다. 이것은 후에 헤이그영구중재법정(the Hague Permanent Court of Arbitration)으로 알려졌는데, 1914년까지 14여 개의 문제들을 조정하였다.

그러나 국제법과 국제조직의 발달은 그 시대의 요청에는 미흡하였다. 1914년경 평화유지를 위한 경제적, 정치적 상황은 거의 이루어지지 못하였다. 영국이 자본을 공급하여 상품을 제조하고 나머지 나라들이 식량과 원료를 공급하던 자유무역의 자비로운 제도는 역사 속으로 사라졌다. 영국은 아직도 오랜 동안 누리던 특권을 그대로 가지려고 했으나 유럽의 다른 나라들이 가만히 보고 있지 않았다. 특히 독일은 산업의 번영으로 시장을 추구하게 되어 영국의 독점시장에 눈독을 들이게 되었다. 영국과 독일의 민족주의와 군국주의는 경제적 야심으로 맞부딪치게 되었다. 이러한 강국들의 대결을 막기 위해서는 효과적인 국제적 장치가 필요하였다. 그러나 헤이그법정은 미약하기 그지없었다. 그것은 단지 조정자의 역할뿐이었다. 다시 말해 그것은 강제성이 없었기 때문에 각국은 그 법정에 재판을 맡길 수도 있었고 맡기지 않을 수도 있었다. 국제적 군비제한의 시도도 실패로 끝나고 말았다. 군비증강의 경쟁은 이제 여러 국가들을 전쟁의 공포와 불안 속으로 몰아넣었다.

팍스 브리타니카

19세기 후반의 유럽문명은 수많은 국가들로 성립되어 있었다. 그들은 인구나 인종, 영토규모에서도 다양하여 그들 중에 다른 나라를 제어할 만한 힘을 가진 강력한 나라는 존재하지 못하였다. 그러나 오직 한 나라만이 예외였다. 그것은 바로 영국으로 산업이 고도로 발전하였을 뿐 아니라 해군력에서도 다른 두 나라의 연합군과 맞먹을 정도로 막강하였다. 영국은 산업과 해군력, 재정력에서도 우월하여 유럽의 모든 국가들의 균형을 관장할 수 있었다. 그리하여 나폴레옹전쟁 말기에서 제1차 세계대전에 이르는 기간 동안 유럽대륙은 피나는 긴 전쟁이 일어나지 않았다. 이것을 전적으로 영국의 공헌으로 돌리는 것은 옳지 못하다. 그것은 유럽의 다른 나라들이 그들의 국내문제로 시간을 보냈기 때문이다. 그럼에도 불구하고 역사가들은 이 100년의 평화기간을 일반적으로 팍스 브리타니카(Pax Britannica)라고 부른다.

세력균형의 파괴

1900년부터 유럽의 세력균형은 서서히 무너지기 시작하였다. 여기에는 몇 가지의 요인들이 있다. 첫 번째는 독일의 통일과 산업화였다. 독일은 1871년 이전에는 수많은 영방국가들로 나뉘어져 있었으며, 그 가운데 가장 큰 국가가 프러시아였다. 그러나 프러시아는 프랑스보다 인구가 더 많거나 경제적으로 부유하지 못하였다. 프랑스·프러시아전쟁에서의 프랑스의 패배와 독일제국의 성립은 이 관계를 변화시켰다. 독일은 1900년경 급속하게 전진하여 산업에서 프랑스를 앞질렀으며 더 나아가서 영국까지 뛰어넘었다. 독일의 인구는 증가한 반면에 프랑스의 인구는 그 자리에 머물러 있었다. 1898년 카이저는 독일은 세계열강으로서의 권위를 높이고 상업팽창을 위하여 해군을 가질 것을 다짐하였다. 영국은 이에 다른 두 나라 해군연합세력에 맞설 수 없을 정도로 세력의 판도가 달라진 것을 알아차렸다. 독일은 막강한 해군과, 번영하는 산업, 그리고 유리한 지리조건을 가지고 유럽의 주도권을 장악하려고 하였다. 그러나 독일의 권력과 번영은 오히려 다른 국가들의 공포의 대상이 되었다. 이탈리아는 1870년 통일을 이룬 다음 거의 프랑스와 대등한 위치에 올랐다. 한편 오스트리아는 변경의 수많은 슬라브족들의 민족주의운동으로 쇠퇴하였다.

독일과 오스트리아 · 헝가리

유럽의 6 대 강국들——독일, 프랑스, 러시아, 이탈리아, 오스트리아 · 헝가리, 영국——이 1900년경을 전후하여 권력과 안전, 경제적 이익을 위하여 서로 다투고 있었다. 각국은 자국의 이익에 핵심이 되는 특별한 목표들을 가지고 있었다. 독일은 동방진출에 그 야심을 가졌다. 독일의 자본가들과 제국주의자들은 1890년 이후 동방정책(Drang nach Osten)을 꿈꾸었으며 오토만제국의 경제적 지배를 쉽게 하기 위하여 베를린에서 바그다드에 이르는 철도부설을 계획하였다. 오스트리아 역시 동방을 노렸으나 서아시아 쪽보다는 발칸반도 쪽에 관심을 두었다. 트리에스테와 아드리아해에 대한 오스트리아의 정복은 매우 위험하였다. 그것은 이 지역에 적지 않은 이탈리아인들이 살고 있었기 때문이다. 만약 오스트리아가 발칸에서 에게해에 이르는 도로를 개척한다면 아마도 더 안전한 방법일 것이다. 시간이 지남에 따라 오스트리아와 독일은 서로 의존하게 되었다. 전자(오스트리아)는 슬라브족들과의 다툼 때문에, 그리고 후자는 다른 나라들의 포위망 때문에 각각 두려움을 느꼈던 것이다. 드디어 1879년 비스마르크는 오스트리아와 동맹을 맺었다. 그것은 한갓 부질없는 동맹이었으나 독일은 지나치게 그것에 밀착하는 바람에 국제적 긴장만 깊게 하고 말았다.

프 랑 스

프랑스는 독일의 국력증강에 불안을 느껴 이를 저지하려고 하였다. 프랑스는 알사스와 로렌을 회복하려고 하였다. 왜냐 하면 1878년 시드니 토마스와 질크리스트(Sidney Thomas and P.C. Gilchrist)가 철광석을 강철로 만드는 방법을 알아낸 후 이 지역에 대한 가치가 인정되었기 때문이다. 그러나 잃어버린 지역을 찾는 것만이 프랑스의 목적은 아니었다. 프랑스인들은 모로코를 그들의 아프리카제국에 병합하기를 바랐다. 파리 정치인들의 동기는 경제적인 것과 정치적인 것이 합한 것이었다. 모로코는 풍부한 광산지일 뿐 아니라 중요한 전략기지였다. 그곳은 또한 본국의 인력부족을 채울 수 있는 군대저장소였다.

러 시 아

러시아의 야심은 보스포러스와 다다넬스를 장악하는 것이었다. 러시아는 이것을 19세기 초기 이래 '역사적 과업'으로 간주하였다. 이것을 성취하면 해군강국과 싸울 경우 흑해에서의 러시아의 함대의 안전이 보장될 뿐 아니라 더 나아가서 러시아의 지중해진입과 콘스탄티노플포획이 용이하기 때문이다. 러시아는 터키가 유럽으로부터 제외되기를 바랐으며 발칸반도를 상속받기를 원하였다. 러시아인들은 만약 독일인들보다 앞서 콘스탄티노플에 다다른다면 독일의 베를린·바그다드 철도계획을 수포로 돌릴 수 있다고 생각하였다. 러시아는 또 다른 야심을 가졌다. 러시아는 페르시아만과 인도양으로 접근하여 페르시아를 보호령으로 만들려고 탐냈다. 러시아는 태평양으로 나가는 더 좋은 출구를 위하여 만주를 지배하려고 하였다. 끝으로 러시아는 범슬라브주의를 통하여 오스트리아·헝가리의 지배 아래 있는 나라들과 동부유럽의 슬라브인들을 장악하려고 하였다. 위에 열거한 러시아의 야심들은 모두가 주변 국가들에 대한 중대한 위험이 되었음은 더 이상 말할 나위가 없다.

영국과 이탈리아

실제로 영국의 무력정책은 거의 모든 나라에 거슬리고 있었다. 영국은 콘스탄노플에 대한 러시아의 야심 못지 않게 독일의 야심에 대해서도 의구심을 가졌다. 20세기 초 이후까지 영국은 프랑스를 불신하였다. 영국의 주요한 목표는 영제국의 생명선들을 유지하는 것, 수입품 원료와 해외시장 판로를 지속적으로 여는 것, 그리고 유럽국가들의 세력균형을 유지하여 영국을 공격하지 못하게 하는 것의 세 가지였다. 만약 이들의 어떤 것도 방해받으면 영국의 반응은 즉각 나타났다. 영국은 공격적 국가에 대해서는 동맹, 외교적 압력, 전쟁 등에 의해 응징하였다. 1914년의 독일이 그 좋은 예였다. 1914년 이전의 이탈리아의 야심은 거의 전적으로 영토문제였다. 이탈리아는 커다란 제국을 이루지는 못하였으나 외부로부터 안전을 위협받지는 않았다. 그러나 이탈리아는 터키로부터 북아프리카의 트리폴리를 가지기를 바랐다. 그리고 앞에서 말한 바와 같이 이탈리아는 트리에스테와 남부티롤이 아직도 오스트리아의 소유로 되어 있는 "미회복의 이탈리아(Italia irredenta)"로 남게 되었다.

일본의 강국화

일본은 1900년 이전에 벌써 무력외교에 적극적으로 참여하였다. 19세기 후반 일본은 오리엔트의 은둔으로부터 벗어나 세계를 경악시킬 정도로 변화하였다. 봉건주의가 폐지되었으며 독일제국의 것을 본딴 헌법을 가진 중앙집권 국가가 되었다. 과학, 산업주의, 일반교육, 징병제도가 서유럽으로부터 도입되었다. 비록 서유럽적인 모방에 불과하지만 각 도시에는 전차와 스카이스크랩퍼, 전등 등이 구비되었다. 일본은 이미 밝힌 것처럼 1895년에 중국을 패배시켰으며 타이완과 조선을 수중에 넣었다. 1904-1905년 일본의 미카도장군들은 러시아를 넘어뜨림으로써 세계를 다시 한번 놀라게 하였다. 이 승리들로 일본은 세계열강에 올랐다.

군국주의와 무장평화

1914년 이전에 있어서 무력외교 수단의 하나는 군국주의였다. 세계의 국가들이 모두 국제적 무정부상태에 살고 있었으므로 군비경쟁이 나타나는 것은 불가피한 일이었다. 특히 유럽이 무장군단이 되었다. 1870년 이후 영국을 제외한 모든 주요 국가들은 징병제를 채택하여 군사훈련을 실시하였다. 그들은 국가의 안전은 오로지 군대와 해군력에 달려 있다는 신념을 가졌다. 이러한 긴박한 상황 속에서도 군비증강이 인류에 위험하다고 경고한 사람들이 있었는가 하면 반대로 군국주의의 필요성을 강조한 사람들도 있었다. 데오도르 루스벨트는 전쟁을 위한 훈련은 남성답고 모험적인 성격을 기르는데 도움이 된다고 역설했는가 하면, 몰트케와 트라이츠케는 전쟁에서 인류를 위한 엄청난 신의 처방을 볼 수 있다고 말하였다. 프랑스의 철학자 르낭도 한 나라를 잠으로부터 경성시키고 진보를 이루게 하는 것이라고 전쟁을 정당화하였다.

제 3 절   제 1 차 세계대전(1914-1918)

1. 전쟁의 배경

학자들의 이슈

역사상 유례가 없는 비극을 인류에게 안겨준 제 1 차 세계대전(the World War I)은 학자들은 물론 다른 많은 사람들의 관심을 모았다. 제 1 차 세계대전의 주된 이슈는 전쟁의 책임은 누구에게 있느냐 하는 것이었다. 이 외에도 제 1 차 세계대전이 과연 세계사에서 중요한 전환점이 되었느냐 등의 이슈가 등장하였다. 1919년 베르사이유체제 이래 전쟁의 책임은 독일과 그 동맹국들에게 지워졌다. 이것은 후에 히틀러가 권력을 잡게 되는 원인을 제공하기도 하였다.

그러나 점차로 1930년대부터 독일측에 의하여 '수정주의'의 이름으로 반대의견이 만만치 않게 대두되었다. 특히 전쟁의 책임을 전적으로 독일과 동맹측에 있다고 규정한 베르사이유조약 제231조에 대한 공격이 포문을 열었다. 그리하여 배상지불도 중단되고 논쟁도 어느 정도 수그러졌다. 이 문제는 1961년 다시 고개를 들어 정치적 이슈로 등장하게 되었다. 쌍방간의 열띤 격론중에 1871-1914년의 외교문서가 발행되어 싸움을 더욱 어렵게 하였다. 이 문제에 대한 해답들은 역사가들이 결국 이 전쟁과 관련된 문서들을 중심으로 씨름하지 않으면 안 되고 그 때의 정치적, 경제적, 사회적, 지적 요인들을 종합적으로 따지지 않으면 안 되게 되었기 때문에 질의의 내용이 바뀌지 않으면 안 되었다. 즉, 학자들의 관심은 전쟁의 책임이 누구인가가 아니라 전쟁을 가능하게 만든 상황은 무엇인가로 집중되었다. 다시 말하여 제 1 차 세계대전의 직접적인 원인이 아니라 그 간접적인 배경으로 전환되었던 것이다. 이러한 해석의 변화는 각 시대의 지적 배경과 관련된 문제이기도 하다. 다른 한편으로 "세계대전"이라는 명칭에 대해서 불만을 가진 역사가들이 등장하기도 하였다. 세계대전에 해당되는 사건은 이전에도 많았다는 것이다.[1]

---

1) Dwight E. Lee, ed., *The Outbreak of the First World War*(New York, 1970).

경제적 원인

일반적으로 제1차 세계대전의 원인들은 경제적 측면, 정치적 측면, 외교적 측면으로 나뉘어지는 것이 상례이다.[2] 그러면 먼저 경제적 측면에 대하여 살펴보도록 하자. 경제적 원인들은 말할 것도 없이 1871년부터 본격화된 국가들 사이의 산업적 상업적 반목관계였다. 가장 첨예하게 경제적으로 대립된 국가는 영국과 독일이었다. 독일은 1871년 제국을 이룬 다음 눈부신 경제발전을 이룩하여 1914년 경에는 영국을 따라잡았으며 세계의 경제를 리드하게 되었다. 독일은 철과 강철에서 영국과 프랑스를 합친 것보다 더 많이 생산하였으며 화학생산과 아닐린원료에서도 세계를 휘어잡았다. 독일의 제품이 독일은 물론 영국과 극동시장을 휘몰았으며 해운업(the Hamburg-America, the North German Lloyd 등)에서도 세계를 제패하였다. 이에 영국은 독일에 대항하지 않을 수 없었다.

다음으로 독일과 라이벌관계를 가진 국가는 프랑스였다. 프랑스는 1870년 로렌의 풍부한 철과 석탄광산지를 잃게 되어 독일의 산업을 성장하게 하였다. 프랑스는 동부국경지역(Briey fields)에 아직도 철광지를 보유는 하고 있지만 언제 독일의 침탈이 있을지 불안한 상태에 있었다. 그리고 무엇보다도 프랑스는 다른 나라들에서 석탄을 수입하고 있었다는 사실이다. 그리하여 독일과의 일전을 각오할 수밖에 없었다. 다음으로 러시아와의 반목이었다. 러시아는 콘스탄티노플과 터키의 몇 지역들을 탐내고 있었다. 그런데 독일과 오스트리아도 오토만제국을 그들의 상업구역으로 계획하고 있었기 때문에 양자의 충돌이 불가피하였다. 마지막으로 독일과의 날카로운 반목은 프랑스와의 관계에서 일어났다. 양국은 모로코에서의 광산자원과 무역기회를 가지려는 문제를 놓고 대립하였다.

베를린·바그다드 철도부설

다음으로 중요한 경제적 원인은 베를린·바그다드 철도부설문제였다. 이미 베를린에서 콘스탄티노플까지의 노선이 이루어진 상태였기 때문에 이 철도

---

2) 제1차 세계대전의 원인으로 민족주의, 군국주의, 경제적 반목, 동맹관계, 위기사건들을 들고 있다(J. H. Landman and Herbert Wender, *World Since 1914*, New York, 1957, ch. II; Burns, *op. cit.*, pp. 426-439).

부설은 보스포루스(Bosporus)에서 티그리스강의 바그다드까지 이르는 노선의 완성을 의미하는 것이었다. 그리고 다시 이것은 바그다드에서 페르시아만으로 이어지고 이어 인도에까지 가는 단축노선을 가능케 하였다. 이 철도계획은 1890년 이루어졌으나 사안의 중대성을 고려하여 독일은 영국과 프랑스의 은행가들을 끌어들여 공동자본투자에 의해 실시하려고 하였다. 그러나 양국가는 일단 수락은 하였으나 각각의 이해관계에 의해 달갑게 여기지 않았다. 영국은 페르시아와 메소포타미아에서의 이권에 도움이 안 된다는 입장에서, 프랑스는 터키의 이권과 맞물려 있는 러시아의 보복을 두려워하는 입장에서 거절하였다. 그러나 독일은 375마일의 철도선을 강행함으로써 국제적 반목을 일으키고 있었다.

정치적 원인

　　두 번째로는 제 1 차 세계대전의 정치적 원인들로서 그 가운데 가장 두드러진 원인은 민족주의였다. 민족주의의 뿌리는 앞에서 설명한 바와 같이 프랑스혁명에서 자리를 잡았다. 그러나 민족주의는 구체적으로 20세기 초엽 여러 가지의 위험한 형태를 가지게 되었다. 그것은 대세르비아계획(the Greater Serbia scheme), 러시아의 범슬라브운동(the Pan-Slav movement in Russia), 프랑스의 보복운동(the revenge movement in France) 그리고 범독일운동(the Pan-German movement)이었다. 앞의 두 가지는 서로 긴밀하게 연결되어 있었다. 작은 세르비아는 20세기 초 인종과 문화가 비슷한 모든 사람들을 한데 끌어들이려는 꿈을 꾸었다. 그들 인종의 일부는 터키지역인 보스니아와 헤르체고비나에 살았다. 나머지 사람들은 오스트리아·헝가리의 남부지역에서 크로아티아인(Croatians)과 슬로베니아인(Slovenes)으로 살고 있었다. 오스트리아가 1908년 보스니아와 헤르체고비나를 졸지에 병합하자 대세르비아계획은 합스부르크가에 대항하는 쪽으로 방향을 바꾸었다. 그리하여 오스트리아 내의 슬라브족들을 선동하여 세르비아로 끌어 내리려는 움직임이 붙었다. 결국 이중왕국에 반대하는 일련의 위험한 음모들이 일어나 1914년 6월 28일 오스트리아 왕위계승자를 암살하는 결과를 빚게 되었던 것이다.

범슬라브주의

세르비아 민족주의자들은 러시아의 범슬라브주의자들의 도움을 받았다. 범슬라브운동은 동유럽의 모든 슬라브족들은 하나의 커다란 가족이라는 이론에 근거하고 있었다. 여기에서 러시아는 가장 강력한 슬라브국가로서 발칸의 작은 형제민족들의 안내자와 보호자역할을 해야 한다는 주장이 나오게 되었다. 그러므로 작은 형제국들은 위험을 만날 때마다 러시아를 바라보면서 용기를 가지게 되었다. 그리하여 세르비아인, 불가리아인, 몬테니그로인들은 오스트리아나 터키와의 싸움에서 항상 카르파티안산맥 건너 편에 자기들을 도와주는 강력한 친구가 있다고 생각하였다. 범슬라브주의는 몇몇 열렬한 민족주의자들의 감상적인 희망일 뿐 아니라 더 나아가서 러시아정부의 공식적인 경찰이기도 하였다. 이것은 세르비아와 오스트리아 사이에서 일어나는 모든 분쟁에서 러시아의 호전적인 성향을 설명해 주는 증거이다.

프랑스의 보복운동

제 1 차 세계대전의 원인이 된 민족주의의 또 다른 형태는 프랑스의 보복운동이었다. 프랑스의 격렬한 애국주의자들은 1870년 이래 프랑스·프러시아전쟁의 패배를 보복할 때만을 기다리고 있었다. 이러한 프랑스인들의 감정은 아마도 다른 비유럽인들에게는 이해되기 어려울 것이다. 유명한 정치가인 래이몽 포앙카레는 알사스와 로렌의 두 주를 다시 찾지 않고는 살아갈 가치가 없다고 선언하였다. 그러나 이것은 프랑스인 절대다수의 의견은 아니었으며 사회주의자들과 자유주의자들의 강한 반발을 샀다.

범독일주의

민족주의의 일종인 범독일주의(Pan-Germanism)의 영향은 실제로는 가늠하기 쉽지 않다. 이 운동의 이름은 일반적으로 1895년 창설된 범독일동맹(the Pan-German League)의 이념에서 유래하였다. 이 동맹은 중앙유럽의 모든 튜톤족들을 포괄하는 독일의 팽창을 모토로 하였다. 독일제국의 범위는 덴마크, 네덜란드, 룩셈부르크, 스위스, 오스트리아, 폴란드의 와르소까지 뻗치게 되었다. 일부 지도자들은 이에 만족하지 않고 발칸반도와 서부아시아까지 주장한 것으로 나타나 있다. 그들은 더 나아가서 불가리아와 터키의 사람들은 적어도 독일제국의 위성국이 되어야 한다고 주장하였다. 범독일동맹은 상당한 여론을 불러일으켰지만 독일인들을 대표하지는 못하였다. 1912년 후엽 그것은 단지 17,000의 회원을 확보하는 데 그쳤으며 정부에 대한 격렬한 비판으로 원망의 대상이 되었다. 그러나 그것의 교리들은 한 세기 이상 동안 독일사상에 잠재하게 되었다. 철학자 피히테는 독일인들은 그들의 정신적 우수성으로 유럽인들에게 평화를 부여할 임무가 있다고 가르쳤다. 아리안민족주의와 게르만 우월주의의 사상은 또한 '낮은 인종들'에게 게르만의 문화를 수용하도록 강권할 의무가 독일인들에게 있다는 사상을 낳게 하였다. 끝으로 위대한 국가를 신성시하고 민족정책으로 권력을 높이려는 트라이츠케와 같은 철학자들의 노력으로 독일의 중산층과 상층인들은 다른 민족들을 받아들여서는 안 되며, 독일인들만이 약한 이웃들을 지배하지 않으면 안 된다는 신념을 가지게 되었다.

3국동맹

유럽국가들의 민족주의는 전쟁으로 가는 복잡한 동맹관계를 맺게 하였다. 동맹의 기원은 1870년도 비스마르크로 소급된다. 비스마르크는 프랑스와의 싸움에서 승리한 다음 보복을 두려워하여 프랑스를 고립시키는 정책으로 일관하였다. 그리하여 그는 1873년 오스트리아, 러시아와 함께 소위 3제동맹(the League of the Three Emperors)을 결성하였다. 그러나 러시아가 터키영토문제로 독일·오스트리아와 불편한 관계를 가지면서 1878년의 베를린회담 이후 3제동맹은 암초에 부딪히게 되었다. 3제동맹의 무산으로 비스마르크는 오스트리아와 공고한 동맹을 맺고 1882년 이탈리아를 다시 가입시킴으로써 유명한 3국동맹(the Triple Alliance)을 결성하였다. 이탈리아가 가입한 것은 독일이나 오스트리아를 좋아해서가 아니라 공포와 분노 때문이었다. 이탈리아는 1881년 튜니지아를 프랑스에게 빼앗겼을 뿐 아니라 교회와의 사이가 좋지 않아 프랑스가 교황을 보호한다는 구실로 군대를 파병할 것을 두려워하였다. 그러는 동안 3제동맹은 다시 부활되어 1887년까지 지속되었으며 독일은 러시아와의 우의를 1890년까지 공고히 다졌다.

비스마르크의 프랑스 격리정책은 1890년까지 그런대로 유지되었다. 더욱이 영국의 전통적인 '영광스러운 고립정책'은 적지 않게 일조하였다. 그러나 1890-1907년 사이 유럽은 비스마르크의 업적을 허무러뜨리는 외교적 변화를 맞았다. 독일은 오스트리아와 계속 우의를 다진 반면에 러시아, 이탈리아와는 관계를 단절하였으며 영국도 고립에서 벗어나 러시아, 프랑스와 우호적인 협정을 맺었다. 불안한 가운데 새로운 결의를 다지지 않으면 안 된 국가는 독일이었다. 그러면 이러한 외교적 변화를 가져온 원인은 무엇인가. 첫째는 새 카이저 윌리엄 2세와의 불화로 비스마르크가 1890년 은퇴했다는 사실이다. 윌리엄은 주로 영국과의 우의에 관심을 쏟았으며 러시아와의 조약에는 신경을 쓰지 않았다. 둘째는 러시아의 범슬라브주의로 오스트리아와의 일전이 불가피했다는 사실이다. 독일은 러시아와 오스트리아의 양자 중 후자를 선택한 것이다. 셋째는 러시아와 프랑스의 재정적 결속으로 정치적 동맹의 길이 열렸다는 사실이다. 1888-1889년 거의 5억 달러에 달하는 러시아차관이 파리증권거래소(Paris Bourse)에서 이루어져 수많은 프랑스투자자들이 몰려들었다. 넷째는 영국이 고립정책을 파기했다는 사실이다. 영국의 고립파기는 아마도 독일경제의 성장을 묵과할 수 없다는 각오였다고 보여진다. 마지막으로 외교적 변화의 원인은 이탈리아가 3국동맹을 이탈했다는 사실이다. 이탈리아는 프랑스에게 빼앗긴 튜니지아를 포기하는 대신 그들의 주의를 오스트리아로 돌려 트리폴리를 회복하기를 바랐다. 말하자면 트리폴리를 위해 프랑스의 지지를 호소하기 위하여 결국 3국동맹의 충성을 벗어난 것이다.

3국협상

외교적 변화의 결과는 3국협상(the Triple Entente)의 결성이었다. 이 협상은 몇 가지의 단계를 거쳐 이루어졌다. 위에서 밝혔듯이 러시아와 프랑스는 1890년 동맹에 이르는 정치적 협상을 하였다. 1894년에는 양국이 비밀군사회의를 열어 독일이나 오스트리아의 침략을 받을 경우 서로 도와 준다는 내용에 합의하였다. 러시아와 프랑스의 이중동맹은 곧 이어 프랑스와 영국사이의 협상(the Entente Cordiale)을 이끌어 냈다. 영국과 프랑스는 19세기 후반에는 식민지와 무역으로 사이가 좋지 않았다. 더군다나 1898년 이집트령 수단의 파쇼다에서 양국은 충돌할 뻔까지 하였다. 그러다가 갑자기 프랑스는 아프리카에서의 주장을 철회하고 영국과 새로운 문제를 가지고 협상하려고 하였다. 이것이 바로 두 나라의 우호협상이었다. 이 협상은 공식적인 동맹이 아니라 어디까지나 우호적 차원의 회의였다. 프랑스는 영국에게 이집트에서의 권리를 인정하는 대신 영국은 프랑스에게 모로코에서의 권리를 인정하기로 하였다. 그리고 3국협상의 마지막 단계는 영국과 러시아와의 결합이었다. 이것도 1907년 양국이 아시아에 대한 그들의 이해관계를 협의한 비공식적인 동맹이었다. 그 골자는 페르시아를 3분하여 러시아는 북부를, 영국은 남부를 각각 분점하게 하고, 그리고 중부는 중립지역으로 정하여 임시로 합법적인 지배자인 샤(the Shah)로 다스리게 하는 내용이었다.

3국동맹과 3국협상의 약화

1907년경 유럽의 강대국들은 3국동맹과 3국협상의 두 진영으로 나뉘어 있었다. 그러나 3국협상이 발달하는 반면에 3국동맹은 이탈리아의 이탈로 약화되고 있었다. 이미 살핀 바와 같이 이탈리아의 3국동맹가입은 처음부터 모호하였다. 이탈리아의 민족주의자들은 오스트리아와의 관계가 냉냉해지자 프랑스와 비밀협상에 들어갔다. 그들은 트리폴리를 인정해 주는 대가로 프랑스의 모로코 권리를 인정하였다. 1902년 프랑스와 이탈리아는 제 3 국의 공격시 중립을 지킨다는 비밀협상을 맺었다. 이탈리아는 1909년 러시아와도 협정(Racconigi Agreement)을 맺어 트리폴리의 이권과 러시아의 콘스탄티노플의 이권을 서로 인정하기로 약속하였다. 이것으로 이탈리아는 3국동맹을 실제로 탈퇴한 것이나 다름이 없었다.

한편으로 3국협상도 변화의 길을 걷지 않으면 안 되었다. 이 협상은 1905년과 1912년 사이 주로 영국과 프랑스와의 일련의 군사회담과 비공식적 협정들에 의해 강화되었다. 그것은 프랑스가 독일의 침공을 받을 경우 양국이 합동으로 대처한다는 일반참모들의 결의내용이었다. 후에 영국과 프랑스, 프랑스와 러시아 사이에 해상협력에 대해서도 특정의 서약들이 만들어졌다. 그러나 보스니아와 헤르체고비나 병합에 대한 러시아와 오스트리아간의 다툼으로 틈이 벌어졌다. 즉 영국과 프랑스가 러시아의 요청을 받아들이지 않았다. 더욱 사태를 악화시킨 것은 영국이 1913년 독일과 오스트리아와 협력하여 세르비아로 하여금 알바니아를 포기하도록 한 사실이었다. 영국은 러시아의 콘스탄티노플의 야심에 대해서도 만족하지 않았다. 강대국들이 서로 견제하도록 만드는 것이 영국의 기본외교였다. 이제 3국동맹도 3국협상도 갈 길을 잃고 있었다.

외교적 원인

제1차 세계대전의 마지막 원인은 1905년과 1913년 사이에 일어난 일련의 국제적 위기사건들이었다. 이들 가운데 중요한 사건들은 모두 다섯 가지인데, 세 가지는 모로코문제에서, 두 가지는 근동에서 일어났다. 이들 위기들은 간간히 야기되었으나 양자 중 한 쪽이 대항할 처지가 되지 못하여 미루고 있었던 것뿐이다.

모로코문제

모로코 위기는 프랑스와 독일의 경제적 이해관계로부터 야기되었다. 20세기초 모로코는 술탄에 의해 지배되는 독립국가였다. 모로코는 주지하는 바와 같이 광산과 농산자원이 풍부한 곳으로 유럽국가들의 선망의 대상이었다. 특히 프랑스와 독일은 철과 망간자원을 탐냈다. 1880년 마드리드회의에서 모로코의 경제적특권은 모든 국가 대표자들에 의해 동등하게 공유된다고 규정하였다. 그러나 프랑스는 이에 만족하지 않고 모로코의 독점을 원하였다. 프랑스는 모로코를 군대징집의 보유지로서, 알제리아 방어의 보루로서 중시하였다. 그리하여 프랑스는 1904년 영국과 협정을 맺고 술탄지역에 새 질서를 세우려고 하였다. 드디어 모로코는 분할되었으며, 지브랄타르 반대 편의 작은 부분은 스페인에게, 그리고 그 나머지 부분은 프랑스에게 넘겨졌다. 영국은 앞에서 밝혔듯이 이집트에서의 특권을 확보한 상태였다.

프랑스와 독일 사이의 관계를 악화시킨 것은 위의 1904년의 협정이었다. 독일은 1905년 모종의 속임수가 있음을 눈치채고 프랑스가 모로코의 권리를 포기하든지 아니면 보상을 지불하든지 둘 중의 하나를 택할 것을 요구하였다. 독일 재상 뷜로우(von Buelow)는 모로코의 탕헤르항을 요청하였다. 이로써 전쟁은 막바지에 다가왔다. 이 문제를 해결하기 위하여 1906년 국제회의가 스페인의 알제시라스에서 열렸다. 이 회의는 술탄의 주권을 인정하는 동시에 프랑스의 특권도 인정하였다. 결과적으로 프랑스의 승리였다. 이어서 제2차 위기(1908)와 3차 위기(1911)가 독일의 모로코주장으로부터 야기되었다. 중대한 사건은 제3차 위기였다. 영국수상 데이비드 로이드 조지는 1911년 6월 독일의 모로코침투를 경고하는 연설을 감행하였다. 결국 모로코문제는 1911년 프랑스가 독일에게 프랑스령 콩고 일부를 양도함으로써 타결되었다. 그러나 근본적인 문제가 해결된 것은 결코 아니었다.

근동의 위기들

근동의 위기는 보스니아문제와 발칸전쟁을 일으켰다. 근동위기는 모로코 위기보다 더 심각한 문제였다. 이미 말한 대로 1878년 베를린회의에 의해 터키령인 보스니아와 헤르체고비나의 실제적인 소유는 오토만제국에 있었지만 그 행정적인 지배권은 오스트리아에 있었다. 세르비아인들은 그들 영토의 두 배가 넘으며 아드리아해의 길목에 있는 터키령을 탐내지 않을 수 없었다. 오스트리아는 1908년 10월 이 두 지역을 병합함으로써 베를린조약을 전면적으로 어겼다. 세르비아인들은 분노한 나머지 러시아에게 호소하였으며, 러시아는 오스트리아에 강력한 경고를 전달하였다. 이에 독일은 피터스부르크에 오스트리아에 대한 지지를 선언하였다. 그러나 러시아는 일본과의 전쟁으로 아직 회복되지 않은 터라 세르비아에게 다음 기회를 노리자고 권고하였다. 한편 오스트리아에 대한 유럽의 여론도 매우 부정적이었다. 오스트리아는 분명히 국제법을 어겼으며 세력균형을 무너뜨렸다는 것이다. 사람들은 위기의 상당한 책임이 러시아의 외무장관 알렉산더 이즈볼스키(Alexander Izvolski)에게 있었다는 사실을 알지 못하였다. 이즈볼스키는 1908년 9월 오스트리아의 외무장관(Count Aerenthal)과 비밀리에 협정을 맺고 지브랄트해협의 권리만 인정하면 오스트리아의 두 지역병합을 간섭하지 않겠다고 약속하였다. 이에 영국과 프랑스가 동의할 리 만무하였다. 이를 알아차린 오스트리아가 재빨리 두 지역을 병합하자 이즈볼스키는 아에렌탈의 배신을 질타하였다. 보스니아 위기는 제 1 차 세계대전을 일으킨 가장 중요한 사건으로 세르비아와 오스트리아의 충돌을 피하게 할 수가 없었다. 오스트리아와 독일과의 일전을 부채질한 것은 피터스부르크의 제국주의자들이었다. 러시아에 대한 프랑스의 회유외교도 소용이 없었다. 좌절에 빠진 이즈볼스키는 드디어 외무장관을 사임하고(1908) 프랑스대사로 부임하였다. 그는 1910-1914년간 러시아와의 동맹관계를 유지하는 데 상당한 영향력을 발휘하였다.

발칸전쟁

오스트리아와 세르비아의 감정은 발칸전쟁에 의해 더욱 악화되었다. 제 1

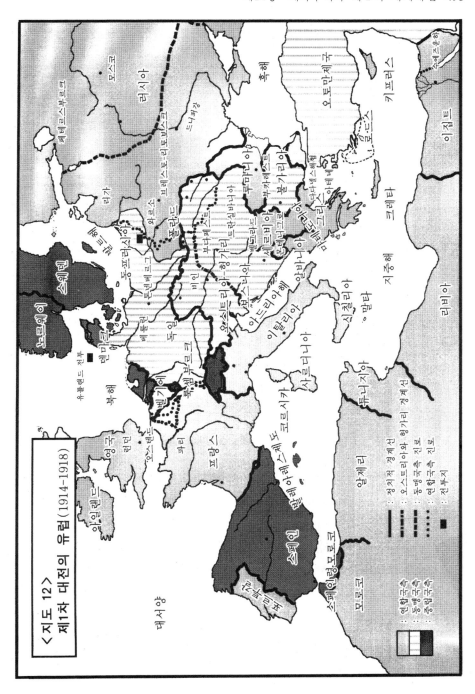

〈지도 12〉
제1차 대전의 유럽 (1914-1918)

차 전쟁은 케말 파샤(Kemal Pasha)가 이끄는 청년 터키당의 오토만화계획의 결과로 일어났다. 술탄정부가 마케도니아의 슬라브족들을 학대한다는 소식이 전해지자 발칸반도의 슬라브계 족들이 분개하였으며 결국 터키에 대한 이들의 공격구실이 되었다. 세르비아, 불가리아, 몬테니그로, 그리스는 러시아의 후원을 받아 마케도니아 정복을 위한 발칸동맹을 결성하였다. 전쟁은 1912년 10월에 시작되었으며 두 달도 안 되어 터키는 흩어지고 말았다. 다음 해 터키는 런던조약에서 콘스탄티노플과 그 주변지역을 제외한 유럽대륙 내의 영토와 크레타섬을 발칸동맹에 양도하였다. 세르비아는 서부 마케도니아 이외에 알바니아를 약속받았다. 그러나 오스트리아는 세르비아의 증강을 두려워한 나머지 영국, 프랑스의 지지로 알바니아의 독립을 추진하였다. 세르비아로서는 이것이 마지막 기회였다. 세르비아는 매번 서부로의 확장계획이 합스부르크가에 의해 차단되는 셈이었다. 그리하여 세르비아와 보스니아에서의 반오스트리아 감정은 날이 갈수록 증폭되었다. 새로 얻은 땅의 분배과정에서 불가리아의 몫이 너무 많다 하여 1913년 제 2 차 발칸전쟁이 야기되었다. 불가리아는 크게 패배하였으며 그리스는 크레타와 에게해의 섬들, 그리고 마케도니아의 일부를 얻고 세르비아도 크게 확장되었다(부카레스트조약). 그러나 세르비아는 결과적으로 알바니아를 오스트리아의 반대로 얻지 못하였다.

2. 전쟁의 발발과 과정

제 1 차 세계대전의 직접적인 원인은 1914년 6월 28일 오스트리아의 프란시스 페르디난드대공(Archduke Francis Ferdinand)의 암살이었다. 오스트리아의 왕위 계승자인 페르디난드부처는 보스니아의 육군훈련행사에 참석차 사라예보(Sarajevo)를 방문하던 중이었다. 범인은 검은 손(the Black Hand, the Union, the Death)이라 부르는 반오스트리아 비밀결사에 속한 세르비아인이었다. 그러면 오스트리아대공의 암살동기는 과연 무엇인가. 그것은 아마도 페르디난드의 합스부르크제국의 재조직계획이었을 것이다. 이것은 기존의 오스트리아와 헝가리의 이중왕국(the Dual Monarchy)에 다시 슬라브족으로 구성된 반(半)독립국을 부가함으로써 삼중왕국(the triple monarchy)을 형성하려는 삼중주의(trialism) 프로그램이었다. 그러므로 세르비아 민족주의자들이 순순히 따라갈리가 없었다. 만약 이 계획이 이루어진다면 슬로베니아인과 크로티아인까지 합스부르크지배하에 들어가기 때문이다.

피살사건은 오스트리아의 영토에서 일어났으나 범인이 세르비아인이라는 것을 구실로 오스트리아는 7월 28일 드디어 세르비아에 선전을 포고하였다. 양국의 충돌은 자연히 그 배후의 동맹국들의 싸움으로 번져 나갔다. 7월 30일 러시아는 사조노프(Sazonov) 외무장관의 권유로 짜르를 설득하여 군대동원령을 내렸으며 8월 1일에는 독일과의 전쟁을 선포하였다. 그리고 8월 3일에는 프랑스의 수상 비비아니(Viviani)의 응답에 대응하여 독일의 카이저가 즉각적으로 선전을 포고하였다. 한편 영국은 처음에는 중간에서 조정을 시도하였으나 독일의 벨기에 공략정책에 이르러 8월 4일 독일에 선전을 포고하였다.

벨기에는 영국을 마주보고 있는 지역으로 영국의 경제상, 국방상 매우 중요한 요지였다. 영국은 겉으로는 영광의 고립주의를 표방하고 있었지만 벨기에에 대한 관심은 적지 않았다. 영국의 참전으로 3국협상은 군사동맹으로 전환되었으며 중부유럽세력(the Central Powers)과의 대립을 피할 수 없게 되었다. 특히 영독을 중심으로하는 전쟁의 성격이 뚜렷하게 되었다. 이 때 가장 관심을 끈 것은 동맹국에 소속되었던 이탈리아와 기타 다른 약소국가들의 향배였다. 몬테니그로는 인접한 동족인 세르비아에 합세하였으며, 일본은 영국의 동맹관계를 이유로 독일에 선전을 포고하였다. 터키는 러시아와의 대적관계로 동맹측에 접근하다가 11월 연합국측의 선전을 받아야 했으며, 이탈리아는 오스트리아와의 영유권문제로 다투다가 1915년 5월 결국 연합군에 가담하였다. 같은 해 10월에는 불가리아가 동맹군에 합세하여 세르비아를 공격하였으며 1916년에는 포르투갈과 루마니아가, 그리고 1917년에는 그리스가 각각 연합군에 합세하였다. 이로써 북서부유럽의 일부국가들을 제외하고는 거의 모든 유럽국가들이 전쟁에 휘말리게 되었으며 더 나아가서 식민지에까지 번져 문자 그대로 세계대전의 양상을 띠게 되었다.[3]

---

3) 벡커는 제1차 대전의 과정을 제1단계(1914-16), 제2단계(1917), 제3단계(1918)로 나누고, 제1단계는 연합군(해전우세)과 동맹국(육지전우세)의 백중지세, 제2단계는 미국의 참전과 러시아혁명으로 연합군의 우세, 제3단계는 연합군의 승리로 해석하고 있다(Becker, *op. cit.*, pp. 681-682).

서부전선

독일은 왕년의 참모총장이 만든 '슐리펜계획(Schlieffen plan)'에 따라 제일 차로 벨기에를 공격하고 다음 프랑스로 들어가 서부전선의 기선을 잡은 후 즉시 동부전선으로 병력을 돌려 대륙의 전쟁을 단기간에 종결하려고 하였다. 독일은 고의로 방비가 삼엄한 독일과 프랑스의 국경선을 피하고 룩셈부르크와 벨기에를 통하여 프랑스로 진격하려는 작전을 세웠던 것이다. 실제로 영국군이 플랑드르지방에 상륙하여 프랑스군과 합세하였으나 독일군은 마르느(Marne)강에서 선전하였다. 그러나 조프르(Joffre) 휘하의 프랑스군이 의외로 잘 싸워 독일군을 엔강까지 격퇴하였다. 그리하여 서부전선의 전황이 예상외로 지연되었다. 결국 슐리펜계획은 차질을 빚고 말았다.

동부전선

서부전선의 싸움이 진행되는 동안 러시아는 동부독일에 진격하여 베를린을 위협하였다. 이에 독일군의 참모총장 몰트케(Helmut von Moltke)는 서부전선의 병력의 일부를 빼돌려 힌덴부르크(Hindenburg)장군으로 하여금 1914년 8월 탄넨베르크전투에서 러시아군을 물리치게 한 다음 다시 폴란드로 진군케 하였다. 한편 러시아군의 일부는 오스트리아를 거쳐 칼파티아산맥을 넘어서 헝가리에 들어가려 하였다. 독일은 이에 맞서 막켄젠으로 하여금 오스트리아를 구하게 하고 폴란드를 협공하여 와르소를 차지하였다(1914. 8). 독일군은 계속하여 발트해의 리가(Riga)에서 체르노비츠에 이르는 변경에서 루마니아와 맞부딪히게 되었다.

발칸전선

전쟁이 일어나자 오스트리아는 세르비아를 점령하려 했으나 세르비아의 저항으로 주춤하였다. 그러나 1914년 11월 터키의 참전으로 전선은 근동에까지 번졌다. 터키의 참전으로 가장 위협을 느낀 국가는 이 지역의 이해관계와 깊은 연관을 가진 영국이었다. 영국은 12월 이집트를 터키로부터 떼어 내어 새로 술탄을 옹립함으로써 영국의 보호국으로 만들었다.

한편 연합군은 1915년 육해군이 합동하여 다다넬스해협과 콘스탄티노플을 점령하려고 했으나 터키의 끈질긴 저항으로 좌절되었다. 그리하여 발칸에

대한 연합군의 작전은 무너지는 반면에 독일의 침투는 거세졌다. 여기에 다시
불가리아의 동맹군가담으로 1915년 12월 세르비아가 함락되었다.

식민지전선

전쟁은 해상과 식민지에까지 미쳤다. 해군력에서는 독일은 영국에 이르지
못하였다. 영국이 독일의 해역을 봉쇄하고 식민지와의 관계를 차단하는 반면
에 독일은 간접적으로 영국의 경순양함을 기습공격을 통하여 방해하는 정도였
다. 그러나 인도양에 있어서의 순양함 암덴(Emden), 뫼베(Moewe) 등의 활약
은 한때 연합국 상선의 공포의 대상이었다.

가장 큰 해전은 남미 근해에서 일어난 포클랜드(Falkland)해전과 덴마크
근해에서 일어난 유틀랜드(Jutland)해전이었다. 1914년 크라독크 휘하의 영함
대가 치리 근해에서 독일의 슈페 휘하의 함대와 맞부딪혔다. 처음에는 영함대
가 손해를 보았으나 포클랜드에서 영국의 스터디에 의해 섬멸되었다. 유틀랜
드해전은 1916년 독일의 쉬어제독의 함대와 영국의 비티 휘하의 함대의 충돌
로 일어났다. 시초에는 영함대가 적지 않은 타격을 받았으나 곧이어 독일측이
봉쇄당하였다. 식민지전은 시종 연합군측이 유리하였다. 아프리카의 식민지는
영국과 프랑스가 주로 차지하였으며, 태평양전은 일본의 참전으로 영해군을
도와 중국의 땅(청도)을 점령하는 데 일조하였다.

미국의 참전

독일을 중심으로 하는 동맹군은 해상과 식민지에서는 열세를 면하지 못
하였지만 유럽대륙에서는 그런대로 세력을 확보하였다. 독일은 세르비아를 점
령한 다음 서부전선을 타개하기 위하여 1916년 베르뎅요새로 병력을 집중하
였다. 그러나 수차에 걸쳐 공격을 시도하였으나 프랑스의 페탱(Petain)장군의
선전으로 번번히 격퇴당하고 말았다. 동맹군의 전투력은 훨씬 우세하였으나
물자 면에서는 연합군에 따르지 못하여 전쟁의 장기화에 점차 움츠러들기 시
작하였다. 한편으로 영국은 새로운 징병제를 실시하고 산업체제를 전시체제로
바꾸어 전쟁에 만전을 기하였다. 드디어 영국은 프랑스와 손을 잡고 7월 솜
(Somme)강에서 독일군을 공격하였다. 별다른 성과는 없었다. 독일군은 일단
서부전선으로부터 물러나 이번에는 힌덴부르크 선(Hindenburg line)을 만들어

대항하였다. 근동에서도 영국이 바그다드를 점령하고(1917), 예루살렘을 차지하였으며 그리고 앞에서 말한 바와 같이 그리스의 합세로 1917년부터는 연합군의 우위가 확연해졌다.

독일은 전쟁의 장기화와 해상의 열세로 곤경에 빠져 있던 중에 궁여지책으로 무제한잠수함(U-boat)작전을 실시하여 연합군상선은 물론 중립국상선까지 격침시켰다. 특히 미국은 영국의 여객선 루시타니아호 침몰(1915)로 적지 않은 미국인들의 희생을 잊지 않고 있던 터라 중립을 지킬 수가 없었다. 미국은 결국 1917년 4월 6일 독일에 선전을 포고하고 연합군에 가담하게 되었다. 미국이 참전한 배후에는 위의 직접적인 원인 이외에도 다음과 같은 몇 가지의 원인들이 있었다. 첫째로는 영국에 대한 동질적인 민족감정의 발동이었다. 역사, 문화, 정치, 경제, 종교 등에 있어서 양국의 이해는 분리될 수 없는 관계였다. 둘째로는 경제적 이해관계 때문이었다. 미국은 1915년 이래 군수품과 전시물자 등을 영국, 러시아, 프랑스에 공급하는 주요수출국이었다. 그리고 이러한 수출은 거의가 현금거래가 아니라 신용대부나 차관형태의 거래였다. 그리하여 윌슨은 경제인들의 참전압력을 피할 수가 없었다. 셋째는 미국이 세계 재구도의 주도국이 되어야 한다는 윌슨의 결심이었다. 그는 국제연맹(a League of Nations)에 기초한 새로운 세계질서를 부르짖었다. 그는 1916년 12월 승리와 형벌 없는 평화가 새로운 세계질서의 기초라고 선언하였다. 그러나 그는 실제로는 독일의 군국주의와 전제주의가 세계평화의 걸림돌이라는 것을 인정하였다. 마지막으로는 유럽의 세력균형을 바라는 미국의 의지였다. 다시 말하여 미국의 안전은 유럽의 세력균형에 있다는 것이다. 그리하여 당시의 영국의 우위는 미국안전의 필수요건이라는 것이다.

미국의 참전은 그 전통적인 외교정책의 일대 전환이었음은 물론 전쟁의 중대 변화를 가져다 주었다. 즉 이 때까지 중립을 표방하던 중남부 라틴아메리카의 여러 국가들과 중국이 연합국측에 가세하는 한편, 영국은 일부의 평화론자들을 극복하고 로이드 조지의 지도하의 거국전시내각을 구성하였다. 프랑스도 이에 발맞추어 클레망소 내각 아래 전시내각을 가다듬었다.

전쟁의 특성

제1차 세계대전은 여러 가지 면에서 전과는 다른 새로운 양상을 드러냈다. 해상에서는 잠수함뿐 아니라 지상에서는 비행기, 육지에서는 탱크가 등장하여 세상을 경악케 하였다. 독일의 잠수함공격은 이미 말한 바 있거니와 독일은 비행선(Zeppelin)을 만들어 영국을 습격하였으며 영국은 라이트형제의 비행기를 만들어 이에 응전하였다. 영국은 1916년 탱크를 생산하여 전쟁에 사용하였으며 독일도 이에 응하였다. 전쟁의 전율을 느끼게 한 것은 소위 독가스의 사용이었다. 독가스를 방어하기 위하여 방독면이 등장하였다. 무기 못지않게 달라진 것은 전쟁의 성격이었다. 전후방의 구별이 없는 전면전으로 바뀌었을 뿐 아니라 전쟁의 정당성을 내세우기 위한 선전도 대단하였다. 양쪽이 모두 자기 편의 정당성을 위해 수단과 방법을 가리지 않았지만 동맹국보다는 연합군 측이 유리하였다. 세계대전이 전제주의에 대한 민주주의의 싸움이며 압제에 대한 자유의 싸움이라는 연합국측의 구호가 절대적으로 수용되었다.

러시아의 휴전

동부전선의 주역을 맡았던 연합군측의 러시아는 1917년 3 월 돌연 독일과 단독휴전에 들어갔다. 과도한 전쟁의 출혈과 짜르전제의 압박으로 로마노프제정은 러시아인들의 봉기를 막을 수 없었다. 러시아는 1917년 11월 레닌이 이끄는 급진파의 승리로 혁명을 성취하였다. 이에 대해서는 후술할 것이다. 러시아는 더 이상 전쟁을 수행할 수 없다고 판단하여 1918년 3 월 동맹군과 브레스트 · 리토프스크조약(the treaty of Brest Litovsk)을 맺음으로 연합군을 이탈하였다. 러시아에 이어 루마니아도 부카레스트조약으로 동맹군과 단독강화를 체결함으로써 동부전선의 남부가 흔들리게 되었다. 이 기회를 놓칠새라 독일은 동맹군을 지휘하여 총공격을 실시하였다. 그러나 연합군은 미국의 참전으로 병력이 증강한 데다가 유능한 포슈(Foch)장군의 작전으로 버틸 수 있었다.

연합국의 승리

동맹군은 서부전선에서의 패배(1918.7)와 힌덴부르크 선의 패배(1918.10)로 교착상태에 빠졌다. 동맹군의 패배에는 위의 포슈장군의 공로가 지대하였다. 포슈의 명령으로 독일은 1918년 11월 11일 프랑스와 휴전을 맺었다. 근동전선에서도 연합군은 선전하였다. 연합군은 다마스커스를 무너뜨리고 이어 바그다드를 점령하여 터키군을 섬멸하였다. 동맹군이 서부전선에 주력하는 사이

연합군은 승승장구하여 발칸반도를 제압하였으며 1918년 10월 불가리아가 드디어 항복하였다. 오스트리아는 이탈리아 공격의 실패와 국내의 혁명운동으로 더 이상 전쟁을 이끌 수 없어 11월 3일 손을 들었다. 따라서 합스부르크가 무너지고 공화제가 선포되었다. 독일도 그대로만 버틸 수가 없었다. 오스트리아가 항복한 바로 그 날(11월 3일) 킬(Kiel)군항의 해병들이 봉기하였다. 혁명운동은 전국적으로 퍼져 12월 9일 베를린의 폭동으로 이어졌다. 윌리엄 2세는 자리에서 물러나고 독일의 제2제정은 막을 내렸다. 정권을 물려받은 사회민주당정부는 휴전에 조인하였으며 이로써 연합국은 승리의 편에 서게 되었다.

　제1차 세계대전은 그 규모와 전술에서뿐 아니라 그 피해면에서도 타의 추종을 불허하였다. 교전국가수는 28개국으로서 참가병력은 총 6,500만 명이었다. 그 중 연합국이 4,200만 명, 동맹군이 2,280만 명이었다. 전사자는 연합군이 500만 명, 동맹군이 330만 명으로 모두 850만 명이었으며 이외에 부상자는 2,000만 명 이상에 달하였다. 전쟁에 들어간 비용을 따지면 1,860억 달러로서 거의가 국채와 외국채로 충당되었다.

제4절　베르사이유체제

1. 파리 강화회의

　1919년 1월부터 6월까지 전후 국제문제들을 해결하기 위하여 파리에서 평화회의가 열렸다. 이 회의에는 동맹국을 제외한 전승국과 중립국의 60여 명의 대표들이 참석하였다. 제국주의의 충돌이 가져온 전쟁의 원인과 이로 야기된 문제들이 논의되었으며, 윌슨의 14개조의 기본정신이 주축이 되었다. 파리강화회의는 승자와 패자 사이의 협상적인 강화라기보다는 패전국들을 범인으로 재판하는 강제선고장이었다. 전체회의는 단지 여섯 번 열렸으며 중요한 회의는 소위원회에 의해 처리되었다. 처음에는 미국의 대통령과 국무장관, 영국·프랑스·이탈리아·일본의 수상들과 외무장관들로 구성된 10인회의가 주무를 담당하다가 3월경 일을 효율적으로 처리하기 위하여 미국대통령, 영국·프랑스·이탈리아의 수상들로 이루어진 4인회의로 축소되었다. 이것은 다시 한

달 후 이탈리아의 오르란도수상이 윌슨과의 불화로 사퇴함으로 3인회의(the Council of Three)로 축소되었다. 그러므로 베르사이유조약은 거의 이들 '세 거물들'인 윌슨, 로이드 조지 그리고 클레망소에 의해 결정되었다. 파리회의의 결정으로 연합국은 독일 이외의 동맹국들과 각각 별도로 조약을 체결하게 되었다. 독일과의 베르사이유조약을 위시하여 다른 여러 조약들에서 결의된 사항들을 소위 베르사이유체제라 하여 제1차 세계대전 후 세계신체제의 기본적인 틀이 되었다.

위의 세 거물들은 하나의 공동목적을 위하여 모였으나 그들의 개성은 너무나 달랐다. 미국의 윌슨(T. Woodrow Wilson: 1856-1921)은 완고한 이상주의자로서 정도에 어긋나는 불유쾌한 일들에 대해서는 태도가 분명한 비타협적 인물이었다. 그는 비밀조약도 원칙에 어긋난다고 생각하였다. 영국의 로이드 조지(Lloyd George: 1863-1945)는 1916년 애스퀴드를 이어받은 꼼꼼한 웨일즈인이었다. 그의 현명하고 켈틱한 유머감각은 윌슨의 결점을 메꾸기에 충분했으며 경우에 따라서는 변신을 잘하는 정치가였다. 세 번째의 프랑스수상 클레망소(G. E. B. Clemenceau: 1841-1929)는 미국에서 기자생활을 한 적이 있는 가장 나이 많은 정치가였다. 그는 승려와 왕당파를 비판하는 '호랑이'라는 별명을 얻었으며 프랑스공화국을 위해 헌신하였다. 그는 독일의 철저한 패배를 주장한 고집장이기도 하였다.

윌슨의 14개조

독일과 맺은 베르사이유조약은 처음부터 두 가지의 어려운 문제에 부딪혔다. 첫 번째는 윌슨의 14개조(the Fouteen Points)를 어떻게 실행할 것인가 하는 것이고, 두 번째는 비밀조약들에 대하여 어떻게 처리할 것인가 하는 것이었다. 윌슨의 14개조는 독일의 패망과 세계평화를 기초로 하고 있는 만큼 사람들이 거는 기대도 적지 않았다. 윌슨의 이상은 제국주의를 지양하고 민족의 자유와 자치를 세우는 일이었다. 그러나 그의 이상주의적인 원칙을 문자 그대로 지킬 수는 없었다. 그러면 윌슨의 14개조의 내용부터 살펴보도록 하자. 그 골자는 ① 공개적인 계약체결 혹은 비밀외교의 폐지, ② 항해의 자유보장, ③ 경제적 장벽제거, ④ 안전에 준하는 군비축소, ⑤ 식민지의 공정한 조절, ⑥ 러시아의 철수, ⑦ 벨기에의 독립회복, ⑧ 알사스와 로렌을 프랑스에 반환할 것, ⑨ 이탈리아국경의 재조절, ⑩ 오스트리아-헝가리 인민의 자결권 인정, ⑪ 루마니아, 세르비아, 몬테니그로의 회복과 세르비아의 근해통행인정, ⑫ 터키인민의 자결권인정 및 다다넬스해협의 자유통행, ⑬ 폴란드의 독립과 근해통행인정, ⑭ 국제연맹(a League of Nations)의 창설이었다.

　위에서 말한 첫 번째 문제(윌슨의 14개조)는 실제적으로 해결되기 어려운 내용이었다. 클레망소는 하나님도 10계명에 만족하였는데 윌슨은 14개나 들고 나왔다고 불만을 토로하였다. 그리하여 윌슨의 14개 항 중 4개 조항(⑦, ⑧, ⑩, ⑭)만 원안대로 실현되었고 나머지는 무시되었거나 변형되었다. 다음으로 비밀조약에 대한 두 번째 문제는 많은 혼란을 가져왔다. 전쟁중에 이렇게 저렇게 만들어진 비밀조약들은 미국을 빼놓고는 해당되지 않는 나라가 거의 없을 정도였다. 프랑스의 알사스-로렌 회복과 라인강 좌안 관장, 영국과 프랑스의 독일령 아프리카 식민지분할, 러시아의 폴란드, 콘스탄티노플점령, 이탈리아의 영토점령 약속, 오토만제국 영토분할 등의 문제들이 모두 은밀한 회담에 의해 형성된 것들이었다. 만약 러시아혁명이 아니었다면 이러한 비밀조약들이 과연 얼마나 오랜 동안 그대로 존속되었을런지 모르는 일들이었다. 러시아혁명이 일어나자 볼셰비키파는 전쟁의 불신을 결의하였다. 따라서 그들은 짜르의 공문기록소를 공개하였다. 곧 이어 비밀조약들이 영국(Manchester Gurdian)과 미국(New York Evening Post)에서 발행되었다. 그리하여 베르사이유회의의 협상국대표자들은 더 이상 그러한 비밀조약들을 숨길 수가 없었다. 윌슨은 될 수 있는 한 그것들이 거부되도록 노력을 아끼지 않았다. 그러나 그러한 그의 노력에도 한계가 있었다. 이탈리아와 일본 등의 영토문제를 그대로 묵인하지 않으면 안 되었다.

　베르사이유조약은 1919년 4월 말 패전국인 독일로 하여금 강제로 받아들이도록 지시되었다. 그러나 독일 임시공화국의 외무장관인 브로크도르프-란트차오(von Brockdorff-Rantzau)의 반대로 질질 끌다가 오스트리아의 황태자 암살 5주년이 되는 1919년 6월 28일 베르사이유의 밀로스홀에서 조인되었다.

조약들의 내용

　파리회의는 독일과의 베르사이유조약 이외에 오스트리아와는 샹 제르망(st. Germain, 1919. 9), 불가리아와는 뉴이(Neuilly, 1919. 11), 헝가리와는 트

리아농(Trianon, 1920. 6), 터키와는 세블(Sevres, 1929. 8) 등의 여러 조약들을
각각 맺었다. 이 조약들의 골자는 다음과 같다.

   벨기에의 독립을 회복하고 독일의 오이펜(Eupen), 말메디(Malmedy)를 벨
기에에 양도한다, 프랑스는 알사스·로렌을 회수하고 자르(Saar)탄전은 15년
후 주민선거로서 그 주권을 정하되 임시로 프랑스의 위임통치를 받는다, 체
코·슬로바키아의 독립을 인정하며 실레지아의 일부를 양도받는다, 폴란드의
독립을 인정하며 서프러시아 일부와 포젠(Posen)을 양도받는다, 발트해 남단
의 단치히(Danzig)시는 자유시로서 국제관리하에 두며 폴란드에 그 사용권을
준다(이로써 독일은 동프러시와의 연락이 끊어졌으며 소위 단치히와 폴란드 사이에
는 폴란드 회랑지대〈the Polish Corridor〉가 설정되었다), 실레스비히의 북부는 투
표에 의해 덴마크에 양도한다, 독일이 점령한 러시아령인 발트해연안에 핀란
드, 에스토니아(Estonia), 라트비아(latvia), 리투아니아(Lithuania)의 신생공화
국을 건설한다 등이었다.

   이 외에 독일은 아프리카와 아시아, 태평양에 가지고 있던 식민지를 모두
연합국의 직할이나 위임통치로 넘겼으며 징병제를 폐지하고 군비를 제한해야
하였다. 독일은 또 헤리고랜드 발트연안과 라인강지대의 무장을 금지하고 라
인강 좌안지방에 연합군주둔을 15년간 허락하였다. 그리고 독일은 막대한 전
쟁배상금을 지불하지 않으면 안 되었다. 실제로는 배상액이 100억 달러에 불
과했지만 프랑스측의 강력한 요구로 1921년 배상위원회는 연합국측과 시민들
에게 끼친 손해와 군인가족, 벨기에의 전쟁대금, 라인강주둔 연합군의 유지비
용 등을 고려하여 독일의 배상액을 330억 달러로 정하였다. 이 액수는 사상 유
례 없는 것으로 그 후 10년간의 전세계적인 경제불황으로 문제점이 적지 않았다.

   이밖에 오스트리아·헝가리 이중국가는 해체되어 오스트리아, 헝가리, 체
코슬로바키아의 3공화국으로 분립되었다. 오스트리아는 폴란드에 가리치아를,
루마니아에 트란실바니아를, 이탈리아에 미회복지인 티롤과 트리에스테를 양
도하여 소국가로 전락되었으며 독일연방에의 가입도 금지되었다. 세르비아는
오스트리아로부터 발칸의 슬라브족의 지역을 얻은 다음 몬테니그로와 합병하
여 유고슬라비아(Yugoslavia)공화국을 창설하였다. 불가리아는 그리스에 트레
이스(Thrace)를 양도하여 에게해로의 길이 막혔으며, 터키는 콘스탄티노플 이
외의 유럽지역을 상실하였다. 그리고 영국은 팔레스타인과 이라크를, 프랑스는

시리아의 대부분을 위임통치하게 되었다.

2. 국제연맹과 평화협력

국제연맹

국제연맹의 목표는 세계평화의 수립과 인류문화의 향상으로서 베르사이유 체제의 가장 중요한 사업이었다. 국제연맹은 앞에서 말한 바와 같이 윌슨의 이상으로서 미국이 전쟁에 합류하게 된 주된 근거가 되기도 하였다. 윌슨은 독일이 패망하면 군국주의가 무너지고, 비효율적인 세력균형(the balance of power) 대신 세력의 공동체(the community of power)에 의한 국제관계의 수립의 길이 열릴 것이라고 믿었다. 그러나 이 연맹을 모든 국가들에게 수용되게 하려면 수많은 협상을 이루지 않으면 안 된다는 사실을 알았다. 그리하여 그는 군비축소를 '자국의 안전(domestic safety) 수준'으로라는 원래의 이념을 '민족적 안전(national safety) 수준'으로 수정하였다. 이에 따라 그는 일본을 연맹에 끌어들이기 위하여 중국내의 독일소유권을 일본이 유지하는 것을 용인하였다. 그는 또 프랑스를 회유하기 위하여 연맹은 모든 국가들의 결합이지 않으면 안 된다는 그의 끈질긴 주장을 포기하고 독일과 러시아를 배제시켰다. 이러한 것들은 연맹의 중대한 결함이었다. 그러나 국제연맹이 더욱 치명적인 타격을 받은 것은 바로 그의 국가인 미국의 공화당에 의해 거부된 사실(1920. 3)이었다.

국제연맹은 국제협력기구로서 군비축소, 안전보장, 국제분쟁의 원만한 해결, 문화발전과 인도적 사업 등을 그 주요업무로 삼았다. 스위스의 제네바를 본부로 하고 주요기관으로 총회(Assembly), 이사회(Council), 이사국(Secretariat)이 설립되었다. 총회는 매년 일회 가입국의 대표들이 회의를 열고, 이사회는 미국, 영국, 프랑스, 이탈리아, 일본의 5개 상임이사국과 총회가 선임한 4개 비상임이사국으로 구성되어 군비축소와 국제분쟁 등을 결의하였다. 이 외에 보조기구로서 헤이그에 국제사법재판소를 상설하고 제네바에 국제노동기구(I.L.O)를 설치하여 국제노동문제들을 다루었다. 국제연맹은 위에서 말한 위임통치제도(Mandatory System)를 두어 패전국의 해외영토를 특정의 국가에게 위임하여 자치정부로 만들게 하였다. 연맹은 처음에는 41개국에 불과하였으나 점차로 늘어나 50여 국이 되었다.

국제연맹의 공과

국제연맹은 시작부터 평탄치 않은 길을 걸었다. 그리하여 창안자의 뜻(민족자결원칙 등)이 제대로 이루어지지 못하였다. 위에서 반복한 바와 같이 국제연맹의 최대의 결점은 그것이 보편적인 원칙과 질서 위에 서 있지 못하였다는 사실이다. 더군다나 미국상원의 거부로 미국의 연맹불참은 크나큰 타격이었다. 이것은 윌슨의 비타협적인 성격은 물론 미국상원의 고립주의정책 등이 주된 원인이었다. 연맹은 참가국들의 임의 탈퇴를 막을 수 없었고 침략국에 대한 구체적인 제재방법이 없었다.

그러나 전쟁의 망령을 어느 정도는 쫓았다는 점에서 성공한 점도 없지 않았다. 당사국들이 거의 작은 국가들이긴 하였지만 국제분쟁을 해결하는 데 일조한 것은 사실이었다. 1920년 핀란드와 스웨덴의 올란드제도(the Aland Islands)문제를 해결하였으며, 1925년에는 경제적 거부위협에 의해 불가리아에 대한 그리스의 공격을 막았으며, 1932년에는 레티키아에 대한 콜롬비아와 페루의 싸움을 저지하였다. 그러나 강대국이 개입한 문제들은 거의 실패로 그치고 말았다. 한편 국제연맹은 보조기구인 국제노동기구를 통하여 노동문제에 대한 국제여론을 환기시키고 인종적 정치적 망명자문제나 국제법문제로 많은 사람들의 관심을 모은 것은 장래 국가들의 협력을 위한 중요한 기초가 되었다는 점에서 긍정적으로 평가된다. 그러므로 여러 가지의 약점에도 불구하고 국제연맹은 연합국을 주축으로 하는 자유주의와 민주주의, 그리고 민족주의의 승리를 나타낸 베르사이유체제의 골격이라 할 수 있다.

군비축소

연맹규약에 명시되어 있는 대로 군비축소는 국제평화에 절대적인 필수조건이었다. 전쟁 이후 모처럼 활기를 띠는 평화의 무드와는 반대로 일부 강대국들은 건함제조에 열을 올리고 있었다. 특히 미국, 영국, 일본 등은 그들이 차지한 영토와 특권을 지키기 위하여 패전국의 동향을 살피지 않으면 안 되었다. 그것이 바로 군비증강으로 나타나게 되었다. 그리하여 평화유지를 위한 군비축소가 열국간의 현안문제로 등장하였다. 미국대통령 하아딩은 1921년 5대강국과 태평양관계국들을 중심으로 워싱톤에서 군비제한문제를 논의하였다. 이 회의는 5대강국인 미·영·프·이·일의 주력함 비율을 5:5:3:1.75:1.75로 정하고 이후 10년간 주력함건조중지를 결의하였다. 이 회의는 따로 미·영·프·일이 태평양에서의 영토보존을 상호 인정하는 4국조약과 극동관계 9개국이 중국의 영토보존과 문호개방원칙을 존중하는 9국조약을 체결하였다.

다음으로 문제가 된 것은 보조함의 건조였다. 미국은 영국, 일본과 함께 1927년 제2회 군축회의를 제네바에서 열고 보조함제한을 제의하였으나 미영 간의 의견 대립으로 결열되었다. 1930년 런던에서 제3회 군축회의가 열려 미·영·일 사이에 10:10:7의 비율로 정해졌으나 불만을 가진 프랑스와 이탈리아는 불참하였다. 1932년에는 해군 이외의 모든 군비를 포함하는 일반군축회의가 열려 주목을 끌었다. 참가국도 60여 개국에 달하였으나 워낙 많은 의견의 속출로 결말을 내지 못하였으며 더군다나 해상군비를 미·영과 동률로 요구하는 일본의 반발과, 히틀러의 등장소식으로 회의는 무산되고 말았다.

로카르노협정과 부전조약

전쟁 이후 국제평화를 이룩하는 데에 가장 큰 걸림돌은 독일에 대한 프랑스의 지나친 복수심과 경계심이었다. 이것은 양국뿐 아니라 주변 유럽국가들의 분쟁을 야기시키는 요인이 되기도 하였다. 1923년 프랑스는 독일이 배상금지불을 지키지 못하자 이를 구실로 공업지대인 루르를 점령하였다. 그리하여 1925년 10월 독일외상(Stresemann)의 제의에 따라 스위스의 로카르노에서 베르사이유조약준수, 라인안전보장조약 등 7개 조약을 포함하는 소위 로카르노조약(the treaty of Locarno)을 체결하였다. 이 조약은 영국, 프랑스, 독일, 이탈리아, 벨기에, 폴란드, 체코 사이에 이루어진 것으로 프랑스를 안정시키고 독일을 국제연맹에 가입(1926)하게 함으로써 평화무드를 다시 회복케 하였다.

로카르노조약 이후 국제적 평화열이 고조에 달하여 전쟁을 없애자는 여론이 비등하였다. 그 결과 나타난 것이 1928년 켈로그·브리앙협정(Kellog·Briand Pact)으로 알려진 부전조약(켈로그·브리앙조약)이었다. 이것은 프랑스의 외무장관 브리앙이 미국의 켈로그 국무장관의 제의를 수용함으로써 처음에는 15개국이 참가하다가 나중에는 60여 국이 참가하였다. 그러나 협정위반에 대한 구속력이 약하여 실질적인 실효성은 거두지 못하였다.

독일의 배상과 전채문제

독일이 배상금을 어떻게 이행하느냐 하는 문제는 전후 국제평화와 직결된 문제였다. 특히 강경한 입장을 고수하는 프랑스와 관대한 입장을 나타내는 영국의 대립은 국제분쟁의 또 다른 불씨가 되었다. 주지하는 바와 같이 독일의 배상액은 330억 달러(1320억 마르크)로서 그 지불이 끝날 때까지 연합군은 라인란트에 주둔키로 되어 있었다. 그러나 이 천문학적 거액을 독일로서는 해결하기 어려웠다. 앞에서 말한 것처럼 지불지연으로 프랑스는 루르지방을 점령하게 되었던 것이다. 독일은 산업이 마비되고 악성 인플레이션으로 지불가망은 더욱 어려워졌다.

독일의 배상문제를 해결하기 위하여 1924년 미국의 도오즈를 중심으로 도오즈안(the Dawes Plan)을 내놓게 되었다. 배상위원회는 2억 달러의 차관으로 독일의 마르크를 안정시키고 향후 5년간 배상액을 줄여 주었다. 그리하여 독일의 경제는 어느 정도 회복의 기미를 보였다. 그러나 독일의 부담은 크게 줄어들지는 않았다. 미국은 다시 1929년 영안(the Young Plan)을 제의하여 총액을 4분의 1(358억 마르크)로 줄이고 지불기한도 59년(-1988)으로 연장하였다. 드디어 연합군은 라인란트에서 철수하여 배상문제는 일단락되는 듯 하였다. 그러나 미국에 몰아닥친 세계공황의 여파로 독일은 다시 파산의 위기를 맞게 되었다.

이에 미국의 후버대통령은 독일에 대하여 1년간의 상환정지(the Hoover Moratorium)를 통고하였다. 1932년 스위스의 로잔느(Lausanne)에서 당사국들은 배상액을 44분의 1(30억 마르크)로 감소하고, 경제회복시까지 그 지불을 유보하였으나 히틀러의 등장으로 이것조차 무효화되었다.

배상 못지않게 국제평화에 중요한 것은 전채(戰債)문제였다. 전쟁중 연합국들은 상당한 양의 전채를 지게 되었는데 그 최대의 채권국은 물론 미국이었다. 연합국들은 그들의 채무상환을 주로 독일의 배상금지불로 충당하려고 기대하고 있었다. 그러나 독일의 지불지연으로 차질이 생겨 채무국들 사이에 분규가 일어났다. 독일의 배상지불을 위하여 연합국들이 국제회의를 연 것도 따지고 보면 그들의 전채상환을 위한 비상수단이었다. 결국 독일의 전채문제는 흐지부지 끌다가 암초에 걸리고 말았다.

3. 민주주의의 발전

전후의 정치양상

앞에서 살펴본 것처럼 전후 베르사이유체제와 배상금문제로 휘말린 세계 국가들은 1939년경을 중심으로 해서는 민주주의를 지향하려는 진영과 독재주의를 지향하려는 진영으로 양분되었다. 3대 강대국인 영국과 프랑스, 미국은 민주주의 국가군에 머물러 있었으며, 작은 국가인 스위스, 네덜란드, 벨기에, 핀란드, 스칸디나비아국, 소수의 라틴아메리카공화국들, 그리고 영국의 연방자 치국들은 민주주의의 틀 속에 살아남아 있었다. 나머지 국가들은 거의 여러가 지의 형태의 전제주의로 머물러 있었다. 이탈리아와 독일, 스페인은 파시즘, 러시아는 공산주의, 헝가리는 토지소유의 귀족주의의 지배를 받고 있었으며, 폴란드, 중국, 일본은 군국주의에 휘말려 있었다. 이러한 양분화는 소위 가진 국가와 가지지 못한 국가(the Have and Have-not nations) 사이의 갈래로서, 민주주의와 독재주의의 갈래를 나타냈다.

미국, 영국, 프랑스는 가진 국가를 대표하는 국가들로서 영토나 자원 면에서 부유한 반면에 이탈리아, 독일, 일본은 시장이나 원료면에서 빈한한 국가들이었다. 그런데, 후자의 입장에서는 이러한 양분현상은 결코 자연스러운 것이 아니라는 것이다. 왜냐 하면 관세나 수입제한정책이 아니었다면 인도의 시장은 독일이나 일본에도 개방되었을 것이며 북아프리카의 원료는 프랑스에 뿐 아니라 독일에도 가능했을 것이라는 것이다. 여기에 혜택을 받지 못한 국가들의 불만이 있게 되었던 것이다.

일반적으로 전후 민주주의는 세 가지의 기간을 거치면서 발전하여 나갔다. 첫째 기간은 1918년에서 1923년까지의 심각한 경제공황기이며, 둘째 기간은 1923년에서 1929년까지의 번영기이며, 셋째 기간은 1929년 이후의 만성적 공황기이다. 처음 두 기간에는 1914년 이전의 정책이 지속되었으며 셋째 기간에는 훨씬 적극적인 정책들, 계획생산이나 경제문제에 대한 정부간섭 및 국력 결속의 경향들이 나타났다.

영   국

제 1 차 세계대전이 끝날 무렵 유럽의 민주주의 국가들은 거의 탈진상태

에 있게 되었다. 그 가장 큰 이유는 영국의 대외상업이 무너졌기 때문이다. 영
국은 미국에 상당한 양의 빚을 진 반면에 연합국들에 대여한 돈은 받지 못하
였다. 더군다나 전쟁중 일본과 인도, 오스트레일리아의 면직업이 발달하여 영
국의 상품수요가 급격하게 줄어들었다. 영국의 클라이드 조선소도 더 이
상 할 일이 없게 되었다. 그리하여 실업자가 100만에 이르렀으며 1921년경에
는 200만에 육박하였다. 전쟁중에 형성된 데이비드 로이드 조지(David Lloyd
George: 1916-1922)의 연립내각은 영국의 근본적인 경제문제를 치유하지 못
하였다. 1922년 보수당의 압력으로 조지는 물러나고 새로 볼드윈(Stanley
Baidwin)이 들어섰으나 곧 노동당의 맥도날드(J. Ramsay MacDonald: 1924-
1924)에게 패배하였다. 맥도날드는 광산과 철도의 국유화, 정부의 주택보조,
5,000파운드 이상의 재산에 대한 중과세 등의 정강정책으로 승리하였지만 10
개월 이상을 버티지 못하였다. 그것은 자유당의 지지를 받아야 했기 때문이다. 그
는 결국 1924년 10월 공산주의에 유화적이었다는 이유로 하원에서 패배하였다.

보수당은 하원에서 절대 다수표를 얻어 1929년까지 집권하였다. 완고한
정치가 볼드윈(1924-1929)은 다시 수상에 올랐다. 그의 집권기간은 비교적 번
영한 시대였다. 무역과 경공업이 발달하였으며 실업자수도 50퍼센트로 줄어
들었다. 그러나 석탄, 조선, 건설과 같은 중공업은 지지부진하였다. 1926년 5
월 광부들의 파업을 시작으로 중공업과 교통분야의 노동자들도 그들을 동조하
였으며 급기야는 총파업으로 이어져 소유계층을 경악케 하였다. 파업은 9 일을
계속하다가 일반의 지지를 얻지 못하여 그치고 말았다. 정부는 1927년 엄격한
노동조합과 조합논쟁법(Trade Union and Trade Disputes Act)을 제정하여 파
업과 조합기금의 정치자금전용을 금하였다. 볼드윈은 이 외에 과부와 고아, 연
노자를 위한 연금법을 만들었으며 1918년의 개혁령에 의해 30세로 묶여 있던
여자들의 선거권(남자는 21세)도 허락하였다. 그리하여 21세 이상의 남녀 모두
에게 선거권이 부여되었다.

1929년 선거에서 보수당은 패배하고 두 번째로 맥도날드가 수상으로 앉
았다. 그는 1924년 때와 같이 그의 정책을 마음대로 펴지 못하였다. 마침 대공
황의 영향으로 실업자가 270만 명으로 늘고 적자가 4,000만 파운드에 달하였
다. 그는 결국 1931년 8월 25일 사임하고 다음 날 3당 대표들로 구성된 소위
거국내각(the National Government)을 형성하였다. 맥도날드는 가장 어려운 공

황기를 잘 이겨 냈다. 1931년에서 1935년까지는 그가, 그리고 다음 2년간은 볼드윈이 이끌어 나갔다. 이들의 정책들은 비교적 보수적인 것들이었으나 곤경을 빠져 나오는 데 매우 효과적이었다. 영국은행의 고갈로 1931년 8월 금지불이 중단되었으며 다른 국가들도 이를 따랐다. 맥도날드는 1932년 초 드디어 보호무역주의를 채택하여 100퍼센트의 관세를 부과하였다. 1933년에는 농업 발전을 위한 몇 가지의 법령이 제정되었으며 조선과 주택을 위한 국가보조금이 조성되었다. 그 이외에 공사(公私) 대여금의 이율을 줄였으며 정부비용을 최대로 절약하여 1935-1936년 예산 때는 흑자를 남기게 되었다. 그리하여 1937년 7월 실업자의 수가 240만 명(1933)에서 113만 명으로 격감하였다.

영국연방의 발달

근대세계의 민주주의 역사에서 가장 괄목할 만한 사건의 하나는 영국연방(the Commonwealth of Nations)의 발달일 것이다. 이것은 영국이 영국제국을 더 이상 유지하기 힘들다고 판단하여 형성된 것이다. 원래의 명칭은 'the British Commonwealth of Nations'였으며, 영국에의 충성을 거부한 인도와 파키스탄 공화국 등도 후에 포함되었다. 영연방의 구성국들은 연합왕국(영국), 카나다, 오스트레일리아, 뉴질랜드, 실론, 가나, 말레이시아, 사이프러스, 나이지리아, 시에라리온, 탕가니카, 우간다, 자니발, 케냐, 트리니다드와 투바고, 자메이카였다. 영연방을 구성한 영국제국(the British Empire)은 두 파트, 독립제국(the independent empire)과 종속제국(the dependent empire)으로 형성되었다. 독립제국은 아직도 영국에 미약하나마 충성을 바치는 영연방의 독립회원국들을 포함하고 있었으며, 종속제국은 직접적으로 런던의 지배를 받는 세계 각지에 흩어져 있는 50개 이상의 식민지들을 포함하고 있었다.

독립국가들의 집단으로서의 영연방은 약 70여 년의 짧지 않은 역사를 가지고 있다. 1887년 주요영국의 속국들의 수상들이 참석한 제국회의(the Imperial Conference)에서 가장 진보한 식민지들은 영제국의 정치에 참여할 권리를 가질 의무가 있다는 제안이 만들어졌다. 이후 1897년과 1902년, 1907년에 계속하여 논의되었다. 그러나 이 제안이 현실적인 약속으로 된 것은 제 1 차 세계대전에 이르러서였다. 제 1 차 세계대전에서 영국에게 자유로운 원조를 제공함으로써 연방국들은 그들의 지위를 더욱 확고하게 굳힐 수 있었다. 1921년 제국회의는 외교문제에 있어서 영국과 동등한 입장에 설 수 있는 구성국들의 자치권을 인정하였다. 그리고 1926년 영국의 외무장관 발포어(Arthur James Balfour: 1848-1930)에 의한 문서가 채택되었다. 그 내용은 "영국의 깃발 아래 있는 자치령들(dominions, 연합왕국 포함)은 비록 제왕에 대한 공통적인 충성으로 결합되고 연방의 구성원으로 상호 연결되어 있지만 동등한 지위를 가진 영제국 안의 자치적 집단들로서 대내외적으로 상호간 종속일 수 없다"고 명시하고 있다. 드디어 1931년 발포어의 문서는 웨스트민스터법령으로 의회에 의해 제정되었다. 이후 연방국들의 수상들은 영국의 수상과 같이 왕을 직접적으로 '권고하는' 권리를 가지게 되었다. 왕 자신은 단지 연방 통일체의 상징으로 존재하였다. 왕은 총독(governor-general)에 의해 각 연방국에 상징되고 있지만 총독은 실제적인 권리는 없었다. 그는 다만 수상의 사임과 그 후임자를 받아들일 뿐이었다. 이것은 물론 영국 내각의 변화에 따르는 것이었다.[4]

프 랑 스

1918년에서 1939년까지 프랑스의 내외정책은 두 강력한 집단에 의해 지배되었다. 첫 번째는 금융자본가들, 대은행가들, 그리고 철강제조업협회 회원들(Comite des Forges)로 구성된 집단으로 강력한 정부를 원했으며 경제급진주의를 일체 배격하였다. 전후 그들이 심혈을 기울여 추구한 야심은 자르와 루르의 석탄과 코크를 로렌의 철과 결합시키려는 작업이었다. 그것은 전자 없이 후자의 가치는 무의미하기 때문이다. 그들은 폴란드와 소협상(the Little Entente) 국가들(유고, 체코, 루마니아 등)과 동맹을 맺기를 원하였다. 왜냐 하면 이들 국가들은 프랑스의 돈을 꾸어 가고 프랑스의 군수물자를 사가는 국가들이기 때문이다. 두 번째는 소산업가들, 소상인들, 그리고 소투자로 소득을 얻는 금리생활자들(rentier)로 구성된 집단으로 이들은 주로 안전을 중시하는 사람들이었다. 그리하여 그들은 국가의 확장이나 부유하게 되는 데에 관심을 쏟지 않았다. 그들은 단지 그들이 소유하고 있는 것을 유지하는 데 신경을 썼으며 큰 사업이나 투기업을 혐오하였다.

1918년에서 1924년까지는 첫째 집단의 대통령 푸앵카레(R. N. L. Poincare:

---

4) 현재 영연방의 회원국은 50여 국에 이르며 그 중 17개국은 영국여왕을 그들의 수반으로 받들고 있다. 나머지는 거의 독립되어 영연방에 가입되어 있다.

1860-1934)와 수상 클레망소(G. E. B. Clemenceau: 1841-1929)가 집권한 시기였다. 이들 집단은 주로 응징평화를 지지하였으며 독일이 전비를 보상하기를 강력히 요구하였다. 주지하는 바와 같이 1923년 루르에 군대를 파병한 사람은 바로 푸앵카레였다. 그러나 과연 그가 배상에 대한 응징을 하여 독일의 땅을 프랑스에 병합시킬 것인가 하는 것에 대해서는 의심의 여지가 적지 않았다. 결과적으로 그의 계획은 실패하였으며 그는 공직에서 물러났다. 1924년 그의 뒤를 이은 급진사회주의자(Eduoard Herriot)에 의해 프랑스는 소상인과 금리생활자의 이익을 대변하게 되었다. 그러나 프랑스의 경제는 회복되지 않아 정권은 오래가지 못하고, 2년 후 다시 푸앵카레가 등장하여 경제회복을 꾀하였다.

프랑스는 일반적으로 다른 국가들에 비해 대공황의 영향을 크게 받지 않았다. 그것은 프랑스인들의 균형경제생활 때문이었다. 그들의 사업은 거의 도시와 농촌 반반으로 갈라져 있었으며, 그들의 사업은 주로 소규모였다. 그리고 그들 대부분은 자영이었다. 그럼에도 불구하고 프랑스는 언제까지 경제적 충격을 견딜 수는 없었다. 1932년에는 정치적 혼란마저 들이닥쳤다. 내각은 흔들렸고 거리에는 공산주의자들과 파시스트들이 소요를 일으켰다. 결국 1936년 총선에서 인민전선(the Popular Front)으로 불리워지는 연합정권이 승리하였다. 인민전선은 급진사회주의자, 사회주의자, 공산주의자의 좌익 3당으로 구성된 정권으로 그 지도자는 사회주의당의 멤버이며 뛰어난 지성인인 레옹 블룸(Leon Blum: 1872-1950)이었다.

인민전선의 지도자들은 특히 경제개혁과 외교정책의 재설정으로 유명하였다. 그들은 군수산업을 국유화하고 프랑스은행을 재조직하여 200여 대주주들의 독점권을 빼앗았다. 그들은 노동자의 주 40시간제를 규정하였으며 석탄업을 재조직하였다. 그들은 프랑크화의 가치를 30퍼센트 내렸으며 농민을 위하여 가격을 안정시키고 곡물분배를 규정하였다. 외교정책에서는 그들은 영국과의 동맹을 공고히 하여 유럽에서의 영국의 지도를 따랐다. 그리하여 블룸의 정책을 지속시킬 수 있었다. 그러나 인민전선은 달라디에(Edouard Daladier: 1884-1970)의 등장으로 막을 내리게 되었다. 달라디에는 급진사회주의자들의 요구에도 불구하고 경제개혁에는 관심을 보이지 않았다. 그는 더 많은 노동의 필요성은 인정했지만 주당 40시간제는 거부하였다.

독   일

전후 패전국으로서 가장 어려움을 당한 독일은 급진파의 소요 속에 휘말렸다. 그 대표적인 것이 1919년 독일공산당의 전신으로 알려진 스파르타쿠스단의 무장봉기였다. 그러나 이들은 성공하지 못하였다. 이후 실시된 선거에서 사회민주당은 다수당이 되어 1919년 2월 바이마르에 국민의회를 소집하여 연방공화국을 선포하였다. 그들은 베르사이유조약을 승인하고 민주적인 새 헌법인 바이마르헌법(the Weimar Constitution)을 제정하였다. 새 독일공화국은 이 헌법에 의하여 독일은 18개 연방으로 성립되고, 20세 이상 남녀에게 부여되는 보통선거에 기초한 양원제의회가 구성되며, 직접선거에 의한 7년 임기의 대통령이 선출될 것 등이 규정되었다. 사회민주당은 다른 정당들과 제휴하여 새로운 정당인 민주당을 출범시키고 노동자 출신의 에베르트(F. Ebert: 1871-1925)를 대통령으로 맞이하였다. 이 헌법은 매우 민주적인 것으로 대통령은 조약체결권과 내각의 조직과 해산권, 의회의 해산권, 비상시의 긴급령 등을 가지고 있었으며, 노동자의 단체교섭권 등이 인정되었다.

새로 등장한 바이마르공화국은 시작부터 험난하였다. 그것은 신헌법의 민주적 내용과 독일적 현실과의 괴리에서 오는 잡음이었다. 우선 어려운 문제는 독일국민의 패전감정이었다. 정부는 대외관계를 지속하려는 의지에서 국제현실을 인정하려는 데 반하여 국민은 그것을 받아들이려 하지 않았다. 그들은 배신을 당했다고 생각했기 때문이다. 여기에 극좌파의 선동과 이에 맞선 극우파의 준동이 정치를 더욱 어렵게 하였던 것이다. 그 대표적인 것이 1920년 극우파에 의해 일어난 카프(Kapp)폭동이었으며, 다음 해에 일어난 유대인요인의 암살사건이었다. 무엇보다도 바이마르공화국이 당면한 가장 곤란한 현안은 전후 독일의 배상문제였다. 배상지불의 지연으로 루르산업지대는 프랑스에게 점령되어 독일의 경제는 거의 파탄에 빠지고 말았다. 악성 인플레이션으로 독일의 통화팽창은 천문학적으로 늘어나 1923년에는 달러당 수 만, 수 억을 넘어가 수조 억이라는 숫자에 달하였다. 우표 한장 값이 무려 5,000만 마르크나 되었다. 이러한 인플레이션으로 노동자들과 봉급생활자는 파멸에 이르렀고 중산층의 저축은 전무하게 되었다. 그러나 산업가는 빚을 쉽게 해결하고 중소기업들을 흡수하여 번영하게 되었다. 히틀러(Adolf Hitler: 1889-1945)가 폭동을 일으킨 것은 이즈음(1923)이었다. 그의 소요는 곧 진압되었으며 투옥생활을 면하지 못하였다. 그의 유명한 『나의 투쟁(Mein Kampf)』은 이 기간에 쓰여진 것이다.

1923년 인민당의 슈트레제만(G. Stresemann: 1875-1929)이 내각수반이 되면서부터 정국의 안정을 되찾았다. 그는 도오즈안을 수용하여 루르에서 프랑스군을 철수하게 하였으며 재정문제에도 선처하였다. 그는 통화위기를 해결하기 위하여 은행가 샤흐트(Schacht)의 협조를 얻어 렌텐(Renten)은행을 설립하고 마르크 금본위제를 재건하였다. 그는 1조 마르크를 1렌텐 마르크로 환산 발행하여 팽창을 막아 재정위기를 극복하였다. 1924년에는 새로 중앙은행(Reichs Bank)를 설립하여 렌텐 마르크를 라이히스 마르크로 바꾸었다. 그는 그 후 내각수반에서 외무장관으로 자리를 옮긴 다음에도 국제협력의 노선을 고수하여 정치적 안정을 꾀하였다. 그는 1925년에는 로카르노협정을 성립시키고, 다음 해에는 국제연맹에 가입하고, 1929년에는 부전조약에 서명하였다. 그후 그는 계속하여 영안을 채택하여 배상금의 삭감을 이룩하였다.

1925년 에베르트의 뒤를 이어 대전의 영웅인 우익의 힌덴부르크(Paul von Hindenburg)장군이 2대 대통령으로 선출되었다. 이로부터 공화국은 점진적으로 보수화하여 민주주의는 퇴색하였으나 경제적으로는 그런대로 안정을 찾게 되었다. 그러나 독일의 경제는 주로 외국에 의존한 것으로 정상적인 자본주의 산업체제와는 거리가 먼 것이어서 믿을 만한 것은 못되었다. 결국 독일은 세계공황기에 다시 한번 일대 타격을 받아야만 하였다.

미 국

미국은 전쟁 말기 세계에서 가장 부유하고 강력한 국가였다. 유럽이 전쟁에 휘말려 있는 동안 미국은 시장확보와 투자확대, 산업발달에 박차를 가하고 있었다. 전쟁 전에는 미국이 유럽에 약 30억 달러를 빚지고 있었던 반면에 전후에는 오히려 약 110억 달러의 채권국으로 부상하였다. 미국은 1920-1921년 공황에 의해 경제적 침체에 빠졌으나 곧 회복세에 들어섰으며, 1922-1929년의 7년간의 번영기를 누렸다. 이 경우 미국인의 생활수준은 세계최고였다. 1930년경 미국민의 5명 중 1명이 자동차를 가지고 있었다. 미국 가정의 라디오 수는 무려 1,300만 대에 달하였으며 전화기 수는 유럽 전체의 수보다 더 많았다.

그러나 전후 미국의 번영은 몇 가지의 취약점들을 가지고 있었다. 첫 번째로 미국의 번영은 상당한 정도까지 모래기반 위에 기초되어 있었다는 사실이다. 그것은 전쟁기간중 나타난 높은 가격에 의해 인위적으로 자극된 것이었다. 중서부의 농민들은 밀이 부셸당 2달러로 팔릴 것이라는 기대로 빚을 얻어 가면서 서부네브라스카, 동부콜로라도, 서부오클라호마의 건조한 땅을 사들였다. 그러나 1923년 93센트로 떨어지자 농민들은 저당에 허덕이게 되었다. 그렇다고 농민 전부가 그런 것은 아니고 재미를 본 석탄탄광과 공장의 사람들도 있었다. 미국번영의 두 번째 약점은 그것이 불균형적인 분포도에 있었다는 사실이다. 부유층의 이윤은 대중의 소득보다 훨씬 높은 비율로 증가하였으며, 제조상품의 가치도 1923-1929년간 100억 달러로 올라간 반면에 임금은 겨우 6억 달러 상승하는 데 그치고 말았다. 세 번째 미국번영의 취약점은 외국채였다. 1919년 대부분의 미국인들은 전쟁이윤으로 자본투자의 흑자를 기록하였다. 그 대부분은 국내산업확장으로 흘러 들어갔으며 상당량은 외국으로 실려 나갔다. 1930년경 외국에 대한 미국인의 사채는 160억 달러에 달하였다. 이 돈의 대부분은 실제로 투자된 것이 아니라 미국상품의 판매를 위하여 사용된 것이었다. 유럽의 불안전한 상황 때문에 이 외채가 회수되어지자 시장은 고갈되고 말았다.

세계공황

1929년 드디어 큰 사건이 터졌다. 9월 중순 뉴욕 월가(Wall Street)의 주식거래소의 투자자들이 그들의 주식을 팔기 시작한 것이다. 시장은 한동안 허청거리다가 결국 10월 24일('검은 목요일') 팔려는 소동 속에서 무너지고 말았다. 주가가 40퍼센트나 떨어졌다. 몇몇 사업가들과 정치지도자들이 여론을 안심시키려 했으나 소용이 없었다. 그러면 주식시장이 무너진 원인은 무엇인가. 만족할 만한 해답은 아마도 찾기 힘들지도 모른다. 그 중요한 한 가지 원인은 전쟁으로 야기된 투기심리와 지나친 확장의욕일 것이다. 실제로는 거품경제임에도 소비욕구를 조장하였다. 두 번째 원인은 자본가들이 대량생산의 이익을 소비자에게 더 낮은 가격으로, 그리고 노동자에게 더 높은 임금으로 넘겨 주는 것을 거절했기 때문이다. 세 번째는 미국정부의 지나친 관세정책 때문이었다. 그리하여 이것으로 다른 국가들의 관세보복을 자극하고 국제무역을 파괴하였으며, 미국자본의 동결로 채무국들 특히 독일의 지불과 구매를 중단시키게 되었다. 네 번째는 1929년까지 세계적으로 생산 특히 농업부문과 건설업계에 있어서의 생산이 과잉상태에 들어갔기 때문이다.

1930년 후엽 후버대통령은 1,000여 명 이상의 경제학자들의 충고에도 불구하고 역사상 상품에 가장 높은 수준의 세금을 부과하는 호울리-스무트안 (the Hawley-Smoot bill)에 조인하였다. 그 결과는 위기를 더욱 심화시키는 일이었다. 그러나 경제적 침체를 저지하려는 후버의 다른 행동들은 매우 훌륭하였다. 그는 공공 사업을 위한 대규모 투자를 장려하였고 1931년 7월에서 1932년 6월까지의 정부간 채무와 보상에 대하여 지급정지를 실시하였다. 그는 또 재건금융재단(Reconstruction Finance Corporation)을 설립하여 은행과 철도 및 주 구제사업에 자금을 대여하였다. 그렇지만 만족할 만한 정책은 되지 못하였다. 그는 1932년 11월 재선거에서 민주당의 프랭클린 루스벨트에게 패배하였다.

뉴 딜

이러한 경제적 공황으로부터 미국을 건져 낸 사람은 프랭클린 루스벨트 (Franklin D. Roosevelt: 1933-1945)였다. 그는 소위 '뉴딜(New Deal)'이라는 정책으로 미국의 '잊어버린 사람들(the forgotten men)'을 구제하였다. 그의 첫 번째 목표는 개혁이 아니라 구제와 회복이었다. 와해된 은행제도와 1,500여 만의 실직된 노동자, 그리고 최저로 떨어진 밀가격의 상황으로는 어쩔 도리가 없었다. 다만 남아 있는 경제구조를 그대로 살리는 길뿐이었다. 그리하여 첫 번째 일은 합리적인 재정조치였다. 전국적으로 은행휴일이 선포되었고 금과 은 수출이 금지되었다. 다음으로 금과 은 증권의 매매가 금지되었고 곧 이어 지폐의 금상환이 파기되었다. 루스벨트는 가격의 앙등이 생산자들을 폐허로부터 구제하는 데 필요하다고 확신하고 지폐 30억 달러를 발행할 것을 의회로부터 허락을 얻었다. 그는 이것이 실패하자 곧 달러의 금함유량을 59센트로 줄였다. 그는 여러 가지의 금융비리를 저지하고 은행실패의 고질병을 없애기 위해 5,000달러까지 은행예금의 보험을 제공할 연방저축보험회사(the Federal Deposit Insurance Corporation)를 설립하였다. 요컨대, 뉴딜은 자유방임경제에 어느 정도의 계획경제정책을 가미하여 경제부흥을 이룩하려는 경제정책으로, 공공 토목공사의 중요성을 강조하는 영국의 경제학자 존 메이나드 케인즈(John M. Keynes : 1883-1946)의 주장과 일치하였다.

NIRA

다음으로 중요한 문제는 수백 만 실업자들에게 일자리를 제공하는 일이었다. 그리하여 슬럼가청산, 토지개간, 재조림사업, 농촌전기시설, 교육과 직업훈련, 그리고 고속도로, 학교, 발전소, 병원을 위한 막대한 예산이 확보되었다. 이 사업의 기반은 1933년의 산업부흥법(National Industrial Recovery Act, NIRA)에 의해 형성되었다. 이것은 고용시간의 단축으로 일을 널리 보급하고 새로운 일자리를 만들어 주기 위한 것이었다. 이것은 전문적인 국가부흥부(the National Recovery Administration, NRA)를 설치하여 생산, 노동시간, 임금을 관장하는 법령들을 만들게 하였다. 국가부흥부의 주목표는 과잉경쟁과 생산을 억제하여 사업인으로 하여금 공정한 이윤을 벌고 높은 임금을 지불하도록 하는 것이었다. 이것은 다음과 같은 가설들, 즉 미국경제는 그 성숙단계에 도달했다는 것, 생산의 문제는 해결되었다는 것, 그리고 장래의 주요관심사는 다수의 시민들에게 구매력을 더욱 많이 형평에 맞게 분배하지 않으면 안 된다는 것에 근거하고 있는 것이었다. 실제로 국가부흥부는 공황을 극복하고 400만 명의 실업자를 산업에 복귀시키는 개가를 올렸다. 그러나 대법원으로부터 주권과 개인의 권리를 침해한다 하여 위헌적이라는 판결을 받기도 하였다.

AAA

루스벨트 행정부의 주된 관심사는 농민을 구제하는 일이었다. 그 한 가지 방법이 통화팽창이었다. 루스벨트는 산업분야 못지않게 농업분야도 과잉생산으로부터 심한 타격을 받았다고 생각하였다. 그리하여 그는 1933년 봄 의회로 하여금 농업조정법(the Agricultural Adjustment Act, AAA)을 통과하게 유도하였다. 정부가 농민들에게 보조금을 대주는 대가로 농토에는 주요생산품만 경작하도록 유도하여 농업생산을 조절하였다. 어떤 경우는 3분의 1까지 곡물의 경작을 줄이기도 하였다. 가격이 대폭 인상되었는데, 그것은 보조금의 수입원이 가공업자가 소비자에게 넘겨 주는 가공세에서 얻어졌기 때문이다.

제 2 의 뉴딜

뉴딜정책은 일반적으로 두 시기로 나눈다. 첫째는 구제(relief)와 회복(recovery)에 중점을 둔 1933년에서 1935년까지의 시기이고, 둘째는 주로 개혁

(reform)에 중점을 둔 1935년에서 1939년까지의 시기이다(구제, 회복, 개혁을 3R정책이라 한다). 제2의 뉴딜기(1935-1939)에 이루어진 첫 번째 조치는 노동자의 단결권과 단체교섭권을 인정하는 와그너법(the Wagner Act)의 제정이었다. 두 번째는 생산과 전력송신시설에 관한 연방규정을 내용으로 하는 휠러-래이번법(the Wheeler-Rayburn Act)의 제정이었다. 세 번째는 실업자보험, 65세 이상된 노인의 연금, 불구자와 딸린 식구들의 재정지원을 규정하는 사회보장법(the Social Security Act)의 제정이었다. 네 번째는 어린이의 노동금지와 최저임금시간제, 주 40시간 노동제를 인정하는 공정노동법(the Fair Labor Standards Act)의 제정이었다. 다른 한편으로 종래의 직능별 조합의 연합체인 미국노동자총연맹(AFL)과는 별도로 산업별 노동조합의 조직(Congress of Industrial Organization, CIO)이 1935년 새로 만들어져 노동자의 지위를 향상시켰다. 루스벨트는 실제로 실업자 구제와 지역개발의 가능성 및 정부의 동력사업의 실천력을 보여 주기 위하여 테네시계곡개발공사(the Tennessee Valley Authorities, TVA)를 창설하여 전력을 농촌에 보내 주었다.

루스벨트계획의 결과

어떤 역사가도 근대사에서의 뉴딜의 중요성을 부인하지는 않을 것이다. 루스벨트의 계획은 자본주의를 파괴하는 것이 아니라 오히려 보존하게 하였으며, 미국의 어느 혁명보다도 농민과 임금생활자를 위하여 더 많은 일을 한 것이 사실이었다. 이들의 소득도 실제로 공황 이래 거의 100퍼센트나 증가하였다. 더욱 중요한 것은 그들의 경제적 안정의 수준이 이전의 어떤 시대보다 훨씬 높아졌다는 사실이다. 그의 계획경제정책은 가장 부유한 사람들을 끌어 내리고 빈곤한 다수를 올려 줌으로써 피라미드 형의 부의 분배를 다이아몬드형으로 만들어 주었다. 그리하여 그의 정책은 미국민들에게 안정과 자신감을 심어 주었다. 그는 대외면에서도 1920년대의 고립주의를 탈피하고 국제협조와 선린정책을 채택하였다. 그러나 다른 한편으로 부정적인 측면도 없지 않은 것이 사실이다. 그 가장 심각한 문제가 뉴딜 6년 후 1939년 미국의 실업자수가 900만에 달했다는 사실로 이 숫자는 나머지 세계국가들의 실업자수보다 높은 것으로 나타나 있다. 그 이유는 아직도 풀리지 않는 문제로 남아 있다. 그 이유는 아마도 미국이 1920년도에 있어서 영국, 프랑스, 독일보다 훨씬 크게 팽창을 했다는 사실에서 찾아야 할 것이다. 그리하여 다른 국가들이 대부분 회복 (recovery)에 치중한 반면에 미국은 개혁(reform)에 중점을 두어 상호 불균형을 이루지 않으면 안 되었던 것이다.

제 5 절   20세기의 사상

일반적으로 19세기 후반에서 20세기에 걸쳐 이루어진 지적 혁명은 그 이전 세기들(17, 18세기)과는 다른 면모를 보였다. 그 한 가지는 이전의 연역적이며 합리주의적인 전통이 사라졌다는 사실이다. 그리고 그 대신 과학적이며 경험주의적인 사고가 등장했다는 사실이다. 이러한 경향성은 철학에서도 그 주류를 이루게 되었다. 우주의 문제는 더 이상 풀려질 수 있는 문제가 아니었으며, 인간도 더 이상 사색할 수 있는 존재가 아니었다. 모든 것은 단지 과학이 지식의 근원으로서 해결할 수 있는 것이었다. 과학의 발달은 무엇보다도 생활의 수준과 위안 · 쾌락의 추구를 향상시킨 산업혁명의 영향으로 이루어졌다. 그러나 현대의 물리학자나 화학자가 토마스 아퀴나스나 알버투스 마그누스보다 일상적인 문제에 훨씬 더 많은 관심을 가졌다고 생각할 수는 없다. 근대과학을 본질적으로 실제적인 지식에 속하는 것으로만 간주하는 것은 그 중요성을 잘못 이해하는 것이다. 사실상 순수과학이 근대에 차지하는 위상은 스콜라철학이 13세기에 차지한 위상과 유사한 것이다. 다만 그들의 방법만 다를 뿐 그 목표는 같다고 볼 수 있다. 과학에 대한 반발은 20세기 중엽에 이르러 랑케를 거부하려는 신관념론적 역사학으로부터 시작되었다.

1. 과학의 발달

라마르크

이 시기에 가장 발달한 학문분야는 생물학과 의학이었다. 생물학의 걸출한 업적은 유기체의 진화론이었다. 이러한 이론은 이미 B. C. 6세기경 아낙시만더에 의해 나타났으며, 그 후 18세기 홀바흐, 괴테, 부퐁, 린네우스 등에 의해 재론되었다. 그러나 이들 가운데 어떤 사람도 진화의 과정이 어떻게 하여 작용되는가에 대해서는 설명하지 못하였다. 유기적 진화의 조직적 가설을 처음 세운 사람은 프랑스의 생물학자 쟝 라마르크(Jean Lamarck: 1744-1829)였다. 1809년 발표된 그의 핵심적 가설원칙은 획득된 형질의 유전(the inheritance of acquired characteristics)이었다. 즉, 환경의 변화에 따르는 동물은 새로운 관습을 얻고, 그리고 새로운 관습은 이번에는 구조적 변화에 영향을 준다는 것이다. 이들 획득된 신체구조의 형질은 후손에게 전이되어, 그 결과 일련의 세대들 후에는 새로운 동물의 종이 만들어진다는 것이다. 그 후 그의 이론은 50년간 생물학 사상을 지배하였다.

찰스 다윈

진화론에 대한 가설을 더욱 과학적으로 세운 사람은 찰스 다윈(Charles Darwin: 1809-1882)이었다. 그는 73세를 살았지만 하루도 살기 어렵게 보일 정도로 허약하였다. 조그마한 도시의 의사인 아버지의 권유에 따라 에딘버러에서 의학연구를 시작했으나 흥미가 없어 그만두고 케임브리지에서 성직을 위해 공부하였다. 그는 많은 시간을 자연사연구와 특히 동물생활의 변이관찰에 보냈다. 다윈은 섬에 사는 동물들과 근처대륙에 있는 관련 종들 사이의 차이를 관찰하였으며, 동일한 장소에 있는 살아 있는 동물들과 소멸된 종의 화석 사이의 유사성을 주지하였다. 이것은 그의 생의 과업을 위한 중요한 준비작업이었다. 그는 맬더스의 『인구론』을 읽고 자연계를 통하여 생존할 수 있는 것보다 훨씬 많은 개체들이 태어나서 그 가운데 약한 개체들은 먹이싸움에서 멸망하지 않으면 안 된다는 주장에 크게 감명을 받았다. 그로부터 20년 후 다윈은 결국 근대사상에 가장 크나큰 영향을 끼친 『종의 기원(*Origin of Species*)』을 펴냈던 것이다.[5]

다윈의 주요 가설은 소위 자연도태설(the hypothesis of natural selection)이었다. 그에 의하면, 살아남아서 재생산하는 후손의 변이(변화)를 선택해 주는 것은 바로 자연이나 환경이다. 각 종의 부모는 가능한 한 살아남을 수 있는 것보다 더 많은 후손을 낳는다. 그리하여 투쟁은 이들 후손들 가운데서 먹이와 주거지, 따뜻함 및 그 외 생활에 필요한 조건들을 위하여 일어난다. 이 투쟁에서 특정의 개체들은 후손의 둘이 서로 유사하지 않다는 "변이(variation)"의

---

5) Kroeber, *op. cit.*, ch. 3-4.

요인 때문에 이점을 가지게 된다. 어떤 것은 강하게 태어나고, 어떤 것은 약하게 태어나며, 어떤 것은 그들의 형제자매들보다 더 긴 뿔과 더 예리한 발톱을 가지게 된다. 경우에 따라서는 몸의 색깔을 가지고 태어나 그들의 환경과 더 잘 어울릴 수 있게 하여 그들의 적을 피할 수 있게 한다. 결국 생존경쟁에서 이기게 하는 것은 이들 유리한 종의 구성원들이라는 것이다. 다른 것들은 재생산되기 전에 도태된다.

그는 라마르크와 같이 획득된 형질이 유전된다고 주장했지만 그 형질을 진화에서 근본적으로 중요한 것으로 생각하지 않았다. 그는 변이와 자연도태를 새로운 종의 기원에 있어서 제 1 차적 요인으로 간주하였다. 다시 말하여 그는 유리한 형질을 가진 개체가 그 전이된 성질을 셀 수 없는 세대들을 통하여 후손에게 전달하며, 가장 부적합한 것의 도태는 결과적으로 새로운 종을 만들어 내는 것이라고 가르쳤다. 끝으로 그는 그의 진화론을 식물과 동물의 종에 뿐 아니라 인간에게도 적용하였다. 그는 두 번째 저서(the Decent of Man, 1871)에서 인류는 원래 원숭이와 같은 조상에서 유래했으며, 아마도 현존하는 유인원인 원숭이와 인간의 공동 선조에서 유래한 것이라고 주장하였다.

다위니즘의 발전

다위니즘의 가설은 후기 생물학자들에 의해 더욱 발전하여 갔다. 독일의 바이즈만(August Weismann: 1834-1914)은 1890년경 획득된 형질이 유전될 수 있다는 주장을 거부하였다. 바이즈만은 신체세포와 재생산세포는 전연 다른 것이며, 전자(신체세포)의 변화가 후자에 영향을 줄 수 있는 방법은 없다는 실험을 실시하였다. 그런고로 그는 후손에 전이될 수 있는 유일한 성질은 부모의 생식질(the germ plasm) 안에 항상 있는 성질이라고 결론지었다. 1901년 네덜란드 식물학자 데 브리스(Hugo De Vries: 1848-1935)는 오스트리아의 수도승 그레고르 멘델(Gregor Mendel: 1822-1884)의 유전법칙에 기초한 유명한 돌연변이 가설(mutation hypothesis)을 발표하였다.

데 브리스에 의하면, 진화는 다윈의 주장처럼 희소한 변화에서 나오는 것이 아니라 후손에게 다소 정하여진 비율로 나타나는 급격한 변화, 즉 돌연변이에서 나오는 것이다. 이들 돌연변이가 주어진 환경의 생존자에게 유리하게 될 때 그 개체는 생존경쟁에서 승리하게 된다. 이 후손들은 이들 성질들을 유전받을 뿐 아니라 때때로 새로운 돌연변이체가 나타나서 그들 부모보다 생존을 위해 더 잘 환경에 적응하게 된다. 그리고 제한된 수의 세대들에서 이 새로운 종은 나타난다. 다시 말해 데 브리스의 돌연변이 가설은 다윈주의의 주요 약점을 교정하여 형성된 것이다. 즉 다윈이 진화적 변화(changes)의 근원으로 주장한 변이(variations)는 너무 적어서 새로운 종이 만들어지는 데에는 믿을 수 없을 정도의 시간이 필요하였다. 데 브리스는 진화를 급격한 도약(sudden leap)에 의한 과정으로 이해하게 함으로써 다윈의 취약점을 보완한 것이다. 그러나 그의 주장은 어디까지나 다윈의 자연도태설에 기초해 있다는 것을 잊어서는 안될 것이다.

　　이 시기에 있어서 유기적 진화론 이외에 중요한 과학의 발달은 세포이론과 태생학(embryology)이었으며, 이어서 세포학, 세균학, 질병매균설 등의 혁혁한 발전이 있었다. 그리고 이 질병을 정복할 수 있는 이론들이 등장하여 세상을 놀라게 하였다. 결핵과 아시아 콜레라 바실루스, 티프테리아, 임파선, 파상풍 등의 원인과 바이타민을 알아낸 것도 이 즈음이었다. 이 외에도 빛, 전기, 에너지, X-ray 등 물리학에서 놀랄 만한 공적을 쌓았다. 특히 물질개념에 대해서 근본적인 수정이 가해졌다. 1892년 로렌츠(Hendrik Lorentz)는 물질은 그리스인들과 달톤의 주장대로 견고하고 나눌 수 없는 원자들(atoms)로 구성된 것이 아니라 원자 자체는 전기의 성질을 가진 더 작은 단위들로 되어 있다고 주장하였다. 1910년경 루더포드(Ernest Rutherford)와 닐스 보르(Niels Bohr)는 원자를 태양계의 축소형으로 설명하였다. 즉 원자는 하나 이상의 양전기를 띤 양자(protons)를 가진 핵으로 구성되어 있으며, 이 핵 주변에는 수 없는 음전기를 띤 전자들(electrons)이 순환하고 있다는 것이다. 말하자면 물질의 근본적인 구성요소는 전기라는 것이다.

아인시타인의 이론

　　물리학의 혁신은 아인시타인(Albert Einstein: 1879-1955)에 의해 그 절정에 다다랐다. 그는 1905년을 중심으로 계속하여 물질에 대한 옛 개념과 전통적인 물리학 전반을 뒤흔드는 이론들을 발표하였다. 가장 유명한 그의 이론은 소위 상대성원리(the principle of relativity)였다. 19세기만 해도 물리학자들은 공간(space)과 운동(motion)은 절대적인 것이라고 생각하였다. 그들에 의하면,

공간은 '에테르(ether)'라는 만질 수 없는 실체로 채워져 있으며, 이 에테르는 빛의 전파를 위한 매개체가 되어주는데 유성도 이와 마찬가지이다. 천체의 운동은 마치 운송기관의 속도가 도로의 거리로 측정되는 것과 같이 다소 정체적인 에테르에 의해 측정될 수 있다. 그러나 이에 대한 정교한 실험은 1887년 영·미 물리학자들에 의해 이루어졌다. 그 후 아인시타인에 의해 우주의 구조가 다시 설명되어졌다.

아인시타인에 의하면, 공간과 운동은 절대적인 것이 아니라 각각에 대하여 상대적이다. 사물들은 단순히 3차원이 아니라 4차원을 가지고 있다. 말하자면 아인시타인은 길이, 넓이, 폭에 시간이라는 새로운 차원을 덧붙여 이 네 가지들을 소위 '시공연속체(the space-time continuum)'라는 종합으로 융합시킨 것이다. 그는 이러한 방법으로 질량은 운동에 의존되어 있다는 이론을 추구하였다. 그러므로 높은 속력으로 달리는 물체는 쉬고 있는 것과는 다른 연장(延長)과 질량의 비례를 가지게 된다. 아인시타인의 또 다른 이론은 공간의 한계를 인정하는 소위 제한된 우주개념이었다. 물질의 범위는 무한정 연장되는 것이 아니며, 우주는 범위를 가지고 있다는 것이다. 그렇다고 이 범위는 분명한 영역은 아니나, 적어도 이 범위를 넘어서서는 어떤 것도 존재하지 못한다는 주장이다. 다시 말하면 공간은 우주를 은하수와 태양계, 별, 유성을 포함하는 거대한 영역으로 이루어질 수 있도록 그 자체로 돌아온다는 것이다.

사회과학의 발달

19세기 이전에 있어서 인간의 사회환경을 분석하려는 노력은 주로 역사학이나 경제학 및 철학에 국한되어 있었다. 새로운 사회과학은 사회학으로서 오귀스트 콩트(1798-1857)에 의해 시작되었으며, 그 후 허버트 스펜서(1820-1903), 제임스 프리차드(1786-1848), 버네트 타일러(1832-1917) 등에 의해 크게 발달되었다. 이들은 대부분 인간의 형질이나 선사문화 등에 치중하였다. 이러한 분위기는 1870년경 심리학이 철학과 분리하여 독립과학으로 발전하면서 달라졌다. 이것은 독일의 분트(1832-1920)에 의해 시작되었으며, 미국의 제임스(1842-1910)와 스탠리 홀(1846-1924)에 의해 깊어졌다. 그러나 심리학의 새로운 전기를 맞이한 것은 러시아의 이반 파브로프(Ivan Pavlov: 1849-1936)에 의해서였다. 그는 동물들의 실험을 통하여 소위 다 잘 아는 조건반사를 발견하였다. 동물은 인위적 자극에 의해 자연적 반응을 가진다는 것이다. 개를 통한 그의 조건반사실험은 너무나 유명한 실험이다. 이 발견으로 조건반사는 인간 행동에 중요한 요소이며, 심리학적 실험은 인간의 정신을 이해하는 데 중요한 열쇠라는 것이 밝혀졌다.

행동주의

20세기가 되면서 심리학자들은 몇 갈래로 나누어졌다. 파브로프의 추종자들은 소위 행동주의(behaviorism)로 알려진 생리적 심리학파를 만들었다. 이들은 인류를 순전히 생리적인 유기체로 연구하려 했으며, 모든 인간행동을 일련의 육체적 반응들로 국한시켰다. 마음과 의식과 같은 개념들은 아무런 의미 없는 말과 같은 파편덩어리로 간과되었다. 그들에게 힘줄, 신경, 내장, 분비선의 반응들 이외의 것들은 모두가 아무 것도 아니었다. 사고도 본질적으로 자신에게 말하는 한 형태에 불과하다는 것이다. 복합적인 운동과 이념도 단순히 환경에서의 어떤 자극에 의해 생기는 일단의 생리적인 반응들이라는 것이다. 즉, 그들은 인간의 행동을 기계론적으로 해석하려는 사람들로 심리학을 물리학이나 화학과 같은 객관적인 과학으로 믿으려는 사람들이라 할 수 있다.

정신분석학

다른 한 가지는 오스트리아 의사인 지그문트 프로이트(Sigmund Freud: 1856-1939)에 의해 만들어진 정신분석학(psychoanalysis)이었다. 이것은 인간 행동을 주로 잠재의식적 혹은 무의식적 정신의 입장에서 해석하려는 것이었다. 프로이트는 의식적 정신의 존재를 인정은 했지만 개인의 행동을 결정하는 훨씬 더 중요한 것은 잠재의식이라고 주장하였다. 그에 의하면, 인간은 전적으로 힘, 자기보존, 섹스의 기본적인 충동들에 의해 움직이는 이기적 존재이다. 이들 충동들은 너무 강하여서 극복될 수 없다. 그러나 사회가 이들의 무제한적인 성취를 죄악으로 몰아붙이면 잠재적인 곳으로 끌려 들어가 거기서 언제든지 억눌린 욕망들로 머물러 있게 된다. 그렇지만 이것들은 완전히 잠수해 있지는 않는다. 그들은 꿈으로 표면에 나타나기도 하고, 기억의 흐름으로 나타나기도 하며, 공포나 강박관념, 비정상적인 여러 가지 형태들로 나타난다. 그리하여 프로이트는 정신적, 신경적 불일치는 대개의 경우 자연적 본능과 불행한 환경으로 일어나는 억제 사이의 격렬한 갈등으로 유래된다고 믿었다. 그의 조사와 이론들은 정신질환 치료에 획기적인 영향을 주었으며, 문학과 예술에 심오한 영향을 끼쳤다. 더 나아가 보이지 않는 인간내면과 종교적인 영적 사상에도 크나큰 영향을 주었다.

2. 철학의 발달

스 펜 서

이 시기의 철학도 과학의 발달과 깊은 연관을 가지고 있다. 그 가장 대표적인 철학자들은 스펜서, 헉슬리 및 헥켈이었다. 영국감리교와 퀘이커교파의 가정에서 태어난 허버트 스펜서(Herbert Spencer: 1820-1903)는 케임브리지에 가라는 친척의 만류를 뿌리치고 집에서 독학하였다. 그는 가난했지만 부와 권력을 좋아하지 않았다. 그는 초기에는 주로 정치와 사회문제에 관한 책을 썼으며, 40여세에 가서야 철학저서를 펴냈다. 그는 76세 때 3권으로 된 저서(*Synthetic Philosophy*)를 완성하였다.

스펜서 철학의 핵심은 보편법으로서의 진화론이었다. 그는 다윈의 『종의 기원』에 크나큰 감명을 받았으며, "적자 생존(the survival of the fittest)"이라는 명제를 가지고 자연도태설을 보강하였다. 그는 종과 개체들뿐 아니라 유성, 태양계, 관습, 제도 및 종교적, 윤리적 이념들까지도 진화적 변화에 따르는 것이라고 주장하였다. 그에 의하면, 우주의 모든 것들은 기원, 발달, 쇠퇴, 소멸의 주기를 이루고 있다. 주기의 끝이 나타나면 그 과정은 한 번 더 시작되며 영구히 반복된다. 그러나 이상하게도 그는 기계론자는 아니었다. 그의 생각에 진화과정의 배후에는 초자연적 힘이 있으며, 길게 보면 진화는 진보(progress)와 같은 것이다. 그러나 이 힘은 불가해한 것으로 과학적 고려에서 제외되어야 한다. 지식에 대한 인간의 능력은 물질과 운동에, 그리고 감각경험의 사실에 제한되어 있다. 이들만이 인간사색의 분야를 구성한다. 정치철학자로서 그는 개인주의의 강력한 신봉자였다. 그는 집단주의를 원시시대의 유물로 저주하였으며, 개인들이 아직 분화되지 않았을 때 있었던 초기 사회진화단계의 양상이라고 배격하였다.

헉 슬 리

헉슬리와 헥켈은 모두 스펜서의 사상을 그대로 이어받았다. 토마스 헨리 헉슬리(Thomas Henry Huxley: 1825-1895)는 생물학자로서, 철학자로서 진화론을 더욱 논리적으로, 그리고 과학적으로 발전시켰다. 그의 저서(*Man's Place in Nature*)는 다윈의 저서와 함께 진화론으로 가장 잘 알려져 있다. 그러나 헉슬리는 단지 유기적 진화론을 방어하는 것에 그치지 않았다. 스펜서와 같이 그는 진화개념을 인간의 꿈을 괴롭히는 모든 문제들에 적용하려고 하였다. 그는 사회제도와 도덕적 이념들은 신에 의해 정해진 것이 아니라 생물적인 유전의 산물에 불과하다고 주장하였다. 그에 의하면, 우리에게 죄악으로 보이는 모든 것들은 생존경쟁으로 나타나는 현상일 뿐이다. 그는 초자연적 힘을 거부하지는 않았지만 신학자들의 하나님 존재는 믿지 않았다. 그에게 기독교는 특정의 서유럽인들의 본능에 의해 만들어진 이교주의와 유대교의 최상과 최악의 요소들로 구성된 혼합물일 뿐이다. 그의 또 다른 철학이념은 유명한 "불가지론(agnosticism)"이라는 개념이었다. 이것은 그가 고대 영지주의자들(Gnostics)의 신앙에 의해 이루어진 교리를 경멸하는 의미로 지어낸 말이다. 이것은 신의 존재나 성품, 혹은 궁극적인 우주의 성격은 알 수 없다는 것을 의미하였다.

헥 켈

원래가 베를린의 의사였던 하인리히 헥켈(Ernst Heinrich Haeckel: 1834-1919)은 변덕스러운 환자들에 싫증이 나서 동물학 교수직으로 옮겼다. 그는 다위니즘을 전공한 대륙 최초의 탁월한 과학자였다. 그는 65세에 쓴 저서(*the Riddle of the Universe*)에서 그의 철학사상을 발표하였다. 그의 주요 교리는 무신론(atheism), 유물론(materialism) 및 기계론(mechanism)이었다. 그는 헉슬리의 불가지론이나 스펜서의 알 수 없는 힘의 가설과는 전연 무관하였으며, 교리적으로 영적인 것은 어떤 것도 존재하지 않는다고 생각하였다. 그에 의하면, 우주는 한 형태에서 다른 형태로 바뀌는 변화의 과정에서 단지 물질로 구성된 것에 불과하다. 이 과정은 마치 물결의 밀물과 썰물처럼 자동적인 것이며, 생물과 무생물 사이에는 근본적인 차이가 없다. 단지 생물은 더욱 복합적일 뿐이다. 최초의 생명은 원형질의 핵심적인 요소들의 자발적인 결합으로부터 생겨졌다. 그리고 이들 초기의 원형질 형태들로부터 현재의 모든 복합적인 종들이 점진적으로 자연도태의 과정을 통하여 진화하였다. 인간의 정신은 인간의 신체와 마찬가지로 진화의 산물이다. 인간의 정신은 단지 정도에 있어서 하급동물의 정신과 다를 뿐이다. 기억과 상상력, 인식, 사고도 물질의 기능에 불과하며, 심리학도 생리학의 한 지파로 간주되어져야 한다. 그러므로 헥켈의 철학은 유물론과 결정론이 연합한 철학으로서 새로운 생물학으로부터 나온 논리적 추론이라 할 수 있다.

니 이 체

진화론의 영향을 결정적으로 받은 또 다른 철학자는 프리드리히 니이체 (Friedrich Wilhelm Nietzsche: 1844-1900)였다. 그는 과학자가 아니었으며, 물질의 특성이나 진리문제에 관심이 없었다. 그는 기본적으로 그 자신의 약하고 가련한 생을 보충하기 위하여 생존투쟁을 찬양한 낭만주의적 시인이었다. 루터교 성직자의 아들로 태어난 그는 라이프지히와 본에서 교육을 받은 다음 25세에 바젤 대학교의 철학교수가 되었다. 10년 후 그는 건강 때문에 은퇴하였으며, 일생을 거의 병으로 시달리면서 살았다. 1888년 그는 정신이상에 걸려 고생하다가 죽고 말았다.

니이체는 19세기 말 근대문화의 위기를 맞아 인간의 내적 분열과 정신적 불안을 해결하려 했던 비운의 철학자였다. 그는 유물론에서 벗어나는 동시에 낭만주의사상을 극복함으로써 개인주의사상에 몰입하였다. 그러나 현실과 형이상학에서 자기존재의 의미를 상실한 그는 결국 생(生) 자체에서 그 의미를 찾으려고 하였다. 그의 사상은 그의 저서(*Thus Spake Zarathustra, A Genealogy of Morals, and Beyond Good and Evil*)에서 잘 나타나고 있다. 그의 주된 이념은 자연도태가 식물과 동물에서뿐 아니라 인류의 경우에도 공공연히 적용된다는 주장이다. 그에 의하면, 부적합한 것들로부터 선택되어 항존하는 것은 결국은 초인들(supermen)의 인종을 만들어 내는데, 이것은 단순히 형질적으로만 뛰어난 인종이 아니라 무엇보다도 강인한 인내와 도덕적 용기가 탁월한 사람들이다. 투쟁에서 멸하지 않으면 안 되는 사람들은 도덕적으로 약한 사람들이거나 비효능적인 사람들, 아니면 겁 많은 사람들이어서 싸울 용기나 힘이 없는 사람들이다.

그러므로 문화를 어어 갈 가장 가치 있는 사람은 초인뿐이다. 그러나 자연도태의 과정이 작동하기 전에 먼저 종교적 방해물이 제거되지 않으면 안 된다. 그리하여 그는 기독교와 유대교 및 문명의 붕괴를 들고 나왔다. 그의 주장에 따르면, 이들 종교들은 노예와 넘어진 사람들의 덕을 찬양하는 동양식 숭배에 지나지 않는다. 그들은 비굴, 무저항, 육체고통, 약함, 무능과 같은 악이라고 간주되는 것을 마땅히 인정받을 덕목으로 고양시켰다. 이 때문에 부적합자의 제거가 방해되고 퇴화한 피가 그대로 인종에 다시 주입되게 허락되었다. 그리하여 이들을 바로잡기 위하여 니이체는 용기, 힘, 충성, 영광, 간교와 같은 고대 게르만의 덕목들을 찬양하였다. 그는 인간에게 권력의 감정, 권력의 추구, 권위 자체를 높여주는 모든 것들을 '좋은 것'으로 규정하고, 약한 모든 것들을 '나쁜 것'으로 낙인찍었다. 그의 철학은 결과적으로 해결의 실마리를 찾지 못하고 말았지만, 그가 내놓은 '권력의지,' '영원 회귀,' '초인' 등의 개념들은 후대에 적지 않은 영향을 끼쳤다. 그는 실제로 히틀러의 군국주의와 민족주의, 반유태주의를 혐오한 것과는 관계없이 그의 '초인' 사상은 독일 나치즘의 대명사가 되었으며, 더 나아가 그의 과격한 '문명비판' 사상은 파시즘 폭력의 온상이 되어졌다.

실용주의 철학

이 시기의 끝(20세기 초)에 이르러 철학은 과학에 대한 불신과 회의를 나타냈다. 물질구조의 발견으로 이룩된 물리학의 혁신은 스펜서의 낙관주의와 헥켈의 기계론적 우주에 대한 자신을 잃어버리게 하였다. 어떤 사람들은 기계론과 유물론을 전적으로 거부했는가 하면, 어떤 이들은 회의주의와 무망을 추구하거나 미의 숭배에서 피난처를 찾으려고 하였다. 실용주의(Pragmatism)로 알려진 새로운 경향이 미국에서 나타났다. 이 철학은 찰스 페어스(Charles Peirce: 1839-1914)에 의해 만들어지고 제임스(William James: 1842-1910)와 듀이(John Dewey: 1859-1952)에 의해 발달되었다.

그들에 의하면, 어떤 것이든 실용적 테스트를 통하여 경험과 갈등을 빚지 않고 실용적 가치를 발휘하면 참된(true) 것으로 수용해야 한다. 만약 인격적 신에 대한 신앙이, 혹은 다신적 신앙이 어느 사람에게 정신적 평화나 영적 만족을 준다면 그 신앙은 그 사람을 위하여 참된 것이다. 실용주의자들은 절대적 진리를 발견하려거나 궁극적인 실재를 결정하려는 모든 노력들을 조소하였다.

그들은 형이상학을 헛된 것으로 파기하였으며 지식은 그 자체의 목적으로서가 아니라 땅 위의 조건들을 발전시키는 한 도구(an instrument)로서 추구되어야 한다고 가르쳤다. 그들은 영적이거나 물질적이거나 간에 모든 형태의 결정론을 거부하였다. 그들은 더 나아가서 인간을 어떤 엄격한 원칙에 국한시키거나 혹은 인간을 전능한 운명에게 맡겨버리려는 우주에 대한 해석을 탄핵하였다.

신관념론

19세기 기계론과 유물론에 결사적으로 대항하려는 운동은 신관념론(신이상주의, the New Idealism)으로부터 시작되었다. 이 신관념론학파의 대표적인 사람들로는 이탈리아의 크로체(Benedetto Croce: 1866-1952), 영국의 브레드리(F. H. Bradely: 1846-1924), 미국의 조시아 로이스(Josiah Royce: 1855-1916)를 들 수 있다. 신관념론은 본질적으로 헤겔과 칸트 사상이 결합한 철학이었다. 전자로부터는 국가를 찬양하고 개인을 집단에 종속시키려는 경향성이 나왔으며, 후자로부터는 종교와 과학이 각기 분리된 영역으로서 서로 갈등이 없는 평행한 진리에 속한다는 이념이 나왔다. 그들은 과학에 의해 밝혀진 우주는 쉼 없이 진행하는 거대한 기계라는 것과, 그리고 인간은 무력한 원자라는 것을 인정하였다. 그러나 이것은 그들을 괴롭히지 않는다. 왜냐하면 이 사실은 그림의 한 부분에 불과하기 때문이라고 주장한다. 그들에 의하면, 과학은 우리들이 마치 유리를 통하여 어둡게 보게 되는 유약한 도구에 불과하다. 우리는 표면의 모양뿐 아니라 그 실재를 인식할 수 있는 다른 방법을 가지고 있다. 만약 우리가 마음을 먹고 우리 존재에 대한 가장 깊은 확신을 가지고 따라간다면 이 우주가 은혜로운 목적에 의해 다스려지고, 황폐한 인간을 위한 희망으로 가득 찬 신의 별들의 도시로 바라보게 될 것이다. 직관에 의해 얻어진 이들과 같은 진리들은 과학자의 망원경에 의해 발견된 그 어떤 것들보다 더욱 확실한 것이다. 요컨대, 그들은 회의주의자들과 유물론자들의 공격에 반대하여 종교와 궁극적인 완전성에 대한 신앙을 가지려고 하였다.

신실재론

신관념론과는 다른 철학을 주장하는 사람들이 등장하였다. 이들은 신앙에서, 혹은 이성으로부터 벗어난 형태에서 안식처를 찾으려는 경향성을 경멸하는 신실재론자들(the New Realists)이었다. 그들은 과학의 증거가 완전하거나 최종적인 진리가 아닐 수도 있다는 것을 인정하였다. 그러나 이것(과학)이 생의 안내자로서 충분히 받아들여질 수 있는 유일한 진리라고 주장하였다. 그들에 의하면, 과학에서 분리된 철학은 절대적인 비극이며, 세상 비애의 상당 부분은 신비주의에서 기인한다. 비록 과학이 인간을 차갑고 소외적인 우주와 부딪히게 하지만 그렇다고 신앙으로 들어갈 필요는 없다. 인간은 자연의 힘들을 그 자신과 그의 추종자들의 선에 돌림으로써, 다른 사람들에게 고통을 주는 행동을 피함으로써, 그리고 고매한 사상들을 더욱 활기차게 함으로써 그의 자존을 보존할 수 있다. 그 가장 대표적인 사람이 20세기 최고의 저술가이며 영국의 철학자인 유명한 버트랜드 러셀(Bertrand Russell: 1872-1970)이었다.

3. 역사학의 발달

위에서 말한 철학의 신관념론의 영향은 역사학에도 나타났다. 19세기의 정신적 위기에서 벗어나기 위하여 랑케사학에 반기를 들고 나선 중요한 사람들은 독일의 빌헤름 딜타이(Wilhelm Dilthey: 1833-1911), 빈델반트(Wilhlm Winderband: 1848-1915), 리케르트(Heinrich Rickert: 1863-1936), 이탈리아의 베네데토 크로체(Benedetto Croce: 1866-1952), 그리고 영국의 로빈 조지 콜링우드(R. G. Collingwood: 1899-1943) 등이었다. 이들은 정신의 절대가치를 주장하는 독일의 관념론 철학이 무너진 다음 오랜 동안 군림하던 랑케사학이 위기를 맞자 뒤이어 닥쳐온 세기말의 학문과 정신세계의 혼돈을 해결하려고 하였다. 그들은 일반적으로 자연과학의 실증주의적 인식방법을 거부하고 인간정신을 근간으로 하는 역사인식방법을 중요시함으로써 사실에 의해 정신이 움직이는 것이 아니라 오히려 정신에 의해 사실이나 사건이 야기되는 것이라고 주장하였다. 이것은 이제까지 실추되었던 인간의 정신을 재건하려는 그들의 의지로 풀이된다. 한편, 1920년대 영국을 중심으로 마르크스의 영향을 받아 소수집단, 농민반란, 노동계급 등의 사회적 문제들을 보다 진지하게 해결하려는 온건적 마르크스 역사가들의 움직임이 일어났다. 그 대표적인 사람들은 힐(Christopher Hill), 힐튼(Rodney Hilton), 홉스봄(Eric Hobsbawm), 윌리엄스(Raymond Williams), 톰슨(Edward Thompson), 토니(Richard Tawney) 등이었다.

딜타이·빈델반트

딜타이는 독일의 낭만주의와 이상주의, 그리고 영국의 실증주의를 모두 수용하면서 이들을 다시 극복하려 했던 사상가였다. 그는 심리학에 심취하면서 인간의 정신적 내면세계에 깊은 관심을 가졌다. 딜타이는 인간의 정신현상이 역사의식을 통하여 객관적으로 나타나 있는 것이 바로 생(das Leben)이라고 보았다. 역사세계란 바로 생의 표현들이므로 역사이해란 체험을 통하여 이 생을 이해하는 것이 된다. 그런데 중요한 것은 이와 같은 딜타이의 역사와 생의 이해가 그의 정신과학의 기초가 되고 있다는 사실이다. 즉, 그의 생의 역사에서 무엇보다도 에쎈스가 되는 것은 비합리적 요소들이 그의 정신과학의 바탕이 되고 있다는 것이다.

빈델반트는 신칸트학파의 거두로 그의 논문을 통하여 역사학의 독자성을 주장하였다. 그는 자연과학과 정신과학을 구별하고 정신과학의 본질을 '개별적인 것'의 인식으로 이해하였다. 특히 그는 인식적 방법에서 역사학을 '개별서술적(ideographisch)'인 학문으로, 자연과학을 '일반법칙적(nomothetisch)'인 학문으로 정의하고 양자의 차이점을 강조하였다. 그에 의하면, 역사학은 역사현상에서 나타나는 개별적인 것들을 다루며 자연과학은 자연현상에서 나타나는 일반적인 것들을 탐구대상으로 하고 있는 각각 다른 분야들이다. 그러므로 역사적인 개별적 사건들은 시간에 묶여 있는 특수한 일회적인 문화현상으로 일반적인 대상을 다루는 자연과학과는 근본적으로 다르다.

리케르트

하인리히 리케르트는 빈델반트의 후계자로 빈델반트의 주장을 수용하면서도 그의 주장을 뛰어넘었다. 그는 문화과학이 자연과학과 다른 특성으로 소위 가치론을 들고 나왔다. 그에 의하면, 역사학인 문화과학에서 다루는 사건들은 시간과 특수한 문화공간에서 일어나는 개별적인 것들로서 자연현상과는 전연 상이한 특별한 고유한 가치를 가지고 있다. 왜냐하면 문화현상의 것들은 모두가 '가치 관계적으로' 연결된 것들이기 때문이다. 우리가 리케르트에게서 발견하게 되는 중요한 주장은 가치관계적으로 연결된 역사의 개별적인 것들을 통일하려는 그의 소위 문화가치라는 개념이다. 만약 역사의 개별적인 것들을 각각 가치 있는 것들로 방치한다면 그것들은 혼란을 초래하여 걷잡을 수 없는 잡동사니가 되고 말 것이다. 따라서 그것들은 부분적으로뿐 아니라 전체적으로 상호 관련된 소위 문화가치적 관련을 가지는 것들로 평가되어야 하며 주관적인 입장에서 배제될 수 없다는 것이다.

크 로 체

크로체는 세기 말에서 20세기 초에 걸친 정치적, 사회적, 사상적 격랑 속에서 인간의 정신적 위기를 구출할 수 있는 새로운 길을 모색하였다. 그는 자연과학을 기초로 하고 있는 유물론과 실증주의를 배격하고 인간의 정신을 중시하는 정신철학을 추구하였다. 그는 랑케사학 이후 관념적 역사이론을 대성한 사상가였다. 그는 특히 역사와 과학, 역사와 예술, 그리고 역사와 철학의 관계를 재정립하면서 역사학의 성격을 규명하려고 하였다. 그의 역사학은 위에서 말한 바와 같이 역사학의 본질을 직관활동으로 간주하는 데서부터 시작되었다. 그에 의하면, 직관은 지식의 한 형태로서 개별적인 것에 관한 지식이며 철학에 의해 추구되는 보편적인 지식과는 다른 독자적인 인식적 가치를 가지고 있다. 그러나 예술은 순수한 상상의 세계를 구하지만 역사는 실재와 연관된 세계를 구한다. 즉, 전자는 비역사적인 직관에 속하며 후자는 역사적인 직관에 속한다. 그리하여 그는 예술의 비실재적인 상상의 세계로부터 역사를 이끌어 냈다. 그는 예술로부터 역사를 이끌어낸 다음 다시 역사를 철학과 대등한 위치에 올려놓았다. 즉, 역사는 철학을 통하여 사실의 가치를 해석한다는 것이다.

그의 핵심적 사상은 그의 저술(*Theory and History of Historiography*: 1915)을 통하여 개진되었다. 그에 의하면, 역사는 인간의 정신을 표출하는 서술이어야 하며 현재를 다룬 서술이어야 한다. 과거에 일어난 사실은 어떤 사실이든 인간의 사유를 거치지 않고는 이루어지는 것이 아니기 때문에 인간의 정신과 떨어진 사실은 죽은 파편들과 같다. 그러한 역사는 죽은 역사에 불과하다. 그리하여 그는 이와 같은 단지 기록에 의존한 역사를 '거짓 역사(pseudo-history)'라고 불렀다. 다음으로 그는 "참된 역사는 현재의 역사(a true history is a contemporary history)"이어야 한다고 말하였다.[6] 역사는 현재의 생의 관심으로부터 출발하기 때문이다. 만약 역사서술이 직관이나 상상으로 시작하여 사상이나 정신과 연결되지 못한다면 그러한 역사는 감상적이거나 심미적인 역사로 끝나고

---

6) B. Croce, *History as Story of Liberty*(London, 1941), p. 19.

말 것이다. 그러면 참된 역사란 무엇인가. 그것은 사랑 있는 인간의 정신적 욕구와 자유에 대한 끊임없는 쟁취의식이 깃들어 있는 역사이다. 이것은 인간의 주관적 인식과 현재성을 강조하는 사상으로 랑케사학으로부터의 결별을 의미하는 것으로 풀이된다.

콜링우드

크로체가 랑케사학에 반기를 든 유럽대륙의 전위적 기수였다면 콜링우드는 영미 문명권에 그 사상을 전파한 전령이었다. 콜링우드는 귀납적 경험론의 뿌리가 깊은 영국에서 관념적 신이상주의를 수립한 철학자였다. 그는 사후에 발표된 저서(*the Idea of History*, 1946)에서 실증주의적 방법의 역사연구를 철저하게 배격하였다. 그는 자연과학적 방법에 의해 참된 역사가 가능하다는 실증주의자들의 주장을 일축하였다. 그에 의하면, 정신과 자연은 본질적으로 다르므로 그 연구방법도 다를 수밖에 없다. 자연의 과정은 사건의 과정이며 역사적 과정은 사고의 과정이므로 자연과학적 방법은 인간과 사회연구에 적절하지 않다. 그러므로 역사는 외형적 사건들의 연속이 아니라 그것들을 일으킨 인간의 사상의 연속이다. 여기에서 인간의 사상은 시공적으로 다르게 반영되는 것이므로 "모든 역사는 사상의 역사(all history is history of thought)"가 된다. 역사의 사건들이란 인간행위로 말미암아 일어나며 인간의 행위는 인간의 사상에 의해 일어난다. 그러므로 자연과학자는 자연현상의 보이는 것들만 다루면 되지만, 역사가는 사건들의 외형뿐 아니라 그 내면의 세계까지 조사하지 않으면 안 된다.

그러면 역사가는 어떻게 하여 과거 사건들의 내면에 파고 들어가 그 진상을 알아낼 수 있는가. 그는 소위 '재현(re-enactment)'라는 이론을 가지고 그의 주장을 개진하려고 하였다. 역사가는 과거의 사실을 직접 목격한 사람이 아니므로 그것과 관련된 사료를 통하여 그것에 대한 일련의 지식을 터득한다. 이 지식은 물론 간접적인 지식이다. 이 간접적인 지식을 가지고 어떻게 알 수 있는가. 그에 의하면, 과거 역사적 행위자(historical agents)의 마음을 가져 본다. 과거 그가 생각했던 것을 자기의 마음속에 재현시켜 보는 것이다. 따라서 역사가의 '재현'은 과거의 사상과 현재의 사상과의 결합으로 나타나는 새로운 사상의 전개가 된다. 왜냐하면 '재현'은 과거 행위자의 경험이 현재 역사가의 경험에 투영된 합작으로 나타나는 것이기 때문이다.[7] 요컨대, 역사적 사실은 객관적으로 그대로 있는 것이 아니라 역사가의 주관적 사고에 의하여 나타나는 사상적 산물이라는 것이다.

---

7) *Ibid.*, p. 9.

제15장

독재주의와 제 2 차 세계대전

♣ 개 관 ♣

전쟁의 후유증

베르사이유체제는 제 1 차 세계대전을 종식시키고 모든 사람들이 갈망하는 세계평화를 위하여 국제연맹을 탄생시키는 등 갖가지의 노력을 경주하였다. 국제연맹은 영구적인 평화를 위한 기구로서는 미흡하였고 베르사이유체제 또한 적지 않은 취약점들을 노출하였다. 그러나 1920년대에 들어서면서 국제협력의 분위기가 조성되었고 1930년대의 경제적 공황에도 불구하고 각 국가에서는 민주주의의 발전에 심혈을 기울였다. 각 국가는 자본주의적 자유방임주의를 잠깐 뒤로하고 블록경제나 계획경제로 바꾸고 복지국가로의 전환을 서둘렀으며 공화제를 택하는 나라들이 속속 늘어 갔다.

독재주의의 출현

그러나 전쟁으로 입은 심각한 피해를 치유하기에는 역부족이었다. 더군다나 전쟁이 가져다 준 히스테리, 원망, 피해망상증과 같은 정신적 부담은 패전국뿐 아니라 승전국에서도 별차이가 없었다. 그것은 승전국 사람들도 전쟁으로 얻은 것보다 잃은 것이 더 많다고 느꼈기 때문이다. 영국과 프랑스까지도 그들의 경제질서의 동요로 매우 흔들리고 있었다. 그리하여 그들은 자유주의나 민주주의라는 거창한 구호에 회의를 가지기 시작하였다. 특히 패전국과 국력을 제대로 갖추지 못한 국가들의 사람들은 강력한 개인이나 인민의 지배에 더 집착하게 되었다. 이러한 경향이 구체적으로 나타난 곳이 패전으로 정치적 경제적 혼란을 겪은 이탈리아와 독일이었다. 그 결과 전자에 의해서는 파시즘이, 후자에 의해서는 나치즘이라는 독재주의가 등장하게 되었으며, 이와는 성격이 좀 다른 좌파적 독재주의에 속하는 공산주의라는 이데올로기가 러시아를 통하여 나타났다. 이들 국가들의 파쇼화는 제국주의에서의 민족주의 이데올로기를 다시 한번 철저하게 실천해 보자는 의지였음을 뜻하는 것이다.

그리하여 이탈리아와 독일, 그리고 아시아에서 군국주의를 달성한 일본과의 제휴로 베르사이유체제 이후 20년만에 다시 제 1 차 세계대전보다 더욱 파괴적인 규모의 충돌이 일어나지 않으면 안 되었다. 이것이 바로 가공할 제 2 차 세계대전이었다. 인류는 전체주의적인 독재주의와 자유주의적인 민주주의와의 일대 결전이라는 막판 대결을 맞지 않으면 안 되었으며 결국은 자유민주주의의 승리로 끝맺게 되었던 것이다.

제 1 절 파시즘의 특성

일반적으로 파시즘은 전체주의적 독재정치체제를 의미하는 개념으로 그 기원과 발전과정에서 나타나는 다양한 양상 때문에 이해하기 쉽지 않다. 1939년까지 독일, 이탈리아, 스페인을 비롯한 여러 나라들(러시아의 동구권 제외)은 공고한 우익 독재 지배체제 아래 있었다. 그 가운데 가장 대표적인 파시즘으로는 이탈리아의 파시즘, 독일의 나치즘(나찌즘), 일본의 군국주의를 들 수 있다. 파시즘은 그 이론적 전개과정의 계보가 분명하지 않다는 점에서 더욱 복잡하고 파악하기 힘들다. 왜냐하면 파시스트들은 거의가 우선 행동하고난 다음 거기에다 필요에 따라 여러 이론들을 갖다 붙이는 경우가 적지 않기 때문이다. 그들은 대중의 지지를 위해서는 수단·방법을 가리지 않고 과격한 말을 사용하며 이를 미화시키기 위해서 최종적으로 민족주의를 들고 나온다. 그들은 항상 만족한 자와 불만을 가진 자(다른 편과 내 편)를 가르면서 다른 편을 공격의 목표로 삼는다. 그들 편에 있는 사람들에게는 채색된 셔츠·최면술·사설군인·전쟁구호·민족의 신비화·대정복과 같은 것들을 강요하며, 그들의 권력을 위해서는 공산주의, 민주주의, 자유주의, 의회주의를 편의에 따라 공격의 대상으로 삼으며, 개인의 인간성을 무시하며 국가지상주의를 최우선으로 한다. 그들의 정책에 걸림돌이 되는 것들에 대해서는 사찰·집단수용·공포정치를 통하여 무자비한 박해를 가한다. 이러한 점에서 공산주의와 유사한 점들도 없지 않다.

파시즘의 해석들

파시즘에 대한 역사가들의 관심은 주로 그것들이 어째서 이탈리아와 독일에서 얼어나야 했는가 하는 문제에 집중되었다. 처음에는 연구의 초점이 이탈리아(무솔리니)와 독일(히틀러)의 책임문제로 쏠렸으나 점차로 당시의 국제적 세력균형, 무력정치 등으로 확대되어 나갔다. 그 후 파시즘은 특정의 나라들에서만 나타나는 돌연변이의 사건이라는 시각에서 벗어나 근대 국가발전 과정상의 한 과정에 불과하다는 해석도 등장하였다.

독일이나 이탈리아에서 나타난 파시즘의 평가에 대해서는 근대 역사가들의 의견들이 분분한 실정이다. 첫 번째로는 파시즘은 대자본가들이 죽어 가는 그들의 집단을 파멸에서 구하기 위하여 권력을 쟁취한 결과라는 해석이다. 그러나 이것은 객관성이 결여되어 있다. 이탈리아의 파시즘이나 독일의 나치즘은 처음부터 독점가들이나 자본가들을 비호하려고 하지 않았기 때문이다. 그들의 원래의 강령을 보면 그들의 목표는 오히려 그 반대였음을 알 수 있다. 그들은 물론 정권을 장악하는 과정에서 어느 정도는 대지주와 산업자본가에 의존한 것은 사실이다. 두 번째로는 파시즘은 채무자가 채권자에 대하여, 농민이 은행가와 제조업자에 대하여, 그리고 소생산자가 대산업가와 독점자에 대하여 반발하는 과정에서 이루어졌다는 해석이다. 이러한 주장은 어디에서나 나타나는 것으로 부정할 수 없다. 세 번째로는 파시즘은 공산주의에 대한 반발에서 나온 운동이라는 해석이다. 아니면 대중의 절망에서 나타난 원시주의로의 복귀이거나, 민주주의의 취약성에 대한 반발에서, 혹은 쇼비니즘에 대한 열망에서 만들어졌다는 해석이다. 이 주장은 역사적 현실에 매우 근접한 것으로 상당한 설득력을 가지고 있는 것이 사실이다.

그러나 아마도 이 모든 요소들이 복합적으로 연결되어 일어난 결실이라고 보는 것이 가장 합당할 것이다. 어쨌든 파시즘은 이제까지 보았던 것보다 더욱 복잡한 성격을 가진 전제주의(Caesarism)의 형태라는 것만은 분명하다. 그것은 파시즘이 혼란한 사회문제들을 해결하기 위하여 권력과 갖가지 효율적 수단들을 총동원했기 때문이다.

한편, 20세기 후엽에 이르러 역사가들은 파시즘의 정체성을 '문화혁명'에서 찾으려는 움직임을 보이고 있다. 즉 감성에 뿌리를 둔 파시즘의 독창성은 종교, 신화, 상징, 축제 등의 예술분야에서 발휘되었으며, 그것들을 중심으로 감성의 공동체, 상상의 공동체, 의식의 공동체를 구축하려는 도덕적, 정신적 혁명이었다는 점에서 그 핵심은 문화혁명이라는 주장이다.

파시즘의 교리

그렇다면 파시즘에는 어떤 공통된 특성이 있는가. 여러 학자들의 의견들을 종합해 보면 일반적으로 파시즘의 중요한 교리는 다음의 여섯 가지로 집약된다.[1]

---

1) 에벤스타인은 파시즘의 특성으로 이성의 불신, 불평등사상, 폭력과 적개심, 반여권주의, 엘리

첫째로는 전체주의(totalitarianism)이다. 국가는 모든 구성원들의 이익과 그들의 충성을 통합한다. 국가의 위에나, 국가의 바깥에나, 국가에 반하여 군림하는 것은 어떤 것도 있을 수 없다. 국가는 오직 그 구성원들의 공통목적에만 주력하므로 파시스트당과 파시스트신문, 그리고 파시스트교육만이 존재한다.

두 번째로는 민족주의(nationalism)이다. 민족은 인류에 의해 발전된 최고 형태의 사회이다. 민족은 그 구성원들의 생명과 영혼과는 분리되는 민족자체의 생명과 영혼을 가지고 있다. 두 사람 혹은 더 많은 사람들 사이의 이익들의 진정한 조화는 결코 있을 수 없다. 그런고로 국제주의는 인간진보의 변태로 이루어진 덩어리이다. 민족은 자급자족과 강력한 군대 및 급격한 출산율 증가를 통하여 강하고 위대하게 만들어지지 않으면 안 된다.

세 번째로는 관념론(idealism)이다. 파시즘의 철학은 유물론적 역사해석을 거부한다는 점에서 관념론철학이다. 파시스트들은 민족은 원하는 대로 무엇이나 다 될 수 있다고 믿는다. 민족의 운명도 언제나 그 지리적인 위치나 자연자원의 범위에 의해 결정되는 것이 아니다. 관념론은 제일차적으로 구 정치인들의 패배주의에 항거한다.

네 번째로는 낭만주의(romanticism)이다. 이성은 위대한 민족문제를 풀 수 있는 적합한 열쇠가 결코 아니다. 지성은 신비적 신앙과 자아희생 및 영웅주의에 의해 보완될 필요가 있다. 파시스트의 정신은 감성과 의지이지 지성이 아니다.

다섯 번째로는 권위주의(authoritarianism)이다. 국가의 주권은 절대적인 것이다. 시민은 의무만 가질 뿐 권리는 없다. 민족이 필요로 하는 것은 자유가 아니라 노동, 질서, 번영일 뿐이다. 자유는 프랑스혁명의 낡아빠진 교리인 썩은 시체이다. 국가는 힘에 의해 다스릴 권리를 가진 엘리트와 민족의 이상을 이해하는 뛰어난 사람에 의해 지배되지 않으면 안 된다.

여섯 번째로는 군국주의(militarism)이다. 투쟁은 모든 것들의 기원이다. 확장하지 못하는 민족은 물러나거나 죽는다. 전쟁은 사람을 고양시키며 고귀하게 해준다. 그리고 게으르고 타락한 사람들을 소생시킨다.

트정치, 전체주의, 제국주의, 인종주의를 들고 있다(W. Ebenstein, *Today's Isms*, New Jersey, 1980).

제 2 절 이탈리아의 파시즘

1. 파시즘의 형성원인들

서유럽에서 자유민주주의 이상을 제일 먼저 거부하려는 움직임을 보인 국가는 이탈리아였다. 이것은 이탈리아가 제 1 차 대전 때 연합군의 승전 측에 있었다는 사실을 상기하면 믿어지지가 않는다. 그러나 이탈리아는 실제로는 수년간 좌절감에 빠진 국가라는 것을 알아야 할 것이다. 그러면 우선 이탈리아에서 파시즘이 일어난 원인들을 살펴보도록 하자.[2]

이탈리아 민족의 좌절

첫 번째로는 좌절된 민족주의를 들어야 할 것이다. 이탈리아의 민족통일과 제국형성의 열정은 주변의 국가들에 의해 번번이 무너졌다. 1881년 튜니지아를 얻으려는 희망도 프랑스에 의해 좌절되었고 1890년도 아비시니아를 정복하려는 꿈도 아도와 전투에서 깨어졌다. 이와 같은 좌절감은 이탈리아인들의 모멸감과 수치, 혁명정신으로 이어졌고 외국에 대한 감정보다는 현존하는 정권에 대한 불신을 야기시켰다. 특히 이러한 극단적인 감정은 젊은 세대들 가운데 확산되어 전락한 구세대를 물리치려는 움직임으로 이어졌다. 혁명을 통하여 민족과 국가를 구제하려는 운동은 제 1 차 대전 이전부터 있어 왔다.

두 번째로는 국가의 가치를 강조하는 헤겔철학을 들어야 할 것이다. 이탈리아의 병적인 민족주의는 전국에 널리 퍼져 헤겔철학을 받아들인 일군의 지성인들의 지지를 얻게 되었다. 이 집단의 지도자들 가운데에는 파시즘 철학자들로 인정된 지오바니 젠티레(Giovanni Gentile)와 프레쫄리니(Giuseppe Prezzolini)가 있었다. 그들은 국가란 이 땅에 나타난 신의 최고형태라는 헤겔의 주장에 따라 이탈리아인들은 모든 개인과 계급의 이익을 한데 모아 국가의 위대성을 소생시켜야 한다고 갈파하였다. 그들은 고대 로마제국과 르네상스시대에서처럼 이탈리아는 문명세계를 빛나게 할 임무를 가지고 있다고 확신하였다. 그들의 슬로건은 "개인을 위해서는 아무 것도 하지 말고 이탈리아를 위해

---

2) Landman, *op. cit.*, p. 180; 노명식 외, 『20세기 현대사』, 청람, 1981.

서는 모든 것을 하라(Nothing for the individual, all for the Italy)"였다. 이러한 열광적이고 불합리한 복음은 마리네티(F. T. Marinetti)와 같은 미래주의자들에 의해 전파되었다. 미래주의는 원래는 문학과 예술에서 기원된 것이지만 이후 정치적인 의미를 가지게 되었다. 이들 과격한 사도들은 어떤 형태든 과거에 들어붙는 노예근성을 배격하였다. 그들은 자유주의나 민주주의, 평화주의, 정적주의를 저주하였으며 기타 구시대 이탈리아 정치인들이 가졌던 이상들은 어떤 형태든 모두 배격하였다. 그들은 더 나아가 민족을 소생시키며 생명을 다시 살게 하는 세계의 유일한 방법으로 생존투쟁을 찬양하였다.

세 번째로는 앞에서 비친 바 있는 제1차 대전으로 인한 이탈리아인들의 수치심과 사기저하를 들어야 할 것이다. 아마도 이런 것들이 없었다면 파시스트의 독재는 이루어지지 않았을 것이다. 대전에서 이탈리아군이 맡은 임무는 영국과 프랑스, 미국의 군인들이 독일군을 프란더스 전선을 따라 괴멸시키는 동안 그 남부전선에서 오스트리아군을 정복시키는 일이었다. 이를 위하여 그들은 550만의 장정을 동원하였고 이들 중 거의 70여만명이 죽었다. 그 직접적인 재정피해는 150억 달러가 넘었다. 이 희생은 영국과 프랑스 두 국가들의 것들보다 더 많지는 않았지만 빈한한 이탈리아의 사정을 감안한다면 엄청난 것이었다. 그럼에도 불구하고 전후 그들에게 돌아온 이익배당은 그들이 기대한 것에 너무나 미치지 못하였다. 그들은 윌슨의 주장에 따라 유고슬라비아에게 피우메(Fiume)를 빼앗기고 아프리카의 독일령 식민지도 가지지 못하였다. 다만 비밀조약에 의해 오스트리아의 영토를 받아들였을 뿐이다. 그리하여 이탈리아의 민족주의자들은 '베르사이유의 치욕'에 대한 울분을 참지 못해 국내 지도자들의 무능과 부패, 사기를 비판하였으며 결국은 혁명을 꾀하게 되었던 것이다.

이탈리아의 경제적 파탄

네 번째로는 이탈리아의 경제적 혼란과 급진주의 움직임을 들어야 할 것이다. 전쟁은 경제적으로 이탈리아를 혼란에 빠지게 하였다. 악성 인프레션으로 물가가 오르고 투기와 폭리 등이 난무하였으며 수백만의 군인들의 제대로 실업자가 속출하였다. 더군다나 파업과 외국시장의 봉쇄로 사업은 무너지고 경제적 급진주의의 성장으로 중상층 사람들을 움츠러들게 하였다. 이에 사회주의자들은 볼셰비즘과 유사한 철학을 추종하여 1919년에는 의회(the Chamber of Deputy)의 3분의 1석을 차지하기도 하였다. 사회주의 노동자들은 수백의 공장을 인수하여 프로레타리아를 위해 운영하였으며 지방에도 소위 붉은 동맹(the Red Leagues)이 결성되어 대토지가 몰수되거나 지주들의 지대가 감축되기도 하였다. 그러나 1921년경을 즈음하여 사회주의자들이 러시아를 둘러보고 온 다음부터 서서히 혁명적 급진주의는 진정되었다. 그들은 방향을 바꿔 재산의 몰수를 두려워하는 소유계급들의 뜻을 받아들여 파시즘을 지지하기 시작하였다.

　　다섯 번째로는 의회정치의 붕괴를 들어야 할 것이다. 앞에서 말한 것처럼 이탈리아는 경제의 총체적 파탄으로 정상적인 예산운영이 불가능하였으며 적자는 눈덩이처럼 불어났다. 여기에 설상가상으로 의회가 교착상태에 빠지고 말았다. 1921년 선거에서 4개 정당들 가운데 어느 정당도 다수당을 이루지 못한 채 분립적으로 의회를 구성하였다. 그 가운데 사회당과 가톨릭의 인민당이 가장 컸으나 의회의 기능을 하기에는 역부족이었으며 그 결과 내각의 기능도 마비되었다. 이와 같은 정치적, 경제적, 사회적 혼란 중에서 떠오른 것이 강력한 일인 지배에 의한 민족통일의 이상이었던 것이다.

무솔리니의 등장

　　이탈리아 파시즘의 선구는 낭만주의 소설가이며 민족시인인 가브리엘 다눈치오(Gabriel D'annunzio: 1863-1938)에서 찾아야 할 것 같다. 다눈치오는 의용군을 조직하고 피우메를 점령하여 이탈리아인들의 열광적인 지지를 받았다. 그는 이탈리아 시인 카르두치(G. Carducci: 1835-1907)의 영향을 받아 피우메 코뮌을 결성하고 파시즘의 유산들(흑색 셔츠·경례방식·절도있는 구호·정복야욕 등)과 중세적 국가구상을 무솔리니에게 넘겨주었다. 무솔리니(Benito Mussolini: 1883-1945)는 1883년 로마에서 사회주의자이며 대장장이인 아버지와 학교선생인 어머니 사이에서 태어났다. 그는 어머니의 권유로 사범학교에 들어가 선생이 되었다. 그러나 그는 이에 만족할 수 없어 스위스로 가서 공부하였다. 그는 그 곳에서 구걸하면서 책을 탐독하였으며 사회주의 신문에 실을 논문들을 썼다. 그는 공장에서 파업을 선동했다는 죄목으로 추방당하였다. 그는 1912년 이탈리아로 돌아와서는 저널리즘에 종사하다가 '아반티(Avanti: 전진)'의 편집자가 되었다.

그의 열정적인 웅변술과 나폴레옹적인 자태, 마키아벨리적인 잔인성은 율리우스 케사르와 가리발디를 낭만적으로 숭배해온 이탈리아인들의 몸과 정신에 활력소가 되었다. 그는 쇼비니즘의 영향을 받아, 한동안 '미회복지' 해결을 위하여 오스트리아에 대항하여 싸운 투사였다. 한편으로 그는 트리폴리의 정복을 위한 터어키와의 전쟁을 반대하였으며, 군대출병을 방해한 죄목으로 투옥되기도 하였다. 그는 진지하고 합리적인 확신을 가진 급진파가 아니라 단지 폭동적 성격의 취향을 가진 사람이라고 평가하는 것이 올바를 것이다. 만약 그가 어떤 분명한 철학을 가진 사람이라면 그처럼 자주 변신하지는 않았을 것이다. 그는 후에 열성적으로 실천했던 제국주의를 저주했는가 하면 전쟁 나기 전에는 왕을 욕하였으며 이탈리아 국기를 더러운 걸레라고 부른 적이 있었다. 1914년 제 1 차 대전이 일어나자 그는 중립을 들고 나왔었다. 그러나 후에는 연합군 측에 설 것을 주장하였다. 그는 결국 사회당의 제명으로 아반티지의 편집자직을 그만두고 새로운 신문인 '이탈리아 인민보(Il Popolo d'Italia)'를 만들고 전쟁을 부추기는 칼럼을 썼다. 그는 1915년 졸병으로 입대하여 하사까지 올라갔으며 1917년 부상으로 제대하여 다시 인민보의 편집자가 되었다. 그 후 그는 이탈리아인들의 민족적 열정을 자극하다가 결국 파시즘 혁명노선으로 들어가게 되었다.

2. 파시즘의 혁명과정

파시즘(Fascism)이라는 말은 두 가지의 기원을 가지고 있다. 하나는 고대 로마의 권위를 상징하는 막대기들로 둘러맨 도끼를 의미하는 라틴어 'fasces'에서 유래한 것이며, 다른 하나는 집단을 나타내는 이탈리아어 'fascio'에서 유래한 것이다. 파쇼(Fascio)는 1914년 10월 이탈리아를 협상국측에 잡아두려는 선동집단의 단위들로 조직되었다. 그들은 젊은 미래주의자들, 열광적인 민족주의자들, 지루한 생활봉급자들 및 모든 부적응자들로 구성되었다. 이탈리아가 참전한 후 파시스트 집단들은 전투적인 패배주의에 그들의 주의를 집중하였다. 밀라노 파쇼의 지도자인 무솔리니는 1919년 파시스트당(전투자동맹, fasci di combattimento)을 결성하였다. 그리하여 1919-1921년의 스쿠아드리즘(squadrism) 시대가 전개되었다. 스쿠아드(분대) 대원들은 인민의 적으로 간주되는 모든 것들에 대한 테러리즘화 운동을 전개하였으며, 그 행동들로는 잔인한 곤봉구타, 치아 빼기, 유괴, 살인 등이 있었다. 특히 그들의 테러리즘 대상은 부당이득자들과 지대감축을 거부하는 지주들이었다.

파시스트 운동의 원래의 강령은 1919년 무솔리니에 의해 마련되었다. 그것은 놀랍게도 보통선거, 상원의 폐지, 1 일 8 시간제, 유산의 중과세, 전리품의 85% 몰수, 국제연맹의 수용, 모든 제국주의 배격, 피우메와 달마티아의 병합을 요구하는 내용의 급진적 문서였다. 이것은 1920년 5 월 다른 보수적인 헌장의 부가와 함께 공적으로 수용되었다. 그의 파시스트당은 처음에는 소집단에 불과했으나 점차 모든 계층의 젊은이들의 참여로 1921년 10월에는 당원이 10만이 되었으며 그 다음 해에는 30만명으로 불어났다. 그들은 반볼셰비키운동으로 의회의 자유주의자들과 군부의 지지를 얻어내는 데 성공함으로써 공산주의자와 사회주의자, 노동운동자, 반파시스트자들을 무차별 공격하였다. 1920년 10월에서 1922년 10월 사이에 희생된 사람들은 거의 2,000명이 넘었다.

로마진격

파시스트들은 그들의 숫자의 열세를 전투적인 훈련과 강력한 결단으로 보강하였다. 구정권 사람들이 그들의 기능을 다하지 못하자 드디어 파시스트들은 정부를 인수할 준비를 하였다. 1921년 5 월 선거에서 무솔리니는 그의 파시스트 당원 34명과 그를 따르는 민족주의자 10명과 함께 국회에 진출하였다. 사회당과 가톨릭의 대중당도 힘을 쓰지 못했다. 의회와 정부는 위험을 느끼고 이에 대응하려 했으나 이미 때는 늦었다. 오히려 경찰이 파시스트 편에 섰다. 왕의 사촌인 아오스타 대공도 군장성들, 민족정당대표들, 산업지도자들과 함께 파시스트당에 성원을 보냈다. 이 소식에 접한 빅토르 임마누엘 3세는 사태수습을 위해 계엄령을 발포하라는 신하들의 권고를 기각하였다. 겁에 질린 왕은 밀라노에 있는 무솔리니에 타전하여 로마에 와서 새 내각을 구성할 것을 요청하였다. 무솔리니는 정부에 정식으로 새로운 선거와 활성적인 외교정책, 내각의 5 개 자리를 요구하는 최후통첩을 보냈다. 왕의 입장과는 달리 수상과 의회가 이를 거부하자 로마로의 진군이 시작되었다. 드디어 무솔리니는 기차와 일반 승용차를 이용하여 로마로 진격을 개시하였다. 1922년 10월 28일 5만명의 파시스트 민병대가 수도를 점령하였다. 이렇게 하여 총 한 발 터트리지 않고 검은 셔츠의 군단이 정부를 장악하게 되었다. 처음에는 애국적인 반볼셰비키 운동으로 시작한 파시즘이 다음은 기업주와 지주들을 위한 반노동운동으로, 마침내는 군벌과 결탁하여 의회정부을 무너트리고 권력을 장악하는 데 성공하였던 것이다.

파시스트독재

그러나 이것은 파시스트혁명의 첫 단계에 불과하였다. 왜냐하면 파시즘은 개인적인 권력 장악뿐 아니라 정치적, 경제적 구조에 대한 엄청난 변화까지 수행해야 하기 때문이다. 그는 1923년 말까지 허용된 비상대권을 이용하여 6월 새 헌법을 통과시켰다. 이에 준하여 파시스트당을 다수당으로 끌어올렸으며 약 20만명의 충성된 민병대를 창설하였다. 지방행정도 거의 장악하였다. 그러나 1924년 5월 새 의회가 열리자 사회주의 지도자 마테오티(Matteotti)는 선거에서 자행된 파시스트당의 폭력과 부정을 비난하였다. 그는 결국 6월 검은 셔츠의 갱들에 의해 잡혀 살해되었다. 한동안 폭력이 난무하는 혼란이 계속되었으나 무솔리니는 무력으로 이들을 제압하였다. 그는 1925년 파시스트법을 제정하여 언론통제를 강화하고 반파시스트 법률가들을 숙청하였으며 도시의 지방자치정부를 없앴다. 그는 파시스트당 이외의 모든 정당들을 불법으로 선포하고 내각도 폐지하였다. 그리하여 이후부터 수상은 왕에게만 책임을 지고 의회는 법령비준에만 몰두하게 되었다. 그는 1928년 중앙위원회에 입법권을 부여함으로써 모든 권력(추밀원의원임명권·수상자문권·왕권임사면권 등)을 거머쥐게 되었다. 그는 이제 실질적인 파시스트의 수상인 동시에 국가의 원수가 되었다.

협동조합국가

무솔리니는 서구식 의회제도 대신 신디케이트(syndicates, 협동조합)로 형성된 법인형 국가를 구상하였다. 이것은 이미 말한 소렐의 신디칼리즘(노동조합주의)과 그(무솔리니)의 국가주의가 결합되어 이루어진 형태이다. 소렐은 계급투쟁을 통한 노동자계급의 신디케이트를 구상한 반면에 무솔리니는 자본가, 기업가, 노동자를 포함하는 신디케이트를 염두에 둔 점이 다르다. 이렇게 하여 이루어진 것이 바로 파시스트 이탈리아의 정치적, 경제적 조직의 기초가 되는 법인형 협동조합국가(the corporate state)라는 것이다. 무솔리니는 1925년 파시스트 노동연맹의 결성을 인정하였고, 1926년에는 6개 분야의 기업가와 노동자들의 신디케이트를 인정하였으며, 여기에 다시 문화인들의 신디케이트를 인정하여 도합 13개의 신디케이트가 형성되었다.

이것은 무엇보다도 정부가 경제적 기초 위에 서 있다는 것을 의미한다. 인민은 특정의 지역에 사는 시민으로서가 아니라 생산자의 자격으로 정부 안에 살고 있는 것이다. 그러나 협동조합국가에서 개인들과 계급들의 이익들은 국가의 이익에 종속되지 않으면 안 되었다. 자본과 노동 사이의 계급싸움은 있을 수 없었으며, 파업과 공장폐쇄는 금지되었다. 1928년에는 새 선거법에 의해 고용주와 고용인(노동자)이 각각 200명씩 파시스트 중앙위원회로부터 선출되어 의원이 되었다. 보통선거권과 여자투표권은 인정되지 않았다. 노동자와 고용인 사이의 갈등이 있는 경우에는 국가가 최종 중재자로서 해결을 하였다. 따라서 자유방임도 철저하게 봉쇄되었다. 개인의 소유권이 널리 인정되었고, 자본가들도 사회적인 생산계급으로 인정되었지만 유서 깊은 고전경제학의 원칙들은 쓰레기더미로 밀려났다. 시민의 모든 경제활동은 규제되었으며 산업이나 기업은 어떤 것이나 국가이익과 상충되면 정부에 의해 인수될 수 있었다. 1934년 결국 국회는 없어지고 대신 '혁명의회' 혹은 협동조합중앙위원회라는 것이 형성되었다. 여기에는 22개 협동조합을 대표하는 824명이 참여하였으며, 파시스트 당원은 다른 고용주·고용인과 함께 각 협동조합의 대표가 되었다.

이탈리아 파시즘의 평가

어느 누구도 이탈리아의 파시즘에 대해서 그 업적을 부인하지는 못할 것이다. 1940년 6월 이탈리아가 제 2 차 세계대전에 참전했을 때 정부는 문맹을 감소시켰으며, 교황청과의 오랜 분쟁을 원만히 해결했으며 시칠리아의 마피아, 검은 손 집단을 제거한 바 있었다. 이탈리아 파시스트들은 또한 경제분야에서 괄목할 만한 발전을 이룩하였다. 그들은 농민들에게 농업의 과학을 가르침으로써 약 20%의 토양 생산성을 증가시켰으며, 보조금과 보호관세로 실크, 레이온, 자동차와 같은 산업생산을 확장시켰다. 그들은 1923-1933년간 거의 2배의 수력전력자원을 늘렸으며, 은행, 회사 등을 구제하는 일에 몰두하였다.

위의 긍정적인 면과는 반대로 부정적인 면도 적지 않다. 이탈리아를 자급 자족의 국가로 만들려는 시도는 특정의 상품에 있어서 엄청난 가격상승을 가져오게 하였다. 사업과 고용상황이 제1차 대전에 비해 안정된 반면에 노동자들의 생활이 윤택해졌다고는 말하기 어렵다. 임금률이 오른 것은 사실이지만 가격상승과 사업의 확장으로 그들의 실질 임금은 나아지지 않았다. 더욱이나 이탈리아인들은 그들의 안정과 질서를 얻는 대신 사상과 행동의 지나친 일체화를 강요당하지 않으면 안 되었다. 아이들은 6세부터 파시스트 청년운동에 가담해야 했으며, 학교, 교수, 도서관, 연극, 영화 등이 일체 파시즘 선전의 수단이 되지 않으면 안 되었다. 이탈리아인들은 누구나 비밀경찰(OVRA, 반파시스트 범죄단속반)의 감시를 받아야만 하였다. 그리하여 그들의 생활은 인간의 의지나 창의성이 결여되어 결국은 나태해지고 무능하게 기계처럼 되어버리고 말았다. 이것은 오늘날의 사회주의 국가에서 나타나는 현상과 크게 다르지 않다. 이 외에도 이탈리아는 에티오피아정복(1935-1936)과 스페인내전(1936-1939)과 같은 대외전을 감행하여 어려움을 겪지 않으면 안 되었다.

제3절 독일의 나치즘

1. 나치즘(나찌즘)의 형성원인들

독일은 이탈리아보다 훨씬 늦게 파시즘에 들어갔다. 그것은 제1차 대전의 패배로 독일의 민족주의와 군국주의의 세력들이 빛을 잃었기 때문이다. 독일은 1918-1933년 동안 공화국으로 존립하였다. 1918년 11월 대전의 패배로 일어난 혁명으로 카이저는 물러나고 사회당, 중앙당, 그리고 민주당의 연정이 세력을 잡았다. 앞에서 설명한 바이마르 공화국은 바로 이들 정당들에 의해 형성된, 그러나 대다수 독일인들의 욕구로부터가 아니라 전쟁의 패배로 인한 혁명으로부터 만들어진 정부형태였다. 그리하여 시작부터 난항을 피할 수 없었다. 독일의 나치즘이 형성된 데에는 여러 가지의 요인들이 작용하였다.

독일민족의 굴욕과 악성 인플레이션

첫 번째로는 전쟁의 패배로 야기된 민족의 굴욕감을 들 수 있다. 독일은 1871-1914년간 정치적으로나 문화적으로 매우 높은 명성을 누렸으며, 적어도 1900년까지만 해도 유럽에서 주도적인 힘을 과시하였다. 독일의 대학과 과학, 철학 및 음악은 온 세계에 널리 알려져 있었다. 독일은 1914년경 영국을 따라 잡았으며 몇 가지의 산업생산에서는 미국보다 앞섰다. 그러나 독일은 1918년 의 패전으로 밑바닥으로 떨어진 것이다. 이에 대해 독일인들은 심한 굴욕과 배 신감을 가지게 되었다. 그들은 특히 사회주의자들과 유대인들로부터 배신을 당했다고 믿었다. 이러한 믿음의 신빙성에 대해서는 의구성이 없지 않으나 독 일 애국자들의 아픈 상처를 달래주는 데에는 매우 효과적이었다. 그리하여 그 들은 독일의 권위를 되찾는 일이면 어떤 것에도 매달리려는 생각을 가졌다.

두 번째로는 1923년의 악성 인프레션을 들어야 할 것이다. 그 큰 원인은 이미 설명한 바대로 프랑스의 루르 탄전 점령이었다. 독일정부의 유도로 석탄 과 철강 노동자들이 파업을 감행하여 프랑스에 대항하였다. 정부는 대량의 지 폐를 발행함으로써 그들을 도우려고 시도하였다. 아마 어떤 정책도 이것보다 더 위험스러운 일은 없었을 것이다. 독일의 마르크는 이미 배상지불과 금 보유 의 감소로 가치가 절하되었다. 전쟁 전에는 달러 당 4.2 마르크였던 것이 1923 년 8 월 초순경에는 달러 당 100만 마르크에 이르렀다. 정부는 농민들의 지불 능력을 고려하여 다시 지폐를 발행하여 결국 달러 당 1조에 달하였다. 그리하 여 봉급생활의 하층 부르주아지와 고정소득자는 파멸에 이르게 되었으며, 반 면에 대산업자와 투기자들은 빚을 쉽게 해결하고 산업에 투자함으로써 크나큰 이득을 챙기게 되었다. 특히 이들 중에는 뛰어난 재주를 가진 유대인들과 적극 적인 독일인들이 끼여 있었다. 이러한 경제적 곤경이 하층의 중산계급의 불만 을 사게 하였던 것이다.

독일 국가사회주의

세 번째로는 독일의 국가사회주의(the National Socialism)의 발달을 들어 야 할 것이다. 독일은 훈련과 질서의 전통에 젖은 군대국가였음을 알아야 한 다. 많은 독일인들은 군대는 안전뿐 아니라 국가권위의 심벌이라고 믿어 왔다. 군대생활을 나타내는 순종과 조직의 특성은 독일인의 마음을 사로잡는 미덕이었다. 따라서 공화국을 특징지우는 무책임과 이완은 수많은 독일애국자들을 건드렸다. 그들은 베를린이 파리를 대신하여 유럽의 가장 경박하고 불경한 도시로 바뀌었다고 생각하였다. 이와 같은 바탕 위에서 그들의 파시즘을 불러일으킨 보다 더 중요한 요인은 볼셰비즘에 대한 공포였다. 이 볼셰비즘철학을 좇는 독일의 추종자들은 그들 자신을 스파르타쿠스주의자들(Spartacists)이라고 불렀으며, 그들의 명칭을 곧 공산주의자들이라고 바꿨다. 공산당은 1932년 대통령 선거에서 전체의 7분의 1을 넘는 600만 표를 얻어냈다. 그리하여 독일의 자본가들과 재산소유자들은 이탈리아에서와 같이 볼셰비즘 혁명의 위험을 피부로 느꼈으며 두 가지의 악마 가운데 그래도 조금 나은 파시즘으로 기울어지게 되었던 것이다.

네 번째로는 나치즘의 궁극적인 승리를 낳게 한 가장 중요한 요인으로 대공황을 들어야 할 것이다. 초기에 이 운동(나치즘)은 주로 불만을 가진 하층의 중산계급과 시민생활에 적응할 수 없는 군장교출신들로부터의 이탈자들을 끌어들인 반면에 1929년 이후에는 농민, 대학생 및 수백만의 실업자의 지지를 받아들였다. 농민들은 부채와 세금으로부터 구제를 받기 위하여, 대학생들은 그들의 교육을 선용할 기회를 더 이상 가질 수 없다는 생각에서 몰려들었다. 후자는 1914년 이래 60%나 늘었다. 이 외에 직업인들과 실직자들이 히틀러의 깃발 아래 몰려들었는데 대부분이 젊은 세대였다. 이 젊은 사람들은 일자리를 얻지 못한 사람들로서 쉽게 나치스의 허풍에 말려들었다. 직장이 없는 구세대도 마찬가지였다. 이들은 거의 모두가 갈 길이 막막한 '잊혀진 사람들'이었다. 1932년경 등록된 실업자 수는 600만명이었으며 실제로는 이 이상이었을 것으로 추정된다. 독일의 산업이 거의 마비되었고 혼돈상태에 이르렀다. 이러한 상황에서 나치스는 아직은 다수는 아니었지만 그렇게 될 가능성이 충분히 있었다.

2. 나치즘의 혁명과정

나치즘의 기원

독일 나치즘의 기원은 7인의 작은 집단이 1919년 뮌헨의 한 맥주홀에 모여 국가사회주의 독일노동당(the National Socialist German Worker's Party)을

결성한 때로 소급된다. 그들의 지도자 아돌프 히틀러(Adolf Hitler: 1889-1945)
는 한 세관원의 아들로 태어났으며 그의 유년생활은 매우 불행하였다. 그는 어
릴 적부터 욕구불만에 가득 차 있었으며 그림에 취미가 있어 예술가를 꿈꾸기
도 하였다. 이 목적으로 그는 1909년 비엔나의 아카데미에 들어가려고 하였
다. 그러나 시험에 떨어져 4년간 이런저런 일을 하면서 살지 않으면 안 되었
다. 그는 점차로 격렬한 정치편견을 가지게 되었으며, 비엔나에 있는 유대인박
해 정치인들의 열렬한 찬양자가 되었다. 그는 유대교를 마르크스주의와 결합
시켜 이들을 밀어냈다. 그는 또한 자랑스러운 게르만 민족성을 사랑하고 오스
트리아·헝가리를 모멸하는 극단적인 노르딕주의(Nordicism, 북방인종주의)의
찬양자가 되었다.

　　제1차 세계대전이 일어났을 때 뮌헨에 살고 있던 히틀러는 오스트리아
시민이었지만 즉각적으로 바바리아 군대에 들어갔다. 그는 4년간의 전투를 통
하여 철십자훈장과 하사진급을 수여받을 만큼 탁월하였다. 그는 두 번씩이나
가스중독에 걸려 입원하였으나 휴전 전에 회복되었다. 히틀러는 1921년 나치
스의 지도자로서 갈색셔츠를 입고 나치십자 완장을 차고 다니면서 포악한 행
동을 자행하는 '폭풍부대(Strumabteilung, SA)'를 결성하였다. 미국 공황의 물
결이 몰아닥쳐 난항을 거듭할 즈음에 그는 괴벨스, 리펜트로프 등의 지지자들
을 불러모았으며, 흑색셔츠의 전위대(Schutstaffel, SS)의 우두머리 자리에 힘
믈러(Heinrich Himmler)를 임명하였다. SS는 SA보다 상급이어서 순수혈통의
인물만이 들어갈 수 있었으며 후에 게스타포(Geheime Staatspolizei)로 알려진
비밀경찰의 지도자들이 되었다.

나치스의 득세

　　힌덴부르크 대통령에 의해 지명된 수상 브류닝(Heinrich Bruning)은 국내·
국외의 어려운 문제들을 제대로 풀지 못하였다. 결과적으로 혼란한 가운데 히
틀러의 입지만을 굳혀 주었다. 1932년 여름 제국의회는 깊은 수렁에 빠졌다.
왜냐하면 나치당은 히틀러에 의해 주도되지 않는 어떤 내각도 지지하지 않았
으며, 공산당은 사회당과 협력하는 것을 거부했기 때문이다. 대부분의 사람들
은 공산당의 위협으로 히틀러를 후원하려고 하였다. 그러나 그들은 나치스운
동 배후에 도사리고 있는 민족감정의 무서운 재기를 이해하지 못하였다. 히틀

러는 그의 기회를 이용하는 데에 결코 우둔한 사람이 아니었다. 그는 노동조합을 억누르고 사회주의자들과 공산주의자들에 대한 강력조처를 취함으로써 그의 많은 반대자들을 물리쳤다.

힌덴부르크는 할 수 없이 뒤늦게 제국의회를 해산하고 새로운 선거를 3월 5일 실시하였다. 투표는 격앙된 분위기 속에서 실시되었다. 히틀러는 힌덴부르크 다음으로 지지표를 얻었다. 나치스는 지방에서도 압도적인 승리를 거두었다. 나치스의 위협을 느낀 정부는 나치스의 SA와 SS를 해산하려 했으나 뜻대로 되지 않았다. 힌덴부르크는 1932년 5월 브뤼닝을 사임시키고 대신 중앙당의 가톨릭 귀족인 파펜(Franz von Papen)을 새로 그 자리에 앉혔다. 가까스로 파펜은 나치스의 지지를 얻으면서 정부를 끌고 나갔다. 같은 해 7월에 실시한 선거에서 나치스는 의회의 최다수 의석을 차지할 수 있었다. 공산당이 그 다음의 의석을 차지하고 나머지 당들은 거의 자취를 감추고 말았다. 새 의회에서 지지세력을 잃은 파펜은 나치스의 입각을 종용했으나 힌덴부르크의 반대로 정국은 풍전등화와 같이 되었다.

1932년 11월 선거에서 파펜은 약간의 지지세력을 얻었다. 파펜의 정략으로 나치스의 의석이 상당히 줄어 히틀러의 세력이 움츠러들었다. 그러나 파펜은 다수의 지지세력을 얻어내지 못했다는 이유로 수상을 내놓았다. 힌덴부르크의 권유가 있었으나 파펜을 질투한 슐라이헤르(Kurt von Schleicher)의 음모로 좌절되었다. 슐라이헤르는 히틀러가 올 때까지 약 8개월 동안 그 자리를 지킬 수 있었다. 슐라이헤르는 의외로 외교적 성공을 거두었다. 그는 5대강국 선언에서 독일의 동등한 군비를 인정받았다. 국내적으로도 극좌파를 제외하고 모든 계파를 끌어들이려고 안간힘을 다 쏟았다. 그러나 이번에는 그의 정적 파펜의 보복으로 모든 것이 수포로 돌아가고 말았다. 파펜은 히틀러와 야합하고 이에 힌덴부르크까지 끌어들이는 데 성공하였다. 더욱이나 슐라이헤르에 반대하는 사람들은 반노동 자본가와 융커들이었다. 결국 그는 사임하고 1933년 1월 30일 히틀러가 새로운 수상으로 취임하였다.

히틀러의 독재(1933-39)

그는 수상이 된 후 곧바로 독재화의 계획을 세우고 있었다. 그런데 1933년 2월 27일 제국의회가 불에 타버리는 사건이 일어났다. 히틀러는 이 화재를

공산주의의 소행이라고 주장하였다. 그는 홀란드의 정신박약자이며 공산주의
자인 반데르루베의 소행이라고 단정하고 즉각 처형하였다. 이것은 물론 나치
스의 소행이었다. 그러나 볼셰비즘의 망령을 불러내어 민족을 경악시키려는
시도에도 불구하고 나치당은 인민투표의 다수에 못 미치는 총 647석 중 단지
288석(44%)을 얻는 데 그치고 말았다. 그리하여 그들은 그들의 동맹파인 국
민당 52명과 더불어 간신히 다수를 이루었다. 새로운 제국의회는 3월 21일 히
틀러로 하여금 무제한의 권력을 가지도록 의결하였다. 곧이어 바이마르 공화
국의 깃발이 내려지고 대신 국가사회주의의 스와스티카(십자가의 변형) 깃발이
게양되었다. 히틀러 정권은 5월 공산당과 사회당의 불법화를 선언하였으며, 7
월에는 나치스 이외의 어떤 정당도 합법적으로 존재할 수 없게 만들었다. 독일
국민은 대부분 무질서한 의회제도에 싫증을 느낀 나머지 사태를 수습한 나치
스에 지지를 보냈다. 나치는 11월의 선거에서 절대지지를 얻어낸 다음 국내외
적으로 그들의 입지를 강화하여 나아갔다.

　　그러나 나치스 당내에서는 서서히 갈등이 생기기 시작하였다. 특히 급진
적인 선언을 기대하는 당원들은 히틀러에 불만을 토로하였다. 그들은 국가를
개조하여 발전시키려는 차원에서 나치계획의 사회주의적 양상을 강조하였다.
그 대표적인 것이 에른스트 로엠(Ernst Roem)의 당파로서 나치의 보수주의화
를 비판하기 시작하였다. 히틀러는 이들을 그 자신을 음모하려는 무리들이라
고 공박하였다. SA는 거의가 하층민들로 구성되어 있어 불만이 컸다. 이것은
SS와 군부도 마찬가지이다. 전날의 전우가 이제는 혐오의 대상이 된 것이다.
그리하여 히틀러는 1934년 6월 30일 '피의 숙청'을 명령하였다. SA의 창설자
인 로엠을 비롯한 73명이 사살되었으며 슐라이헤르 부처도 사살되었다. 그 희
생자는 무려 1,000명을 넘은 것으로 나타나 있다. 그렇다고 이것으로 보수주의
의 영구적인 승리가 이루어진 것은 아니었다. 시간이 지나면서 전제 정권은 더
욱 급진적으로 변모되어 갔다(1938년 이 급진적 경향들은 절정을 이루었다. 예컨
대, 당권의 확장운동, 보수적인 은행가 샤흐트(H. Schacht)를 경제적 독재에서 몰아
내려는 운동, 그리고 유대인들을 추방하고 말살하려는 광신적 십자군결성 등이 그러
한 것들이었다).

나치스의 인종주의

히틀러는 통과된 전권위임법에 의해 프러시아에 게스타포를 설치하고 (1933. 4), 인민재판소를 설치하여(1933. 5) 대대적인 일인독재 체제에 들어갔다. 나치스에 반대하는 사람들과 움직임은 어떤 것도 용납되지 않았으며 개인의 사생활도 철저하게 감시되었다. 그 첫 번째 소탕대상이 인종주의에 의한 유대인이었다. 당시 유대인의 숫자는 독일인구 6,000만명 가운데 60만명(약 1%)으로 그 대부분이 각 분야에서 중요한 지위에 올라 있었다. 아마도 유대인 학대가 없었다면 그들은 나치스에 협조하였을지도 모른다. 그러나 히틀러의 인종주의로 그들은 무자비하게 희생되지 않으면 안 되었다. 그들은 일체 공직에 허용되지 않았다.

처음에 그들 가운데 제 1 차 세계대전 참전자들은 제외되었지만 '뉴렘베르크법(1935. 9. 15)'에 의해 공직보유가 금지되었다. 이 법은 조부 가운데 1 인이 유태인이라도 걸리게 하였다. 그들은 공민권의 박탈로 일체의 행위들(비유태인과의 결혼·국기게양·저술·연극영화·보험 등)이 금지되었으며, 더 나아가 그들의 이름마저 전쟁기념관에서 삭제되었다. 반면에 독일인의 혈통에 대해서는 철저하게 비호하는 정책을 펼쳤다. 나치는 특히 순수혈통에 속하는 금발, 검은 눈동자를 가진 독일인들에 대해서는 '북구형'으로 우대하여 많은 아이들을 낳게 하였다. 이 정책은 의사와 법률가들에 의한 단종법(斷種法)으로 실천되었다. 그들의 임상실험에 의해 열등민족으로 판명된 사람들은 유대인과 폴란드인, 슬라브인 및 집시들이었다. 이것은 나치스의 가스처형을 예고하는 징표이기도 하였다. 나치스 집권기간 중 게토(유대인 거주구역), 아우슈비츠(유대인 수용소) 등지에서 희생된 유럽의 유대인 숫자는 600만 명 이상에 달하였다.

나치스의 대외정책

히틀러의 대외정책은 독일인을 중심으로 하는 영토확장정책이었다. 그는 우선 독일인이 사는 오스트리아와 체코슬로바키아(주데텐란트), 폴란드(단치히)를 그의 소위 '생활공간(Lebensraum)'에 포함시키려 하였다. 그에 의하면, 독일인은 가장 우월한 민족이므로 이 지구 어디에나 원하는 데로 뻗칠 수 있으며, 무엇이든 원하는 것은 다 가질 수 있다. 이제 새로운 나치스의 독일은 제 3 제국(the Third Reich)으로 선포된다. 왜냐하면 독일은 중세 신성로마제국

(호헨스타우펜제국)의 제 1 제국과 카이저의 빌헤름제국(호헨촐레른제국)의 제
2 제국을 계승하였기 때문이다. 그리고 이 제 3 제국은 앞으로 1,000년간 계속
될 것이다. 놀라운 것은 이와 같은 나치스의 생활공간이론에 동조하는 지식인
들이 적지 않았다는 사실이다. 이 이론은 지리학교수인 칼 하우스호퍼(Karl
Haushofer: 1860-1946)를 중심으로 이루어졌다. 그는 영국과 프랑스는 노쇠하
였고 다른 나라들은 힘이 없어졌으므로 순수한 강력한 권력의지로 세계를 지
배해야 한다는 논지이다. 이러한 이론과는 달리 러시아와 협력하여 세계를 지
배해야 한다는 이론도 등장하였다. 왜냐하면 러시아의 막대한 자원과 독일의
인적·군사적·산업기술이 합친다면 그 어떤 세력도 대항할 수 없기 때문이
다. 실제로 이러한 이론은 1922년 체결된 라팔로 조약으로 양국의 동맹관계가
지속되어온 것이 사실이다. 그러나 전자의 이론(생활공간이론)이 후자의 이론
보다 나치스에게 더 선호되었다. 실제로 공산주의는 시기상조로 대다수의 지
지세력(중산층·하층 등)을 얻지 못한 반면에 히틀러는 그의 국가사회주의로
성공을 거두는 결과를 가져왔다.

나치스의 경제정책

먼저 나치스의 경제정책에 대해서 간단히 둘러보도록 하자. 원칙적으로
나치스 치하의 모든 경제생활은 국가의 통제를 받아야 했다. 그들은 농업을 중
심으로 자급자족을 우선으로 하였기 때문에 농민들도 정치적인 지배에서 벗어
날 수는 없었다. 그러나 융커는 보호되었고, 특별법(1933)에 의해 영세농민
(312에이커 이하의)은 채무에서 풀려났다. 황폐한 땅은 개간되었으며 온실에서
의 채소재배가 장려되었다. 그들에게 부족한 것은 지방질과 커피뿐이었다. 그
결과 1937년 독일의 농산물자급은 8%나 올라가 대체적으로 농민들로부터 호
평을 받았다. 히틀러는 산업분야에서 스탈린과 마찬가지로 연차적 경제계획을
세웠다. 1933년 제 1 차 계획에서는 경제회복과 완전고용이 주목표로 진행되었
으며, 아울러 재군비와 공공사업, 실업자구제책(노동수용소)이 실시되었다. 그
리하여 실업자가 700만에서 150만으로 줄어들었다. 제 2 차 계획에서는 무적
독일을 위한 전쟁준비가 주목표로 진행되어 전쟁산업과 원료물자의 생산이 우
선되었다. 괴링(Hermann Goering)이 이 계획수립의 책임자로 임명되었다.

헤르만 괴링은 신괴링철광소를 만들어 알사스-로렌의 상실로 가져온 철생

산의 부족을 메웠으며, 과학자들을 동원하여 값비싼 합성제품을 발명케 하여 자연자원의 결핍을 보충하는 데 성공하였다. 석탄에서의 내연기관연료의 분리와 인공고무의 생산은 이 과정에서 얻어낸 귀중한 성과였다. 정부는 또한 전략적인 차원에서 자동차도로(Autobahn)를 건설하여 현대적 고속도로의 모범이 되게 하였다. 그러나 나치스는 1933년에 모든 노동조합을 해산하였고 이어 다음 해에는 고용주협회를 없앴으며, 대신 '노동자전선'을 결성하였다. '노동자전선'에는 각 부분별 전문가들을 포섭하여 로버트 레이박사가 이들을 관장토록 하였다. 동맹파업과 공장폐쇄가 금지되었다. '노동전선'은 복종하는 노동자들의 직장을 보장해주는 한편 철저한 스파이노릇을 하는 조직이기도 하였다. 이외에 종교와 문화에 대해서도 철저하게 감독하였다. 히틀러가 유일무이의 신이었으며 나치스를 찬양하는 예술활동 이외에는 어떤 것도 용납되지 않았다. 이상하게도 프로테스탄트와 가톨릭을 막론하고 나치스에 철저하게 반항하는 사람들은 나타나지 않았다.

이탈리아 파시즘과의 비교

나치즘의 철학은 여러 가지 면에서 이탈리아 파시즘과 유사하다. 우선 양자 모두 집단주의적이며, 권위주의적이며, 민족주의적이며, 그리고 낭만주의적(반지성적이라는 점에서)인 점들이 비슷하다. 그러나 다른 점들도 많다. 이탈리아의 파시즘은 인종주의에 그 기초를 결코 두지 않았다. 로마·베를린 축이 형성된 후에 무솔리니는 약간의 반유대적 법령들을 발포하긴 했지만 강압적인 것은 아니었다. 이와는 대조적으로 독일의 국가사회주의는 인종의 요인을 그 중심이론으로 만들었다. 나치당은 노르딕(북구인종)을 가장 완벽한 인종으로 간주하였다. 그들은 세계 인류진보에 공헌하는 유일한 인종이 바로 아리안 인종이라고 주장하였다. 그들에 의하면, 이들 인종의 두뇌와 성취는 혈통에 의해 결정된다. 그러므로 유대인은 아무리 그들이 유럽에 산다 할지라도 유대인일 수밖에 없다. 유대인의 과학이나 문학, 음악은 게르만민족을 나타낼 수 없다. 그러나 그들의 이러한 인종론은 그들의 목적을 달성하기 위해 만들어낸 단순한 합리화에 불과한 것이 분명하다. 나치당이 유대인들을 핍박하는 진정한 원인은 독일의 민족고난의 책임을 짊어질 희생양으로 유대인을 택한 것으로 해석된다.

그들은 이론과 실제에 있어서도 서로 다른 점들이 적지 않았다. 독일은 유럽에서 가장 산업화된 국가 중 하나였다는 사실에도 불구하고 그들의 국가사회주의는 이탈리아 파시즘이 가지고 있지 않았던 독특한 농민적 정취를 가졌다. 나치이론의 열쇠는 "피와 흙(Blut und Boden, Blood and Soil)"이라는 구호속에 내포되어 있었다. '흙'은 아름다운 조국에 대한 깊은 사랑뿐 아니라 가장 훌륭한 독일인종을 상징하는 농민들에 대한 영원한 연민을 나타내는 말이었다. 독일의 어떤 계급도 나치정부에 의해서처럼 이렇게 동정적으로 표현되지는 않았다. 나치스가 이처럼 농촌사람들에 대하여 깊은 관심을 나타낸 것은 그들(농민)이 국가시민의 가장 중요한 근원이며, 군인의 밑거름이라는 배경에서 나온 것으로 풀이된다. 그리고 더 나아가서 그 동안 도시가 지성주의와 급진주의, 경제와 복잡한 문제들에만 집중한 사실에 대한 나치지도자들의 반동에서 나온 흐름이라고도 보여진다. 이 외에도 단순한 생활을 미화함으로써 그들(나치)의 지적 열등감을 보상하려는 의도에서 비롯된 것 같기도 하다.

3. 혁명의 결과

적지 않은 정치적 변화에도 불구하고 구 독일 정부형태는 그대로 유지되었다. 독일은 아직도 공화국이었다. 힌덴부르크가 살아 있는 동안 그의 대통령 직위는 사멸되지 않았다. 그가 1934년 8월 돌아가자 히틀러는 그의 재상직에 다시 대통령직위를 부가하였다. 국민투표에 의해 히틀러는 "제국의 지도자와 재상(Fuehrer und Reichskanzler)"이라는 새로운 타이틀을 얻었다. 독일의 의회도 이름뿐이지만 그대로 보유되었다. 그러나 의회는 전적으로 제국의회(Reichstag, 하원)로 이루어진 단원제였다. 연방국가들의 권리가 파기되자 상원(Reichsrat)은 불필요하게 되었다. 그리하여 1934년 폐지되었다. 그러나 이러한 변화는 큰 의미가 없었다. 왜냐하면 제국의회(하원)까지도 열리지 않았고 힘도 없었기 때문이다. 독일인들은 나치즘의 화려한 깃발 아래에서 히틀러의 꼭두각시 노릇을 하지 않으면 안 되었다.

제 4 절 러시아혁명과 코뮤니즘

1. 러시아혁명의 해석들

러시아혁명은 마르크스사상을 기초로 하는 사회주의혁명으로서 다른 시민혁명에서 보인 정치적, 경제적, 사회적 변혁의 차원을 뛰어넘어 이 모든 것들을 포함하는 세계혁명의 기치 아래 이루어졌다는 점에서 역사학자들의 관심을 끌었다. 그것은 더군다나 현대사회의 모순을 예리하게 지적한 마르크스의 계급갈등과 경제불평등문제를 실제로 러시아사회라는 실험대 위에 올려놓았다는 점에서 적지 않은 사람들의 주의를 환기시켰다.[3]

일반적으로 러시아혁명에 대한 학자들의 해석은 크게 두 가지로 분류되어 왔다. 그 하나는 반공주의적 입장의 해석이고, 다른 하나는 사회주의적 입장의 해석이다. 러시아혁명은 볼셰비키 소수집단에 의해 야기된 불행한 사건으로 피할 수도 있었던 사건이라는 것이 전자의 주장이며, 러시아혁명은 인류의 평등을 이룩하려는 역사의 필연적인 사건이라는 것이 후자의 주장이다. 그 후 1980년대 중엽 고르바초프의 페레스트로이카 정책이 난조를 겪다가 소련이 해체되자 러시아혁명에 대한 해석도 부정적인 방향으로 쏠리게 되었다. 즉, 러시아혁명은 너무 지나치게 이상적인 이데올로기에 치우쳐 인간적 해방과는 거리가 멀었으며 그 결과 엄청난 희생만을 자아낸 불상사가 되고 말았다는 것이다. 그러나 위에서 지적한 사회적 모순을 예리하게 파헤친 마르크스주의의 근본적인 이념마저 간과해서는 안 될 것이다. 이 외에도 학자들의 관심을 끄는 테마들로는 스톨리핀의 개혁, 3월 혁명의 의회민주주의, 임시정부체제, 볼셰비키혁명체제 등이 있다.

2. 러시아혁명의 배경

러시아혁명은 1905년의 혁명으로부터 시작되었다. 그러면 이 당시의 러시

---

[3] Landman, *op. cit.,* ch. 9; 김학준, 『러시아혁명사』(문학과 지성사) 참조 바람. 러시아혁명은 11월 혁명(10월 혁명), 볼셰비키혁명으로도 불리워진다.

아의 형편은 어떠했는지 알아보도록 하자. 1900년 전후의 러시아는 정치적으로나, 경제적, 사회적으로 매우 불안한 처지에 놓여 있었다. 정치적으로는 짜르(tsar, czar)의 1인 전제정이 지속되었으며, 경제적으로는 농노제 폐지(1861) 이후 밀려온 자본주의의 물결로 지역간·산업분야간 경제적 격차로 불균형을 이루고 있었으며, 사회적으로는 계급간 갈등이 깊어지고 있었다. 그리고 여기에 주변 소수민족들의 민족주의적 반발로 사태가 더욱 악화되었다. 이러한 러시아 상황의 기원은 위에서 이미 설명한 알렉산더 3세와 니콜라스 2세의 야만적 러시아화 정책으로까지 소급된다. 그리하여 러시아에는 러시아의 후진성을 타개해보려는 여러 개의 급진적 집단들이 등장하게 되었다. 이들 가운데 가장 오래된 집단이 소위 허무주의자들(the nihilists)이었다. 이들은 러시아의 문명을 증오하는 급진적 지식인들(인텔리젠차)로 모든 정치적, 사회적 구조의 붕괴를 부르짖었다. 그들은 합리적인 이성이나 과학, 기타 신앙에 기초한 그 어떤 것도 믿지 않았다. 그들의 명칭도 라틴어 "nihil(nothing)"에서 유래한 것이다.

사회혁명당·사회민주당·입헌민주당

허무주의자들은 일반적으로 개인주의자들인 반면에, 그들의 후계자들은 주로 집단주의를 선호하는 사람들이었다. 이 집단주의자들 가운데 가장 중요한 사람들이 무정부주의자들(the anarchists)로서, 바쿠닌·크로포트킨·톨스토이를 추종하는 사람들, 사회혁명주의자들(the Social Revolutionaries), 그리고 사회민주주의자들(the Social Democrats)이 모두 이들 무정부집단에 속한 사람들이었다. 후자의 두 파는 서로 방법 면에서 달랐다. 사회혁명주의자들은 그 지도자들이 인텔리젠차 출신이지만 본질적으로는 농민당이었다. 그들은 "전국토는 전국인민에게(the whole land to the whole people)"라는 구호 아래 촌락 공동체인 미르(mirs, obshchina)에 토지를 분배할 것을 부르짖었다.

그들에 의하면, 러시아는 서구와는 달리 자본주의단계를 거치지 않고도 막바로 사회주의단계로 들어갈 수 있다. 왜냐하면 러시아에는 농민의 토지점유형태인 미르가 있기 때문이다. 그들의 대다수는 상층계급을 강압하는 수단으로 테러리즘을 옹호하였다. 그들의 대표자는 게르첸, 라브로프(P. Lavrov: 1823-1900) 등이었으며 지식층과 많은 대학생들이 나로드니키(Narodniki, populist)가 되어 농민 속으로 파고들었다. 그러나 농촌에 대한 무지로 별다른 효과를 거두지 못하였다.

이와는 대조적으로 사회민주주의자들은 마르크스주의자들로서 프로레타리아의 권익을 옹호하고 개인적 테러리즘보다는 집단행동을 더욱 강조하였다. 그 대표적인 사람이 게오르기 플레하노프(Georgi V. Plekhanov: 1857-1918)로서 러시아 마르크스주의의 창시자가 되었다. 그는 사회혁명주의자들과는 다른 입장에 서 있었다. 그에 의하면, 러시아는 일단 자본주의적 부르주아지 민주주의혁명을 거쳐야 비로소 프로레타리아에 의한 사회주의혁명을 완수할 수 있다. 그것은 혁명을 완수하기 위해서는 부르주아·자유주의자와의 협력이 필요하기 때문이다. 멘셰비키(the Mensheviks, 소수파)는 말하자면 플레하노프의 2단계 혁명론을 따르는 집단이었다.

그리고 1903년 여기에서 갈라져 나온 것이 직접적인 러시아혁명을 믿는 볼셰비키(the Bolsheviks, 다수파)였다. 플레하노프의 동지인 마르토프와 그의 제자인 레닌이 그들의 대표자들이었다. 한편으로 이러한 과격파와는 달리 자유주의자들로 구성된 1905년 입헌민주주의자들(Kadets)이 등장하여 온건적 혁명을 부르짖었다. 그들은 젬스트보동맹을 결성하여 급진적 혁명을 억제하려고 하였다. 말하자면 1905년을 전후하여 러시아에는 사회혁명당, 사회민주당, 그리고 입헌민주당으로 갈라져 각축을 벌이고 있었다.

1905년의 혁명

1905년의 혁명운동의 직접적인 원인은 러·일전쟁의 패배였다. 1904년 러시아가 아시아의 작은 나라 일본에게 패배하였다는 소식은 대부분의 러시아인들을 절망케 하였으며 짜르의 권위를 흔들리게 하였다. 그것은 나폴레옹 격퇴 이후 러시아인들의 자존심으로 남아 있던 그들 최후의 보루인 군대의 권위를 실추시켰기 때문이다. 패배소식은 이제까지 혁명주의자들을 꺼려했던 중산계급을 동요시켰으며 결국 이들을 변화의 물결 속으로 뛰어들게 하였다. 연일 노동자들의 파업과 시위가 이어져 1905년 1월 22일('피의 일요일')에는 그들의 수가 14만명에 달하였으며 무차별사격으로 희생된 사람들이 수천에 이르렀다. 짜르군대의 총격에 분노를 느낀 노동자들과 농민들은 점점 불어나 가을(10월)에는 총파업에 들어가게 되었으며, 그들의 요구들(민주공화정의 수립·8시간 노동제·대토지 몰수 및 분배 등)도 급진화되어 반봉건적 민주주의혁명의 특성을 분명히 드러냈다. 그들은 페트로그라드(1914년 독일식 발음이라 하여 성페테르스부르크를 페트로그라드로 개칭, 1924년 레닌의 사망을 계기로 레닌그라드로 개칭, 1991년 다시 페트로그라드로 환원하여 사용하였다)를 중심으로 농민, 노동자 뿐아니라 최초로 군인이 합세하여 사태의 심각성을 나타냈다.

멘셰비키와 볼셰비키

이에 각 정당들은 이 사태를 부르주아 민주주의혁명으로 규정하는 데는 일치하였지만 그들의 대응책에서는 차이를 보였다. 볼셰비키(레닌)는 노동자·농민이 주도하는 혁명과 토지의 국유화를 내세웠는가 하면, 멘셰비키는 부르주아혁명과 프로레타리아혁명을 이원화하는 2단계 혁명론을 주장했으며, 멘셰비키에 속했던 트로츠키는 노동자계급을 통한 일원적 사회주의혁명을 시도하려는 영구혁명론을 부르짖었다. 그리고 온건적인 자유주의자들도 차츰 민중의 시위와 그들의 요구에 거의 동조하게 되었다.

10월 선언

그리하여 니콜라스 2세는 이들을 무마하려는 방안을 내놓았다. 그것이 바로 1905년 10월 30일 발포한 저 유명한 10월 선언(the Octobor Manifesto)으로, 개인의 자유와 선거에 의한 의회(Duma) 개설, 언론·집회·결사의 자유, 그리고 어떤 법도 의회의 동의 없이는 무효로 할 수 없다는 내용을 담고 있었다. 이것은 혁명운동이 최고 수위에 달하였음을 나타내는 신호이기도 하였다. 그러나 10월 선언은 이를 지지하는 입헌민주당(Kadets)과 보수적인 10월당(the Octoborists)의 부진한 역할로 지지부진하였다. 이 틈을 이용하여 니콜라스는 1906년 외교문제와 군대 및 헌법문제에 대한 두마의 권리들을 탈취하였으며 예산권까지 빼앗았다. 결국 수상 스톨리핀(P. A. Stolypin: 1862-1911)은 1907년 두마(의회)를 해산하고 사회민주당의원 30여명을 축출하였다. 그러면 이러한 보수반동화의 원인은 무엇인가. 아마도 다음의 몇 가지를 열거할 수 있을 것이다.

첫째로는 군최고사령관(짜르)에 대한 군대의 충성심이 남아 있었다는 사실이다. 그리하여 짜르는 일본에게 패한 다음에도 여전히 혁명군을 제거할 수 있는 막대한 군사력을 이끌고 있었다. 둘째로는 니콜라스가 독일을 견제하고 있는 프랑스로부터 빌려온 돈(22억 프랑)으로 무너지는 정권을 강화시킬 수 있었다는 사실이다. 실제로 프랑스 원조의 진의는 전제정치의 동정심이 아니라 양국 정부간의 군사동맹에 있었던 것이다. 셋째로는 혁명세력들 내부에서의 분열이 심화되고 있었다는 사실이다. 10월 선언 이후 상당수의 부르주아지는 급진파의 위협에 놀라 더 이상의 혁명을 원하지 않았다. 그들은 혁명파로부터 후퇴하여 10월당으로 행세하였다. 한편 더욱 자유주의적인 상인들과 전문직업인들은 짜르가 영국식 헌법을 채택할 때까지 혁명을 계속해야 한다고 주장하였다. 이와 같은 극심한 분열은 결국 중산계급의 정치활동을 무력하게 만들고 말았다. 마지막으로는 프로레타리아의 실망이 고조되었다는 사실이다. 수많은 노동자들은 상심하여 그들의 급진파 지도자들을 따르지 않게 되었으며, 급기야는 정부에 대항할 수 있었던 총파업도 무산되고 말았던 것이다.

스톨리핀의 반동정치

마지막으로 스톨리핀은 정치적 반동을 어느 정도 무마하기 위하여 1906-1911년간 일련의 농업개혁을 실시하였다. 이 개혁의 주목적은 농노해방 이래 농민의 짐이 되어왔던 촌락공동체를 폐지시켜줌으로써 농민의 상당수를 부르주아화하자는 것이었다. 농노해방으로 농민들은 토지에 대한 상환금을 지불 못해 오히려 무거운 짐을 지게 된 것이 사실이었다. 그러므로 그는 농업개혁으로 농민들로부터 환영을 받을 뿐 아니라 부유해진 상층농민들의 지지를 받을 것으로 기대했었다. 그러나 그의 기대는 물거품이 되고 말았다. 그것은 농민의 자본주의적 경영을 위한 기반이 너무나 허약했기 때문이다.

그러나 1905년의 혁명운동은 전적으로 실패한 것만은 아니었다. 그것은 몇 가지의 소득을 가져다주었다. 우선 짜르의 잔악한 여러 가지의 보복들은 대다수 러시아인들에게 짜르정권은 더 이상 믿을 수 없는 전제주의라는 사실을 알려 주었다. 두 번째로 그것은 일반 대중에게 폭동의 실패원인을 절감하게 하여 장래를 위한 계획들을 알려 주었다. 세 번째로 그것은 약간의 개혁의 결과들을 그대로 보유하게 해 주었다. 그 가장 커다란 소득이 두마였다. 두마의 기능은 없어졌다 하더라도 그 자체마저 폐지된 것은 아니었다. 실제로 1917년의 혁명은 두마에서 시작되었다는 것을 잊어서는 안 될 것이다. 네 번째로 그것은 불완전하지만 러시아인들을 위한 일련의 개혁들을 만들어 주었다. 즉, 제국의

500만 에이커의 땅은 농민들에게 돌아간다, 농민들은 미르에서 나와 독립농민이 될 수 있다, 농민들의 남은 토지부채는 무효화한다 등이었다. 이 외에도 노동자들을 위한 일련의 조치들, 노동조합의 결성이라든지, 노동일의 감축(10시간 이내), 질병과 사고보험을 보장하는 법령들이 만들어졌다.

3. 제1단계 : 3월 혁명

러시아혁명의 첫 번째 단계인 3월 혁명의 불은 제1차 세계대전에서 당겨졌다. 이 당시 러시아의 참전은 사실상 피할 수 없는 운명처럼 보였다. 그것은 제국주의전쟁의 승전보를 염원하는 러시아인들의 애국적 열정에다 이와 같은 상황을 정권회복에 이용하려는 짜르정권의 정책이 작용했기 때문이다. 일부 볼셰비키와 트로츠키를 제외하고는 대부분의 사회주의자들도 참전에 동의하였다. 러시아가 승전 측의 일원으로 제1차 대전에 참여했지만 그 대가는 너무나 엄청난 희생이었다. 러시아는 전쟁으로 짜르 전제정의 부패와 무능을 여지없이 드러냈다. 의지가 약한 니콜라스 2세는 자칭 성자로 행세하는 괴승 라스푸틴(G. E. Rasputin)의 손 안에서 놀아나는 황후의 영향 아래 묶여 있었다. 라스푸틴을 중심으로 하는 친독파와 의회의 주전파와의 대립은 상황을 더욱 어렵게 만들었다. 군인들은 총이나 식량도 제대로 공급받지 못한 채 전선으로 나가야 했으며 부상당한 군인들은 치료도 받지 못하고 죽어 가야만 했다. 철도는 파괴되었고 모든 공급선은 거의 두절되었다. 러시아는 1,500만명의 장정을 동원했지만 탄넨베르크의 패전 이래 전쟁이 장기전으로 펼쳐지는 바람에 더 이상 전쟁을 수행할 수가 없게 되었다. 러시아는 170만명의 전사자와 250만명의 포로, 그리고 500만명의 부상자를 내지 않으면 안 되었다.

임시정부와 소비에트

1917년 3월 8일 드디어 페트로그라드에서 대규모의 노동자들의 폭동이 일어났다. 사회주의자들의 반전·반정권 구호는 노동자뿐 아니라 군인들에게까지 파급되었다. 이것이 짜르의 퇴위를 강요한 러시아혁명의 제1단계로 프랑스혁명의 경우와 거의 비슷하였다. 소위 3월 혁명의 주된 원인은 전쟁에 대한 혐오였다. 이 외에도 인플레이션, 물가앙등, 식량과 석탄의 고갈, 농민들의 도시집중, 급진파의 선동, 그리고 1905년 폭동으로 인한 후유증이 중요한 요인들이었다. 정부는 소요를 진압하려고 애썼으나 허사로 끝났다. 오히려 후방의 군인들과 노동자들이 야합하려고 하였다. 결국 300년 이상 러시아를 지배하던 로마노프왕조(1613-1917)는 미국이 연합국 측에 참전하기 바로 한 달 전 1917년 3월 15일 불운의 최후를 맞이해야 했다.

짜르가 황제 자리에서 물러나기 전 러시아는 두 가지의 주요 정치집단으로 갈라져 있었다. 하나는 혁명을 두려워하는 입헌민주당과 10월당으로 구성된 임시정부(the Provisionary Government)와 이에 반대하는 군인과 노동자 대표자들로 구성된 평의회인 소비에트(the Soviet)였다. 임시정부는 상트페테르부르크의 노동자들과 연계하여 두마의 지도자들을 중심으로 하는 임시내각을 형성하였다. 내각의 수상은 르보프(E. E. Lvov: 1861-1925)였으며 주요 인사들로는 외무장관 파울 밀류코프(Paul Milyukov), 법무장관 알렉산더 케렌스키(A. F. Kerensky: 1881-1970) 등이 들어갔다. 사회혁명당에 속한 케렌스키를 제외하면 거의 모든 각료가 부르주아 자유주의자들이었다.

이들의 혁명목표는 러시아의 전제정치를 영국식 입헌왕국으로 바꾸는 것이었다. 이에 준하여 그들은 시민의 자유를 선포하였으며, 수천의 죄수들을 석방하고 정치망명자들을 받아들였다. 한편, 대중의 지지를 얻고 있는 소비에트(페트로그라드)는 혁명의 주체이면서도 위에서 말한 멘셰비키의 2단계 혁명론에 의해 힘을 쓰지 못하였다. 즉, 멘셰비키 지도부는 3월 혁명을 부르주아 민주주의혁명으로 설정하고 그들(소비에트)이 부르주아의 임시정부에서 빠질 것을 요구했다. 왜냐하면 그들은 마지막 단계인 사회주의혁명에서 그들의 역할을 수행해야 하기 때문이다. 그리하여 프로레타리아트적 소비에트와 부르주아적 임시정부의 이원적 지배체제에서 굳건한 자리를 잡게 된 것은 온건적 입헌민주당이었다. 이들은 주로 국민의 요구들(민주공화국, 토지개혁, 8시간 노동 등)을 외면한 채 10월당과 손을 잡고 스톨리핀의 개혁정책을 동조하면서 전쟁속행의 기회만을 노리고 있었다.

4월 테제

이러한 러시아의 어려운 상황 속에서 발표된 것이 레닌의 소위 4월 테제(the April Theses)였다. 그는 단순히 반전쟁이나 반전제를 부르짖은 것이 아니라 좀 더 근원적인 차원에서 러시아는 부르주아혁명의 최고, 최종의 단계에 와 있다는 것을 선언하였다. 즉, 2원적 권력체제와 혁명집단들에 종지부를 찍고 러시아의 부르주아혁명을 사회주의혁명으로 직결시켜야 한다는 주장이었다. 4월 테제는 레닌의 혁명이념을 담고 있는 선언문으로 그 골자는 민주적 강화체결, 자본주의의 타도, 임시정부의 종결, 소비에트의 실권장악, 지주의 토지몰수와 국유화, 은행의 국유화, 사회민주당의 공산당으로의 변경, 혁명적 국제조직의 창설 등이었다. 요컨대, 러시아는 노동자, 농민의 프로레타리아트 소비에트 공산당에 의해 사회주의혁명을 달성해야 한다는 것이었다.

이에 대해 플레하노프를 비롯한 멘셰비키는 즉각 반발하였다. 대부분의 볼셰비키까지도 경악을 금하지 못했다. 그러나 망명에서 돌아온 트로츠키의 전폭적인 지지로 레닌은 어느 정도 숨을 돌렸다. 그는 주로 러시아 농민층에 지지를 호소하고 나섰다. 이러한 와중에서 임시정부의 밀류코프는 고삐를 놓치지 않으려고 안간힘을 다 쏟았다. 그는 결국 연합군 측에 각서를 보내 러시아는 최후까지 참전할 것을 약속하였다. 이것은 러시아의 참전으로 국제적 원조와 이해를 얻어내려는 속셈이었다. 그러나 이 사실이 국내에 알려지자 이른바 4월 위기가 시작되었다.

노동자, 군인을 포함한 많은 국민들은 '전쟁중지, 밀류코프 사퇴, 무병합·무배상의 민주강화'를 외치면서 격렬한 시위를 그치지 않았다. 이에 할 수 없이 자유주의자들은 위기감을 느끼면서 내각개편을 서두르게 되었다. 이렇게 해서 이루어진 것이 자유주의자들과 사회주의자들의 첫 번째 연립정부였다. 밀류코프가 드디어 물러나고 케렌스키가 국방장관이 되었다. 그들은 중요한 문제는 헌법제정회의에서 다룬다는 것에만 합의했을 뿐 별다른 일은 하지 못했다. 이것은 일시적인 미봉책일 뿐 국민들의 근본적인 문제를 해결한 것은 아니었다. 그리하여 몇 개월 후 그들은 다시 7월 위기를 맞지 않으면 안 되었다.

7월 위기는 예상외로 과격하게 퍼져나갔다. 그리하여 시위자들은 그 주도집단인 볼셰비키까지도 억제할 수가 없게 격화되었다. 임시정부는 최후수단으로 무차별적으로 발포하여 무모한 희생자들을 내게 하였으며 그 주모자들에 대해서도 일제히 검거명령을 내렸다. 레닌은 국내에 숨어 있다가 핀란드로 도망갔으며, 카메네프와 트로츠키는 체포되었다가 한참 만에 석방되었다. 이로 인해 볼셰비키의 조직은 약화되었으며 임시정부의 위상도 위축일로에 서 있었다. 결국 임시정부의 르보프는 사퇴하지 않으면 안 되었다. 대신 케렌스키가 새로운 내각수반으로 들어앉았다. 7월 말에 다시 구성된 두 번째 연립내각에는 사회혁명당과 멘셰비키에서 도합 7명이, 입헌민주당에서 4명이 참석하여 명목상의 연립정권(자유주의와 사회주의의)이 형성되었다. 그는 무병합과 무배상에 기초한 평화를 연합국 측에 요구하였다. 그러나 이것이 좌절되자 그는 차선책으로 러시아가 전쟁을 계속해야 한다고 주장하였다. 그는 군대 내의 사형을 재실시하고 농민들의 토지점유를 금지함으로써 반대파를 자극하였다. 이것이 바로 러시아혁명 제1단계의 끝이었다.

4. 제2단계 : 11월 혁명

4월 테제 이후 부르주아와의 단절로 레닌은 사회주의자들과 자연스러운 연결고리가 형성되어 권력을 넘겨받을 것이라 기대했었다. 그러나 일은 크게 빗나갔다. 그것은 7월 위기 이후 주도권 다툼으로 소비에트와 볼셰비키의 대립이 격심해졌기 때문이다. 그리하여 그는 '모든 권력은 소비에트로'라는 구호를 버리고 무장봉기노선으로 정책을 바꾸었다. 한편, 임시정부는 군부를 통해 혁명세력을 억누르려는 시도를 감행하였다. 케렌스키는 코르닐로프(General Lavr Kornilov)를 신임하여 러시아 군총사령관으로 임명하였다. 코르닐로프는 자본가, 대은행가 등 우파 및 극우파와 손을 잡고 소비에트를 비롯한 혁명적 조직들을 제거하고 강력한 권력을 창출하려고 하였다. 그러나 질질 끄는 케렌스키와의 협력과정에서 그는 8월 그 자신이 군사독재자가 되려는 야심을 품게 되었다. 그는 총부리를 임시정부로 돌려댔다. 이에 놀란 케렌스키는 소비에트와 볼셰비키 등에 손을 내밀면서 코르닐로프를 체포하는 데 성공하였다. 이 후 극우파와 군부는 약화되었고 케렌스키의 독주가 힘을 받게 되었다.

그러나 서서히 국민의 지지는 볼셰비키 쪽으로 넘어가기 시작하였다. 그것은 그들의 급진적 농업정책이 크게 작용하였기 때문이다. 특히 농민출신 군인들은 토지를 약속하는 볼셰비키에게 관심을 가지게 되었다. 이 기회를 이용하여 레닌은 무력에 의해 권력을 잡아야 된다는 결심을 하게 되었다. 그는 여러 가지의 우여곡절의 과정을 거치면서 중앙위원회를 휘어잡으려고 안간힘을 다하였다. 그는 드디어 회유와 강압에 의해 10월 볼셰비키 중앙위원회를 소집케 하여 볼셰비키 봉기안을 통과시켰다. 그리고 11월 7일 드디어 볼셰비키의 무장봉기가 시작되었다. 그들은 무장된 적위군(an Armed Red Guard)을 조직하고 전도시의 전략요지들을 장악하였다. 적위군은 드디어 모든 공공 건물들을 점령하고 도주한 케렌스키를 제외한 정부각료들을 체포하였다. 이렇게 하여 러시아혁명의 제2단계는 거의 저항 없이 진행되었다. 군사작전에서 탁월한 능력을 발휘한 것은 트로츠키였다. 이어 소비에트 공화국이 선포되고 레닌이 의장으로 되는 인민위원회가 발족되었다. 결국 "평화, 땅, 그리고 빵"을 외치는 그들의 구호가 전쟁에 지친 군인들과, 땅을 갈망하는 농민들, 그리고 굶주리는 도시의 빈민들에게 먹혀 들어갔던 것이다. 그러나 그들의 소비에트 공화국이 명실공히 살아남기 위해서는 모든 혁명세력들의 공통 구호였던 헌법제정회의를 1918년 무력으로 해산하지 않으면 안 되었다는 사실을 잊어서는 안 될 것이다. 왜냐하면 이로써 러시아의 의회민주주의의 길은 좌절되었기 때문이다.

레닌과 트로츠키

볼셰비키 드라마의 두 주인공은 레닌(Vladimir Ulianov Lenin: 1870-1942)과 트로츠키(Leon Trotsky: 1877-1940)였다. 레닌의 아버지는 장학사와 국가고문관을 지낸 낮은 귀족출신이었다. 그의 형 알렉산더는 짜르 암살음모의 혐의로 교수형으로 돌아갔으며 레닌은 카잔대학교에 들어갔다. 그러나 그는 급진활동에 관련되었다 하여 쫓겨났다. 후에 그는 성 페테르부르크대학교에 입학하여 1891년 법학전공으로 졸업하였다. 그 후 그는 그의 전생을 사회주의혁명운동에 바쳤다. 레닌은 1900-1917년간 볼셰비키 잡지 *Iskra*(불꽃)의 편집을 맡으면서 주로 독일과 영국에서 살았다. 그는 다른 러시아 혁명가들과 마찬가지로 그의 글에 N. Lenin으로 표기하였다. 그는 3월혁명이 일어났을 때 스위스에 살고 있었다. 그는 독일인들의 도움으로 러시아로 가서 즉시 볼셰비키운동의 지도직을 맡았다. 레닌은 혁명가로서 필요한 모든 자질을 갖추었다. 그는 유능한 정치가이자 활기찬 웅변가였다. 그는 그의 운동을 확신한 나머지 로베스피에르의 열정과 잔인성을 가지고 그의 반대파를 격파하였다. 그러나 그는 부귀나 개인의 영광을 위해서는 어떤 것도 하지 않았다. 그는 크레믈린의 방 두 칸에서 살았으며 옷도 보통사람과 같게 입었다. 1924년 그의 사후 그의 시체가 유리관에 담겨 비싼 대리석 무덤에 놓인 것과는 대조적으로 그의 생활은 너무나 소박하였다.

레닌의 부관들 가운데 가장 탁월한 사람은 영리하지만 별난 성격을 가진 레온 트로츠키였다. 그의 원래 이름은 레프 브론스타인(Lev Bronstein)이었으며 우크라이니아의 중산계급의 유대인 부모로부터 출생하였다. 그는 아주 운나쁜 혁명적 정치인인 것 같았다. 그는 혁명 이전에는 어떤 당파에 속하는 것도 거절했으며 단지 독립된 마르크스주의자로 남아 있기를 좋아했다. 그는 이스크라의 편집을 도우면서 레닌과 협력했지만 1917년까지는 볼셰비키가 되지 않았다. 트로츠키는 1905년의 혁명에 연루되어 시베리아로 피신하였으며, 그 후 유럽의 여러 나라에 전전하였다. 그는 1916년 평화주의 활동으로 파리에서 추방당했지만 미국으로 은신하였다. 짜르의 붕괴소식을 듣고 러시아로 가려고 하였다. 해리팩스에서 그는 영국기관원에게 붙잡혔으나 결국 케렌스키의 간청으로 풀려났다. 그는 4월 러시아에 도착하자 즉시 임시정부와 후에 케렌스키를 전복하려는 음모를 꾸몄다. 볼셰비키에서의 그의 역할은 적위군을 조직하고 훈련시키며, 멘셰비키와 사회혁명당들을 페트로그라드 소비에트로부터 축출하는 일이었다. 그는 레닌이 주도하는 정부의 외무장관이 되었으며 후에는 국방위원(Commissar for War)이 되었다.

볼셰비키의 개혁

볼셰비키는 권력을 장악하자마자 정치적, 경제적 제도들의 변혁을 진행하였다. 그들은 그들의 지배가 프롤레타리아의 독재임을 선포하였다. 입헌의회 선거에서 반대파가 다수를 차지하자 그들은 폭력으로 의회를 해체하였다. 레닌은 1917년 11월 8일 토지의 국유화를 선언하고 농민들에게 그 사용권을 부여하였다. 11월 29일에는 공장의 운영권이 노동자에게 넘어갔고 한 달 후에는 최소규모의 산업체를 제외한 일체의 산업체들이 정부에 인수된다는 것을 선포하였다. 은행 또한 국유화되었다. 그러나 가장 심각한 문제는 전쟁의 종식이었다. 트로츠키는 수차에 걸쳐 연합국측에 병합과 배상 없는 평화를 요구했으나 좌절되자 12월 15일 독일과의 휴전에 조인하였다. 이것이 바로 전술한 1918년 3월 브레스트·리토프스크의 평화조약으로 전쟁을 공식적으로 끝나게 하였다. 조약의 조건들은 철저하였다. 러시아는 에스토니아와 핀란드를 비워 주어야 하며, 우크라이나의 독립을 인정해야 하며, 그리고 동맹군측으로 하여금 폴란드와 라트비아, 리투아니아의 지위를 그들 주민의 합의에 따라 결정하도록 허용하여야 했다. 더군다나 러시아는 베르사이유조약 때 독일에게 부과된 것의 약 22분의 1에 해당되는 15억 달러의 배상금을 물어야 했다.

러시아의 내전

볼셰비키에 의해 동맹군과의 전쟁이 종결되었지만 국내에서는 심상치 않은 내란이 벌어졌다. 그렇지 않아도 재산을 잃은 지주들과 자본가들이 볼셰비키에 대한 불만을 누그러뜨릴 수 없는 터에 연합국들이 군대를 파견하여 반동적 장군들을 지지하고 나섰다. 이에 이들은 합세하여 볼셰비키에 반항하게 되었다. 그리하여 볼셰비키인 적군(the Reds)과 반동주의자와 외국군인 백군(the Whites) 사이의 피나는 싸움이 일어나게 되었다. 양측 모두 수단과 방법을 가리지 않고 피비린내나는 잔인성을 노출하였다. 백군이 남녀노소 없이 마을의 주민들을 학살하였는가 하면 적군 역시 스파이와 반혁명분자들을 없애기 위하여 테러조직을 만들었다. 체카(the cheka, 비밀경찰)로 알려진 비상위원회가 만들어져 혐의자들을 재판 없이 체포하여 수감하였다. 그 희생자의 수는 정확하게 알려지지 않았지만 아마도 수천 명에 이를 것으로 추산된다. 체카는 1918년 8월 레닌에 대한 사회혁명당의 암살시도가 있은 후에는 대량처형을 감행하였다. 그러나 결국 테러는 점차 줄어 들었으며, 내란은 실질적으로 1920년 말경 끝났다. 볼셰비키는 거의 모든 외국군을 나라에서 몰아 내고 반동장군들을 제압하였다.

NEP

러시아의 내전은 끝났지만 경제적 파탄은 심각하였다. 1920년 총생산은 1913년의 13퍼센트에 불과하였다. 정부는 상품의 부족을 메우기 위하여 임금의 지불을 중지하고 도시 노동자들의 공급품들을 그들의 절대수요에 비례하여 분배하지 않으면 안 되었다. 모든 개인사업은 금지되었으며, 농민들이 생산한 것들은 그들의 기아를 해결하는 양을 제외하고는 모두 국가에 의해 회수되었다. 이 제도는 순수한 코뮤니즘이라기보다는 부르주아지를 분쇄하고 군인의 양식을 얻기 위한 방편이었다고 보여진다. 이 제도는 전쟁이 끝난 직후 폐지되었다. 1921년 그 대신으로 등장한 것이 소위 "2보 전진하기 위해 1보 후퇴한다"는 레닌의 신경제정책(the New Economic Policy, NEP)이었다. 이 정책은 개인의 제조업을 어느 정도 인정하고 임금지불을 재도입하며, 농민들의 농산물판매를 허용하였다. 이 정책은 유명한 제 1 차 5개년 계획이 적용되는 1928년까지 강제로 지속되었다. 이 정책으로 러시아는 경제적 번영을 어느 정도 성취하였지만 소수의 부유한 농민귀족(kulaks)의 등장으로 사회주의정책에 적지 않은 차질을 빚게 되었다. 그리하여 정부는 이 농민귀족들을 제거하고 인민 전체를 위한 국유농장(sovkhozes)을 결성하였다.[4] 이후 제 2 차 5개년계획(1934-1939)에서는 주로 소비자물품이 생산되었다. 그들의 목표는 사회화의 과정을 완성하고, 러시아를 대산업국으로 만들며, 그리고 계급 없는 공산주의 사회를 진척시키는 일이었다.

트로츠키와 스탈린의 투쟁

1924년 1월 레닌의 죽음은 그의 두 부하들 사이의 권력승계를 위한 투쟁을 야기시켰다. 한 사람은 러시아 바깥에서 활동하던 트로츠키였으며, 다른 한 사람은 적군 내에서 활동하던 신비에 싸인 조셉 스탈린(Joseph Stalin: 1879-1953)이었다. 스탈린은 게오르기아의 농민출신의 구두공의 아들로 출생하였다. 그는 신학교에서 교육학을 전공하였으나 종교적 소양의 부족으로 쫓겨났다. 그는 그 후 줄곧 혁명활동에 종사하였다. 그는 여섯 번이나 북쪽의 황무지에 유배되었으며 다섯 번 도망쳤다. 여섯 번째 후에 겨우 그는 임시정부에 의해 풀려났다. 1917년 그는 공산당 사무국장이 되어 당기구를 조직하였다. 스탈린과 트로츠키의 싸움은 개인적인 권력투쟁일 뿐 아니라 정략정책에 대한 근본적인 싸움이기도 하였다. 트로츠키는 러시아의 사회주의는 주변국가들의 자본주의가 무너질 때까지는 절대로 성공할 수 없다고 주장하였다. 말하자면 그는 세계혁명을 위한 투쟁의 지속을 부르짖었던 것이다. 이에 반하여 스탈린은 러시아 자체의 사회주의결성을 위하여 당분간 세계혁명의 계획을 파기해야 한다고 주장하였다. 즉 그의 장래 책략은 본질적으로 민족주의적이었다. 이 싸

---

4) 국유농장(sovkhozes)은 제 1 차 5개년계획(1928-1933)이 시작되는 1928년에 결성되었으며 1930년경에는 무려 5,000여 개가 넘었다. sovkhozes는 곧 협동조합으로 구성되어 북부코카서스, 모스코, 크리미아, 우크라이나 등지로 퍼져 나갔다(Becker, *op. cit.*, pp. 788-790).

움의 결과는 스탈린의 완전한 승리였다. 트로츠키는 1927년 공산당으로부터 추방되었으며, 2년 후에는 국가로부터 쫓겨났다. 재미 있는 것은 레닌은 이 두 사람 가운데 어느 편도 들지 않았다는 사실이다.

5. 제3단계 : 소련의 코뮤니즘

러시아혁명의 제3단계는 1934년 볼셰비키정권의 보수적인 정치로부터 시작되었다. 그들은 다음 몇 가지의 일들을 추진하였다. 첫째는 저축예금의 이자지불과 프리미엄이 붙은 공채보험과 같은 자본주의방법들의 부활이었다. 둘째는 임금지불 차별화의 증가이었다. 천한 일을 하는 노동자는 한 달에 100루불을 받는 반면에 산업과 행정직에서 일하는 숙련자들은 6,000루불과 같은 높은 봉급을 받게 하였다. 공산당 당원들은 더 이상 레닌 때와 같이 연 1,500달러에 묶이지 않았다. 셋째는 여자의 출산을 권장하고 결혼과 이혼법률들을 강화시켰다. 그리하여 부르주아지 가족을 없애려는 원래의 이상은 과거지사가 되었다. 넷째는 군국주의, 민족주의, 그리고 무력정치의 부활이었다. 군대의 규모는 두 배 이상으로 늘어났고 그 구성도 서유럽식으로 재조직되었다. 이전의 정통 마르크스주의자들이 자본주의이념으로 경멸하던 애국주의가 소비에트의 덕목으로 고양되었다. 이와 마찬가지로 마르크스의 국제주의를 무시하고, 러시아의 자립을 권장하며, 그리고 외교에서의 러시아의 주도역할을 이루려는 경향성이 점증하였다. 크레믈린의 지배자들은 독일의 나치즘에 자극되어 러시아는 더 많은 친교국들을 포섭하여야 된다는 사실을 인식하였다. 그리하여 그들은 서유럽국가들과의 협력정책을 강화하였다. 그들은 1934년 국제연맹에 가입하였으며, 다음 해에는 프랑스와의 군사동맹을 비준하였다. 그러나 그들의 진정한 목적은 독일과, 영국·프랑스 두 편 사이에 단단한 쐐기를 박아 두어 그들의 교류를 막자는 것이었다.

볼셰비즘의 철학

코뮤니즘(공산주의)으로 일반에게 널리 알려진 볼셰비즘의 철학은 제1차적으로는 레닌에 의해 발달되었다. 그것은 마르크스 복음의 새로운 사상체계라기 보다는 그것(마르크스 복음)을 엄격하게 해석한 체계였다. 그것은 처음부터 마르크스의 가르침으로부터 벗어난 것들이 많았다. 첫 번째로 마르크스는 사회주의를 위한 길을 준비할 자본주의단계가 먼저 있어야 된다고 주장한 반면에, 레닌은 이 주장을 부정하고 러시아는 봉건경제로부터 사회주의경제로 직접 건너 뛸 수 있다고 주장하였다. 두 번째로 레닌은 마르크스보다 사회주의의 혁명성을 더 많이 강조하였다. 마르크스는 1872년의 암스테르담 연설에서 노동자들이 평화적 수단에 의해 그들의 목적을 이루기를 바라는 영국과 미국과 같은 국가들이 존재한다고 말하였다. 마지막으로 볼셰비즘은 프롤레타리아 지배이론에 있어서 마르크스주의와 달랐다. 마르크스는 전체노동자들의 국가를 파시즘에서 보이는 전횡적이며 압제적인 것으로는 바라보지 않았다. 그의 프롤레타리아의 독재는 나머지 부르주아지에 대한 전체 노동자계급의 독재를 의미하는 것이었다. 그러므로 이 계급 안에는 민주적인 형태들이 존재하는 것을 뜻하였다. 그러나 레닌의 독재는 부르주아지뿐 아니라 프롤레타리아 자체에 대한 우위권을 휘두르는 선택된 소수집단인 엘리트(an elite)의 독재이념을 뜻하는 것이었다. 러시아에서 이 엘리트는 150만 명에서 900만 명에 이르는 공산당의 구성원들이었다.

세 가지의 헌법들

러시아는 볼셰비키혁명 이래 3가지의 헌법들을 가졌다. 첫 번째는 1918년에 만들어진 러시아 소비에트 연방 사회주의 공화국(Russian Soviet Federal Socialist Republic, R.S.F.S.R.)의 헌법이었다. 이것은 볼셰비키의 지배하에 있는 모든 지역들(주로 대러시아와 서부시베리아)을 다스리는 정부형태를 위한 헌법이었다. 이 정부는 아래로는 노동자와 농민의 소비에트를 가지고, 위로는 인민위원회(a Council of People's Commissars)를 가지고 구성되었다. 두 번째는 1923년에 형성된 소비에트 사회주의 공화국 연방(Union of Soviet Socialist Republics, U.S.S.R.)의 헌법이었다. 이것은 볼셰비키지지자들이 우크라이나와 백러시아, 그리고 아제르바이잔, 러시아 아르메니아, 게오르기아의 정부를 장악하고 U.S.S.R.을 형성한 다음에 이루어진 헌법이었다. 이 헌법으로 R.S.F.S.R.의 정부형태는 전 연방으로 확장되었다.

세 번째는 1936년에 기초되고, 1938년 1월 1일에 실시된 인민투표에 의해 채택된 헌법이었다. 이 헌법은 여러 가지 면에서 이전의 헌법들과 달랐다.

우선 이것은 5개(후에 7개)의 공화국을 위한 1923년의 헌법과는 달리 11개의 공화국 연방을 위한 것이었다는 점이다. 더욱이나 중요한 것은 새 헌법은 간접선거제도와 이전의 제한선거제도를 폐지하였다는 사실이다. 이것은 18세 이상의 모든 시민들의 보통선거를 인정하였다. 이들은 지방소비에트와 의회의 원들을 선거하였으며 투표방법은 비밀투표였다. 국가권력의 최고기관은 U.S.S.R.의 최고소비에트(the Supreme Soviet)로서, 연방소비에트(the Soviet of the Union)와 민족소비에트(the Soviet of Nationalities)의 양원으로 구성되었다.

전자는 인민에 의해 선출되는 4년 임기의 600명의 의원으로 구성되어 있으며, 후자는 공화국 정부에 의해 선임되는 4년 임기의 400여 명의 의원으로 구성되어 있었다. 양원은 모두 동등한 입법권을 가지고 있었다. 최고소비에트는 Presidium(간부회)으로 알려진 37명의 위원회를 선출하고 이들에게 법령공포, 전쟁포고, 행정관리들의 조례폐지의 권리를 주었다. 최고의 행정, 사법기구는 최고소비에트에 의해 선출되는 각료회의(the Council of Ministers)였다. 1936년의 헌법의 중요성은 이것이 권리장전의 성격을 지니고 있었다는 사실이다. 이에 의해 시민은 일할 권리를 가졌으며, 여가선용의 권리, 노년생활을 지탱할 권리, 그리고 출판, 결사, 언론, 종교의 특권을 가졌다.

소련공산당의 득세

위에서 말한 1936년의 헌법은 소비에트 연방 안팎에서 자유민주주의의 승리로 환영을 받았다. 대부분의 사람들은 스탈린과 그의 지지자들이 정치의 새로운 장을 열 것이라는 기대를 가졌다. 그러나 실제로 볼셰비키의 변화는 전연 없었다. 소련(U.S.S.R.)의 시민들은 이전보다 언론이나 출판의 더 많은 자유를 가지지 못하였다. 그들의 헌법이 유명무실하게 되어진 주된 원인은 소련의 실권이 공산당(the Communist Party)에게 전적으로 있었기 때문이다. 정부의 모든 기관들은 단지 공산당의 의지를 나타내는 도구에 불과하였다. 이 헌법이 실효된 기간 동안 러시아에는 대량체포와 "트로츠키주의자들, 스파이들, 약탈자들"로 간주된 사람들을 처형하는 새로운 물결이 출렁거렸다. 1936-1938년간 러시아에는 지노비프, 카메노프, 불카린과 같은 유명한 구볼셰비키파에 대한 숙청이 있었다. 스탈린을 제외한 모든 레닌의 정치국 인사들은 무시무시한 숙청의 희생제물이 되었다. 투카체브스키(Tukhachevski)사령관을 포함하는

적군의 고위장교 7명도 처형되었다. 적어도 50여 명의 뛰어난 이론가들과 당
지도자들도 뚜렷한 혐의 없이 처형되었다. 이 외에도 900만 명의 사람들이 체
포되거나 투옥, 혹은 시베리아로 유배되었다. 그들을 숙청한 실제 원인을 알기
는 어려울 것이다. 아마도 스탈린이 러시아를 공격하려는 자본주의자의 음모
를 두려워한 나머지 자기에게 불충성한 사람들을 몰아 내려고 하지 않았나 추
측할 뿐이다. 그들의 숙청은 스탈린의 막역한 친구 키로프의 암살에 의해 촉진
되었다.

　　볼셰비키의 혁명은 정치에뿐 아니라 경제와 사회에도 적지 않은 영향을
가져다 주었다. 1939년경 개인의 사업과 제조업은 거의 폐지되었으며, 공장,
탄광, 철도, 공공시설도 전적으로 국가소유로 넘어갔다. 국가농지도 거의 전국
토의 10퍼센트를 육박하였다. 인민에게 중요한 종교도 그 자리를 점점 잃고
있었다. 기독교는 아직은 허용되었지만 제한이 많아졌다. 공산당의 당원은 반
드시 무신론자이어야 하며 공산주의가 종교의 자리에 서서히 들어섰다. 그들
의 도덕은 개인의 죄에 기초한 옛 도덕 대신 사회에 대한 의무에 기초한 긍정
적인 도덕으로 변하였다. 이 긍정적인 도덕의 주요목표는 공적 소유에 대한 존
경과 근면이며 사회의 선을 위해 사리를 희생하며 소비에트 조국에 충성을 다
하는 것이었다.

러시아혁명의 평가

　　다른 혁명의 경우와 마찬가지로 러시아 코뮤니즘에 대한 평가도 예외는
아니다. 여기에는 장점도 있고 단점도 있을 것이다. 우선 장점들로는 러시아인
의 문맹을 50퍼센트에서 20퍼센트로 줄였다는 점, 러시아의 내란 이전과 비교
할 때 산업화가 촉진되었다는 점, 계획경제로 실업자를 막았다는 점, 교육적,
문화적 기회를 수많은 대중에게 열어주었다는 점, 각종 구제사업을 만들었다
는 점 등을 들 수 있다. 한편으로 그들의 희생도 적지 않다. 그들은 무엇보다
도 산업화와 사회화를 지나치게 몰아부친 나머지 시민 개개인을 위한 일들은
거의 간과하거나 무시하였다. 예컨대, 그들은 5개년 계획으로 산업과 군비에
치중함으로 소비자들의 물품을 부족하게 하였다. 그들은 또한 짜르 때와 못지
않게 독재를 자행하였다. 그리하여 그들에 의해 노예노동으로 전락된 희생자
들의 수는 짜르에 의해 시베리아로 유배된 사람들의 수보다 더 많았다. 그리고

마지막으로 지적해야 할 일은 앞에서도 말한 것처럼 1917년 11월 거사 때 주도적 역할을 한 모든 구볼셰비키들이 사살되거나 유배당했다는 사실이다.

제5절 유화정책과 국제질서의 혼란

제1차 세계대전 이후 전쟁의 재발을 막기 위하여 세계국가들은 제나름대로 여러 가지의 노력들을 아끼지 않았다. 그러나 이미 살핀 바와 같이 윌슨정책을 비롯하여 군비축소정책, 경제공황극복 등의 평화정책들이 여지없이 실패로 돌아가고 말았다. 그 근본적인 원인은 국가적 이기주의와 민족적 우월주의 때문이었다. 1930년도를 세계사에서 가장 위기에 처한 시대의 하나로 보려는 역사가들이 적지 않다. 왜냐 하면 이 기간중에 심오한 외교적 변화가 일어나 다음 1940년도의 심각한 시련을 야기시켰다고 간주하기 때문이다.

유화정책의 등장

실제로 영국과 프랑스 등의 승전국가들은 국제연맹에 기초한 집단안전계획을 포기하고 있었다. 그들은 그 대신 소위 "유화(appeasement)"라는 불명예로운 정책을 시도하려고 하였다. 유화정책은 나태나 공포의 동기에서 침략적이며 파렴치한 국가에게 양보조건들을 허용하고 문제를 해결하려는 방법이라고 정의할 수 있다. 그러므로 양보조건들은 약한 국가의 희생으로 이루어지는 것이 상례이다. 유화하려는 국가는 희생을 당하지 않으며, 조그마한 손실도 받지 않는다. 유화정책은 1930년도 이전에도 간간히 있어 왔다. 1913년 영국과 독일이 오스트리아를 편들어 알바니아에 대한 세르비아의 권리를 포기하게 했을 때 적용되었으며, 윌슨이 일본을 연맹에 머물러 있게 하기 위하여 일본에게 중국 내의 이권(독일의)을 양보하여 주었을 때도 적용되었다. 그러나 유화정책은 화해정책과는 확연히 구별되지 않으면 안 된다. 후자(화해)는 박애와 정의적 행동에 의해 적을 달래려는 방법인 것이다. 유화는 수익자의 입장에서는 박애일 수 있지만 정의와는 전연 관계가 없는 것이다.

무솔리니의 이디오피아공격

서양에서 1934년까지는 극렬한 회유정책이 나타나지 않았다. 그러다가 다음해 가을 무솔리니가 이디오피아를 침공함으로부터 시작되었다. 이디오피아 왕은 이를 국제연맹에 호소하였고, 연맹은 재빨리 이탈리아를 침략자로 규정, 경제적 제재를 가하기로 결의하였다. 이들 규제 속에는 군대파견금지, 이탈리아에 대한 차관과 상품판매금지 등이 포함되어 있었다. 영국과 프랑스도 충분히 이해하였다. 그러나 이들(영국과 프랑스)은 미국이 협력하지 않을 것으로 판단하여, 이탈리아에 대한 응징이 실패할 것이며 그렇게 되면 공연히 이탈리아의 원한만 사게 될 것이라고 꺼려하였다. 특히 프랑스는 독일과의 교전이 있을 경우 동맹으로서의 이탈리아를 잃지 않을까 우려하였다. 그리하여 런던과 파리의 정치가들은 경제적 제재속에 유류판매를 포함시키지 않도록 합의하였다. 이것은 거의 이탈리아의 승리를 보장해 주는 것이나 다름이 없었다. 이것도 모자라서 연말에 영국의 외무장관 사무엘 호르경과 프랑스의 수상 피에르 라발은 비밀리에 이디오피아에게 홍해로 가는 좁은 회랑을 주는 대가로 이디오피아의 3분의 2를 무솔리니에게 양보하도록 합의하였다. 이와 같은 회유는 양국내의 여론으로 실천은 되지 않았지만 이탈리아를 저지하고 응징하려는 노력들은 여지없이 파기되었다. 드디어 무솔리니는 1936년 5월 그의 정복사업을 완료하고 이탈리아제국의 성립을 선포하였다.

히틀러의 재무장

무솔리니의 정복소식은 히틀러를 동요하기에 충분하였다. 히틀러는 베르사이유조약의 무장해제조항을 파기함으로써 그의 야욕을 나타냈다. 그는 1935년 공공연히 징병제의 부활과 전반적인 군사훈련의 복귀를 선언하였다. 그는 영국해군력의 35퍼센트에 해당되는 전함을 독일이 제조할 수 있도록 허락해 줄 것을 요구하였다. 그는 1936년 말경 80여만 명의 징병을 확보하였으며 108척의 해군함을 제조하고 있었다. 그는 다음 단계로 1936년 3월 라인란트에 군대를 파견하여 베르사이유조약에 의해 비무장화된 지역을 점령하였다. 그는 이렇게 함으로써 베르사이유조약뿐 아니라 로카르노협정을 파기하였다. 히틀러는 그의 행동의 구실로 최근에 이루어진 프랑스·러시아동맹을 들고 나왔다. 즉 그들은 로카르노조약을 어겼다는 것이다. 영국과 프랑스는 실제로 그를 저지하지도 못하였고 응징하지도 못하였다. 프랑스는 강력한 제재를 요구하였지만 영국은 회유 쪽이었다. 영국의 도움 없이는 국내형편이 어려운 프랑스로서도 속수무책이었다.

집단안전의 종말과 스페인의 내란

라인란트와 이디오피아 독재자들에 대한 회유정책들은 실질적으로 집단안전에 남아 있는 모든 것들을 파기하였다. 연맹이 이탈리아를 침략자로 낙인찍는 용감한 행동을 감행했지만 이것은 단지 세계여론과 약소국가들을 의식하여 취한 반응에 불과하였다. 라인란트의 재무장 이후 약소국가들은 침체되어 연맹의 평화노력들을 간과하게 되었다. 스칸디나비아국가들과 스위스는 앞으로 연맹의 침략국 제재방침에 따르지 않을 것이라고 선언하였으며, 벨기에도 중립으로 돌아갈 것이라고 공포하였다. 그리하여 각 국가마다 그 자신의 안전에 치우치게 되었다.

1936년까지 독재자들은 승전국들에 도전하려는 연합움직임을 보이지 않았다. 무솔리니는 1935년 4월 영국과 프랑스와 연합하여 오스트리아의 독립과 로카르노조약을 지지하였으며 독일의 재무장을 탄핵하였다. 그러나 1936년 여름 스페인에서 일어난 내란은 이러한 국면을 전환시켰다. 한 세기 이상 스페인은 반동주의자들·왕당주의자들·승려계급의 집단과 부르주아 자유주의자들·반승려계급·사회주의자들의 두 집단으로 갈라져 대립되어 있었다. 그러나 1931년의 무혈혁명으로 스페인은 공화국이 되었으며, 군대와 대지주, 교회에 반대하는 입법을 제정하게 되었다. 그러다가 1936년 7월 불만을 가진 장군들의 주도하에 반동혁명이 일어나 스페인은 이탈리아와 독일 파시스트지배자들의 영향을 비밀리에 받지 않으면 안 되었다. 이들 독재자들은 혁명의 결과에 민감한 반응을 보였다. 무솔리니는 발레아레스제도(the Balearic Islands)를 장악하고, 지브랄타르에서 영국을 따라 잡을 수 있는 기회라고 생각하였다. 그는 스페인과 서부지중해를 장악함으로 프랑스와 북아프리카와의 관계를 끊을 수 있다고 생각하였다. 한편 스페인에 대한 히틀러의 이해관계는 한층 높았다. 그는 프랑스의 국경에 파시스트국가를 설립함으로써 프랑스의 입지를 약화시킬 수 있다고 계산하였다. 이러한 공감대로 두 독재자들의 협력체제는 제 2 차 세계대전까지 지속하였다. 1936년 10월 그들은 로마·베를린 축을 만들었으

며, 다음 해에 무솔리니는 독일과 일본이 이미 가입한 반코민테른협정에 조인
하였다.

유화정책의 재연

스페인의 내란은 3년간의 유혈전을 통하여 거의 100만 명의 생명을 앗아
갔다. 내란은 일종의 국제전의 양상을 띠었다. 소비에트 러시아는 공화파, 혹
은 충성파에 돈과 무기, 기술을 원조하였으며, 독일과 이탈리아는 프랑코장군
의 반란자들에게 원조를 하였다. 스페인은 말하자면 좌익 러시아공산당파와
우익 파쇼파로 나뉘게 되었다. 영국과 프랑스는 스페인전쟁이 세계전으로 퍼
져 나가지 않도록 해야된다는 생각에서 불간섭정책을 지지하였다. 그들은 모
든 관계국들이 협력해 주기를 바랐다. 그러나 이것이 실패되었을 때 그들은 독
일과 이탈리아의 적극적인 간섭에 대해 눈을 감아 버렸다. 새로운 세계전쟁에
대한 공포가 그들의 유일한 동기는 아니었다. 영국의 보수주의자들은 충성파
(러시아)의 급진주의에 회의를 가졌으며, 러시아가 스페인사건에 우위적 영향
력을 가지지 않을까 두려워 하였다. 프랑스의 태도는 복합적인 요인들에 의해
결정되었다. 인민전선의 우두머리인 블룸수상은 물론 충성파의 승리를 바랐다.
그러나 결코 마음먹은 대로 될 수 있는 일이 아니었다. 그는 프랑스의 사회적,
경제적 개혁들의 흐름 속에 빠져 있었던 사람이었다. 이것들을 성취하기 위해
서는 우익을 너무 심하게 괴롭혀서는 안 되었다. 이 이외에 그는 라인지대를
건너오는 위협을 막기위하여 영국의 지지가 필요하였다. 1939년 4월 미국을
포함하는 거의 모든 국가들은 반란자들에 의해 수립된 프랑코정부를 외교적으
로 인정하게 되었다. 결국 강대국들의 회유정책은 파쇼국들의 대로를 다져 주
는 결과를 낳은 것이다.

체코슬로바키아의 위기

스페인사건이 슬픈 종말에 이르기 전에 회유정책은 다른 지역에서 그 절
정을 맞았다. 히틀러는 수 년간 체코슬로바키아에 대하여 끈질긴 야욕을 펼치
고 있었다. 그는 체코슬로바키아를 독일이 동부로 진출하는 중요한 기지로 간
주하고 1938년 봄 그의 정복사업을 시작하였다. 나치당은 먼저 그들의 일을
쉽게 하기 위하여 오스트리아의 합병을 착수하기로 결정하였다. 제1차 세계

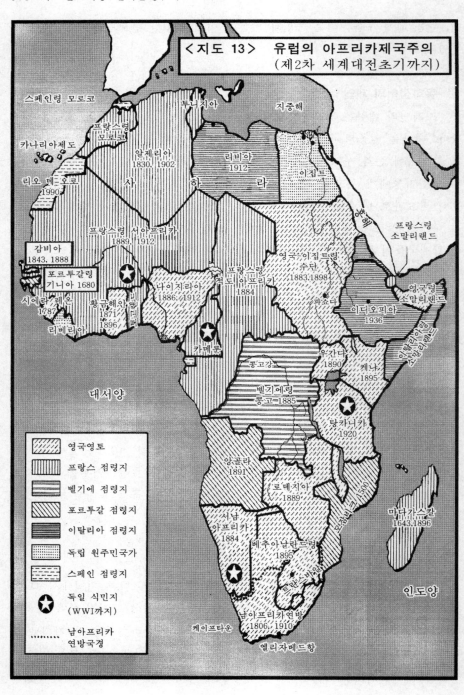

〈지도 13〉 유럽의 아프리카제국주의
(제2차 세계대전초기까지)

스페인령 모로코
카나리아제도
리오 데 오로
1990
프랑스령
모로코
알제리아
1830, 1902
튀니지아
리비아
1912
지중해
이집트
사   하   라
프랑스령 서아프리카
1889, 1912
감비아
1843, 1888
포르투갈령
기니아 1680
시에라 레온
1787
리베리아
나이지리아
1886, 1912
프랑스령
적도아프리카
1884
황금해안
1871,
1896
영국령이집트령
수단
1883,1898
프랑스령
소말리랜드
파쇼다
영국령
소말리랜드
이디오피아
1936
카메룬
콩고강
벨기에령
콩고=1885
우간다
1890
케냐
1895
탕카니카
1920
대서양
앙골라
1891
로데지아
1889
모잠비크 1500
마다가스칼
1643,1896
서남
아프리카
1884
베추아날란드령
1895
남아프리카연방
1806, 1910
케이프타운
엘리자베드항
인도양

영국영토	
프랑스 점령지	
벨기에 점령지	
포르투갈 점령지	
이탈리아 점령지	
독립 원주민국가	
스페인 점령지	
★	독일 식민지 (WWI까지)
·········	남아프리카 연방국경

대전 이래 양국 사이에는 양국연합(an Anschluss)의 움직임이 강하게 일고 있었다. 그러나 평화조약에 의해 연합은 금지되었다. 히틀러는 1938년 3월 비엔나로 진군하여 오스트리아의 흡수를 선언하였다. 체코슬로바키아는 이제 거의 독일영토에 의해 둘러싸이게 되었다. 다음으로 나치는 체코정부에 대한 압력을 강화하였다. 그들의 압력구실은 체코슬로바키아 서부(the Sudetenland)에 소수의 불만을 가진 독일인들이 살고 있었다는 것이다. 히틀러는 이 집단의 운동을 지원하고 그들에게 거주지를 마련해 줌으로써 그들의 불만을 부채질하였다. 5월 주데텐 독일인들이 자치를 요구하고 러시아·프랑스와의 체코동맹파기를 주장했을 때 위기는 거의 발발 직전에 이르렀다. 체코정부는 군대동원령을 내리고 전쟁에 임할 태세를 하였다. 그러나 히틀러는 결정의 때가 아직 아니라고 판단하였다.

뮌헨회담

이에 영국은 1938년 여름 주데텐문제를 해결하기 위하여 중재하기로 마음먹었다. 체코의 분쟁이 자칫하면 전 유럽을 전쟁의 소용돌이 속으로 휘몰아 갈 수도 있다고 간주되어 체임벌린 영국수상은 독일독재자를 달래기 위하여 무언가 해야 된다고 생각하였다. 체임벌린은 8월 루시맨(Lord Ruciman)경을 프라그에 보내 중재역할을 담당케 하였다. 루시맨은 실제로는 중재라기보다는 체코정부를 강권하려는 권력자였다. 사건이 위기에 이르자 유럽과 아메리카는 온통 전쟁의 공포로 휩싸였다. 협상을 요구하는 광란적인 호소문들이 히틀러에게 당도하였다. 그 가운데에는 루스벨트대통령의 것도 끼여 있었다. 체임벌린수상은 독일의 수상과 두 차례(Berchtesgaden과 Godesberg에서) 회담을 갖고 히틀러의 "합리적인" 요구들을 들어 주기 위하여 체코를 강압하기로 약속하였다. 영국은 군동원령을 발한 가운데 무솔리니와 통화를 하였다. 드디어 히틀러는 1938년 9월 28일 뮌헨에서 체임벌린, 프랑스의 달라디에, 무솔리니와 회담할 것을 동의하였다. 그 결과는 폭력적이며 위협적인 독재자에 의한 완전한 굴복이었다. 10월 초 체코슬로바키아의 주데텐 지역은 나치독일에 합병되었다.

뮌헨회담으로 독일은 중요한 탄광들과 유럽에서 가장 큰 군수공장의 하나인 스코다공장(the Skoda Works)을 포함하여 체코슬로바키아의 5분의 1을 소유하였다. 반면에 체코슬로바키아는 아무런 힘없는 무력한 존재로 전락하였다.

히틀러는 이에 만족하지 않고 1939년 3월 남아 있는 체코슬로바키아 땅까지 들이덮쳐 보헤미아와 모라비아의 체코 지역들을 슬로바키아로부터 분리시켜 독일에 병합시켰다. 동시에 그는 슬로바키아를 독일의 보호령으로 만들고 곧 이어 헝가리로 하여금 체코 동부에 있는 카르파토-우크라이나를 흡수하도록 허용하였다. 한편으로 소련지도자들은 그들이 관심을 가지고 있던 문제들을 3국이 뒷전에서 해결해 버렸다는 의구심으로 몹시 마음이 상해 있었다. 그들은 뮌헨협정은 어디까지나 영국과 프랑스가 그들의 자구책으로 나치확장을 동방 쪽으로 전환함으로써 꾸며진 잔인한 음모라고 생각하였다. 이것은 결국 서유럽에 대한 모스코의 의구심을 증폭시켰으며, 히틀러의 폴란드침공을 가능케 한 나치-소비에트협정(1939. 8. 23)을 맺게하는 주요요인이 되었던 것이다. 이것이 바로 자기들의 이익에만 몰두하다가 야기된 유화정책의 결과였던 것이다.

제 6 절   제 2 차 세계대전(1939-1945)

1. 전쟁의 원인들

학자들의 이슈

제 1 차 세계대전의 경우와 마찬가지로 제 2 차 세계대전의 이슈도 전쟁의 책임은 누구에게 있으냐 하는 문제였다. 역사가들은 대체로 두 부류로 나뉘어 논쟁을 펼쳤다. 하나는 전쟁의 책임은 나치독일과 히틀러의 계획적 침략에 있다는 이른 바 뉴렘베르그 전범재판의 테제이며, 다른 하나는 독일을 비롯한 관련국가들의 외교적 실책에 기인한다는 소위 수정주의적 해석이다. 후자의 해석은 1960년대 테일러[5]에 의해 제기되어 많은 사람들의 주의를 끌어모았다.

제 2 차 세계대전의 근본적인 원인들은 제 1 차 세계대전의 것들과 거의 유사하였다. 제국주의로부터 구체적으로 불거진 국가적 이기주의와 민족적 우월주의는 제 1 차 세계대전을 야기시켰고 급기야는 또 다시 제 2 차 세계대전을

---

5) A. J. P. Taylor, *The Origins of the Second World War*(London, 1961).

피할 수 없게 만들었다.[6] 앞에서 말한 바와 같이 국제연맹이 국제혼란을 치유하지 못한 것은 윌슨의 원래 의도와는 달리 이전의 이기적인 국제회의의 테두리를 크게 벗어나지 못하였기 때문이다. 두 번째로 양차의 대전을 일으킨 원인은 세력균형의 변화였다. 우선 제 1 차 세계대전으로 힘의 균형은 더욱 일그러졌다. 제 1 차 세계대전은 독일과 러시아를 제 2 급 수준으로 몰아 냈고 오스트리아・헝가리를 완전히 배제시켰다. 그리고 영국과 프랑스에게 유럽에서의 불안한 주도권을 주는 동시에 신생국 미국을 최대의 채권국가로 부상시켰다. 여기에 소위 가지지 못한 국가들의 불만이 가세하여 이들을 안정시킬 방법이 없게 되었다. 이러한 힘의 불균형이 결국 독일과 이탈리아, 일본의 야합을 이루게 하였던 것이다. 세 번째로 제 2 차 세계대전의 중요한 원인으로는 제 2 단계 산업혁명의 영향을 들지 않을 수 없다. 앞에서 설명한 것처럼 산업혁명은 근대사회발달에 지대한 영향을 끼쳤다. 산업의 독점, 기업의 합병, 카르텔, 지주회사, 연쇄점, 기타 자본주의 수단 등이 그 대표적인 것들이다. 그것은 광고, 판매, 기술, 서비스 등의 화이트 칼라계급을 형성케 하여 자본계층과의 갈등을 이루게 하였으며 대규모 실업자군을 형성케 하여 사회적 혼란을 야기시켰다. 더구나 생산과 판매, 소비 등의 과정에서 나타나는 수요와 공급의 불균형으로 대공황을 유발케 하여 급기야는 국제적 경제문제로 이어지게 하여 이것이 원인이 되어 결국은 전쟁을 불가피하게 만들었다.

　　말하자면 1931년의 일본의 만주침략과 1938년의 체코슬로바키아 위기는 모두가 경제적 공황을 타개하려는 군사적 팽창주의에서 야기된 사건들이었다. 일본의 만주침략은 근본적으로는 생사와 면직의류수출품의 부진 때문이었다. 일본은 수출부진으로 석탄과 철, 광산물 수입품의 지불이 불가능하게 되자 시장확보차원에서 만주를 택한 것이다. 나치의 경우도 마찬가지였다. 체코슬로바키아의 위기 또한 경제대공황이 아니었다면 일어나지 않았을 것이다. 그것은 고도로 산업화된 주데텐주민들이 공황으로 실업의 희생자들이 되어 독일침략의 구실을 제공했기 때문이다. 독일나치 성공의 원인 또한 제 1 차적으로는 대공황에서 찾아야 할 것이다. 만약 대공황으로 수많은 실업자와 농민, 화이트 칼라 등의 계층이 절망감을 갖지 않았더라면, 그리고 자본주의와 사회주의, 민주주의의 실패로 불안해진 상층계급이 공황을 타개해 줄 구원자로 나치즘을

---

6) Landman, *op. cit.*, ch. xxv.

택하지 않았더라면 아마도 나치당의 성공은 불가능했을 것이다. 실제로 힌덴
부르크대통령이 히틀러를 수상으로 앉힌 것은 그(히틀러)만이 의회의 소수당
을 이끌 수 있다고 믿었기 때문이다. 소수당은 당시 그 구성원 가운데 나치는
3명뿐이므로 히틀러를 안심하고 조절할 수 있다고 생각했던 것이다.

권력정치학파의 해석

끝으로 권력정치의 구조를 중시하려는 권력정치학파의 해석에 대하여 살
펴보도록 하자. 이들은 위의 여러 가지 전쟁의 원인들 가운데 경제적 요인들을
중시하고 이것들을 소위 힘의 정치논리에 맞추어 해석하려고 하였다. 그들에
의하면, 근대역사 이래 국제전쟁을 야기시킨 참된 원인은 힘의 반목과 힘의 싸
움이다. 민족주의, 군국주의, 제국주의와 같은 것들은 말하자면 권력을 얻으려
는 방편들에 불과하다. 그리하여 17세기에는 프랑스와 오스트리아가 이러한
권력투쟁에서 프랑스가 승리를 거두었으며, 18세기에는 영국과 프랑스가 7년
전쟁을 통하여 영국이 결정적인 승리를 이끌었다. 프랑스는 잃어버린 권력을
되찾기 위하여 프랑스혁명과 나폴레옹전쟁을 수행했지만 결국은 실패하고 영
국이 지구상의 지배국으로 부상하게 되었다. 그러나 19세기 말경에는 독일이
영국의 우위권에 도전하게 되었는데, 그것이 바로 제1차 세계대전이었다. 그
리고 이 전쟁의 승자들이 야심을 가지고 다투면서 튜톤세력의 부활을 허용하
여 결국 1939년의 세계대전을 다시 일으키게 하였다. 요컨대, 이들의 주장은
파시즘정권은 단지 수단일 뿐 중요한 것은 그들의 권력정치 야욕이라는 것이
다. 그러나 이러한 해석에는 상당한 설득력이 있는 것도 사실이지만, 한편으로
다른 종류의 원인들을 간과하는 약점도 있다는 것을 잊어서는 안 될 것이다.

2. 전쟁의 과정

직접적인 원인들

제2차 세계대전을 일으킨 직접적인 원인들로는 두 가지를 들 수 있다. 한
가지는 1939년 3월 히틀러의 체코슬로바키아침략이었다. 이 행동은 뮌헨회담
의 직접적인 위반이며, 그의 야욕이 독일인들의 보호차원이 아니라 더 넓은 팽
창야욕이라는 것을 의미하였다. 더욱 중요한 것은 이것이 회유정책의 파기로

이끌어졌다는 사실이다. 영국수상 체임벌린까지도 히틀러가 폴란드를 위협하고 나아가서 회랑의 폐지와 단치히 자유도시의 독일로의 반환을 요구할 것이라고 의심하였다. 그리하여 체임벌린은 폴란드에게뿐 아니라 독일의 위협을 받는 어떤 국가에게도 군사원조를 할 것을 선언하였다. 7월에는 영국과 프랑스가 군사동맹을 맺었다. 그러나 실제로는 폴란드를 위하여 실천되지는 못하였다. 그러면 그들이 그를 저지하지 못하는 이유는 무엇인가. 그 원인은 그들의 태도와는 달리 비법을 간직하고 있다는 히틀러의 명백한 신념 때문이었다. 그는 실제로 민주주의를 이길 수 있으며 그들의 동맹을 허공으로 만들 수 있다고 자신하였다. 이것이 바로 제2차 세계대전의 두 번째의 직접적인 원인이 되는 나치-소비에트협정(the Nazi-Soviet Pact)의 성취였다. 그는 소비에트와 공고한 우호관계를 가져야 된다는 신념으로 그의 외무장관인 리벤트로프(Joachim von Ribbentrop)를 모스크로 보냈던 것이다. 리벤트로프는 드디어 1939년 8월 23일 소련의 인민위원(Vyacheslav M. Molotov)과 5년간의 불가침조약과 중립협정을 맺었다. 이 협정으로 히틀러는 소련을 서유럽세력으로부터 떨어뜨릴 수 있었으며 어떤 협력도 할 수 없게 하였다.

히틀러는 아무런 거리낌없이 폴란드를 칠 수 있다고 확신하였다. 왜냐 하면 영국과 프랑스는 당시로는 원조를 해줄 만큼 여유가 없었기 때문이다. 더군다나 미국무부의 정보에 따르면 나치-소비에트협정에는 독일과 소련이 폴란드를 분할한다는 내용과 소련에게 라트비아, 에스토니아, 베싸라비아의 선취권을 양도한다는 내용이 들어 있었다는 것이다. 그러면 소련은 어째서 나치와 협정을 맺었는가. 영국과 프랑스의 외교가들도 물론 소련과의 접촉을 시도하였다. 그러나 소련은 뮌헨의 악몽을 결코 씻을 수가 없었다. 히틀러의 총뿌리를 소련에게 돌아가게 한 그들의 원한을 잊을 수가 없었던 것이다. 결국 크레믈린은 독일로부터 더 많은 이득을 얻을 수 있다는 계산과 뮌헨사건에 대한 보복이라는 차원에서 독일 편을 든 것이다. 나치-소비에트협정 조인 후 독일과 폴란드와의 관계는 급속히 진전되었다. 히틀러는 8월 서유럽에 단치히시와 독일과 폴란드를 연결하는 회랑문제를 즉시 어떤 협상 없이 해결될 것과 영국이 폴란드와의 동맹을 파기할 것을 요구하였다. 체임벌린은 이에 즉각적으로 거절하였다. 독일총통은 드디어 9월 1일 폴란드에 대한 군사행동을 선언하였다. 그는 군사행동의 이유로 폴란드가 이미 군대를 동원하여 독일에 적대행동을 감

행했다는 것과 회랑으로 인한 독일인들에 대한 참혹한 핍박을 더 이상 묵과할
수 없다는 것 등을 내세웠다.[7)]

영국과 프랑스의 선전포고

히틀러는 실제로는 전쟁을 선포하지는 않았다. 그는 아마도 영국과 프랑
스가 물러설 것이라고 낙관하였던 것 같다. 그러나 사태의 심각성을 알아차린
영국과 프랑스는 9월 3일 2시간 이내에 독일군을 철수할 것을 통고하였다.
아무런 응답이 없자 영국의 체임벌린은 침통한 어조로 독일에 전쟁을 선포하
였으며 프랑스도 오후 5시경에 전쟁을 선언하였다. 독일의 대폴란드전은 간단
하게 끝났다. 3주도 안 되어 폴란드군은 참패했고, 와르소는 포위되었으며, 폴
란드 고위관리들은 루마니아로 도주하였다. 폴란드의 맥없는 패배를 보고 사
람들은 영국과 프랑스에 대해서도 소위 번개전(a Blitzkrieg, 단기전)으로 끝날
것이라고 믿었다. 그러나 예상과는 달리 전쟁은 민주주의사회의 사람들이 믿
고 있는 것처럼 소위 '거짓전쟁(a phony war)'이라는 일종의 지구전으로 펼쳐
졌다. 1939년의 전쟁은 실제로 잠수함, 해상 비행기 및 순양함 접전에 국한되
었다. 독일의 전략은 주로 봉쇄와 경제자원의 압박에 의해 적을 방해하려는 것
이었다. 독일의 주목표는 전력을 좀 더 강화한 다음 오는 봄쯤 전면공격을 가
한다는 전술이었다. 예정대로 1940년 봄이 되자 독일군은 서부전선에 대한 지
구전으로부터 피나는 격렬한 단기전으로 전환하였다. 그들은 4월 9일 덴마크
와 노르웨이침략으로부터 전쟁을 시작하였다. 그들의 행동에는 두 가지의 목
적이 있었다. 그 하나는 그들의 철광석이 스웨덴을 지나 나르빅 그리고 노르웨
이해안으로 선적되는 철로루트를 보호하자는 것이며, 다른 하나는 저지대국가
와 프랑스에 대한 공격을 준비하려는 의도에서 북부전선을 장악하려는 것이었
다. 덴마크는 항복한 반면에 노르웨이는 싸우기로 결의하였다. 영국은 즉시 군
대와 전함을 투입했지만 소용이 없었다.

네덜란드와 벨기에침략

독일군은 1940년 5월 10일 네덜란드와 벨기에를 공격하였다. 네덜란드는

---

7) 제 2 차 세계대전의 과정을 제 1 단계(1939. 9), 제 2 단계(1941. 6. 22), 제 3 단계(1941. 12.
7)로 나누는 학자들도 있다(Burns, *op. cit.*, pp. 650-659; Landman, *op. cit.*, ch. xxv).

5일 안에 무너졌으며 벨기에는 40만 명의 영국, 프랑스군의 도움으로 좀 길게 버텼다. 나치의 두 번째 침략군이 마지노선(the Maginot Line) 북쪽을 통해 솜 강 계곡 아래를 지나 압베빌해협해안까지 도달하였다. 벨기에의 레오폴드왕은 5월 28일 사태를 파악하고 항복하였다. 영국과 프랑스군이 남은 벨기에군을 인도하여 서부플랑드르로 후퇴하였으나 덩케르크(Dunkerque)에서 독일군에 포위되어 위협을 받다가 며칠 후 간신히 영국해군의 도움으로 빠져 나왔다. 영국해군은 이 당시 영국공군과 상선의 도움을 받았다. 이것으로 영국군은 힘을 다시 얻었다.

프랑스공략

독일군은 다른 한편으로 마지노선를 통해 세당으로 몰려와 프랑스를 위협하였다. 프랑스는 탱크와 화염방사기, 잠수용 전투기 등으로 무장하여 번개전으로 적에 대항하였으나 허사였다. 1918년의 복수심과 혁명적 철학으로 무장된 히틀러의 나치군은 마치 날으는 십자군 같았다. 제1차 세계대전 당시 수개월 동안 지탱하던 프랑스군의 기세는 모래 위의 집처럼 무너졌다. 6월 11일 전쟁 4주 만에 마르느가 넘어갔고 프랑스정부는 투르로 피난가지 않으면 안 되었다. 파리는 곧 '무방비도시'로 선포되었으며 14일에는 라이트시가 독일 손으로 넘어갔다. 결국 14일 에펠탑에 나치 깃발이 휘날렸다. 한동안 프랑스군은 전쟁을 계속하는 듯 보였으나 더 이상 버틸 수는 없었다. 노장 페탱원수(H. P. Petain: 1856-1951)는 17일 수상이 되기 하루 전날 히틀러에게 항복하였다. 이것이 임시수도 비시(Vichy)에 세워진 괴뢰정부였다.

히틀러의 명령에 의해 양국의 상견례는 1918년 11월 11일 포슈장군이 독일에게 휴전을 감행하던 바로 콩피에뉴(Compiegne)의 기차 안에서 1940년 6월 21일 치뤄졌다. 이에 드골(Charles de Gaulle: 1890-1970)장군은 프랑스의 항복에 반대하여 그의 소수집단을 이끌고 영국으로 망명을 떠났다. 그는 '자유프랑스'를 결성하여 독일과의 전쟁을 선언하였으며, 이와 발을 맞추어 프랑스 내에서도 레지스탕스(저항운동) 조직이 만들어져 활동하게 되었다. 프랑스는 휴전조약에 의해 국토의 절반을 독일에게 넘겨 주고 군대해체, 독일군 포로석방 등을 실행하지 않으면 안 되었다. 한편으로 프랑스는 24일 이탈리아에게 프랑스령 소말리랜드의 지부티항(the port of Jibuti)을 넘겨 주고, 이어 지부티

로부터 앗디스 아바바에 이르는 철로소유권과 프랑스의 동남부 점유권을 양도
하지 않으면 안 되었다.

제 2 단계 전쟁

프랑스가 독일에게 넘어간 다음 전쟁은 새로운 두 번째 단계를 맞이하게
되었다. 그것은 독일이 유럽의 정상에 올랐기 때문이다. 이제 독일에 대항할
수 있는 국가는 오로지 영국뿐이었다. 영국이 과연 나폴레옹전쟁 때처럼 살아
남을 수 있는지 아니면 히틀러의 발굽 아래 무릎을 꿇을런지는 모를 일이었다.
어쨌든 영국의 반응은 민감하였다. 체임벌린을 이어받은 수상 처칠(Winston
Churchill: 1874-1965)은 라디오연설을 통하여 히틀러가 쓰러질 때까지 영국은
싸울 것이라고 선언하였다. 그러나 놀랍게도 히틀러는 프랑스패배 이후 즉시
영국을 침략할 기미를 보이지 않았다. 아마도 그는 거의 모든 연합국의 패배로
영국도 손을 들 것이므로 구태여 침공할 필요가 없다 판단한 것 같다. 한편으
로 독일군도 전세를 가다듬을 필요가 있었다. 영국의 해군은 아직도 세계에서
가장 강력한 힘을 가지고 있었기 때문이다. 더욱이 영국의 해협은 어떤 공격에
도 대항할 수 있는 매우 효능적인 요새였다. 한가지 또 잊어서는 안 될 것은
영국이 덩케르크에서 훌륭한 방어력을 보여준 왕실공군(the Royal Air Force,
R.A.F.)을 소유하고 있었다는 사실이다.

독일은 1940년 8월 8일 영국에 제1차로 일련의 대대적인 공습을 감행하
였다. 괴링의 루프트바페(Goering's Luftwaffe)의 공격이 거의 두 주간 계속되
었다. 수백 대의 비행기들이 영국의 요새와 산업중심지, 공군방어지를 분쇄하
였다. 독일군은 R.A.F.에 대한 공격은 낮보다는 밤이 더 효과적이라고 생각하
고 밤에 공격을 감행하였다. 그 결과는 영국으로서는 말할 수 없는 공포의 긴
기간이었다. 수 천의 집들이 파괴되었고 도시가 거의 폐허되었다. 가장 심각한
것은 인명피해였다. 1940년 8월부터 1941년 6월까지 거의 4만 명의 시민이
죽었다. 그러나 만약 히틀러가 이것으로 영국은 이제 더 이상 회복될 수 없게
되었다고 생각했다면 크나큰 오산이었다.

영국은 방어와 보복을 위한 철저하고도 효과적인 단계를 구상하였다. 영
국은 의회를 통하여 국가비상령을 공포하여 내각으로 하여금 모든 국력을 한
군데로 모으게 하고 지방의 방위군을 결성케 하여 낙하산부대를 돕게 하였다.

그리고 해안가와 주요요소에 방어망을 튼튼히 구축하여 독일군에 저항케 하고 R.A.F.로 하여금 독일의 루프트바페를 괴멸케 하였다. 이에 독일은 이탈리아, 일본과 더불어 3국동맹을 결성하였다(1940. 9). 한편, 이탈리아는 같은 달 수에즈를 얻기 위하여 북아프리카를 침공하고 그리스를 공격하였으나 성공하지 못하였다. 이에 독일은 롬멜(E. Rommel)의 기계화 정예부대를 아프리카에 파견하여 불가리아와 유고슬라비아 및 그리스를 쳐부셔 1941년 5월경 발칸반도를 손아귀에 넣게 되었다. 말하자면 유럽에는 영국만이 전쟁을 수행할 수 있는 국가로 다시 남게 되었다.

제3단계 전쟁

제2차 세계대전은 1941년 6월 22일 히틀러의 소비에트침공으로 제3단계의 새로운 국면으로 들어가게 되었다. 그러면 히틀러가 어째서 전쟁에 연루되어 있으면서도 소비에트를 침공하게 되었는가. 히틀러가 나폴레옹의 전철을 밟으려는 데에는 몇 가지의 원인들이 있었다. 첫 번째로는 소비에트의 자원에 대한 탐욕이었다. 그는 1925년에 발간된 저서 『나의 투쟁』에서 러시아를 희생시키는 것만이 게르만을 확장시킬 수 있다고 서술하였다. 그는 1939년 뉴렘베르크연설에서도 독일이 우크라이나의 밀밭과 광산을 가져야 풍요 속에서 헤엄칠 수 있다고 외쳤다. 더군다나 독일은 영국과의 오랜 싸움으로 유류와 망간, 기타 자원이 고갈된 상태에 있었다. 다음으로는 전략적 원인에서였다. 독일이 영국을 치기 위해서는 거대한 침략을 수행해야 하는데 독일 뒤에서 소비에트가 버티고 있다는 것이다. 소비에트가 언제 영국 등과 손을 잡을지 모르는 형편이라는 판단이었다. 마지막으로 1939년의 비밀협정 이후 소비에트와 독일 사이에는 은밀히 동부유럽 처리에 대한 이견이 팽팽하게 맞서 왔다는 사실이다. 소비에트는 이미 밝힌 에스토니아, 라트비아, 베싸라비아 이외에 리투아니아와 북부부코비나를 요구하였다. 그러므로 독일로서는 한번은 소비에트와 일전을 피할 수 없는 상태였다.

소비에트침공

히틀러는 전쟁선언의 어떤 형식이나 최후통첩도 없이 소비에트를 침공하였다. 공격은 1941년 6월 22일 날이 밝기 전 양국의 국경 전 지역에서 시작되

<지도 14> 제2차 대전의
서부전선

독일군의 진로
연합군의 진로
주요 공중전투

나르빅

핀란드
헬싱키
레닌그라드

노르웨이
스웨덴
오슬로
스톡홀름

리가

1940. 4월

북해
덴마크

영국
1940 - 1942
함부르크
베를린
폴란드
와르소

코벤트리
로테르담
루르
에벤에마엘
덩케르크
칼레
본
레마겐
프라하
체코슬로바키아

스당
파리
룩셈부르크
1945 봄

1944/45 겨울
오스트리아
부다페스트
헝가리

1944 7월
브레스트
1944 여름
스위스
비인
벨그라드

대서양
프랑스
밀란
볼로냐
유고슬라비아

보르도
리옹
1944/45 겨울
아드리아해
알바니아

1944 가을
니스
플로렌스
1944 가을
1944 여름

마르세이유
이탈리아
로마
1943/44 겨울
1943 가을
그리스

포르투갈
마드리드
팔레르모
1943 여름

리스본
스페인

지중해

었다. 전쟁이 일어난지 며칠 안 되어 이탈리아, 헝가리, 루마니아, 핀란드가 독일에 합세하였으며 좀 후에 불가리아와 슬로바키아가 합세하였다. 주마다 나치의 조직화된 군단이 무자비하게 공격을 감행하여 11월 말에는 크리미아의 돈강과 케르치강 어귀 로스토프까지 이르렀다. 그들은 북부러시아를 거쳐 9월 9일에는 네바언덕에 이르렀으며 급기야 레닌그라드를 포위하기 시작하였다. 그러나 중부전선은 지지부진하였다. 그들이 스모렌스크에서 모즈하이스크까지 약 200마일 정도의 거리를 정복하는데 3개월이나 걸렸다. 여기에서 그들의 전략은 차질이 생겼다. 그리하여 그들은 11월 20일 모스코를 포위 위협하는 새로운 공격을 시작하였다. 나치 공격대는 바로 눈 앞에 수도를 보고 있었지만 함락되지 않았다. 결국 러시아의 끈질긴 저항에 독일군은 12월 8일 물러나고 말았다.

그러면 소비에트는 다른 유럽국가들이 해내지 못한 나치군을 어떻게 물리칠 수 있었을까. 우선 소비에트의 적군(the Red Army)의 뛰어난 전략을 들어야 할 것이다. 그들은 소비에트의 광대한 지리를 잘 활용하였다. 그들은 적당한 지연작전으로 나치군을 그들의 공급지로부터 멀리 떨어지게 하여 1,800마일이나 되는 국경선에 분산시켰다. 그리고 이들을 집중적으로 공격한 것이다. 다음으로는 소비에트지도자들이 오랜 동안 전쟁준비를 치밀하게 실행했다는 사실을 들어야 할 것이다. 그들은 나치-소비에트협정 이후 5개년계획에 의해 우랄산맥과 시베리아 광산지역에 산업시설을 건설하여 독일침공에 대비하였던 것이다. 그들은 나치에게 패배당한 국가들로부터 적지 않은 교훈을 얻어 이들을 적절히 선용함으로써 독일침략에서 버티었던 것이다.

3. 전면전쟁 : 태평양전쟁

제1차 세계대전 이후 세계에는 두 가지의 대전쟁이 벌어지고 있었다. 하나는 1939년 9월 1일 히틀러의 폴란드침공으로부터 야기된 전쟁이며, 다른 하나는 1937년 7월 7일 일본에 의해 야기된 중국과 일본의 전쟁이었다. 이들 전쟁들은 일본의 비행기들이 미국의 진주만을 공격한 1941년 12월 7일 하나의 커다란 전쟁으로 합쳐졌다. 일본은 진주만공격으로 미국전함 20대와 비행기 250대, 그리고 3,000여 명의 인명피해를 입혔다. 몇 시간 후 일본은 미국과 영국에 전쟁을 선포하였으며, 12월 8일에는 미국상원이 82대 0, 하원이 388 대 1의 투표로 일본과의 전쟁을 선언하였다. 11일에는 독일과 이탈리아가 미국에 선전포고를, 이틀 후에는 루마니아, 헝가리, 불가리아가 그 뒤를 따랐다. 쿠바, 파나마, 혼드라스, 과테말라, 하이티, 코스타리카, 니카라과의 라틴아메리카국가들은 미국 쪽에 따랐다. 1942년에는 브라질과 멕시코가, 그리고 몇 년 후에는 나머지 서유럽의 국가들이 연합국(the Allies)측에 가담하였다. 브라질과 멕시코는 군대를 전선에 파견하였으며, 다른 라틴아메리카국가들은 정신적으로 혹은 전략적, 기본물자로 미국과 영국을 도왔다.

3국의 동맹

1941년 12월 7일 일본의 무력적 시위는 따로 떨어진 우연한 사건이 아니었다. 이미 일본은 1940년 9월 이래 독일, 이탈리아와 동맹을 맺고 있었다. 그들과의 동맹으로 일본은 유럽에 새 질서를 수립하는 데 독일과 이탈리아의 지도력을 인정하였으며, 그들은 대동아시아에서의 일본의 지도력을 인정하였다. 한편으로, 추축국(the Axis)이 진주만공격에 대하여 상호 긴밀한 계획을 수립하였는지는 확실치 않다. 아마도 히틀러는 그 계획보다는 소련을 침공하기를 더 좋아했을 것으로 보인다. 그럼에도 불구하고 그는 아메리카의 적의를 불러일으키는 대미국공격 행동을 감행하였던 것이다. 그는 파시즘과 주축국운동의 동정을 사기 위하여 남아메리카에 그의 기관원들을 파견하였다. 그는 또 미국의 공급선적을 다른 적국들에 운송하는 것을 막으려는 의도에서 대서양에 함대(U-boat)를 띄웠다. 진주만사건 6개월 전에 그의 함대 한 척이 남아프리카로 가는 강철철로와 자동차를 실은 미국화물선(Robin Moor)을 침몰하기 위하여 파견된 적이 있었다. 이러한 일련의 행위들은 모두가 미국의 외교정책변화와 무관하지 않았다.

미국의 참전

미국은 고립정책을 과감하게 버리고 전쟁에 뛰어들었다. 루스벨트는 1940년 9월 유럽에 있는 영국의 해군과 공군기지를 사용하는 대신 50년 이상된 구축함을 영국기지로 옮겼다. 다음 해 3월에는 무기대여법(the Lend-Lease Act)을 제정하여 영국을 비롯하여 추축국과 싸우는 모든 국가들에게 무기와 식량을 공급하였다. 미국을 더욱 자극한 것은 10월에 구축함들(Kearny, Reuben James)이 어뢰에 의해 피습당한 사건이었다. 더욱이 미국을 건드린 것은 일본이 서남부 태평양 지역을 정복하려는 야욕이었다. 일본의 군국주의자들은 중국과의 싸움에서 곤욕을 치른 후 전쟁에서 승리하기 위해서는 말라야의 주석과 고무, 그리고 네덜란드령 인도제도의 유류를 획득해야 된다고 생각하였다. 이 가운데 특히 인도제도의 정복과 필리핀에 대한 위협은 미국의 주요원료공급선을 차단하는 것이었다. 그리하여 미국의 국무장관 헐(Hull)은 일본의 정복을 강력히 경고하게 되었던 것이다. 그러나 일본은 외무장관 마츠오카와 특별사절 사부로 쿠루수 등의 협상으로 질질 끌려고 하였다. 미국은 재차 중국의 주권을 인정할 것과 중국영토에서 철수할 것을 일본에 요구하였으나 일본은 이에 대한 가부도 알리지 않은 채 결국은 진주만공격을 감행하였던 것이다.

일본의 정복

일본은 하와이 진주만을 공격한 그 날 웨이크, 괌, 미드웨이, 홍콩을 강타하였다. 미드웨이는 성공적으로 방어하였으나 괌은 즉시 넘어갔으며, 웨이크는 12월 23일까지 저항하였다. 그리고 홍콩은 이틀 정도 더 버티었다. 12월 10일 일본의 10대의 급강하 폭격기와 어뢰 비행기들은 새로운 영국전함(the Prince of Wales)과 연합군의 유일한 서남 태평양 순양함(Repulse)을 격침시켰다. 1942년 1월 2일에는 마닐라가 무너졌으며 2월 15일에는 싱가폴의 요새들이 넘어갔다. 싱가폴의 함락은 이어 네덜란드령 인도제도와 자바, 수마트라, 보르네오, 셀레베스도 및 뉴 기니아를 미카도군대에 넘기는 계기를 열어 주었다. 일본의 다른 군대는 버마를 쳐부셨으며 인도와 중국의 방어군을 격퇴하였다. 이렇게 하여 일본은 불과 3개월 안에 150만 평방마일(미국의 절반의 크기)과 1억 2,500만 명의 주민을 정복하였다. 무엇보다도 중요한 것은 그들이 전쟁을 연장시킬 수 있는 고무, 주석, 유류, 기타 주요원료를 획득했다는 사실이다.

전쟁의 전환

추축국의 전세는 1941-1942년이 그 절정이었다. 그러나 러시아의 성공적인 방어와 미해군의 일본군격퇴는 그들의 전세를 역전시키는 결과를 가져왔다. 이미 말한 바와 같이 독일은 1941년 12월 스탈린그라드에서 30만 명의 인명을 잃음으로써 커다란 전쟁의 차질을 가졌다. 한편 미해군은 1942년 봄 코럴해와 미드웨이전투에서 일본군을 격퇴하였다. 이들 전쟁으로 태평양전쟁은 일대 전환을 맞게 되었다.

북아프리카의 정복과 제 2 전선

1942년 말과 1943년 초 영국은 아프리카의 동부를, 아메리카는 그 서부를 공격함으로써 모든 독일인과 이탈리아인을 북부아프리카에서 몰아 냈다. 특히 이 당시 영국의 몽고메리(B. L. Montgomery)장군은 롬멜의 전차부대에 치명상을 입혔다. 전쟁의 주도권은 거의 국제연합에 놓여 있었다. 연합군은 결국 이탈리아의 침입을 유도하여 1943년 9월 3일 무솔리니를 무너뜨리게 하였다. 한편 소비에트는 독일로부터 주도권을 잡았으며, 1944년경까지 독일의 수중에 있던 소비에트 대도시는 민스크와 오데싸뿐이었다. 유엔의 효과적인 공격은 서부에 소위 '제 2 전선(the second front)'이 성립되면서부터였다. 이 작전은 1944년 6월 6일(D-Day) 5,000척의 연합군 선함이 영국해협을 건너 프랑스의 노르망디(Normandy)해안에 착륙했을 때 이루어졌다. 첫 날에는 10만 명의 군대가, 그리고 다음 날에는 200만 명의 군대가 도착하였다. 조금 나중에(11월) 상륙한 아이젠하워(D. D. Eisenhauer)장군의 전략은 매우 효과적이었다.

추축국의 패배

히틀러에 대한 연합국측의 공격은 대체로 세 가지 방향에서 이루어졌다. 첫 번째는 남부전선 이탈리아에서 영국과 아메리카가 독일인들과 싸웠다. 무솔리니의 붕괴 이후 이탈리아는 독일인들이 점령하고 있었기 때문이다. 이탈리아 산악지대를 정복한다는 것은 결코 쉬운 일이 아니었다. 거의 전쟁이 끝날 때까지 격전이 겁나게 지속되었다. 두 번째는 동부전선에서 소비에트군이 독일군과 싸웠다. 1945년 봄 소비에트군은 오데르강에 이르렀고 4월 22일 베를린교외에 다다랐다. 이후 10일 동안 나치군은 수단방법을 가리지 않은 결사의 저항을 펼쳤다. 그러나 5월 2일 베를린은 함락되었으며 브란덴부르크문(the Brandenburg Gate)에 드디어 소비에트의 붉은 깃발이 나부꼈다. 그 몇 시간 전에 절대로 무너지지 않게 보였던 히틀러는 총통관저 방탄방공호에서 스스로 목숨을 끊었으며, 선전장관 괴벨스(Goebbels)도 같은 길을 갔다. 그리고 나머지 나치 지도자들은 도망가거나 후에 포로로 잡히거나 하였다.

세 번째는 서부전선에서 연합군이 독일군을 압박하였다. 노르망디해안에 만들어진 해안 교두보들은 프랑스 북부 나치점령 지역을 차단하였다. 1944년 8월 25일 연합군은 파리를 해방하였으며 9월 라인에 이르렀다. 12월에는 독일군이 리이제와 나무르를 정복하려고 시도했으나 실패하였다. 1945년 봄 연합군은 공격을 개시하여 라인강을 넘었으며 4월 1일에는 루르계곡을 포위하여 독일의 산업시설을 차단하였다. 4월 25일에는 아메리카 제9군이 러시아군과 엘베강 라이프치히 근처에 있는 토르가오에서 손을 잡았다. 결국 독일은 둘로 갈라져 패배하고 말았다. 최후의 항복은 5월 7일 오전 2시 41분 프랑스 랑스(Reims)의 한 교정에서 무조건항복조인서에 조인함으로써 이루어졌다.

한편으로 일본을 중심으로하는 극동전쟁은 유럽의 전쟁이 끝난 후에도 몇 달 더 계속되었다. 코럴해와 미드웨이의 전쟁들을 치른 연합군은 일본의 점령지역을 정복하는 데 전념하였다. 1943년과 1944년에 걸쳐 일본의 대내외 방어선은 괌, 사이판, 티니안이 점령되면서 거의 무너졌다. 1944년 10월 미국은 레이트만(Leyte Gulf) 대전투에서 승리함으로써 일본의 해군력을 무력하게 만들었으며 필리핀 재정복의 길을 열었다. 1945년 6월에는 오키나와의 점령으로 미국은 일본으로부터 500마일 떨어진 곳에 군사기지들을 가지게 되었다.

전쟁의 종료

미국과 중국은 1945년 7월 26일 일본의 항복을 요구하는 합동선언서를 발표하였다. 그러나 8월초 일본의 전쟁 주모자들은 결정을 유보하고 있었다. 8월 3일 미국해군은 일본의 항만을 점령하여 공급선을 완전히 차단시켰다. 미국은 8월 6일 히로시마에 하나의 원자폭탄을 투하하여 도시의 60퍼센트를 괴멸시켰다. 8월 8일에는 소비에트가 '보편적 평화'를 앞당긴다는 명분하에 전쟁에 끼여들었다. 그러나 그들의 참된 목적은 1904-1905년에 잃었던 극동의 기지를 회복하려는 것이었다. 8월 9일 두 번째의 원자폭탄이 나가사끼에 투하되었다. 그 날 밤 트루먼대통령은 일본이 무릎을 꿇을 때까지 새로운 치명적인 무기를 사용할 것이라고 경고하였다. 그 경고는 효과가 있었다. 다음 날 일본은 7월 26일의 합동선언서를 받아들인다고 발표하였다. 그들은 단지 황제를 주권자로서 양해해 줄 것을 요구하였다. 연합국측은 일본황제를 명분상의 군주로 인정하되 점령군사령관의 명령에는 따라야 한다고 답하였다. 세계는 3일 간 초조한 심정으로 일본의 결정을 기다렸다. 드디어 8월 14일 오후 6시 10 분 해답은 워싱턴에 도착되었다. 그것은 연합국측의 요구를 무조건 받아들인 다는 내용이었다. 세계는 온통 전쟁이 끝났다는 기쁨에 휩싸였다.

이와 같이 독일의 폴란드침략으로부터 시작된 제2차 세계대전은 6년 만에, 일본의 진주만침공에서 비롯된 태평양전쟁은 4년 만에 끝을 보았다. 교전 국가는 연합국측이 45개국, 추축국측이 50개국에 이르렀다. 전쟁피해는 양진영 모두 합해 전사자와 행방불명자가 약 2,000만 명, 부상자가 3,000만 명으로 추산되며, 전비는 연합국측이 약 7,000억 달러, 추축국측이 약 4,000억 달러로 추산된다.

4. 평화계획

대서양헌장

연합국측은 제2차 세계대전을 치르는 가운데 전쟁의 목표와 평화를 위한 일련의 계획들을 수립하였다. 그 첫 번째 계획이 대서양헌장(the Atlantic Charter)이었다. 루스벨트, 처칠은 1941년 8월 14일 대서양의 영국전함에서 전후의 평화원칙을 다음과 같이 밝혔다.

첫째, 영국과 미국은 영토확대를 추구하지 않는다. 둘째, 자유로운 인민의 의사와 어긋나는 영토의 변화는 있을 수 없다. 셋째, 정부형태에 대한 모든 인 민의 권리는 존중되어야 한다. 넷째, 모든 국가는 그 크기와 승패에 관계 없이 세계의 무역과 원료에 동등한 조건으로 접근되어야 한다. 다섯째, 모든 국가들 의 상호 협력은 노동기준, 경제발전, 사회안전을 위하여 확실하게 보장되어야 한다. 여섯째, 평화는 모든 국민들에게 그들의 지역에 안전하게 살 수 있는 수 단을 주어야 하며, 공포와 결핍으로부터 벗어나게 해야 한다. 일곱째, 평화는 모든 사람들이 방해 없이 해양을 드나들 수 있게 해야 한다. 여덟째, 영구적인 안전을 해치며 침략을 자행하는 모든 국가들은 무장을 해제하여야 한다.

국제연합선언

대서양헌장은 1942년 1월 2일 국제연합선언(the UN Declaration)이 발표되었을 때 비로소 그 중요성이 더욱 인정되었다. 처음에는 영국만이 연루되었을 뿐 미국마저도 연합국측에 원조는 했으나 정식 교전국이 아니었다. 영국과 미국, 소비에트, 중국을 비롯한 26개국이 이 선언에 조인하였다. 그후 약 14개국이 가입하였다. 모든 국가들은 모든 자원을 전쟁에 제공하고 개별적 강화를 하지 않을 것과 대서양헌장의 준수를 약속하였다.

카이로선언

카사블랑카회담(1943. 1.)에 이어 전쟁 진행중에 전략문제와 강화문제를 해결하기 위하여 모인 첫 번째 중요한 회담은 1943년 11월의 카이로선언(the Cairo Declaration)이었다. 이 회합은 일본제국의 운명을 토의하기 위한 것으로 참가자는 루스벨트, 처칠, 장개석이었다. 그들은 중국으로부터 일본이 차지한 모든 영토들은 조선을 제외하고 중국에 돌려줄 것을 합의하였다. 한국에 대해서는 "적당한 시기에(in due course)" 자유롭게 독립되게 할 것이라고 선언하였다. 그리고 그들은 더 나아가서 1914년 이래 일본이 취한 태평양의 모든 섬들과 기타 무력이나 탐욕으로 갈취한 모든 영토들도 회수한다고 발표하였다. 이들 영토들에 관한 자세한 구체방안은 정하지 않았다. 그러나 그들은 그들 국가자체를 위한 이득이나 영토팽창은 고려하지 않는다고 선언하였다.

테헤란선언

두 번째 모임은 1943년 12월 이란의 수도 테헤란에서 개최되었다. 이 회합에서는 어떤 특별한 고안이 나온 것은 아니지만 세계 3거두 처칠, 루스벨트, 스탈린이 처음 모였다는 데 의의가 있다. 3거두는 전쟁과 평화에 상호 협력할 것을 결의하였다. 그들은 세계국가들이 전쟁의 테러와 전제 없이 평화롭게 살도록 힘쓸 것을 다짐하였다.

얄타회담

테헤란선언 이후 1945년까지 이렇다 할 중요한 회담이 없었다. 1945년 2월 루스벨트와 처칠은 스탈린과 상의하기 위하여 크리미아의 태양이 내리쪼이는 휴양지로 여행을 갔다. 그들은 얄타시 근교의 마지막 짜르의 사치한 궁전에서 수차례의 협상을 열었다. 그들은 수많은 어려운 문제들에 대해 결말을 지었다. 회담 말기에 3거두는 독일패배에 대한 계획들, 독일에 무조건적인 항복을 적용하고, 주축국들과 그 위성국들을 관할하는 방법들, 그리고 5개국 각국에 비토권을 주는 국제연합조직을 성립할 것에 합의하는 공식문서를 발표하였다. 그들은 더 나아가서 동유럽의 어려운 문제들에 대해서도 합의하였다. 즉 소비에트와 폴란드의 국경선은 1919년 영국 외무장관 쿠르존경에 의해 제안된 선으로 고정하였다. 폴란드는 결과적으로 소비에트에 양보한 대신 독일로부터 땅을 보상받는 격이 되었다. 그들은 다른 유럽의 해방국가들의 정책에 대해서도 공동보조를 취하기로 합의하였다. 극동에 대해서 소비에트는 일본에게 빼앗긴 영토를 다시 찾기로 합의하였다.

포츠담선언

독일의 붕괴(1945. 5. 8)로 정상들의 또 다른 회담이 요구되었다. 1945년 7월 17일 스탈린과 처칠, 해리 트루먼은 베를린교외에 있는 프러시아 군국주의의 중심지인 포츠담(Potsdam)에서 회합을 가졌다. 회담이 끝나기 전, 새로운 영국수상 클레멘트 애틀리(Clement Attlee: 1945-1951)가 처칠을 대신하여 참석하였다. 포츠담회담은 강화회의가 아니었다. 그 결정들은 임시적인 것이라고 발표되었다. 그 가운데 어떤 것은 너무나 유럽의 상황을 철저하게 변경시켰다는 인상을 준다. 8월 2일 발표된 공식적인 내용은 다음과 같다.

첫째, 독일의 광범위한 영토는 다음과 같이 축소된다, 즉 동부프러시아는 둘로 갈라지며, 쾨닉스베르크를 포함하는 북부는 소비에트로 돌아가며, 남부는 폴란드로 할양된다, 폴란드는 이전의 단치히 자유도시를 찾으며 오델강과 나이세강의 동부독일의 모든 영토는 최후 협정이 결정될 때까지 폴란드에 의해 관장된다. 둘째, 독일의 군사력은 전체적으로 파괴된다. 셋째, 독일의 산업력은 철저하게 축소된다, 그 경제조직은 트러스트와 카르텔의 폐지에 의해 분화되며, 전쟁경제에 필요한 화학품, 금속, 기계 등은 철저하게 규제되며 감축된다, 그리고 독일경제는 농업발전과 평화적 국내산업으로 재조직된다. 넷째, 독일은 막대한 배상을 현물이나, 기계류·광물·제품·생산자재·상선 등으로 지불한다. 다섯째, 독일은 4분되며 각각의 지역은 소비에트, 영국, 미국, 프랑스에 의해 다스려진다.

그러나 이러한 일련의 회담들에 의해 제안된 결정들에도 불구하고 전후의 문제가 다 풀린 것은 아니었다. 강대국들은 근본적인 강화원칙에 일치할 수가 없었다. 그들은 원자에너지문제나 오스트리아, 트리에스테시, 루르계곡, 다다넬스와 보스포루스의 문제에 대하여 합의하지 못하였으며, 독일의 통치방법, 알바니아에 대한 그리스의 요구, 오스트리아에 대한 유고슬라비아의 요구 등에 대해서도 결의하지 못하였다. 아시아에 대해서도 마찬가지였다. 버마와 인도차이나, 홍콩, 네덜란드령 인도와 같은 지역들의 운명도 미스테리로 남았다. 카이로선언에도 불구하고 한국과 만주의 지위도 미지수로 남았다.

제 8 편 　 서양 현대문명 (Ⅱ)

제16장

전후의 문명(1945-　　　)

♣ 개　　관 ♣

냉전체제

　　제 2 차 세계대전이 끝나는 1945년부터 서양에는 새로운 기류가 흐르기 시작하였다. 그것이 소위 냉전이라는 체제로 유럽의 동서분화로부터 발단되었다. 정치적·경제적 이해관계의 상충으로 갈라진 서유럽과 동유럽의 분단은 미·소의 주도적 역할과 이데올로기의 무장으로 분단화 현상을 더욱 깊게 하였다. 전자는 자본주의라는 자유진영으로, 후자는 사회주의라는 공산진영으로 나누어지게 되었다. 양자의 극화현상을 더욱 부추긴 것은 스탈린 사망(1953) 이후 소련의 집단지배체제와 중국 모택동의 공산당지배체제의 등장이었다. 이와 더불어 아시아와 아프리카에서의 신생독립국가들의 출현은 정세를 더 없이 복잡하게 만들었다. 그러나 이들은 원자탄과 핵무기 등이 초래할 가공할 전쟁의 공포로 공격의 기회를 엿보면서도 경계를 게을리할 수 없었고 평화공존을 내세우지 않을 수 없었다. 이것이 바로 냉전체제의 이중 플레이였다.

　　1950년대의 냉전체제는 한국전쟁(1950)과 쿠바위기(1959), 베를린 장벽설치(1961), 베트남전쟁(1963), 중동위기(1969) 등 열전으로 전환될 국면을 맞이하기도 했으나 가까스로 모면하였다. 1960년대에도 사정은 여전하였다. 핵확산금지조약(1968), 유엔의 활성화, 미국의 달여행(1969), 중공의 유엔가입 등으로 냉전의 해빙조짐이 없지 않았으나 학생·지성인의 시위, 비동맹 중립국가들의 부상으로 여전히 냉각이 지속되었다. 1970년대에 이르러 유럽은 9개국 중심

의 유럽공동체를 통하여 독자노선을 추구하였으나 아랍산유
국들의 석유금수조치로 인한 소위 오일 쇼크(1973)로 서양
은 크나큰 경제적 곤경을 겪지 않으면 안 되었다.

탈냉전 체제

1980-1990년대에 서양에서 일어난 가장 크나큰 사건은
아마도 소련과 동유럽의 사회주의체제의 붕괴와 독일의 통
일, 그리고 유럽연합(EU)의 출범이었을 것이다. 사회주의체
제의 해체로 바르샤바조약기구와 코메콘이 붕괴되었으며 냉
전의 심볼이었던 베를린 장벽이 허물어지고 독일의 통일이
성취되었으며 이데올로기 싸움이 종언되었다. 유럽은 유럽
연합의 출범으로 미국과 일본 주도의 경제체제를 견제하게
되었으며 더 나아가 남과 북, 동과 서의 화합의 물고를 트는
데에 일익을 담당하게 되었다.

탈냉전 이후 미국은 그 어느 때보다도 세계 최강의 자
리를 확보하게 되었다. 세계는 이제 국제화와 세계화, 그리
고 정보화 추세로 어떤 특정지역이나 국가의 벽을 뛰어넘어
하나의 지구촌으로 발전하게 되었다. 그러나 세계는 이슬람
극단주의의 테러리즘의 위협을 받지 않으면 안 되었다. 국
제적 협력과 세계의 평화공존은 다시 스스로 해결하지 않으
면 안 될 국가들의 과제로 남겨지게 되었다.[1]

---

1) H. Stuart Hughes, *Contemporary Europe: A History*(New Jer-
sey, 1987).

제 1 절   새로운 시대적 요구

　　양차의 세계대전 이후 세계국가들은 이전과 다른 사회적 변혁을 강력히 요구하고 있었다. 변혁에 대한 요구는 졸지에 나타난 것이 아니라 19세기의 암울한 시기에서부터 등장되었다. 이러한 양상은 중세에서 근대로 넘어오는 과도기와 같은 시대에서 흔히 보는 것이지만 제 2 차 세계대전 이후의 경우는 매우 심상치 않았다. 그러면 전쟁 이후 세계적 추세는 어떠했는가. 그것은 아마도 자본주의에 대한 불신, 집단주의의 성장 및 제국주의에 대한 반발의 세 가지일 것이다.

자본주의체제의 불신

　　산업혁명 이래 발전한 경제적 조직에 대한 불신이 넓게 퍼져 나갔다. 그것은 바로 자유경쟁, 자유기업, 이윤을 위한 생산을 모토로 하는 자본주의에 대한 불신을 뜻하는 것이었다. 이러한 풍조는 주로 아시아와 아프리카와 같은 일인당 연소득 50달러에 불과한 미개발국가에서 일어났다. 반면에 미국을 비롯한 서유럽의 국가들은 오히려 경제적으로 번영도상에 있었다. 예를 들면 1930-1952년에 미국의 산업지수는 48에서 121로 뛰어 올랐다. 기타 영국과 서독, 네덜란드, 프랑스도 전대미문의 경제적 번영을 누렸다. 그러므로 가진 국가들과 가지지 못한 국가들 사이의 강은 깊어만 갔다. 여기에 자본주의의 불신은 아시아, 아프리카, 동유럽의 빈민국가들을 중심으로 전세계에 파고 들어갔던 것이다.

집단주의의 부상

　　오늘날 세계의 두 번째 중요한 변화양상은 집단주의(collectivism)의 부상이었다. 이것은 물론 자본주의의 불신과 긴밀히 연결된 문제였다. 집단주의는 복지국가, 파시즘, 사회주의, 공산주의와 같은 다양한 형태로 나타났다. 복지국가의 형태로 나타난 것들이 루스벨트의 뉴딜정책과 프랑스 레옹 브룸의 인민전선의 개혁들이었다. 제 2 차 세계대전 이후 파시즘은 스페인, 포르투갈, 아르헨티나를 제외한 모든 곳에서 거의 풀이 죽어 있었지만, 사회주의는 영국과 프랑스에서 활기를 찾았다. 1945년 7월 선거에서 영국의 노동당은 집단주의의 프로그램으로 결정적인 승리를 거두었다. 영국은행이 국유화되고 철도와 탄광, 전력산업, 강철산업 등이 국유화되었다. 더 나아가 무료진료, 입원, 투약, 양육을 널리 사회전반에 제공하는 의료사업이 실시되었다. 사회주의자들과 카톨릭 자유주의자들에 의해 주로 다스려지는 프랑스의 제 5 공화국도 집단화 쪽으로 기울어졌다. 탄광, 철도, 공공시설, 대부분의 은행들과 보험회사들이 국가의 손으로 넘어갔다.

집단주의운동의 극단적 형태는 공산주의였다. 제 2 차 세계대전이 발발했을 때 U.S.S.R.을 빼놓고 어떤 국가에도 공산주의정권은 없었다. 공산당은 도처에서 발견되었지만 미미하였다. 전쟁 이후 10년이 지나게 되자 공산주의정권은 소비에트뿐 아니라 폴란드, 체코슬로바키아, 동독, 그리고 그리스를 제외한 발칸의 여러 국가들에 침투하였다. 이탈리아에도 투표자의 22퍼센트가 공산주의자들이었으며 프랑스에는 4분의 1 정도였다. 공산주의는 소비에트의 세력권에 있는 국가들과 중국에도 들어가 결국 자리를 잡게 되었다. 그것은 어느 정도는 기아와 인플레이션, 혼란의 결과였다. 그러나 이탈리아와 프랑스와 같은 국가들에서는 자본주의에 대한 불신을 들지 않고는 공산주의를 설명할 수가 없다. 그러나 집단주의정책은 현대문명의 영구적 보루는 아니었다. 아시아나 동유럽 등과 같은 자유와 개인주의가 강하지 못한 지역들에서는 효능적일지 모르지만 미국이나 영국, 프랑스 등에서는 사정이 그 반대였다. 예컨대, 1950년대 영국의 경우(윈스턴 처칠과 안토니 이든의 집권시)와 미국의 경우(트루먼의 페어딜〈Fair Deal〉과 아이젠하워, 존 케네디의 집권시) 집권자들은 이전의 정책을 그대로 이으면서도 한결같이 집단주의에서 벗어나 자본주의체제로 돌리려는 경향성을 보였다.

제국주의의 배격

현대세계의 세 번째 양상은 제국주의, 혹은 식민지주의(colonialism)의 배격이었다. 주지하는 바와 같이 수십 년 동안 영국과 프랑스, 네덜란드, 벨기에, 이탈리아는 동남아시아, 인도, 중동, 아프리카 등지를 지배해 왔다. 그들은 새로 개발한 기술과 무기를 가지고 신의 사명을 받은 우수한 민족으로서 문명의 혜택을 미개한 원주민들에게 전수한다고 생각하였다. 어떤 경우에는 문명화를 가장한 착취이기도 하였지만 교육과 기술, 위생시설 등이 피압박민에 돌아간다는 것을 식민지들도 인정하였다. 그리하여 그런대로 그들의 정복사업이 유지되었다. 그러나 제1차 세계대전은 이러한 상황을 바꾸어 놓았다. 전장에서 기독교인들끼리 서로 싸우면서 그들이 자랑스럽게 여기던 시대의 미덕은 무너졌다. 전쟁은 러시아의 공산주의에 매력을 느끼게 하여 급기야 식민지의 압제자들을 무너뜨리는 무기로 사용하게 만들었다. 제2차 세계대전은 이와 같은 상황을 더욱 촉진시켰다. 이탈리아와 일본의 식민제국이 붕괴되자 영국과 프랑스의 기세도 약화되었으며, 히틀러의 패배로 소비에트의 기세만이 더없이 높아졌다. 식민지들이 반란의 정신을 가지게 된 것은 이러한 영향 때문이었다.

반식민지반란은 서아시아를 비롯하여 아프리카에까지 확산되었다. 콩고의 원주민들은 벨기에로부터 독립을 얻었다. 가나와 나이제리아는 영국을 버렸으며, 기니아도 프랑스를 벗어났다. 프랑스령 튜니지아와 모로코는 1957년 독립했으며 알제리아도 끈질긴 피나는 싸움 끝에 1962년 전쟁을 끝냈다. 특히 알제리아에는 독립을 얻으려는 모슬렘과 프랑스령으로 남으려는 유럽식민인들의 다툼이 치열하였다.

이 집 트

북아프리카의 또 다른 지역이 1956년 독립을 프랑스로부터가 아니라 영국과 이집트로부터 쟁취하였다. 이 곳이 이전에 영국-이집트령 수단으로 불리우던 수단이었다. 북아프리카의 반식민지반란은 이집트의 민족주의반란과 수에즈운하점령으로 절정에 다다랐다. 1952년 모하메드 나기브(Mohammed Naguib) 소령 휘하의 군사정권은 영국에 기생하던 부패하고 방탕한 파루우크(Farouk) 왕을 무너뜨렸다. 그리하여 대통령이며 수상인 나기브에 의한 공화국이 성립되었다. 그러나 공화국의 실질적인 실권자는 가말 압델 나세르(Gamal Abdel Nasser)중령으로서 1956년 이집트의 대통령이 되었다. 나세르정권은 2,000만 명에 이르는 빈민들을 위한 개혁을 시작했으나 그의 근본 목적은 외세를 몰아내는 일이었다. 그의 추종자들은 1954년 영국군을 이집트에서 철수하는 협정에 조인하도록 영국을 위협하였다. 나세르는 1956년 모든 영국과 프랑스은행들을 국유화하였다. 그는 같은 해 수에즈운하를 점령함으로써 국제위기를 일으켰다.

수에즈운하의 위기

영국과 프랑스는 보복의 일환으로 이스라엘공화국으로 하여금 이집트를 침략할 것을 부추겼다. 이틀 뒤 이스라엘은 침략을 감행하였다. 그들은 운하지대의 도시들과 전국의 공군지역을 폭격하였다. 전투는 미국과 소비에트의 압력으로 유엔의 정전권고를 받아들여 5일만에 끝났다. 그러나 수에즈문제는 어려운 문제들을 남겨 놓았다. 우선 그것은 서유럽국가들의 심각한 불만들을 야기시켰다. 미국은 영국과 프랑스가 워싱턴에 알리지 않은 채 이집트공격을 실시한 것으로 몹시 심기가 편치 않았다. 영국과 프랑스 역시 미국무부의 우유부단에 실망하였고, 더군다나 덜레스의 실수로 이집트에 대한 행동을 단지 부차적인 문제로 만들었다고 생각하였다. 다음으로 그것은 영국수상 안토니 이든을 몰락하게 만들었다. 그의 뒤를 이은 해롤드 맥밀란의 등장은 19세기 무력외교의 부활로 간주되어 많은 약소국가들의 신경을 건드리게 되었다. 그러나 무엇보다도 수에즈위기로 야기된 가장 심각한 문제는 소비에트의 중동침투였다. 수 년 동안 러시아는 3개 대륙을 잇는 유명한 육교에 지대한 욕망을 가져왔다. 아랍민족주의와 서유럽 제국주의자들에 대한 불타는 증오는 결국 소비에트에게 황금의 기회를 주었던 것이다. 소비에트는 최소한도 서유럽이 페르시아만의 풍부한 석유자원으로부터 손을 끊기를 바랐다. 만약 그렇게 되면 유럽의 경제는 심각한 타격을 받을 것이 뻔하기 때문이다. 그리하여 미국의 아이젠하워는 1957년 1월 공산주의 침략의 위협을 받는 중동의 어떤 국가에도 미국이 원조할 것이라는 것을 보장하는 정책을 내놓아 양원에 의해 통과되게 하였다.

제 2 절 세력판도의 변화

1914년 이전의 세계열강은 8개국이었다. 이들 가운데 6개국은 영국, 프랑스, 독일, 오스트리아-헝가리, 러시아, 이탈리아로서 가장 세력 있고 세계문제에 중재역할을 담당한 국가들이었다. 여기에 미국과 일본이 신참국으로 들어갔는데, 그렇게 무거운 비중을 가지지는 못하였다. 제1차 세계대전 이후 강대국의 수는 5개국으로 줄어들어 오스트리아와 러시아는 그 판도에서 제외되었다. 한편, 영국은 지위가 조금 떨어진 반면에 미국과 일본은 이전보다 훨씬 뛰어올랐다. 제2차 세계대전 이후 세력판도는 더욱 변화되었다. 독일과 이탈리아, 일본은 전쟁의 패배로 다시는 일급 지위로 오를 것 같지가 않았다. 공적으로 세계의 세력판도는 5대 강국, 소비에트, 미국, 영국, 중국, 프랑스로 압축되었다. 이들 5대 강국들은 유엔에서 주도적인 지위를 가지고 평화조약 기초에 결정적인 역할을 하였다. 그러나 중국은 공산주의혁명으로 넘어가게 되었으며, 영국과 프랑스는 미국에 의존하게 되어 세계문제에 많은 영향을 주지 못하였다.

권력 진공

제2차 세계대전은 또 다른 중요한 결과를 가져다 주었다. 그것은 세계 여러 곳에 소위 "권력 진공(the power vacuum)"이라는 상황을 만들어 놓았기 때문이다. 첫째로는 강대국 독일의 붕괴로 중앙유럽에 커다란 빈 공간이 생겼다는 것이다. 누가 뭐래도 1930년대의 독일은 거대한 유럽대륙의 경제적이며 정치적인 축이었다. 저지대국가, 스칸디나비아, 발칸반도가 독일과 맺은 무역관계는 세계 어떤 국가와 맺은 것들 보다도 훨씬 많았다. 독일의 군사력은 서유럽의 영국·프랑스와 동유럽의 러시아 사이의 균형을 유지하는 데 지대한 영향을 주었다. 그러나 독일의 붕괴로 이 균형은 사라지고 이 공간을 메꾸려는 세력들이 앞을 다투게 되었다. 둘째로는 이와 유사하게 일본정복은 극동에서 소비에트에 대한 균형추로서의 세력을 잃게 하였다는 것이다. 그 결과 만주, 한국, 중국과 같은 영토에는 새로운 진공이 만들어졌다. 끝으로 영국의 약화로 수많은 식민지들이 라이벌세력들의 각축장으로 변모되었다는 것이다. 짧은 시간 안에 공산주의 러시아의 침투는 중동에서, 말레이반도에서 그리고 그리스에서 일어났다. 말하자면 제2차 세계대전 이후의 국제분쟁의 주원인은 이러한 세력진공을 둘러싼 각축전이라고 말할 수 있다.

냉   전

제2차 세계대전 이후의 세력판도는 영국·미국과 소련 사이의 군사휴전인 소위 냉전(a cold war)이라는 양상을 띠었다.[2] 짧은 기간 동안 온화한 분

---

2) "냉전"이라는 말은 미국의 금융가 Bernard Baruch에 의해 사용되었다.

위기가 나타났다. 1945년 12월 위의 3개국 외상들이 모스크바에서 회의를 가졌다. 그들은 일주일간의 축배 끝에 수많은 어려운 문제들에 대한 '원칙에' 합의하였다. 원자탄의 규제, 일본과 한국의 정치와 같은 문제들도 배제되지 않았다. 세계는 온통 좋아했다. 그러나 이것은 거짓 여명에 불과하였다. 그들이 한일들은 유엔 안전보장이사회하의 자유지역(free territory)으로의 트리에스테(Trieste)편입, 그리고 일본, 오스트리아, 주축국측 5개 약소국들과의 조약들이었다. 통일독일의 평화, 원자에너지와 수소핵에너지규제, 무장해제와 같은 중요한 문제들은 아직도 미해결로 남았다.

5개조약들

추축국측의 5개 약소국들(이탈리아, 불가리아, 루마니아, 헝가리, 핀란드)과의 조약들이 맺어졌다. 따라서 유럽의 지도가 바뀌었다. 이 조약들로 이탈리아는 트리에스테 자유지역은 제외하고 브리가와 텐다를 프랑스에, 베네지아 길리아를 유고슬라비아에, 도데카네스제도를 그리스에 각각 양보하였다. 헝가리는 트란실바니아의 동부 절반을 루마니아에 양도하였으며, 루마니아는 베사라비아와 북부부코비나를 소비에트에게, 남부도브루드자를 불가리아에게 각각 양도하였다. 핀란드는 니켈광산이 풍부한 페트사모주를 소련에 양도하였다. 이 조약들은 불가리아에 7,000만 달러를, 이탈리아에 3억 6,000만 달러를 물게하는 배상금과 군비해제를 정하였다. 1955년에 조인된 오스트리아와의 조약으로 오스트리아는 연합국의 점령으로부터 풀려났으며 독일과의 결합이 금지되었으며 그리고 민주주의가 채택되었다. 한편, 일본과의 조약은 1951년 9월 52개국이 참여한 샌프란시스코회의에서 채택되었다. 이것은 화해조약이지만 일본은 1854년 이래 획득한 모든 영토를 빼았겼다. 일본은 쿠릴열도와 사할린섬의 남부를 소련에게 넘겨 주었으며, 오가사와라열도와 류쿠열도를 미국에 의해 관할하게 하였다. 일본은 미해결로 남아 있던 타이완에 대한 모든 권리를 포기하였다. 그 대가로 일본은 주권이 회복되었고, 자체 방위를 위한 무장이 허락되었다.

동·서의 불일치

그러면 어째서 이처럼 국제간의 평화문제들이 성공적으로 해결되지 못하였으며, 서부의 국가들과 동부소련과의 불협화음이 존재하게 되었는가. 첫째는 그들의 전시동맹이 단지 편의상 결합된 집단에 불과했다는 것이다. 그들은 서로 상대방을 이용하려 했기 때문에 신뢰적 결속이 이루어질 수 없었다. 둘째는 더욱 구체적인 원인으로 서유럽과 소련 사이의 이해관계의 상충을 들 수 있다. 영국과 미국은 주축국들의 군사, 경제적 파괴 없이 1939년의 패턴으로 세계를 재구성하려고 하였다. 그들은 독일의 지방분권화, 루르의 국제화, 이탈리아와 일본식민지들의 재분배를 통하여 세력을 강화하려고 계획하였다. 소련의 지도자들은 이와는 전연 다른 야심을 가지고 있었다. 그들은 전 세계에 대한 공산주의 확산을 위한 장기계획으로 소규모의 변화만을 계획하였다. 그들은 보스포루스, 다다넬스의 관할권과 터키와 중국을 희생으로 하는 영토적 수정을 주장하였다. 그들은 거대한 대륙국가로서 공해 —— 지중해·발트해·인도양·태평양 —— 에 이르는 보다 자유로운 접근을 열망하였다. 더군다나 러시아인들은 소비에트에 대한 새로운 공격의 위험에 대하여 민감하였다. 그들은 적군이 독일을 방어하고 있었지만 어느 때 미국과 같은 강대국의 후원하에 공산주의에 대한 치명적인 공격이 있지나 않을까 걱정하였다. 그러므로 그들은 서쪽으로 베를린까지 뻗치는 동유럽의 소비에트블록(the Soviet bloc)을 형성하고, 대련, 여순, 북한과 같은 극동의 전략 지역들에 그들의 지반을 공고히 굳히려고 기도하였다. 그들은 또한 중국, 한국, 인도차이나, 중동 지역에 그들의 토착 공산주의를 적극적으로 침투시키려고 하였다.

제 3 절   미·소의 상승과 국제주의

1. 미국의 상승

제 2 차 세계대전이 몰고온 가장 커다란 결과는 미국을 세계 제 1 의 국가로 부상시켰다는 사실이다. 미국에 대결할 국가는 소련 이외에는 없을 정도였다. 군사력은 물론 경제력에 있어서도 미국을 따라잡을 나라는 없었다. 1939년 이래 미국인들의 국민소득은 배로 증가하였으며 저축도 4 배로 늘었다. 그들의 인구는 세계인구의 7 퍼센트에 불과하지만 세계소득의 30퍼센트 이상을 소유하였다. 미국은 세계최대강국으로서 거의 지구 절반의 운명을 중재하는 국가로 군림하게 되었으며 대서양과 태평양을 지배하였다. 그리고 지중해를 감시하고 서유럽의 국제적 정치발달을 주도하였다. 그러나 다른 한편, 미국인들은 지상의 낙원생활을 향유한 것만은 아니었다. 1945년의 그들의 국민부채는 무려 2,600억 달러에 이르렀다. 전쟁 전의 정부비용보다 이자에 대한 지불로 더 많은 돈이 필요하였다. 1948년경 생활비는 1935-1939년 평균양의 172퍼센트까지 올랐으며, 4가족 중 1가족은 소득을 초과하여 돈을 썼다. 더욱이 미국인들은 전쟁으로 수십 억 달러와 35만 명의 인명희생에도 불구하고 그들의 안전은 결코 보장된 것은 아니었다. 그렇다고 해서 미국은 고립주의로 돌아서지는 않았다. 정부 일각에서 이러한 움직임이 없었던 것은 아니었다. 1945년 미국상원은 유엔헌장을 비준하면서 무기대여법으로 빌려 준 대가를 돌려받자는 주장을 제기하였다. 그러나 이들 차관을 시혜로 하자는 여론이 일어났다. 그리하여 미국은 약 그 10분의 9를 무효로 하고, 1946년 주요수혜국인 영국에 40억 달러의 차관을 새로 주어 경제를 회복하려고 하였다. 고립주의자들의 반발도 있었지만 의회는 세계경제회복을 위해서 미국이 솔선하지 않으면 안 된다는 결론을 내렸다.

트루먼독트린

미국은 드디어 강대국으로서의 책임을 지켜야 할 때가 다가왔다. 트루먼 대통령은 1947년 의회연설에서 외교문제에 대한 일련의 중요한 정책들의 하나를 발표하였다. 그것은 곧 트루먼독트린(the Truman Doctrine)으로 알려졌다. 그는 동유럽의 공산주의의 확산을 지적하면서 미국은 어느 국가든 그 국가의 '자유와 독립'이 침략에 의해 위협받을 경우 도와 줄 것이라고 선포하였다. 그는 특별히 그리스와 터키에 대한 소련의 압력에 관하여 이들 국가들의 생존과 독립은 중동의 통일을 보존하기 위하여 필요하다고 밝혔다. 그리하여 그는 이들 국가들의 군사·경제원조로 4억 달러의 예산을 통과시켰다.

마샬플랜

미국의 두 번째 정책은 마샬플랜(the Marshall Plan) 혹은 유럽회복계획 (the European Recovery Plan)이었다. 이 플랜은 1947년 6월 5일 국무장관 조지 마샬(George C. Marshall)이 하버드대학교에서 행한 연설에서 처음 제안되었다. 그는 만약 유럽국가들이 재건을 이루는 일에 합의한다면 미국은 그들을 원조할 것이며, 기아, 가난, 절망, 혼란을 극복하기 위하여 전심전력할 것이라고 말하였다. 그러나 미국은 자국의 이익만을 위해 인간의 불행을 초래하려는 정부에 대해서는 도움을 주지 않을 것이라고 천명하였다. 마샬플랜은 유럽국가들로부터 열광적인 반응을 얻었다. 소련도 3거두 회담에 참석하여 관심을 보였다. 그러나 이 회담은 소련의 몰로토프가 미국이 유럽의 모든 국가에게가 아니라 각 국가별 요구에 따라 실시할 것을 요청하면서 무산되었다. 그는 미국의 주도하에 유럽이 통합되는 것을 두려워하였다.

요컨대, 트루먼독트린과 마샬플랜의 넓은 전략에는 모두 다 소련을 "견제하려는(containing)" 요소들이 있었던 것이 분명하다. 여기에는 물론 유럽의 경제회복과 인류의 복지를 위한 계획도 들어 있었던 것이 사실이다. 그러나 소련의 시각에서 나타나는 바와 같이 공산주의를 배격하려는 그 배후에는 미국의 이익을 지탱하려는 강한 의도가 있었던 것도 부인할 수 없는 사실이다. 그리하여 소련은 미국의 정책들을 냉전 혹은 신경전의 운동의 일환으로 간주하려고 하였다.

아이젠하워독트린

1953년 미국의 외교정책에는 약간의 변화는 없지 않았으나 그 기본적인 노선에는 변화가 없었다. 얼마 동안 동유럽의 소련위성국들과 중국본토에 대한 정책을 좀 완화해야 한다는 의견이 있었다. 그러나 공화당정부는 다시 민주당 전임자의 소위 "견제정책"으로 선회하였다. 이것이 1957년 중동의 공산주의 침략에 대한 아이젠하워독트린이었다. 이것은 근본적으로 트루먼독트린과 다르지 않았다. 양자는 모두 소련의 팽창을 막으려는 것이었다.

케네디의 외교정책

미국의 외교정책은 1961년 민주당이 집권하면서 강경노선으로 선회하였다. 케네디(John F. Kennedy: 1917-1963)는 취임연설에서 우리는 두려움을 통하여 협상해서는 안 되지만 그러나 협상하기 위해서 절대로 두려워하지 않는다고 선언하였다.

케네디는 4월 피델 카스트로의 공산주의정권을 붕괴하려는 쿠바 침입계획에 찬성하였다. 이 계획은 아이젠하워 행정부 말기부터 중앙정보국(CIA)에 의해 진행되었었다. 쿠바의 추방자들과 피난자들로 구성된 침략군은 플로리다와 과테말라 기지에서 미군사지도자들에 의해 훈련을 받았다. 이 계획의 시도는 비극으로 끝났다. 침입자들의 대부분은 잡히거나 죽거나 아니면 참패당하였다. 케네디의 라틴아메리카 경제성장을 위한 장기계획에도 불구하고 미국의 위신은 심한 상처를 입었다. 그러나 이 위신은 케네디가 1962년 10월 소련의 공격무기를 차단키 위하여 쿠바의 해군봉쇄를 실시했을 때 회복되었다. 소련 지도자들은 전면전의 위협에 놀라 쿠바로부터 미사일과 폭탄을 제거할 것을 약속하였다. 그들의 군사력은 세상이 믿은 것만큼 강하지도 못했으며 소련에서 멀리 떨어진 곳에서 전쟁을 치를 만큼 준비도 되어 있지 못하였다.

아시아와 유럽문제

케네디대통령은 중국본토의 공산정권을 붕괴하려는 중국국민당의 야심을 부추기지는 않았지만 공산주의의 팽창을 결코 간과하지 않았다. 그는 아이젠하워 행정부 때 이루어진 인도-차이나, 특히 라오스와 월남 약소국들의 친서 유럽정권들에게 군사적, 경제적 원조를 제공하는 양당정책을 지속하였다. 그는 소련에게 미국은 서베를린 점령지의 권리들을 지지한다는 것과 이들 권리들에 관한 문제는 '협상할 수 있는'것이 아님을 주지시켰다. 그는 미국이 자유세계의 수호자임을 재차 천명하였으며, 미국은 적국에 대하여는 핵무기의 사용도 불사할 것이라고 선언하였다.

2. 소련의 강화

소비에트는 제 2차 세계대전을 통하여 미국 다음으로 두 번째 세계강국이 되었다. 소련의 해군은 약소하였지만 육군과 공군력은 1948년경을 기준으로 세계에서 가장 강하였다. 소련의 인구는 전쟁으로 700만 명의 군인과 800만 명의 민간인의 희생에도 불구하고 거의 2억에 육박하고 있었다. 광산자원도 가장 풍부한 나라들 중의 하나에 속하여, 세계 석탄양의 약 20퍼센트를, 그리고 철공급의 50퍼센트 이상을 소유하고 있었다. 더군다나 1946년 우랄산맥에서의 풍부한 석유매장지의 발견으로 소련의 장래는 창창하였다. 그러나 전쟁으로 소련의 산업조직은 여지없이 무너졌고 1,700의 도시들과 40,000마일의 철로, 그리고 31,000의 공장들이 파괴되었다.

냉전체제

이러한 상황에서 소련에게 필요한 것은 무엇보다도 소련인들에게 용기를 북돋아 주는 일이었다. 그리하여 스탈린은 자신을 우주의 태양이라 자칭하면서 소비에트를 다시 재건할 수 있는 새로운 민족주의를 표방하고 나섰다. 그는 전쟁의 탓을 주변의 강대국들에게 돌리고 그들을 불행하게 만든 것도 강대국들이라고 주장하였다. 그리하여 그는 위에서 설명한 바 있는 영국, 미국과 소위 냉전이라는 외교관계를 맞게 되었다. 실제로 이와 같은 불편한 다툼이 어디에서부터 시작되었는지는 따지기가 쉽지 않다. 그러나 1945년 봄 소련이 전쟁 직후 루마니아, 불가리아, 유고슬라비아, 폴란드를 지배하려고 했을 때 시작된 것으로 보인다. 이 지역들은 얄타협정에 의해 소련영역으로 들어오긴 했지만 서유럽은 소련이 그들과 "우호적인 관계" 이상 넘어가는 것을 원하지 않았다. 더욱이 미국은 에스토니아, 라트비아, 리투아니아가 소련으로 흡수되는 것을 바라지 않았다. 냉전의 기운은 시간이 지나면서 더 깊어만 갔다. 1946년 초 소련은 이란과 충돌하면서 불길이 달아올랐다. 이란정부는 아제르바이젠(Azerbaijan)을 둘러싸고 소련과 다투었다. 왜냐 하면 이란이 아제르바이젠 북부 이란 지역에서의 반란을 진압하기 위하여 군대를 테헤란으로부터 파병하는 것을 소련이 거절했기 때문이다. 소련의 실제 목표는 아제르바이젠을 이란에서 분리시켜 소련으로 병합하는 것이었다. 이란은 즉각 유엔 안전보장이사회에 호소하여 영국과 미국으로 하여금 조치를 취하게 하였다. 소련은 세계여론을 감안하여 할 수 없이 군대를 아제르바이젠으로부터 철수하였다. 한편 소련은 트루먼독트린에 대하여 분노를 발하였다. 서유럽은 소련이 원자무기를 사용하여 세계를 둘로 갈라 놓으려고 음모를 꾸민다고 비난하였다.

체코문제

1947-1948년 소련과 민주주의진영 사이의 냉전은 새로운 국면을 맞이하였다. 1947년 6월 헝가리의 공산당이 정권을 장악하고 소비에트와 긴밀한 동

맹을 가진 것이다. 더욱 놀라운 일은 1948년 2월 체코슬로바키아도 공산당에 의해 장악되었다는 사실이다. 서유럽의 사람들에게 이 사건은 1930년도의 히틀러를 연상케 하였다. 그들은 스탈린은 히틀러보다 더 나을 게 없으며 오히려 더 못하다고 생각하였다. 미국도 러시아의 공산주의가 독일의 나치즘보다 오히려 더 위협적이라고 인식하였다.

독일문제

1948년 후엽 더욱 심각한 문제가 일어났다. 미국은 영국과 연합하여 독일 내의 프랑스지대를 하나의 서독일국가로 결속시키려는 계획을 수립하였다. 이것은 영국, 프랑스, 벨기에, 룩셈부르크, 네덜란드를 한데 묶어 미국의 군사원조를 받는 서유럽연방(a Western European Union)으로 결성하는 것을 의미하였다. 소련은 서유럽세력을 베를린으로부터 제외시켜야 한다고 주장하였다. 문제는 누가 독일을 관할해야 하느냐 하는 것이었다. 미국은 유럽경제의 회복은 루르와 서독일지역의 자원개발 없이는 이루어질 수 없다고 확신하였다. 그리고 강력한 서독일국가는 러시아를 억제하기 위한 보루라고 간주하였다. 한편 소련은 영·미 중심으로 서독일에 결성되는 국가동맹조직을 강력히 반대하였다. 소련은 동유럽뿐 아니라 소련 자체의 방위에 대해서도 위협을 느끼지 않을 수 없었다. 독일은 동부와 서부세계에 다같이 중요한 요새로 간주되었다. 왜냐하면 독일은 유럽 관할에 없어서는 안 될 가교가 되었으며 그리고 유럽의 관할은 그들 안전의 보루였기 때문이다. 소비에트의 베를린봉쇄는 결과적으로 지연되었으나 독일을 위한 싸움은 계속되었으며, 동부를 서부로부터 분리시키려는 장막은 더없이 탄탄히 드리워졌다. 이후로 소련지도자들은 공산주의를 통하여 세계를 지배하려는 야욕을 공공연히 드러냈으며 이것을 그들의 최상 외교정책으로 삼았다.

한국전쟁발발

이러한 소련의 야욕이 첫 번째로 나타난 것이 1950년 6월 25일의 한국 전쟁도발이었다. 대부분의 서유럽인들은 이것이 냉전(cold war)을 열전(hot war)으로 확장하려는 소련의 야욕이라고 간주하였다. 한국전쟁은 소비에트 주도의 북한군을 비공산국 한국을 침범하기 위하여 38선을 넘게 한데서 시작되었다. 미국의 주도로 유엔 안전보장이사회는 북한의 파병을 군사적 침입으로 규정하고 즉각 군대철수를 요구하였다. 그러나 북한은 이를 무시하였다. 미국의 트루먼은 이틀 후 한국을 군사지원하였으며, 7월 7일 안전보장이사회는 미국으로 하여금 한국 내의 유엔군을 지휘하게 하였다. 군사적 열세로 유엔군은 부산까지 물러나지 않으면 안 되었다. 곧 이어 유엔의 반격으로 압록강까지 올라갔다. 10월 유엔군사령관 더글라스 맥아더는 전쟁은 종료된다고 발표하였다. 그러나 이번에는 중국공산주의자들의 남침으로 사태를 어렵게 하였다. 수없는 회의와 협상을 열었으나 1952년까지 아무런 수확도 걷지 못하였다.

휴전조인

그러나 1953년 3월 서부와 동부 사이의 화해가 서서히 이루어졌다. 그것은 29년간 독재하던 스탈린이 무너지고 말렌코프(Georgi M. Malenkov: 재위기간, 1953-1955)가 새로운 소련의 독재자로 등장했기 때문이다. 말렌코프는 소련인민의 마음을 사로잡기 위하여 전임자의 정책을 바꾸려고 하였다. 그는 소련이 중국의 동맹이라는 인상을 세계에 주지 않으려고 하였다. 그는 중국 외무장관의 제의대로 한국전의 모든 포로들을 그들의 의사에 따라 본국으로 송환하거나 아니면 중립국으로 보내기로 하였다. 소련과 그 위성국들은 종전하자는 유엔의 제의를 받아들여 세계를 깜짝 놀라게 하였다. 그리하여 1953년 7월 휴전협정이 조인되었다.

소련과 서유럽과의 외교적 화해관계는 1955년 2월 불가닌(M. N. Bulganin: wodnlrlrks, 1955-1958)이 말렌코프의 뒤를 이어 소련의 권좌에 올랐을 때 시도되었다. 불가닌은 공상당서기 후루시초프와 함께 지난 날의 잘못들을 뉘우치면서 몇 가지의 조치들을 실시하였다. 그들은 스탈린의 독재를 비난하였으며 과거 유고슬라비아에게 취한 차별대우를 사과하였다. 그들은 또한 사회주의에 이르는 데에는 단 한 가지의 길이 아니라 여러 가지 길들(the doctrine of more than one road to socialism)이 있다는 것을 인정하였다. 그들은 오스트리아와 강화조약을 체결하고 군대를 철수하였으며, 포르크칼라 해군기지를 핀란드에 반환하였다. 이와 같은 일련의 소련의 뉴 루크(the New Look) 조치들을 통하여 깊은 인상을 받은 영국과 프랑스, 미국은 제네바에서 정상회담을 개

최할 것을 모스코에 전달하였다. 1955년 7월 아이젠하워대통령, 이든수상, 에
드가 포르(Edgar Faure)수상, 불가닌수상이 화기애애한 분위기 속에서 모였
다. 그들은 최대의 우의와 믿음을 약속했지만 회의 끝말에 다시 불화가 도졌
다. 상호간의 첨예한 신경전을 벌인 것은 군비축소, 원자무기제한, 독일통일과
같은 문제들이었다. 드디어 소련이 군대를 체코슬로바키아의 스코다 군수공장
으로부터 이집트로 옮긴다고 발표하자 그들간의 긴장은 절정에 이르렀다. 결
국 미국의 덜레스 국무장관은 1955년 12월 15일 양측간의 냉전은 다시 일어
났다고 분개하였다. 소련의 군사적인 발작은 1956년 폴란드와 헝가리의 폭동
진압으로 나타났다. 폴란드에는 폴란드식 사회주의를 허용한다는 조건으로 반
란을 무마하였다.

소련은 다음 6년간 외교무대에서 더욱 비타협적인 면모를 보여주었다. 후
루시초프(Nikita Khrushchev: 1894-1971)수상은 1960년 5월에 열린 파리회담
에서 미국 스파이 비행기(U-2)의 소련영역 정찰을 신랄하게 비판하였다. 그
결과는 양측 사이의 두터운 불신이었다. 소련 지도자들은 불분명하긴 하지만
1960년 핵무기실험을 정지하라는 미국의 제의에 합의하였다. 그러나 다음 해
핵실험은 다시 실시되었다. 거의 6개월간 시베리아에서 실시된 원자폭탄과 수
소폭탄의 양은 TNT 5,800만 톤으로 히로시마에 투하된 미국의 20,000톤에 비
하면 비교도 안되는 엄청난 것이었다. 1962년 4월 미국도 소련의 협상거절로
폭탄실험을 실시하였다.

베를린문제

후루시초프는 1959년 서베를린에 이르는 루트관할권을 동독정부에 떠넘
겨 주라고 협박하였다. 그는 1961년 8월 동독에게 베를린의 두 진영을 막는
높은 벽을 축조하라고 명령하였다. 그리하여 서독으로 넘어가는 동독인들을
막으려고 하였다. 그러나 서독으로 피난가려는 동독인들은 끊이지 않았다. 소
련의 공산주의는 겉으로는 탄탄하게 보였지만, 공산진영 내에 불평이 없는 것
은 결코 아니었다. 소련의 위성국가들은 경우에 따라 반항을 하거나 아니면
그들의 운명으로 돌리기도 하였다. 공산블록 내의 심각한 불화는 주로 소련과
중국 사이에서 일어났다. 불화는 1957년 모택동이 다른 노선의 사회주의를
발표했을 때 시작되었다. 그리고 1960년 후루시초프가 외교문제와 관련하여

소위 "평화적 공존"을 선언했을 때 양자 사이의 골은 깊어졌다. 이와는 대조적으로 모택동은 자본주의 체제와는 공존이 있을 수 없다는 레닌의 강경노선을 따랐다.

3. 중립국가의 부상

1960년경 세계의 모든 국가들이 서유럽의 민주주의 진영이나 동유럽의 공산주의 진영에 속해 있었던 것은 아니었다. 거의 40여 개 국가들이 중립적이거나 비동맹의 입장을 지키고 있었다. 그렇다고 이들이 양진영 어느 쪽에도 관심을 가지고 있지 않았던 것은 아니다. 그들의 대부분은 오히려 친공산주의적이거나 아니면 반서유럽의 입장에 있었다. 그러나 아일랜드, 스웨덴, 이스라엘 등은 서유럽 편에 서 있었다. 말하자면 그들은 어느 한 쪽에 전적인 지지를 나타내지 않고 있으면서 그들 손안에 세계구원의 열쇄를 쥐고 있으려는 것이었다. 그러므로 그들의 정부나 인민이 전적으로 사상과 행동에 있어서 중립적인 것은 아니었다.

인도의 네루

적어도 1963년까지 가장 중요한 중립국가로 있었던 나라는 인도였다. 인도는 비동맹국가들의 지도자로서 동·서유럽의 유혹을 받았다. 인도는 풍부한 자원과 거대한 인구, 지리적 위치로 영향력을 행사하기에 충분하였다. 그러나 무엇보다도 인도를 중립국들의 중심국가로 만들어 준 것은 인도 수상 네루(Jawaharlal Nehru: 1889-1964)였다. 그는 정치가이며 철학자로서 인도의 독립을 위해 싸운 인도의 영웅이었다. 그는 간디의 비폭력 철학을 따르는 평화주의자이지만 파키스탄을 제쳐 놓고 카시미르를 획득하려고 하였다. 그는 또 1961년 인도 서해안에 있는 네덜란드령 고아를 점령하였다. 그는 중립주의자답지 않게 후루시초프의 평화공존에 동의하는 등 공산주의진영에 기울어졌다. 그는 식민주의에 강력히 반대하는 정치가로, 그리고 유엔과 국제주의를 열렬히 지지하는 정치가로 군림하였다.

유고슬라비아의 티토

다음으로 중립을 추구하려는 국가는 유고슬라비아였다. 제 2 차 세계대전으로 유고슬라비아는 소련의 위성국이 되었다. 그 지도자 티토(Marshal Tito)는 일찌기 모스크에서 공산주의 이데올로기와 전술을 배웠다. 그러나 1948년 크레믈린이 유고슬라비아 공산당의 정책을 이단으로 몰면서 양국의 관계는 냉냉해졌다. 티토는 소련의 비난을 탄핵하고 자신의 정책을 정통 마르크스-레닌 교리에 입각한 것이라고 주장하였다. 이 논쟁으로 유고슬라비아는 서유럽과 연계되면서 소련을 건드리게 되었다. 그리하여 1955년 불가닌과 후루시초프는 과거의 처사를 사과하고 유고슬라비아와의 관계를 정상으로 만들었다. 티토는 양진영의 평화적인 관계개선을 천명함으로써 1961년까지 중립국진영의 최고 지도자로 군림하였다.

중립주의운동은 1961년 9 월 유고슬라비아의 수도 벨그라드회담을 중심으로 그 절정을 이루었다. 이 회담에는 유고슬라비아 대통령 티토와 통일아랍공화국의 나세르, 네덜란드령 인도제도의 수카르노의 초대형식으로 25개국의 비동맹 대표자들이 참여하였다. 인도의 네루와 가나의 크왐 느쿠루마는 참석자들 중 가장 걸출한 인사들이었다. 이상하게도 오랜 동안 중립국을 고수해온 스위스와 스웨덴은 세계평화를 위해 적극적이기보다는 답보적이었다는 이유로 초빙되지 않았다. 그들은 군비축소와 국제간의 긴장완화, 식민주의폐지 등을 강조하였다. 그러나 회담이 시작하자마자 러시아가 핵폭탄을 실험하는 바람에 그들의 희망은 사라졌다. 그들은 일제히 러시아를 규탄하였다. 그들은 후루시초프와 케네디 양측에 특사를 보내 화해를 도모하려고 하였다. 네루와 느쿠루마는 모스코에, 그리고 수카르노와 말리의 케이타는 워싱턴에 각각 파견되었다. 그러나 결과는 허사였다.

4. 민족주의와 국제주의

민족주의는 제 2 차 세계대전으로 얻은 것도 많았지만 잃은 것도 적지 않았다. 민족주의는 나치치하에서 프랑스, 유고슬라비아, 네덜란드, 폴란드, 그리스의 레지스탕스운동을 통하여 크게 발전하였다. 그들의 운동은 대부분 지하에서 이루어졌지만 나치의 굴레를 벗어나려는 인민에게 해방의 열망과 용기를 북돋아 주었다. 그러나 다른 지역(영국, 독일, 이탈리아 등)에서는 1939년에 비해 민족주의가 뒷전으로 밀려나고 있었다. 이들 국가의 사람들은 이제 그들의 위대한 민족시대는 지나갔다고 생각하였다. 오랜 동안 세계를 지배하고 누렸던 옛 유럽시대는 가고 미래는 소련과 미국, 그리고 인도나 공산주의 중국과 같은 소위 "주변세력"에게 넘어갈 것이라고 생각하였다. 이와는 대조적으로 전후에 등장한 것은 국제주의의 정서였다. 주지한 바와 같이 전쟁이 진행하는 동안 세계평화를 위하여 국제연맹에 대신할 만한 새로운 형태의 국제기구가 형성되어야 한다는 여론이 대두되었다. 이러한 이념은 이미 영구적인 안전기구의 창설을 내용으로 하는 대서양헌장에 나타나 있었다. 그리고 1945년 2월 얄타회담에서 3거두는 모든 연합국가들(all the United Nations)의 국제조직을 위한 회의를 4월 샌프란시스코에서 개최한다고 발표하였다.

국제연합(UN)

회담 두 주일 전 루스벨트의 죽음에도 불구하고 회의는 개최되었다. 1945년 6월 26일 국제연합(the United Nations, UN)으로 알려진 세계조직이 평화를 사랑하는 모든 국가들의 평등한 주권원칙에 의해 창설되었다. 그 중요한 기구들로는 모든 회원국가들로 구성된 총회(General Assembly), 미국, 영국, 소련, 중국, 프랑스의 5개국으로 구성되는 상임이사국, 총회에서 선출되는 6개국 비상임이사국으로 구성되는 안전보장이사회(Security Council), 사무총장과 사무장으로 구성되는 사무국(Secretariat), 총회에 의해 선출되는 18명의 회원들로 구성되는 경제사회이사회(Economic and Social Council), 신탁통치이사회(Trustship Council), 그리고 국제사법재판소(International Court of Justice)가 있었다. 이 가운데 가장 강력한 기능을 가진 기구는 안전보장이사회였다. 안전보장이사회는 국제평화와 안전을 유지하는데 제1차적 책임을 가지고 있었다. 이것은 국가들 사이의 논쟁을 조사하여 해결할 권리를 가졌으며 필요하다면 침략국에 대해서는 외교적, 경제적 조치나 더 나아가 군사적 재제도 가능하였다.

안전보장이사회 5개국의 비토권은 얄타회담의 3거두에 의해 구상된 것으로 만장일치의 동의 없이는 어떤 행동이나, 헌장수정까지도 불가능하였다. 이러한 절대적 거부권은 바람직하지 못하게 남용되어 이후 세계평화에 걸림돌이 되었으며 급기야는 이사회를 흔들거리게 하였다. 그 근본원인은 물론 러시아

와 서유럽과의 깊은 불신 때문이었다. 이 외의 유엔의 보조기구들로는 문화면
에서는 유네스코(UNESCO, 국제연합 교육과학문화기구), 노동문제에서는 세계
노동조합연맹(WFTU), 질병방지와 건강문제에서는 세계건강기구(WHO), 식량
과 농업문제에서는 식량과 농업기구(FAO) 등이 있었다. 이들 가운데 WFTU
는 좌경화하여 후에 미국과 영국이 중심이되어 국제자유노동조합연합(ICFTU)
이 따로 만들어졌다.

지난 20여 년 동안 유엔의 업적은 적지 않았다. 유엔은 러시아로 하여금
이란에서 군대를 철수케 하였는가 하면 영국, 프랑스로 하여금 시리아와 레바
논으로부터 군대를 철수케 하였다. 유엔은 위원회를 지명하여 외국 공산주의
자들의 그리스 침투를 조사케 하였으며, 인도네시아에서의 네덜란드와 원주민
과의 혈투를 중지시켰다. 국제연합은 또한 영국을 설득하여 팔레스타인의 분
할을 유도하였으며, 유대인과 아랍인의 싸움을 휴전케 하였다. 그리고 그것은
인도와 파키스탄의 정전협정을 이끌어 내는 데 일조를 하였다. 그러나 다른 한
편으로 실패한 것도 없지 않았다. 그것은 핵무기의 억제를 실현하지 못하였으
며, 헌장 제26조의 내용에도 불구하고 일반적인 군비축소를 성취하지 못하였
다. 그것은 미·소의 알력을 저지하지 못하였으며, 1956년 소련의 헝가리폭동
진압을 해결하지 못하였다. 같은 해 일어난 수에즈위기도 풀지 못하였다. 국제
연합은 1960년대와 1970년대 아시아와 아프리카로부터의 신생국 가입으로 처
음 50여 개국에서 140여 국으로 불어났다. 1971년에는 자유중국을 대신하여
중공이 안전보장이사회의 상임이사국으로 유엔에 참가하였다.

세계공화국

여러 가지의 어려운 국제문제에 연루되면서 뜻있는 인사들은 새로운 국제
화의 형태를 모색하게 되었다. 그들은 유엔을 1946년 4월 18일 제네바회의를
마지막으로 해체된 국제연맹의 단순한 복제판이라고 비판하였다. 그들에 의하
면 국제연맹이나 국제연합은 모두가 정부들의 연맹들(leagues of governments)
이지 참된 의미의 인민의 연방(federation of peoples)이 아니라는 것이다.

그들은 첫째로 구조에 있어서 실제적인 주권이 중앙정부로 이전되는 미국
과 유사한 세계연방공화국(a world federal republic)을 들고 나왔다. 이와 같은
세계공화국 정부는 문제를 심의하는 법정과, 경찰권을 가진 세계사법부를 포

괄하고 있을 뿐 아니라 무엇보다도 단순한 정부가 아니라 개개인들에 적용될 수 있는 법제정을 실행하는 인민을 대표하는 세계의회를 포괄하고 있어야 한다고 생각하였다. 다시 말해 그들은 진정한 의미의 각 국가의 주권이 행사되는 세계공화국을 구상한 것이었다.

NATO

그들은 둘째로 세계정복의 야심을 가진 소련을 제외한 국가들의 조직을 구상하였다. 이것은 주로 트루먼과 그 보좌관들의 구상으로 대서양 지역의 나라들을 중심으로 하였다. 1949년 4월 카나다, 덴마크, 포르투갈, 아이슬랜드, 영국, 프랑스, 이탈리아, 네덜란드, 노르웨이, 벨기에, 룩셈부르크 및 미국의 대표자들이 북대서양조약기구(NATO)를 결성하였다. 이어 그리스, 터키, 서독이 가입하였다. 이것은 대서양 인민의 자유와 공동유산, 문명을 보호하고 대서양 지역의 안전과 복지를 증진시키는 것을 목표로 한다는 것이다. 이것은 회원국 중 하나가 침략을 받으면 다른 회원국 전부가 침략국을 쳐부순다는 것이다. 이 것은 1952년 리스본회의에서 영구조직으로 결성되었고 다음 해에는 군대가 30개 사단에서 50개 사단으로 증가되었다. 그리고 서독에도 12개 사단이 배치되었다. 그러나 1962년에는 프랑스와 영·미 사이에 불협화음이 일어났다. 영국은 미국정책에 따른 반면 프랑스는 서유럽조직에서 미국을 배제할 것을 주장하였다. 프랑스의 드골은 유럽의 방어는 유럽 스스로 할 수 있는 문제라고 주장하였다. 이를 위하여 드골은 독일과의 화해를 준비하였다.

ECSC

다음으로 등장한 것은 프랑스의 외무장관 슈망(Robert Schuman)의 구상이었다. 그는 1950년경 서유럽의 석탄과 철, 강철산업을 초국가적 관리하에 둘 것을 제안하였다. 어떤 관세나 다른 국제적 제한도 두지 말자는 것이었다. 그 대신 모든 산업은 나라에 관계 없이 시장과 원료를 동등하게 이용할 수 있게 한다는 것이다. 이 계획은 루르의 산업이 독일군국주의의 기초로 사용되지 않게 하는 이점을 가지기도 하였다. 몇 달간의 협상끝에 프랑스, 서독, 벨기에, 네덜란드, 룩셈부르크, 이탈리아가 이 계획에 동의하였고 1952년 8월에 가동되었다. 유럽석탄철강공동체(ECSC)로 알려진 이 조직은 유럽연방을 위한 하나의 중요한 단계를 만들어 주었다.

EEC

무엇보다도 중요한 변화는 영국과 서독이 서유럽의 국가들과 긴밀한 관계를 가지게 되었다는 사실이다. 영국은 군대를 유럽대륙에 주둔시킬 것에 합의하였으며, 서독은 NATO의 회원국이 되는 조건으로 원자·생물·화학무기생산과 유도탄, 3,000톤 이상의 전함, 그리고 전폭기 생산을 하지 않을 것을 약속하였다. 이들(영국과 서독)과 함께 프랑스, 이탈리아, 벨기에, 네덜란드, 룩셈부르크 연합은 서유럽연합(WEU)으로 불리워졌다. 1957년 위의 대륙의 6개국은 핵에너지자원을 공동개발하고, 12-17년에 걸쳐 모든 상품에 대하여 점차 공동면세시장, 관세연합을 도입할 것에 합의하는 전진적인 단계에 이르렀다. 프랑스의 정치가 장 모네(Jean Monnet)에 의해 창안된 유럽경제공동체(EEC), 혹은 공동시장(CM)으로 알려진 연합은 1959년 스트라스부르크에서 시작되었다. 3년 후 영국과 덴마크가 가입을 신청하였다. 이들 국가들이 회원의 조약들을 비준할지는 미지수였다. 왜냐 하면 영국은 훨씬 넓은 시장인 영연방으로부터 강한 반발을 사고 있었으며, 덴마크 역시 영국의 시장에 의존하는 국가였기 때문이다.

EU

1958년 로마조약을 근거로 창설된 유럽경제공동체(EEC)는 질적 향상과 양적 확대를 거듭한 후, 1986년 유럽단일화조약(SEA)에 의해 위의 ECSC, 유럽원자력공동체(Euratom)와 함께 실질적인 유럽공동체(EC)를 이룩함으로써 유럽통합의 길을 열어 놓았다. 이에 따라 덴마크, 아일랜드, 영국(1973) 등이 가입하였다. 그 후 EC는 1993년 마스트리히트조약을 체결하여 경제분야뿐 아니라 외교, 국방분야의 통합까지 가능케 하였다. 드디어 EC는 1994년 1월 유럽연합(European Union: EU)으로 명칭을 바꾸고 실질적인 유럽통합기구로 출범하였다. 유럽연합은 인구 3억 7천만 명의 구매력을 가진 결합체로서, 총생산(GDP)이 7조 3천 8백 30만 달러로 일본보다 64퍼센트, 미국보다 10퍼센트 많은 실정이다. 유럽연합은 1999년 유로화의 출범으로 세계경제의 지각변동을 일으키고 있다. 현재 회원국은 모두 15개국에 달하고 있다. 그리하여 동남아시아에도 민족주의와 국제주의 사이의 갈등이 만만치 않게 되었다. 더욱

이나 제네바협정으로 프랑스와 영국의 지배에서 풀려나자 이들 약소국가들의 진로는 난항이 예고되었다.[3]

SEATO

공산주의자들의 위협을 받은 동남아시아는 미국의 주도로 영국, 프랑스, 오스트레일리아, 뉴질랜드, 필리핀, 타일랜드, 파키스탄에 의해 1955년 방콕에서 동남아시아조약기구(SEATO)를 결성하였다. 이것은 NATO가 유럽의 대공산주의 방위기구인 것처럼 극동에서의 대공산주의 방위조약기구였다. 그러나 회원국 8개국 중 3개국만이 아시아국이라는 점등 약점을 가지고 있었다. 특히 인도는 이 조직을 강렬하게 비난하였다. 시토는 한편 라오스의 권력투쟁에 대해서 별다른 방도를 취하지 못하였다. 시토와는 별도로 1950년 미개발국가들의 기술과 차관을 위하여 소위 "콜롬보계획(the Colombo Plan)"이라는 조직이 영국, 미국, 카나다, 오스트레일리아, 뉴질랜드 및 아시아의 비공산국가들에 의해 만들어졌다. 그리고 이데올로기와 관계 없이 아시아의 결속과 세계 비백인 계지역의 단결을 위한 아시아-아프리카회의가 1955년 4월 인도네시아의 반둥에서 열렸다. 29개국이 참여한 반둥회의(the Bandung Conference)는 서유럽세력에 대한 탄핵에 몰두하지 않았다. 오히려 중국 주은래의 유화적 제스처로 미국과의 관계가 부드러워졌다. 반둥회의는 유엔의 조약준수를 따를 것과 식민지주의를 탄핵하였다. 그러나 아시아-아프리카의 결속계획은 중공의 인도침공으로 시련을 겪지 않으면 안 되었다.

5. 정치변화

(1) 영 국

영국은 제2차 세계대전중에 구성된 거국내각을 더 이상 유지할 수가 없었다. 그리고 전쟁의 영웅 처칠도 더 이상 국민의 지지를 얻어낼 수가 없었다. 영국은 전쟁의 출혈로 어려워진 여러 가지 문제들을 해결하기 위하여 국가주도의 사회복지정책을 펴지 않으면 안 되었다. 이 일을 감당하고 나선 것이 노동당이었다.[4]

---

3) 임희완, "유럽통합의 형성과정,"『역사교육』, 제65집, 1998. 3.
4) 김현수,『영국사』, 대한교과서, 1997 참조바람.

노동당의 집권(1945-1951)

전쟁에서 승리한 처칠의 보수당은 1945년 7월 총선거에서 노동당에 고배를 마셨다. 보수당의 패배는 당정책의 나약성과 처칠의 적대적 사회주의정책 때문이었다. 과연 보수당이 이 어려운 난국을 헤쳐나갈 수 있는가 하는 회의가 국민의 마음을 사로 잡았던 것이다. 이로써 영국은 보수당과 노동당의 양당제도를 이루게 되었다. 새로 수상으로 들어선 애틀리(Clement Richard Attlee: 1883-1967)는 두 번에 걸친 정권을 통하여 강력한 국가주도의 국유화정책과 사회보장제도를 실시하려고 노력하였다.

애틀리는 우선 경제학자 케인즈를 통하여 미국의 차관을 끌어들이는 한편 국가간섭정책에 의해 완전고용과 수출촉진 및 복지사회를 진작시키려고 안간힘을 다하였다. 실제로 그러한 정책은 자유시장원칙에 어긋나는 한계점에도 불구하고 상당한 실효를 거둔 것으로 나타났다. 그는 대외적으로는 반공주의, 미국과의 동맹우호, 탈식민지정책을 고수하려고 하였다. 그러나 영국의 잠재적인 우월의식은 유럽석탄철강공동체(ECSC)와 유럽연합(EU)의 불참을 몰고와 외교적으로 고립의 길을 걷게 하였으며, 때마침 일어난 한국전쟁은 미소의 팽창을 가속화하여 영국을 더욱 곤경에 처하게 만들었다. 여기에 미국의 도움을 받은 유럽의 경제증강과 영국의 이란 석유문제 실패는 영국의 노동당 정부를 더 이상 버티지 못하게 하였다.

보수당의 집권(1951-1964)

한국전쟁과 냉전으로 다시 수상에 오른 국제적인 정치가 처칠은 운이 제법 따르는 듯하였다. 1953년 소련의 스탈린이 돌아가고 한국전쟁이 휴전에 들어갔기 때문이다. 처칠은 이든을 외무부에, 버틀러를 재무부에, 그리고 맥밀런을 내무부에 각각 앉혔다. 원자탄실험의 성공과 엘리자베스 2세의 등극(1952) 등으로 영국인들의 자존심은 고양되었다. 처칠은 노동당의 정책을 그대로 이어가면서 서서히 몇몇 사업을 민영화하였다. 철강과 도로사업을 민영화하였으며 1954년에는 독립텔레비전방송국(ITA)을 민영화하여 BBC와 경쟁하게 하였다. 특별히 방송국들 사이의 경쟁은 폭력과 섹스 등의 방영으로 사회문제를 일으키기도 하였지만 상호 자제를 통하여 영국 문화발전에 크게 기여하는 결과를 가져왔다. 그러나 처칠정부는 어느 정도의 현상유지에는 성공하였으나 미소 등 선진국들과의 경쟁에서 앞질러 가기에는 모든 것이 역부족이었다.

1955년 처칠의 뒤를 이은 사람은 이든(Anthony Eden: 1897-1977)이었다. 이든은 건강문제와 국내문제로 처음부터 고전하였으나 당시 노동당 내의 분열 조짐으로 그런대로 버틸 수 있었다. 노동당은 애틀리 전 수상과 베번과의 다툼으로 우익적 노동조합의 지도자 게이츠켈(H. T. Gaitskell)이 새로 당수로 선출되었다. 그러나 강력한 면모는 보이지 못하였다. 이든의 인플레이션을 억제하기 위한 긴축정책으로 주택공급이 축소되고 국유산업의 투자가 중단되는 등 구매력마저 떨어지자 국민의 원성은 높아갔다. 더군다나 외교적으로 유전지대인 중동지역의 주도권을 지키지 못한데다 이집트 나세르의 민족주의 정책으로 수에즈운하의 실권마저 빼앗기고 친영국가인 이라크의 이탈로 영국의 힘은 떨어질대로 떨어지고 말았다. 결국 병석에 누운 이든은 1957년 수상직에서 물러났다.

새로 수상이 된 맥밀런(Harold Macmillan: 1894-1866)은 이든과는 달리 매우 적극적인 정치를 펼쳐 나아갔다. 그의 정치 스타일은 매우 자유주의적이며 현실적이었다. 그는 우선 미국 대통령 아이젠하워와 긴밀한 우호관계를 다지고 국제통화기금(IMF)으로부터 차관을 들여와 경제안정을 우선적으로 앞세웠다. 그는 많은 사람들의 우려에도 불구하고 국방비를 과감하게 줄이고 국내 투자에 신경을 집중하였으며, 노동조합 내의 비생산적인 과대한 집행부역할에 대해서도 깊은 회의를 가졌다.

그는 가나, 말라야연방 등 적지 않은 식민지들을 독립시켜 주었다. 그는 외교적으로 유럽공동시장(CM)과 EEC에 대해서는 소극적이었으며 소련의 전진기지인 키프로스에 대해서는 매우 적극적이어서 무력적인 개입을 불사하였다. 그러나 키프로스는 1959년 영국자치령에서 풀려나게 되었다. 수에즈문제의 뒷처리도 1957년 해결하였다. 1950년 후반의 맥밀런 시대는 전후 가장 부유한 시기로 평가된다. 소득세가 5배로 감소하였으며 집을 소유한 사람이 40%나 되었다. 자동차의 숫자가 230만대에서 800만대로 늘어났으며 텔레비젼을 가진 사람이 88%에 이르렀다. 산업분야로는 섬유화학공업이 가장 발달하였으며 자동차산업과 전자산업도 괄목할 만한 발전을 가져왔다.

그러나 이와 같은 풍요 뒤에는 분배문제로 야기되는 빈부의 격차, 노사갈등의 어려운 문제들이 도사리고 있었으며 사회적 위화감이 꿈틀되고 있었다.

더욱이나 미국, 일본, 서유럽을 따라잡지 못하는 무역퇴조와 정부지출의 팽창, 노동조합의 파업, 식민지 청산, 그리고 국제적 고립 등은 맥밀런이 앉고 있는 문제였다. 맥밀런 정권을 결정적으로 곤경에 빠트린 것은 1961년의 포틀랜드 스파이사건과 국방부의 존 프로퓨모 섹스스캔들이었다. 프로퓨모는 소련 스파이 이바노프 대위의 정부 크리스틴 킬러와 깊은 연정관계에 있었다는 사실이 발각된 것이다. 이것이 계기가 되어 맥밀런은 책임을 면할 수 없게 되었다.

맥밀런의 뒤를 계승한 홈(Hume)은 대체적으로 맥밀런의 정책을 그대로 따랐다. 그의 정책 가운데 특기할 것은 교육분야에 대한 조치였다. 그는 영국 대학과 고등학교의 수준을 높이는 데 크게 기여하였다. 그리하여 미국 등에 맞설 수 있는 실용적 기술교육을 육성했으며 특히 모던스쿨, 테크니컬 스쿨, 그램머 스쿨을 만들어 교육 평등의 위상을 드러냈다.

그 후 영국은 윌슨(Harold Wilson)의 노동당 집권(1964-1970)과 히드(Edward Heath)의 보수당 집권(1970-1974), 그리고 다시 윌슨의 노동당 집권(1974-1979)에 의해 움직여 나아갔으나 크게 나아진 것이 없었다. 오히려 노동당 집권 말기에는 통화위기, 대대적인 파업, 실업자 속출, 스코틀랜드와 웨일즈 문제 등으로 영국은 깊은 곤경의 늪으로 빠져들어 갔다.

보수당의 대처리즘(1979-1989)

영국의 1970년대 불안정시대를 정리한 사람은 소위 '철의 여인' 마가렛 대처(Margaret H. Thatcher: 1925-   )였다. 수상으로 들어 앉은 대처는 케인즈 경제정책 대신 자본주의적 시장정책을 강력하게 추진하였다. 대처가 집권을 시작할 당시 외국산물의 영국시장 점유율은 4분의 1이 훨씬 넘고 있었다. 그녀는 합의시대의 완전고용, 복지국가, 혼합경제, 노동조합 중시 정책으로부터 벗어나 강력한 시장위주의 통화주의 정책으로 바꾸려고 하였다. 대처는 국가지출을 감소하고 노동조합의 권한을 줄이고 세금을 낮추고 인플레이션을 억제함으로써 소위 영국병에 걸려있는 영국인들을 치유하려고 하였다. 그녀를 뒷받침해 준 경제연구소는 애덤 스미스 연구소와 케이스 조세프 정책연구소였다.

대처는 석유, 통신, 우주항공과 같은 이윤이 많은 산업들을 민영화하여 국가수입을 늘렸다. 그녀는 교육에 대한 지출을 억제하고 공영주택도 개인들에게 매각하였다. 그녀는 특히 노동자들의 파업을 규제하여 생산에 차질이 일어는 것을 막았다. 하지만 기대한 것처럼 경제의 활성화를 가져오는 데에는 이르지 못하였다. 대외적으로는 때마침 아르헨티나가 일으킨 포클랜드전쟁(1981)에서 승리함으로써 국민의 인기를 고양시키는 데 성공하였다. 그러나 대처는 성공적인 경제적 부양책에도 불구하고 보수당 내에서는 적수들이 적지 않았다. 결국 그녀는 이들 반대파들에 의해 축출되지 않으면 안 되었다. 이외에 강제적인 인두세 입법이나 유럽통합에 대한 미온적인 태도, 그리고 자본주의화에 따른 동남부와 서북부의 빈부격차 등이 그녀의 앞길을 막는 걸림돌이 되었다. 그렇지만 영국의 현대사를 바꾸는 일대 과업을 행한 대처의 업적만큼은 부인할 수 없을 것이다.

1990년 대처의 뒤를 이은 사람은 외무부장관을 지낸 존 메이저(John Major: 1943-)였다. 메이저는 여러 가지 면에서 대처보다는 실질적이며 개방적인 정책을 시도하였다. 그는 실무 면에서 합의를 중시하였으며, 이민문제에 대해서는 매우 관용적이었다. 그에게 처음 닥친 시련은 이라크의 쿠웨이트 침공이었다. 미국 등과 연합하여 이라크를 제재하였지만 영국은 30억 파운드의 재정적 손실을 입지 않으면 안 되었다. 한편으로 이란과의 외교관계와 유럽연합과의 관계개선은 어느 정도 진전되었다. 그러나 보수당 내의 각종 스캔들과 반대파의 움직임으로 어려움을 겪지 않으면 안 되었다. 드디어 1997년 총선의 패배로 노동당에 자리를 내주게 되었다.

노동당의 집권(1997-)

1997년 5월 총선에서 승리한 사람은 토니 블레어(Tony Blair: 1953-)로서 40대 초반의 노동당 당수였다. 노동당이 승리한 데에는 그들의 '생산-분배-교환수단의 공유' 구호를 포기했기 때문이다. 그는 노동당 우파로서 그의 부인 셰리와 함께 출마해서 주목을 받기도 하였다. 그는 존 프레스코의 전통적인 좌파노선에서 벗어나서 '신노동정책'의 개혁노선을 채택하였다. 그리하여 노동당 보수파들은 그를 토리당에 빗대어 '토리 블레어'라고 비판하였다. 이와는 반대로 영국 언론은 그를 비전과 결단력을 겸비한 새 시대의 지도자로서 '영국의 케네디,' '영국의 클린턴'이라고 격찬하였다. 노동당 정부는 제3의 천년에 대비한 밀레니움 위원회를 창설하고 야망찬 미래를 약속하고 있다. 그는 교육, 복지, 기술발전에 대해서는 자유주의 노선을 밟는 반면에 법률, 질서, 가

족윤리에 대해서는 보수주의 노선을 택하고 있다. 그 후 영국은 블레어에 이어
고든 브라운, 존 메이저, 데이비드 캐머런에 의해 집권되고 있다.

(2) 프 랑 스

나치의 굴욕적 지배로부터 풀려난 프랑스는 여러 가지로 어려운 곤경 속
에서 헤매고 있었다. 제3공화국을 끝내고 제4공화국을 시작한 사람은 전쟁중
레지스탕스를 이끌면서 자유 프랑스 운동의 주역으로 일한 드골 장군이었다.[5]

제4공화국(1945-1958)

보수적이며 권위주의적인 드골(Charles de Gaulle : 1890-1970)은 잔 다르
크와 같은 구국적 인물로 자신을 간주하였다. 그러나 당시의 정황은 여의치 않
았다. 경제적으로나 외교적인 분야에서뿐 아니라 정치적으로도 매우 나쁜 상
황이었다. 더욱이나 정치적으로 공산당, 사회당, 기독교 민주당(MRP)의 3파
로 갈라져 예상하기 힘든 소용돌이에 빠져 있었다. 프랑스는 명목상으로는 유
엔 안전보장이사회 상임이사국이면서 강대국에 속해 있었지만 실제로는 허약
하기 그지 없었다. 악성 인플레이션으로 경제가 어려운데다가 전후 복구정책
도 일관성이 부족하였다. 드골은 장 모네를 내세워 국가현대화작업을 추진했
으나 큰 효과가 쉽게 나타나지 않았다. 더군다나 1946년 의결된 헌법에도 문
제가 없지 않았다. 즉, 내각이 양원 대신 하원에만 책임을 지게 한다든지, 헌법
위원회의 구성이 대통령, 양원의 투표감독관들, 및 원외의 10명으로 이루어지
게 한다든지, 의회는 국민투표 이후 18개월 이내에는 해체될 수 없게 한다든
지 등 허점이 노출되었다. 드골은 결국 자신의 뜻대로 집권할 수 없게 되자
1947년 1월 대통령직을 스스로 사임하여 주위의 사람들을 놀라게 하였다.

드골 다음으로 나타난 사람은 3당 연립정부를 이룬 사회당의 펠릭스 구엥
(Felix Gouin)이었다. 구엥은 일부 산업의 국유화를 꾀하였다. 석탄, 가스, 전
력, 은행 등을 국유화하는 한편 건강보험, 연금을 포함하는 국민보험제도를 만
들었다. 그리고 모네플랜을 추진하여 국력을 강화하는데 최선을 다하였다. 3
당 연립정부는 그 구성상의 불안에도 불구하고 그런대로 잘 견뎌냈다. 그러나

---

5) 최갑수 옮김(다니엘 리비에르 저), 『프랑스의 역사』, 까치, 1995 참고바람.

연이어 일어나는 인도차이나, 베트남 및 알제리 사태로 수습하기 힘든 국면으로 들어가지 않으면 안되었다. 특히 1957년부터 야기된 알제리 폭동은 프랑스를 곤욕스럽게 만들었다. 알제리는 1943-44년 드골의 활동기지였으며 소련적군을 막는 중요한 요새였다. 더군다나 그 곳에는 100만이 넘는 프랑스인들이 살고 있었다. 결국 1958년 5월 알제리의 폭동으로 제4공화국은 무너지고 말았다. 다음달 드디어 드골이 다시 모든 전권과 함께 프랑스 총리로 임명되었다.

드골의 제5공화국(1958-1969)

국가적 비상시에 제5공화국의 권좌에 오른 드골은 1958년 9월 국민투표에 의해 새헌법을 만들고 총선거를 실시하여 신공화국연합(Union for the New Republic)의 세력을 신장시켰다. 신공화국연합은 주로 1947년 드골이 이끌던 국민당(RPF) 사람들로 구성되었다. 그는 다시 10월 새선거제도에 의해 자기의 세력을 다수파로 끌어올렸다. 그것은 새선거제도가 군소정당이나 극단적인 정당들의 진출을 막았기 때문이다. 그는 이어 미셸 드브레(Michel Debre)를 총리에 앉히고, 제4공화국과는 달리 대통령 중심으로 국사를 이끌어 나가게 하였다.

그에게 닥쳐온 가장 여려운 시련은 알제리의 독립문제였다. 그는 근본적으로 알제리문제를 사하라 남부아프리카 정책의 일환으로 해결하려고 하였다. 그는 우선 앞에서 말한 새헌법을 위한 국민투표에서 사하라 남부아프리카 식민지문제도 포함시키도록 하였다. 즉 그는 식민지인들로 하여금 완전독립 쪽을 택하든지 아니면 프랑스공동체(French Community)를 택하든지 양자택일하게 하였다. 후자를 택할 경우 식민지인들은 자치권을 갖되 외교와 국방은 프랑스에게 넘겨야 했다. 결과는 기네아를 제외한 식민지가 후자를 택하여 프랑스의 재정후원을 바랐다. 그러나 예상 밖으로 드골은 1960년 남부 아프리카 식민지를 모두 독립시키고 이어 알제리도 독립시키려고 하였다. 이에 알제리 주재 프랑스인들의 반발이 거세게 일어났다. 결국 드골은 에비앙협정(1962)에 의해 4년여를 끌어온 알제리문제를 간신히 해결하였다. 이로써 식민지문제는 청산되었다.

드골은 국제적으로 러시아, 중국, 동유럽과의 관계를 개선하고 NATO에서의 지위를 굳혔으며 핵무기 개발로 국력을 과시하였다. 그 외에 계층갈등, 빈부격차 등의 사회문제들도 어느 정도 누그러뜨리는 데 성공하였다. 그러나

1967년부터 서서히 몰아닥치는 사회적 불만으로 곤욕을 치루지 않으면 안 되었다. 특히 1968년 대학생들의 대규모 데모와 베트남전쟁 항의, 좌파들의 준동은 드골의 입지를 어렵게 하였다. 마침내 낭테르대학을 중심으로 일어난 소요는 파리로 옮겨가 전국으로 전파되었으며 여기에 노동자들의 파업이 겹쳐 드골의 인기는 떨어질대로 떨어졌다. 드골은 드디어 1969년 4월 실시한 국민투표에서 패배하게 되었다.

퐁피두와 지스카르

드골이 물러난 다음 들어앉은 퐁피두정권(1969-1974)과 지스카르정권(1974-1981)은 드골의 뒤를 따르는 드골주의를 지속하였다. 조르쥬 퐁피두(Georges Pompidou: 1911-1974)는 좌파들의 분열에 힘입어 선거에서 승리하였다. 퐁피두는 자크 사방델마스를 총리로 임명하고 IMF의 차관을 끌어다가 경제회복을 꾀하려고 하였다. 경제도 어느 정도 안정되고 대외적으로도 소련, 중공과의 수교를 가짐으로써 세계 4대 강국으로서의 위상을 지켰다. 그러나 1973년에 몰아닥친 유가인상으로 프랑스의 경제는 악화되고 무역수지의 불균형도 바로잡을 수 없게 되었다. 그는 건강악화로 1974년 돌아가고 말았다.

지스카르 데스탱(Giscard d'Estaing)은 중도파의 지지를 얻어 퐁피두를 이어 받는 데 성공하였다. 지스카르는 재정안정과 개혁주의로 군주의 역할을 시도하려는 자유주의자로 국민의 인기를 얻기도 하였다. 그는 드골파의 자크 시라크와 기술관료 레이몽 바르와 같은 인물들을 기용하면서 국면에 대처하였다. 그러나 경제불황으로 좌파연합의 사회당의 미테랑에 의해 떠밀려나지 않으면 안 되었다.

미테랑의 사회당(1981-1989)

지스카르의 뒤를 이은 미테랑(F. Mitterrand)은 피에르 모르와를 총리에 앉히고 경제통제, 국유화 등 일련의 사회주의 정책을 통하여 민심을 바로 잡으려고 하였다. 그는 통신, 금융, 화학공업 분야를 국유화하여 국가를 최대의 고용주와 생산자로 만들었다. 그 결과 국내총생산고(GDP)의 증가로 어느 정도 성공을 예견케 하였다. 그러나 교역의 적자와 대외부채의 격증으로 재정적 압력이 가중되었다. 그는 지방분권화를 촉진하였으며, 사형제를 폐지하고 주당

노동시간을 39시간으로 줄이는 등 획기적인 사회개혁정책을 펼치기도 하였다. 1984년 카톨릭교회학교를 장악하려는 그의 교육개혁안은 100만이 넘는 대규모시위를 불러오게 하였다. 미테랑은 1988년 좌우동거의 불안한 연합정권을 벗어나 선거에서 재당선되었으나 외교적 실패와 경제적 긴장을 풀지 못해 밀려나고 말았다.

　1996년 새로 대통령에 오른 사람은 지스카르와 미테랑 때 총리를 지낸 자크 시라크(J. Chirac: 1932-　)였다. 조스팽과 발라뒤르를 누르고 대통령에 당선된 시라크는 핵실험, 사회보장제개혁을 통한 강국화를 구상하였다. 그는 좌우동거라는 불안한 정치적 입지에서 벗어나지 못한 것이 사실이다. 그러나 시라크는 다시 2002년 5월 대선에서 극우파 민족전선의 르펜을 누르고 임기 5년의 대통령에 재선되었다. 그는 일시 좌파의 도전에 고전을 면치 못하다가 통합우파 신당(UMP)의 압승을 이루는 데 성공하였다. 그는 드디어 좌우동거에서 벗어나 강력한 통합당으로 출범하게 되었으며, 새 총리에 중도우파의 라파랭을 임명하였다. 그는 내무부의 권한을 강화하고 우범지역의 경찰무장강화를 통해 범죄와의 전쟁을 선포하였다. 그는 앞으로 공기업의 민영화를 비롯하여 소득세 5% 인하, 주당 35시간 노동제, 더 나아가 미국과의 관계, 중동정책의 방향노선 등 풀어야 할 과제들을 안고 있다. 그 후 프랑스는 니콜라 사르코지에 이어 프랑소와 올랑드에 의해 집권되고 있다.

(3) 독　일

　1945년 연합국에 의해 패배한 독일은 나치잔재의 청산과 연합군 점령지구문제로 곤경에 빠져 있었다. 더욱이나 오데르-나이세강 동부지역이 폴란드로 넘어가자 독일로 피난해 오는 사람들로 경제난에 시달리는 독일을 극도로 파탄에 이르게 하였으며 히틀러가 저지른 나치의 잔학성에 대한 집단범죄의식은 독일인들을 절망감에서 빠져 나오지 못하게 하였다. 연합군들의 이해관계로 얽힌 독일은 도마위의 고기 그 자체였다. 결국 독일은 소련과, 미국·영국·프랑스 연합군의 점령지역으로 분할되어 다스려지지 않으면 안 되었다.

서독의 단독정부(1945-1949)

　서독이 단독정부로 서기까지는 짧지 않은 과정을 거쳐야만 하였다. 소련

의 점령구는 농지를 재분배하고 산업을 국규화하는 공산주의체제로 이끌어 나
가려고 하였는가 하면 미, 영, 프 3국의 점령구는 소위 자유민주주의체제로 다
스리려고 하였다. 서방 3국이 독일점령지역을 소위 '공동지구'로 통합하는 데
에도 그리 쉽지 않았다. 더군다나 서독의 통합문제는 여간 미묘한 문제가 아니
었다. 그것은 독일의 직접적 피해국인 프랑스의 강한 반발 때문이었다. 가까스
로 루르지역의 국제기구설립과 독일의 군비축소정책으로 프랑스를 달랠 수 있
었다.

　　1948년 런던회의에서 서방점령지구의 입법의회와 헌법제정을 결의하자
이번에는 소련이 반발하고 나섰다. 소련은 베를린을 봉쇄하였다. 독일인은 근
본적으로 서독만의 정부수립을 달갑게 여기지 않았다. 왜냐 하면 그들은 영구
적인 독일의 분단을 바라지 않았기 때문이다. 그리하여 독일의 완전한 통일이
이루어질 때까지 잠정적으로 기본법제정을 위한 의회협의회를 구성하고 상원
(Bunderat)과 하원(Bundestag)의 양원제를 택하였다. 서독의 양당제도는 영국
과는 달리 비례대표제의 성격을 띠고 있어서 제 3 당이 중요한 조정역할을 할
수 있게 되어 있었다. 최고 행정수반인 총리(Chancellor)는 하원에서 선출하며
민주제를 보호하기 위한 헌법재판소 등이 설립되었다. 서독에는 많은 정당들
이 조직되었는데 그 가운데 가장 유력한 정당은 사회민주당(SDP)이었다. 노
동계급에 기반을 둔 이 정당은 반자본주의적 색깔을 갖고 있었으며 반공주의
자인 쿠르트 슈마허를 지도자로 옹립하였다. 다음으로는 기독교민주당(CDU)
과 기독교사회당(CSU)을 들 수 있다. 이들은 자매정당으로 카톨릭과 프로테스
탄트의 지지를 받고 있었으며 비사회주의적인 개혁운동을 모토로 하였다. 기
독교민주당의 지도자들로는 아데나워와 에르하르트 등이 유명하다. 이외에 자
유민주당(FDP)이 있다. 위의 정당들은 거의가 바이마르공화국에 그 기원을
두고 있는 것이 특징이다.

아데나워의 집권(1949-1963)

　　1950-1960년대 서독의 번영은 기독교민주당 출신의 총리 아데나워
(Konrad Adenauer: 1876-1967)의 탁월한 지도력 때문이었다. 앞에서 설명한
바와 같이 1949년 동부독일은 소련 주도의 독일민주공화국이 된 반면에 서독
은 독일연방공화국이 되었다. 독일연방공화국의 총리가 된 아데나워는 우선

국제통화기금(IMF)으로부터 차관을 얻어 무역적자와 10%가 넘는 실업자문제를 해결하려고 안간힘을 다하였다. 그리고 에르하르트를 기용하여 낮은 세금, 통화안정, 자유무역 등의 정책을 펼쳐 나아갔다.

그의 기본노선은 친서방적 자유민주주의에 기초를 두었다. 국제적으로는 미국, 서유럽과 보조를 같이하려는 차원에서 히틀러에 의해 희생된 유대인들의 피해를 보상하고 유럽석탄철강공동체(ECSC)를 결성하여 독일의 주권을 회복하는 데 성공하였다. NATO와의 관계도 원만히 가져 소련을 견제하였으며 미국의 동맹이 되는 데 최선을 다하였다. 그리하여 사회민주당의 슈마허로부터 '연합국의 앞잡이'라는 비난을 받기도 하였다. 어쨌든 제2차 세계대전의 패배 이후 가장 불리했던 독일을 국제적으로 인정받는 국가로 만들고 국내적으로 시장경제원칙을 통한 경제부흥국으로 만드는 데 기여한 그의 공로는 적지 않다 할 것이다. 그러나 그의 지나친 권위주의적인 통치 스타일과 친서방적 반공주의정책, 친미주의적 정책 등은 그를 오래 정치에 머물게 하지는 못하였다. 특히 그의 말년에 관세문제를 둘러싸고 나타난 에르하르트와의 불화, 그리고 강압적인 슈피겔지 탄압사건은 그를 더 이상 권좌에 있게 하지 못하였다.

아데나워의 뒤를 이은 사람은 기독교민주당의 에르하르트(Ludwig Erhard) 총리였다. 에르하르트 정권(1963-1974)은 아데나워를 그대로 승계했으나 통치 스타일은 토론을 통한 합의를 중시하였다. 그리하여 결단력이 약하다는 말을 들었다. 에르하르트는 집권 초기 동독과의 인적 교류와 무역교류를 통하여 인기를 한 몸에 지녔다. 그러나 외교적으로는 미숙한 점을 드러내기도 하였다. 1966년 독일주둔비의 분담을 요구하는 미국, 영국을 설득하려 했으나 실패하였다. 그는 결국 총리를 사임하였다.

에르하르트를 이은 사람은 기독교민주당의 쿠르트 키징거(Kurt Kiesinger)로서 사회민주당과의 연립정부(1966-1969)를 세웠다. 그는 외무장관에 사회민주당의 빌리 브란트를 임명하여 동유럽국들과의 화해를 꾀하였다. 그의 소위 '동방정책'은 그나름대로 실효를 거두었다.

브란트의 사회민주당(1969-1974)

자유민주당과의 연립정부를 수립한 사회민주당의 빌리 브란트(Willy Brandt) 총리는 국가간섭과 동방정책을 정치골격으로 삼았다. 사회복지, 문화,

교육분야에 예산을 치중하고 보다 평등한 사회를 이룩하려고 하였다. 마르크화의 가치가 안정되고 흑자예산이 정착되는 등 그런대로 국가개입정책은 경제적 안정에 디딤돌이 되었다. 그의 동방정책도 동서화해의 무드가 한창 고조되고 있는 때라 잘 먹혀들어 갔다. 그는 NATO와 원만한 관계를 가졌으며 소련, 폴란드와도 관계개선을 수립하였다. 그는 1972년 노벨평화상 수상으로 그의 입지를 더욱 굳히는 듯하였다. 그러나 거센 반미감정과 석유파동(1973), 동방정책의 담보화 등으로 인기가 하락한 데다가 1974년 동독간첩으로 체포된 그의 비서사건으로 물러나지 않으면 안 되었다. 그는 독일분단을 인정했다는 비난도 받았지만 서독의 위상을 고양하고 사회민주당의 입지를 공고하게 했다는 공로 또한 한 몸에 지니고 있다.

브란트를 이어받은 사람은 헬무트 슈미트(Helmut Schmitdt)였다. 슈미트의 사회민주당 정권(1974-1982)은 국가개입과 동방정책은 지속하되 동방정책에 대해서는 국민들의 정서를 감안하여 약간 주춤하였다. 그는 통화긴축, 테러리즘차단 등으로 사회를 어느 정도 안정시키는 데 성공하였다. 그는 외교적으로 1975년 미, 영, 프, 서독, 일본, 이탈리아, 캐나다로 구성된 '7개국집단(Group of Seven, G7)' 결성에 중요한 역할을 해냈으며, 1979년에는 프랑스의 지스카르와 협력하여 유럽통화제도를 만드는 데 적지 않게 기여하였다. 그러나 그는 시대에 뒤떨어진 지나친 국가간섭과 사회민주당의 심각한 분열 등으로 1982년 사임하지 않으면 안 되었다.

콜의 기독교민주연합(1982-1998)

새로운 총리로 들어 앉은 기독교민주당의 콜(Helmut Kohl)은 국가간섭정책으로부터 벗어나 기업의 자본주의적 활동을 장려하였다. 정부지출을 억제하고 세제를 개혁하며 기업의 자유방임활동을 통하여 경제를 회복하려고 하였다. 그 결과 무역은 호전되고 인플레이션도 어느 정도 안정세를 찾게 되었다. 국제적으로는 NATO와 관계를 더욱 공고히 하고 소련 고르바초프의 화해정책을 따랐다. 그리하여 1987년 동독의 호네커가 서독을 방문하였으며 그 자신도 소련을 방문하였다. 다른 한편 그는 그의 친미정책과 나토군 독일주둔정책으로 비판을 받지 않으면 안 되었다. 그는 소련침공의 무방비상황을 들어 어려운 위기를 잘 모면하였다. 그는 드디어 여러 가지 여려운 우여곡적끝에 1990년

10월 분단 41년만에 독일을 통일하는 역사적 과업을 이룩하게 되었다. 그러나 통일 후 동독인들을 흡수하는 데 드는 서독인들의 재정적·사회적 비용은 새로운 어려운 이슈로 등장하였다. 그는 결국 이 무거운 짐을 해결할 수 없다고 판단한 독일인들에 의해 사회민주당의 게르하르트 슈뢰더(Gerhard Schroeder)에게 넘기지 않으면 안 되었다. 슈뢰더가 앞으로 어떻게 독일의 현안문제를 잘 해결할지는 두고 볼 일이다. 그 후 독일은 슈뢰더에 이어 앙겔라 메르켈에 의해 집권되고 있다.

(4) 미   국

제2차 세계대전으로 최대강국으로 부상한 미국은 전쟁이 끝난 후에도 앞에서 설명한 바와 같이 전쟁의 후유증으로부터 벗어나 최대의 번영을 누리게 되었다. 그것은 미국의 지정학적 이점들뿐 아니라 전시체제로부터 평화체제로의 전환을 신속하게 이룩한 지도자들의 뛰어난 정치적·외교적 수완 때문이었다. 미국은 소련과 함께 세계를 이끌어가는 실질적인 주도국이 되었다.[6]

트루먼과 아이젠하워

해리 트루먼(Harry S. Truman)과 아이젠하워(Dwight D. Eisenhower)의 집권기(1945-1960)를 통해서 미국은 1950년대의 풍요를 누리게 되었다. 민주당의 트루먼 대통령(1945-1953)은 우선 전쟁의 종료로 군수생산 중단에 의해 야기된 실업자들의 문제를 해결해야만 하였다. 따라서 정부주도의 간섭정책이 불가피하였다. 무엇보다도 어려운 문제는 노동자들 속에 침투하는 소련의 공산주의 사상이었다. 소련은 미국과 함께 승전국으로서 좌파세력들의 우상이 되고 있었다. 공화당이 우세한 의회가 만든 태프트-하틀리법은 그런대로 노동자들의 파업을 막는 데 효과가 있었다.[7] 대외적으로는 이미 말한 것처럼 소련의 공산주의 팽창을 막으려는 '견제정책(containment policy)'과 유럽의 원조를 목표로 하는 마샬플랜을 전개하였다. 그는 '페어딜(Fair Deal)'이라는 개혁정책을 통하여 공평한 사회를 추진하였다. 그러나 한국전쟁시 작전상 이견으로 맥

---

6) Grob and Billias, *op. cit., American History.*
7) 이 법(Taft-Hartley Act)은 1947년 공화당의 태프트와 하틀리가 입안한 노동고용관계법으로 공산주의 이념을 가진 노동조합지도자들을 금하고 공공이익에 위험한 각종 파업을 할 경우 80일간의 금제(禁制)를 명할 수 있게 규정하였다.

아더와 불화를 가졌으며, 1951년 의회의 국가보안법제정으로 '매카디이즘(Mc-Carthyism)'이라는 반공소동의 소용돌이에 휘말리기도 하였다.[8]

공화당에서 새로 뽑힌 아이젠하워 대통령(1953-1961)은 변화하는 시대에 걸맞는 자유방임의 원리를 모토로 내세웠다. 그리하여 그는 트루먼의 간섭주의를 버리고 국영기업들을 민영화하는 데 주력하였다. 테네시개발공사(TVA)를 중단시키고 원자력발전사업을 민간기업에 넘겼다. 그는 이처럼 민간기업들을 후원하는 바람에 노동자와 농민의 불만을 사기도 하였다. 그는 행정부의 권한을 축소하는 지방분권화 방침과 흑인의 지위를 향상시키는 민권정책을 실행하였다. 대외적으로 소련의 스탈린이 죽은 다음 흐루시초프와 우호관계를 유지하였으나 1960년 소련군에 의해 격추된 미군정찰기 U-2기 사건으로 긴장이 고조되기도 하였다. 일반적으로 아이젠하워의 집권기는 번영과 안정을 누린 풍요의 시대였다. 그것은 중산계층의 가치와 문화가 폭넓게 지배할 수 있었기 때문이다. 그 원동력이 된 것들은 존 듀이의 실용주의 철학에 기반을 둔 교육과 사회정책, 신문, 텔레비젼, 언론 등의 정보매개체의 영향들이었다. 그리하여 이러한 획일적이며 데이비드 리스먼의 소위 '타인 지향적인' 개성잃은 비인간화에 반발하는 젊은이들의 반항도 적지 않게 일어났다. 그 가장 대표적인 반항집단이 소위 '힙스터(hipsters)'와 '비트닉스(beatniks)'였다.

케네디와 존슨

미국이 번영과 안정의 시대를 뛰어 넘어 자유주의적 개혁의 시대로 접어든 것은 민주당의 존 케네디와 린든 존슨의 집권기(1961-1968)를 통해서였다. 매사추세츠 상류가문의 케네디(John F. Kennedy: 1917-1963)는 카톨릭이라는 불리한 조건 속에서도 공화당의 젊은 닉슨을 물리치고 대통령으로 당선되었다. 그가 내건 모토는 윌슨과 루스벨트의 이상주의와 자유주의를 다시 일으키려는 '뉴 프런티어' 정책이었다. 그의 개혁정신은 빈곤퇴치와 민권운동에서 나타났다. 그는 빈곤퇴치운동의 일환으로 애팔라치아산맥의 11개주를 개발하려는 일련의 정책들을 계획했으나 공화당과 남부 민주당이 지배하는 의회의 반

---

8) 1950년대 전반 미국 전역을 휩쓴 적색분자 색출현상을 말한다. 1950년 2월 위스콘신 상원의원 메카디가 국무부안에 57명의 공산주의자들이 있으며 그 책임이 애치슨 국무장관에게 있다고 말한 데서부터 적색분자 색출운동이 시작되었다.

대로 무산되었다. 그는 무엇보다도 흑인에 대한 인종차별을 없애기 위하여 교통수단과 학교 등지에 흑인보호를 구호로 내세웠다. 이에 힘입어 1963년 마틴 루터 킹을 중심으로 흑인의 인권을 위한 운동이 일어났다. 이에 대한 백인들의 반항도 만만치 않았다.

케네디는 대외적으로 약소민족의 민족주의 옹호와 신생국의 경제지원의 일환으로 '평화식량계획'과 노동을 제공하는 '평화봉사단'을 만들었다. 그러나 이미 설명한 바와 같이 1961년의 쿠바사건으로 곤경에 빠지게 되었다. 1963년 소련과의 핵실험금지조약 체결로 간신히 국위를 지킬 수 있었다. 그는 인간을 달에 보내는 '아폴로계획'을 세우는 등 획기적인 일들을 추진했으나 1963년 11월 달라스에서 비운의 총격을 맞아 짧은 집권시대를 마감하지 않으면 안 되었다.

1963년 케네디의 뒤를 승계한 남부출신의 린든 존슨(Lyndon B. Johnson: 1908-1973)은 케네디정책을 그대로 밀고 나아갔다. 그는 '위대한 사회'를 모토로 빈곤퇴치운동을 전개하였다. 그는 연방정부의 도시재개발, 인력양성, 주택비보조사업 등을 장려하였다. 그는 특히 교육과 기술이 실업자들에게 절실하다고 생각하여 1965년 초, 중등교육법과 고등교육법을 각각 제정하여 예산을 배정하였다. 그의 빈곤퇴치운동은 실효를 거두어 빈민이 12%로 줄어드는 결실을 맺었다. 그 이외에도 민권법 제정과 복지국가정책은 상당한 효과를 거둔 것으로 나타나 있다.

그러나 1965년 월남전의 개입은 그의 '위대한 사회'를 위한 사회개혁을 중단하게 만들었으며 미국의 반전여론을 형성하게 하였다. 더욱이 1964년부터 퍼진 흑인폭동은 다음해 로스앤젤레스폭동과 뉴욕폭동 등으로 이어졌다. 결국 마틴 루터 킹이 1968년 테네시에서 피살되는 결과를 빚고 말았다. 이에 따른 '블랙 파워'운동과 '블랙 내셔널리즘'은 미국이 앉고 있는 어려운 과제로 남게 되었다. 대학을 중심으로 일어난 기존의 체제반항운동은 급기야는 '신좌파(the New Left)'운동으로 번지게 되었다. 이 운동은 1967년 도시 게릴라를 통하여 기존체제를 무너뜨리려는 급진파 운동으로 허버트 마르쿠제의 사상으로부터 적지 않은 영향을 받았다. 이외에 기존체제 자체로부터 이탈하려는 1950년대의 '비트닉스'를 닮은 비정치적 '히피파(hippies)'도 있었다.

보수주의의 복귀

1960년대의 미국이 개혁이 꿈틀거렸던 시대라면 1970년대의 미국은 현실에 안주하려는 보수주의의 시대였다 할 수 있다. 이 기간의 행정부 수반은 공화당의 닉슨과 포드, 그리고 민주당의 카터였다.

공화당의 리차드 닉슨 대통령(Richard M. Nixon: 1968-1974)은 전통적인 미국의 중산계층을 대변하는 퀘이커 출신의 인물이었다. 국내적으로는 존 미첼을 법무장관으로 임명하여 법을 지키는 사회를 만들려 하였으며 경제적으로는 자유방임정책으로 국가간섭주의를 물리쳤으며 지방분권화를 통하여 예산을 줄이려 하였다. 대외적으로는 헨리 키신저를 기용하여 실용주의적 외교를 펼쳤다. 그는 중공방문, 소련과의 전략무기제한협정(SALT), 월남전 철수 등 데탕트외교를 성공시키는 쾌거를 얻어냈다. 그러나 워터게이트사건(1972)과 월남의 항복(1975)으로 인기가 하락하였다. 더욱이 워싱턴의 워터게이트 빌딩에 있는 민주당전국위원회 사무실 도청사실이 발각되면서 탄핵으로까지 번져 대통령직을 사임하지 않으면 안 되었다. 닉슨을 이어 받은 하원의장 제랄드 포드(Gerald P. Ford: 1974-1976)도 닉슨의 정책을 그대로 밀고 갔으나 닉슨사면으로 곤욕을 치루지 않으면 안 되었다.

공화당의 인기하락을 틈타 1977년 대통령으로 들어 앉은 지미 카터(James Carter: 1924-)는 독실한 침례교 출신이었다. 그가 집권할 당시 미국은 아랍국가들의 석유인상으로 자동차산업이 마비상태에 빠져 있었다. 그는 석유 대신 대체에너지 개발을 촉진하였으며 여러 가지 대책을 마련하는 데 온 힘을 기울였다. 대외적으로는 닉슨의 현실정치 대신 '인권정치'을 내세워 신선한 이미지를 주었지만 임기를 마칠 때까지(1979) 카터 대통령의 인기는 여전히 밑에서 머물렀다.

1970년대의 미국사회는 앞에서 잠깐 밝힌 바와 같이 현실에 안주하려는 '자기중심적인', 혹은 '자기도취적인 문화'의 시대였다. 미국인들은 개혁과 진보보다는 자기실현과 자기발전, 혹은 자기내면에 치중하려는 면모를 보여 주었다. 그리하여 개인의 잠재력을 실현하기 위한 동방의 치료법이나 여러 가지 비교(秘敎)가 등장하였으며 신앙계에서는 '거듭난 기독교인(born again christian)' 운동이 나타났다. 급진적인 여성해방운동도 없지 않았으나 대체적으로 활발하지 못하였다.

  미국이 보수주의로 국위를 되찾은 것은 공화당의 로널드 레이건 대통령
(Ronald W. Reagan: 1980-1988)을 통해서였다. 극우파 정치보수주의자들의 지
지를 받은 레이건은 국방비를 제외한 정부지출을 막고 기업을 장려하는 자유
방임정책을 펼쳤다. 세금을 적게 걷고 정부지출을 삭감함으로써 기업의 투자
를 늘리려는 소위 '레이거노믹스'를 경제정책의 기틀로 삼았다. 그의 정책은
효과를 거두어 실업률을 8%로 줄이고 인플레이션을 5%로 줄이는 결실을 얻
어냈다. 그런 반면에 달러의 가치가 높아가고 국가채무가 느는 사상최대의 채
무국으로 떨어지는 곤욕을 치러야 했다. 한편 국방비의 증액으로 대외적으로
미국의 위신을 크게 올리는 개가를 올렸다. 그러나 1986년 '이란-콘트라'사건
이[9] 터지고 행정부의 각종 비리가 나타나 더 이상 자리를 유지할 수가 없게
되었다. 더욱이 1980년대 미국은 인구감소, 백인수감소, 불법이민사면, 실업인
증가, 도시위기, 마약·에이즈 전염 등의 문제들로 골치를 앓고 있는 상황이었
다. 레이건의 뒤를 이은 조지 부시(George Bush: 1924-   )는 대외적으로 걸프
만 사건을 통하여 인기를 한 몸에 받는 듯하였지만 경제적 실정으로 재선에
실패하였다.

  1992년 진보세력과 흑인들의 지지로 민주당에서 새로 42대 미국 대통령
으로 당선된 빌 클린턴(William J. Clinton: 1946-   )은 전후 세대로서 최강의
군사력과 적극적인 경제정책으로 미국을 새롭게 탄생시킨다는 기치를 치켜세
웠다. 그는 다수 공화당 의회의 견제 속에서 실업자를 줄이고 모든 사람들에게
골고루 이익을 주려는 실리주의적 경제정책을 과감하게 밀고 나갔다. 그는 공
화당의 보수적 노선에 민주당의 색깔을 가미한 소위 '뉴데모크라트'의 기치를
치켜들었다. 그리하여 미국의 재정을 흑자로 바꾸는 데, 그리고 대통령 임기
중 최장기 경기호황을 누리는 데 성공하였다. 그는 대외적으로도 NATO와의
협력으로 코소보문제를 해결하는 데 주도적인 역할을 해냈다. 그는 1998년 르
윈스키와의 스캔들로 하원의 탄핵을 맞는 불운을 겪었다. 그러나 그는 탄핵소
추에 큰 영향을 받지 않고 70%에 이르는 국민의 지지도를 끌어내는 데 성공
하였다. 이것은 그의 과감한 실용적인 경제정책과 유화적인 대외정책 때문인

---

9) 중동 회교국가들 안에 포로로 잡혀 있는 미국인들을 석방하기 위해 이란에 판매한 무기협상이
   알려지고 그 판매금 일부가 공산 니쿠아라정부에 대항하는 '콘트라'세력에 흘러 들어갔다는 정
   보로 인하여 문제된 사건을 말한다.

것으로 보인다.

클린턴의 뒤를 이은 사람은 조지 부시의 아들인 공화당의 부시(G. W. Bush: 1946-)였다. 그는 민주당의 엘 고어를 힘겹게 간신히 누르고 대통령에 당선되었다. 부시는 취임하자 그의 대선공약인 미사일 방어체제(MD)를 발표하여 세계를 깜짝 놀라게 하였다. 그는 냉전시대의 탄도탄요격미사일(ABM)과 국가미사일방어(NMD)를 파기하고 대신 MD로 소위 '불량국가들'의 테러리즘에 대처할 것을 호소하였다. 더군다나 2001년 9월 11일 빈 라덴의 뉴욕 무역센터의 테러리즘 이후 부시의 새로운 방어체제는 더욱 강경하게 추진되었다. 그는 소위 북한·이라크 등을 '불량배국가(rogue states)'로 규정하고 '악의 축'을 제거하는 데 힘을 모을 것을 역설하였다. 그는 드디어 2002년 5월 28일 '로마선언'으로 나토와 러시아의 새로운 안보협력시대를 통하여 그의 정책을 더욱 다지고 있다. 그러나 세계국가들의 협력이 얼마나 이루어질지는 아직은 확실치 않다. 그 후 미국은 부시에 이어 버락 오바마에 의해 집권되고 있다.

(5) 소   련

제 2 차 세계대전으로 소련은 산업이 파괴되고 1500만명 이상의 인명을 잃는 어려움을 겪었지만 독일, 일본, 이탈리아의 패전과 영국, 프랑스의 쇠퇴로 미국 다음으로 세계 제 2 열강에 들어가는 강대국이 되었다. 더욱이 레닌을 이어받은 스탈린의 국가사회주의 체제로 새로운 세계 세력판도를 만들었다.

스탈린, 후루시초프, 브레즈네프

1929년 소련 최고권좌에 오른 스탈린(1879-1953)은 마르크스주의에 오리엔트식 전제주의를 가미한 소위 스탈린식 공산주의를 그의 정치기조로 삼았다. 그는 여기에 비밀경찰과 강제수용소의 통제방식을 적용하여 일국사회주의의 초인인 '지도자 동지'로 군림하였다. 그는 공산당과 적군을 중심으로 체제를 비판하는 지배세력과 중산계급, 더 나아가 유태인들을 숙청하였다. 그는 경제적으로 석탄, 철강과 같은 중공업을 강압적으로 육성하는 소위 '외연적 성장'에 치중하는 제 4 차 5개년 계획(1946-1950)을 실시하였다. 이에 따라 생산의 수요, 공급의 불균형을 초래하는 부조리도 불러 왔지만 대전 후의 과도기적 소련경제를 끌어 올리는 개가도 이룩하였다. 대외적으로 그는 폴란드, 체코슬

로바키아, 헝가리, 동독, 루마니아, 불가리아를 축으로하는 소련 위성국을 형성
하였으며 1949년에는 공산권경제협력기구(COMECON)를 만들어 세력을 전세
계에 과시하였다. 소련의 스탈린화는 1953년 그의 죽음으로 마감되었다.

스탈린 사망 이후 말렌코프와의 권력투쟁에서 승리한 후루시초프(1953-
1964)는 1953년 공산당 제1 서기의 지위에 오름으로써 후루시초프시대를 열
었다. 그는 공산주의자이면서 개혁자의 꿈을 가진 복잡한 성격의 소유자였다.
그는 우선 스탈린 격하운동을 통하여 새로운 공산당의 권위를 다졌으며, 이전
시대와는 다른 완화정책을 펼쳤다. 그리고 대외적으로는 데탕트를 내세워 서
방으로부터의 환심을 유도하였다. 한편 지나친 스탈린 비판으로 동유럽과 중
국과 같은 강경파 공산국가들의 반발을 사기도 하였다. 그는 경제적으로 분권
화를 통해 중공업을 육성하고 주택건설, 연금제개선, 농가소득향상 등에 주력
하여 민중의 대변자로 자처하려고 하였다.

그리하여 소련인들의 생활은 이전에 비해 상당히 좋아진 것이 사실이었
다. 그러나 7개년 농업계획과 공업계획 등에서 차질이 빚어지고, 당의 분권화
정책(도시와 농촌)으로 당의 신뢰를 잃어 갔다. 더군다나 1962년 쿠바미사일위
기와 반당세력 강압으로 공산당원들의 지지기반마저 잃었다. 결국 후루시초프
는 1964년 전비밀경찰(KGB) 의장인 알렉산더 쉘레핀의 쿠테타에 의해 물러
나지 않으면 안 되었다.

후루시초프 이후 소련은 브레즈네프(Leonid Brezhnev)와 코시킨(Andrei
Kosygin)에 의해 이끌려 갔다. 이들은 후루시초프 시대의 분권화조치를 폐지
하고 중앙각료회를 설치하였다. 그리고 소비에트 최고지도자를 당서기장으로,
간부회를 정치국(politburo)으로 부르게 하였다. 이후 브레즈네프는 1977년 공
산당 서기장과 정치국 의장을 차지함으로써 소련의 실질적인 제1 인자가 되었
다. 일반적으로 브레즈네프시대(1964-1982)는 관료조직과 군비조직이 발달하
고 완전고용과 낮은 물가가 유지된 안정된 기간이라고 말할 수 있다. 대외적으
로는 군비와 핵무기보유로 미국과 어깨를 겨루면서 데탕트를 시도하였으며,
대내적으로는 당과 군부, 비밀경찰의 지위를 공고히 하였다. 경제적으로는 위
에서 말한 것처럼 성장보다는 현상유지와 인기영합에 안간힘을 다하였다. 그
리하여 그 어느 때보다도 소련인들의 생활수준은 향상되었다. 그러나 정치분
야뿐 아니라 경제분야에서 점차로 비능률적인 차질이 나타나기 시작하였다.

그것은 정체적인 중앙집권체제와 불균형적 경제조직 때문이었다. 다시 말해 자유주의적 자본주의체제의 서유럽과 미국을 따라잡기에는 소련의 획일적 사회체제는 너무도 역부족이었다는 사실이다. 브레즈네프는 사회주의 체제와 자본주의 체제와의 소용돌이 속에서 1982년 11월 죽고 말았다.

고르바초프의 개혁정치

브레즈네프 사망 이후 소련은 다시 콘스탄틴 체르넨코와 유리 안드로포프에 의해 공백이 메꿔졌다. 그러나 변화의 방향으로 가려던 안드로포프는 1984년 2월에 죽었고, 별다른 방향이 없는 체르넨코도 건강이 좋지 않아 1985년 3월에 죽었다. 그 뒤를 이은 사람이 미카일 고르바초프(Mikhail Gorbachev: 1931-)였다. 50대 초반의 젊은 나이에 당 서기장으로 임명된 고르바초프는 정규교육을 받은 센스 있는 정치국원이었다. '새로운 사고'로 표현되는 그의 주된 모토는 '공개(glasnost)'와 '재편성(perestroika)'이었다. 이것은 서유럽적 의미에까지는 미치지 못하였지만 소련에 대한 비판의식과 사회조직의 개편을 시도하려는 내용이었다.

고르바초프는 그의 개혁을 반대하는 리가초프의 보수파와 개혁을 찬성하는 옐친의 급진파 사이에서 점진적인 개혁방식을 조심스럽게 택하려고 하였다. 그는 대외적으로 서방세계에 개혁의 공신력을 심으려고 애썼으며, 대내적으로 토론과 사회 다양성의 중요성을 심으려고 하였다. 그리하여 그는 금주운동, 부패추방운동 등을 전개하였으며 체르노빌 원자로 폭발사고를 국민에게 보도하게 하였다. 그는 국영기업들에게 자립재정을 운영케 하였으며, 안드레이 사하로프와 반체제인사들을 석방하였다.

그러나 그의 개혁움직임은 여러 가지로 시기상조였다. 오랜기간 동안 1인 명령체제에 젖은 소련국민들의 개혁의식도 문제려니와 고르바초프의 개혁방향도 갈팡질팡하였다. 노멘클라투라로 불리우는 지배계층은 특권을 누리는 반면에 노동, 농민층은 생활이 더욱 어려워만 갔다. 더군다나 15여개 공화국들로 구성된 다민족제국인 소련이 그들의 폭동으로 점차 흔들거리게 되었으며, 광산 등에서의 파업들이 연이어 줄을 이었다. 거기에 군부, 당, 비밀경찰로 구성된 엘리트계급의 힘은 날로 약화일로를 밟고 있었다.

고르바초프의 개혁운동 이후 가장 어려운 문제는 연방안에서 일어나고 있

는 민족주의운동이었다. 이것은 고르바초프의 정치개혁으로 더욱 가속화되었
다. 아제르바이젠을 비롯하여 발틱 3국 등이 독립을 각각 요구하였다. 그리하
여 1990년 주권을 더 많이 주려는 새로운 연방조약이 발표되었다. 그러나 발
틱 3국, 몰다비아, 아르메니아, 그루지아 등을 달래기에는 너무나 늦었다. 그
들은 연방으로부터의 분리를 요구하면서 강력히 반발하였다. 이것은 급기야
보수파를 중심으로 하는 1991년 8월 쿠데타로 연결되어 문제를 복잡하게 만
들었다. 그러나 러시아의 대통령 옐친의 개입으로 공산당을 70여년만에 해체
하는 개가를 올렸다. 결국 고르바초프는 물러나지 않으면 안 되었다. 보리스
옐친(Boris Yeltsin: 1931-)은 러시아와 같은 슬라브족 공화국인 우크라이나,
백러시아를 끌어 들여 새로운 연방인 독립국가연합(CIS: Commonwealth of In-
dependent States)을 결성하고 1992년 1월 1일 정식국가의 권좌에 올랐다. 옐
친은 공산당을 해체한 여세를 몰아 독립국가연합을 자유주의 체제국가로 다스
리려고 하였다. 그러나 너무나 오랫동안 공산독재체제에 물들어 있는 체제를
바꾸려는 움직임은 결코 쉬운 과업이 아닌 듯하다. 더욱이 근간의 경제파탄과
옐친의 건강악화는 소련의 앞날을 점치기 더욱 어렵게 만들고 있다.

옐친의 뒤를 이어 러시아의 대통령이 된 사람은 총리인 푸틴(Vladimir
Putin: 1952-)이었다. 푸틴은 옐친의 총리 시절 재정문제를 완화시키고 서방
에 강경노선을 펼치며 체첸사태를 유리하게 수행하는 등 일련의 국민의 지지
를 얻어내는 데 성공하였다. 1999년 12월 31일 옐친이 임기를 남겨둔 채 사임
함에 따라 47세의 젊은 나이에 대통령 권한대행이 되었다. 다음 해 3월 26일
에 실시된 대통령 선거에서 투표자의 과반수 이상의 지지를 얻어 러시아 대통
령에 당선되었다. 그는 위에서 이미 밝힌 바대로 나토와의 신안보협력시대를
이끌어내고('로마선언'), 미국 등 서방국가들과의 원만한 관계를 유지함으로써
그 동안 경직된 경제문제를 해결하고 자유민주주의로의 순항을 예고하고 있
다. 그러나 어려운 경제적 고갈로 누적된 국내의 공산주의자들과 국민들의 불
만을 얼마나 신속하게 푸느냐가 난제로 남아 있다.

(6) 이탈리아, 그리스

이탈리아는 무솔리니가 물러난 후 반파시스트 전선에 앞장 선 기독교민주
당, 사회당, 공산당의 세 정당들이 프랑스와 마찬가지로 정계를 주도하였다.

그 가운데서도 사회개혁을 기치로 내건 기독교민주당이 가장 활발하였다. 그
것은 가톨릭, 노동자, 농민 등 전반적인 보수세력을 망라하고 있었을 뿐 아니
라 급진세력까지도 포섭하였기 때문이다. 그리고 그들의 지도자 알치데 데가
스페리(Alcide de Gasperi)의 뛰어난 지도력이 적지 않은 역할을 했다. 데가스
페리는 1946년 제헌의회를 구성하고 총선거를 통하여 군주제 대신 공화제를
택하였다.

그는 대외적으로는 반공을 내세워 NATO와 결속하고 유럽통합운동에 적
극적인 입장을 나타냈다. 경제적으로는 자유시장정책을 표방하고 마샬계획의
원조를 끌어 들여 경제활성화에 온 힘을 기울였다. 그리하여 이탈리아는 1950-
1963년 산업화와 도시화에 성공하였다. 데가스페리는 정국적 변화에 따라 사
회당, 공산당과 적절히 제휴하여 난국을 해결하기도 하였다. 그러나 학생들의
폭동(1968), 과잉인구, 인플레이션, 석유파동(1973), '붉은 여단'과 같은 과격
도시테러집단, 남부지역의 마피아조직 등의 어려움들에 직면하였다. 그럼에도
불구하고 이탈리아는 파쇼의 독단과 1970년대의 어려운 격동기를 잘 견뎌냈
으며 정치적 극단주의를 넘기는 데 성공하였다.

한편 그리스는 이탈리아와는 사정이 아주 달랐다. 이탈리아는 제2차 세
계대전의 저항세력인 공산세력의 힘이 만만치 않았다. 1945년 바지카협정으로
공산당과 왕당파의 관계는 유지되었다. 그리스의 경제는 파탄 그 자체였다. 거
기다가 간신히 살아남은 조지 2세의 왕당정부는 공산당의 반발로 매우 어려웠
다. 그러나 앞에서 말한 것과 같이 트루먼 독트린에 따라 그리스내전이 동서냉
전의 요지로 떠오르고 마샬계획의 원조를 받게 되자 3년여에 걸친 그리스내전
은 종식되었다. 그러나 사이프러스문제로 다시 곤욕을 치르지 않으면 안 되었
다.[10] 그 후 그리스는 왕위가 조지 2세에서 폴(1947), 콘스탄틴 2세(1964)로
바뀌면서 상황이 급전환되는 듯하였다. 드디어 그리스는 1967년 군부의 쿠데
타로 치닫게 되고 이것이 계기가 되어 공화제가 이루어졌다(1973). 공화국 헌
법은 1975년에 완성되었다. 그리스는 결국 사회당과 신민주당의 양당제도에
의해 자유주의적 정치체제가 그런대로 유지되었다.

---

10) 사이프러스는 그리스인 80%, 터키인 20%가 살고 있는 동지중해상의 영국식민지로서 그리스
   와 터키 사이에 주도권문제로 분쟁이 끊이지 않았다. 더군다나 NATO의 개입으로 터키와의 관
   계가 복잡하였다. 1959년 사이프러스가 영국으로부터 독립하였으나 유엔의 개입으로 더욱 복잡
   한 상황이 일어나게 되었다.

(7) 스페인, 포르투갈

1937년 스페인 제2공화국을 무너뜨리고 최고 권좌에 들어앉은 프랑코 (Francisco Franco: 1892-1975) 총통은 이탈리아 무솔리니의 법인형 국가주의를 모방하고 나섰다. 그러나 그는 히틀러와 무솔리니의 지도자동지적 통치는 하되 전지전능한 독재가가 아니라 신의 은총에 의한 중재자가 되려고 하였다. 그는 제2차 대전 때는 중립을 지켰다. 그는 자본주의적·공산주의적 방식 모두를 거부하였다. 그는 검열제도와 엄격한 극단적 민족주의에 의해 일당독재를 실시하였다.

프랑코 정권은 미·소 대립의 미묘한 국제적 상황으로 1953년 미국의 원조를 받게 되어 현상유지가 가능하게 되었다. 그는 경제 현대화로 농업의 실업문제를 해결하고 내각의 새로운 기술관료화로 점차 자본주의의 장점을 도입하였다. 그리하여 국민수준의 향상과 중산층의 증대로 불만이 팽배하게 되었다. 그는 마침내 1975년 11월 사망하였다.

새로 들어선 아돌포 소아레즈 총리의 지도를 받은 민주중도연합(UCD)은 사회당을 앞질러 쿠테타를 진압했으나 1981년 우유부단한 소텔레의 무능으로 사회민주당과 기독교민주당으로 분열되었다. 결국 민주중도연합은 1982년 사회당에게 패해 중도좌파의 길을 열어 주었다. 이것은 스페인의 민주화를 예고하는 신호이기도 하였다. 사회당의 곤잘레스는 석유파동 등의 곤경을 피해 1989년 10월 다시 집권하게 되었다. 스페인은 어려운 난국 끝에 안정된 정부를 유지하게 되었다.

한편 포르투갈은 1932년 군부로부터 정권을 이어받은 살라자르(Antonio O. Salazar)에 의해 다스려졌다. 살라자르도 무소리니의 법인형 국가주의를 택하여 일당독재를 실시하였다. 포르투갈도 제2차 세계대전중 중립을 지켰으며 NATO의 가입으로 정권을 유지하는 데 유리하게 되었다. 포르투갈은 농업에 종사하는 후진국으로 국민 대부분이 문맹에 속하여 공산세력의 침투가 심하였다. 더군다나 도시 게릴라의 폭동이 격렬하고 아프리카 식민지들(앙골라, 모잠비크, 기니아 등)의 반발이 빈발하였다. 드디어 포르투갈은 1973년, 1974년, 1975년에 걸쳐 격심한 정치적 폭동을 거쳐 소아레즈의 자유주의 정권이 형성되었다. 그러나 소아레즈정권이 무너지자 1979년 민중민주당은 사회민주당으로 이름을 바꾸었다. 대통령으로 당선된 사회민주당의 사카르네이루는 다음 해 비행기사고로 돌아가고 1987년 아니발 카바소 실바가 대통령에 당선되었다. 드디어 그는 사회당의 협조로 헌법에서 마르크스적 요소를 삭제하고 재산의 사유화, 시장경제 등의 조항을 집어 넣었다. 그리하여 포르투갈은 서방세계의 대열 속에 들어가게 되었다.

(8) 동부유럽의 공산주의 국가들

제2차 세계대전이 끝난 후 소련은 두 가지 단계들을 통하여 동유럽 국가들을 공산화하였다. 첫째는 각 국가안에 반파시스트 혹은 인민전선정부인 연립정부 수립을 통하여 공산화를 꾀하였으며, 둘째는 자본주의 국가들에 대항하기 위한 코민포름(Comminform, 1947)을 통하여 공산화를 시도하였다. 이와 같은 스탈린화정책은 1949년 공산권경제협력기구(COMECON)의 창설로 더욱 구체화되었다. 폴란드, 체코슬로바키아, 헝가리, 동독, 루마니아, 불가리아는 소련의 위성국으로 쉽게 들어갔지만, 소련과 밀접한 관계가 없었던 유고슬라비아와 알바니아는 소련의 직접통제에 들어가지 않았다.

소련공산체제의 도입

동유럽 국가들 가운데 가장 큰 나라인 폴란드는 최초로 소련의 점령국이 되었다. 폴란드는 제2차 세계대전에서 거의 700여만의 희생자를 냈다. 폴란드는 독일의 나치즘에 저항하면서 다른 한편으로는 그리스 정교국가인 러시아와 대항해야만 했다. 그러나 폴란드는 1944년 공산주의자 고물카에 의해 지배되다가 1952년 스탈린의 축소판 비에루트에 의해 지배되었다.

루마니아는 안토네스쿠 통치가 끝나고 마니우, 미하엘을 거쳐 1952년 게오르규-데쥐가 루마니아의 스탈린이 되었으며, 불가리아는 터키의 지배로부터 벗어나는 데 도움을 준 러시아에 호감을 가지고 있었으므로 전쟁 전부터 소련의 위성국이 되었다. 디미트리프를 거쳐 체르벤코프가 1950년 총리가 되었다. 헝가리는 홀티장군의 역할로 공산화 속도가 느렸지만 1952년 라즐로 라짓을 축출한 라코시가 권좌에 올랐다.

체코슬로바키아는 동유럽에서는 가장 자유민주주의가 발달한 나라로서 베네쉬 등의 망명정부 수립으로 소련의 팽창정책이 잘 먹혀 들어가지 못하였다.

1948년 고트발트가 체코슬로바키아의 실력자가 되었다. 알바니아는 소련의 도움 없이 국내파 공산주의자들에 의해 공산정권이 이루어졌다. 엔버 호자가 그 지도자로서 티토의 영향권에 들어가기도 했지만 나중에는 체코슬로바키아에 스스로 스탈린식 공산체제를 수립하였다.

세르비아인들이 다른 민족들(크로아티아인, 슬로베니아인, 알바니아인)보다 우세한 입장에 있었던 유고슬라비아는 처음에는 소련의 공산체제를 따랐지만 점차로 독자노선을 걸었다. 앞에서 설명한 바와 같이 그 장본인이 바로 티토(Marshal Tito: 1892-1980)였다. 그는 발칸동맹을 결성하기도 했으며, 집단농장폐지, 공장경영의 이익을 노동자에게 주려는 노동자협의회(workers council) 결성 등과 같은 혁신적 경제정책을 실시하여 세상을 놀라게 하였다.

소련공산체제에의 반발

1953년 스탈린의 사망으로 동유럽에 변화가 일어났다. 소련 새 정권의 '새로운 노선'은 여러 가지로 동유럽국가들을 헷갈리게 하였다. 그들은 앞으로도 과연 소련의 도움을 계속 받을 수 있는지, 그리고 그들의 권력에 어떤 공백이 생기는 것은 아닌지 등 현실주의적 이해관계가 그들을 괴롭혔다. 그들의 자아의식을 더욱 자극한 것은 그들의 민족주의 의식이었다. 그리하여 그들 권력층 내부에는 당과 정부 사이의 갈등이 심화되기 시작하였다.

더군다나 1956년 후루시초프의 스탈린비판 연설로 스탈린주의는 벼랑에 빠지게 되었다. 그리고 1956-1958년 중·소 이념분쟁은 양국의 관계뿐 아니라 양국과 동유럽국가들의 관계를 분열시키는 결과를 낳았다. 동유럽의 강경파 공산세력들은 중공을 종주국으로 삼고 집결하는가 하면 개혁을 지지하는 세력들은 수정주의 입장을 따르려고 하였다.

소련의 통제에 반발하고 나선 가장 대표적인 국가는 폴란드와 헝가리였다. 왜냐 하면 이들 국가들에는 후루시초프의 개혁정책을 바라는 사람들이 많았기 때문이다. 폴란드에서는 1956년 비에루트의 사망으로 에드워드 오합이 들어서면서 후루시초프의 개혁을 따랐다. 오합은 정치범을 사면하고 의회의 정치적 토론을 허락하였다. 이에 힘입어 노동자들은 유고의 노동자협의회를 모방한 조직을 만들기도 하였다. 드디어 1956년 포즈난에서 대규모 시위가 벌어졌다. 이러한 상황에서 소련의 압력으로 물러난 불라디스라프 고물카가 다시 당 제 1 서기로 임명되면서 스탈린주의를 배격하였다. 그러나 일당지배체제가 사라진 것은 아니었다.

헝가리는 1956년부터 정치적 자유운동이 강압으로 물러난 임레 나지를 중심으로 일어났다. 그는 결국 후루시초프의 지지를 얻지 못하여 퇴각되었지만 국민의 불만은 가라앉지 않았다. 10월 초 30만명이 나지를 중심으로 나슬로 라익 장례식에서 시위를 벌였으며 유고의 노동자협의회를 조직하였다. 같은 달 이번에는 부다페스트에서 학생들의 과격시위가 벌어져 스탈린 동상을 끌어 내리고 소련군의 철수를 요구하였다. 할 수 없이 나지가 다시 총리가 되고 다당제회복, 바르샤바조약기구탈퇴 등을 약속함으로써 일을 수습하였다. 그러나 소련은 고물카보다 더욱 급진적 개혁을 선동하는 위험한 인물로 나지를 몰아 부쳤다. 소련군의 진압과정에서 4만명 이상의 희생자가 났다. 결과는 다시 소련의 충복인 까다르가 들어섰다.

헝가리사태 이후 후루시초프의 권위와 동유럽의 결집은 상당히 약화되었지만 동독의 울브리히트, 체코의 노보뜨니, 불가리아의 지브꼬프, 알바니아의 호자 등은 강력한 독재자로 자처하면서 경찰국가와 토지집단화를 더욱 강화하였다. 알바니아는 중·소 이념분쟁으로 소련과의 관계를 끊고 중공과 관계를 가졌으며, 이와는 반대로 동독은 1961년 베를린장벽 설치로 소련과 관계를 돈독히 하였다.

자유화운동의 전개

1964년 후루시초프의 실각으로 동유럽은 다시 한번 자유화의 기회를 가지게 되었다. 브레즈네프의 국내문제 집중으로 동유럽국가들은 독자적인 노선을 추구할 수 있었다. 그들은 종래의 스탈린식 경제모델과 비밀경찰제에 대해서 깊은 회의를 가졌다. 왜냐하면 그들의 조직들을 가지고는 변화하는 사회와 특별히 경제분야에서 일어나는 어려운 문제들을 풀어나갈 수 없었기 때문이다. 그리하여 그들은 서서히 서방의 시장경제를 도입하고 정치적 민주주의를 들어오려고 하였다. 이에 대한 부작용 역시 작은 것이 결코 아니었다.

동유럽의 자유화 운동은 1968년 체코슬로바키아에서 일어났다. 이것은 1956년의 헝가리의 경우와 매우 비슷하였다. 이에 앞서 유고슬라비아에서도 일어났지만 티토의 유연한 학생데모 조처로 위기를 넘겼다. 1968년 공산당 의

장에 오른 알렉산더 두브체크(Alexander Dubcek)는 공산당의 권위를 유지하면서도 지식인들의 개혁을 실시하려고 하였다. 두브체크는 국민들의 폭넓은 지지로 '프라하의 봄'을 꿈꾸고 있었다. 이에 위협을 느낀 소련과 동독, 폴란드, 헝가리, 불가리아는 소위 '5개국 집단'을 결성하고 두부체크에 제재를 가하였다. 결국 '5개국 집단'의 침공으로 위기를 맞이하였으나 검열제도의 부활 등의 제빠른 조치로 헝가리와 같은 유혈충돌은 없었다. 드디어 11월 브레즈네프는 '브레즈네프 독트린'을 발표하여 사태를 수습하였다. 그러나 이로 인한 자유화운동의 물결은 그치지 않았다.

1982년 체코슬로바키아와 동독은 친소적 노선에 있었으나 루마니아, 헝가리, 폴란드는 독자노선을 걷고 있었다. 루마니아의 차우세스쿠는 동유럽의 드골로 행세하였다. 그는 COMECON의 개편에 반대하고 서독과 같은 서방과 외교를 가지면서 독재체제를 지켰다. 그러나 소련의 무력간섭은 없었다. 헝가리는 1956년 이후 점차 권위주의적 체제가 다시 나타났으나 신경제원리의 도입, GATT와 IMF 가입 등을 통하여 문제를 어느 정도 해결하려고 하였다. 한편 폴란드는 1980년 레흐 바웬사를 중심으로 하는 노동조합운동이 전개되었으며 급기야는 자유노조가 결성하는 자유화운동이 일어났다.

이미 설명한 바와 같이 소련 고르바초프의 출현은 소련은 물론 동유럽의 공산체제를 무너뜨리는 데 견인차가 되었다. 그것은 1989년 동유럽에서는 처음으로 헝가리에 복수정당을 허용하였으며, 바웬사를 중심으로 하는 자유노조에 이어 비공산정권을 탄생하게 하였기 때문이다. 드디어 1989년 브레즈네프 독트린이 바르샤바 조약회의에서 폐기되었으며, 1990년 10월 동·서독통일에 이어 소련의 공산당도 1991년 전면 해체되었다. 이어 1993년 체코슬로바키아가 체코와 슬로바키아로 나뉘어 각각 독립하였으며, 다민족 국가인 유고슬로바키아는 좀더 잔인한 내전을 통하여 분해되었다. 1991년 유고연방에서 크로티아인(가톨릭)과 세르비아인(그리스 정교)의 충돌로 내전이 시작되었다. 먼저 슬로베니아(가톨릭)와 크로티아가 독립하고 다시 세르비아인들이 터키인들을 공격하는 과정에서 내전이 격화되었다. 유엔군이 파견되었으나 해결의 실마리는 쉽사리 나타나지 않았다.

제 4 절 20세기 이후의 문화

제2차 세계대전으로 세계는 최대의 위기를 겪지 않으면 안 되었다. 그리하여 민주주의, 자유주의, 합리주의 및 개인주의는 야만과 불합리의 홍수 속에서 갈 길을 잃어버렸다. 철학, 문학, 예술 등의 문화도 이들 정치적, 경제적 영향을 받아 비관주의와 혼미, 절망, 도피 등의 특성을 반영하였다. 그러므로 문화도 이러한 정치적, 사회적 혼란에 일단의 책임을 지지 않을 수 없을 것이다. 특별히 과학의 이론들은 이성에 대한 인간의 확신을 무디게 하여 그것들(과학이론들)을 한낱 지식의 도구로 전락하게 만들고 말았다. 더욱 심각한 것은 불합리한 것을 숭배하고, 민주주의의 가능성을 부인하며, 그리고 폭력의 지배를 정당화하려는 이데올로기 주창자들이 등장한 사실이었다. 그러나 이러한 절망적인 상황들은 언제까지 지속될 수는 없었다. 평화를 추구하려는 갖가지의 노력들이 서서히 나타났다.

1. 과학의 발달

이미 앞에서 살핀 바와 같이 19세기 후기와 20세기에 걸쳐 과학분야에서 나타난 중요한 업적들은 아마도 다음의 몇 가지일 것이다. 즉 원자는 고체의 미립자가 아니라 태양계의 축소형이라는 것, 방사성의 발견과 에테르의 발견, 시간과 공간은 상대적 관계에 있다는 것, 정신분석학의 발달, 매균설의 발달, 유전법칙의 발견이 그것들이었다.

그러나 1918-1962년 과학의 업적, 특히 물리학의 업적은 타의 추종을 불허할 정도였다. 원자는 양자(protons)와 전자(electrons)뿐 아니라 양전자(positrons), 중성자(neutrons) 및 중간자(mesons)를 포함하고 있는 것으로 밝혀졌다. 그리고 중간자는 원자 안에 있으면서 지구에 항상 쏘아대는 우주선(the cosmic rays)의 구성체라는 것이 밝혀졌다. 1927년 독일의 물리학자 하이젠베르크(Werner Heisenberg)는 전자들은 인과의 법칙을 따르지 않고 분명한 이유 없이 한 곳에서 다른 곳으로 도약한다는 사실을 발견하였다. 즉 그들은 우주의 법칙에 준하지 않는 일종의 '법을 벗어난 추상'에 속한다는 것이다. 무엇보다도 물리학의 업적 가운데 중요한 것은 원자가 분열할 때 그 안에 있던 에너지가 방출한다는 사실이었다. 이것은 전기에너지였다. 물리학자들은 물론 이 엄청난 동력원을 인류를 위해 전환할 수 있기를 바랐다. 드디어 아인시타인이 질량과 에너지의 관계와 원자의 이용법을 알아 냈다. 즉 원자안에 있는 에너지의 양은 빛의 속도 제곱에 의해 나타난 질량과 같다($E=mc^2$)는 것이다.

원자의 핵분열

그러나 이 공식의 실제적인 적용은 1932년 제임스 체드윅(James Chadwick)의 중성자발견 때까지 기다려야 했다. 체드윅은 중성자는 전기가 없기 때문에 원자를 포격하는 데 이상적인 무기라는 것을 알아 냈다. 그리고 포격과정에서 중성자는 더 많은 중성자들을 생산하게 되고, 그 중성자들은 다른 원자들을 가격하여 다시 중성자들을 생산하게 되는데, 이러한 것은 계속 반복되어 끝이 없다는 것이다. 1939년 독일의 물리학자 오토 한(Otto Hahn)과 스트라스만(F. Strassman)에 의하여 우라늄의 원자핵분열이 성공하면서부터 인류의 불행을 가져다 주는 원자폭탄을 생산하게 되었다. 원자폭탄의 생산은 1945년 미국의 육군성에 의해 주도되었으며 이에 기여한 과학자들은 나치와 파시즘의 억압을 피해 이주해 온 사람들이었다. 이보다 더 큰 위력을 가진 수소폭탄은 1952년 미국 원자에너지위원회에 의해 실시되었다. 이 후 미국과 소련은 앞다투어 핵실험을 실시하였다.

우주탐험

소련은 1957년 10월 4일 처음으로 인공위성을 우주로 발사함으로써 인간 능력을 실험하기 위한 새로운 단계를 열었다. 인공위성은 한 시간에 18,000마일의 속도로 지구를 돌기 시작했다. 그것은 무게가 거의 200파운드나 되는 대도 500마일 이상으로 날아갔다. 인공위성을 의미하는 소련어의 '스푸트니크(Sputnik)'는 얼마 후 두 번째로 고도 1,000마일이나 날을 수 있었다. 스푸트니크 2호는 무게가 반 톤이나 나갔으며 그 안에 정교한 과학기구들과 살아 있는 개까지 실었다. 더욱 놀라운 것은 1961년 4월 소련은 사람을 태우고 지구궤도에 보내는 데 성공했다는 사실이다. 그리고 미국도 인공위성을 결국 성공적으로 진입시켰다. 이 외에도 제트엔진과 로케트의 발명은 최신속 비행기와 유도탄을 만들게 하였다. 그러나 서글픈 것은 이러한 과학자들의 재능이 순수한 지식의 발전이나 인류의 복지를 위해서가 아니라 민족주의적 경쟁과 국가적 세력확장에 이용되고 있었다는 사실이다.

한편 화공학의 발달은 나일론을 비롯한 합성섬유의 발명을 가져와 일상생활에 활력을 부어 주었고, 항생학과 유전공학, 예방의학의 발달은 페니실린, 마이신 등을 만들게 하여 난치병으로 알려진 질병을 치료케 함으로써 보건위생과 인간수명연장에 크게 기여하였다. 전기와 전자공학의 발달은 레이더, 라디오, 텔레비전, 컴퓨터를 개발케 하여 통신의 일대 혁명을 초래케 하였다. 이와 같은 일들은 후기산업사회의 특성을 나타내는 것들로 인간의 복지와 풍요를 위해 선용될 수도 있지만 다른 한편으로는 인간의 파멸을 초래하는 데 악용될 수도 있다는 데 문제의 심각성이 있는 것이다.

2. 철학의 발달

제 1 차 세계대전 이래 철학의 발자취는 대부분 비관주의와 혼란을 나타내었다. 세계대전은 대부분의 사상가들에게 새로운 암흑시대의 예고로 보였다. 그들에게 일어나는 사건들은 모두가 깊은 번민을 가져다 주는 것처럼 보였다. 곧 이어 들이닥친 파시즘과 제 2 차 세계대전은 문명이 회복되리라는 희망마저 그들로부터 앗아 갔다. 인간은 이제 초자연적 힘이나 권력의 도움 없이 그들 문제들을 그들 스스로 해결할 수 있다는 자신마저 잃어버렸다. 그리하여 조지 산타야나(George Santayana: 1863-1952)는 물질주의 세계에 싫증을 느껴 로마의 수도원으로 피신하여 말년을 살았다. 그는 사회문제와 정치문제에 전연 관심을 보이지 않았다. 영국 철학자 조드(C. E. M. Joad)도 이와 비슷한 사상을 가졌다. 불가지론자이며 일부다처주의의 변호가인 그는 왕과 국가에 대한 충성을 거부하고 원죄를 받아들이는 등 말년을 철저한 기독교인으로 살았다.

신정통주의
비관주의 사상을 대변하는 첫 번째 철학은 스위스의 칼 바르트(Karl Barth: 1886-1968)와 미국의 라인홀드 니부어(Rinhold Niebuhr: 1892-1971)에 의해 시작된 신정통주의(the Neo-Orthodoxy)철학이었다. 형태로는 신학체계를 갖춘

이 철학은 생의 성격과 인간의 운명에 대하여 심오한 철학적 결론을 제시하였다. 바르트와 니부어는 세계와 우주의 문제들을 칼빈주의적으로 접근하였다. 그들은 이 세계가 전능한 신에 의해 다스려지며 그의 목적에 부합되게 운행되는 것이라고 믿었다. 그리고 인간은 신의 형상대로 창조되고, 그의 행동에 책임을 져야 되는 필멸적 존재라고 생각하였다. 그들은 특히 세상에서의 근본적인 죄에 관하여 강조하였다. 그들에 의하면 비록 인간은 동정심이 있고 자비를 베풀 수 있지만 그의 성품은 본질적으로 오만과 이기심으로 오염된 존재라는 것이다. 그리하여 이들 성품들이 권력의지의 형태를 가지게 되면 전쟁, 인종갈등, 독재, 착취의 근원이 된다는 것이다. 이와 같은 인간의 죄는 그들 성품의 악을 인정하고, 기독교의 구원의 능력을 받아들이면서 하나님 앞에서 겸손해질 때에만 정복될 수 있다는 것이다. 이러한 방법에 의해 그들은 민주주의의 핵심인 다른 사람들을 사랑하고 존경하는 일을 성취할 수 있다는 것이다. 그런고로 그들에게 하나님의 부정(父情)은 인간 형제애의 기초였다.

신스콜라철학

다음은 작크 마리탱(Jacques Maritain: 1882-1973)과 그 추종자들에 의해 이루어진 신스콜라철학(the Neo-Scholasticism)으로, 목적에서는 신정통주의와 비슷하지만 형태와 내용에서는 그것과 달랐다. 신토미즘(Neo-Thomism)이라고도 불리워지는 이 철학은 새로운 것은 아니었다. 이것은 19세기의 신스콜라철학을 계승한 것이었다. 신정통주의철학이 전적으로 프로테스탄트적인 반면에 신스콜라철학은 가톨릭적이었다. 그러나 양자는 그들 자신의 종교를 비판하는 입장에서는 유사하였다. 니부어가 프로테스탄티즘에 의해 허용된 지나친 양심의 자유를 개탄한 반면에 마리탱은 가톨릭의 지나친 권위주의를 비판하였다. 신스콜라철학자들은 이성을 높이고 생의 목적을 추구하는 것을 최고의 가치로 삼던 토마스 아퀴나스의 스콜라철학으로 다시 돌아가자고 주장하였다. 그들에 의하면 우주는 지적 목적에 의해 다스려지며 모든 것들은 이성에 의해 설명될 수 있다는 것이다. 그러나 14세기 스콜라철학은 쇠퇴하고 대신 유명론이 자리를 잡아 개인주의, 유물론, 회의주의로 가게 되었다는 것이다. 이들 개념들은 결과적으로 합리적 창조물인 인간의 확신을 무너뜨렸으며, 하나님을 우주의 지배자로 전락시킴으로 무정부와 혼란으로 만들어 버렸다는 것이다. 체스터톤,

질손, 아들러 등은 신스콜라철학의 영향을 받아 등장한 철학자들이었다.

실존주의

비관주의적 철학의 절정은 1939년경 프랑스에서 만들어진 실존주의(Exis-tentialism)철학에 의해 이루어졌다. 이 철학의 대표자 파리 리세의 철학교수인 사르트르(Jean-Paul Sartre: 1905-1980)는 독일에 대항한 레지스탕스였다. 실존주의의 이름은 자유로운 개체로서의 인간의 실존(existence)은 생의 근본적인 진실(the fundamental fact of life)이라는 교리에서 유래하였다. 그러나 이러한 자유는 인간에게 아무런 도움이 되지 못하고 오히려 번민과 두려움의 근원이 되었다는 것이다. 인간이 자유로운 행위자이며 도덕적으로 그 행동에 책임을 지는 존재라는 것을 인식해도 이 소외된 세계에서 이방인이라는 느낌을 피할 수가 없다는 것이다. 사르트르에 의하면 인간은 자비로운 하나님에 대한 확신도, 유목적적인 우주에 대한 확신도 가질 수 없다는 것이다. 이러한 이념들은 근대과학자들에 의한 거짓 꾸밈에 의해 지배되어 왔다는 것이다. 그가 말하는 고독과 절망으로부터 벗어날 수 있는 유일한 길은 인간문제에 '연루하거나' 적극적으로 참여하는 일이라는 것이다. 다시 말하면 인간은 어떤 대상물이나 기계가 아니라 자율적인 존재라는 사실을 깨달아 자유를 회복해야 된다는 것이다. 즉, 인간자신을 본질에서 파생한 비본래적인 것이 아니라 본질적인 실존으로 인식해야 된다는 뜻이다. 사르트르의 무신론적 실존주의 이외에 19세기 중엽 덴마크의 신학자 키에르케고르(Soren Kierkegaard: 1813-1855)에 의해 시작된 기독교적인 실존주의가 있었다. 기독교 실존주의는 무신론적 실존주의와 마찬가지로 인간의 번민과 공포의 주원인은 자유라고 가르쳤다. 그러나 이들의 주장은 자유의 근원은 원죄 안에 있다는 점이 달랐다. 이들은 칼 바르트와 니부어에게 영향을 주었으며, 그리고 1930년 이래 기독교 실존주의의 주도적인 역할을 수행한 철학자는 하이델베르크대학교 교수인 유명한 칼 야스퍼스(Karl Jaspers: 1883-1969)였다. 사르트르의 실존주의철학은 본질직관에 기초된 형상적·선험적 환원을 강조하는 후설(Edmund Gustav Albrecht Husserl: 1859-1938)의 현상학과 더불어 현대철학의 중심을 이루었다.

낙관주의철학

　위의 불확실성과 비관주의에도 불구하고 두 사람의 걸출한 낙관주의적 철학자들이 나타났다. 한 사람은 알프레드 화이트헤드(Alfred North Whitehead: 1861-1947)이며, 다른 한 사람은 이미 설명한 바 있는 존 듀이였다. 영국교회 승려의 아들로 출생한 화이트헤드는 그의 생 대부분을 하버드대학교의 철학교수로 보냈다. 그의 대표적인 저서는 『과학과 현대세계(1925)』, 『과정과 실재(1929)』이다. 수학자로 출발한 그는 현대사상을 새 시대의 과학과 연결시키려는 노력에서 철학으로 전향하였다. 그의 사상체계는 플라톤, 칸트, 아인시타인의 영향을 받아 이루어진 것이었다. 전자의 두 사람들(플라톤과 칸트)과 같이 그는 인식의 방법으로 이성, 감각, 직관을 중시했으며, 신비주의자와 예술가, 낭만주의 시인을 조소한 완고한 실증주의자들을 배격하였다. 후자로부터는 물리학과 수학의 중요성을 전수받았다. 정치와 사회이론에 자유주의적인 그는 진보에 대하여 견고한 신앙을 가졌다. 그는 또한 자비로운 신에 대해서도 깊은 신앙을 가졌다. 그는 신을 딱딱한 독재자로서가 아니라 사랑과 용서와 악에서 구해 주는 선한 신으로 생각하였다. 화이트헤드의 사상은 신과 인간이 함께 동역자로서 완전성을 향하여 노력하는 자애로운 우주를 추구하는 사상이었다. 다시 말해 그는 물질과 정신, 경험론과 합리론, 자연과 인간, 그리고 기계론과 목적론을 상호 결합하려고 노력한 철학자였다. 한편으로 존 듀이는 그의 저서(*Reconstruction in Philosophy,* 1920)를 통하여 궁극적이며 절대적인 실재를 파기하고 인간지식의 가능성을 확신하였다. 그에 의하면 인간은 이성과 경험을 통해 얻은 지식으로 초자연적 힘의 도움 없이도 인간의 모든 문제들을 풀 수 있다고 생각하였으며, 인간본성의 타락과 같은 원죄개념을 거부하였다. 그는 인간의 자유와 평등, 그리고 경험과 교육을 통하여 얻은 판단력에 대한 신앙이 민주주의의 핵심이라고 강조하였다. 이 외에 논리실증주의(the Logical Positivism)로 알려진 유럽철학이 등장하였다. 주로 비엔나학파라고 불리워지기도 하는데, 그 대표적인 사람들이 카르나프, 오토 노이라드, 라이헨바하, 그리고 잘 알려진 비트겐슈타인(Ludwig Wittgenstein)이었다. 논리실증주의는 일종의 과학철학으로 자연현상에서 1 대 1의 관계로 밝혀질 수 있는 것만을 다루려는 학문이었다. 그러므로 철학도 자연환경을 캐낼 수 있는 도구로만 적용되었다.

반합리주의철학

제1차 세계대전 이후 사회철학과 정치철학 가운데는 민주주의를 경멸하고 깊은 위기감을 나타내려는 철학이 등장하였다. 가장 유명한 반합리주의 철학자들은 이탈리아의 빌프레도 파레토(Vilfredo Pareto: 1848-1923)와 독일의 오스발드 쉬펭글러(Oswald Spengler: 1880-1936)였다. 이들의 선구자는 이미 신디캘리즘의 창단자로 설명한 바 있는 조르쥬 소렐(Georges Sorel)이었다. 이들은 대체로 대중을 경멸하고 민주주의를 불가능한 것으로 바라보며 반지성주의를 지지하며, 그리고 강력하고 침략적인 지도자를 찬양하였다. 스펭글러가 가장 심하였다. 그의 대표작은 『서유럽의 몰락(1918)』이었으며, 그의 후기작품들은 거의 나치시대의 저서들처럼 편견들로 가득차 있었다. 스펭글러는 민주주의와 평화주의, 국제주의, 하층계급, 유색인종을 공격하였으며, 강렬한 본능과 권력과 재물을 소유한 사람들을 찬양하였다.

신보수주의

제2차 세계대전 이후에는 보수적인 정치·사회철학이 등장하였다. 이것은 위의 철학의 흐름에서 크게 벗어나지 않았다. 이 신보수주의(the Neo-Conservatism)를 시작한 사람은 오스트리아의 정치경제학자인 하이에크(Frederick A. Hayek)였다. 그는 그의 저서(the Road to Serfdom)에서 사회주의와 공산주의로 유도한다는 근거에서 자본주의를 방해하는 모든 집단주의적 형태들을 탄핵하였다. 그에 의하면 경제적 자유의 파괴는 모든 자유를 몰락으로 끌고 간다는 것이다. 왜냐 하면 개인이 어떤 방해도 받지 않고 그의 취향과 관심을 추구하려는 권리는 자유의 핵심이기 때문이라는 것이다. 그의 뒤를 이은 사람들은 비이레크(Peter Viereck), 커크(Russell Kirk), 포겔린(Eric Voegelin)이었다. 이들은 철학을 본질적으로 반동적이며 반이성적인 것으로 파악하였으며 인간의 본성을 불신하였다. 그들에 의하면 서유럽사회는 전통적인 제도와 신앙에 의해서만 구제될 수 있다는 것이다. 그들은 더 나아가서 가정의 신앙부활, 재산의 보호, 섭리숭배를 들고 나왔다.

구조주의

구조주의(structuralism)란 스위스의 언어학자인 소쉬르(Ferdinand de Saussure)의 이론을 토대로 이루어진 사유방법으로 인류학자 레비-스트로스 (Claude Levi-Strauss) 등을 통하여 1960년대부터 점차 문화구조로 일반화되어 갔다. 소쉬르는 종래의 언어학자들이 단순히 언어들의 변화과정을 역사적으로 연구하는 데서 벗어나 현존의 언어구조의 본래적 틀을 체계적으로 찾아내려고 하였다. 그리고 이 언어구조의 보편적 틀이 사물과의 관계를 맺는 것이라고 보았다. 래비-스트로스는 소쉬르의 언어구조주의를 본따서 종래의 실존주의와 현상학의 방법론에 회의를 던지면서 언어 이외의 문화현상에도 이 방법을 두루 적용하려고 하였다. 문화현상도 각각 자족적이며 자기결정적인 보편적 내적 구조에 의해 상호 작용한다는 것이다.[11]

구조주의는 마리노우스키(Brinislaw Malinowski)와 같은 기능주의자들에 의해 사회와 문화의 구조에 더욱 자리를 튼튼히 잡게 되었다. 그들에 의하면 문화현상은 하나의 유기체로서 부분적인 것들로 이해될 수 없으며 총체적 문화조직과 관련된 문화기능으로만 이해될 수 있다는 것이다. 즉 그것은 변화를 중시하는 역사의 문제(the problem of history)가 아니라 어디까지나 상호적 연계를 중시하는 진화(evolution)와 관련된 문제라는 것이다. 그리하여 사회나 문화구조에는 그것을 다스리는 보편적 원칙이 있다는 것이다.[12] 따라서 역사나 종교와 같은 외형적 요소들은 더 이상 작용할 수 없다는 것이다. 특히 미국을 중심으로 사회학에서 발달한 구조-기능주의(structural-functionalism)는 일단 정지한 단면의 사회구조를 기능적 측면에서 주로 그 원인보다는 결과를 중시하면서 조사하려는 특징을 가지고 있다.

포스트 모더니즘

1970년대부터 움직이기 시작한 포스트 모더니즘(the Post-Modernism)은 기존의 근대사상뿐 아니라 기존의 모든 전통을 거부하려는 사조로 현재까지 적지 않은 영향을 끼치고 있다. 탈근대주의라고도 불리워지는 포스트 모더니즘의 사상가들은 세계대전 이후의 무정부적 상황과 연계하여 현대사회를 불확정의 시대로 규정한다. 주로 문예를 중심으로 발달한 포스트 모더니즘은 문학

---

11) 김영한 편,『서양의 지적 운동 Ⅱ』, 지식산업사, 1998, pp. 648-682.
12) Ralph L. Beals & Harry Hoijer, *An Introduction to Anthropology*, New York, pp. 720-726.

의 탈장르, 자기반영, 대중문학에 치중하면서 문예뿐 아니라 건축, 신학, 철학, 역사학, 경제학, 사회학, 과학 등 거의 모든 분야에 걸쳐 침투하고 있다.[13] 그들의 공통된 경향성은 안정성보다는 불안정성에, 객관성보다는 주관성에, 사실의 연속성보다는 단절성에 기울어져 있으며, 진보나 이성, 보편성과 같은 개념을 탈피하려고 하는 것이 그들의 특징이다. 이 사상은 신보수주의와 제휴한다는 비판을 받기도 한다. 그러나 근자에는 도식적 모더니즘과 비이성적 포스트모더니즘을 연결하려는 균형적 이론이 등장하여 주목을 끌고 있다. 그 대표적인 학자들이 하버마스, 배리 스마트, 알랭 투렌 등이다.

3. 문   예

문   학

문학의 움직임도 철학의 동향과 비슷하였다. 철학이 전쟁과 공황의 소용돌이 속에서 번민과 공포, 허탈을 나타낸 것처럼 문학도 거의 유사하였다. 일반적으로 제 1 차 세계대전 이후 1920년대는 냉소주의, 비극, 운명으로부터 벗어나지 못한 소위 '잃어버린 세대'의 문학시대였다. 그 대표적인 문인들이 어니스트 헤밍웨이(Ernest Hemingway), 존 도스 페소스(John Dos Passos), 엘리어트(T. S. Eliot), 유진 오넬(Eugene O'Neill) 등이었다. 1930년대는 문학의 새로운 국면이 나타난 시대였다. 이 시대에는 경제공황과 파시즘의 영향으로 좌절을 극복하고 부정주의와 야만, 난폭을 탄핵하려는 새로운 작가들이 등장하였다. 존 스타인벡(John Steinbeck), 셔우드(Robert Sherwood), 앙드레 말로(Andre Malreau) 등이 그들이었다. 1940년 이후 수 년간은 앞의 경향이 그대로 지속되었다. 이 때 나타난 문인들은 프로스트(Robert Frost), 윌리엄 포크너(William Faulkner), 노먼 메일러(Norman Mailer), 헉슬리(Aldous Huxley) 등이었다. 그리고 1960년대는 두 가지의 특성을 나타낸 문학시대였다. 첫째는 불의와, 약자와 불행한 자의 학대에 항의하는 작가들이 등장한 시대였다. 둘째는 심리적 좌절과 변태를 표현하려는 작가들이 등장한 시대였다. 전자에 속한 문인들로는 미국의 하퍼 리(Harper Lee), 남아프리카의 알란 파톤(Alan Paton), 러시아의 보리스 파스테르나크(Boris Pasternk)가 유명하였으며, 이

---

13) 김영한·임지현 공편, 『서양의 지적운동』, 지식산업사, 1994, pp. 659-691.

시기에 등장한 저항적 문학운동들로는 미국의 '비트 제너래이션(the Beat Generation)'과 영국의 '앵그리 영 맨(the Angry Young Men)'이 유명하였다. 그리고 후자에 속한 문인들로는 윌리엄(Tennessee Williams), 로렌스 듀렐(Lawrence Durell), 샐린져(J. D. Salinger) 등이 있었다. 이 외에도 정치적 갈등을 묘사하려는 작가들과 사회적 부조리를 파헤치는 실존주의적 작가들이 등장하였다. 전자에 속한 작가들로는 알란 드루어리(Alan Drury), 로버트 류아크(Robert Ruark)가 있었으며, 후자에 속한 문인들로는 까뮈(Albert Camus), 사르트르, 카프카 등이 유명하였다.

미 술

미술도 문학과 마찬가지로 비관주의, 환멸, 반란 등의 흐름에서 벗어나지 못하였다. 미술은 1930년대까지 주로 근대 혹은 근대 후기 인상주의의 영향을 받았다. 미래주의는 한동안 전쟁 전부터 머뭇거리다가 사라졌다. 아마도 가장 중요한 흐름은 독일의 미술가 그로츠(George Grosz)에 의해 표현된 표현주의 (expressionism)였을 것이다. 표현주의의 목표는 의미를 나타내는, 다시 말해 예술가 자신의 강한 느낌을 묘사하려는 것이었다. 따라서 형식은 무시되고, '영혼의 상태'를 표현할 수 있다면 어떤 것이나 허용되었다. 후기의 표현주의자들은 대개 사회적 풍자가들이었으며, 기존의 예술표준에 반하는 그들의 격렬한 운동은 초현실주의(surrealism)를 낳게 하였다. 그 대표적인 사람은 스페인의 살바도르 달리(Salvador Dali)로 전통적인 예술을 거부하고 허무주의를 나타내려고 하였다. 1930년 이후 한동안 극단적인 무정부적 근대미술학파는 쇠퇴의 시련을 겪어야 했다. 그리고 나타난 것이 대중적인 보통사람의 미술이었다. 이들의 그림목표는 근대세계의 사회상을 묘사하고 농민과 노동자의 꿈과 희망을 자세하게 그리는 것이었다. 멕시코의 디에고 리비에라, 올즈코, 미국의 벤톤, 덴, 그로퍼, 우드 등이 유명하였다. 1950년 경에는 소위 추상적 표현주의(the abstract expressionism)라는 화풍이 나타났다. 이것은 표현주의, 입체주의, 초표현주의의 영향을 받은 것으로 일체의 과거의 전통을 거부하였다. 그들은 창의와 실험 등을 좋아했으며 그들의 일부 사람들은 그림보다는 금속이나 종이조각, 천조각 등을 이용하여 그들이 원하는 것을 표현하려고 하였다.

음   악

음악의 경향도 미술의 경우와 틀리지 않았다. 음악의 기본적인 특성은 와 그너때 절정을 이룬 낭만주의 전통에 대한 일대 반란이었다. 대부분의 작곡가 들은 미적 이상을 거부하고 구조의 다양성과 참신성, 그리고 순수한 에너지 표 현에 의존하였다. 일반적으로 고전주의와 낭만주의의 틀을 벗어난 것으로는 인상주의와 표현주의의 두 가지 형태라고 볼 수 있다. 전자는 감정과 상상을 나타내기 위하여 음질을 개발하려고 하였으며, 후자는 추상을 지향하는 감각 적 효과나 경향성보다는 형식에 더욱 관심을 쏟았다. 인상주의의 완벽한 전문 가는 그 창단자인 드비시였다.

인상주의보다 더욱 급진적이며 영향력 있는 표현주의는 두 가지의 주요학 파로 갈라졌다. 하나는 비엔나의 아놀드 쉔베르크(Arnold Schoenberg: 1874- 1951)에 의해 만들어진 '무조주의(atonalism)'와 러시아의 스트라빈스키(Igor Stravinsky: 1882-1971)에 의해 표현되고 있는 '다조주의(polytonalism)'였다. 무조주의는 고정된 악음관계 개념을 거부하고 음조(key)를 무시하였다. 이러 한 음악형태에서 불협화음은 오히려 정상적인 규칙이 되며 멜로디는 반음계와 무음 사이를 오가게 된다. 간단히 말해서 음악의 일반원칙이 바뀐 것이다. 이 것은 전통적인 음악의 속박으로부터 벗어나 개체의 독창적인 주관적 이념을 일관되게 표출하려는 장점을 가지고 있는 것으로 악음은 단지 사물의 내적 의 미와 기본구조를 표현하는 도구로만 선용되는 것이다. 그러므로 무조주의음악 가들은 심볼리즘을 멀리 하고 정신분석의 잠재의식을 중시하였다.

한편 스트라빈스키를 정점으로 하는 다조주의는 바하와 초기 다성음악가들 (polyphonists)의 영향을 받아 이루어진 학파였다. 그러나 이것은 불협화음을 이루는 독립된 멜로디들을 단지 한데 엮으려는 것이 아니라 분리된 음조들과 무관한 화음조직들을 결합하여 높은 불협화음을 만들려는 것이었다. 그런고로 이것은 유럽의 화성전통에 대한 일대 반란이었으며, 기술 면에서 무조주의와 매우 달랐다. 무조주의가 감정적 표현을 통하여 낭만주의적 요소들을 가지고 있는 반면에 다조주의는 모든 감성과 감각적 의미를 벗어 버리면서, 순수한 형 식과 운동, 리듬의 건축적 특성을 부활시키려고 하였다. 이러한 점에서 스트라 빈스키의 냉정하고 초연하며 그리고 반심미적 실험들은 입체파와 같은 현대미 술의 경향성과 매우 유사하다고 하겠다. 이들 음악가들 외에도 바르토크(Bar-

tok), 시벨리우스(Sibelius), 쇼스타코비치(Schostakovitch) 등의 활동이 컸다.
끝으로 오늘날 음악에 적지 않은 영향을 주고 있는 것으로 전자음악을 들지
않을 수 없다. 이것은 물론 지난 60년간의 과학의 진보, 특히 전자학과 음향학
의 발달로 나타난 결과였음은 재론의 여지가 없다.

4. 역사학의 발달

상대주의 역사학

역사의 주관적 연구가 극명하게 나타난 것은 실용주의철학이 발달한 미국
의 역사가들을 통해서였다. 미국의 지적 풍토를 대변하는 이들 상대론적 역사
가들은 역사적 사실의 절대적 가치나 객관성을 부인하면서 오히려 시대나 환
경의 변화에 따라 사실의 가치도 달라진다고 주장하였다. 그 대표자들은 프레
드릭 터너(Frederick Jackson Turner: 1861-1932), 제임스 로빈슨(James Harvey
Robinson: 1863-1936), 칼 베커(Carl Becker: 1873-1945), 찰스 베아드(Charles
Austin Beard: 1874-1948) 등이었다.

그들은 일반적으로 미국과 같은 개인주의적 민주사회에 걸맞은 이념들을
주장하고 있는 것이 특색이다. 그들은 인간과 사회의 개별성과 다양성, 복수
성, 주관적 이념 및 현재성 등을 강조하였다. 그리하여 그들은 역사가 "실제로
어떻게 있었는가(wie es eigentlich gewesen: 랑케)"로부터 "실제로 어떻게 현재
에까지 이루어졌는가(wie es eigentlich geworden: 로빈슨)"로 그들의 관심을 바
꾸었다. 왜냐하면 역사가의 임무는 과거에 일어난 사건을 발견하는 데에 있는
것이 아니라 그 사건이 현재적 기준에서 어떻게 그렇게 되어졌는가를 밝히는
데에 있기 때문이다. 그리하여 찰스 베아드는 역사적 연구의 특성을 요약하고
있는데 그것들을 대강 추리면 다음과 같다. 즉, 역사가는 역사적 사실을 상식
적으로 수용하며, 연구대상을 부분적으로만 보며, 객관적으로 보지 못하며, 그
는 사료를 바탕으로 설명하지만 객관적 진실에 다다르지 못하며, 과거의 사건
들에 대한 가설이나 개념은 초월적인 해석이며, 그는 윤리적, 미학적 입장에서
사실을 바라보며, 사건들을 가치중립적으로 취급할 수 없으며, 그리고 역사가
는 사실을 '일어난 대로' 서술할 수도 없다 등이다. 간단히 이야기해서 역사적
연구는 객관적으로 실시될 수 없고 다루는 사람의 입장에 의해 좌우될 수밖에

다른 도리가 없다는 주장이다.

그러면 위의 학자들 중에서 칼 베커의 역사사상을 간단하게 소개해 본다. 그는 역사적 사실이란 이미 사멸되어진 것이므로 우리는 더 이상 그것들을 대면할 수 없는 것이라고 갈파하고 다음과 같은 세 가지의 질의를 제기하고 스스로 이들에 관한 대답을 하였다.[14]

① 역사적 사실이란 무엇인가?
〈그것은 과거에 일어난 일에 대한 진술이다〉
② 역사적 사실은 어디에 있는가?
〈그것은 인간의 사유(마음) 안에 있다〉
③ 역사적 사실은 언제 있는가?
〈그것은 현재(지금)에 있다〉

이것보다 주관적 역사 상대론을 분명하게 나타내 주는 설명이 어디에 또 있겠는가. 그에 의하면, 역사적 사실은 '과거에 일어난 것'에 관한 진술(statement)이지만 그 만들어진 진술은 단순한 지나간 과거의 것이 아니라 현재 역사가의 사유 안에 있다. 그러므로 어떤 역사적 서술도 그 사태를 보고 표현하는 사람의 마음에 있는 현재의 감상이다. 그리하여 칼 베커는 한 걸음 더 나아가 "모든 사람이 각각 자신의 역사가(every man his own historian)"라는 모토를 내세워 상대주의적 역사사상의 정수를 보여 주었다. 요컨대, 역사가는 특수한 훈련을 받은 전문가만이 되는 것이 아니라 누구든지 자신의 체험을 주관적으로 표출하면 역사가가 될 수 있다는 것이다. 이것은 역사의 대중화, 역사의 민주화시대를 예고하는 종소리이기도 하였다.

에드와드 카아

20세기 중엽에 들어와 크로체, 콜링우드에 의하여 다져진 주관적 역사는 미국의 상대론적 사상에 의하여 더욱 심화되었다. 그러나 인간의 정신적 활동을 지나치게 강조한 나머지 객관적 역사는 들어서야 할 자리를 잃고 말았다. 아무리 인간의 정신이 중요하다 할지라도 역사가가 다루는 것은 객관적인 사

---

14) Becker, *op. cit.*, viii.

실이라는 것은 부인할 수 없을 것이다. 그리하여 역사학계에서는 역사란 단지 역사가의 머리 속에 있는 것에 불과한 것이냐는 회의가 일기 시작하였다. 이러한 문제를 해결하기 위하여 등장한 사람이 바로 영국의 역사가인 카아(Edward Hallett Carr: 1892-)였다. 카아는 유명한 그의 저서(*What is history*, 1961)에서 근본적으로 랑케사학을 비판하면서 크로체-콜링우드의 주관적 역사에 관해서도 시정을 요구하였다.

그에 의하면, 과거의 사실과 관련된 문헌은 역사가가 그것을 다루기 전에는 아무 소용이 없는 죽은 종이에 불과하다. 문헌을 가지고 역사로 만드는 것은 역사가이므로 사실만을 성스럽게 숭배하는 랑케적 역사학은 근본적으로 잘못되었다. 역사에서 역사적 사실과 비역사적 사실이 되는 것도 절대적일 수 없고 불변의 것도 아니므로 '사실의 숭배(cult of facts)'는 시정되어야 한다. 한편으로 그는 랑케사학에 반대한 나머지 역사를 역사가의 정신 안에 묶어버린 콜링우드에 대해서도 비판을 토로하였다. 그에 의하면, 역사에서 역사가의 역할을 지나치게 강조하면 역사는 역사가 마음대로 만들어내는 것이 된다. 역사란 어린아이의 놀이상자처럼 '가위와 풀의 역사'가 아니다.

그리하여 카아는 역사연구에 있어서 사실과 역사가는 모두 필요한 요소로 어느 한쪽이 더 우위에 있다고 주장할 문제가 아니라고 강조하였다. 그는 "역사가는 사실의 노예도 아니고 강압적인 주인도 아니다. 역사가와 역사적 사실은 평등한 관계에 있다. 이 두 가지 가운데 어느 한쪽을 우위에 둔다는 것은 불가능하다. 역사가와 사실은 상호 보완적 관계에 있으며 사실 없는 역사가는 뿌리 없는 무능한 존재이고 역사가 없는 사실은 생명 없는 무의미한 존재이다. 그러므로 역사는 역사가와 사실과의 상호 작용의 부단한 과정이며 현재와 과거와의 끊임없는 대화이다"[15]라고 설명하였다.

그러면 그의 '현재와 과거와의 대화'는 무엇인가? 그에게 현재와 과거와의 대화는 근본적으로 사회적 대화이다. 왜냐하면 인간에 의해 이루어진 역사는 결국은 사회적 산물이기 때문이다. 역사는 과거의 사회와 현재의 사회와의 대화라는 것이다. 카아는 역사와 과학의 관계에 대하여 긍정적인 입장을 나타냈다. 그가 말하는 과학은 18, 19세기적인 과학의 개념이 아니라 새로운 의미의 개념을 의미한다. 그에 의하면, 역사는 특수적인 것을 다루고 과학은 일반적인

---

15) E. H. Carr, *What is History?*, 1961, pp. 29-30.

것을 다루지만 역사는 실제로는 특수 속의 일반을 다룬다. 그러므로 역사에서는 교훈이 없다는 말은 잘못된 것이다. 과학은 예측성이 있고 역사는 없다고 하는데 사실은 역사에도 경향성 등에 의하여 어느 정도의 예견이 가능하다. 역사의 객관성은 과학의 객관성과 그 성격이 다르다. 역사학에서는 사료를 한 군데 치우치지 않고 공정하게 다루는 일을 한다. 그리하여 그는 본질적으로는 랑케사학을 배격하였지만 역사연구에 있어서의 과거와 현재, 사실과 사상, 그리고 주관과 객관의 중요성을 균형 있게 강조하는 것을 잊지 않았다. 그러나 그는 건축가에게 중요한 것은 건물의 부착물들이 아니라 그것들로 나타나는 설계상의 이념인 것처럼, 역사가에게 근본적인 것은 사실 자체가 아니라 그것(사실) 밑에 깔려 있는 사상적 조망이라고 설명하였다. 요컨대, 그는 역사에서 제일의적으로 중요한 것은 인간의 사상이지만 그렇다고 사실을 무턱대고 정신의 꼭두각시로 전락시켜서는 안 된다는 입장이다.

한편, 인류의 역사현상을 보편사적 입장에서 관망하려는 역사철학자들이 등장하여 많은 사람들의 주의를 모았다. 이들이 바로 아놀드 토인비, 라인홀드 니부어, 프란시스 후쿠야마, 새무엘 헌팅턴 등이다. 앞의 두 사상가들은 제2차 세계대전을 배경으로, 그리고 뒤의 두 사상가들은 냉전 이후를 배경으로 그들의 사상을 각각 전개하였다. 이들에 대해서는 이미 앞에서 설명한 바 있으므로 참고하기 바란다.

▣ 책 말미에 ▣

우리는 서양문명이 어디서부터 시작하여 어떤 과정을 거쳐 오늘에까지 이르렀는가를 대충 살펴보았다. 처음에 밝힌 바와 같이 역사의 사건들이 아무리 복잡하고 그 이념이나 운동들이 아무리 화사하게 보인다 하더라도 역사의 핵심문제는 어디까지나 인간임을 다시 한번 확인하게 되었다. 역사의 테마는 우리와 멀리 떨어진 곳에 있는 것이 아니라 우리의 일상생활에서부터 가정, 사회제도, 민족, 국가에 미치는 문제들이라는 사실을 감지하였다. 그것은 역사에서 나오는 문제들이 민족이나 국제관계와 같은 크나큰 사건들처럼 보이지만 그들 안에는 이미 우리의 일상생활이나 가정, 학교, 직장의 문제들이 포괄되어 있기 때문이다. 그리고 서양문명에서는 이 인간의 역사문제가 헤브라이즘과 헬레니즘의 소용돌이를 통하여 전개된 것으로 나타나 있다. 즉 이 두 가지의 요소들이 역사의 내적, 외적 문제들을 풀어나가는 중요한 축이 되었다는 뜻이다.

이에서 더 나아가, 우리는 서양문명을 통하여 자연스럽게 역사란 무엇인가, 사실은 객관적인 것인가 아닌가, 역사를 움직이는 힘은 무엇인가, 역사는 어디로 가는 것인가, 역사의 과정은 예정된 것인가 아닌가, 역사 속에서 신의 역할은 어떤 것인가 등의 문제들에 대하여도 다시 한번 반추하게 되었다. 그리고 역사가들이 이 문제들에 관하여 한결같이 양편으로 갈라져서 그들의 주장들을 그렇게도 끈질기게 전개하게 된 이유도 이해하게 되었다. 그것은 양편 모두에 어느 정도의 진리가 포함되어 있기 때문이다.

그러므로 우리는 역사에서 하나의 정확한 해답을 기대해서는 안 될 것이다. 이러한 견지에서 저자는 이와 같은 역사의 근원적인 문제들은 우리 모두에게 맡겨진 짐이라는 점을 강조하고 싶다. "역사는 절대로 한 가지 진리의 답을 주지 않는다. 오히려 역사는 하나의 답이 존재하지 않는다는 사실을 우리에게 줄 뿐이다." 왜냐하면 그 답은 우리를 위하여 신이 남겨둔 우리 자신의 몫이기 때문이다. 한 가지 역사를 통하여 확인되는 것은 여러 가지의 정치적, 경제적, 문화적, 사회적 변화들은 어디까지나 인간에 의해 야기된다는 사실이다. 다시 말하여 서두에서 말한 것처럼 문명의 조절은 어디까지나 인간에게 맡겨진 문제라는 의미이다. 그런고로 역사의 근본적인 문제는 무엇보다도 인간자신, 인간의 내면, 인간의 정신, 더 구체적으로는 인간의 자제력에 달린 문제라는 결론에 이르게 된다.

그러나 문제는 간단치 않다. 왜냐하면 인간정신을 어떻게 조절해야 하느냐 하는 또 다른 어려운 문제가 우리 인간에게 남겨지기 때문이다. 이 어려운 문제가 해결되지 않는다면 우리는 다른 방도를 찾지 않으면 안 될 것이다. 그리하여 다시 인간 자신으로부터 인간 바깥으로 방향을 전환하여 이 문제를 풀어보려는 새로운 시도가 나오게 되는 것이다. 역사에 대한 형이상학적이며 종교적 차원의 방법들이 등장하는 것은 모두가 다 이러한 이유에서이다. 그러므로 우리는 역사현상이 인간이 해결하기에는 너무나 복잡하고 어려운, 그럼에도 불구하고 풀지 않으면 안 되는 중요한 일대 과제라는 사실을 명심해야 할 것이다. 이러한 견지에서 이들 어려운 문제들을 풀기 위해서는 무엇보다도 서양문명이 어떻게 발생하고 형성되었으며, 서양사람들을 통하여 어떻게 적절하게 해결되었는가를 올바르게 이해하는 일이 가장 기본적인 일일 것이다.

** 유럽의 왕계보 **

(700 A.D. 이후)

프랑크 왕국(카롤링 왕조)

Pepin, 궁재, 714
Charles Martel, 궁재, 715-741
Pepin I, 궁재, 741;
    왕, 751-768
Charlemagne, 왕, 768-814;
    황제, 800-814
Louis the Pious, 황제, 814-840

WEST FRANCIA(서프랑크)

Charles the Bald, 왕, 840-877;
    황제, 875
Louis II, 왕, 877-879
Louis III, 왕, 879-882
Carloman, 왕, 879-884

MIDDLE KINGDOMS(중프랑크)

Lothair, 황제, 840-855
Louis(Italy), 황제, 855-875
Charles(Provence), 왕, 855-863
Lothair II (Lorraine), 왕, 855-869

EAST FRANCIA(동프랑크)

Ludwig, 왕, 840-876
Carloman, 왕, 876-880
Ludwig, 왕, 876-882
Charles the Fat, 황제, 876-887

신성로마제국

SAXON 왕조

Otto I, 962-973
Otto II, 973-983
Otto III, 983-1002
Henry II, 1002-1024

FRANCONIA 왕조

Conrad II, 1024-1039
Henry III, 1039-1056
Henry IV, 1056-1106
Henry V, 1106-1125
Lothar II (Saxony), 왕, 1125-1133;
    황제, 1133-1137

HOHENSTAUFEN 왕조

Conrad III, 1138-1152
Frederick I (Barbarossa). 1152-1190
Henry VI, 1190-1197
Philip of Swabia, 1198-1208   ⎫ 양파 대립
Otto IV (Welf). 1198-1215   ⎭
Frederick II, 1220-1250
Conrad IV, 1250-1254

대공위 시대(1254-1273)

Rudolf I (Hapsburg), 1273-1291
Adolf(Nassau), 1292-1298
Albert I (Hapsburg), 1298-1308
Henry VII(Luxemburg), 1308-1313

Ludwig Ⅳ(Wittelsbach), 1314-1347
Charles Ⅳ(Luxemburg), 1347-1378
Wenceslas(Luxemburg), 1378-1400
Rupert(Wittelsbach), 1400-1410
Sigismund(Luxemburg), 1410-1437

HAPSBURG 왕조

Albert Ⅱ, 1438-1439
Frederick Ⅲ, 1440-1493
Maximilian Ⅰ, 1493-1519
Charles Ⅴ, 1519-1556
Ferdinand Ⅰ, 1556-1564
Maximilian Ⅱ, 1564-1576
Rudolf Ⅱ, 1576-1612
Matthias, 1612-1619
Ferdinand Ⅱ, 1619-1637
Ferdinand Ⅲ, 1637-1657
Leopold Ⅰ, 1658-1705
Joseph Ⅰ, 1705-1711
Charles Ⅵ, 1711-1740
Charles Ⅶ(非 합스부르크출신),
    1742-1745
Francis Ⅰ, 1745-1765
Joseph Ⅱ, 1765-1790
Leopold Ⅱ, 1790-1792
Francis Ⅱ, 1792-1806

프 랑 스

CAPET 왕조

Hugh Capet, 987-996
Robert Ⅱ, 996-1031
Henry Ⅰ, 1031-1060

Philip Ⅰ, 1060-1108
Louis Ⅵ, 1108-1137
Louis Ⅶ, 1137-1180
Philip Ⅱ(Augustus), 1180-1223
Louis Ⅷ, 1223-1226
Louis Ⅸ, 1226-1270
Philip Ⅲ, 1270-1285
Philip Ⅳ, 1285-1314
Louis Ⅹ, 1314-1316
Philip Ⅴ, 1316-1322
Charles Ⅳ, 1322-1328

VALOIS 왕조

Philip Ⅵ, 1328-1350
John, 1350-1364
Charlcs Ⅴ, 1364-1380
Charles Ⅵ, 1380-1422
Charles Ⅶ, 1422-1461
Louis Ⅺ, 1461-1483
Charles Ⅷ, 1483-1498
Louis Ⅺ, 1461-1483
Charles Ⅷ, 1483-1498
Louis Ⅻ, 1498-1515
Francis Ⅰ, 1515-1547
Henry Ⅱ, 1547-1559
Francis Ⅱ, 1559-1560
Charles Ⅸ, 1560-1574
Henry Ⅲ, 1574-1589

BOURBON 왕조

Henry Ⅳ, 1589-1610
Louis Ⅷ, 1610-1643
Louis ⅩⅣ, 1643-1715
Louis ⅩⅤ, 1715-1774

Louis XVI, 1774-1792

1792년 이후
제1공화국, 1792-1799
Napoleon Bonaparte, 제1통령,
　1799-1804
Napoleon I, 황제, 1804-1814
Louis XVIII(Bourbon 왕조),
　1814-1824
Charles X(Bourbon 왕조),
　1824-1830
Louis Philippe, 1830-1848
제2공화국, 1848-1852
Napoleon III, 황제, 1852-1870
제3공화국, 1870-1940
Pétain 정권, 1940-1944
임시정부, 1944-1946
제4공화국, 1946-1958
제5공화국, 1958-

영　국

ANGLO-SAXON 왕조
Egbert, 802-839
Ethelwulf, 839-858
Ethelbald, 858-860
Ethelbert, 860-866
Ethelred, 866-871
Alfred the Great, 871-900
Edward the Elder, 900-924
Ethelstan, 924-940
Edmund I, 940-946
Edred, 946-955

Edwy, 955-959
Edgar, 959-975
Edward the Martyr, 975-978
Ethelred the Unready, 978-1016
Canute, 1016-1035(덴마크 출신)
Harold I, 1035-1040
Hardicanute, 1040-1042
Edward the Confessor, 1042-1066
Harold II, 1066

ANGLO-NORMAN 왕조
William I(정복왕), 1066-1087
William II, 1087-1100
Henry I, 1100-1135
Stephen, 1135-1154

ANJOU 왕조
Henry II, 1154-1189
Richard I, 1189-1199
John, 1199-1216
Henry III, 1216-1272
Edward I, 1272-1307
Edward II, 1307-1327
Edward III, 1327-1377
Richard II, 1377-1399

LANCASTER 家
Henry IV, 1399-1413
Henry V, 1413-1422
Henry VI, 1422-1461

YORK 家
Edward IV, 1461-1483
Edward V, 1483
Richard III, 1483-1485

TUDOR 왕조

Henry Ⅶ, 1485-1509
Henry Ⅷ, 1509-1547
Edward Ⅵ, 1547-1553
Mary, 1553-1558
Elizabeth Ⅰ, 1558-1603

STUART 왕조

James Ⅰ, 1603-1625
Charles Ⅰ, 1625-1649
Oliver Cromwell, 1649-1658
Cromwell 이후, 1658-1660

후기 STUART

Charles Ⅱ, 1660-1685
James Ⅱ, 1685-1688
William Ⅲ와 Mary Ⅱ, 1689-1694
William Ⅲ, 1694-1702
Anne, 1702-1714

HANOVER 家

George Ⅰ, 1714-1727
George Ⅱ, 1727-1760
George Ⅲ, 1760-1820
George Ⅳ, 1820-1830
William Ⅳ, 1830-1837
Victoria, 1837-1901

SAXE-COBURG-GOTHA 家

Edward Ⅶ, 1901-1910
George Ⅴ, 1910-1917

WINDSOR 家

George Ⅴ, 1917-1936
Edward Ⅷ, 1936

George Ⅵ, 1936-1952
Elizabeth Ⅱ, 1952-

로마교황

Silvester Ⅰ, 314-335
Leo Ⅰ, 440-461
Gelasius Ⅰ, 492-496
Gregory Ⅰ, 590-604
Nicholas Ⅰ, 858-867
Silvester Ⅱ, 999-1003
Leo Ⅸ, 1049-1054
Nicholas Ⅱ, 1058-1061
Gregory Ⅶ, 1073-1085
Urban Ⅱ, 1088-1099
Paschal Ⅱ, 1099-1118
Alexander Ⅲ, 1159-1181
Innocent Ⅲ, 1198-1216
Gregory Ⅸ, 1227-1241
Boniface Ⅷ, 1294-1303
John ⅩⅫ, 1316-1334
Nicholas Ⅴ, 1447-1455
Pius Ⅱ, 1458-1464
Alexander Ⅵ, 1492-1503
Julius Ⅱ, 1503-1513
Leo Ⅹ, 1513-1521
Adrian Ⅵ, 1522-1523
Clement Ⅶ, 1523-1534
Paul Ⅲ, 1534-1549
Paul Ⅳ, 1555-1559
Gregory ⅩⅢ, 1572-1585
Gregory ⅩⅥ, 1831-1846
Pius Ⅸ, 1846-1878

Leo XIII 1878-1903
Pius X, 1903-1914
Benedict XV, 1914-1922
Pius XI, 1922-1939
Pius XII, 1939-1958
John XXIII, 1958-1963
Paul VI, 1963-

오스트리아와 오스트리아-헝가리

*Maximilian I (대공), 1493-1519
*Charles I (Charles V, 신성로마황제),
    1519-1556
*Ferdinand I, 1556-1564
*Maximilian II, 1564-1576
*Rudolph II, 1576-1612
*Matthias, 1612-1619
*Ferdinand II, 1619-1637
*Ferdinand III, 1637-1657
*Leopold I, 1658-1705
*Joseph I, 1705-1711
*Charles VI, 1711-1740
 Maria Theresa, 1740-1780
*Joseph II, 1780-1790
*Leopold II, 1790-1792
*Francis II, 1792-1835(1804년 이후
    Francis I, 오스트리아 황제)
 Ferdinand I, 1835-1848
 Francis Joseph, 1848-1916(1867년 이
    후 오스트리아황제, 헝가리왕 겸임)
 Charles I, 1916-1918(오스트리아황
    제, 헝가리왕 겸임)
 오스트리아공화국, 1918-1938

(1934년 이후 독재정권)
공화국(회복, 연합군의 점령),
    1945-1956
자유공화국, 1956-
    (*표는 신성로마황제를 겸임한 사람)

프러시아와 독일

*Frederick I, 1701-1713
*Frederick William I, 1713-1740
*Frederick II (대제), 1740-1786
*Frederick William II, 1786-1797
*Frederick William III, 1797-1840
*Frederick William IV, 1840-1861
*William I, 1861-1888(1871년 이후,
    독일황제)
 Frederick III, 1888
 William II, 1888-1918
 Weimar 공화국, 1918-1933
 제3제국(나치독재),
    1933-1945
 연합국 점령, 1945-1952
 독일연방공화국(서독), 1949-1990
 독일민주공화국(동독), 1949-1990
 통일독일공화국, 1990-
    (*표는 프러시아 왕)

러 시 아

Ivan III, 1462-1505
Basil III, 1505-1533
Ivan IV, 1533-1584
Theodore I, 1584-1598

Boris Godunov, 1598-1605
Theodore Ⅱ, 1605
Boris Godunov, 1598-1605
Theodore Ⅱ, 1605
Basil Ⅳ, 1606-1610
Michael, 1613-1645
Alexius, 1645-1676
Theodore Ⅲ, 1676-1682
Ivan Ⅴ and Peter Ⅰ, 1682-1689
Peter Ⅰ(대제), 1689-1725
Catherine Ⅰ, 1725-1727
Peter Ⅱ, 1727-1730
Anna, 1730-1740
Ivan Ⅵ, 1740-1741
Elizabeth, 1741-1762
Peter Ⅲ, 1762
Catherine Ⅱ(여제), 1762-1796
Paul, 1796-1801
Alexander Ⅰ, 1801-1825
Nicholas Ⅰ, 1825-1855
Alexander Ⅱ, 1855-1881
Alexander Ⅲ, 1881-1894
Nicholas Ⅱ, 1894-1917
Soviet 공화국, 1917-1991
CIS(독립국가공화국), 1992-

이탈리아

Victor Emmanuel Ⅱ, 1861-1878
Humbert Ⅰ, 1878-1900
Victor Emmanuel Ⅲ, 1900-1946

Fascist Dictatorship, 1922-1943
Humbert Ⅱ, May 9 - June 13, 1946
Republic, 1946-

스 페 인

Ferdinand { 와 Isabella, 1479-1504
와 Philip 1504-1506
와 Charles Ⅰ, 1506-1516
Charles Ⅰ(신성로마황제,
　　Charles Ⅴ), 1516-1556
Philip Ⅱ, 1556-1598
Philip Ⅲ, 1598-1621
Philip Ⅳ, 1621-1665
Charles Ⅱ, 1665-1700
Philip Ⅴ, 1700-1746
Ferdinand Ⅵ, 1746-1759
Charles Ⅲ, 1759-1788
Charles Ⅳ, 1788-1808
Ferdinand Ⅶ, 1808
Joseph Bonaparte, 1808-1813
Ferdinand Ⅶ(재집권), 1814-1833
Isabella Ⅱ, 1833-1868
공화국, 1868-1870
Amadeo, 1870-1873
공화국, 1873-1874
Alfonso Ⅻ, 1874-1885
Alfonso ⅩⅢ, 1886-1931
공화국, 1931-1939
파시스트독재, 1939-1978
UCD(중도연합), 1979-

** 참고문헌 **

(아래의 참고문헌은 독자를 위하여 선정된 자료임)

[국외저서]

A. 개 설 서

Crane Brinton et al., *Civilization in the West,* New Jersey, 1964.

E. Burns and P. Ralph, *World Civilizations.* 2 vols., New York, 1971.

Perry Chase et al., *Western Civilization,* New York, 1981.

Stewart C. Easton, *A Brief History of the Western World,* New York, 1962

John Hammerton and H. E. Barnes, ed., *The Illustrated World History,* New York, 1937.

Kurt M. Jung, *Die Kultur Aus Der Wir Leben,* Berlin, 1960.

S. H. Sabine, *A History of Political Theory,* 1961.

Robin W. Winks, *Western Civilization,* New Jersey, 1985.

Heinrich Pleticha, *Weltgeschichte* in 12 Bänden, Lexikon Verlag, 1996.

Noel Cowen, *Global History: A Short Overview,* Anthony McGrew, 2001.

B. 선사시대 · 고대오리엔트

W. F. Albright, *From the Stone Age to Christianity,* 2nd ed, New York, 1959.

V. Gordon Childe, *Man Makes Himself,* New York, 1951.

V. Gordon Childe, *What Happened in History,* London, 1942.

P. E. Cleaton, *Lost Languages,* New York, 1962.

Glyn Daniel, *The Idea of Prehistory,* London, 1962.

I. E. S. Edwards, *The Pyramids of Egypt,* London, 1947.

L. Finkelstein, *The Jews : Their History, Culture and Religion,* 2 vols., New York, 1960.

Henri Frankfurt, *The Birth of Civilization in the Near East,* New York, 1956.

William W. Hallo and William Kelly Simpson, *The Ancient Near East,* New York, 1971.

Tom B. Jones, *Paths to the Ancient Past,* New York, 1967.

S. N. Kramer, *History Begins at Sumer*, Garden City, New York, 1967.

S. N. Kramer, *History Begins at Sumer*, Garden City, New York, 1959.

J. Lassoe, *People of Ancient Assyria*, New York, 1963.

H. M. Orlinsky, *Ancient Israel,* 2nd ed., Ithaca, New York, 1960.

Stuart Piggott, *Approach to Archaeology*, New York, 1959.

Chester G. Starr, *Early Man*: *Prehistory and the Civilizations of the Ancient Near East*, New York, 1973.

Bruce Trigger, *Beyond History*: *The Methods of Prehistory*, New York, 1968.

C. 고 대 사

〈그리스〉

H. C. Baldry, *Greek Literature for the Modern Reader*, New York, 1962.

C. M. Bowra, *The Greek Experience*, New York, 1957.

R. M. Cook, *The Greeks until Alexander,* New York, 1962.

W. G. de Burgh, *The Legacy of the Ancient World,* 2 vols., Revised, London, 1955.

Benjamin Farrington, *Greek Science,* 2 vols., London, 1944-49.

Edith Hamilton, *The Greek Way to Western Civilization*, New York, 1971.

Homer, *The Iliad.*

Homer, *The Odyssey.*

A. H. M. Jones, *Athenian Democracy*, New York, 1957.

H. D. Kitto, *The Greeks*, Baltimore, 1960.

Gilbert Murray, *Five Stages of Greek Religion*, Garden City, New. York, 1955.

Milton C. Nahm, *Selections from Early Greek Philosophy*, 2nd ed., New York, 1947.

Chester G. Starr, *A History of the Ancient World,* New York, 1977.

William G. Sinnigen et al., *Ancient History*, New York, 1981.

W. W. Tarn, *Alexander the Great*, Cambridge, 1948.

Thucydides, *The History of the Peloponnesian War.*

Arnold J. Toynbee, *Greek Civilization and Character*, New York, 1963.

A. G. Woodhead, *The Greeks in the West*, New York, 1962.

Alfred Zimmern, *The Greek Commonwealth*, New York, 1956.

〈로마〉

Thomas W. Africa, *Rome of the Caesars*, New York, 1965.

E. Badian, *Roman Imperialism in the Late Republic*, London, 1968.

R. H. Barrow, *The Romans*, London, 1975.

R. Bloch, *The Origins of Rome*, New York, 1960.

M. P. Charlesworth, *The Roman Empire*, New York, 1972.

Martin Clarke, *The Roman Mind*, Cambridge, Mass., 1970.

F. R. Cowell, *Cicero and the Roman Republic*, London, 1956.

Glyn Daniel, *The Art of the Romans*, London, 1965.

Michael Grant, *The World of Rome*, Cleveland, 1960.

Edith Hamilton, *The Roman Way to Western Civilization*, New York, 1965.

A. H. M. Jones, *The Later Roman Empire*, 3 vols., New York, 1964.

Ramsay Macmullen, *Constantine*, New York, 1969.

Harold Mattingly, *Roman Imperial Civilization*, London, 1957.

Frank Tenney, *Life and Literature in the Roman Republic*, Berkeley, 1956.

Sir Mortimer Wheeler, *Rome Beyond the Imperial Frontiers*, London, 1955.

〈원시 기독교〉

Roland Bainton, *Early Christianity*, Princeton, 1960.

Miller Burrows, *The Dead Sea Scrolls*, New York, 1955.

S. J. Case, *The Social Origins of Christianity*, Chicago, 1965.

C. N. Cochrane, *Christianity and Classical Culture*, New York, 1944.

Christopher Dawson, *The Making of Europe*, London, 1932.

Christopher Dawson, *Religion and the Rise of Western Culture*, New York, 1975.

John Ferguson, *The Religions of the Roman Empire*, London, 1970

W. H. C. Frend, *Martyrdom and Persecution in the Early Church*, Oxford, 1965.

Erwin R. Goodenough, *The Church in the Roman Empire*, New York, 1975.

A. H. M. Jones, *Constantine and the Conversion of Europe*, New York, 1976.

Kenneth Scott Latourette, *History of Christianity*, New York, 1953.

A. D. Nock, *St. Paul*, Oxford, 1955.

H. B. Parkes, *Gods and Men : The Origins of Western Culture*, New York, 1959.

Edward M. Peters, *Monks, Bishops, and Pagans*, Philadelphia, 1975.

Steven Runciman, *Byzantine Civilization*, New York, 1956.

Albert Schweitzer, *The Quest of the Historical Jesus*, New York, 1978.

Arnold Toynbee, *The Crucible of Christianity*, New York, 1969.

Spyros Vryonis, *Byzantium and Europe*, New York, 1967.

Wiiliston Walker, *A History of the Christian Church*, New York, 1970.

J. M. Wallace-Hadrill, *The Barbarian West*, London, 1952.

D. 중 세 사

〈중세 초기〉

The Venerable Bede, *The History of the English Church and People.*

Marc Bloch, *Feudal Society,* 2 vols., Chicago, 1961-64.

Robert Brentano, *The Early Middle Ages.* New York, 1964.

R. W. Chambers, *Beowulf,* 3rd ed., Cambridge, 1959.

Henry Daniel-Rops, *The Church in the Dark Ages*, New York, 1972.

Eleanor Duckett, *The Wandering Saints of the Early Middle Ages*, New York, 1959.

F. L. Ganshof, *Feudalism.* London, 1952.

C. H. Haskins, *The Normans in European History*, New York, 1915.

Denys Hay, *Europe : The Emergence of an Idea*, Revised ed., Edinburgh 1968.

W. P. Ker, *The Dark Ages*, Commemorative ed., London, 1955.

Robert S. Lopez, *The Tenth Century*, New York, 1965.

Bryce Lyon, *The Middle Ages in Recent Historical Thought*, Washington, 1965.

Sidney Painter, *Medieval Society*, Ithaca, New York, 1951.

Sidney Painter, *The Rise of the Feudal Monarchies*, Ithaca, New York, 1951.

James B. Ross and Mary Martin McLaughlin, eds., *The Portable Medieval Reader*, New York, 1949.

Doris M. Stenton, *English Society in the Early Middle Ages*, London, 1952.

Frank M. Stenton, *Anglo-Saxon England*, 2nd ed., London, 1950.

Carl Stephenson, *Medieval Feudalism*, Ithaca, New York, 1975.

Joseph F. Strayer, *Feudalism*, Princeton, 1965.

E. A. Thompson, *The Early Germans*, Oxford, 1965.

Dorothy Whitlock, *The Beginnings of English Society*, London, 1952.

〈동서유럽〉

Deno Geanakoplos, *Byzantine East and Latin West* : *Two Worlds of Christendom in Middle Ages and Renaissance*, New York, 1966.

H. A. R. Gibb, *Mohammedanism* : *An Historical Survey*, 2nd ed., New York, 1953.

Alfred Guillaume, *Islam*, 2nd ed., London, 1956.

Oleg Grabar, *Islamic Art*, New Haven, 1972.

Philip K. Hitti, *The Arabs* : *A Short History*, Princeton, 1943.

J. M. Hussey, *Church and Learning in the Byzantine Empire, 867-1185*, Oxford, 1937.

Halil Inalcik, *The Ottoman Empire*, New York, 1973.

R. J. H. Jenkins, *Byzantium* : *The Imperial Centuries*, New York, 1967.

Sir Bernard Lewis, *The Arabs in History*, 3rd ed., New York, 1960.

Muhsin Mahdi, *Ibn Khaldûn's Philosophy of History*, Chicago, 1964.

Henri Pirenne, *Mohammed and Charlemagne*, London, 1939.

Fazler Rahman, *Islam*, London, 1966.

David Talbot-Rice, *The Art of Byzantium*, 1959.

〈중세 후기〉

Henry Adams, *Mont-Saint-Michel and Chartres,* reprint ed., Boston, 1966.

H. L. Adelson, *Medieval Commerce*, Princeton, 1962.

Frederick B. Artz, *The Mind of the Middle Ages,* 2nd ed., New York, 1975.

Summerfield Baldwin, *The Organization of Medieval Christianity*, New York, 1929.

Geoffrey Barraclough, *The Origins of Modern Germany*, 2nd ed., Oxford, 1970.

Helen Maude Cam, *England before Elizabeth,* 2nd ed., New York, 1952.

G. G. Coulton, *Medieval Panorama*, New York, 1955.

Christopher Dawson, *Religion and the Rise of Western Culture*, London, 1950.

Maurice De Wulf, *Philosophy and Civilization in the Middle Ages*, New York, 1953.

Etienne Gilson, *Héloise and Abélard*, Ann Arbor, Mich., 1960.

Etienne Gilson, *The Spirit of Medieval Philosophy*, New York, 1936.

C. H. Haskins, *The Renaissance of the Twelfth Century*, New York, 1957.

Johan Huizinga, *The Waning of the Middle Ages*, New York, 1954.

Dom David Knowles, *The Evolution of Medieval Thought*, New York, 1962.

Robert Lopez, *The Birth of Europe*, Philadelphia, 1967.

John B. Morrall, *Political Thought in Medieval Times*, New York, 1972.

J. H. Mundy and P. Riesenberg, *The Medieval Town,* Princeton, 1938.

Sidney Painter, *French Chivalry*, Ithaca, New York, 1957.

Erwin Panofsky, *Gothic Architecture and Scholasticism*, New York, 1957.

Edward peters, *Witchcraft in Europe*, Philadelphia, 1972.

Henri Pirenne, *Economic and Social History of Medieval Europe*, New York, 1937.

Henri Pirenne, *Medieval Cities*, Princeton, 1925.

A. L. Poole, *From Domesday to Magna Carta*, Oxford, 1951.

Eileen Power, *Medieval People*, New York, 1924.

F. M. Powicke, *The Thirteenth Century, 1216-1307*, Oxford, 1953.

Steven Runciman, *The Sicilian Vespers* : *A History of the Mediterranean World in the Later Thirteenth Century*, Cambridge, 1958.

Ferdinand Schevill, *Siena* : *The History of a Medieval Commune*, New York, 1909.

Kenneth M. Setton, *History of the Crusades*, 2 vols., Madison, Wisc., 1969.

R. W. Southern, *The Making of the Middle Ages*, New Haven, 1953.

R. W. Southern, *Western Society and the Church in the Middle Ages*, London, 1970.

H. O. Taylor, *The Medieval Mind*, 2 vols., 4th ed. Cambridge, Mass., 1949.

Brian Tierney, *The Crisis of Church and State, 1050-1300*, Englewood Cliffs, New Jersey, 1964.

Walter Ullmann, *The Growth of Papal Government in the Middle Ages,* 2nd ed., New York, 1968.

Walter Ullmann, *A History of Political Thought in the Middle Ages*, London, 1965.

Lynn White, Jr., *Medieval Technology and Social Change*, New York, 1962.

E. 근 대 사

〈유럽 : 1300-1700〉

Roland Bainton, *The Age of the Reformation*, New York, 1951.

Roland Bainton, *Here I Stand* : *A Life of Martin Luther*, New York, 1955.

Franklin L. Baumer, *Modern European Thought*, New York, 1977.

H. Benesch, *The Art of the Renaissance in Northern Europe*, Cambridge, Mass., 1945.

S. T. Bindoff, *Tudor England*, London, 1950.

Marie Boas, *The Scientific Renaissance, 1450-1630*, New York, 1961.

Fernand Braudel, *The Mediterranean and the Mediterranean World in the Age of Philip* II, 2 vols., New York, 1972–73.

Jacob Burckhardt, *The Civilization of the Renaissance in Italy*, London, 1950.

Carl Becker, *Modern History*, New York, 1935.

Herbert Butterfield, *The Origins of Modern Science, 1300–1800*, revised ed., New York, 1957.

Owen Chadwick, *The Reformation*, Baltimore, 1964.

Edward P. Cheyney, *The Dawn of a New Era, 1250–1453*, New York, 1936.

Sir George Clark, *Early Modern Europe*, London, 1957.

A. C. Crombie, *Medieval and Early Modern Science*, 2nd ed., Cambridge, Mass., 1963.

A. G. Dickens, *The English Reformation*, revised ed., Boston, 1967.

A. G. Dickens, *Reformation and Society in Sixteenth Century Europe*, London, 1966.

John H. Elliott, *Europe Divided, 1559–1598*. New York, 1968.

Geoffrey R. Elton, *Reformation Europe, 1517–1559*, New York, 1963.

Wallace K. Ferguson, *Europe in Transition, 1300–1520,* New York, 1963.

Wallace K. Ferguson, *The Renaissance*, New York, 1953.

Carl J. Friedrich, *The Age of the Baroque, 1610–1660*, New York, 1952.

Pieter Geyl, *The Netherlands in the Seventeenth Century*, 2 vols., New York, 1961–64.

Myron P. Gilmore, *The World of Humanism*, New York, 1952.

E. Harris Harbison, *The Age of Reformation*, Ithaca, New York, 1955.

Denys Hay, *Europe in the Fourteenth and Fifteenth Centuries*, New York, 1966.

Denys Hay, *The Italian Renaissance in Its Historical Background*, 2nd ed., Cambridge, 1977.

Hajo Holborn, *A History of Modern Germany, II, The Reformation*, New York, 1959.

Raymond F. Kierstead, *State and Society in Seventeenth Century France*, New York, 1975.

Paul Oskar Kristeller, *Renaissance Thought*, 2 vols., New York, 1961.

Garrett Mattingly, *The Armada*, Boston, 1959.

Garrett Mattingly, *Renaissance Diplomacy*, Boston, 1955.

Charles H. McIlwain, *Growth of Political Thought in the West*, New York, 1932.

May McKisack, *The Fourteenth Century*, Oxford, 1959.

George L. Mosse, *Calvinism : Authoritarian or Democratic?* New York, 1957.

John E. Neale, *The Age of Catherine de Medici*, London, 1943.

John E. Neale, *Queen Elizabeth I*, London, 1957.

Marvin R. O'Connell, *The Counter Reformation, 1559-1610*, New York, 1974.

John H. Plumb, *The Italian Renaissance*, New York, 1965.

George Sarton, *Six Wings : Men of Science in the Renaissance*, Bloomington, Indiana, 1956.

J. J. Scarisbrick, *Henry VIII*, Berkeley, 1968.

Geoffrey Scott, *The Architecture of Humanism*, Garden City, New York, 1954.

Preserved Smith, *The Age of the Reformation*, New York, 1920.

W. J. Stankiewicz, *Politics and Religion in Seventeenth Century France*, Berkeley, 1960.

Lynn Thorndike, *Science and Thought in the Fifteenth Century*, New York, 1929.

Brian Tierney, *Foundations of the Conciliar Theory*, Cambridge, 1955.

E. M. W. Tillyard, *The Elizabethan World Picture*, London, 1961.

C. V. Wedgwood, *The Thirty Years' War*, London, 1938.

〈유럽의 팽창 : 1500-1800〉

Fernand Braudel, *Capitalism and Material Life, 1400-1800*, New York 1974.

Charles R. Boxer, *The Dutch Seaborne Empire, 1600-1800*, London, 1965.

Charles R. Boxer, *The Portuguese Seaborne Empire, 1415-1825*, New York, 1969.

John Bartlet Brebner, *The Explorers of North America, 1942-1806*, Garden City, New York, 1955.

Carlos M. Cipolla, *European Culture and Overseas Expansion*, London, 1970.

Norman Daniel, *Islam, Europe and Empire*, Edinburgh, 1966.

Bailey W. Diffie, *Prelude to Empire : Portugal Overseas before Henry the Navigator*, Lincoln, Neb., 1960.

Walter L. Dorn, *Competition for Empire, 1740-1763*, revised ed., New York, 1963.

John H. Elliott, *The Old World and the New, 1492-1650*, Cambridge, 1970.

J. R. Hale, *Renaissance Exploration*, London, 1968.

E. J. Hobsbawm, *Industry and Empire*, London, 1969.

Johan H. Huizinga, *Dutch Civilisation in the 17th Century*, London, 1968.

Joseph R. Levenson, *European Expansion and the Counter-Example of Asia, 1300-1600*, Englewood Cliffs, New Jersey, 1967.

Samuel Eliot Morison, *Christopher Columbus, Mariner*, New York, 1956.

K. M. Panikkar, *Asia and Western Dominance*, London, 1959.

John Parker, *Discovery : Developing Views of the Earth*, New York, 1972.

John H. Parry, *The Age of Reconnaissance*, New York, 1964.

John H. Parry, *The Establishment of the European Hegemony, 1415-1715*, New York, 1961

John H. Parry, *The Spanish Seaborne Empire*, London, 1966.

The Travels of Marco Polo.

Marcel Trudel, *The Beginnings of New France, 1524-1663*, Toronto, 1973.

Robin W. Winks, *The Age of Imperialism.* Englewood Cliffs, New Jersey, 1969.

Louis B. Wright, *Cultural Life of the American Colonies, 1607-1763*, New York, 1957.

⟨혁명시대 : 1688-1815⟩

Carl Becker, *The Heavenly City of the Eighteenth Century Philosophers*, New Haven, 1932

Paul H. Beik, *The French Revolution*, New York, 1970.

Jerome Blum, *Lord and Peasant in Russia from the Ninth to the Nineteenth Century*, Princeton, 1961.

Crane Brinton, *Anatomy of Revolution*, revised ed., New York, 1965.

Crane Brinton, *A Decade of Revolution, 1789-1799*, New York, 1934.

Geoffrey Bruun, *Europe and the French Imperium, 1799-1814*, New York, 1938.

E. A. Burtt, *The Metaphysical Foundations of Modern Physical Science*, revised ed., Garden City, New York, 1954.

Ernst Cassirer, *The Philosophy of the Enlightenement*, Boston, 1955.

Alfred Cobban, *In Search of Humanity : The Role of the Enlightenment in Modern History*, New York, 1960.

Sidney B. Fay and Klaus Epstein, *The Rise of Brandenburg-Prussia to 1786*, New York, 1964.

Franklin Ford, *Robe and Sword : The Regrouping of the French Aristocracy after Louis XIV*, Cambridge, Mass., 1953.

Peter Gay, *The Enlightenment*, 2 vols., New York, 1967.

Leo Gershoy, *From Despotism to Reveolution, 1763-1789*, New York, 1944.

Pieter Geyl, *Napoleon : For and Against*, New Haven, 1962.

Ralph W. Greenlaw, *The Economic Origins of the French Revolution*, Boston, 1958.

A. L. Guérard, *Napoleon* I, New York, 1956.

Paul Hazard, *European Thought in the Eighteenth Century*, New Haven, 1954.

Richard Herr, *The Eighteenth-Century Revolution in Spain*, Princeton, 1958.

Vincent J. Knapp, *Europe in the Era of Social Transformation* : *1700-Present*, Englewood Cliffs, New Jersey, 1976.

Peter Laslett, *The World We Have Lost,* 2nd ed., New York, 1971.

Frank Manuel, *The Age of Reason*, Ithaca, New York, 1951.

Edmund S. Morgan, *The Birth of the Republic, 1763-89*, Chicago, 1956.

Sir Lewis Namier, *England in the Age of the American Revoluton*, 2nd ed., London, 1961.

Robert R. Palme, *The Age of the Democratic Revolution*, 2 vols., Princeton, 1959-64.

Jack H. Plumb, *England in the Eighteenth Century*, London, 1950.

Sidney Pollard, *The Idea of Progress*, New York, 1968.

George Rudé, *The Crowd in History*, New York, 1964.

George Rudé, *Revolutionary Europe, 1783-1815*, Cleveland, 1964.

B. H. Summer, *Peter the Great and the Ottoman Empire*, Oxford, 1949.

J. L. Talmon, *The Origins of Totalitarian Democracy*, New York, 1961.

J. M. Thompson, *Robespierre and the French Revolution*, New York, 1953.

〈산업 · 상업시대〉

T. S. Ashton, *The Industrial Revolution, 1760-1830*, London, 1948.

Rondo Cameron, *France and the Economic Development of Europe*, Princeton, 1966.

Elie Halévy, *The Growth of Philosophic Radicalism*, Boston, 1955.

Robert Heilbroner, *The Worldly Philosophers*, New York, 1953.

William O. Henderson, *The Industrialization of Europe*, London, 1969.

David s. Landes, *The Unbound Prometheus* : *Technological Change and Industrial Development in Western Europe from 1750 to the Present*, London, 1969.

Harold J. Laski, *Political Thought in England* : *Locke to Bentham*, London, 1948.

John U. Nef, *War and Human Progress*, Chicago, 1950.

Philip A. M. Taylor, *The Industrial Revolution in Britain*, Boston, 1965.

Edward P. Thompson, *The Making of the English Working Class*, London, 1963.

A. P. Usher, *A History of Mechanical Inventions*, revised ed., Cambridge, 1954.

〈19세기〉

Robert Anchor, *The Modern Western Experience*, Englewood Cliffs, New Jersey, 1978.

M. S. Anderson, *The Ascendancy of Europe, 1815-1914*, London, 1972.

Frederick B. Artz, *Reaction and Revolution, 1815-1832*, New York, 1932.

Shlomo Avineri, *The Social and Political Thought of Karl Marx*, Cambridge, 1970.

Jacques Barzun, *Darwin, Marx, Wagner*, New York, 1941.

Jacques Barzun, *Romanticism and the Modern Ego*, Bosteon, 1943.

Robert C. Binkley, *Realism and Nationalism, 1852-1871*, New York, 1935.

Asa Briggs, *The Age of Improvement*, New York, 1959.

Asa Briggs, *Victorian People*, Chicago, 1955.

C. E. Carrington, *The British Overseas*, 2nd ed., Cambridge, 1968.

David Caute, *The Left in Europe since 1789*, New York, 1966.

G. Kitson Clark, *The Making of Victorian England*, Cambridge, Mass., 1962.

Alfred Cobban, *A History of Modern France, II, 1799-1871*, London, 1961.

Maurice Cowling, *Mill and Liberalism*, Cambridge, 1963.

Philip D. Curtin, *The Atlantic Slave Trade*, Madison, Wisc., 1969.

Charles Delzell, *The Unification of Italy*, New York, 1964.

Karl W. Deutsch, *Nationalism and Social Communication*, 2nd ed., Cambridge, Mass., 1966.

David K. Fieldhouse, *The Colonial Empires*, London, 1966.

David K. Fieldhouse, *Economics and Empire, 1830-1914* ,London, 1973.

Geoffrey Finlayson, *Decade of Reform : England in the Eighteen Thirties*, New York, 1970.

Heinz Gollwitzer, *Europe in the Age of Imperialism, 1880-1914*, New York, 1969.

Brison D. Gooch, *The Reign of Napoleon* III, Chicago, 1969.

Theodore S. Hamerow, *Restoration, Revolution, Reaction : Economics and Politics in Germany, 1815-1871*, Princeton, 1958.

Carlton J. H. Hayes, *A Generation of Materialism, 1871-1900*, New York 1941.

Gertrude Himmelfarb, *Darwin and the Darwinian Revolution*, New York, 1959.

Hajo Holborn, *A History of Modern Germany,* III, New York, 1969.

Sydney Hook, *From Hegel to Marx*, New York, 1936.

Walter E. Houghton, *The Victorian Frame of Mind, 1830-1870*, New Haven, 1957.

William Irvine, *Apes, Angels, and Victorians* : *The Story of Darwin, Huxley, and Evolution*, New York, 1955.

Barbara Jelavich, *The Hapsburg Empire in European Affairs, 1814-1918*, Chicago, 1969.

Elie Kedourie, *Nationalism*, Revised ed., New York, 1961.

V. G. Kiernan, Marxism and Imperialism, New York, 1974.

Russell Kirk, *The Conservative Mind* : *Burke to Santayana*, Chicago, 1953.

Henry A. Kissinger, *A World Restored* : *Metternich, Castlereagh and the Problem of Peace, 1812-1822*, Boston, 1957.

Melvin Kranzberg, *1848* : *A Turnig Point?* Boston, 1959.

Leonard Krieger, *The German Idea of Freedom*, Boston, 1957.

Shirley R. Letwin, *The Pursuit of Certainty*, Cambridge, 1965

George Lichtheim, *Imperialism*, New York, 1974.

Arthur O. Lovejoy, *Essays in the History of Ideas*, Baltimore, 1948.

David Mclellan, *Karl Marx*, New York, 1976.

Sir Lewis Namier, *Basic Factors in Nineteenth-Century European History*, London, 1953.

Ronald Pearsall, *The Worm in the Bud* : *The World of Victorian Sexuality*, London, 1971.

Morse Peckham, *Beyond the Tragic Vision* : *The Quest for Identity in the Nineteenth Century*, New York, 1962.

Otto Pflanze, *Bismarck and the Development of Germany*, Princeton, 1963.

Joachim Remak, *The Origins of World War I, 1871-1914*, New York, 1967.

Patrick Richardson, *Empire and Slavery*, London, 1968.

Norman Rich, *The Age of Nationalism and Reform, 1850-1890*, New York, 1970.

George Rudé, *Debate on Europe, 1815-1850*, New York, 1972.

L. C. B. Seaman, *From Vienna to Versailles*, New York, 1963.

Hugh Seton-Watson, *The Decline of Imperial Russia, 1855-1914*, New York, 1952.

Boyd C. Shafer, *Nationalism* : *Myth and Reality*, New York, 1955.

Walter M. Simon, *European Positivism in the Nineteenth Century*, Ithaca, New York, 1963.

Walter M. Simon, *French Liberalism, 1789-1848*, New York, 1972.

Louis L. Snyder, *The Idea of Racialism*, Princeton, 1962.

Raymond J. Sontag, *Germany and England* : *Background of Conflict, 1848-1894*, New York, 1938.

A. J. P. Taylor, *Bismarck : The Man and the Statesman*, New York, 1955.

A. P. Thornton, *Doctrines of Imperialism*, New York, 1965.

Frank Miller Turner, *Between Science and Religion*, New Haven, 1974.

Basil Willey, *Nineteenth-Century Studies*, New York, 1949.

Eric Williams, *Capitalism and Slavery*, Chapel Hill, N.C., 1944.

Roger L. Williams, *The World of Napoleon III*, New York, 1962.

Edmund Wilson, *To the Finland Station*, New York, 1940.

Robin W. Winks, *British Imperialism*, New York, 1963.

Robin W. Winks, *The Relevance of Canadian History*, Toronto, 1979.

Edward A. Wrigley, *Industrial Growth and Population Change*, Cambridge, 1961.

G. M. Young, *Victorian England*, Garden City, New York, 1954.

〈20세기〉

Robert Anchor, *The Modern Western Experience*, Englewood Cliffs, New Jersey, 1978.

Hannah Arendt, *The Origins of Totalitarianism*, 2nd ed., New York, 1958.

Raymond Aron, *The Century of Total War*, Boston, 1955.

Alan Bullock, *Hitler : A Study in Tyranny*, New York, 1953.

Peter Calvocoressi, *World Politics since 1945*, London, 1968.

Edward Hallett Carr, *The Twenty Years' Crisis, 1919-1939*, 2nd ed., New York, 1946.

Alfred Cobban, *A History of Modern France, III, 1871-1962*, Baltimore, 1965.

Maurice Cowling, *The Impact of Hitler*, Chicago, 1977.

George Dangerfield, *The Strange Death of Liberal England, 1910-1914*, New York, 1935

Robert V. Daniels, *Red October*, New York, 1967.

Edward Mead Earle, *Modern France : Problems of the Third and Fourth Republics*, Princeton, 1951.

Keith Eubank, *The Origins of World War II*, New York, 1969.

Herbert Feis, *Churchill, Roosevelt, Stalin*, Princeton, 1957.

Fritz Fischer, *Germany's Aims in the First World War*, London, 1967.

Charles A. Fisher, *The Reality of Place*, London, 1965.

Paul Fussell, *The Great War and Modern Memory*, Oxford, 1975.

Hans W. Gatzke, *European Diplomacy Between Two Wars, 1919-1939*, New York,

1972

Peter Gay, *The Dilemma of Democratic Socialism*, New York, 1952.

Peter Gay and R. K. Webb, *Modern Europe*, New York, 1973.

Peter Gay, *Weimar Culture*, New York, 1968.

Felix Gilbert, *The End of the European Era, 1890 to the Present*, New York, 1970.

Theodore M. Greene, *Liberalism, Its Theory and Practice*, Austin, 1957.

Stanley Hoffmann, *et al. In Search of France*, Cambridge, Mass., 1963.

Hajo Holborn, *The Political Collapse of Europe*, New York, 1951.

H. Stuart Hughes, *Contemporary Europe : A History*, New Jersey, 1966.

Robert A. Huttenback, *Racism and Empire*, Ithaca, New York, 1976.

Gabriel Jackson, *The Spanish Republic and the Civil War, 1931-1939*, Princeton, 1965.

Robert Rhodes James, *The British Revolution, 1880-1939*, New York, 1977.

Erich Kahler, *The Germans*, Princeton, 1974.

Eugen Kogon, *The Theory and Practice of Hell*, London, 1950.

Hans Kohn, *The Idea of Nationalism*, New York, 1944.

Walter Laqueur, *Europe since Hitler*, Baltimore, 1972.

Ivo J. Lederer, *The Varsailles Settlement*, Boston, 1960.

Dwight E. Lee, *The Outbreak of the First World War*, revised ed. Boston, 1963.

William Roger Louis, *The Origins of the Second World War : A. J. P. Taylor and His Critics*, New York, 1972.

Charles S. Maier, *The Origins of the Cold War and Contermporary Europe*, New York, 1978.

Charles S. Maier, *Recasting Bourgeois Europe : Stabilization in France, Italy and Germany in the Decade after World War I*, Princeton, 1975.

Arthur J. Marder, *The Anatomy of British Sea Power*, New York, 1940.

Philip Mason, *Patterns of Dominance*, London, 1970

Kurt Mendelssohn, *The Secret of Western Domination*, New York, 1976.

Ernst Nolte, *Three Faces of Fascism*, New York, 1966.

Stanley G. Payne, *The Spanish Revolution*, New York, 1970.

Michael M. Postan, *An Economic History of Western Europe, 1945-1964*, London, 1966.

Joachim Remak, *Serajevo : The Story of Political Murder*, New York, 1959.

Henry L. Roberts, *Russia and America*, New York, 1956.

Esmonde M. Robertson, *The Origins of the Second World War*, London, 1971.

Bernard Semmel, *Imperialism and Ssocial Reform*, Garden City, New York, 1960.

John L. Snell, *The Nazi Revolution*, Boston, 1959.

Raymond J. Sontag, *A Broken World, 1919-1939*, New York, 1971.

Peter N. Stearns, *European Society in Upheaval*, New York, 1967.

A. J. P. Taylor, *The Struggle for Mastery in Europe, 1848-1918*, Oxford, 1954.

Christopher Thorne, *The Approach of War, 1938-39*, London, 1967.

Donald Treadgold, *Twentieth-Century Russia*, Chicago, 1959.

Henry A. Turner, Jr, *Reappraisals of Fascism*, New York, 1975.

Chester Wilmot, *The Struggle for Europe*, London, 1952.

Henry R. Winkler, *Twentieth-Century Britain*, New York, 1976.

Robin W. Winks and Daniel Yergin, *The Cold War*, New York, 1977.

Bertram D. Wolfe, *Three Who Made a Revolution*, Boston, 1948.

Gordon Wright, *The Ordeal of Total War, 1939-1945*, New York, 1968.

[국내저서]

A. 개 설 서

김성근, 서양사개론, 정음사, 1953.
조의설, 서양사개설, 장왕사, 1957.
차하순, 서양사총론, 탐구당, 1976.
민석홍, 서양사개론, 삼영사, 1984.
길현모·차하순 편저, 서양사상선집, 일조각, 1973.
양병우 외 역, 세계문화사(브린튼 외 공저), 3권, 을유문화사, 1963.
지동식 외 역, 서양사신론(켄터 저), 2권, 법문사, 1979.

B. 고대고전문명

조의설, 희랍사회연구, 장왕사, 1956.
_____, 희랍신화, 장왕사, 1957.
양병우, 아테네 민주정치사, 서울대출판사, 1976.
지동식, 로마공화정 위기론, 법문사, 1975.
김진경 외, 서양고대사강의, 한울, 1996.
_____, 그리스비극과 민주정치, 일조각, 1991.
김봉철 역, 그리스 민주정의 탄생과 발전, 한울, 2001.
_____, 아테네, 청년사, 2002.
_____, 이소크라테스, 신서원, 2004.
김창성 편저, 세계사 산책(서양 고대), 솔출판사, 2003.
허승일, 로마공화정연구, 서울대출판사, 1985.
김창성 역, 키케로의 최고선악론, 서광사, 1999.
이석우 역, 서양고대사(보렌 저), 탐구당, 1983.
박문재 역, 이스라엘 역사(브라이트 저), 크리스챤 다이제스트, 1993.
유공조, 중동분쟁사, 서원, 1994.

C. 중세문명

이석우, 서양중세사 대요(맥개리 저), 탐구당, 1987.
이연규 역, 서양중세사(타이어니 외 공저), 집문당, 1986.

홍성표 역, 중세유럽의 문화유산(아르츠 저), 보진제,1993.

박은구, 중세서양의 정치사상연구, 혜안, 2001.

이연규 역, 중세의 경제와 사회(포스탄 저), 청년사, 1989.

박은구·이연규 편, 14세기 유럽사, 탐구당, 1987.

이광주, 대학사, 민음사, 1997.

라종일 편, 봉건제, 까치, 1988.

임영상 외 공편, 소련과 동·유럽의 종교와 민족주의, 한국외대, 1996.

김규영, 중세철학사, 지학사, 1978.

D. 근·현대문명

민석홍, 서양근대사연구, 일조각, 1978.

라종일, 영국근대사 연구, 서울대출판사, 1979.

이민호, 근대독일사 연구, 서울대출판사, 1976.

박무성, 서양근대사 총론, 법문사, 1988.

조경래, 서양근세사, 일신사, 1987.

차하순, 르네상스의 사회와 사상, 탐구당, 1975.

_____, 형평의 연구, 일조각, 1983.

김영한, 르네상스의 유토피아 사상, 탐구당, 1983.

_____, 르네상스 휴머니즘과 유토피아니즘, 탐구당, 1989.

홍치모, 종교개혁사, 성광, 1977.

_____, 북구 르네상스와 종교개혁, 성광, 1984.

박종숙 역, 종교개혁입문(맥그래스 저), 성광, 1992.

임희완, 청교도혁명의 종교적 급진사상, 집문당, 1985.

_____, 영국혁명의 수평파운동, 민음사, 1988.

_____, 청교도; 삶·운동·사상, 아가페, 1999.

노명식, 제3공화정연구, 탐구당, 1976.

_____, 프랑스혁명에서 파리 꼼문까지, 까치, 1980.

_____, 자유주의의 원리와 역사, 민음사, 1991.

_____편, 시민계급과 시민사회, 한울, 1993.

이보형, 미국사개설, 일조각, 1976.

_____편, 미국사연구서설, 일조각, 1984.

_____편, 미국사의 성찰, 소나무, 1989.

_____역, 제2차 세계대전후의 세계(갓츠케 저), 탐구신서.

최갑수 역, 프랑스 대혁명사(소부울 저), 2권, 두레, 1984.

길현모 외 공저, 18세기의 사회와 문화, 서강대, 1968.

홍치모 역, 근세 서구혁명의 분석(포스터 외 공저), 청사, 1985.

홍사중, 영국혁명 사상사, 전예원, 1982.

오주환, 영국근대사회 연구, 경북대, 1992.

김진식, 인도에 대한 영국제국주의정책의 한 연구, 지식산업사, 1990.

이태숙 · 김종원 역, 영국제국주의, 동문선, 2001.

조승래, 국가와 자유, 청주대, 1998.

이영석, 산업혁명과 노동정책, 한울, 1994.

서정복, 프랑스근대사 연구, 삼영사, 1985.

양병우 편, 복지국가의 형성, 민음사, 1983.

이인호, 러시아 지성사연구, 지식산업사, 1980.

박태성 편역, 러시아사(차크스 저), 역민사, 1991.

김학준, 러시아혁명사, 문학과 지성사, 1979.

김현수, 영국사, 대한교과서, 1997.

정현백, 노동운동과 노동자문화, 한길사, 1991.

서정복, 프랑스혁명과 베르트랑 바래르, 삼지사, 1992.

이태숙 · 김종원 역(사이먼 C. 스미스 저), 영국제국주의, 동문선, 2001.

이내주 역(W. A. 스펙 저), 진보와 보수의 영국사, 개마고원, 2002.

E. 역사이론

길현모 외 공저, 서양사학사론, 법문사, 1987.

차하순 편저, 사관이란 무엇인가, 청람, 1981.

_____, 역사의 본질과 인식, 학연사, 1988.

_____ 편저, 서양의 지적 운동, 2권, 지식산업사, 1998.

민석홍 외, 역사와 사회과학, 한길사, 1981.

라종일, 세계사를 보는 시각과 방법, 창작과 비평사, 1992.

박성수, 역사학개론, 삼영사, 1977.

이상신, 서양사학사, 청사, 1984.

_____, 역사학개론, 신서원, 1994.

_____ 역(부르크하르트 저), 세계사적 성찰, 신서원, 2001.

임희완 역, 서양사학사(스트롬버그 외 공저), 철학과 현실사, 1993.

_____, 역사학의 이해, 건국대, 1994.

이상현, 신이상주의 역사이론, 박문각, 1992.

_____, 역사철학과 그 역사, 박문각, 1992.

이민호, 현대사회와 역사이론, 문학과 지성사, 1982.

길현모 역, 역사란 무엇인가(카아 저), 탐구신서.

김봉호 역, 서양사학사(콜링우드 저), 삼영사, 1978.

안정모 역, 역사학연구법(켄트 저), 성문각, 1988.

이석우 역, 역사의 의미(뢰비트 저), 탐구당, 1990.

곽차섭 역, 역사학과 사회이론(버크 저), 문학과 지성사, 1994.

안병직 외, 오늘의 역사학, 한겨레신문사, 1998.

색 인

저자 약력
- 서울대 사학과 졸업
- 미국 위티어대학 및 대학원 졸업
- 역사학회, 서양사학회 간사역임
- 현 건국대 명예교수(문학박사)

저서 및 논문
- 청교도혁명의 종교적 급진사상
- 영국혁명의 수평파운동
- 영국혁명과 종교적 급진사상
- 시민계급과 시민사회(공저)
- 역사학의 이해
- 청교도: 삶·운동·사상
- 20세기의 역사철학자들
- 서양문명의 정체성
- 기독교와 서양문명 등
- 영국수평파의 민주주의, 영국계약사상의 기원과 성격 외 다수 논문

역 서
- 역사지식의 해부
- 서양사학사
- 청교도혁명에서 명예혁명까지
- 근대유럽의 종교전쟁시대
- 서양근대사에서 종교의 역할
- 영국사개론(공역)

제 3 보정판
서양사의 이해

1997년 3월 10일	초판발행
1999년 8월 10일	제 2 판 발행
2003년 1월 30일	제 3 판 발행
2013년 1월 15일	제 3 보정판 인쇄
2013년 1월 20일	제 3 보정판 발행

저 자 임 희 완
발행인 안 종 만
발행처 (주)**박영사**

서울특별시 종로구 평동 13-31번지
전화 (733) 6771   FAX (736) 4818
등록 1959. 3. 11. 제300-1959-1호(倫)

www.pybook.co.kr   e-mail: pys@pybook.co.kr

파본은 바꿔 드립니다. 본서의 무단복제행위를 금합니다.

정 가 30,000원   ISBN 978-89-6454-346-7